D1985051

Nana Claudia Nenzel

Toskana

DUMONT

REISE-HANDBUCH

Inhalt

Wissenswertes über die Toskana

Wissenswertes für die Reise

Unterwegs in der Toskana

Kapitel 1 – Florenz und Umgebung

Kapitel 2 – Zwischen Florenz und dem Meer

Kapitel 3 – Toskanische Küste

Kapitel 4 – Siena und Umland

Kapitel 5 – Crete und der Südosten

Kapitel 6 – Arezzo, Casentino und Valtiberina

Themen

Alle Karten auf einen Blick

Kulturlandschaft und Sehnsuchtsland

Die Toskana gilt als das Sehnsuchtsland schlechthin, kaum jemand, der nicht schon einmal hierher gereist wäre, kaum einer, der danach nicht immer wieder kommt. Diese Region ist eine Kulturlandschaft im doppelten Sinne: eine Fundgrube für Kunstinteressierte, die hier vor allem die Anfänge der Renaissance und des Humanismus bestaunen, aber auch eine stark von Menschenhand geformte Landschaft.

Fast alles, was jährlich Millionen Reisende aus aller Welt in die Toskana zieht, wurde im Laufe der Jahrhunderte von ihren Bewohnern gestaltet: die Baudenkmäler und Kunstwerke von bildenden Künstlern, Architekten und Städteplanern, die typische Landschaft etwa des Chianti mit ihrer geometrischen Strenge und Klarheit von Bauern und Winzern. Dennoch sind weite Teile der Toskana naturbelassenes, nicht bebautes oder beackertes Land. Selbst die klassische Toskana-Landschaft, das so stark durch Weinberge und Ölbaumpflanzungen strukturierte Gebiet des Chianti Classico zwischen Florenz und Siena, ist zur Hälfte mit Wald bedeckt. Nicht zu vergessen der fast raue Norden im Tosco-Emilianischen Apennin, die seit Jahrhunderten für Kunst und Architektur genutzten Marmorberge von Carrara, die wunderschöne, kastanienreiche Garfagnana, das ähnliche Casentino und die Valtiberina, schließlich die dicht bewaldete Maremma im Südwesten und der Monte Amiata im Südosten.

Die sprichwörtliche Toskana-Sehnsucht mag jedoch gerade aus der Mischung von städtischer Kultur und lieblicher Landschaft resultieren. Die Toskana ist eine Region, die vielerorts weltläufige Urbanität, aber auch Unberührtheit verspricht und doch beides nie ganz erfüllt. Sogar die Metropole Florenz besitzt ihre dörflichen Seiten und das kleine Dorf Montalcino seine städtischen. Stadt und Land sind vielleicht nirgendwo so stark ineinander verwoben wie hier.

Die Toskana, das ist eine Region, die zu mehr einlädt als nur zu einer Kulturreise. Italiens fünftgrößte Region besteht ja nicht nur aus den großen Kunstzentren – Florenz, Siena, Lucca, Pisa – und dem sanft gewellten Hügelland des Chianti. Das Land ist weitaus vielfältiger, auch in geografischer Hinsicht. Da mögen manche Reisende, die das Zentrum der Toskana verlassen, überrascht sein:

Dem bis zu 1738 m hohen Monte-Amiata-Massiv im Südosten ist eine gewisse Monumentalität nicht abzusprechen, und ganz im Norden, an der Grenze zur Emilia-Romagna, erreicht der Tosco-Emilianische Apennin Höhen von über 2000 m – und bildet ein beliebtes Skigebiet etwa um Abetone herum. Die toskanische Küste bietet im Norden schöne breite, von Pinien beschattete Sandstrände, im Süden dagegen Strände im Wechsel mit Felsbuchten an steilen Küstenabschnitten.

Die Apuanischen Alpen im Nordwesten errangen bereits in der Antike Weltruhm: Carrara – kein Marmor der Welt soll weißer sein! Hier ließen schon die Römer Marmor brechen, um daraus Skulpturen zum Schmuck ihrer Tempel und Paläste herzustellen. Im Mittelalter wohnte Michelangelo zeitweise in Carrara, um selbst den *statuario,* den weißesten, makellosesten Stein für seinen »David« zu bestimmen. Auch in späteren Zeiten kamen viele Künstler (etwa Henry Moore), die alle das Rohmaterial für ihre Werke an Ort und Stelle auswählen wollten.

Mittelalterliche Städte und kleine, um trutzige Burgen entstandene Dörfer, oft in romantischer Hügellage, prägen das Land. Bedeutend sind die Paläste und Villen der Medici und anderer Familien, die in der Renaissance Städte und Land beherrschten und sich sogar ein ganzes Städtchen im reinsten Renaissancestil leisten konnten, wie Papst Pius II. sein Pienza.

Die Toskana der Renaissance war es auch, die ganz Europa so reich beschenken sollte: mit dem Sinn für das Maßvolle und Rationale, für die Schönheit der einfachen Formen. Weiter gilt die Toskana als Ursprungsland, als Heimat der Seele des modernen Menschen und damit des Humanismus eines Petrarca. Die Keimzelle dieser Ideen war Florenz, das dem Land auch seine klassische Sprache, genauer: die Sprache Dantes gab. Bis heute gilt das Toskanische als das Hochitalienisch.

Die Stadt am Arno ist noch immer das kulturelle, wirtschaftliche und politische Zentrum der Toskana, mit der bedeutendsten und größten Universität der Region. An Kunstakademien, Sprach- und Malschulen herrscht kein Mangel, sowohl in Florenz als auch in den kleineren Städten und auf dem Land. Zahlreich sind auch die Kulturfestivals in der Toskana, ob internationale wie in Montepulciano oder eher lokale wie in Monticchiello.

Wen einmal die Toskana-Sehnsucht gepackt hat, den lässt sie nicht mehr los. Und reicht es wegen knapper Reisekasse nicht mehr zum vierwöchigen Ferienhausurlaub, werden eben ein oder zwei Wochen daraus, aber ganz darauf verzichten möchte niemand.

Die Autorin

Nana Claudia Nenzel

www.dumontreise.de/magazin/autoren

Nana Claudia Nenzel bereist schon seit ihrem Studium der Kunstgeschichte regelmäßig Italien und speziell die Toskana. Aber noch intensiver erkundet die erfolgreiche Reiseautorin die Region für die regelmäßige Aktualisierung ihrer Bücher – im DuMont Reiseverlag veröffentlichte sie auch das Reise-Handbuch »Oberitalien«. Inzwischen hat sie in Italien nicht nur eine zweite Heimat gefunden, sondern auch mehrere Herzensfreunde. Gerade die Toskaner waren es, die sich besonders für ihre Anerkennung als Förderin der italienischen Kultur im deutschen Sprachraum eingesetzt haben, eine Auszeichnung, die sie 1998 vom italienischen Kultusministerium erhielt.

In der Toskana reisen

Die mittelitalienische Region Toskana bietet für jeden etwas. Sie hat die Kunststädte und das wunderbare Land – das weinselige Chianti inbegriffen –, aber auch Berge, die sich sogar zum Skifahren eignen, wenn dies auch nur lokal eine Rolle spielt. Die Küste mit ihren sehr unterschiedlichen vorgelagerten Inseln ist ein Dorado für Badeurlauber, die hier jede erdenkliche Strandvariante vorfinden – von langen, tiefen und goldgelben Sandstränden bis hin zu kleinen, romantischen Felsbuchten.

Kunst und Kultur

Ganz gleich, weshalb und wie oft man in die Toskana reist, die Region nimmt einen immer wieder gefangen, wenn man sie mit allen Sinnen wahrnimmt. Ob die Regional- und Kulturhauptstadt Florenz mit ihren bedeutenden Museen und Kirchen voller Kunstwerke, den tollen Einkaufszeilen und unglaublich vielen und doch immer gut besuchten Restaurants. Oder die ewige Rivalin Siena mit ihrem wohltuend proportionierten gotischen Stadtbild und dem wohl schönsten Platz der Toskana, schlicht *il campo,* das Feld genannt – am eindrucksvollsten bei einem Palio zu erleben, wenn hier alles aus den Fugen gerät, wenn sich die Stadtteile im sattellosen Pferderennen messen. Als ein ›Manhattan des Mittelalters‹ präsentiert sich San Gimignano mit seinen hoch aufragenden Geschlechtertürmen – einst waren es mehr als 70, heute stehen immerhin noch 15. Doch das Bild der Toskana prägen neben den großen Kunststädten vor allem die kleinen befestigten Dörfer und Städtchen, die noch immer innerhalb ihrer Mauern funktionieren. Ob das winzige Montichiello und das benachbarte, als erste Idealstadt der Renaissance geplante Pienza oder die größeren Weinorte Montalcino und Montepulciano, bei deren Nennung Kenner glänzende Augen bekommen.

Naturerlebnisse

Bislang noch relativ wenig bekannt, doch von großer Bedeutung für die Region – und für den individuellen Tourismus – sind die Naturparks, allen voran der Parco dell'Uccellina an der Maremma-Küste, aber auch kleine Schutzgebiete wie der für seine Vogelwelt berühmte Lago di Burano im Süden oder die Wälder von Camáldoli im Norden.

Die Toskana für Genießer

Neben Kultur und Natur lockt die toskanische Küche nicht nur mit *bistecca fiorentina* und Trüffeln. Jedes Gebiet pflegt seine Spezialitäten, an der Küste zeigen sie sich natürlich fischlastig, im Norden kastanienschwer, im Chianti und den anderen Weinanbaugebieten weinselig. Kein Wunder, dass Kochkurse in Kombination mit Ferien auf Landgütern, Bauernhöfen oder in Spitzenhotels wie der Villa San Michele in den Hügeln über Florenz ein Zugpferd des Tourismus sind. Dabei bekommt man außer der fundierten Einführung in die toskanische Küche, verbunden mit Warenkunde, auch kulturelle Ausflüge geboten. Hoch im Kurs stehen auch organisierte (Bus-)Reisen zu bestimmten kulinarischen Themen oder zu Events wie der Trüffelmesse in San Miniato.

Aktivangebote

Noch keine Italienischkenntnisse? Kein Problem – es gibt eine Vielzahl von Sprachreisen, vielfach kombiniert mit Kunstkursen (u. a. Bildhauerei, Töpferei oder Malerei). Angeboten werden sie nicht nur in den spezialisierten Instituten von Florenz, Siena und anderen Kunststädten, sondern vielfach auch von Privatleuten auf dem Lande; sogar Meditationskurse lassen sich buchen.

Wanderer finden ein immer dichter ausgebautes Wegenetz, die toskanische Sektion des CAI, des italienischen Alpenvereins, ist da sehr rührig. Speziell im Norden, im Mugello, Casentino, in der Valtiberina und in den Apuanischen Alpen, und im Zentrum natürlich im Chianti. Radfahrer dürften die ausgebauten Strecken entlang der Küste bevorzugen, vor allem im Norden, vielleicht noch die sanften Hügel des Chianti, Mountainbiker eher die bergigeren Bereiche der Toskana, die Maremma im Süden und Casentino sowie Mugello im Norden.

Wachsend ist der Anteil der Golfer unter den Toskana-Besuchern, finden sie hier doch fast zwei Dutzend Plätze mit 18 Loch, schön über die ganze Region verteilt.

Strandurlaub

Badeurlauber finden entlang der Küste und auf den Inseln großartige Strände jeder Couleur: im Norden breite flache und feinsandige Strände mit bunten Kabinen als Relikt traditioneller Badekultur. Die buchen italienische Familien normalerweise für den ganzen Sommer, Mütter und Kinder verbringen ihn dort, die Väter kommen vielfach nur am Wochenende. Weiter südlich bilden uralte Pinienwälder die Schatten spendende Abgrenzung der Strände, es folgen meist kleine Buchten. Und auf den Inseln, allen voran dem mondänen Elba, finden Badelustige einen schönen Mix an Stränden und Buchten, für jeden Tag etwas.

Das richtige Wohngefühl

Die Sandstrände sind natürlich ideal für Ferien mit Kindern, ebenso wie die vielen Ferienwohnungen und -häuser, die man über eine der zahlreichen Agenturen oder direkt bzw. im Internet buchen kann. Auch Ruhesuchende werden leicht fündig, vor allem wenn sie ein Häuschen, ein Landgut oder auch eine Burg auf einer einsamen Hügelkuppe mieten. Viele Häuser, einst die ärmliche Behausung der Halbpächter, besitzen einen eigenen Pool, für den Geschmack der Naturschützer allzu viele.

Warum nicht auch mitten in Florenz, Siena oder Lucca seine Ruhe suchen? Immer mehr Wohnungen werden, zum Bedauern der einheimischen Bevölkerung, die kaum noch geeigneten Wohnraum findet, für Feriengäste ausgebaut, meist sehr stilvoll und fast immer zu Höchstpreisen im Angebot.

Doch auch die Hotellerie kann sich sehen lassen. Teuer bis sehr teuer, ob in der Stadt oder auf dem Land in prunkvollen Villen. Doch es gibt immer mehr auch preiswerte Unterkünfte – in kleineren Orten, in Agriturismi auf dem Land oder in familiären B & Bs, wo man sich rührend um die Gäste kümmert, so sie es denn mögen.

Die Toskana auf eigene Faust

Die Toskana macht es Individualreisenden leicht: Sie verfügt über eine ausgezeichnete touristische Infrastruktur, zu der nicht nur Unterkünfte in allen Kategorien und in nahezu allen Orten gehören, sondern auch gut ausgebaute Straßen und Verkehrsverbindungen. Wer rechtzeitig einen Mietwagen gebucht hat, kann bequem mit dem Flugzeug anreisen. Von den beiden Flughäfen Florenz und Pisa gibt es auch mit Bus und Zug (ab den jeweiligen Stadtbahnhöfen) gute Verbindungen zu den größeren Orten bzw. zu den Provinzhauptstädten. Sogar das Chianti kann man – genug Zeit vorausgesetzt – per Bahn und Bus entdecken. Die Städte zwischen Florenz und der Küste sind bahnmäßig am besten erschlossen, teils sogar durch Lokalbahnen und im Chiana-Tal durch die parallel verlaufende IC-Strecke. Leicht haben es Bahnreisende auch an der Küste selbst: Alle Orte der Versilia sind mit Zügen erreichbar. Siena ist auf Umwegen über Empoli mit Pisa und auf einer Nebenstrecke über Asciano mit dem Chiana-Tal verbunden. Ansonsten ist für Entdeckungsreisen ein eigenes Fahrzeug notwendig. Sportliche können die Toskana auch mit dem Fahrrad erkunden, auf immer besseren Routen.

Im Reiseteil dieses Buches finden sich unter den einzelnen Orten Adressen von Unterkünften und Infos zu den Verkehrsverbindungen, mit denen man sich als Individualreisender seine Tour problemlos selbst zusammenstellen kann. Auch Tipps für Unternehmungen und entsprechende Anbieter sind dort gelistet.

Die Alternative: pauschale Arrangements

Für das erste Kennenlernen kann eine organisierte Gruppenreise durchaus sinnvoll sein. Vor allem dann, wenn man noch kein Italienisch spricht oder wenn besondere Anlässe oder Festlichkeiten einbezogen werden sollen wie etwa die Giostra del Saracino in Arezzo oder die Trüffelmesse von San Miniato.

Kaum ein Veranstalter lässt sich die Toskana entgehen. In der Hauptsache werden Ferienhäuser bzw. -wohnungen vermietet oder thematische Rundreisen angeboten: Kulturreisen, Schlemmertouren, Reisen zu besonderen Anlässen wie Theater- und Opernevents. Alles ist unproblematisch im Reisebüro oder direkt bei den Veranstaltern zu buchen. Mittlerweile gibt es unzählige Toskana-Spezialisten, aber auch die Großen der Branche bieten Toskana-Reisen an.

Veranstalter in der Toskana

Die Toskana bietet mehr als Kultur – man kann auch in der herrlichen Landschaft wandern und Rad fahren, mit der Vespa durch Zypressenalleen brausen oder an der Küste Wassersport treiben. Adressen von Veranstaltern finden sich im Reiseteil des Buches, hier nur eine kleine Auswahl: **Toscana Adventure Team,** www.facebook.com/toscanaadventureteam (Allrounder, mit Trekking und Mountainbiking, Reiten, Canyoning und Höhlentouren); **Tuscany by Vespa,** www.tuscanybyvespa.com (Vespatouren durch das Chianti inkl. Weinprobe); **Sea Kayak Italy,** www.seakayakitaly.it (Seekajaktouren ab Marciana Marina inkl. Angeln oder Umrundung der Insel Elba).

In allen größeren bzw. kulturell interessanten Orten werden Guides vermittelt, was freilich für Einzelpersonen oder eine Familie recht kostspielig sein kann. Auskünfte bekommt man bei den lokalen Verkehrsämtern (s. Reiseteil des Buches ab S. 84) oder direkt bei der Organisation der toskanischen Fremdenführer unter Tel. 055 28 84 48, Mobil 340 176 02 88, www.centroguidetoscana.it. Auf der Website findet man auch alle Tarife und Routenvorschläge für einen oder mehrere Tage.

WICHTIGE FRAGEN VOR DER REISE

Welches **Budget** muss ich für einen Urlaub in der Toskana einplanen? s. S. 82

Welche **Kleidung** und welche **Ausrüstungsgegenstände** gehören in den Koffer? s. S. 76

Wie kann ich **Tickets für Museumsbesuche in Florenz** vorab online reservieren? s. S. 97

Wo bekomme ich **Karten für beliebte Veranstaltungen** und Kulturevents? s. S. 70

Welche kleineren **Thermen** bieten sich als preiswerte Alternative zu teuren Klassikern wie Montecatini und Chianciano Terme an? s. S. 429

Welche **landschaftlich reizvollen Strecken** gibt es für die Anreise mit dem Pkw? s. S. 57

Wo findet man die **schönsten** bzw. die **saubersten Strände?** s. S. 72

Was ist beim **Kauf von toskanischem Olivenöl** und **Pecorino** zu beachten? s. S. 63, 410

Wo finde ich den **Slow-Food-Prinzipien verpflichtete Lokale**? s. S. 79

Planungshilfe für Ihre Reise

Kulturerlebnis — Naturerlebnis

Angaben zur Zeitplanung

Bei den folgenden Zeitangaben für die Reise handelt es sich um Empfehlungswerte für Reisende, die ihr Zeitbudget eher knapp kalkulieren.

1. Florenz und Umgebung

Ein Besuch der Arno-Metropole mit ihren großartigen Museen und Architekturdenkmälern ist Pflicht, an diesem Ort, der Wiege der Renaissance, lebten die bedeutendsten Künstler. Donatello, Michelangelo, Leonardo und Botticelli wirkten hier, Dante Alighieri schrieb in Florenz seine »Göttliche Komödie«.

Die Kapitel in diesem Buch

Doch Florenz verspricht nicht nur Kunstgenuss, sondern auch Dolce Vita: In den engen Altstadtgassen warten wunderbare Modeboutiquen, einladende Restaurants und Trattorien, Enotheken und Antiquitätenläden auf Entdeckung.

Ausflüge in die Umgebung führen nach Norden ins etruskische Städtchen Fiésole, ein schöner Aussichtsbalkon oberhalb von Florenz. Dahinter erstreckt sich das Mugello, Heimat der Medici, die hier ihre Landsitze zu Villen ausbauten.

Florenz

Gut zu wissen: Da Florenz trotz autofreier Zone im historischen Kern stets der Verkehrsinfarkt droht und die Parkplätze sowohl rar als auch teuer sind, reist man am besten mit dem Flugzeug (der Flughafen liegt nur 6 km vom Zentrum entfernt) oder der Bahn an, wenn man nur die Stadt erkunden möchte. Ins Mugello kommt man recht gut mit Bahn und Bus. Die Hotelpreise in Florenz können bei Messen u. a. Anlässen extrem hoch sein. Wer spezielle Museen besichtigen möchte, sollte die Karten vorab online reservieren.

Zeitplanung

Florenz:	mindestens 3 Tage
Ausflüge ins Mugello:	4 Tage

2. Zwischen Florenz und dem Meer

Jede der vier Provinzhauptstädte hat ihr eigenes unverwechselbares Gesicht: Das Textilzentrum Prato besitzt wunderbare sakrale und profane Bauten aus Mittelalter und Renaissance, Pistóia ein zauberhaftes historisches Altstadtzentrum, Lucca punktet mit der schönsten Stadtmauer der Toskana und Pisas Visitenkarte ist der Platz der Wunder mit dem Schiefen Turm.

Landausflüge führen nach Süden ins Hügelland des Montalbano mit gepflegten Weingütern, prächtigen Medici-Villen und dem hübschen Vinci, Leonardos Geburtsort. Im Norden liegen die hügelreiche Valdiniévole mit recht urtümlichen befestigten Dörfern und dem traditionsreichen Kurort Montecatini Terme, die waldreiche Garfagnana und die Apuanischen Alpen mit ihren berühmten Marmorbrüchen.

- *Pistóia*
- *Lucca*
- *Pisa*

Gut zu wissen: Die vier Städte Prato und Pistóia, Lucca und Pisa lassen sich bequem mit Bahn oder Bus erreichen. Sie sparen sich rund um die verkehrsberuhigten historischen Zentren die Parkplatzsuche und die sehr hohen Parkgebühren. Von den Bus- oder Bahnstationen gelangen Sie zu Fuß schnell in die Zentren, denn diese sind allesamt in ihrer Größe recht überschaubar.

Für die Ausflüge wäre ein Fahrzeug angebracht – für das Montalbano-Gebiet im Süden und die Garfagnana im Norden (nicht aber für die Apuanischen Alpen) kann das auch ein Fahrrad sein.

Zeitplanung

Prato, Pistóia, Lucca und Pisa:	je 1 Tag
Ausflüge in den Süden:	2–3 Tage
Ausflüge in den Norden:	2 Tage

Tipp: In der Garfagnana ist man sehr rührig, was Angebote für Wanderer betrifft. Dort wurde u. a. die Rundroute Garfagnana Trekking mit Start und Ziel in Castelnuovo di Garfagnana ausgebaut, die auch in Teiletappen begangen werden kann (Infos unter www.trekking.garfagnana.eu).

3. Die Toskanische Küste

An der toskanischen Küste wechseln sich kleine Buchten mit langen pinienbeschatteten Stränden ab. Ein Teil dieser Pinete steht unter Naturschutz wie der Parco Naturale della Maremma mit naturbelassenen Sandstränden und Wanderwegen durch dichte Macchia und Steineichenwälder. Zu berühmten Badeorten wie Forte dei Marmi und dem vom Jugendstil geprägten Viaréggio gesellen sich charmante kleine wie Castiglione della Pescáia mit großer Lagune oder Castiglioncello mitten in einem Pinienwald. Auch Hafenstädte wie Livorno und Piómbino säumen die Küste.

Eine Welt für sich sind die vorgelagerten Inseln wie Elba und Gíglio oder Pianosa und Montecristo, Letztere kann man nur im Rahmen organisierter Touren besuchen.

Im Hinterland der toskanischen Küste liegen sehenswerte Städte wie Grosseto und Massa Maríttima. Hier haben auch die Etrusker Spuren hinterlassen, denen man in Populónia und im nahen San Silvestro folgen kann – zur Besichtigung der Ausgrabungen und Bergwerke gehört auch der Genuss der Landschaft.

- *Elba*
- *Parco Naturale della Maremma*
- *Gíglio*

Gut zu wissen: Man kann die toskanische Küste zwar gut mit der Bahn erschließen, doch kommt man nicht so einfach weiter ins Hinterland. Die Mitnahme von Fahrrädern ist ähnlich kompliziert wie nördlich der Alpen, problemlos dagegen auf den Fährschiffen nach Elba oder Gíglio, die in relativ dichtem Takt fahren. Im Hochsommer ist allerdings unbedingt rechtzeitige Platzreservierung empfehlenswert, erst recht bei Mitnahme eines Wagens nach Elba – nach Gíglio ist dies dann ohnehin kaum möglich.

Zeitplanung

Versilia mit Viaréggio und Livorno:	4–5 Tage
Ausgrabungen von Populónia und Parco Archeominerario di San Silvestro:	2 Tage
Parco della Maremma und Orbetello:	2 Tage
Elba und Gíglio:	3 Tage
Bootsausflüge auf die kleinen Inseln Montecristo (nur im Rahmen organisierter Touren möglich) und Pianosa:	jeweils 1 Tag

4. Siena und Umland

Das an Türmen und Kuppeln reiche Siena gilt als schönste Stadt der Toskana. Zum touristischen Pflichtprogramm gehört hier der Domplatz mit der gotischen Kathedrale, dem großartigen Dombaumuseum und den Sammlungen im früheren Hospital von Santa Maria della Scala. In der Pinakothek sind Meisterwerke der Sieneser Malerei zu sehen. Prächtige Paläste und von Kunstwerken überquellende Kirchen säumen die mittelalterlichen Straßen und Gassen. Dann als Höhepunkt der Besichtigung die Genusspause auf dem Campo, dem Platz der Plätze!

Rings um Siena: Hügel über Hügel, auf denen befestigte Städtchen thronen, einzelne Gehöfte oder Kirchen. Höhepunkte sind das turmreiche San Gimignano und das etruskische Volterra mit seinen mittelalterlichen Palästen und engen Gassen. Das weinselige Chianti, das im Norden das Gebiet von Florenz berührt, gehört zu den landschaftlichen Highlights und darf nicht ausgelassen werden.

- *Siena*
- *San Gimignano*
- *Volterra*

Chianti

Gut zu wissen: Siena ist wie praktisch alle historischen Zentren der Toskana für auswärtige Autofahrer tabu. Seit es die Rolltreppen gibt, speziell die vom Bahnhof ins Zentrum, sollte man also besser die Anreise per Bahn oder Bus (er fährt bis zur Piazza della Lizza) einplanen oder den Wagen gleich unten parken.

Zu allen wichtigen Ausflugszielen verkehren Busse, allen voran natürlich nach San Gimignano und Volterra, allerdings nur tagsüber, im Schul- bzw. Berufsverkehr.

Zeitplanung

Siena:	2–3 Tage
Ausflug nach San Galgano und in die Montagnola:	1 Tag
San Gimignano und Volterra:	2 Tage
Chianti:	2 Tage
Colle di Val d'Elsa und Monteriggioni:	1 Tag

Tipp: Eine wunderbare Einrichtung ist der Trenonatura, ein Dampfzug, der von Siena aus tatsächlich in die Natur fährt, mit längeren Aufenthalten an festgelegten Orten und Gelegenheit zum Besuch von Märkten, Festen etc. Die nostalgischen Fahrten werden von März bis Anfang Dezember durchgeführt. Genaue Termine für die Ganztagesfahrten findet man auf der Website von Terre di Siena (www.terresiena.it/trenonatura).

5. Crete und Südosten

Die karge Landschaft der Crete südöstlich von Siena dürfte in keinem Toskana-Kalender oder -Bildband fehlen. Wie an einer Perlenschnur aufgereiht thronen die Orte Montalcino, San Quirico d'Orca, Pienza, Monticchiello und Montepulciano malerisch und weithin sichtbar auf ihren Hügeln.

Grün wird es am Monte Amiata, dem höchsten Berg der Toskana. Pilzreiche Wälder bedecken die Flanken des einstigen Vulkans, an denen kleine Thermen wie das zauberhafte Bagno Vignoni zu finden sind. Die Region in seinem Süden haben die Etrusker geprägt, deren Spuren man in den heute von gotischen Strukturen auf hohen Tufffelsen geprägten Städtchen Sorano, Sovana und Pitigliano folgen kann.

Montepulciano *Crete*

Gut zu wissen: Die Südost-Toskana lässt sich gut mit dem Fahrrad bzw. dem Mountainbike erkunden, wenn man über die entsprechende Fitness verfügt. Sonst benötigt man einen Wagen oder ein Motorrad und wird sich beim Fahren an vielen Kurven und weiten Ausblicken erfreuen. Montepulciano und Montalcino sind im Berufsverkehr recht gut mit dem Bus angebunden, danach werden die Verbindungen aber rar.

Zeitplanung

Für die Crete, das Orcia-Tal und rund um den Monte Amiata: mind. 7 Tage

6. Arezzo, Casentino und Valtiberina

Auch das Gebiet von Arezzo war Etruskerland. Die Altstadt zu Füßen des Domhügels ist kompakt und leicht zu erkunden. Absoluter Höhepunkt für jeden Kunstgenießer ist die Hauptchorkapelle der Kirche San Francesco, die Piero della Francesca mit dem Bilderzyklus der Geschichte zum wahren Kreuz ausmalte.

In der bewaldeten Hügellandschaft des Casentino erheben sich trutzige Festungsstädtchen wie Póppi und Bibbiena in schöner Panoramalage, im Kloster La Verna im Norden empfing der heilige Franziskus seine Stigmata. Nicht weit davon entfernt liegt die riesige Abtei der Kamaldulenser und weiter oben im tiefen Wald ihre Einsiedelei. Östlich davon entspringt der Tiber und gestaltet die tiefgrüne Valtiberina.

Südlich von Arezzo locken die schön am Hang gelegenen mittelalterlichen Festungsstädte Cortona und Castiglión Fiorentino.

Arezzo *Valtiberina*

Gut zu wissen: Arezzo kann man sowohl mit dem Wagen (Parken unterhalb des Dombergs, Rolltreppen nach oben) als auch per Bahn oder Bus erreichen, vom Bahnhof schlendert man fast eben ins historische Zentrum, das nur zum Dom hin etwas ansteigt. Für den Besuch der Fresken in San Francesco soll man sich in der Saison vorher anmelden. Die Hotellerie in der Stadt ist mit wenigen Ausnahmen relativ bescheiden, bei den Restaurants sieht es etwas besser aus.

Im Apennin wird noch authentisch toskanisch und zu reellen Preisen gekocht. Nette Unterkünfte finden Sie etwa in *alberghi diffusi* oder in kleineren Pensionen.

Zeitplanung

Arezzo:	1 Tag
Ausflüge auf den Spuren Pieros:	1 Tag
Póppi, Bibbiena und San Sepolcro:	1 Tag
La Verna und Camáldoli:	1 Tag

Vorschläge für Rundreisen

Erste Begegnung mit der Toskana (14 Tage)

1.–3. Tag: Zwei Tage Stadtbesichtigung Florenz mit ein wenig Einkaufsbummel und ein Tag Ausflug nach Fiésole.

4. Tag: Weiterfahrt nach Lucca, Stadtbesichtigung, die Stadtmauer nicht vergessen!

5. Tag: Weiterfahrt nach Pisa, Stadtbesichtigung, auf jeden Fall Piazza dei Miracoli mit Dom und Schiefem Turm.

6. und 7. Tag: Weiterfahrt nach Siena, am ersten Tag Stadtbummel, am nächsten Besuch von Museen und Kirchen.

8.–10. Tag: Im Chianti einquartieren und auf Entdeckungstour gehen.

11. Tag: Arezzo mit einem Abstecher ins Casentino oder in die Valtiberina.

12.–14. Tag: Südöstliche Toskana mit Umrundung des Monte Amiata und Erkundung des Etruskergebiets um Sovana.

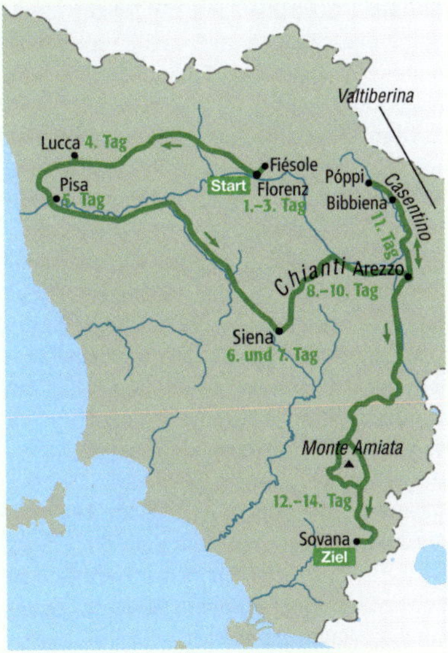

Florenz und die Küste (21 Tage)

1.–4. Tag: Drei Tage intensive Stadtbesichtigung, Einkaufsbummel und Schlemmen. Abstecher nach Fiésole und Ausflug ins Mugello mit den Medici-Villen, der Messerschleifer-Stadt Scarperia und Borgo San Lorenzo. Am Sieve-Fluss eine Schleife nach Florenz zurück.

5. Tag: Weiterfahrt nach Prato, Stadtbummel, Besichtigungen rund um den Domplatz.

6. Tag: Pistóia, Bummel rund um den Domplatz, Weiterfahrt nach Lucca.

7. Tag: Lucca, Stadtspaziergang im Zentrum und auf der imposanten Stadtmauer.

8. Tag: Ausflug in die Garfagnana nach Castelnuovo di Garfagnana, von dort durch die Apuanischen Alpen an die Versilia.

9. Tag: Die Versilia-Badeorte von Carrara über Forte dei Marmi bis Viaréggio erkunden und genießen.

10. Tag: Weiterfahrt nach Pisa. Domplatz (Piazza dei Miracoli) und Altstadtbummel.

11. Tag: Abstecher zur romanischen Kirche San Piero a Grado, Weiterfahrt nach Marina di Pisa mit den hübschen Stelzenrestaurants.

12. Tag: Entlang der Küste nach Livorno, Bummel auf der Meerespromenade, Besuch des Fattori-Museums und des Aquariums; unbedingt Fischsuppe essen *(cacciucco livornese)*.

13. Tag: Bummelfahrt ins Hinterland, in die Colline Metallíferi, möglichst das historische Bergwerk von San Silvestro bei Campiglia Maríttima aufsuchen.

14. Tag: Populónia und die dortigen Ausgrabungen besichtigen, in Piómbinos Museum die Funde bewundern, übernachten.

15. und 16. Tag: Mit der Fähre nach Elba übersetzen, um die wilde Insel mit dem Wagen oder dem Mountainbike zu erkunden oder eine einsame Bucht zu suchen. Mit der Kabinenbahn auf den Monte Capanne hinauf, um alles zu überschauen. Im Haupt- und Hafenort Porto-

ferráio und Umgebung auf Napoleons Spuren wandeln.

17. Tag: Zurück aufs Festland und weiter nach Massa Maríttima; die überschaubare Stadt kann man gut noch am selben Tag erkunden.

18. Tag: Weiterfahrt über den hübschen Badeort Castiglione della Pescáia mit seiner Lagune nach Grosseto, auch hier wird man sich an einem Tag nicht langweilen; auf jeden Fall die Oberstadt aufsuchen!

19. Tag: Weiterfahrt nach Süden und Erkundung des Parco Naturale della Maremma oder dell'Uccellina.

20. Tag: Über die hübsche, wenn auch moskitoreiche Lagune von Orbetello nach Porto Santo Stéfano auf dem Monte Argentario und dort die Fähre zur Insel Gíglio nehmen (im Sommer dürfen fremde Autos nicht mit, also im Hafenort in eine Garage stellen). Auf Gíglio übernachten.

21. Tag: Gíglio erkunden, was auch mit den lokalen Buslinien ganz gut klappt, oder alternativ mit dem Mountainbike. Es gibt nur drei Dörfer und viel Natur!

Von Orbetello nach Florenz (8 Tage)

1. Tag: Ins Etruskerland mit seinen großartigen historischen Städten auf hohen Tuffgraten: Es geht nach Sorano, Sovana und Pitigliano.

2. Tag: Weiterfahrt über Abbadia di San Salvatore, die Renaissanceperlen Pienza und Montepulciano zum Weinort Montalcino mit imposanter Festung.

3. Tag: Über Buonconvento mit dem interessanten Museum der *mezzadria* (Halbpacht) Fahrt nach Siena, der gotischen Rivalin von Florenz mit ihren hohen gotischen Palästen und natürlich der berühmten Piazza del Campo.

4. Tag: Abstecher über die sanft gewellten Hügel der berühmten Crete über das beschauliche Sinalunga ins Chiana-Tal nach Arezzo, zumindest um Piero della Francescas Freskenzyklus in der Kirche San Francesco zu bewundern und die großartige Piazza Grande mit ihren Bauwerken.

5. Tag: Zurück nach Westen, von Montevarchi aus ins Chianti, Abstecher zur Badia a Coltibuono, Bummel durch Radda in Chianti und weiter nach Castellina, dem höchst gelegenen Weinort des Gebietes. Dort Übernachten.

6. Tag: Weiterfahrt über das trutzig befestigte, winzige Monteriggioni und das dreigeteilte Colle di Val d'Elsa nach Volterra mit seinen hohen mittelalterlichen Palästen und dem interessantem Dom.

7. Tag: Weiterfahrt nach San Gimignano mit den hohen Geschlechtertürmen aus dem Mittelalter. Die Fresken im Dom bewundern, Genussbummel und Weineinkauf.

8. Tag: Rückreise durch das Elsa-Tal über Certaldo, Castelfiorentino und Ponte a Elsa nach Florenz.

Genusstour durch das Chianti (7 Tage)

1. Tag: Anreise; in einem Ferienhaus mitten im Chianti einquartieren, z. B. in/um Castellina in Chianti, Lebensmittel einkaufen.

2. Tag: Ausflug auf der aussichtsreichen Via Chiantigiana Richtung Norden bis Greve in Chianti mit seinem imposanten Marktplatz.

3. Tag: Ausflug in Richtung Osten nach Badia a Coltibuono, dem angeblichen Geburtsort des Chianti-Weines (in Konkurrenz mit dem Castello di Brólio), zurück vorbei am Castello di Vertine, dann ein Bummel durch Gaiole in Chianti, über das nette Radda in Chianti wieder retour nach Castellina in Chianti.

4. Tag: Ganztagesausflug (früh los!) über die Chiantigiana südwärts, am kleinen Quercegrossa vorbei nach Siena. Geht auch gut mit dem Linienbus. Erster Bummel durch die gotisch schöne Stadt, auf jeden Fall Campo, Domplatz mit Dom, auch das Dombaumuseum und den großartigen Museumskomplex Santa Maria della Scala einbeziehen. Über die Chiantigiana zurück, weil sonst der Tag für Siena nicht ausreicht.

5. Tag: Ausflug über Radda in Chianti zum Castello di Meleto mit seinem hübschen Theater weiter nach Süden zum Castello di Brólio, für dessen Besichtigung man länger braucht, zum befestigten Dorf San Gusmè mit toller Einkehrmöglichkeit.

6. Tag: Wieder Radda in Chianti anpeilen, um dann südwärts direkt auf Vagliagli mit seinem interessanten Parco Sculture del Chianti zuzusteuern. Kenner zeitgenössischer Skulpturen werden sich ganz sicherlich länger im Park aufhalten wollen.

7. Tag: Ganztagesausflug über Colle di Val d'Elsa nach San Gimignano mit seinen Geschlechtertürmen, die Fresken im Dom nicht vergessen – und Zeit fürs kulinarische Genießen einplanen.

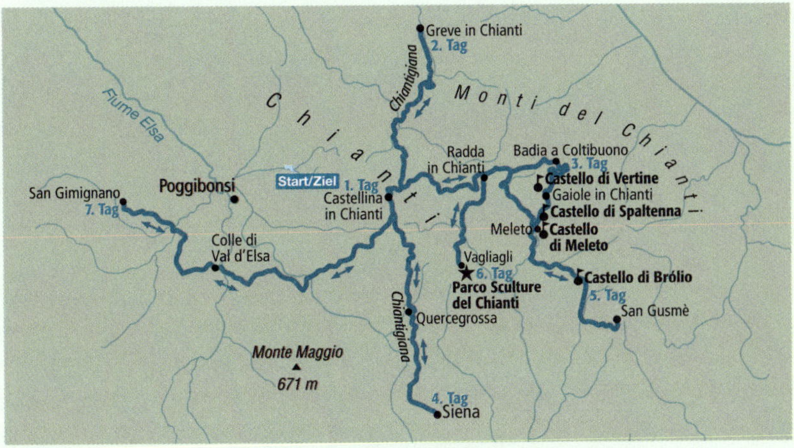

Wissenswertes über die Toskana

Die Städte im Südosten der Toskana wirken wie uneinnehmbare Festungen; ihre Häuser scheinen direkt aus dem sandfarbenen Tuff herausgewachsen zu sein.

Unverkennbar dank seiner Geschlechtertürme: San Gimignano

Steckbrief Toskana

Daten und Fakten

Name: Toskana

Fläche: 22 992 km^2
Hauptstadt: Florenz, ital. Firenze
Amtssprache: Italienisch

Einwohner: ca. 3,7 Mio.
Bevölkerungswachstum: ca. 0,1 %
Lebenserwartung: ca. 79 Jahre
Analphabetenrate: bei den Männern 1 %, bei den Frauen 2 %
Zeitzone: MEZ
Währung: Euro
Maßeinheiten: generell metrisch, für jeweils 100 g gibt es die Bezeichnung *un etto*
Landesvorwahl: 0039
Internetkennung: .it

Landesflagge: Die italienische Fahne, die Tricolore, ist von links nach rechts grün, weiß und rot gestreift. Die toskanische Regionalflagge zeigt ein rotes geflügeltes Pferd (Pegasus) auf weißem Feld, oben und unten von roten Streifen begrenzt, im Zweiten Weltkrieg das Symbol der toskanischen Widerstandsbewegung.

Geografie

Die mittelitalienische Region Toskana zwischen der Emilia-Romagna im Norden, Umbrien im Osten, Latium im Südosten und Ligurien im Nordwesten bedeckt zusammen mit ihrem Archipel eine Fläche von insgesamt 22 992 km^2 (7,6 % der gesamtitalienischen Fläche). Sie ist damit die fünftgrößte Region des Landes.

Der höchste Gipfel innerhalb der Toskana erhebt sich ganz im Süden, der 1738 m hohe Monte Amiata. Von Nord (Tosco-Emilianischer Apennin) nach Süd (Grenze zu Latium) erstreckt sich die Region über eine Länge von 215 km, von Ost (Grenze zu Umbrien) nach West (Mittelmeer) über 235 km. Aufgrund der ›Schräglage‹ und der unruhigen Küstenlinie am Tyrrhenischen Meer beträgt die gesamte Küstenlänge 328 km; zusammen mit den Inseln Elba, Pianosa, Montecristo, Gíglio, Capráia und Giannutri besitzt die Toskana sogar 580 km Küstenlinie.

Geschichte

Die Toskana gilt als Kernland der Etrusker, deren Hinterlassenschaft nicht nur Grabstätten unterschiedlicher Art sind (besonders schön im Golf von Barátti/Populónia, in Vetulónia und Roselle, bei Chiusi oder im Dreieck Satúrnia/Sovana/Pitigliano), sondern auch zahlreiche Grabbeigaben, Kunstwerke, Kult- und Gebrauchsgegenstände. Sie befinden sich u. a. in den Archäologischen Museen von Florenz und Volterra, bereichern aber auch kleinere Sammlungen (z. B. die des Museo Civico Archeologico von Chianciano Terme). Manche meinen, das Etruskische habe sich im Wesen der Toskaner bis heute erhalten.

Des Weiteren gilt die Toskana, speziell Florenz, als Wiege des Humanismus und damit auch der Renaissance, die untrennbar miteinander verbunden sind. Ihre Blütezeit geht einher mit dem Zenit der Macht eines der bedeutendsten Fürstenhäuser Italiens, der Medici, die mit ihrem Reichtum nicht nur für die

Verschönerung ihrer Stadt Florenz sorgten, sondern auch politisch die Fäden zogen (z. B. als Finanziers der Päpste).

Staat und Politik

In der komplizierten italienischen Politiklandschaft erweist sich die Toskana in großen Teilen nur mehr regional als relativ stabil mit vielen Mitte-Links-Wählern. Denn bei den letzten Parlamentswahlen hat die Toskana nur noch mit rund 35 % wieder Mitte-Links gewählt.

Die Toskana mit der Regionalhauptstadt Florenz ist eine der 20 Regionen Italiens und in zehn Provinzen eingeteilt. Sie tragen wie in Italien üblich die Namen ihrer Hauptstädte: Arezzo und Florenz, Grosseto und Livorno, Lucca, Massa-Carrara und Pisa, Pistóia, Prato und Siena. Die Provinzen ihrerseits sind in Kommunen eingeteilt. Ein 2012 verabschiedeter Gesetzesentwurf zur Verschlankung der Verwaltung erwägt eine Reduzierung der Provinzen durch Zusammenlegung und eine Kommunalreform mit der Eingliederung von Gemeinden mit weniger als 1000 Einwohnern in größere Kommunen.

Wirtschaft und Tourismus

Der Anteil der Erwerbspersonen an der Gesamtbevölkerung beträgt gut 63 %. Etwa ein Drittel aller Arbeitnehmer der Region sind selbstständig, die Arbeitslosenquote liegt dank forcierter Selbstständigkeit mit Kleinbetrieben und Agriturismo bei 8 % (Italien zzt. an die 12 %). Allerdings sind noch immer 24 % der Jugendlichen (15–24 Jahre) arbeitslos (Italien gesamt über 32 %).

Der Tourismus in der Statistik: jährlich knapp 100 Mio. Übernachtungen, ca. 45 % Deutsche, Österreicher und Schweizer, die zu 30 % in Ferienhäusern und -wohnungen auf dem Lande ihr Urlaubsquartier aufschlagen, wo die Preise im Verhältnis zu den Hotels relativ günstig sind. Ferner spielen in der Toskana folgende Industriezweige eine bedeutende Rolle: Keramik und Präzisionsmechanik sowie Mode in Florenz und Prato, Glasherstellung in Émpoli, Eisenverarbeitung in Piómbino, in Scarlino chemische Industrie, in Livorno Raffinerien, Werften und Glas, in Rosignano Natron (Soda), Möbel in Cascina und Ponsacco, Nuklearforschung in Pisa – und Wein (ein wichtiger Exportartikel!) vor allem im Chianti-Gebiet, aber auch in der südlichen Toskana.

Wo Weinreben gedeihen, da findet man häufig auch Ölbäume, aus deren Früchten hervorragendes Olivenöl produziert und meist sehr teuer verkauft wird. Denn der Wein und das Olivenöl aus der Toskana sind – abgesehen von ihrer hohen Qualität – weltweit so etwas wie ein Statussymbol geworden.

Bevölkerung

Die Region Toskana ist im inneritalienischen Vergleich sehr dicht besiedelt: Gesamtbevölkerung 3,7 Mio., das sind im Durchschnitt 160 Einwohner je Quadratkilometer, auf das reine Kulturland bezogen ca. 600. Der größte Teil der toskanischen Bevölkerung lebt in Städten. Die Lebenserwartung liegt bei durchschnittlich 79 Jahren, das jährliche Bevölkerungswachstum bei 0,1 % und tendiert seit Jahren gegen Null.

Religion

Die Mehrheit der Toskaner ist römisch-katholisch, ohne dass man bei ihnen von besonders großer Religiosität sprechen könnte. Kirchenbesuche dienen eher dem Kunstgenuss und als festlicher Rahmen für Feste, Hochzeiten, Taufen und andere Höhepunkte im Familienleben.

Sprache

Die Toskaner pflegen das reinste Schriftitalienisch, allerdings in und um Florenz mit zum Teil gewöhnungsbedürftiger Aussprache, weil sie unter sich keine k-Laute sprechen. So wird beispielsweise *casa* (Haus) *hasa* ausgesprochen, *cotto* (Backstein) *hotto*.

Natur und Umwelt

Von Nord nach Süd zwischen dem Tosco-Emilianischen Apennin und dem Monte Amiata kurz vor der Region Latium, von West nach Ost zwischen dem Tyrrhenischen Meer und der Region Umbrien erstreckt sich die Toskana. Mittendrin gibt es liebliche Weinhügel, dichte Steineichen- oder Kastanienwälder sowie einladende, meist trutzig auf ihren Hügeln thronende historische Städtchen.

Die Toskana gilt als das Land der sanft gewellten Hügel. Wohl weil viele sie mit dem – nicht durchgängig – lieblichen Chianti gleichsetzen. Doch zur Toskana gehören auch die schroffen Bergketten des Tosco-Emilianischen Apennin (im Norden), der entlang der Regionsgrenze einige Zweitausender aufweist. Gar nicht weit von Florenz entfernt, wenige Kilometer nördlich von Fiésole, erhebt sich der Montebello mit 934 m Höhe, südöstlich, bei der Sommerfrische Vallombrosa, der 1592 m hohe Pratomagno. Im Süden der Toskana ist der 1738 m hohe Monte Amiata nicht nur landschaftsbestimmend für den gesamten Südosten der Region, sondern sogar ein beliebtes Wintersportgebiet, manchmal schneebedeckt bis ins Frühjahr hinein.

Neben den von vielen als untoskanisch empfundenen Gipfeln prägen auch zahlreiche Flüsse und Bäche das Landschaftsbild der Toskana: der Arno, dank groß angelegter Sanierungsmaßnahmen fast schon befreit von Schlamm und Industrieabfällen. Doch reizvoller bleiben sein Zufluss Chiana, der im Chiusi-See seinen Lauf beginnt, und der Ombrone, der dem Land südlich von Siena bis über Grosseto hinaus in schlangenförmigem Lauf seinen Stempel aufdrückt. Nicht zu vergessen der Tiber, der auf seinem Weg nach Rom nicht nur die Region Umbrien gestaltend durchfließt, sondern in seinem Oberlauf auch den Nordosten der Toskana prägt und damit die zu Unrecht noch wenig bekannte Valtiberina.

Landschaftsformen

Vom Tosco-Emilianischen Apennin zum Arno

Der Apennin bildet die Nordgrenze der Toskana zur Nachbarregion Emilia-Romagna hin, zu seinen Füßen erstrecken sich im Süden von West nach Ost die Lunigiana, die weißen Marmorberge der Apuanischen Alpen und die waldgrüne, kastanienreiche Garfagnana. Weiter östlich bzw. im Norden von Florenz breitet sich dem Lauf des Flusses Sieve folgend das Mugello aus, dessen Städtchen und Dörfer beliebte Ausflugsziele der Florentiner sind.

Südöstlich des Mugello schließt sich das Casentino an, das sich bis kurz vor Arezzo erstreckt, mit zum Teil fantastischen Felsformationen und alten hohen Mischwäldern, in denen, z. B. in La Verna und Camáldoli, bedeutende Einsiedeleien entstanden. Östlich davon entspringt der Tiber und gestaltet die waldreiche Valtiberina.

Westlich dieser meist waldschattigen, mittelgebirgigen Landschaften nimmt das Arno-Tal einen breiten Streifen der Region ein, hier liegen fast alle wichtigen Städte, wird das Umland intensiv landwirtschaftlich genutzt, in der Gegend um Pistóia, genauer bei Péscia, etwa für die Blumenzucht. Im Sommer liegt über dem Gebiet eine unerträgliche Schwüle, wer kann, flieht die Städte! Und im Winter kann es hier lange und intensiv regnen.

Chianti

Südlich des Arno-Tals wellt sich das Land wieder, es beginnen die Hügellandschaften. Von West nach Ost sind dies die Pisaner Hügel, der Montalbano und die wohl bekannteste von ihnen, das Chianti. Doch entgegen der Erwartung vieler Toskana-Neulinge sind die Chianti-Hügel nicht übersät von Weingärten, sondern etwa zur Hälfte mit dichter Macchia oder gar Wald bedeckt. 35 000 ha des 70 000 ha großen Gebietes des Chianti Classico bestehen noch immer – und das soll per Gesetz auch so bleiben – aus Wald.

Und doch gilt das Chianti als die ›toskanische‹ Toskana, eine Landschaft, noch heute fast wie in der Frührenaissance, der absoluten Hochphase der toskanischen Kunst und Kultur. Im sanft gewellten Hügelland mit den strenge Akzente setzenden Zypressen erstreckt es sich zwischen Florenz und Siena, das berühmte Chianti, der Inbegriff einer Weinlandschaft. Was andererseits auch bedeutet: Mehr formen, mehr verändern lässt sich eine Landschaft kaum!

Crete und Balze

Harmlos und doch landschaftsbestimmend sind die Crete südöstlich von Siena. Der fast durchweg lehmige Boden ist nicht etwa gerodet worden, sondern hat noch nie eine richtige Bepflanzung erlebt, weil er dafür einfach nicht geeignet ist. Nur Gräser und Wildblumen gedeihen hier gut, weshalb die Crete zum Inbegriff toskanischer Schafweiden wurden. Seit Jahren bemüht man sich hier um innovative Anpflanzungen (z. B. von Hirse), die helfen sollen, den Boden fruchtbarer zu machen – und mit mäßigem Erfolg betreibt man sogar etwas Weinanbau.

Weit schlimmer als die Crete sind die Balze, die z. B. Volterra bedrohen, tief eingeschnittene Grate und Abbrüche, vom starken Wind und Regen ausgewaschen. Nach jedem Regenguss drohen sie erneut ein Stück des Bodens zu verschlingen, auf dem die Stadt erbaut wurde. So rissen sie in Volterra bereits wertvolle Zeugnisse aus der Villanova- und der Etruskerkultur sowie eine Kirche in den Abgrund. Fast nichts kann inmitten dieses kargen, zerfurchten Hügelgebiets mehr Halt finden, kaum etwas wachsen.

Maremma

Auch wenn der Name der südwestlichen toskanischen Landschaft gerne von *amare* (bitter) abgeleitet wird – er kommt von *maríttimo* (meernah). Tatsächlich bestimmt das Meeresklima den Charakter der mit weiten Steineichen- bzw. Macchiawäldern bedeckten Maremma. Im Hinterland gab es schon immer ein weitaus gesünderes Klima, weshalb sich nicht nur die Etrusker gerne auf den Tuffhügeln niederließen, sondern im Mittelalter auch die Bischöfe ihren Sitz, weitab vom malariaverseuchten Küstenstreifen, in die höher gelegene Maremma verlegten.

Vor Malaria braucht sich heute hier niemand mehr zu fürchten, sie wurde bereits in der Mitte des 19. Jh. besiegt, aber von besonderem landschaftlichem Reiz sind die von Kanälen durchzogenen Landstriche Richtung Meer. Es kann allerdings sein, dass man lange Strecken fahren muss, um zur nächsten Brücke über einen künstlichen oder auch über einen natürlichen Wasserlauf wie den Ombrone zu gelangen.

Rund um den Monte Amiata

Obwohl der – abgesehen von den Zweitausendern des Tosco-Emilianischen Apennins im Norden – höchste Gipfel der Toskana (1738 m) geografisch betrachtet am Rand der Region liegt, ist er für die gesamte südöstliche Toskana landschaftsprägend, von überall zu erkennen als gleichmäßiger Vulkankegel. Ja, er ist vulkanischen Ursprungs, schon lange allerdings erloschen und vollkommen harmlos. Aufmerksame Reisende werden zwischendurch vielleicht Vulkanbomben entdecken, eiförmig große, meist glatte, helle Steine mit einem kleinen Fortsatz, der sie teilweise wie versteinerte Fische aussehen lässt: Es sind Auswürfe des Vulkans, die sich immer wieder aus der Tiefe hinaufarbeiten bzw. im Zuge der Bewirtschaftung durch Ackergeräte hervorgeholt werden. Die Bauern in der südöstlichen Toskana benutzen sie gerne als Schmuck im Garten.

Der Monte Amiata ist nicht nur eine begehrte Sommerfrische, sondern auch – in günstigen Jahren – ein beliebtes Skigebiet, sogar mit Aufstiegshilfen! Wenn dies auch eher etwas für die lokale, durch alpine Skigebiete nicht verwöhnte Bevölkerung ist.

Inseln

Der Toskanische Archipel besitzt insgesamt sechs bzw. sieben Inseln (Monte Argentario ist mit dem Festland verbunden) im Tyrrhenischen Meer, von denen zwei einen besonderen touristischen Magnet bilden: Elba und Gíglio, beide abwechselnd mit Felsenbuchten und herrlich feinsandigen Stränden, ein Dorado für Taucher, Schnorchler, Schwimmer und Wassersportler. Letztere dürfen die streng geschützten Gewässer der kleineren Inseln allerdings nicht stören – der gesamte Archipel mit den Inseln Elba und Gíglio, Pianosa und Capráia, Montecristo und Giannutri steht unter mehr oder weniger strengem Naturschutz. Mit Ausnahme von Pianosa steigen die Inseln recht hoch auf, Elba überspringt sogar die 1000-Meter-Marke. Die Flora des Archipels ist besonders artenreich; viele endemische Pflanzen gedeihen auf den Inseln.

Flora und Fauna

Wälder und Macchia

Außer den wichtigen Kulturpflanzen Weinstock und Ölbaum, aber auch Mandel- und Feigenbaum gedeihen im Tosco-Emilianischen Apennin sowie im Gebiet von Vallombrosa und im Süden um den Monte Amiata herum ausgedehnte Eichen- und Buchenwälder, im Casentino, der Valtiberina und der Garfagnana dichte Kastanienwälder.

Im Unterholz wachsen große, als kostbar gehandelte Steinpilze, weiter im Süden findet man die noch kostbareren Trüffeln, etwa rund um San Miniato al Tedesco. Besonders dicht ist der Sekundärwald, die berühmte mediterrane Macchia mit ihren immergrünen Steineichen, Lorbeer und Erdbeerbäumen, Salbei und Oregano, Zistrosen und Ginster, Wacholder und Mastix. Sie bedeckt große Teile der Maremma, der Colline Metallífere und die Ausläufer des Monte Amiata ebenso wie die toskanischen Inseln.

Besondere Akzente setzen breitschirmige Pinien und schlanke Zypressen, gerne auch im Wechsel zusammen als Allee zu den Burgen hinauf gepflanzt.

Nutzpflanzen

Blumen, vor allem Nelken, werden rund um die Blumenstadt Péscia angebaut, an Obst

und Gemüse gedeiht hier praktisch alles, was man für die auf frisches Gemüse gestützte toskanische Küche benötigt: grüner Spargel und Artischocken, Tomaten und Zucchini, Auberginen und Kartoffeln, grüne und vor allem kleine weiße Bohnen, Getreide, speziell der wiederentdeckte und sehr beliebte Dinkel. Und natürlich ganz viele Wildkräuter!

Der Umweltschutz hat sich hier sozusagen heimlich eingeschlichen: Um die Produkte des Landes rein, ohne chemische Behandlung (Pestizide, Düngemittel) anbieten zu können, hat man sich umgestellt. Alternativer Anbau ist ›in‹, ebenso die Neuanpflanzung alter Getreidesorten, etwa des Dinkels, italienisch *farro.*

Auch der Erhalt der typischen Landschaften mit Zypressen, Öl- und Mandelbäumen oder Weinhängen wird forciert. Früher als in anderen Regionen Italiens hat man hier erkannt, dass der Naturschutz neben dem Denkmalschutz das wichtigste Kapital für den Fremdenverkehr ist.

Tierwelt

In den Wäldern lebt reichlich Wild: Kaninchen und Wildschwein, Fasane, Rebhühner und Schnepfen. Doch wird das Wild auch gezüchtet, beispielsweise die begehrten Wildschweine. Zu den Nutztieren zählen Hühner und Perlhühner, vor allem aber die weißen Rinder des Chiana-Tals *(chianine)* und nicht

Einfach mal ins Blaue fahren und die toskanische Landschaft genießen

Umweltfreundlich: Energie aus Larderello

Die Toskana besitzt eine der interessantesten Energiequellen Europas, das geothermische Feld von Larderello. Mitten in den Colline Metallífere wird hier ganz ohne Umweltbelastung aus der Tiefe zwar nicht einfach, aber effizient, die Stromversorgung für das gesamte Bahnnetz Mittelitaliens gewonnen. Aus Dampf.

Die ›metallreichen Hügel‹ ziehen sich, von dichter Macchia bedeckt, südlich von Volterra Richtung Küste bis zur Pisaner Maremma. Ungefähr in der Mitte dieser Hügelkette befindet sich ein 200 km² großes geothermisches Feld mit dem Zentrum Larderello, das zum Inbegriff umweltschonender Energiegewinnung wurde.

Die Landschaft sieht hier merkwürdig aus, dicke silberfarbene Röhren durchziehen das Land und überwinden Straßen, indem sie wie riesige Schlangen einen Bogen über sie schlagen und auf der anderen Seite wieder im Gebüsch verschwinden. Überall dampft es aus hohen dicken Schornsteinen, wer es nicht weiß, könnte hier die Folgen schlimmer Umweltsünden vermuten; Dante soll hier zu seinem »Höllengesang« inspiriert worden sein! Doch es ist reiner Wasserdampf. Aus ihm werden im Jahr etwa 650 Megawatt Strom erzeugt, u. a. für die Versorgung des Eisenbahnnetzes von ganz Mittelitalien.

Dass es hier heiße Schwefeldämpfe gibt, wussten schon die Etrusker, wie sie entstehen, wird heute im von der ENEL, dem halbstaatlichen italienischen Energieunternehmen, installierten Museo della Geotermia anschaulich erklärt. Dieses sehr interessante Museum inmitten der Stromzentrale informiert mit Modellen, Abbildungen und historischen Bohrelementen über die Geothermik und ihre industrielle Nutzung (s. S. 365).

Alles beginnt mit Regenwasser, das rund 30 bis 40 Jahre benötigt, um an die heißen Magmakammern zu gelangen, sich dort zu erhitzen und dabei außerdem Borsalz aus dem Gestein zu lösen. Auch ohne über entsprechende wissenschaftliche Sachkenntnisse zu verfügen, nutzten die Etrusker das an den Rändern des Sees abgelagerte Salz als Antiseptikum und zur Herstellung von Email! Ihren Nachfolgern, den Römern, diente der Platz als Thermalbad, und im Mittelalter gewann man an dieser Stelle Schwefel, Borsalz und Alaun, mit dem sich lukrative Geschäfte machen ließen.

1818 ließ der französische Ingenieur François Larderel eine Fabrik errichten, genau über dem Lagone Coperto, um aus dem stinkenden, blubbernden Bedeckten See Energie zu erzeugen. Die industrielle Gewinnung von Borsäure durch Verdampfung nahm ihren Anfang. Zuvor hatte man Borsäure aus Nepal einführen müssen. Heute ist der Wasserdampf von größerer Bedeutung: Er drückt sich mit ca. 20 bar und 300 °C aus den bis zu 5000 m tiefen Bohrungen und treibt die Turbinen an, die zurzeit etwa 2,5 % des in Italien benötigten Stromes produzieren.

zuletzt Schafe, aus deren Milch der wegen seines herausragenden Geschmacks berühmte toskanische Hartkäse Pecorino hergestellt wird.

In den Flussmündungen findet man die kleinen Aale, im Tyrrhenischen Meer, vor allem rund um die Inseln, sind die Fischgründe zwar noch gut, reichen aber zur Touristensaison nicht aus, weshalb Fisch importiert (und gezüchtet) werden muss. Im Maremma-Naturpark dürfen rassige Pferde in freier Wildbahn leben, und man findet dort auch die großen weißen Rinder, die *maremmane*.

Eidechsen huschen überall herum, sobald die ersten warmen Sonnenstrahlen sie aus ihrem Winterquartier locken, unter Naturschutz wachsen goldbepunktete Landschildkröten auf, bis zu 1 m lange, aber ungiftige Schlangen kriechen im Sommer über den Asphalt, überqueren eilig die ländlichen Straßen.

Naturschutzgebiete

Die Toskana ist reich an naturgeschützten Gebieten verschiedener Kategorien, die also mehr oder weniger durch bereits vorhandene Bebauung bzw. Landwirtschaft geprägt sind. Von Nord nach Süd sind folgende Parks interessant:

Parco Naturale Alpi Apuane: Naturpark zwischen Lucca und Carrara, erst 1992 entstanden (nach einem Volksbegehren 1985!): Der Italienische Alpenverein CAI (Club Alpino Italiano) hat hier mehr als 100 km Wege durch ein herrliches Wandergebiet ausgeschildert (www.escursioniapuane.com).

Parco dell'Orecchiella: Naturpark in der Garfagnana nördlich von Lucca, im Zentrum liegt der Ort Castelnuovo di Garfagnana. In diesem Naturschutzgebiet leben wieder Fischotter, Wölfe und – wenn auch nur wenige – Königsadler. Auch hier findet man mehr als 100 km Wanderwege, die vom italienischen Alpenverein CAI markiert wurden, außerdem gibt es zwischen den Apuanischen Alpen und dem Apennin einige Hütten. Auf der Strecke Lucca–Aulla dürfen Reisende in diesem Gebiet auch ohne vorherige Platzreservierung normalerweise Fahrräder mit in die Bahn nehmen.

Parco Nazionale Foreste Casentinesi: www.parcoforestecasentinesi.it. In den Wäldern von Vallombrosa nördlich von Arezzo, die vom Kartäuserkloster der Vallombroser verwaltet werden, wurden zahlreiche CAI-Wanderwege und Rastplätze des CT (Casentino Trekking) ausgewiesen. Hier kann man außerdem im Winter Ski fahren und im Sommer auf Wildwassern Kanutouren unternehmen.

Montagna Pistoiese: Geschütztes Gebiet zwischen Pistóia und Abetone/Apennin. Außer Reiten und Wandern bestehen auch Möglichkeiten zum Skilauf, Free Climbing, Segelflug und Paragleiten.

Parco Nazionale dell'Arcipelago Toscano: www.islepark.it. Gegen den Willen vieler Bewohner des Toskanischen Archipels wurden große Teile Elbas und der kleineren Inseln zum Naturschutzgebiet erklärt – die Gegner weigerten sich, den strengen Auflagen zu folgen, waren nicht bereit, wie sie sagten, Freiheiten einzubüßen. Strengstes Naturreservat ist die Insel Montecristo, die nur eingeschränkt besucht werden kann (Besuche: s. Website).

Parco Migliarino, San Rossore, Massaciúccoli: www.parcosanrossore.org. Sie bilden seit 1979 kleine Naturschutzgebiete im nördlichen Mündungsbereich des Arno mit ausgedehnten, meernahen *pinete* (Pinienwäldern) und dem Lago di Massaciúccoli, einem See, der durch Giacomo Puccini berühmt wurde.

Parco Naturale della Maremma: www.parco-maremma.it. Er besteht aus dem Parco dell'Uccellina und den beiden WWF-Vogelschutzgebieten in der Lagune von Orbetello und rund um den Lago di Burano an der Küste von Grosseto (nahe Capálbio). Dieser wunderbare, strengstens geschützte Park ist nur an bestimmten Wochentagen zu festgelegten Zeiten und gegen Gebühr zugänglich (s. S. 306).

Monte Amiata: Das abwechslungsreiche Naturschutzgebiet um den 1738 m hohen erloschenen Vulkan herum besitzt nicht nur mehrere kleine Thermalorte, sondern auch einen hochinteressanten Wildpark (u. a. mit einem Wolfsgehege; s. S. 418).

Wirtschaft, Soziales und aktuelle Politik

Die Toskana steht wirtschaftlich im italienischen Vergleich gut da, weil sie sich auf viele Gebiete spezialisiert hat. Dennoch ist sie immer mehr vom Tourismus abhängig, von dem viele andere Sektoren profitieren wie z. B. die Landwirtschaft, das Bauwesen und das Kunsthandwerk.

In den letzten Jahren hat die Toskana eine interessante und positive Entwicklung durchgemacht: Während es die Landbevölkerung in den 1950er-Jahren in die größeren Städte zog, begeben sich junge Familien heute wieder aufs Land, in die stadtnahen Dörfer. Sie entfliehen dem Smog der Städte, die trotz großflächiger Fußgängerzonen noch immer den Erstickungstod zu sterben drohen, sie kapitulieren vor der unerträglichen Sommerschwüle in den großen Ebenen und ziehen auf die Hügel der kleinen Ortschaften, die meistens aus trutzigen *castelli* gewachsen sind. Diese wurden und werden noch immer saniert und liebevoll restauriert. Es sind wahre Kleinode der Architektur, und darüber hinaus verfügen sie über gute, saubere Luft, herrliche Aussichtspunkte und eine noch immer funktionierende oder wiederbelebte Infrastruktur: mit Bäcker und Metzger und mindestens einer Bar als Treffpunkt für alte und neue Bewohner.

Die ›Neuen‹, das sind zum Glück noch viele, zu deren Familienbesitz die lange vor sich hin verfallenden Häuser im Dorfkonglomerat gehörten. Natürlich haben sich auch hier Fremde eingekauft, doch deren Anzahl ist für das Gefühl der Zusammengehörigkeit normalerweise verschwindend gering. Vielen Fremden ist es zudem zu mühsam, sich in eine Dorfgemeinschaft einzugliedern. Sie ziehen lieber, wie schon seit Jahrzehnten, aufs flache Land, kaufen überteuerte Grundmauern und Baurecht und bleiben in ihren proper restaurierten Häusern unter sich. Auch sie haben allerdings wie die Ferienhausvermieter, die noch immer einen wahren Boom erleben, dazu beigetragen, dass man in der Toskana statt Ruinen wieder viele schmucke Bauernhäuser sieht.

Überhaupt hat der Tourismus, der in den Städten zu Chaos, Lärm und Distanz gegenüber Fremden geführt hat, dem Lande eher gut getan – und damit auch der Landwirtschaft, die einen erneuten Aufschwung erlebte: Die Nachfrage nach toskanischen Weinen steigt, dasselbe gilt auch für das gute Olivenöl und für feine Backwaren, in Olivenöl eingelegtes Gemüse und andere hausgemachte Spezialitäten.

Die Arbeitslosenrate liegt italienweit zwischen 7 und 12 %, in der Toskana bei 8 %. Dennoch bleibt ein echt italienisches Problem, mit dem sich inzwischen aber auch andere EU-Länder befassen müssen: die Schwarzarbeit. Und nirgendwo lässt sie sich besser betreiben als in der Landwirtschaft und im Tourismus – den beiden Säulen der toskanischen Wirtschaft.

Landwirtschaft und Tourismus

Generell kann man behaupten, dass die Toskana an der Nahtstelle zwischen Nord- und Süditalien wirtschaftlich recht gut dasteht. Allerdings kann man auch hier von einem gewissen Nord-Süd-Gefälle sprechen: Im Norden befinden sich die großen Städte mit in der

Regel florierender Wirtschaft, allen voran die Regionalhauptstadt Florenz. Im Chianti dürfte es den meisten Toskanern wirtschaftlich gut bis hervorragend gehen, auf jeden Fall denen, die eigenen Wein oder eigenes Olivenöl anbauen oder anderweitig landwirtschaftlich oder im Tourismus tätig sind; beides geht sehr oft miteinander einher, weil sehr viele Betriebe neben der Landwirtschaft auch Agriturismo betreiben, also Zimmer vermieten und/oder ihre Produkte direkt vermarkten.

Weiter südlich bestimmt ebenfalls die Landwirtschaft die Wirtschaft, jedoch in zunehmendem Maße auch der Tourismus, dem sich eine zum Teil noch wenig bekannte, großartige Landschaft mit interessanten Städtchen und bedeutenden etruskischen Hinterlassenschaften erschließt.

In Italien sind schon lange keine Kernkraftwerke mehr am Netz, und dies gilt auch für die Toskana. *Zona denuclearizzata* (atomkraftfreie Zone) ist bei der Einfahrt in viele Städte – vor allem in kleinere Ortschaften auf dem Land – zu lesen; immer häufiger wird auch stolz darauf hingewiesen, frei von genmanipuliertem Anbau zu sein. Die Energie bezieht Italien aus seinen Wasserkraftwerken und aus importiertem Erdgas, das bis in die kleinsten Gemeinden geleitet wird.

Erst allmählich wird erneuerbare Energie zum Thema, schließlich ist es doch kein Problem, in diesem sonnenreichen Land Sonnenkollektoren auf die Hausdächer zu montieren oder anderweitig die solare Kraft zu nutzen. Immerhin werden inzwischen rund 20 % der Energie aus erneuerbaren Quellen gewonnen.

Die Toskana besitzt allerdings eine andere Energiequelle: die geothermische Energie aus der Tiefe um Larderello, die weite Gebiete mit sauberster Energie versorgt (s. S. 28).

Regionale Wirtschaft

Florenz hat sich neben Mailand und Rom zur italienischen Modemetropole gemausert – schließlich sitzt die wichtigste Zulieferindustrie, die der Wollstoffe, im benachbarten Prato und die der Seide in Lucca. In Florenz findet man nicht nur Mode großer Designer,

Die Landwirtschaft ist nach wie vor eine wichtige Säule der toskanischen Wirtschaft

sondern auch Seiden- und Wollstoffe und Florentiner Spitzen. Wichtig bzw. den Trend bestimmend sind die großen Modemessen in Florenz (allen voran Pitti Donna, Pitti Uomo, Pitti Bimbo und Pitti Filati).

In Péscia wiederum werden Blumen für ganz Europa verpackt, die man in der gesamten Provinz Pistóia züchtet, aber der Stellenwert des berühmten Blumenmarkts leidet stark unter den chinesischen Importen.

Große Bedeutung hat der Marmor in Carrara. Nicht nur durch seinen Abbau in den berühmten Bergwerken, sondern inzwischen sogar mehr durch die Verarbeitung von importierten Steinen, weil man weltweit das hiesige Know-how schätzt.

Während auf der Erzinsel Elba infolge von EU-Zwang kein Eisen mehr gewonnen wird, und im Gebiet der Provinz Grosseto Eisenpyrit, Magnesium, Blei und Zink ein ähnliches Schicksal droht, wird in Volterra nach wie vor Alabaster abgebaut und im Gebiet des Monte Amiata Quecksilber verarbeitet.

Der Fischfang hat niemals aufgehört, die Fischer zu ernähren, doch reicht ihr Fang schon lange nicht mehr für den großen Bedarf der Region, weshalb mit Zucht- und Importfischen aufgefüllt wird. Die wichtigsten Häfen (nicht allein für die Fischerei) sind Livorno, Marina di Carrara (vor allem für Marmor), Piómbino, Viaréggio und Porto Santo Stéfano sowie Portoferráio auf Elba.

Das Kunsthandwerk besitzt in der Toskana bis heute eine große Bedeutung. Sehr geschmackvoller Gold- und Silberschmuck wird in Florenz und Siena hergestellt, in Florenz beherrschen einige wenige Modehäuser noch die traditionelle Herstellung von feinsten Strohhüten, den sogenannten Florentinern, außerdem die Verarbeitung von Leder zu Kleidung, Schuhen, Taschen und Gürteln, die es freilich auch schon als preiswertere Massenware gibt.

Keine Frage, dass das toskanische Kunsthandwerk durch den Tourismus einen enormen Aufschwung erlebt hat. Denn praktisch alles, was Kunsthandwerker schaffen, kann zum Souvenir werden, beispielsweise Alabastergegenstände aus Volterra, Keramik aus Impruneta und Montelupo Fiorentino, Korbwaren und Schmiedeeisenarbeiten aus Impruneta, Glas aus Empoli und Poggibonsi. Dann natürlich Möbel und Antiquitäten, die man eigentlich in allen größeren Städten und auf den großen Flohmärkten der Region kaufen kann, speziell in Arezzo und Cortona und überhaupt im Chiana-Tal bzw. bei den Versteigerungen in den Nobelkurorten Montecatini oder Chianciano Terme.

Aktuelle Politik

Dringend notwendig sind Reformen im Steuer- und im Rentensystem. Doch die Italiener wehren sich dagegen, z. B. als die Altersruhegrenze heraufgesetzt wurde: auf 65 Jahre für Männer und auf 60 Jahre für Frauen. Silvio Berlusconi, der Medienmogul Italiens und wohl reichster Mann des Landes, wurde nach dem ersten kurzen Gastspiel als Ministerpräsident im Jahre 1994 mit Hilfe seines Mitte-Rechts-Bündnisses aus Forza Italia, Lega Nord und Alleanza Nazionale bei den Parlamentswahlen 2001 als 59. Regierungschef nach dem Zweiten Weltkrieg wiedergewählt.

Im Frühjahr 2006 wurde er von der Mitte-Links-Regierung abgelöst, was in der eher links gerichteten Toskana ein hörbares Aufatmen auslöste. Regierungschef wurde der frühere EU-Kommissar Romano Prodi, in Italien gerne »il professore« genannt, der Professor, was er im ›richtigen Leben‹ ja ist. Trotz intensiver Bemühungen musste Prodi, dessen Arbeit Streitigkeiten mit den linken Splitterparteien erschwerten, nach knapp zwei Jahren kapitulieren, im April 2008 wurde Silvio Berlusconi zum dritten Mal gewählt. Ende 2011 musste er jedoch zurücktreten, es übernahm Mario Monti mit seinem Kabinett aus Experten statt Politikern. Ab 2014 führte dann der frühere Bürgermeister von Florenz, Matteo Renzi, die Regierung an. Ihm folgte Ex-Außenminister Paolo Gentiloni und auf ihn ein instabiler Mix aus Cinquestelle und Lega. Seit 2021 führt Mario Draghi die Regierung, getragen von wird insbesondere von der Fünf-Sterne-Bewegung, der demokratischen Partei, von Lega und Forza Italia.

Die Toskana bleibt politisch links gerichtet

… und hofft wieder einmal, damit Symbolcharakter für ganz Italien zu haben. Das war schon so bei der Wahl von Romano Prodi, der 2006 mit knappster Mehrheit als Ministerpräsident der Mitte-Links-Regierung gewählt wurde. Er hatte es nicht leicht, die großen wirtschaftlichen und die sozialen Probleme des Landes in Angriff zu nehmen.

Sieg des Mitte-Links-Bündnisses von Romano Prodi 2006

Prodi musste scheitern, da er bei wichtigen politischen Entscheidungen von linken Splitterparteien als Zünglein an der Waage abhängig war. Ihm folgte der Ex-Bürgermeister von Florenz, Matteo Renzi. Als dieser jedoch seine weitere politische Zukunft von einem Referendum zum neuen Wahlgesetz abhängig machte, musste auch er aufgeben. Nachfolger wurde Ende 2016 der ebenfalls demokratische Ex-Außenminister Paolo Gentiloni, 2018 wiederum gefolgt von einem kuriosen Gespann aus Cinquestelle und Lega. *»Con la Toscana cambia l'Italia«* war während der Parlamentswahlen im April 2006 fast überall in der Toskana zu lesen. Tatsächlich wählt die Region ebenso wie ihre nördliche Nachbarin, die Emilia-Romagna, traditionell Mitte-Links, wenn nicht gar Rot, wie etwa im kleinen Lamporecchio bei Vinci. Das gilt übrigens für die Kommunal- und Regionalwahlen noch mehr als für die überregionalen.

Auch im Herbst 2020 hatte die Region Toskana dazu beigetragen, der rechten Opposition, der Lega um Ex-Innenminister Matteo Salvini, eine Schlappe zu bereiten. Gleichzeitig mit den Wahlen in sieben der zwanzig italienischen Regionen wurde im gesamten Stiefelland ein Referendum abgehalten, das schon lange überfällig war: Es ging um die Verkleinerung der beiden Parlamentskammern in Rom, immerhin um je ein Drittel. Fast 70 % der Italiener stimmten mit Ja. Das Ergebnis veranlasste Außenminister Luigi Di Maio von der Fünf-Sterne-Bewegung von einem »historischen Ergebnis« zu sprechen. Die Abstimmung fand wegen der grassierenden Corona-Pandemie unter strengsten Hygienemaßnahmen statt.

Die Parlamentskammern durch Verkleinerung zu entstauben, kommt dem seit 2021 amtierenden, europafreundlichen Mario Draghi zugute, der sich lange Jahre als oberster Geldmarkthüter der Europäischen Zentralbank einen guten bzw. Vertrauen erweckenden Ruf erworben hatte. Damit könnte Italiens Ansehen in der europäischen Union steigen und gefestigt werden. Sozialdemokraten und die populistische Fünf-Sterne-Bewegung dominieren nun die Regierung, und das beschert wohl auch der Toskana politischen Rückenwind – und umgekehrt. Sollte das Sprichwort von 2016 wieder gelten, wonach sich mit der Toskana ganz Italien wandeln kann? Auch wenn die Koalitionspartner in Rom in vielen Punkten als zerstritten gelten: Sie haben dennoch alle gemeinsam großes Interesse daran, wieder einmal drohende vorgezogene Wahlen zu vermeiden. Regulär würde erst 2023 wieder gewählt. Dann hoffentlich ohne Maskenpflicht und ganz im Sinne der Toskana …

Zeittafel

um 1000 v. Chr.	Die Etrusker dringen, wohl vom Osten her, in das Gebiet der heutigen Toskana ein und hinterlassen dort erste Spuren.
4. Jh.–265 v. Chr.	Die Römer erobern Etruria, das Land der Etrusker.
3. –1. Jh. v. Chr.	Die Etrusker verbünden sich mit Rom. 200 Jahre später gründen sie Fiésole, Lucca, Pisa und Pistóia.
89 v. Chr.	Etruria erhält das römische Bürgerrecht.
4. Jh.	Die römische Provinz Tuscia et Umbria wird christianisiert.
476	Das Ende des Weströmischen Reiches ist besiegelt.
493	Die Ostgoten fallen in das Gebiet der heutigen Toskana ein.
568/591	Die Herrschaft der Langobarden beginnt, Tuszien wird zum Herzogtum erhoben.
ab 774	Das heutige Norditalien – und damit auch die Toskana – gerät unter fränkische Herrschaft.
ab dem 9. Jh.	Die Markgrafschaft Tuszien wird gegründet, womit der kulturelle und wirtschaftliche Aufschwung sowie der Handel der Städte einsetzen.
1055	Kaiser Heinrich III. erhebt Florenz zur Reichsstadt.
1139–1266	Unter staufischer Reichsverwaltung entstehen die Stadtstaaten Pisa, Florenz, Lucca und Siena.
13. und 14. Jh.	Während bis 1248 das ghibellinische (kaisertreue) Pisa (durch seinen Seehandel reich und mächtig geworden) beherrschend ist, nimmt ab 1302 das guelfische (papsttreue) Florenz die Vormachtstellung ein.
1260	Siena besiegt das verhasste Florenz bei Montaperti.
1284	Genua (heute zu Ligurien gehörend) vernichtet die Pisaner Flotte und zerschlägt damit dessen Seeherrschaft.
1406	Florenz kann durch die Unterwerfung Pisas zur Seemacht aufsteigen; größte Rivalin ist wieder Siena.
1434–1494	Die Medici übernehmen die Macht in Florenz.
1531	Die mediceische Toskana wird ein Herzogtum.

Auch Siena wird florentinisch.	**1559**
Mit dem Medici-Fürsten Cosimo I wird die gesamte Toskana durch Papst Pius IV. zum Großherzogtum erhoben.	**1569**
Der letzte Medici (Gian Gastone) stirbt, das Großherzogtum Toskana geht an das Haus Habsburg-Lothringen über: Franz von Lothringen, der Gemahl der österreichischen Herrscherin Maria Theresia, wird Großherzog der Toskana – und 1741 Kaiser Franz I.	**1737**
Die erste italienische Verfassung wird verabschiedet.	**1848**
Die erste Republik Italien wird ausgerufen.	**1849**
Die Toskana wird an Piemont-Sardinien angeschlossen und damit an das Königreich Italien.	**1860/61**
Florenz wird zur Hauptstadt des geeinten Italien und ändert städtebaulich sein Zentrum (z. B. entsteht die Piazza della Repúbblica).	**1865–1871**
Die zweite Republik Italien wird am 2. Juni ausgerufen.	**1946**
Es wird beschlossen, Regionen zu bilden, aber erst 1970 werden die meisten und mit ihnen die Region Toskana etabliert.	**1948**
Die Arno-Überschwemmung zerstört viele Kunstwerke teils irreparabel.	**4. Nov. 1966**
Florenz wird europäische Kulturmetropole.	**1986**
Walter Veltroni gründet die Demokratische Partei PD als Zusammenschluss der liberal-katholischen Margherita und der postkommunistischen Linksdemokraten.	**2007**
Ministerpräsident Berlusconi muss zurücktreten. Mario Monti übernimmt die Regierungsgeschäfte und stellt ein Expertenkabinett zusammen, das Italien aus der Schuldenkrise führen soll.	**2011**
Neuer Regierungschef wird der Demokrat Matteo Renzi, der beim Referendum zur Wahlrechtsreform scheitert und zurücktritt. Sein Parteikollege Paolo Gentiloni wird neuer Ministerpräsident.	**2014–2016**
Nach Neuwahlen (2020) bildet Mario Draghi 2021 die Regierung und beginnt grundlegende Reformen.	**2021**

Gesellschaft und Alltagskultur

Zwar gelten die Toskaner als gebildet und etwas überheblich, man lebt gerne abgeschottet in seinem Stadtteil, seiner Stadt, seiner Provinz und erst zuletzt in seiner Region und für sie. Doch man diskutiert gern, und man ist stolz darauf, dass hier die Kommunistische Partei Italiens gegründet wurde und eine heftige Bewegung gegen den Faschismus entstand.

Wenn möglich, kümmert sich der Toskaner traditionell nur um seinen eigenen Stadtteil, was besonders ausgeprägt in Siena hinsichtlich der *contrade* zu beobachten ist (s. S. 71, 336). Dann kann sich sein Interesse auf die ganze Stadt, danach auf die dazugehörige Provinz, zuletzt auf die Region und schlussendlich auf die italienische Republik als Ganzes richten. Man sieht nicht nur am Wahlverhalten der Toskaner, dass sie regional anders denken und fühlen als national.

Dass sie – oft in einem Atemzug – als gebildet und arrogant bezeichnet werden, stört die Toskaner wenig. Dabei sind sie aufgrund dieser Haltung im übrigen Italien nicht gerade beliebt. Man hält ihnen gern vor, die italienische Sprache bestimmt zu haben: Was man als Hochitalienisch kennt, ist das reine Toskanische ganz im Sinne Dantes, wobei vor allem die Florentiner eine für die übrigen Italiener fremde Aussprache pflegen: Sie sprechen alle k-Laute wie ein h aus.

Plätze als Schauplatz der Kommunikation

Wie im Mittelalter, zu Beginn der kommunalen Entwicklung, sind noch immer die Plätze der Ort der Kommunikation, Schauplatz politischen und sozialen Lebens. Hier treffen sich alle, die ihre Meinung kundtun wollen, Intellektuelle mit den Bauern aus der Umgebung oder die Handwerker aus dem Stadtteil. Hier wird eine Durchmischung der sozialen Schichten gelebt, was in der Toskana ohnehin zum Alltag gehört. Es gibt wenig Standesdünkel, und so ist es z. B. für eine promovierte Juristin kein Problem, mit einem Elektriker verheiratet zu sein. Jeder ist sich stolz bewusst, mit seinem Beruf, seinem Können etwas zu leisten.

Sozialrevolutionäre Tradition

Kein Wunder daher, dass schon das Mittelalter einen sozial so gravierenden Aufstand wie den der Wollweber, der *ciompi,* sah. Kein Wunder auch, dass 1921 beim 17. Parteitag der Sozialisten in Livorno die Kommunistische Partei Italiens (PCI) gegründet wurde – bis heute hat die Partei in der Toskana viele Anhänger, weswegen es hier niemanden irritiert oder womöglich verärgert, wenn er einen überzeugten Kommunisten trifft (ausgenommen vielleicht in Lucca und seiner Provinz, das traditionell rechts gerichtet ist).

Die meisten toskanischen Kommunisten leben nicht in den Städten, entstammen also nicht dem Arbeiterproletariat, sondern eher auf dem Land: im Chianti etwa, rund um Siena und im Aretinischen. Zu erklären ist das mit der früheren *mezzadria,* der Halbpacht (s. auch Buonconvento, Museo della Mezzadria Senese S. 390): Die Landarbeiter der großen Güter des Adels (= Großgrundbesitzer) mussten um die Agrarreform kämpfen und ihren sozialen Stand sichern.

Zurück zu den Plätzen: Fast alle historischen Zentren der Toskana sind inzwischen ganz oder weitgehend autofrei. Das bedeutet, dass man in die ZTL *(zona a traffico limitato)* besser nicht einfährt, wenn man keine hohe Geldstrafe riskieren möchte. Das heißt aber auch, dass man ohne störenden Straßenverkehr durch die historischen Gassen flanieren kann. Keine Frage allerdings: Meist sind die Cafés dort am teuersten.

Wohnungsnot nicht nur in Florenz

Die Wohnungen in den Palazzi der historischen Zentren sind, dem Geschmack ihrer Erbauungszeit entsprechend, riesig, oftmals noch sanierungsbedürftig und für ein normales Zuhause von heute unbrauchbar. Werden sie saniert, dann doch lieber gleich als Pension, wie es sie in Italiens Großstädten häufig geschossweise gibt, zu Ferienapartments umgewidmet oder in kleinere Einheiten aufgeteilt, was noch die mieterfreundlichste Variante ist. Leider geschieht dies nur selten, weil der italienische Mieterschutz sehr stark ist. So ist es einfacher und vor allem lukrativer, möbliert auf Zeit zu vermieten.

Junge Familien mit Kindern müssen zwangsläufig meist aufs Land in kleinere, vor allem touristisch nicht so begehrte Orte ziehen. Was wiederum bewirkt, dass der tägliche Pendelverkehr zur Arbeit in den größeren Zentren enorm angewachsen ist. Effiziente Lösungen sind nicht in Sicht!

Funktionierende Verwaltung

Die Toskana gilt unter den Regionen Italiens als die am besten verwaltete – in den Augen der übrigen Italiener, nicht unbedingt der Toskaner selbst. Dennoch kann man sich hier am ehesten darauf verlassen, Amtsstuben und Museen zu den angegebenen Zeiten geöffnet zu finden. Und man legt besonders großen Wert auf kulturelle Einrichtungen, in die viel Geld investiert wird. So hatte der Demokrat Matteo Renzi, der junge und dynamische kurzzeitige Ministerpräsident Italiens gerade deshalb gute Chancen, sein Land zu verändern, weil er ab 2004 Präsident der Provinz Florenz und dann 2009 bis 2014 Bürgermeister von Florenz war. Doch sein Versuch, per Referendum die lange überfällige Wahlrechtsreform durchzusetzen, die den vielen Splitterparteien ihre traditionelle Macht genommen hätte, missglückte. Daraufhin trat er von seinem Amt zurück. Aber er will wiederkommen.

Neustrukturierung der Regionen

Eine weitere, schon seit November 2012 angedachte Reform betrifft die Regionen und Provinzen. Von ihrer Neuordnung erhofft man sich eine Verschlankung der Verwaltung und eine Reduzierung der Beamtenposten mitsamt teurer Pensionsansprüche.

2017 sollte vieles schon umgesetzt sein, die Realität hinkt jedoch hinterher, weil kaum jemand seinen Posten freiwillig aufgibt und die Reform daher mit Machtverlust einhergeht: Von den 20 bestehenden Regionen des Landes sollen nur zwölf übrig bleiben, das bedeutet Zusammenlegung und in manchen Fällen Bedeutungsverlust. Und wohl auch Verlust der Identität, die in Italien in starkem Maß an die Region gekoppelt ist.

Die Toskana soll mit Umbrien und dem Norden Latiums zur Region Appenninica zusammengelegt werden. Ein anderer Arbeitstitel lautet Grande Toscana. Generell soll die Zusammenlegung historische, kulturelle und sprachliche Faktoren berücksichtigen. Im Fall Grande Toscana würde ein an die etruskische Vergangenheit anknüpfender Name bei den beiden Nachbarregionen vielleicht weniger Widerstreben auslösen …

Zusammenlegung der Provinzen

Auch die Provinzen sind im Visier, die zehn toskanischen sollen zu den folgenden vier zusammengelegt werden: Città Metropolitana di Firenze mit den Provinzen Florenz, Prato und Pistóia; Grosseto und Siena; Livorno, Lucca, Massa Carrara und Pisa; Arezzo bliebe trotz seiner geringen Einwohnerzahl wegen seiner großen Fläche als Provinz bestehen. Denn als Maßgabe dient: Provinzen unter 350 000 Einwohnern oder mit einer Fläche unter 250 km^2 werden zusammengelegt.

Kleine Zentren ganz groß

Während Florenz (s. Maggio Musicale) und andere größere Städte der Toskana (s. Lucca, Puccini-Festival am gleichnamigen Lago oder Carnevale in Viaréggio) mit aufwendigen Veranstaltungen vor allem nach Touristen schielen, findet man in kleineren Orten, ja sogar in winzigen Dörfchen wie Montichiello nahe Pienza eine echte, aus der Bevölkerung heraus entstandene und von ihr getragene Kultur.

Bleiben wir bei Montichiello: Gerade einmal 300 Menschen leben im historischen Ortskern, und fast die Hälfte von ihnen ist irgendwie involviert beim Teatro Povero, dem Armen Theater (s. auch S. 404). Sie bringen Stücke auf die Bühne und auf den Dorfplatz, die schon immer aufmüpfig waren, kritisch und für einige recht unbequem.

Anghiari, am nordöstlichen Rand der Toskana gelegen und schon sehr von der umbrischen Nachbarschaft geprägt, hat sich mit seinem Internationalen Kulturpreis überregional einen guten Ruf erworben. Das 1979 ins Leben gerufene Event wurde 2011 abgelöst durch das Festival dell'Autobiografia, mit Preisverleihung im September. Gleich geblieben ist die Bedeutung des Zusammentreffens mit Einheimischen, der Gedankenaustausch mit ihnen und damit verbunden durchaus auch der Anschub neuer kultureller Ideen. Ansonsten ist das kleine Anghiari bekannt als Ort der Mostra Mercato dell'Artigianato della Valtiberina Toskana vom letzten April- bis zum ersten Maiwochenende, die als einer der schönsten Antiquitätenmärkte des Landes gilt.

Starke, unabhängige Frauen

Die toskanischen Frauen lieben es nicht, sich im Großen zu engagieren, lieber sind ihnen kleine Organisationen, die sich um das eigene Stadtviertel oder um ein bestimmtes Thema kümmern. Früher kämpften sie um ihr Wahlrecht (erst seit 1946 in Kraft), später um das Recht auf Scheidung oder auf Abtreibung, heute um Anerkennung und Gleichstellung am Arbeitsplatz, nicht anders als in Deutschland … Die meisten Frauen arbeiten auch dann weiter, wenn sie Kinder haben, diese werden von

klein auf in kommunalen oder kirchlichen Einrichtungen betreut. Viel Zeit für Haushalt und Kochen bleibt nicht, immer mehr Feinkostläden oder entsprechende Abteilungen in Supermärkten mit frischen Fertiggerichten in teils erstaunlich guter Qualität erleichtern die Versorgung der Familie.

Wer außer Haus arbeitet, geht ganz selbstverständlich auch allein bzw. ohne männliche Begleitung in die nächste Bar auf einen *caffè*, aber auch auf einen Drink oder zu Mittag ins Restaurant. Das Gespräch mit anderen Frauen ist wichtig, stärkt den Rücken und hilft bei der Lösung mancher auch ganz persönlicher Probleme. Solidarität wird groß geschrieben. Vor allem, weil die Großfamilie von früher praktisch nicht mehr existiert bzw. man nicht mehr unter einem gemeinsamen Dach lebt. Zum einen, weil die Frauen immer später heiraten und immer weniger Kinder bekommen, zum anderen, weil ein interessanter Arbeitsplatz nicht notwendigerweise am Wohnort der Eltern zu finden ist.

Mitten in Florenz (Via Fiesolana 2B) existiert seit 1980 eine sehr interessante Institution, die Libreria delle Donne, die mehr ist als nur eine Buchhandlung für Frauen. Hier arbeiten Frauen ehrenamtlich im Turnus, veranstalten Kurse und beraten in allen Fragen des Lebens – und verkaufen Frauenliteratur.

Selbstbestimmt und emanzipiert: die toskanischen Frauen

Architektur, Kunst und Kultur

Die Toskana zählt zu den Regionen Italiens mit den bedeutendsten Kunstwerken – von Zeugnissen der Etrusker und Römer bis zu Werken großer Renaissancekünstler wie Michelangelo und Brunelleschi, Piero della Francesca und Vasari. Mit herausragenden Dichtern wie Dante besitzt sie außerdem eine Vorreiterfunktion in Sprache und Literatur.

Zwei Epochen haben das Gesicht der Toskana besonders nachhaltig geprägt: die Etruskerzeit und die Renaissance. Dazwischen aber sind auch die von den Römern geförderte Bautätigkeit und Skulptur ebenso wie die Stadtentwicklung während des Mittelalters bedeutsam gewesen, wenn auch nicht in gleichem Ausmaß.

Etrusker

Von den ersten Bewohnern der Toskana, den Menschen der sogenannten Villanova-Kultur (ca. 950–450 v. Chr.), weiß man nicht sehr viel. Von den Etruskern, deren Kernland später die Region Toskana bilden sollte, ist schon mehr bekannt, denn sie hinterließen zahlreiche Nekropolen. Und aus den wichtigsten Ansiedlungen der Etrusker, die sie normalerweise auf Hügeln anlegten, um vor feindlichen Angriffen sowie Überschwemmungen und dem Sumpffieber geschützt zu sein, entwickelten sich zahlreiche Städte: u. a. Arezzo und Cortona (mit sehr interessanten Begräbnisstätten), Chiusi (mit berühmten Felsgräbern) und Fiésole als die Mutter von Florenz.

Ausnahmsweise an der Küste entstand Populónia, wo das Eisenerz von der vorgelagerten Insel Elba verarbeitet wurde und sich heute eine der schönsten Nekropolen der Toskana ausdehnt. In Sovana und Umgebung findet man verschiedenartige etruskische Grabformen, in Vetulónia und vor allem in Roselle außerdem wundervolle zyklopische Mauern, in Ansedónia die Tagliata etrusca, einen raffinierten Kanal, mit dem die Etrusker ihren Hafen vor der Versandung schützten.

Über Einzelpersönlichkeiten der Etrusker gibt es ebenso wie über ihre Sprache (wohl aber über die bereits entzifferte Schrift) kaum Zeugnisse. Sicher aber ist, dass sie regen Handel trieben und versierte Seefahrer sowie kunsthandwerklich und technisch sehr begabt waren. Ihr Zwölferbund, ein Zusammenschluss von zwölf Stadtstaaten, jeder für sich unabhängig, beherrschte eine Region, die ins heutige Latium und nach Umbrien hinein reichte. Auf toskanischem Gebiet gehörten folgende Städte dazu: Arretium (Arezzo), Curtuns (Cortona), Chamars (Chiusi), Faesulae (Fiésole), Rusellae (Roselle), Vatluna (Vetulónia) und Velathri (Volterra).

Noch immer geben ihre Herkunft und ihre Sprache den Forschern Rätsel auf. Wissenschaftler neigen aber immer mehr zu der Ansicht, dass sich die Etrusker autochthon in diesem Gebiet der heutigen Toskana und Latiums entwickelt haben, wobei sich italienische Stämme mit vorderasiatischen Einwanderern mischten. Bemerkenswert ist ihre große Freiheit im Umgang mit fremden Kultureinflüssen.

Kaufleute und Kunsthandwerker

Dass die Etrusker unternehmungslustige Kaufleute und Seefahrer (wohl Piraten) waren, belegen u. a. ihre Beziehungen zu Karthago, außerdem müssen sie technisch hochbegabt gewesen sein, haben sie doch intensiv

Erzabbau betrieben und den Hafen von Cosa durch die *Tagliata etrusca* vor der Versandung gerettet. Auch ihre Kunst ist bemerkenswert, obwohl man den etruskischen Künstlern zuweilen vorwirft, sehr vieles vervielfältigt zu haben, wofür vor allem ihre Tonsarkophage als Beweis angeführt werden. Einige Grabfresken und Sarkophagfiguren spiegeln jedoch eine genießerische Lebensfreude wider, die in künstlerisch großartiger Weise zum Ausdruck kommt.

Gut belegt ist ihre Jenseitsvorstellung, die sich im Grabkult manifestiert, und ihre Religion, die sich u. a. auf eine uns heute eher befremdende Deutung von Eingeweiden stützt. Auch Blitze und Wunderzeichen waren Bestandteil ihrer Religion, ähnlich bestimmten Kulten in Vorderasien, was für ihre Abstammung von dort spricht.

Die Schrift der Etrusker, die man nur als kurze Inschriften auf Gräbern und Gefäßen (als Besitzinschriften) kennt, zeigt eine nicht-indogermanische Sprache mit Schriftzeichen, denen das westgriechische Alphabet zugrunde liegt, die aber den eigenen Ansprüchen angepasst wurden. Geschrieben wurde von rechts nach links.

Das Kunsthandwerk war trotz des Vorwurfs der bloßen Vervielfältigung hoch entwickelt. Für ihre Goldschmiedearbeiten stellten die Etrusker feinste Granulate (winzige Goldkügelchen) her und fertigten filigrane, wunderschöne Stücke. Auch die Bronzeverarbeitung befand sich auf hohem Niveau, wie Becken, Kandelaber, Spiegel und Deckelfiguren zeigen. Zudem gehörten Elfenbeinschnitzerei und Töpferei zu den von den Etruskern gepflegten Handwerken. Auch wenn sie dabei auf künstlerische Anregungen oder Vorbilder aus dem Orient und aus Griechenland zurückgriffen, zeigt die Ausführung ihrer Arbeiten Meisterhand.

Die Nekropole in Populónia – eines der bedeutendsten Relikte der Etrusker

Die Wandmalereien sind wohl eigenständig entstanden, doch in der Vasenkunst zeigt sich eindeutig die Vorliebe der Etrusker für die griechische Mythologie, deren Themen die Etrusker in der Bemalung aufgriffen. Die Griechen sollen aber auch speziell für Etrurien Vasen hergestellt haben, die sich am dort vorherrschenden Geschmack orientierten.

Römer

Ab dem 4. Jh. v. Chr. drangen die Römer nach Norden vor und schufen ab dem 3. Jh. n. Chr. durch die Ausbreitung des Christentums und der Stadtkultur die geistige Basis für die weitere kulturelle Entwicklung der Region. Sie gründeten zahlreiche Städte (oder bauten sie aus) wie Florenz, Lucca und Pisa, deren schachbrettartige Bebauungsstruktur noch heute das römische Stadtbild erkennen lässt. Die Städte erhielten Theater (Fiésole, Lucca, Roselle, Volterra), Tempel und Thermen und wurden durch wichtige Verkehrsadern miteinander verbunden (Via Aurelia, Via Cassia).

Langobarden und Franken

Nach dem Niedergang des Römischen Reiches 476 fielen in der Zeit der Völkerwanderung immer wieder germanische Stämme aus dem Norden in das Land ein. Von 568 bis 774 übernahmen die Langobarden die Macht. Sie machten Lucca zu ihrer Hauptstadt und Pisa – damals noch am Meer gelegen – zu einer bedeutenden Hafenstadt.

Um 800 eroberte Karl der Große das Langobardenreich und gründete dort die Markgrafschaft Tuszien. Die Franken legten die – noch heute bestehende – Frankenstraße als Verbindung zwischen dem Norden und Rom an und gründeten Klöster und Bischofssitze. Fränkische Adlige herrschten über die wirtschaftlichen und künstlerischen Zentren. Leider sind nur wenige Zeugnisse aus dieser Zeit erhalten (u. a. die Kapitelle der Abtei Sant'Antimo).

Romanik und Gotik

Die Toskaner waren von jeher offen für Neuerungen, so konnten sich in ihrem Gebiet auch neue Kunstformen relativ unproblematisch durchsetzen.

Architektur und Bildhauerei

Eine echt toskanische Form der Fassadenausschmückung hat sich bereits in der Romanik entwickelt: der Inkrustationsstil. Der meist aus Backstein gemauerten Wand wurde vom 11. bis ins 13. Jh. und dann wieder in der Renaissance eine farbige Marmorfassade vorgesetzt (bestes frühes Beispiel: San Miniato al Monte in Florenz).

Auch in der Bildhauerei zeigten sich die toskanischen Künstler bereits in der Romanik fortschrittlich: Sie verließen die byzantinisch strengen Formen schon 1180 mit der Bronzetür des **Bonanno Pisano** am Pisaner Dom. Als erste große Künstlerpersönlichkeit des Mittelalters gilt jedoch **Nicola Pisano** (1225–1278). Er benutzte antike Vorbilder und verstand es meisterlich, die romanische Skulptur zum vollendeten Kunstwerk zu entwickeln (Marmorkanzeln im Sieneser Dom und im Pisaner Baptisterium).

Malerei

Das Vorbild Byzanz wirkte in der Malerei noch etwas länger fort als in der Bildhauerei, erst Ende des 13. Jh. löste sich **Giovanni Cimabue** (eigentlich Cenni di Pepo, um 1240/45–1302) in seinen monumentalen Kruzifixen (Santa Maria Novella und Santa Croce in Florenz, San Domenico in Arezzo) und in seiner für die Kirche Santa Trinità in Florenz geschaffenen »Thronenden Madonna mit Engeln« (Uffizien) von der strengen, steifen Überlieferung.

Duccio di Buoninsegna (um 1225–1319) war allerdings schon ein rein gotischer Maler, dessen Bilder – vor allem seine »Maestà« für den Hochaltar des Doms von Siena (im Dombaumuseum) – stellvertretend für die toska-

Die Bedeutung der Handwerkerzünfte

Ohne die bereits im Mittelalter etablierten Zünfte wäre Florenz, wäre die Toskana nicht das, was sie heute ist. Durch ihr Handwerk reich geworden, haben manche von ihnen sehr viel zur künstlerischen Ausschmückung ihrer Stadt beigetragen, z. B. die Zunft der Wollweber von Florenz.

Auftragsarbeiten der Zünfte: der Skulpturenschmuck von Orsanmichele

Bereits im 12. Jh. besaßen die Handwerker einen großen Einfluss auf die Politik der Gemeinden; das zeigte sich vor allem in Florenz, wo sich bald Zünfte *(arti)* mit festen Statuten herausbildeten, die im 13. Jh. praktisch die Stadtregierung kontrollierten. 21 Hauptzünfte gab es, aufgeteilt in höhere *(arti maggiori)* und niedere Zünfte *(arti minori)*. Ausschlaggebend für den Rang einer Zunft war ihre Bedeutung für die Wirtschaft der Stadt.

Zu den sieben *arti maggiori* gehörten die Richter und Notare, die Bankiers und Geldwechsler, Großkaufleute, die Fellgerber bzw. Kürschner, die Wollweber und -händler, die Seidenweber und -händler sowie die Apotheker und Ärzte. Zu den 14 *arti minori* gehörten die Bäcker, Metzger, Öl- und Weinhändler sowie die Wirte, die Maurer, Waffen- und Panzerschmiede, Schlosser, Goldschmiede, einfache Schmiede, Steinmetze und Zimmermänner, Leder- und Fellhändler, die Färber, Leinenweber und die Altwarenhändler.

Die Zünfte sorgten dafür, dass keine ruinöse Konkurrenz aufkam, bestimmten die Betriebsgröße, legten die Zulassungsquote fest und erlaubten keinen Zusammenschluss unterschiedlicher Handwerke. Auch achteten sie darauf, dass alle Betriebe innerhalb der Stadtgrenzen blieben – eine Verlegung aufs Land hätte bedeutet, sich in den Einflussbereich der feindlichen Ghibellinen (s. S. 91) zu begeben. Die Zünfte richteten zudem eine Art Sozialkasse für Witwen und Waisen ein, kümmerten sich um das Gesundheitswesen und unterhielten sogar eigene Krankenhäuser.

Bis ins 15. Jh. hinein kannte man keinen Unterschied zwischen Künstlern und Handwerkern; eigentlich galten sie alle im besten Sinne als Kunsthandwerker. Die Künstler waren verschiedenen Unterabteilungen der Zünfte zugeordnet: Die Maler gehörten zur hohen Zunft der Apotheker, weil sie die Farben mischten, die Bildhauer und Architekten zur niederen Zunft der Maurer. Die Goldschmiede allerdings bildeten bereits eine eigene, wenn auch niedere Zunft, ebenso wie die Steinmetze und einfachen Schmiede.

Da die Zünfte der Handwerker und Künstler über ein beträchtliches Einkommen verfügten, konnten sie sich auch kulturell engagieren, Feste veranstalten sowie Kirchen und Paläste erbauen oder durch Stiftung von Kunstwerken ausschmücken. Das schönste architektonische Beispiel dürfte die Kirche Orsanmichele (s. S. 111) gegenüber dem ebenfalls eindrucksvollen mittelalterlichen Zunftgebäude der Wollweber in Florenz sein.

nische Malerei dieser Epoche stehen. Auf **Simone Martini** (1284–1344), einen Schüler Duccios, sowie die Brüder **Pietro** (um 1280–ca. 1348) und **Ambrogio** (unsicher, nachweisbar 1319–1348) **Lorenzetti** mit ihren zartfarbenen Altarbildern (u. a. im Camposanto von Pisa) folgte schließlich **Giotto di Bondone** (ca. 1267–1337), der erste, der in der Malerei die byzantinische Steifheit endgültig ablegte und mit seinen wirklichkeitsnahen Darstellungen bezauberte. Er vermittelte räumliche Tiefe und experimentierte mit perspektivischer Verkürzung (Fresken in der Peruzzi- und Bardi-Kapelle in der Basilica Santa Croce in Florenz). Dem Künstlerbiografen Vasari zufolge war Giotto »nur bei der Natur und niemand sonst in die Lehre gegangen«. Moderne Kunsthistoriker bescheinigen ihm den gleichen Rang als Begründer der italienischen Malerei wie Dante in Sprache und Literatur.

Renaissance

Hand in Hand mit dem Humanismus, dessen Grundpfeiler die Wiederaufnahme und Umsetzung antiken Gedankengutes waren, entwickelte sich in der darstellenden Kunst, in der Architektur und in der Musik die Renaissance, die Wiedergeburt der Antike in neuem Gewand. Eine Art Klassik in Architektur, Malerei und Skulptur, die sich auch im Denken gegen die eher religiös bestimmte Haltung der Gotik wiederfindet.

Architektur und Bildhauerei

Runde Formen lösten in Anlehnung an die Antike die emporstrebenden schmalen auf, Architekten wurden zu Meisterleistungen, man möchte meinen, zur Überwindung der Schwerkraft aufgerufen, betrachtet man die geniale Konstruktion der Domkuppel von Florenz. **Filippo Brunelleschi** (1377–1446), ihr Baumeister, gilt zu Recht als Bahnbrecher der Architektur in der Frührenaissance. Er war auch der Erste, der sein Werk auf Papier plante und sich nicht auf die Erfahrungen seiner Vorgänger verließ. Zum Hauptmeister der Frührenaissance haben Kunsthistoriker aber Donato de' Bardi, genannt **Donatello** (ca. 1384–1466) auserkoren. Eines seiner Hauptwerke ist der zauberhaft jugendliche, bronzene »David« (im Bargello zu bewundern) und die Figurengruppe »Judith und Holofernes« (Kopie auf der Piazza della Signoria, Original in der Sala dei Gigli im Palazzo Vecchio).

Unzählige Architekten bauten in dieser Zeit für die Medici, aber auch zum eigenen Ruhm: **Michelozzo di Bartolomeo Michelozzi** (1396/97–1472), Baumeister und Bildhauer, zeichnete verantwortlich für den Palazzo Medici in Florenz und durfte das Kloster San Marco umgestalten, aber auch in Volterra, Montepulciano und Pistóia arbeiten. Den Palazzo Strozzi mit seinen mächtigen Buckelquadern plante **Benedetto da Maiano** (1442–1497), der auch die wundervollen plastischen Reliefs an der Marmorkanzel von Santa Croce schuf. **León Battista Alberti** (1404–1472) entwarf den Palazzo Rucellai und die zart inkrustierte Fassade von Santa Maria Novella. **Bernardo Rossellino** (1409–1464) durfte sich gar einen Architektentraum erfüllen, indem er für Papst Pius II. aus der Piccolomini-Familie auf dem Reißbrett eine Idealstadt der Renaissance entwarf: Pienza, die Stadt des Pius.

Majolikaplastiken von sonniger Farbigkeit schufen die Mitglieder der Familie Della Robbia, sozusagen eine Erfindung des Frührenaissancekünstlers **Luca della Robbia** (1399–1482), der die glasierte Terrakottatechnik auf die Großplastik übertrug.

Malerei

In der Malerei gilt der jung verstorbene **Masaccio,** eigentlich **Tommaso di Simone Guidi** (1401–1428), als Vorreiter der Frührenaissance, weil seine religiösen Fresken eine weltliche Nuance erhielten. Übersteigert mit durchscheinenden Engelgestalten sind die Fresken von **Fra Angelico** (Fra Giovanni da Fiésole, 1387–1455) im Kloster San Marco. Sein Schüler **Benozzo Gozzoli** (ca. 1420–1497) hatte wohl große Freude am Verzie-

Lorenzo Ghibertis einzigartige Reliefkunst an der »Paradiestür« des Baptisteriums in Florenz

ren, auch am Erzählen von Geschichten, wie man in der Kapelle des Palazzo Medici-Riccardi sehr schön erkennen kann (»Zug der Könige«, in prachtvollen Kostümen und mit den Gesichtszügen einiger Medici seiner Zeit, s. Abbildung S. 47).

Das Stadium des reinen Experimentierens mit der Perspektive beendete **Piero della Francesca** (ca. 1420–1492) aus Sansepolcro bei Arezzo. Seinen Madonnen verlieh er klare, weltliche Gesichtszüge und wagte es sogar, eine schwangere Madonna (»Madonna del Parto«) darzustellen, eines der schönsten Fresken seiner Zeit. Sie soll die jungen Züge seiner Mutter tragen. Wegen seiner meisterhaften Ausmalung des Chores von San Francesco in Arezzo (»Kreuzeslegende«, s. Abbildung S. 439) erhielt Piero später den Beinamen della Francesca.

Von mythologischer Melancholie sind die Mädchengestalten des Florentiners **Sandro Botticelli** (1444–1510), wie etwa in den beiden weltberühmten Bildern »Der Frühling« und »Die Geburt der Venus« in den Uffizien. Der Karmelitermönch **Fra Filippo Lippi** (1406–1469) dagegen verlieh seinen religiösen Bildern recht weltliche, anmutige Züge (»Muttergottes mit Kind und Engeln« sowie »Marienkrönung« in den Uffizien).

Der Erfindung des Kopfputzes der Florentiner Mädchen, so behauptet zumindest der Chronist Vasari, verdankte **Domenico di Tommaso** (1449–1494) seinen Künstlernamen **Ghirlandaio,** der Girlandenmaler, nachzuvollziehen etwa im Chiostro Verde von Santa Maria Novella in Florenz.

Michelangelo

Bei so vielen profilierten Künstlerpersönlichkeiten in der Frührenaissance kommen die Hochrenaissancekünstler, zumindest an ihrer Anzahl gemessen, relativ schlecht weg. Aber dafür sind die Namen groß: Der in Caprese geborene **Michelangelo Buonarroti** (1475–1564) sollte sich zu einem der größten

Die Medici – Fürsten, Bankiers und Mäzene

Kein anderes Geschlecht hat die politischen und wirtschaftlichen Geschicke einer Region so sehr bestimmt wie die Medici, ursprünglich römische Bankiers und erst seit 1397 in Florenz zu Hause. Doch sie haben auch kulturell eine Blütezeit eingeläutet, die Ära der Renaissance.

Erstmals werden die Medici um 1200 erwähnt. Sie kamen aus dem Bürgerstand und erlangten erst 1299 politische Bedeutung, als Guccio de' Medici zum Gonfaloniere di Giustizia gewählt wurde, einer Art Rechtsrat. Im 14. Jh. machten die Medici als Geldwechsler und somit als Angehörige des sogenannten *popolo grasso* von sich reden: Vieri di Cambio de' Medici ließ sich 1348 in die Rolle der Bankierszunft von Florenz eintragen. Sein Neffe Giovanni di Bicci de' Medici baute die Zentrale des inzwischen mächtigen Bankhauses in Florenz auf, das er »Giovanni de' Medici e compagni« nannte. 1950 wurden die Geheimbücher dieser Bank entdeckt mit einer präzisen Kontoführung bis zum 24. März 1451. Daher weiß man sogar, auf welche Summe sich das Gründungskapital belief: 10 000 Florin, die heute rund 75 000 Euro entsprechen sollten.

Der Bankier: Giovanni

Nachdem **Giovanni de' Medici** die Verwaltung der Geldgeschäfte des Papstes übertragen worden und er dabei sehr reich geworden war, eröffnete er sein erstes Bankhaus in der Stadt am Arno. Als Angehöriger der Stadtregierung *(signoria)* übernahm er 1421 deren Vorsitz als Bannerträger des Rechts *(gonfaloniere di giustizia)* und hinterließ seinem Sohn Cosimo nach heutigen Maßstäben ein Millionenvermögen.

Der Mäzen: Cosimo

Zum Glück war **Cosimo** (1389–1464), später **Il Vecchio,** der Alte, genannt, ein gebildeter Mann, der sein Geld auch zur Förderung der Künste und der Wissenschaften einsetzte und damit den Ruhm der Medici als Mäzene von Florenz begründete. Einige von Cosimos Stiftungen existieren noch heute, so die Biblioteca Laurenziana und die Platonische Akademie, seinerzeit Treffpunkt der bedeutendsten Humanisten (im Sommersitz Cosimos, der Villa Caréggi). 30 Jahre lang (bis zu seinem Tod) lagen die Geschicke von Florenz in Cosimos Händen. Seine finanziellen Möglichkeiten und die daraus resultierende Macht waren für die Stadt von unschätzbarem Wert. Er war ein reicher Kaufmann, der Sinn für das Schöne besaß, verbunden mit einer geradezu unglaublichen Sicherheit im Urteil über Kunstwerke. Diese Eigenschaft sollte er unter anderem seinen Nachfahren vererben. Florenz wurde mit ihm die Medici-Stadt.

Sein Sohn **Piero** (1416–1469) überlebte ihn nur um fünf Jahre, errang jedoch uneingeschränkte menschliche und politische Anerkennung durch den französischen König Ludwig XI., der ihm 1465 erlaubte, in seinem Wappen auf der obersten der sechs Kugeln *(palle)* die französische Lilie zu führen – was wäre Florenz ohne die Lilie, *il giglio?*

Der Prachtliebende: Lorenzo

Pieros Sohn **Lorenzo** (1449–1492) wiederum, an dessen Seite der jüngere Bruder **Giuliano** (1453–1478) durch Schönheit und Liebenswürdigkeit glänzte, war ein ausgesprochen hässlicher Mann. Sein Beiname **Il Magnifico** kann als ›der Prächtige‹ oder auch ›der Prachtliebende‹ über-

Benozzo Gozzolis großartige Darstellung von Lorenzo dem Prächtigen: Il Magnifico

setzt werden, was im Falle Lorenzo durchaus berechtigt wäre. Er verstand es schon in jungen Jahren, seine Autorität und eine demokratische Regierungsform zu verbinden, wie sie in Florenz verlangt wurde: Schon mit 16 Jahren half er seinem kranken Vater bei den politischen Geschäften, mit 20 übernahm er die volle Macht und Verantwortung.

Lorenzos Vorliebe für Pracht kam auch der Allgemeinheit zugute: Er veranlasste Turniere und Konzerte für das Volk, Fackelzüge und Feuerwerke. Für kaufmännische Details zeigte er wenig Sinn, der allgemeine wirtschaftliche Rückgang tat ein Übriges: Der Abstieg der Medici-Bank begann. Als musische Menschen und Mäzene aber blieben die Medici groß. Lorenzos Begabung lag im Lyrischen, aber auch im Philosophischen, daher seine besondere Förderung der Platonischen Akademie.

Als Mäzen schuf Lorenzo die Mediceischen Gärten bei San Marco in Florenz, ein Freilichtmuseum antiker Statuen, die Bildhauern seiner Zeit als Anschauungsmaterial zur Vervollkommnung ihres Bildes von der Schönheit des Figürlichen dienten. Michelangelo war unter ihnen, dessen »David« zur ersten Monumentalstatue der Hochrenaissance werden sollte, heroische Größe im Geist der Antike – für Florenz ein Symbol der Freiheit des Bürgertums.

Durch zahlreiche Aufträge förderte Lorenzo drei weitere hervorragende Künstler seiner Zeit: Der Bildhauer Andrea del Verrocchio schuf für ihn die Brunnenfigur des Knaben mit dem Delfin, der ursprünglich für die Villa di Caréggi gedacht war, von Großherzog Cosimo I de' Medici allerdings in den Palazzo Vecchio gebracht wurde, wo er noch heute zur Freude zahlreicher Besucher zu bewundern ist. Der Maler Domenico Ghirlandaio schuf sechs große Fresken für die Kirche Santa Trinità mit Porträts von Lorenzo, dessen Söhnen und Freunden. Weitere Medici verewigte er in dem Fresko »Vornehme Florentinerinnen beim Wochenbesuch« in Santa Maria Novella, die Damen Lucrezia und Clarissa de' Medici.

Auch der vielleicht zartfühlendste Maler der Renaissance, nämlich Sandro Botticelli, stand unter den Fittichen des großen Förderers Lorenzo. Er war mit ihm sogar persönlich befreundet. Wer kennt nicht die beiden 1477 entstandenen Werke »Der Frühling« und »Die Geburt der Venus«, Hauptwerke der Uffizien? Gemalt wurden sie für die mediceische Villa in Castello. Botticellis Venus zeigt die Züge der damals »schönsten und liebreizendsten Frau von Florenz«, der nur 16-jährigen Simonetta Vespucci, die zwei Jahre später an Schwindsucht sterben sollte. Sie und der nur 25 Jahre alt gewordene Giuliano (der bei einem vom Papst veranlassten Attentat auf beide Medici-Brüder ums Leben kam) kehren in so manchen allegorischen Darstellungen Botticellis wieder. Von den beiden mit natürlicher Schönheit so reich beschenkten, vom Schicksal aber so wenig verwöhnten jungen Menschen sprach man in Florenz wie von einem klassischen Paar.

Noch bevor Lorenzo im Jahr 1492 aus bisher ungeklärten Gründen nur 43-jährig starb, wuchs in Florenz der Dominikanermönch Savonarola zu einem gefährlichen Feind heran. Lorenzo, ein immer weitblickender Politiker, versuchte noch auf dem Totenbett sich mit ihm zu versöhnen. Nicht aus Überzeugung, wie es heißt, sondern aus staatspolitischer Klugheit. Sein Sohn Piero de' Medici versuchte zwei Jahre lang vergeblich, die Stadt zu beherrschen, dann musste er im November 1494 aus Florenz fliehen. 1503 starb er im Exil, erst 1512 konnten die Medici mit spanischer Hilfe nach Florenz zurückkehren – erneut als Herren. Sie wurden sogar zu Herzögen erhoben.

Der Glücklose: Piero

Doch der Niedergang der Medici war unaufhaltsam, wenn er auch nur stufenweise vor sich ging. Es kam zu Spaltungen innerhalb der großen Familie durch die Söhne Lorenzos, denn ausgerechnet derjenige, den er selbst »töricht« nannte, **Piero,** sein Ältester, war an die Macht gekommen. Man nannte ihn, was wohl alles sagen dürfte, *lo sfortunato,* den Glücklosen. Piero war in jeder Hinsicht, wirtschaftlich und politisch, ein aufbrausendes Temperament.

Als er, wegen einer politischen Fehlentscheidung (Bündnis mit Neapel gegen Mailand) und wegen diplomatischen Unvermögens, vor dem französischen König Karl VIII. kapitulieren musste, empfingen ihn die Florentiner mit Schimpf und Schande, sie stürmten und plünderten seinen Palast. Piero und seine Brüder mussten fliehen, die unermesslichen Schätze der Medici wurden in alle Winde zerstreut. Alle, die die Freiheit der Bürger von Florenz bedrohten, sollten zur Warnung auf die Statue »Judith und Holofernes« blicken, die das Volk damals aus dem Palazzo Medici vor den Palazzo della Signoria brachte … Die nachfolgenden Generationen der Medici benötigten Jahrzehnte und horrende Geldsummen, um wenigstens einen Teil der Schätze für den Familienbesitz zurückzugewinnen.

Der spätere Papst: Giovanni

Der zweite Sohn Lorenzos, **Giovanni,** ging später als Papst Leo X. in die Geschichte ein. An dem Blutbad, das die Spanier in seinem Gefolge 1512 im zurückeroberten Prato anrichteten, soll Giovanni nicht beteiligt gewesen sein; aber die Florentiner hatten Furcht und öffneten dem jungen Medici die Tore. Die *palle,* die sechs Kugeln im Wappen der Medici, von den Gegnern überall abgeschlagen, wurden wieder Symbol für die Macht der Florentiner Familie. Als Giovanni 1513 zum Papst gewählt wurde, sahen es die Florentiner als eine ihnen selbst erwiesene Ehre an. Doch er hatte es verstanden, alles zu vergeuden, was ihm seine Ahnen hinterlassen hatten. Aus seiner roten Samtschatulle sollen die Goldmünzen nur so herausgerollt sein … Papst Leo starb im November 1521 an einer Lungenentzündung, die er sich bei einem rauschenden Fest geholt hatte. In Rom wurde sein Tod von niemandem beweint, Florenz hatte er zu einer Diktatur unter mediceischer Herrschaft gemacht. Um seine Geldschatulle zu füllen, ersann er die erste Zahlenlotterie. Ihm folgte nach komplizierten Intrigen **Giulio,** den der Papst großgezogen hatte, als Papst Clemens VII., eine der unheilvollsten Gestalten der kirchlichen Geschichte.

Der Stratege: Cosimo I

Noch einmal sollten sich die Medici aufbäumen und zu Bedeutung und Macht gelangen: mit **Cosimo I** (1519–1574) aus der jüngeren Linie der Familie. Nach Lorenzo dem Prächtigen wird er als der wichtigste Regent mit dem Namen Medici angesehen. Ein genialer, wenn auch zwielichtiger Mann, dessen zahlreiche Erfolge durch düstere Tragik beendet wurden. Unter seiner Herrschaft konnte Siena erobert und damit ein toskanischer Staat geschaffen werden. Cosimo I strebte nach der Königswürde, die er nicht erreichen sollte, aber immerhin wurde er 1569 vom Papst zum Großherzog der Toskana ernannt.

Sein klares, politisch perfektes Konzept imponierte, auch wenn es ein diktatorisches war. Bevor er seine Fähigkeiten als großartiger Verwaltungsmann entfalten konnte, setzte er alle ab, die ihm unbequem werden konnten. Das Land, das durch die lange Misswirtschaft vor ihm verödet war, brachte er wieder zur vollen Blüte, er legte Sümpfe trocken und Obstplantagen an; Straßen, Häfen und Kanalisationen wurden neu geschaffen, Silberbergwerke und Marmorbrüche erschlossen. Das Gebiet der Toskana, inzwischen ein Musterstaat, verdoppelte er flächenmäßig, es war etwa so groß wie die heutige Region Toskana. Im Gegensatz zu seinen Vorgängern brach er mit Frankreich und zeigte ergebenste Kaisertreue.

Cosimo I hielt Kunst für nützlich, weil Kunst dem Stifter politisches Prestige brachte. Er war es, der im Palazzo Pitti in Florenz bereits die großartige Galerie einrichten ließ, es gelang ihm, einen großen Teil der mediceischen Kunstwerke wiederzufinden und zu erwerben. Auch die etruskischen Sammlungen hat Florenz ihm zu verdanken. Cosimo ließ die Uffizien von Giorgio Vasari erbauen. Hier wollte er die vielen Ämter der Stadt und des Großherzogtums vereinen, Florenz damit zur wirklichen Verwaltungshauptstadt der Toskana und zugleich zu einem kulturellen Zentrum machen.

Er sollte diesen Wunsch nicht voll in Erfüllung gehen sehen, denn er musste bereits Jahre vor seinem Tod auf die eigentlichen Staatsgeschäfte zugunsten seines Sohnes **Francesco** verzichten, von schwerer Krankheit gezeichnet und nicht mehr ganz bei Verstand. Aber Francesco baute bis 1580 an den Uffizien, den Ostflügel bestimmte er zur Unterbringung der großherzoglichen Kunstsammlung. Aus ihr wurde später die berühmteste aller Gemäldegalerien der Welt, eben die Uffizien. Aber auch die Antiken- und Skulpturensammlungen des Archäologischen Museums, die heute im zauberhaften Bargello untergebracht sind, gehen auf die Sammlung der Medici zurück.

Die letzte Medici, **Anna Maria Ludovica** (1667–1743), vermachte den gesamten Besitz der größten Mäzenatenfamilie der Geschichte der Stadt Florenz, aus deren Blut und Geist er zeitweise gezogen worden war. Das Großherzogtum Toskana fiel nach ihrem Tod an das Haus Lothringen-Habsburg unter Kaiser Franz I.

Universalgenies seiner Zeit entwickeln, als Maler, Architekt und Bildhauer, aber auch als Dichter von Sonetten. Er wirkte hauptsächlich in Florenz und Rom. Rom verdankt ihm die »Pietà« und das Grabmal von Papst Julius II., an dem er mit Unterbrechungen vier Jahrzehnte lang arbeitete, die unaussprechlich schönen Fresken der Sixtinischen Kapelle und die kraftvolle Gestalt des Moses aus weißem Marmor. 1547 übernahm Michelangelo schließlich die Bauleitung für die frei tragende Kuppel des Petersdoms. In Florenz hatte er bereits 1520 mit dem Bau der Medici-Kapelle in San Lorenzo begonnen und 1523 mit der Errichtung der Biblioteca Laurenziana.

Leonardo da Vinci

Ein weiteres Genie dieser Zeit war **Leonardo da Vinci** (1452–1519), nicht nur Maler (»Mona Lisa«, heute im Louvre, »Abendmahl« im Refektorium des Klosters Santa Maria delle Grazie in Mailand) und Baumeister (Hafen von Cesenático an der Adriaküste), sondern auch begabter Forscher, speziell auf dem Gebiet der Naturwissenschaften: Er gilt als Wegbereiter der medizinischen Sezierkunst – von der Neugierde getrieben, herauszufinden, wie der menschliche Körper gebaut ist, um ihn präzise darstellen zu können …

Manierismus

1569 wurde das Zeitalter des Großherzogtums eingeläutet, doch die Region begann bereits kulturell zu verfallen. Spätrenaissance und Barock fanden in der Toskana kaum eigenständige Künstler, dafür aber der Manierismus. Fleißigster Vertreter war das Multitalent **Giorgio Vasari** (1511–1574) aus Arezzo: in der Malerei ein echter Manierist (Fresken und Altarbilder im Palazzo Vecchio), als Architekt aber noch der klassischen Renaissance verpflichtet (Uffizien, Vasari-Gang zwischen Palazzo Vecchio und Palazzo Pitti über den Ponte Vecchio in Florenz hinweg; Loggia del Vasari in Arezzo). Vor allem aber war er Chronist der Künstler vor ihm und zu seiner Zeit (»Lebensbeschreibungen der vortrefflichsten Baumeister, Bildhauer und Maler«), weshalb er oft als der Vater der Kunstgeschichte bezeichnet wird.

Als echte Manieristen, perfekt in der Darstellung bildhafter Übersteigerung, die den höfischen Geschmack ihrer Zeit genau trafen, gelten **Giambologna** (eigentlich Jean de Boulogne, 1529–1608), der den »Raub der Sabinerinnen« mit ihren typischen Verrenkungen einer *figura serpentinata* (Loggia dei Lanzi, Florenz) schuf, und der eigentliche Wegbereiter des Florentiner Manierismus, **Jacopo Carrucci** (1494–1557) aus Empoli (Passionsfresken im Hof der Certosa di Firenze).

Jugendstil

Der Jugendstil hatte architektonisch wenig Chancen in einer so stark urbanisierten Landschaft wie der Toskana. Dennoch entstanden in diesem Stil etwa die Thermen von Montecatini sowie die Bade- und Kaffeehäuser von Viaréggio. In der Malerei taten sich die **Macchiaioli** hervor, die sich dem Lichtfleck (*macchia* = Fleck) verpflichtet fühlten, vor allem Freiluftmaler, die das Meer, die Gärten und Felder der Toskana in ihren lichtdurchfluteten Bildern festhielten. Unübersehbar ist ihre Verwandtschaft mit den französischen Impressionisten. Hauptvertreter der toskanischen Macchiaioli sind **Giovanni Fattori** (1825–1908), **Silvestro Lega** (1825–1895) und **Telemaco Signorini** (1834–1901) mit seinen eher realistischen, sozialkritischen Bildern. Eine Künstlerfamilie tut sich vor allem in der Innenarchitektur hervor: die **Chini** aus Borgo San Lorenzo im Mugello.

Malerei des 20. Jh.

Die toskanischen Maler des 20. Jh. hatten ihrer Heimat fast ausnahmslos den Rücken gekehrt und arbeiteten hauptsächlich in Paris und später in Rom, Mailand oder wiederum im Ausland. Zwei der profiliertesten Vertreter sind Modigliani und Marini.

Die Bäder in Montecatini Terme lockten mit ihrem Heil bringenden Wasser schon große Künstler wie Verdi und Puccini an

Amedeo Modigliani (1884–1920) gilt als einer der bedeutendsten Vertreter der École de Paris. Der gebürtige Livornese kam 1906 nach Paris und ließ sich stark von den dortigen Künstlern beeinflussen. Den größten Einfluss auf sein Werk hatte jedoch der rumänische Bildhauer Constantin Brancusi, der ihn auch an die afrikanische Plastik heranführte. Die Plastik ließ ihn erst los, als er sie, durch den Marmorstaub an den Lungen erkrankt, aufgeben musste. So begann er mit seinen flächenhaften, überlangen weiblichen Akten mit den schlanken Hälsen, die zu seinem Markenzeichen werden sollten. Er starb, verarmt und alkoholkrank, bereits mit 35 Jahren in Paris.

Auch den in Pistóia geborenen Maler, Bildhauer und Grafiker **Marino Marini** (1901–1980; s. auch S. 163) zog es nach seinen Studien in Florenz mehrmals nach Paris. Seine figürlichen Skulpturen beschränken sich auf wenige Themen wie Tänzerinnen und Akrobaten, Reiter und Porträts.

Dichter und Gelehrte

Wer toskanische Dichter sagt, meint in der Hauptsache die drei wichtigsten Vertreter der italienischen Literatur überhaupt, drei Autoren aus dem 13./14. Jh., die bis heute zur Weltliteratur zählen.

Dante Alighieri

Im 23. Kapitel des »Inferno« sagt **Dante** (1265–1321) zwei genussfreudigen Lebebrüdern, die seine Sprache als das Toskanische erkannten und ihn nach seiner Herkunft fragten: »Ich ward geboren und bin aufgewachsen / am schönen Arno in der großen Stadt …« Und im 33. Kapitel wird er noch deutlicher, als er sich von Graf Ugolino bestätigen lässt: »Ich weiß nicht, wer du bist und nicht, / wie du hierher kommst, aber Florentiner, / hör ich dich sprechen, scheinst du mir zu sein.« Seine Taufkirche San Giovanni, eine der schönsten Italiens, pries der Dichter gleich mehrmals. Was er sich jedoch sehnsüchtig wünschte, nämlich in dieser seiner Taufkirche den Dichterkranz zu empfangen, blieb ihm verwehrt. Nicht einmal seine Gebeine ruhen in Florenz; sein Grabmal in Santa Croce, das 1829 errichtet wurde, ist nur ein Scheingrab, ein Monument verspäteter Wiedergutmachung für den 1321 im Exil in Ravenna verstorbenen Sohn der Stadt Florenz, die ihn fortjagte im Zuge der ewigen Brüderstreitigkeiten zwischen Ghibellinen und Guelfen.

Dass er im Jahr 1265 geboren wurde, lässt uns Dante in seiner »Commedia«, die erst im Jahr 1355 durch Giovanni Boccaccio den Zusatz »Divina« erhielt, errechnen. Wo genau sein Geburtshaus in Florenz stand, kann man nur vermuten, denn es wurde bereits 1302 zerstört – jedenfalls im mittelalterlichen Stadtviertel San Martino (heute auch Dante-Viertel genannt), in dem die 1911 wieder aufgebaute Casa di Dante (Museum) steht. In diesem Viertel soll der Dichter übrigens auch seiner Muse, der viel besungenen Beatrice, begegnet sein.

Dante-Denkmal auf der Piazza Santa Croce in Florenz

Dantes Schilderungen von seiner Wanderung durch die drei Reiche des Jenseits, durch Hölle, Fegefeuer und Paradies, sind so handfest und realistisch, dass man sich bei genauer Kenntnis des epischen Gedichtes, etwas salopp ausgedrückt, wie auf einem Osterspaziergang fühlen mag, an dem man statt seinen Nachbarn den Seelen verstorbener Berühmtheiten aus Dantes Zeit begegnet. Fast 600 Personen nennt der Dichter beim Namen, und mit den meisten ihrer Träger geht er ganz und gar nicht sanft um. Die Brille, durch die er seine Zeitgenossen sieht, ist stark ghibellinisch gefärbt, also kaisertreu. Denn aus dem früheren guelfischen Ritter von Campaldino war allmählich ein ›Weißer‹, ein Abtrünniger geworden, und er wurde deswegen von seiner Heimatstadt Florenz an die oberitalienischen Höfe verbannt. Dort entstand in den beiden letzten Jahrzehnten seines Lebens (1307–1321) die »Commedia«.

Dantes Werk, das am Anfang der italienischen Literatur steht, blieb auch ihr Hauptwerk über die Jahrhunderte hinweg. Die Kraft und Schönheit des dichterischen Ausdrucks, die Würde und Tiefe seiner Gedanken machten aus diesem Epos ein zeitloses Beispiel abendländischer Dichtkunst.

Während man in Deutschland die »Göttliche Komödie« erst zu Beginn des 19. Jh. wiederentdeckte, befasste man sich in Italien in zahllosen bildlichen Darstellungen ständig mit dem Dichter und seinem Werk. Botticelli etwa verewigte sich und Dante u. a. in seinen zauberhaften zarten Zeichnungen, auch Raffael tat dies in seinen Bildern. Und natürlich Giotto, der Dante in den Fresken von San Francesco in Assisi festhielt. Außer der Literatur und der bildenden Kunst hat Dante die italienische Sprache insgesamt geprägt. Aus seiner Sprache, der Volkssprache der Toskana, bildete sich die Hochsprache Italiens.

Petrarca

Ein großer Verehrer Dantes war **Francesco Petrarca** (1304–1374). An Giovanni Boccaccio schrieb er: »Ihn genug zu bewundern und zu preisen, fehlt mir fast die Kraft – diesen Mann, den weder die Ungerechtigkeit noch die Stachel persönlicher Feindschaften, noch Liebe zur Gattin, noch die väterliche Fürsorge für seine Kinder von der Bahn losreißen konnten, die er sich einmal bestimmt hatte, wo doch viele gerade dann, wenn sie hohen Geistes sind, so zart veranlagt zu sein pflegen, dass leichtes Murmeln schon sie von ihrem innigsten Vorsatz abbringen kann … Ich bin vom Stil und vom Ingenium dieses Mannes entzückt, und nie habe ich anders als mit großen Worten von ihm gesprochen …«

Petrarca, einer der größten Söhne von Arezzo, hat Humanismusgeschichte geschrieben. Als leidenschaftlicher Sammler antiker Handschriften entdeckte er Ciceros Briefe an Atticus wieder und sorgte durch seine Abschriften für deren Verbreitung. Gleichzeitig schuf Petrarca die Grundlage zur philologischen Erforschung der Antike, weshalb er gerne als der erste Humanist überhaupt bezeichnet wird. Viele kennen und schätzen ihn aber hauptsächlich als den ersten inbrünstigen Liebesdichter italienischer Sprache. Seine Sonette und Canzoni richteten sich an die ideale Geliebte Laura und prägten die gesamte Liebeslyrik der nachfolgenden Jahrhunderte. Die Geschichtsschreibung bezeichnet Petrarca auch gerne als den »ersten modernen Menschen«. Er scheute sich nicht, über das Erlebnis seiner eigenen Einmaligkeit zu schreiben.

Boccaccio

Dritter im Bunde der großen toskanischen Dichter, deren Werke die italienische Sprache und Literatur so stark formen sollten, ist **Giovanni Boccaccio** (1313–1375). Der Verfasser eines mythologischen Handbuches war allerdings mehr Gelehrter denn Dichter. Der Nachwelt vermachte er aber in der Hauptsache den »Decamerone« (1348–1353), eine Sammlung burlesker Novellen über die vielfältigen Ausprägungen menschlicher Beziehungen, in ihrer Brisanz Dantes »Commedia« nicht unähnlich, auch sie vielfach von bildenden Künstlern dargestellt und damit immer aktuell gehalten.

Infos

Wissenswertes für die Reise

Anreise und Verkehr
Übernachten
Essen und Trinken
Outdoor
Feste und Veranstaltungen
Reiseinfos von A bis Z

Vom Piazzale Michelangelo bietet sich ein wunderbarer, unverstellter Blick über Florenz

Ein echt toskanischer Genuss: der aus Schafmilch hergestellte Pecorino

Sanfte Hügel und Zypressen: Im Orcia-Tal präsentiert sich die Toskana wie aus dem Bilderbuch

Anreise und Verkehr

Einreise- und Zollbestimmungen

Für die Einreise von Deutschen, Österreichern und Schweizern nach Italien genügt der gültige Personalausweis bzw. Reisepass. Kinder benötigen ein eigenes Reisedokument, Einträge im Pass eines Elternteils sind nicht mehr gültig.

Im Zuge der Liberalisierung innerhalb der EU sind Zollkontrollen selten geworden. Gegenstände des persönlichen Bedarfs können unbegrenzt ein- und ausgeführt werden, Antiquitäten nur mit einer Sondergenehmigung des Denkmalamtes. Bargeldbeträge über 10 000 € müssen deklariert werden.

Anreise

... mit dem Flugzeug

Ganzjährig angeflogen werden die Flughäfen von Florenz und Pisa. Der **Flughafen von Florenz** (Amerigo Vespucci, FLR) im Vorort Peretola, ca. 6 km nordwestlich der Metropole, wird von Deutschland aus von den Linienfluggesellschaften Lufthansa und Air Dolomiti gemeinsam bedient. Busshuttle zum Bahnhof S.M.N. ca. alle 30 Min., die neue Tramlinie T2 führt auf eigener Trasse mit 12 Haltestellen in 22 Min. zum Flughafen. Flughafeninfos: www.aeroporto.firenze.it.

Von **Pisas Flughafen** (Galileo Galilei, PSA), rund 2 km südlich der Stadt und 80 km von Florenz, fahren der superschnelle People Moover ins Zentrum und ein Schnellzug nach Florenz. Dieser größere toskanische Flughafen wird von Linienfluggesellschaften und Billiganbietern angeflogen: Lufthansa und Air Dolomiti (von fast allen deutschen Flughäfen), Ryanair und TUIfly von mehreren deutschen Flughäfen. Außerdem Verbindungen mit Zürich und Wien. Flughafeninfos: www.pisa-airport.com.

... mit der Bahn

Generell gibt es gute Bahnverbindungen aus dem nördlichen Europa bzw. dem deutschsprachigen Raum nach Florenz und in die anderen größeren Städte. Massa, Carrara, Pisa, Livorno und Grosseto liegen an der Haupteisenbahnlinie Genua/Ligurien–Rom bzw. Florenz und Arezzo auf der Strecke Mailand–Bologna–Florenz–Rom. Direktzüge nach Florenz fahren ab München. Nach Europa-Spartarifen fragen!

Nachtzüge verkehren täglich zwischen München und Florenz (ÖBB Nightjet, Fahrzeit hin 9.30 Std., zurück 8.45 Std.). Infos unter Tel. 01806 99 66 33, www.citynightline.de.

Autoreisezüge der Österreichischen Bahnen ÖBB verkehren nach Verona und Livorno (www.nightjet.com). In Deutschland fahren Autoreisezüge ab Hamburg und Düsseldorf (Tel. 0221 800 20 82, https://urlaubs.express.de, saisonal). Infos auch unter: www.autoreisezug-planer.de.

Allgemeine Informationen:
Deutsche Bahn: www.bahn.de
Schweizer Bundesbahnen: www.sbb.ch
Österreichische Bundesbahnen: www.oebb.at
Italienische Staatsbahnen: www.trenitalia.it, www.fsitaliane.it; Callcenter in Italien: Tel. 89 20 21.

... mit dem Bus

Für eine Anreise per Bus ist die Toskana (außer von Süddeutschland aus) eigentlich zu weit entfernt, aber manchen gefällt's! Als Liniendienst empfehlen sich die Europabusse von Eurolines-Deutsche Touring GmbH, die von mehreren deutschen Städten über München nach Florenz verkehren (Tel. 069 971 94 48 33, www.eurolines.de, Fahrzeit ab München 9 Std., von anderen Städten entsprechend länger). Auch Flixbus, www.flixbus.de, hat Italien im Programm und steuert u. a. Florenz und Pisa an.

… mit dem Auto

Die üblichen Routen nach Florenz sind: aus Deutschland und Österreich über Innsbruck und den Brenner nach Verona und Bologna, aus der Schweiz über den St. Gotthard nach Mailand, Parma und Bologna, von dort die tunnelreiche Alternative Direttissima der A1 nach Florenz. Man fährt in der Regel über die hervorragend ausgebauten, wenn auch mautpflichtigen Autobahnen in Österreich oder der Schweiz sowie durch Italien. Fahrzeit ab München mind. 8 Std., von weiter nördlich entsprechend länger.

Schöne Schleichwege

Wer Zeit hat, sollte die reizvolleren Nebenstrecken wählen. Tipps von West nach Ost (Achtung: Noch immer werden zahlreiche Straßennummern umgestellt, oft von SS auf SR für Strada Regionale, aber die Nummer bleibt):

– Von Parma statt über die Autobahn A15 über die serpentinenreiche Bergstraße SS 62 durch die Lunigiana Richtung La Spezia/Ligurien: Der Passo della Cisa (1039 m) an der toskanisch-emilianischen Grenze ist kein Problem. Bei Santo Stéfano di Magra stößt die SS 62 auf die SS 1 Via Aurelia, die entlang der toskanischen Küste bis nach Rom führt.

– Von Reggio nell'Emilia/Emilia-Romagna auf der schmalen, landschaftlich wunderschönen SS 63 über den Passo del Cerreto (1261 m) in die Toskana. Über Fivizzano auf die SS 62 Richtung Carrara auf die Provinzialstraße 446. Wer Zeit hat, wählt die Provinzialstraße von Fivizzano nach Südosten Richtung Castelnuovo di Garfagnana und genießt die mit Kastanienbäumen übersäte Garfagnana auf der Weiterfahrt nach Lucca, den Sérchio entlang. In Lucca trifft man auf die viel befahrene Autobahn A 11 Firenze–Mare.

– Von Módena/Emilia-Romagna über die kurvenreiche SS 12 durch eine der schönsten emilianischen Landschaften zum Skiort Abetone (1388 m). An der Kreuzung La Lima kann man sich für die Weiterfahrt auf der SS 12 nach Bagni di Lucca oder für die SS 66 weiter östlich Richtung Pistóia entscheiden.

– Fährt man weiter durch die Emilia-Romagna Richtung Rimini, stößt man noch vor Césena auf die vierspurige (kostenlose), als Superstrada ausgebaute SR 71, die in den Nordostzipfel der Toskana, ins Casentino und weiter über Sansepolcro durch Umbrien (Città di Castello) wieder in die Toskana, nach Chiusi, führt.

Verkehrsmittel im Land

Bahn

Auch per Bahn kommt man in der Toskana voran, wenngleich die Verbindungen nicht überwältigend sind:

– entlang der Küste von La Spezia/Ligurien, die Versilia südwärts, über Pisa, Livorno, Cécina nach Grosseto Richtung Rom

– von Pisa über Empoli nach Florenz

– von Pisa über Empoli nach Siena und weiter in die Valdichiana

– Florenz–Arezzo–Castiglion Fiorentino–Cortona–Chiusi und weiter Richtung Orvieto/Umbrien bzw. Rom

– von Siena über Buonconvento auf die Hauptstrecke nach Grosseto

– wichtig: Viaréggio–Lucca–Montecatini – Pistóia–Prato–Florenz.

Bahnfahren ist in Italien wesentlich preiswerter als nördlich der Alpen, vor allem wenn man die Lokalbahnen benutzt. Allerdings kommt es häufig zu Streiks oder anderen Störungen. Es gibt diverse Spezialtarife, z. B. die Zeitkarten des **Interrail One Country Pass Italien:** 3 Tage 127 €, 4 Tage 126/153 €, 5 Tage 177 €, 6 Tage 200 €, 8 Tage 240 € (Preise jeweils für Erwachsene ab 28 Jahre in der 2. Klasse, für Kinder, Jugendliche und Senioren günstiger). Weitere Informationen am besten online unter www.interrail.eu (mit Sonderangeboten).

Bus

Fast jeder toskanische Ort ist per Autobus erreichbar, meist mit mehreren (oft halbstaatlichen) Unternehmen. Die Fahrscheine müssen vor Fahrtantritt gekauft werden und sind erhältlich bei den Busgesellschaften, in manchen Tabakläden und an Zeitungskiosken. Das

Preisniveau liegt weit unter dem im nördlichen Europa. In den letzten Jahren gab es zahlreiche Zusammenschlüsse und Neugründungen der Busgesellschaften innerhalb der Toskana, weitere Änderungen nicht ausgeschlossen.

Meistens befinden sich die zentralen Bushaltestellen nahe dem Bahnhof. Im Internet sind die Unternehmen in der Regel unter ihrem Namen zu finden, z. B. www.ataf.it, telefonisch sind sie in Italien teils kostenlos über Info-Rufnummern erreichbar (s. Adressen im Reiseteil dieses Buches ab S. 84).

Auto

Wer in Italien mit dem Auto unterwegs ist, benötigt einen gültigen nationalen Führerschein und die üblichen Kfz-Papiere, wobei die Grüne Versicherungskarte im Falle eines Falles immer nützlich ist, wenn auch nicht vorgeschrieben.

Die **Autobahngebühren** sind saftig, aber die Strecken exzellent ausgebaut: A15 Parma–La Spezia–Carrara–Pisa–Livorno, A11 Viaréggio–Lucca–Florenz (Firenze–Mare), A1 Bologna–Florenz–Montepulciano–Chiusi, A12 Viaréggio–Lucca. Parallel zur Aurelia verläuft eine Autobahn (Verlängerung der Strecke Genua–Pisa–Livorno bis etwa Cécina), vorerst weiter nur als Superstrada Richtung Rom.

Zum Zahlen der Maut sind **Telepass** und **Viacard** zu empfehlen, mit denen man spezielle Autobahnausfahrten benutzen darf. Neben der lästigen Suche nach dem Kleingeld erspart man sich so auch Wartezeiten. Die Karten gibt es an den Grenzübergängen, bei den Automobilklubs sowie bei einigen Banken.

Durch die Toskana führen weiterhin gebührenfreie Superstrade, autobahnähnliche, vierspurige Straßen: zwischen Florenz und Siena; zwischen Florenz, Pisa und Livorno, als FI-PI-LI bezeichnet, mit Anbindung an die Küstenautobahn nach Norden und nach Süden; zwischen Arezzo, Sinalunga und Lago Trasimeno Richtung Perugia; ein Stück der Via Aurelia entlang der Versilia parallel zur Autobahn A12 sowie die Via Aurelia ab Livorno über Cécina und Grosseto nach Rom. Fast abgeschlossen ist auch der Ausbau der Strecke Siena–Grosseto. Weitere Infos unter www.stradeanas.it.

Das **Tankstellennetz** ist dicht, allerdings werden abseits der Autobahnen die Ruhetage und Öffnungszeiten strikt eingehalten (Mittagspause 12/12.30–15.30/16 Uhr, abends ab 19/20 Uhr geschl.)! Sehr häufig sind Tankstellen mit 24-Std.-Service (meist per Automat; Zahlung mit großen Scheinen oder Bank- bzw. Kreditkarte). Diesel ist preiswerter als Benzin. Zapfhähne für Autogas sind überall vorhanden, Ladesäulen für E-Autos werden immer zahlreicher.

Vor **Autodiebstahl** ist man auch in der Toskana nicht sicher, speziell in den touristischen Zentren (große Städte, Strandorte), daher sucht man am besten einen bewachten Parkplatz oder eine Garage auf.

Der italienische **Automobilklub ACI** (vertreten an allen wichtigen Stellen und in den Provinzhauptstädten) steht auch den Mitgliedern eines ausländischen Automobilklubs kostenlos zur Verfügung. Der **Pannendienst** ist italienweit unter Tel. 80 31 16 erreichbar. Wer kein Italienisch kann, ist besser beraten, den heimischen Automobilklub anzurufen und sich von dort alles organisieren zu lassen.

Mietwagen

Leihwagen sind in der Toskana wie in ganz Italien recht teuer. Es lohnt sich, bereits zu Hause vorzubuchen. Für Festtage und beliebte Reisezeiten sollte man rechtzeitig reservieren, andernfalls geht man vor Ort meist leer aus, selbst an den Flughäfen! Dort sind auch die international bekannten Vermieter vertreten wie Avis oder Hertz.

Verkehrsregeln

Achtung: Bei Verstößen gegen Verkehrsregeln drohen in Italien grundsätzlich **hohe Geldstrafen.**

Abblendlicht: Auf allen Verbindungsstraßen, also sowohl auf Autobahnen als auch zwischen den Ortschaften, ist auch tagsüber Abblendlicht Pflicht.

Geschwindigkeitsbegrenzungen: in geschlossenen Ortschaften 50 km/h, auf vierspurigen Hauptstraßen außerhalb 110 km/h, auf Neben- und Gemeindestraßen 90 km/h,

Mit der Fähre nach Elba, der größten und bekanntesten Insel der Toskana

auf sechsspurigen Autobahnen höchstens 130 km/h, bei Regen höchstens 110 km/h gefahren werden, ebenso auf der Strecke Brenner–Bozen. Pkw mit Anhänger dürfen außerhalb geschlossener Ortschaften maximal 80 km/h fahren, auf den Autobahnen 110 km/h.

An schwarz-gelb markierten Bordsteinen ist das **Parken** verboten, an blau markierten ist die Parkzeit beschränkt und muss – meist an Automaten – bezahlt werden. An gar nicht oder weiß markierten Straßenrändern ist das Parken frei. In die historischen Zentren (ZTL genannt) vieler Orte darf man nur mit Sondergenehmigung einfahren und dort parken.

Fahren unter Alkoholeinfluss ist verboten, die **Promillegrenze** liegt bei 0,5; bei Überschreitung drohen Gefängnis, hohe Geldstrafen und der Entzug des Führerscheins.

Auch wenn sich Italiener oft nicht daran halten: **Anschnallen** ist Pflicht.

Telefonieren mit dem Handy ist nur mit **Freisprechanlage** erlaubt!

Im Wagen sind Warndreieck, Verbandskasten und eine (genormte) **Sicherheitsweste** mitzuführen. Alle, die beim Anhalten auf Überlandstrecken aussteigen, müssen eine solche Weste tragen.

Zu den toskanischen Inseln

Im Hochsommer ist eine Vorausbuchung der Fährplätze (Infos bei ENIT, s. S. 72, sowie bei den Automobilklubs) unbedingt nötig. Als einzige toskanische Insel kann Elba im Sommer von vielen europäischen Städten aus mit kleinen Maschinen angeflogen werden. Die übrigen größeren, frei zugänglichen Inseln sind nur mit der Fähre zu erreichen; die wichtigsten Fährhäfen auf dem Festland liegen in Livorno, Piómbino und Porto Santo Stéfano (Adressen der Fährgesellschaften im Reiseteil).

DAS EIGENE BOOT IM GEPÄCK

Für die Mitnahme von Schlauchbooten sind keine Formalitäten nötig, für Motorboote über drei Steuer-PS besteht Haftpflichtversicherungszwang. Die Blaue Karte gibt es bei der Heimat-Versicherungsgesellschaft. Mitzuführen sind zudem der Internationale Bootsschein (IBS), ein EU-Mehrwertsteuernachweis und ggf. der Sportbootführerschein.

Übernachten

Das Unterkunftsangebot in der Toskana ist groß und reicht von einfachen Privatunterkünften bis zu luxuriösen Landvillen. Insgesamt ist das Preisniveau eher hoch. In den meisten Orten zahlen Urlauber eine nach Sternen gestaffelte Übernachtungssteuer, die pro Nacht und Person berechnet und vor Ort erhoben wird.

Buchung

Auf keinen Fall sollte man während der Saison ohne Vorbuchung in die Toskana reisen! Dann findet man entweder gar keine freie Unterkunft oder nur eine sehr teure. Überhaupt bucht man normalerweise günstiger vorab als vor Ort, wo man meist keine Wahl mehr hat. Das gilt für Hotels und Zimmer mit Frühstück, erst recht für Ferienhäuser/Agriturismo-Unterkünfte.

Im **Internet** (s. S. 77) findet man zahllose Angebote, ob über die Internetseite von ENIT oder jene der Region Toskana. Möchte man z. B. auf www.enit.de nach Angeboten suchen, klickt man den Link ›Reiseplanung‹ an, dann ›Unterkünfte‹, gibt den ausgewählten Ort ein und die gewünschte Hotelkategorie. Man kann auch unter den Gemeindenamen suchen, z. B. www.comune.firenze.it oder www.comune.fiesole.fi.it (fi für die Provinz Florenz) und weiter unter ›accoglienza‹ (Unterkunft allgemein), ›dormire‹ (schlafen) oder ›alberghi‹ (Hotels).

KURORT BUCHEN

Die großen Kurorte wie Montecatini und Chianciano Terme eignen sich hervorragend als Standorte für Ausflugsfahrten in die Umgebung, weil ihre gepflegte Hotellerie eine große Spannbreite in allen Kategorien und außerdem mehr Ruhe als die üblichen Touristenzentren bietet.

Hotels

Die Hotellerie der Toskana ist auf hohem Niveau sehr ausgewogen, man findet, mit wenigen Ausnahmen, in den wichtigsten touristischen Städten in jeder Kategorie etwas. An besonders begehrten Reisezielen wie Florenz aber muss man meist sehr tief in die Tasche greifen. Lohnend sind die Angebote der Reiseveranstalter (z. B. für Städtereisen), die teils überraschend günstige Pakete für Übernachtung inkl. Anreise (Flug, Bahn oder Bus) haben oder auch nur für den Aufenthalt, weil sie sich Kontingente sichern bzw. den Hoteliers eine bestimmte Abnahme garantieren. Die Buchung von Hotels direkt über das Internet und über Hotelportale ist ebenfalls problemlos möglich.

Ferienhäuser und -wohnungen

Keine andere italienische Region hat eine solche Fülle an Ferienwohnungen und vor allem -häusern in ländlichen Gebieten anzubieten wie die Toskana. Man hat die Qual der Wahl zwischen Burgen und Schlössern, kleinen und großen umgebauten Bauernhäusern, häufig unter dem Stichwort ›Agriturismo‹ zu finden. Gut zu wissen: Nur selten ist ein schattiger Platz (z. B. Pergola) am Haus vorhanden, weil die meisten Anwesen unter mehr oder weniger strengem Denkmalschutz stehen und beim Umbau keine allzu großen Veränderungen vorgenommen werden dürfen. Nicht immer gibt es im Wohnbereich wirklich bequeme Sofas, denn die Toskaner selbst bleiben mit ihren Gästen lieber länger am großen Esstisch sitzen.

Der neueste Trend geht zu Ferienwohnungen in den historischen Zentren der toskanischen

Kulturmetropolen, also in Florenz und Siena, in Lucca und Pisa etc. Diese Unterkünfte sind meist kostspielig, bieten aber die Chance, der besuchten Stadt tief ins Herz zu schauen. Gut beraten ist, wer bei einem eingeführten Spezialisten oder auch bei den großen Reiseveranstaltern bucht. Dies sollte man unbedingt rechtzeitig tun, damit man auch wirklich sein Wunschhaus bekommt. Ein empfehlenswerter Spezialanbieter ist das Familienunternehmen **Siglinde Fischer** mit großartigem Katalog und hervorragend aufbereiteter Website (neben Ferienhäusern und -wohnungen auch eine wunderbare Auswahl an speziell ausgesuchten Hotels, Tel. 07351 18 97 90, www.siglinde-fischer.de). Weitere Anbieter lassen sich nach Themen (Weinreisen, Kunstreisen, Ferienwohnungen etc.) im Internet z. B. unter https://dovedormire.visittuscany.com (mit direkten Kontaktadressen) finden.

Direkte Angebote findet man auch unter der Obhut der Region Toskana (www.agriturismointoscana.com) sowie bei den folgenden drei Zusammenschlüssen:

Agriturismi Toscana: Via Alfani 66, 50121 Firenze, Tel. 055 28 78 38, www.agriturismi-toscana.com.

Turismo Verde Toscana: Via Nardi 39, 50132 Firenze, Tel. 055 233 89 11, www.ciatoscanacentro.it.

Agriturismo Toscana: Riesenauswahl an Bauernhöfen und ähnlichen Strukturen (nach Regionen und Provinzen) online über www.agriturismo.it/de/bauernhof/toskana. Sehr genaue Beschreibungen, auch auf Deutsch.

In der Toskana werden Anbieter von Ferien auf dem Land *(agriturismi)* genau geprüft. Ein bis drei Ähren *(spighe)* klassifizieren diese Betriebe.

Zimmer mit Frühstück

Ob in Pensionen oder Privathäusern, Zimmer mit Frühstück werden immer beliebter. Italienweit haben sich viele Vermieter in der Organisation **Bed & Breakfast Italia** zusammengeschlossen (00186 Roma, Corso Vittorio Emanuele II 282, Tel. 06 94 80 67 81, www.bbitalia.it, auch auf Deutsch). Das Schöne daran ist, dass man, so man will, leicht mit den Vermietern, die normalerweise nur wenige Zimmer haben, ins Gespräch kommt.

Jugendherbergen

Die *ostelli* oder *alberghi per la gioventù* nehmen nicht nur Wanderer unter 30 Jahren auf, sondern zunehmend auch Familien mit Kindern, denen sie komfortable 3- und 4-Bett-Zimmer anbieten. Auch hier ist für die Hochsaison unbedingt Vorausbuchung nötig, länger als drei Nächte kann man bei voller Belegung nur selten bleiben. Ohne den Jugendherbergsausweis des Heimatlandes geht meist nichts! Informationen: www.aighostels.it, www.ostellidellagioventu.com.

Camping

In der Toskana gibt es viele Campingplätze, teilsherrlich gelegen, in jeder erdenklichen Komfort- und Ausstattungsklasse, auch mit Pool und anderen Freizeiteinrichtungen. Den richtigen Platz für den eigenen Geschmack findet man am einfachsten in den im Buchhandel erhältlichen Campingführern. Ein Campingverzeichnis ihrer Mitglieder verschickt die **Federazione Italiana del Campeggio,** Via Vittorio Emanuele 11, I–50041 Calenzano (Fi), Tel. 0039 055 88 23 91, www.federcampeggio.it. Auch interessant: www.faita.it. Für die Hochsaison ist Vorausbuchung unbedingt zu empfehlen.

Wildes Campen ist verboten, Wohnmobile dürfen für eine Nacht am Straßenrand, auf Park- oder Rastplätzen abgestellt werden, wenn dies nicht ausdrücklich untersagt ist.

Preise

€ = bis 80 €
€€ = 80 bis 200 €
€€€ = über 200 €
Preis für ein Doppelzimmer mit Frühstück

Essen und Trinken

Die toskanische Küche gilt als einfach und rustikal, legt allerdings viel Wert auf frisches Gemüse und Salat, die zu Lamm, Kaninchen, Zicklein sowie zur berühmten *bistecca fiorentina* gereicht werden. An der Küste herrschen Fisch und Meeresfrüchte vor. Aus dem ungesalzenen Brot, aus Wein und Olivenöl wird geradezu ein Kult gemacht.

Cucina toscana

Beefsteak und Kutteln

Die *bistecca fiorentina,* ein zartes Beefsteak am Knochen (bzw. ein T-Bone-Steak), darf nur von einem weißen Chianina-Rind stammen, wenn es echt sein soll. Diese besondere Spezialität sollte über der heißen Glut eines Holzkohlenfeuers blutig bis rosa gegrillt, dann mit etwas jungfräulichem Olivenöl beträufelt und nach Geschmack mit Salz und frisch geschrotetem Pfeffer gewürzt werden. Die Regel ist, zuerst das Filetstück zu essen, und dann erst den Rest, so viel der Magen fasst. Ohnehin sollte das Fleischstück mindestens 800, besser noch 1200 g schwer sein. Weil es alleine meist nicht zu schaffen ist, bestellt man eine *bistecca* am besten zu zweit. Dazu gibt es gekochte, kleine weiße Bohnen, mit reichlich Olivenöl beträufelt und mit Salz und Pfeffer gewürzt.

Florenz bietet noch eine zweite Spezialität, die freilich nicht jedermanns Geschmack trifft: *trippa alla fiorentina* bzw. *lampredotto,* Kalbskutteln bzw. -magen (dunkleres und schmackhafteres Fleisch). Wenn es original sein soll, dann nur im Stehen auf einer kleinen Piazza mitten in Florenz, in ein Brötchen gedrückt und mit Salz und Pfeffer gewürzt. Manche nehmen inzwischen auch eine Kräutersoße *(salsa verde)* dazu. In ländlichen Restaurants gibt es *trippa* stilgerecht aus einem glühend heißen Tontöpfchen, aus dem Kenner anschließend die noch heiße Soße mit weißem toskanischem Brot auftunken ...

Ohne Brot geht nichts

Brot gehört in der Toskana immer auf den Tisch, das ungesalzene, mit herzhaft-knuspriger Kruste und nicht zu weichem Inneren. Es wird nicht nur reichlich zu den Vor- und Hauptgängen gegessen, sondern bildet auch für sich oder in Kombination mit Gemüse eigene Gerichte. Ein Stück Brot abbrechen, leicht salzen und in Olivenöl tauchen – ein Genuss! Oder die *bruschetta,* in manchen Teilen der Toskana *fettunta* genannt: eine auf Holzkohlenglut geröstete, mit Knoblauch eingeriebene und mit Olivenöl reichlich beträufelte, dicke Scheibe Brot. Oder *crostini,* dünne geröstete Brotscheiben (auch frisch werden sie serviert) als *antipasto: neri* sind die schwarz belegten, mit einem Leber- und Milzaufstrich, *bianchi* die weiß belegten mit einer Art hausgemachter Mayonnaise. Dann gibt es natürlich Varianten mit Tomaten, Trüffeln oder Kaviar ...

Altbackenes Brot wird nicht weggeworfen, sondern zu einer der leckersten und traditionellsten Suppen der Toskana verarbeitet: *ribollita,* die ›mehrfach Gekochte‹, aus frischem Gemüse; über altbackenes Brot gegossen, ist sie eigentlich eine ganze Mahlzeit, was sie in der Vergangenheit für die Bauern auch war. Desgleichen die *panzanella,* die aus geriebenem, eingeweichtem altem Brot und kleinen Stücken frischen Tomaten, Zwiebeln und Gurken besteht; dieses Gericht isst man kalt.

Unentbehrliches Olivenöl

Sehr wichtig für die toskanische Küche ist das kalt gepresste Olivenöl *(olio extra vergine),* das neben dem umbrischen als das beste der Welt gilt. Je nachdem, ob es aus den Hügeln von Lucca oder des Chianti, von der Maremma, aus Vinci oder der nördlichen Valdiniévole kommt, besitzt das Öl einen anderen, für Experten unverkennbaren Geschmack. So eignet sich das grüne, kräftig schmeckende Öl vom schweren Boden der Maremma nicht für Fischgerichte, jedoch sehr gut für Fleisch und Gemüse. Oli-

Die toskanische Küche: einfach-rustikal, aber immer mit frischen Zutaten

venöl aus Lucca ist fruchtig und dickflüssig, das aus dem Chianti unaufdringlich würzig, beide sind vielseitig einzusetzen. Das beste Olivenöl ist immer ein *extra vergine* (extra nativ), also kalt gepresst, und mit einem Säuregehalt von höchstens 1 %. Doch die toskanischen Olivenölproduzenten haben sich selbst auferlegt, ihr Olivenöl mit höchstens 0,5 % Säuregehalt auf den Markt zu bringen. Steht nur *vergine* auf dem Etikett, hat das Öl bis zu 2 % Säure, ist also minderwertiger, aber immer noch schmackhaft.

Die Farbtöne eines Olivenöls – sie können von dunkel- grün bis goldgelb variieren – beeinflussen die Qualität nicht. Sie werden durch in den Oliven enthaltene Substanzen bestimmt. So herrscht z. B. bei grünem Olivenöl das Chlorophyll vor, beim goldgelben das Karotin. Im von Kennern bevorzugten ungefilterten Zustand kann das Öl auch trüb sein. Kaltgepresstes Olivenöl ist ein reines Naturprodukt. Sein hoher Gehalt an ungesättigten Fettsäuren gilt als gesundheitsfördernd.

Einkaufstipp: Nur 2 % des italienischen Olivenöls kommen aus der Toskana, doch angeboten wird weltweit ein Vielfaches – also Vorsicht beim Einkauf außerhalb der Region. Das größte Vergnügen bereitet es ohnehin, auf der Reise beim Produzenten direkt das Olivenöl zu kosten, bevor man es sich als Vorrat anlegt. Unbedingt darauf achten, dass das Olivenöl *extra vergine* wirklich vom Produzenten vor Ort stammt. Vielfach findet man die Bezeichnung »Toskanisches Olivenöl« oder Ortsnamen, die Toskana suggerieren, aber nichts damit zu tun haben. Immer wichtiger werden die von der EU 1992 festgelegten Bezeichnungen DOP (Dominazione di Origine Protetta) und IGP (Indicazione Geografica Protetta). Am besten ist beides zugleich, dann kann man sicher sein, ein echtes toskanisches Produkt aus der angegebenen Gegend zu erhalten. Also: auf die Prüfplakette achten! Kleine Produzenten nummerieren sogar ihre Flaschen.

Gemüse und Wurstwaren

In kaum einer anderen italienischen Region wird traditionell auf eine solche Vielfalt bei den Antipasti Wert gelegt. Man kann sich daran satt essen und satt sehen: an den jahreszeitlich unterschiedlichen, frischen, meist gerösteten Gemüsesorten, an den in Olivenöl oder *all'agro* (sauer) eingelegten Köstlichkeiten aus Zucchini und Tomaten, Artischocken und Lauch, weißen und grünen Bohnen, an den Salaten, an den Schinken, vornehmlich jenen aus dem Casentino, und an den Wurstwaren vom Schwein, etwa mit Wildfenchelsamen *(finocchiona)* oder ganzen Pfefferkörnern *(salame toscano)* gewürzt, oder an den kleinen, würzigen Wildschweinwürstchen *(salsiccie di cinghiale)*. Besonders lecker sind die Produkte aus dem Fleisch der *Cinta Senese*, einer lokalen Schweinerasse.

Die Pasta aus dem Süden des Landes hat in der traditionsbewussten Toskana eigentlich ebenso wenig Chancen wie der Risotto aus dem Norden, obwohl beide natürlich in den Restaurants angeboten werden. Die Toskaner bevorzugen Speisen aus der großen Vielfalt an Gemüsen und Salaten, die der Markt oder der eigene Garten frisch bieten. Eine frische Gemüsesuppe zieht hier fast jeder einer Pasta vor, so sie nicht hausgemacht ist.

Fleischgerichte

Auch Schweinebraten, Wild und Lamm mögen die Toskaner, Kaninchen und Huhn nach Jägerinnenart *(alla cacciatora)*. In der Maremma wird das *peposo* heiß geliebt, ein stark gepfeffertes Gulasch aus verschiedenen Teilen des Jungrindes. Am liebsten essen sie – meist sonn- und feiertags in ländlichen Lokalen – Geröstetes vom rotierenden Bratspieß *(girarrosto)* oder gemischtes Fleisch aus dem Backofen *(arrosto misto)*.

Fisch und Meeresfrüchte

An der Küste und auf den Inseln wird Fisch bevorzugt: *triglie alla livornese* (Seebarben in einer Tomaten- und Olivenölsoße mit feinen Kräutern), gegrillter Fisch und natürlich der berühmte *cacciúcco*, die Fischsuppe, die eine ganze Mahlzeit ersetzt und traditionell am besten in Livorno und auf Elba zubereitet wird. Je nach Saison gibt es eine reiche Auswahl an Meeresfrüchten und Fischen. An den Seen und in den Flüssen werden Forellen, Hechte etc. geangelt. Und im Frühjahr fängt man mit speziellen, feinmaschigen Netzen die jungen, zarten Aale *(anguille)*, die zu den teuren Delikatessen zählen.

Pecorino & Co.

Vielfältig sind die Geschmacksrichtungen beim toskanischen *pecorino*, dem Schafskäse, ob rein aus Schafsmilch oder mit Kuhmilch vermischt – am teuersten aus Pienza und Umgebung. Jedenfalls mit Sicherheit von sardischen Spezialisten produziert, die schon vor Jahrzehnten als billige Arbeitskräfte in die Maremma kamen, sich ihrer Kenntnisse über die Herstellung des *pecorino* erinnerten und später das gute Weideland der südtoskanischen Hügel für ihre Schafe entdeckten (s. auch Tipp S. 410).

Schwere Nachspeisen

Zum Nachtisch oder zwischendurch sollte man *panforte* bestellen, eine Art Pfefferkuchen. Diesen gibt es in vielen Variationen mit reichlich Mandeln und kandierten Früchten, eine Spezialität aus Siena und ursprünglich ein Weihnachtsgebäck. Oder zum Eintunken in Vinsanto das Mandelgebäck, das mal *cantucci (di Prato)*, mal *biscotti* genannt wird. Zur Kastanienzeit im Herbst wird der Kastanienkuchen *(castagnaccio)* angeboten, er ist so lecker, aber auch so schwer, dass man vorher wenig gegessen haben sollte. Das gilt auch für die unterschiedlichen Mandel- und Walnusskuchen.

Wann gibt es was?

In den Ferienhotels an der Küste und in den Kurorten hat man die Essenszeiten an den mitteleuropäischen Standard angelehnt, es wird also relativ früh gegessen (auf den entsprechenden Anschlag im Hotel achten). Nicht so in den typisch toskanisch bzw. italienisch gebliebenen Hotels und Restaurants:

Frühstück *(piccola colazione)* gibt es dort kaum bzw. nur auf besonderen Wunsch, es ist meist extra zu zahlen und unverhältnismäßig teuer. Die Italiener gehen nämlich um die Ecke in die nächste Bar, trinken einen *caffè* oder *cappuccino* und essen dazu höchstens ein süßes Gebäck, das sie sich selbst von der Theke holen.

Mittagessen *(colazione oder pranzo)* wird in den Restaurants zwischen 12.30 und 14/15 Uhr serviert. Üblich ist ein Vorspeisenbüfett *(antipasti)* mit *crostini* oder *bruschette*, danach als *primo piatto* eine Gemüsesuppe *(minestra)* oder Pasta (eigentlich nicht typisch toskanisch, es sei denn hausgemacht), gefolgt vom *secondo*, dem Hauptgang aus Fisch oder Fleisch, die Beilage *(contorno)* dazu ist normalerweise gesondert zu bestellen und zu zahlen. *Formaggio* (Käse) und *frutta* (Obst) und/oder *dolci* (Süßspeisen) folgen darauf. Zum Abschluss wird ein *caffè* getrunken, nach Geschmack mit einem *digestivo* wie Grappa veredelt *(caffè corretto)*.

Das Abendessen *(cena)* unterscheidet sich kaum vom Mittagessen, es fällt vielleicht noch opulenter aus. Wichtig für die meisten Restaurants abends: die Tischreservierung!

Kleiner Restaurantführer

Generell gilt in der Toskana: Die einfachen Restaurants können die besten sein, oft liegen sie irgendwo abseits in der Stadt oder gar in den Bergen, auf dem flachen Land etc. Man verlässt sich am besten auf Empfehlungen: Fast jeder Toskaner ist ein Feinschmecker, und wenn man ihm klar machen kann, was man besonders mag, dürfte eigentlich nichts schief gehen.

Ristorante: ein richtiges Restaurant im mitteleuropäischen Sinne.

Trattoria: So nennt man ein einfaches, fast immer familiengeführtes Gasthaus mit für die Region typischen Speisen, auf dem Lande wie in der Stadt. Es ist allerdings inzwischen Mode, auch feinste Restaurants als Trattorien zu bezeichnen, wenn sie diesen Charakter betonen wollen. Ein Blick auf die Speisekarte gibt Sicherheit. Schon die Höhe des *coperto* (s. rechts) verrät die Preislage des Lokals.

Tavola calda: Hier gibt es warme, vorbereitete Gerichte, die auch im Stehen gegessen und mitgenommen werden können – eine Art Schnellimbiss, aber mit toskanischen bzw. italienischen Spezialitäten.

Rosticceria: ebenfalls eine Art Schnellimbiss. Ursprünglich wurden hier Hähnchen, Würste, Rindfleisch etc. frisch gegrillt vom Holzfeuerrost angeboten, heute sind *rosticcerie* teilweise zu teuer-feinen Einrichtungen geworden.

Pizzeria: weltweit die bekannteste italienische Restaurantvariante, mit einer großen Pizzaauswahl, immer häufiger mit einer größeren Speisekarte. Allerdings bieten zunehmend auch Restaurants Pizza an ...

Osteria: eine aussterbende Spezies unter den italienischen Lokalen, zumindest wenn man die klassische Osteria meint: ein Weinlokal, in das man das eigene Essen mitbrachte. Inzwischen sind richtige Edel-Osterien eröffnet worden, die sich dem gemütlichen Charakter dieser Lokalart verpflichtet fühlen. Sie kommen in allen Preislagen wieder in Mode, nicht zuletzt dank der Slow-Food-Bewegung. Neben den Tipps in diesem Buch reist man mit dem Führer »Osterie d'Italia« (s. S. 79) richtig, wenn man noch mehr echte toskanische Küche genießen möchte.

Bar: Stehausschank für *caffè*, Säfte und alkoholische Getränke sowie *panini* (belegte Brötchen) und Süßigkeiten. Erst zahlt man an der Kasse, was man sich an der Theke geben lassen will, und verzehrt es im Stehen oder an einem der meist wenigen Tischchen (normalerweise mit Preisaufschlag, der in touristischen Zentren saftig ausfallen kann). In vielen Bars kann man sich ein *panino* auch nach Wunsch zubereiten lassen: In der Vitrine liegen Käse und Wurst, Schinken, Tomaten und sauer Eingelegtes zur Auswahl bereit.

Coperto

Anfänger in puncto Italienreisen werden sich vielleicht über das *coperto* (Gedeck) wundern: Frische Tischdecke, Stoffserviette und reichlich Brot haben ihren Preis! Das *coperto* dient als Maßstab für die Kategorie des Restaurants: je einfacher, desto niedriger – und umgekehrt.

In der Toskana gedeihen einige der besten Weine, die Italien zu bieten hat

Cucina casalinga, Ruhetage, Quittung

In vielen typischen und ländlichen Restaurants mit *cucina casalinga,* Küche nach Hausfrauenart, erhalten italienische Gäste keine Speisekarte. Wirt oder Wirtin stellen die Spezialitäten des Tages vor und nennen die passenden Weine. Über den Preis spricht man hierbei nicht, weil die meisten Kunden Stammgäste sind und den Preisrahmen kennen.

In guten bzw. besonders beliebten Restaurants und Trattorien ist es notwendig, zumindest für das Abendessen einen Tisch zu reservieren (dabei hilft auch die Hotelrezeption).

Ruhetage beachten! Viele Restaurants schließen montags, wenn sie am Wochenende geöffnet haben; bei Geschäftsleuten und Angestellten beliebte Restaurants schließen am Wochenende.

Wichtig: Nach jeder Mahlzeit eine Quittung ausstellen lassen, da die Steuerpolizei berechtigt ist, auch nach Verlassen des Lokals danach zu fragen. Kann man nichts vorlegen, macht man sich in Italien ebenso wie der Wirt strafbar und muss mit Schwierigkeiten rechnen, was zumindest teuer werden kann.

Preise

€ = bis 15 €
€€ = 15 bis 20 €
€€€ = über 20 €
Preis für ein Hauptgericht mit Beilage und *coperto*

Toskanischer Wein

Eine Toskana-Reise ohne die Suche nach einem neuen Lieblingswein oder die Begegnung mit einer alten (Wein-)Liebe dürfte es kaum geben. Bei der Angebotsvielfalt und der inzwischen erreichten Qualität in der Region ist dies auch kein Wunder! Zudem kann man hier in Sachen Wein eigentlich keinen Fehlgriff tun. Sind Restaurant oder Trattoria in Ordnung, schmeckt auch der offene Hauswein oder der in Flaschen speziell für das Haus abgefüllte – fast immer handelt es sich hier um einen jungen Tropfen.

Chianti-Weine

Das Emblem des Gallo Nero, des Schwarzen Hahns auf Goldgrund, tragen die schwereren, vollmundigen Weine des Chianti Classico, die mit mindestens drei oder fünf Jahren als Riserva am besten munden, obwohl sie inzwischen schon nach 24 Monaten abgefüllt werden dürfen und dennoch die DOC- oder die noch strengere Herkunftsbezeichnung DOCG tragen (s. S. 370). Doch auch so manche *vini da tavola* (Tischweine) aus dem Gebiet sind edle Tropfen: Es gibt Winzer, die sich nicht den Regeln der Produktion unterwerfen wollen, d. h. sich die Zusammensetzung ihrer Weine nicht vorschreiben lassen. Sie setzen auf ihren guten Namen und erzielen sogar Höchstpreise für ihre edlen Tropfen.

Andere edle Rotweine

So würdevoll wie sein Name ist der **Vino nobile di Montepulciano.** Montepulcianos Weine werden in DOC- und DOCG-Weine eingeteilt. Der Nobile, ein DOCG-Wein, wird aus mindestens 70 % Sangiovese-Trauben gekeltert, aus Canaiolo Nero (maximal 20 %) und maximal 20 % anderen Trauben, die aber nicht zu den besonders aromatischen Sorten zählen dürfen. Der Wein muss mindestens zwei Jahre in Holzfässern lagern und 12,5 % Vol. erreichen, der Riserva muss mindestens drei Jahre lagern aufweisen und 13 % Vol. erreichen. Ein DOC-Wein ist dagegen der einfachere Rosso di Montepulciano aus den gleichen Trauben wie der Nobile, jedoch etwas tanninhaltig und 11,5 % Vol. leicht. Er darf erst nach dem 1. März des auf die Weinlese folgenden Jahres verkauft werden.

Noch edler als die Weine aus Montepulciano sind die des Nachbarstädtchens Montalcino. Dort gedeiht ein ganz großer, tiefroter Wein, geradlinig und rassig und doch elegant mit reichem Bukett: der **Brunello di Montalcino,** der sehr lange reifen möchte (manche 20 Jahre und länger, wenn der Jahrgang stimmt). Eine Erfindung von Ferruccio Biondi-Santi im 19. Jh., dessen Nachfahren auf drei großen Gütern noch heute Weine von höchster Qualität erzeugen. Aber auch der preiswertere **Rosso di Montalcino,** jünger zu trinken, spritziger, kann sich sehen lassen.

Der **Morellino di Scansano** aus der Maremma, der sich sein Anbaugebiet im Osten mit dem **Bianco di Pitigiliano** teilen muss, ist ein rubin- bis granatroter, trockener Rotwein, hauptsächlich aus Sangiovese-Trauben, leicht und doch rund im Aroma.

Die Maremma-Küste lässt sich über eine Weinstraße mit drei DOC-Anbaugebieten erschließen: **DOC Montescudaio, DOC Bólgheri** und **DOC Val di Cornia.** Die kostbaren Bólgheri-Weine **Sassicaia** und **Ornellaia** stehen bei der Auszeichnung durch den »Gambero Rosso« in ständiger Konkurrenz mit den besten Chianti-Lagen.

Vernaccia di San Gimignano und andere Weißweine

San Gimignanos **Vernaccia,** von strohgelber Farbe, süffig und voll, ist sicherlich der bekannteste Weißwein der Toskana. Er durfte als erster die Bezeichnung DOC tragen. Die meisten Weinkeller des Gebietes von San Gimignano produzieren aber auch Chianti-Weine, wobei der Vernaccia eindeutig ihr Zugpferd bleibt.

Dem Vernaccia hart auf den Fersen folgt in der Beliebtheit unter den Weißweinen der leichte und trockene **Galestro,** nach dem schiefrigen Boden benannt, auf dem er am besten gedeiht. An der Küste wird zu Fisch unter Kennern gerne der **Bianco di Pitigliano** aus dem gleichnamigen Etruskerstädtchen weit landeinwärts hinter Grosseto empfohlen.

In Lucca, Montecatini und Umgebung dagegen ist ein besonderer Tipp, es einmal mit einem weißen **Montecarlo** aus einem kleinen Anbaugebiet südlich von Péscia zu versuchen; lange war diese Lage kaum über die Grenzen der Provinz hinaus bekannt.

Vinsanto

Nicht zu vergessen ist schließlich der **Vinsanto,** der ›heilige Wein‹. Er diente früher als Messwein – daher der Name. Seine Reifung in kleinen Eichenfässern und meist in luftigen Räumen über dem Weinkeller, immer in Berührung mit Wind und Wetter, lässt sich kein Winzer entgehen. Er ist süß und doch nicht schwer, ein aromatischer Dessertwein, für den die *cantucci* (s. S. 64) zum Eintunken geradezu erfunden zu sein scheinen.

Outdoor

Natürlich ist die Toskana nicht nur ein Reiseziel für Kulturinteressierte, sondern auch für Sportbegeisterte. Wer Mitglied in einem Sportverein ist, kann sich über diesen vielleicht schon vorab Infos zu den Angeboten in der Toskana besorgen. Die Adressen der italienischen Sportverbände (u. a. zu Veranstaltungen) findet man unter www.federsportitalia.it.

Um die Angebote für Aktivurlaub entlang der toskanischen Küste und auf den Inseln kümmern sich die Region Toskana bzw. die Provinzen besonders intensiv: Massa Carrara (www.aptmassacarrara.it), Versilia (www.aboutversilia.com), Pisa (www.provinciapisa.com) und Costa degli Etruschi (www.visitcostadeglietruschi.com), Maremma (www.turismoinmaremma.it) und Arcipelago Toscano bzw. der Naturpark des Archipels (www.islepark.it oder www.elbalink.it). Leider sind der interessante, gemeinsam mit der Region herausgegebene Führer »toscanamare« (auch auf Deutsch) und eine Karte der Sporthäfen zzt. vergriffen. Allgemeine Informationen findet man darüber hinaus auf der offiziellen Website auch für die toskanischen Küsten: www.discovertuscany.com.

Golf

Golfplätze haben ihr eigenes Publikum in die Toskana gebracht. Der älteste und berühmteste ist noch immer der Golfplatz Ugolino südlich von Florenz mit herrlichem altem Baumbestand. Zum Austragungsort internationaler Wettbewerbe hat sich aber eher der Golfplatz von Punta Ala mit den Edelherbergen ringsum entwickelt. Montecatini Terme ist auf seinen Golfplatz nahe Monsummano Terme besonders stolz. Inzwischen gibt es in der Toskana mehr als 30 Golfplätze (s. auch die Adressen im Reiseteil dieses Buches ab s. S. 84). Allgemeine Informationen, Termine von Turnieren etc. findet man unter www.federgolf.it und www.toscana-golf.com (Anbieter).

Radfahren

Radfahren in der Toskana lohnt sich vor allem in den sanften Hügellandschaften z. B. der Crete, des Chianti (das an manchen Stellen auch recht unsanft sein kann wie im Osten) und erst recht in den Flussebenen. Neuerdings werden immer mehr Touren ausgewiesen wie die Rundwege der L'Eroica (www.eroica.it), der Sentiero della Bonifica entlang des Canale Maestro della Chiana (http://sentierodellabonifica.com) oder die Grand Tour della Val di Merse durch einen noch weitgehend unentdeckten Teil der Toskana (www.grandtourvaldimerse.it).

Spezielle Infos zum Radfahren in der Toskana mit Routenvorschlägen für Sportler und Genussradler findet man unter www.turismo.intoscana.it/cicloturismo.

Reiten

Reitmöglichkeiten bieten immer mehr ländliche Betriebe, besonders in Follónica, Livorno, Marina di Massa, Montieri, Orbetello, Pisa, Scansano und Viaréggio, aber auch die Reitklubs von Florenz und Umgebung. Man kann seine Ferien natürlich auch auf einem Reiterhof oder in einem Reiterhotel verbringen oder nur Reitstunden und geführte Ausritte buchen. Weitere Infos unter www.reiten.de (Anbieter) und im Reiseteil ab S. 84. Zwei Reiterhotels seien herausgestellt: Il Poggio (s. S. 418) und für Ausritte Corte Degli Uilvi (s. S. 313).

Segeln und Motorbootsport

Segeln kann man entlang der gesamten toskanischen Küste (es gibt auch Segelschulen), insbesondere an der Versilia im Norden und an der Riviera degli Etruschi weiter südlich sowie vor den Inseln, vor allem vor der Küste von Elba.

Eine Landkarte mit den Sporthäfen der Region bietet darüber hinaus genaue Angaben über Werften und deren Bootsservice, dazu Adressen von Charterfirmen etc. Weitere nützliche Infos unter www.sailingintuscany.com (Anbieter).

Motorbootsport ist insbesondere möglich von Marina di Massa aus, Forte dei Marmi, Viaréggio, Livorno, Punta Ala (der größte Jachthafen der toskanischen Küste), Porto Santo Stéfano und auf Elba.

Tauchen

Unterwassersport ist generell ohne Lizenz erlaubt und besonders schön an Abschnitten der Riviera degli Etruschi und rund um die Inseln des Toskanischen Archipels. Nicht nur Landfläche, auch weite Teile der Meeresfläche stehen im Nationalpark Archipelago Toscano unter Schutz, weswegen das Tauchen hierstrengen Regeln unterliegt. Am besten wendet man sich an eine ortsansässige Tauchschule (Adressen im Reiseteil dieses Buches ab S. 84), Informationen auch unter www.elbalink.it und www.isoletoscana.it (Anbieter).

Tennis

Jede größere Stadt und jeder Kur- oder Erholungsort besitzt Tennisplätze. In den meisten Klubs sind Gäste willkommen. Besonders viele Tennisanlagen findet man an der Küste der Versilia und auf Elba. Zahlreiche Hotels verfügen über eigene Plätze für ihre Gäste.

Wandern

Der Club Alpino Italiano CAI sowie die örtlichen Wandervereine haben in den letzten Jahren ein recht ordentliches Wegenetz ausgeschildert. Trekking in der Toskana ist richtig in Mode gekommen und wird mit Hilfe von Wanderblättern propagiert (in den einzelnen Fremdenverkehrsämtern nachfragen). Am besten erschlossen sind folgende Gebiete: Monte-Amiata-Massiv, Tosco-Emilianischer Apennin zwischen Emilia-Romagna und Toskana, Garfagnana, Casentino, Valtiberina und Mugello sowie immer mehr das Chianti. Besonders rührig ist man in der Garfagnana, mit guten Websites wie www.turismo.garfagnana.eu.

Die Landschaft der Toskana ist ein ideales Revier zum Radfahren

Feste und Veranstaltungen

Feste und Traditionen

Bei der Vorbereitung ihrer Feste engagieren sich die Toskaner in großer Zahl und mit Inbunst. So sehr, dass Feste ihr Zusammenleben zu bestimmen scheinen. Viele Vereine kümmern sich fast ausschließlich um die Ausrichtung der mehr oder weniger feierlichen Ereignisse.

Vor allem für die Herstellung und Reparatur der historischen Kostüme, meist nach Vorbildern aus der Renaissance, wird Jahr für Jahr viel Zeit und Geld investiert. Banken wie die inzwischen notleidende Monte dei Paschi di Siena, von jeher eine große Förderin der Kunst, sind stolz darauf, die neuen Renaissancekostüme für den Sieneser Palio finanziert zu haben.

Für fast alle großen Feste der Toskana kann man bei rechtzeitiger Anmeldung Zuschauerkarten reservieren. Auskunft erteilen die örtlichen Verkehrsbüros oder die zuständigen Vereine, die in diesem Reiseführer unter den einzelnen Orten aufgeführt werden.

Scoppio del Carro

Eine prächtige Prozession geht dem Florentiner Scoppio del Carro (s. S. 125) voraus, bei dem am Ostersonntag durch Vertreter der Stadt der aufwendig geschnitzte historische Holzwagen zwischen Dom und Baptisterium entzündet wird: für die Taube, die den Heiligen Geist symbolisiert.

Giostra del Saracino und Gioco del Ponte

Zu den beliebtesten Festen gehört das historische Lanzenstechen (Giostra del Saracino; s. S. 445) in Arezzo, das im Juni und nochmals im September ausgetragen wird. Ebenfalls im Juni findet der Gioco del Ponte (s. S. 222) in Pisa statt, der Wettkampf der beiden Stadtteile beiderseits des Arno auf dem Ponte del Mezzo, der Brücke zwischen ihnen.

Alljährlich im September feiert Arezzo das historische Lanzenstechen

Calcio Storico

Das historische Fußballspiel der Florentiner, der Calcio Storico (s. S. 125), kann zwar angesichts der rauen Sitten auf dem Spielfeld vor der schönen Kulisse von Santa Croce nicht gerade als feierlich bezeichnet werden. Aber die Umzüge am letzten Tag des Calcio, am Johannestag (24. Juni), lassen jedes Fotografenherz höher schlagen.

Palio delle Contrade

Ein Musterbeispiel für den Zusammenhalt der Stadtteile, Vereine etc. sind die historisch gewachsenen *contrade* Sienas. Sie regeln das Zusammenleben der Menschen in den einzelnen Stadtteilen, helfen Notleidenden, Kindern und Greisen, sorgen aber z. B. auch für einen neuen Arbeitsplatz innerhalb der eingeschworenen Gruppe. Und sie richten zweimal im Jahr Sienas wichtigstes Fest aus: den Palio (s. S. 336). Hier bekommt der Reisende einen besonders guten Einblick in die Traditionen und Bräuche eines Stadtteils.

Sacro Cingolo (la Cintola)

In Prato, der Hauptstadt der gleichnamigen Provinz, wird dreimal im Jahr (1. Mai, 15. Aug., 8. Sept.) der Sacro Cingolo (s. S. 147) in feierlichem Rahmen der Bevölkerung präsentiert, der angebliche Gürtel der Jungfrau Maria. Sie soll ihn vor ihrer Himmelfahrt dem Apostel Thomas überlassen haben.

Volto Santo

Die meisten religiösen Feste sind von würdevollem Ernst. Das gilt vor allem für den Umzug des Volto Santo (s. S. 200) am 13. September durch die eindrucksvoll von Fackeln beleuchteten Altstadtgassen Luccas. All dies leistet man für die im Dom verehrte frühmittelalterliche Christusfigur.

Sagre

Die religiösen Feste wetteifern um die Gunst der Teilnehmer und Zuschauer mit den vielen profanen Veranstaltungen, den Sagre: Diese haben oftmals eine kulinarische Spezialität zum Thema wie etwa im Herbst die **Sagra del Cinghiale** (des Wildschweins, in mehreren Orten), die **Sagra del Castagno** (der Edelkastanie, vor allem in den Orten der Garfagnana, der Valtiberina und im Casentino) oder die **Sagra del Tartufo** (der Trüffeln, in San Miniato al Tedesco), bei denen auch ausgiebig Wein getrunken und zum Tanz aufgespielt wird.

Das Chiana-Tal, berühmt für das hervorragende Fleisch der weißen Chianina-Rinder, ein Muss für die *bistecca fiorentina,* feiert an diversen Orten *bistecca*-Feste.

Festspiele

Der Sommer gehört in der Toskana den zahlreichen Festivals. Das bekannteste Musikfestival hat der deutsche Komponist Hans Werner Henze im Renaissancestädtchen Montepulciano ins Leben gerufen, das **Cantiere Internazionale d'Arte** (s. S. 409).

Das Weinstädtchen Montalcino dagegen verwandelt sich in eine einzige Bühne während des **Festival della Val d'Orcia,** dicht gefolgt vom zauberhaft-kleinen Monticchiello mit seinem **Teatro Povero,** bei dem ausschließlich Dorfbewohner agieren. Am Lago di Massaciúccoli findet zu Ehren Puccinis das **Festival Pucciniano** statt, und an der Versilia-Küste das Theater- und Tanzfestival **La Versiliana.** Florenz lockt bereits im Frühjahr mit dem **Maggio Musicale,** Fiésole erst später mit dem Kultursommer **Estate Fiesolana** und die gesamte Provinz Pisa mit **Pisa Estate.**

Die Liste ließe sich endlos fortsetzen, interessierte Reisende schauen am besten im Internet unter ihrem Urlaubsort nach, z. B unter www.comune.pisa.it oder bei kleineren Orten unter Hinzuziehung des Provinzkürzels wie etwa bei www.comune.fiesole.fi.it (s. auch Angaben im Reiseteil ab S. 84).

Reiseinfos von A bis Z

Auskunft

Die **Italienische Zentrale für Tourismus ENIT** (s. unten), Mo–Fr 9.15–17 Uhr, an italienischen Nationalfeiertagen geschl., hat ihre Dienste für interessierte Italienreisende sehr eingeschränkt. Daher kann man kaum noch **Prospekte** von ENIT per Post erhalten. Wer Informationsmaterial braucht, kann es sich selbst aus dem Internet zusammenstellen und herunterladen oder eben direkt in der Toskana darum bitten.

... in Deutschland

Direktion für Deutschland, Österreich und die Schweiz
Barckhausstr. 10
60325 Frankfurt a. M.
Tel. 069 23 74 34
frankfurt@enit.itwww.enit.de

... in Österreich

Mariahilfer Str. 1b
1060 Wien
Tel. 01 505 16 39
vienna@enit.itwww.enit.at

... in der Toskana

Für die gesamte Region Toskana zuständig, aber ohne Publikumsverkehr:
Toscana Promozione
Via Vittorio Emanuele II 62–64
50134 Firenze
Tel. 055 46 28 01
www.toscanapromozione.it

Für die einzelnen touristischen Gebiete (diese sind nicht immer mit den Provinzen identisch) ist teilweise ein übergeordnetes Büro (früher waren es die APT) zuständig. Kleinere Orte verfügen über eigene Touristenbüros, die meist an den Hauptplätzen oder den wichtigsten Sehenswürdigkeiten unter der Bezeichnung **Pro Loco** oder **Informazioni** zu finden sind (Adressen bei den jeweiligen Orten im Reiseteil ab S. 84).

Baden

Die schönsten Sandstrände der Toskana liegen an der Versilia-Küste nördlich von Viaréggio, berühmt sind insbesondere Forte dei Marmi und Viaréggio. Im Süden an der Maremma-Küste breiten sich zwar nicht so luxuriöse, aber ebenfalls herrliche, von hohen Pinien beschattete Sandstrände mit recht guter Infrastruktur aus. Eine wundervolle Lagunenlandschaft mit feinem Sand findet man in Castiglione della Pescáia, hübsche Felsenbuchten bietet u. a. das nette Castiglioncello, die allerschönsten Strände findet man jedoch rings um die Inseln Elba und Gíglio – auf letzterer eignen sie sich so richtig für Robinson-Ferien, auch mit einem kleinen Schlauchboot.

Barrierefrei reisen

Italienische Hoteliers und Ferienhausanbieter sind laut Gesetz verpflichtet, je nach Größe des Betriebs mindestens ein Zimmer / eine Wohnung behindertengerecht anzubieten. In den Städten hat man schon vor längerer Zeit damit begonnen, die Bürgersteige abzusenken und viele Museen ermöglichen Rollstuhlfahrern den Besuch per Aufzug oder Treppenlift. Auch in den Nationalparks und an vielen Stränden bemüht man sich um verbesserte Angebote. Detaillierte Auskünfte: www.toscana.net und dann auf ›disabili‹ klicken (rund 30 Hotels speziell in der Toskana), www.disabili.com/viaggi/turismo-accessibile-per-disabili Ferienangebote und passende Unterkünfte in ganz Italien).

Botschaften und Konsulate

Italienische Botschaft

... in Deutschland
Hiroshimastr. 1
10785 Berlin
Tel. 030 25 44 00
www.ambberlino.esteri.it

... in Österreich
Rennweg 27
1030 Wien
Tel. 01 712 51 21
www.ambvienna.esteri.it

... in der Schweiz
Elfenstr. 14
3006 Bern
Tel. 031 350 07 77
www.ambberna.esteri.it

Konsulate in der Toskana

Honorarkonsulat der Bundesrepublik Deutschland
Corso dei Tintori 3
50122 Florenz
Tel. 055 234 35 43
florenz@hk-diplo.de

Honorarkonsulat der Republik Österreich
Lungarno A. Vespucci 58
50123 Florenz
Tel. 055 265 42 22
cons.austria@alpiworld.it

Schweizerisches Konsulat
Piazzale Galileo 5 (c/o Parkhotel)
50125 Florenz
Tel. 055 22 24 31
cons.suisse.firenze@fol.it
Außerhalb der offiziellen Amtsstunden wurden für dringende Notfälle Bereitschaftsdienste eingerichtet: Tel. 0039 335 790 41 70 (deutsche Botschaft in Rom), Tel. 0039 335 708 97 49 (österreichische Botschaft in Rom), Tel. 0041 800 24 73 65 (Helpline der Schweiz).

Einkaufen

Die Toskana ist ein Dorado für den Einkaufsbummel, ob in den edlen Kunststädten oder auf dem Lande, wenn große Märkte angesagt sind, oft verbunden mit einer *sagra,* einem Kirchweihfest bzw. kulinarischem Markt. In Städten wie Florenz, Lucca und Prato findet man sowohl elegante Boutiquen mit Markenmode als auch individuelle Mode, weiterhin hochwertige Lederwaren, Schmuck und Designobjekte. Häufig darf man sich beim Einkauf auch am schönen Ambiente der Geschäfte erfreuen, die sich mit modernem Interieur in historischen Palästen eingenistet haben.

Neben Mode und Accessoires sind auch kulinarische Spezialitäten als Souvenir beliebt, z. B. Pecorino, Wildschweinschinken und -würste, getrocknete Steinpilze, Olivenöl, Wein und Grappa. Zu den süßen Verführungen zählt Gebäck wie etwa *cantucci* und *panforte.*

Märkte

Alle größeren Städte der Toskana besitzen einladende **Markthallen** für den täglichen Bedarf ihrer Bevölkerung an Lebensmitteln, Florenz sogar zwei: den im Obergeschoss total gestylten Mercato Centrale im Viertel San Lorenzo und den Mercato Sant'Ambrogio am östlichen Rand des historischen Zentrums. Meist sind diese Märkte in Jugendstilhallen untergebracht, auch jener von Livorno, der ein Paradies für den kulinarischen Einkauf oder auch nur zum Schauen ist. In den Hallen kann man oft auch an kleinen Stehbuden gleich vor Ort Spezialitäten probieren.

An oft seit Jahrzehnten festgelegten Tagen finden außerdem in jedem Ort **Wochenmärkte** statt, meist wie die Hallenmärkte vormittags, in manchen Gebieten aber wegen der Nähe der Ortschaften zueinander auch nachmittags. Hier werden nicht nur Lebensmittel angeboten, sondern häufig auch Kleidung, Haushaltswaren und Kunsthandwerkliches, im Chianti-Gebiet und um Arezzo z. B. vielfach Schmiedeeisernes. Wichtige Märkte werden bei den Ortsbeschreibungen im Reiseteil dieses Führers ab S. 84 genannt.

Wein und Olivenöl

Praktisch jedes toskanische Weingut produziert außer Wein und Grappa auch Olivenöl, z. T. scheint es sogar, als würde infolge der verlockenden Preise für dieses Produkt der Weinbau verdrängt. Als besonders gut gilt das Olivenöl von den Hügeln um Lucca, es ist allerdings recht ›fett‹ im Geschmack. Unverwechselbar würzig sind die im Chianti und im Montalbano-Gebiet produzierten Olivenöle, und zur absoluten Spitzenqualität gehört das Olivenöl aus Bólgheri, das leicht nach Artischocken schmeckt; auch die hier angebauten Weine zählen zu den Spitzensorten der Toskana und Italiens überhaupt.

Alta Moda und Lederwaren

Spitzenreiterin in Sachen Mode ist vor allem durch die Modemessen mit dem Beinamen Pitti die Stadt Florenz, wobei die Stoffe für die sehr modische Kleidung ringsum produziert werden, nicht mehr nur in Prato. Im Reiseteil dieses Buches ab S. 84 werden die wichtigsten Straßen genannt, in denen sich Modeboutiquen konzentrieren. Auch für andere Städte finden sich dort Adressen, u. a. von Läden mit schicker jüngerer Mode zu bezahlbaren Preisen.

Dieser Mann weiß, was in Sachen Lederschuhe gerade angesagt ist

Die Lederschule der Toskana befindet sich im Kloster von Santa Croce in Florenz. In den nahen engen Altstadtgassen arbeiten kleine und größere Ledermanufakturen und bieten ihre Ware gleich vor Ort an. Der bekannteste Ledermarkt aber findet vor dem Mercato Centrale bei San Lorenzo statt. Auch in kleineren Städten wie Montepulciano haben sich einzelne Handwerker auf die Verarbeitung von Leder spezialisiert, man kann sich hier z. B. Stiefel nach Maß anfertigen lassen.

Antiquitätenmärkte

In fast jeder größeren toskanischen Stadt finden Antiquitätenmärkte statt, besonders entlang des Chiana-Tales von Arezzo südwärts. Arezzo selbst dürfte die Antiquitätenstadt der Toskana sein. Hier findet jeden Monat ein großer Markt (s. S. 445) statt, im September der größte und berühmteste überhaupt.

Der Mercantino delle Pulci (s. S. 123) auf dem Largo Annigoni in Florenz, der Nachfolger des Marktes auf der Piazza dei Ciompi, ist ebenfalls eine Fundgrube für Antiquitäten.

Versteigerungen

Besonders in den größeren Kurorten der Toskana sind die *aste* sehr beliebt, Versteigerungen, die in der Regel in Antiquitätengeschäften durchgeführt werden, meist ab ca. 21 Uhr. Dort versammeln sich alle, die nach dem Abendessen Abwechslung mit einem gewissen Kribbeln suchen. Man wird leicht zum Mitbieten verführt! Neben Antiquitäten lassen sich nette Kleinigkeiten ersteigern, die sich als Mitbringsel eignen.

Kunsthandwerk

In den kleineren touristischen Magneten der Region, z. B. Castellina in Chianti, wie überhaupt entlang der Weinstraße des Chianti oder in San Gimignano, Volterra etc. findet man die üblichen Souvenirläden. Zum Standardsortiment gehören bunt bemalte Keramik, Schmiedeeisen- oder Holzarbeiten. Traditionelle Mitbringsel sind kunsthandwerkliche Artikel, Antiquitäten und Schmuck, Alabaster- und Kunstschmiedearbeiten.

Elektrizität

Generell gibt es 220 Volt-Wechselstrom, doch der Fantasie sind in puncto Steckdosen und Systeme in Italien keine Grenzen gesetzt. Die deutschen Schukostecker passen selten, man braucht Adapter, die man aber in jedem Elektro- und Haushaltswarengeschäft, manchmal sogar an der Hotelrezeption erhält.

Feiertage

1. Januar: Neujahr
5./6. Januar: Epifania (Hl. Drei Könige)
Ostermontag: Pasquetta
25. April: Tag der Befreiung
1. Mai: Tag der Arbeit
2. Juni: Italienischer Nationalfeiertag
15. August: Mariä Himmelfahrt
1. November: Allerheiligen
25. und 26. Dezember: Weihnachten
31. Dezember: Silvester

Geld

Das Euro-Land Italien ist Meister in Sachen bargeldloses Zahlen. In fast allen Hotels, Restaurants und Geschäften werden Kreditkarten akzeptiert. In den touristischen Zentren gibt es überall Geldautomaten *(bancomat)*, an denen man mit Kredit- und Bankkarten rund um die Uhr Geld abheben kann. Die kontoführende Bank verlangt dafür oft noch immer eine Gebühr zwischen 5 und 10 € pro Transaktion.

Barzahlungen von mehr als 2999,99 € sind in Italien aufgrund einer Direktive zur Nachvollziehbarkeit von Finanzierungen seit 2016 gesetzlich verboten.

Quittungen

In Italien sind Geschäfte und Dienstleistungsbetriebe verpflichtet, ihren Kunden eine Quittung *(scontrino, ricevuta fiscale)* auszustellen, in der die Mehrwertsteuer ausgewiesen ist. Diese Quittung muss man bei Kontrollen der Steuerbehörde *(guardia di finanza)* vorzeigen können, andernfalls drohen hohe Bußgelder.

Gleiches gilt für den Kauf gefälschter Markenwaren – in Italien eine Straftat, die mit Geldbußen bis 10 000 € geahndet wird. Auch hier ist man mit einer regulären Quittung auf der sicheren Seite.

SPERRUNG VON BANK- UND KREDITKARTEN

bei Verlust oder Diebstahl*:
0049-116 116
oder 0049-30 4050 4050
(* Gilt nur, wenn das ausstellende Geldinstitut angeschlossen ist, Übersicht: www.sperr-notruf.de)
Weitere Sperrnummern:
- MasterCard: 0049-69-79 33 19 10
- VISA: 0049-69-79 33 19 10
- American Express: 0049-69-97 97 2000
- Diners Club: 0049-69-66 16 61 23

Bitte halten Sie Ihre Kreditkartennummer, Kontonummer und Bankleitzahl bereit!

Gesundheit

Man braucht sich in der Toskana in Bezug auf seine Gesundheit nicht viel anders zu verhalten als zu Hause. Sonnenanbeter sollten sich rechtzeitig vor Sonnenbrand schützen, d. h. ans Eincremen und an eine Kopfbedeckung denken. Nicht überall ist das Leitungswasser auch wirklich trinkbar – Italiener bevorzugen ohnehin stilles oder leicht sprudelndes Mineralwasser –, man kann aber unbesorgt seine Zähne damit putzen.

Ärztliche Versorgung

In Italien gibt es relativ viele Deutsch sprechende Ärzte, deren Anschrift man normalerweise im Hotel erfährt. Die großen Hotels, insbesondere in den Kurorten, haben eigene Vertragsärzte (und Therapeuten, z. B. Masseure). Der medizinische Standard in der Toskana entspricht dem mitteleuropäischen. In manchen Ferienorten werden für Urlauber im Sommer kostenlose medizinische Notdienste angeboten. In Notfällen müssen nicht einmal die Medikamente bezahlt werden, in weniger schlimmen Fällen bekommt man ein Rezept dafür, und wer privat versichert ist oder eine Auslandskrankenversicherung abgeschlossen hat, kann die Kosten erstattet bekommen.

Krankenversicherung

Deutsche und Österreicher, die Mitglied in einer gesetzlichen Krankenversicherung sind, können bei ihrer Kasse die Europäische Versicherungskarte anfordern (sie ersetzt den früheren Auslandskrankenschein E 111), um sie in Italien ggf. der ASL (Azienda Sanità Locale) vorlegen zu können. Schweizer Staatsbürger werden von vornherein wie Privatpatienten behandelt, sie müssen die Arztrechnung direkt begleichen und können sie dann mit ihrer Kasse zu Hause verrechnen. Für alle Fälle ist Pflichtversicherten der Abschluss einer Auslandsreisekrankenversicherung zu empfehlen, damit sie im Bedarfsfall als Privatpatienten zu einem Arzt ihrer Wahl gehen können. Die Versicherung sollte einen medizinisch notwendigen Rücktransport einschließen.

Apotheken

Apotheken (italienisch *farmacia,* pl. *farmacie*) sind in Italien in der Regel genauso häufig vertreten wie nördlich der Alpen. Die Auswahl an Medikamenten entspricht dem internationalen Standard, die Preise sind inzwischen angepasst. Apotheken haben abwechselnd einen Notdienst, der an jeder *farmacia* angeschlagen wird. Neuerdings verlangen Apotheken für die außerhalb der Geschäftszeiten ausgegebenen Medikamente einen Aufschlag von bis zu 5 €! Man sollte also gut überlegen, ob man diesen Dienst auch wirklich benötigt.

Internetzugang

Fast jedes Hotel verfügt über eine Internetecke für die Gäste. Ansonsten kann man meist sein eigenes Notebook mit WLAN benutzen, man bekommt an der Rezeption einen Zugangscode.

Karten

Bei den ENIT-Büros erhält man leider kaum noch ordentliches Kartenmaterial, in der Toskana vor Ort über die einzelnen Provinzen und Gemeinden jedoch gute Detailkarten bzw. Stadtpläne. Wer eine Gesamtübersicht für die Toskanareise haben möchte, kann sich z. B. vorab die übersichtliche Marco-Polo-Urlaubskarte »Toskana« im Maßstab 1 : 200 000 besorgen, deren Namensverzeichnis auch die kleineren Orte enthält.

Mit Kindern unterwegs

Auch wenn sich die Toskana dafür anbietet, der Besuch von Kirchen und Museen ist jüngeren Kindern sicher nur in Maßen zumutbar. Die Region hat aber zahlreiche Kinderspielplätze und Tierparks sowie genügend feinsandige, flach abfallende Strände und hübsche geschützte Buchten zu bieten, an denen sich Kinder gefahrlos vergnügen können.

Da die Stadthotels zu astronomischen Preisen neigen, bieten sich für einen ungestörten Urlaub mit der Familie am ehesten Ferienhäuser an. Auch diese sind im Allgemeinen preislich relativ hoch angesetzt, aber man findet immer wieder überraschend günstige Angebote, vor allem wenn man noch nicht auf die Schulferien angewiesen ist.

Mit dem Essen dürften Kinder keine Probleme haben: Auch wenn sie nicht gerade regionaltypisch sind – Pizza und Pasta gibt es auch in der Toskana an jeder Ecke.

Kleidung und Ausrüstung

Vor allem in den größeren Städten kleiden sich die Italiener gerne etwas formeller, das gilt vor allem für den Büroalltag und für den

Besuch von Restaurants am Abend. Gleiches erwarten sie auch von ihren Gästen. Für den Herren reicht beim Restaurantbesuch meist eine ordentliche Jacke über einer gepflegten Jeans. Für Damen gibt es fast keine Kleidervorschriften, doch jeder freut sich über einen gepflegt-netten Anblick, was sowohl ein luftiges Kleid bedeuten kann als auch ein eleganter Hosenanzug. Für den Theaterbesuch takelt sich ebenfalls kaum noch jemand auf, schon eher für die Oper, wenn man selbst gesehen werden möchte. Wichtig ist angemessene Kleidung allerdings beim Kirchenbesuch: bedeckte Schultern, nicht zu kurze Röcke oder Hosen.

Klima und Reisezeit

Generell ist das toskanische Klima im Sommer warm und trocken, in den Flussniederungen aber häufig unerträglich schwül. Angenehm ist dann der Aufenthalt in den Küstengebieten (wegen der stetigen Meeresbrise) und in den höher gelegenen Hügel- und Bergregionen – vor allem dort, wo auch niedrige Hügel sozusagen frei stehen und daher einer ständigen Luftbewegung ausgesetzt sind (etwa im Gebiet des Montalbano oder im Chianti). Richtige Sommerfrischen sind auch die niedrigen Bergregionen zu Füßen des klimatisch ohnehin günstigen Tosco-Emilianischen Apennin: Garfagnana, Mugello, Casentino und nördliche Valtiberina. Von hier aus lassen sich sogar die größeren Kunststädte in der im Sommer unerträglich heißen Arno-Ebene erkunden, zum großen Teil auch mit bequemer Anreise per Bahn, ob Florenz oder Prato, Pistóia, Lucca oder Pisa und Arezzo.

Insgesamt können Frühjahr und Herbst – eigentlich die schönste Reisezeit –, aber auch der Winter wundervoll mild und sonnig sein, Letzterer allerdings auch recht regnerisch. Es ist ja allgemein kein Verlass mehr auf althergebrachte Klimawerte. Wenn es kalt ist, scharen sich Ferienhausbewohner oft frierend um den Kamin, weil viele Häuser nicht – oder noch nicht – wirklich wintertauglich ausgestattet sind.

Für Strandferien ist die beste Reisezeit der Sommer, für Kulturreisen Frühjahr und Herbst, wobei in der Zeit zwischen Ostern und Ende September z. B. in Florenz Massenansammlungen in und vor den Museen garantiert sind, man also bei echtem Kunsthunger tatsächlich den Winter als Reisezeit vorsehen sollte. Dieser kann in den Städten am Arno recht mild ausfallen, also auch in Prato und Pistóia, Lucca und Pisa.

Die größten Niederschlagsmengen fallen in der Zeit zwischen Oktober und März. Die durchschnittlichen Tagestemperaturen liegen in Florenz zwischen 8 °C im Monat Januar und 31 °C im Juli.

Kurzentschlossene finden die Wetterberichte und -vorhersagen auch im Internet unter www.wetter.de, www.meteotoscana.it bzw. auf den Websites der größeren Orte.

Links

www.enit.de – Webportal der Italienischen Zentrale für Tourismus mit hervorragenden Links zur gewählten Region, zu den verschiedenen Urlaubsarten, Unterkunftsmöglichkeiten, Restaurants, Festen u. v. m.

Klimadaten Florenz

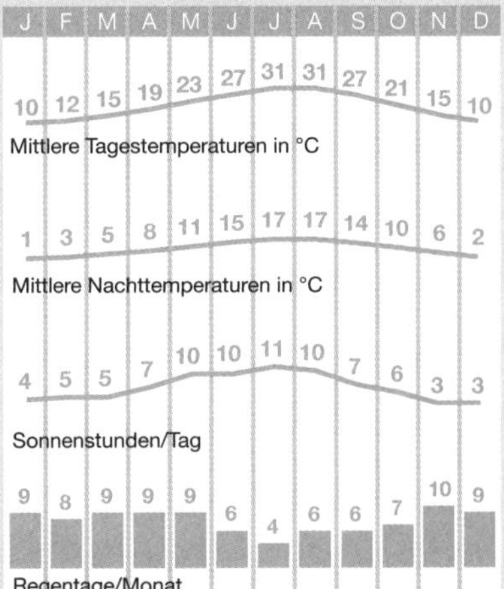

www.turismointoscana.it – Hotels und andere Unterkünfte in der Toskana, mit vielen Links.
www.regione.toscana.it – Informationen, auch politische, zur Region Toskana, mit Meldungen aus den Sitzungen des Regionalparlaments etc.
www.arpat.toscana.it – Informationen zu Umweltfragen in der Toskana.
www.toscanacultura.it – Museen, Ausstellungen, Kulturtermine, Sport etc.
www.provincia.italienischerProvinzname.it (z. B. www.provincia.firenze.it) – Allgemeine Informationen zur gewählten Provinz, mit meist guten Links zu Kultur, Veranstaltungen, aber auch Hotels, Restaurants etc.
www.agriturismointoscana.com – Für Ferien auf dem Bauernhof, durch B & B ergänzt.
www.campagnamica.it (Link zu Terranostra) – Informationen über Ferien auf dem Lande.
www.bedandbreakfast.it – Bed-&-Breakfast-Unterkünfte in ganz Italien, nach Regionen sortiert.
www.toscanaspettacolo.it – Fast alle Theater der Toskana stellen sich auf dieser informativen Website vor, die meist historischen Häuser mit ihrer interessanten Geschichte; Links zum aktuellen Programm.
www.fsitaliane.it – Fahrplanauskunft und Fahrscheinbuchung bzw. -kauf (auch in englischer Sprache).
www.tuttocitta.it – Italienische Stadtpläne, auch zum Vergrößern.
www.comuni-italiani.it – Ort für Ort mit interessanten Angaben wie genauer Lage, Einwohnerzahl, Gemeindeverwaltung – bis hin zum Bürgermeister mit Namen, Partei und Telefondurchwahl!
www.comune.italienischerOrtsname.Provinzkürzel.it – Hier werden die Gemeinden einzeln vorgestellt.
www.intoscana.it – Die Website enthält Links zu allen wichtigen Themen, z. B. Vetrina Toscana (›Schaufenster in die Toskana‹) mit diversen Apps zum Herunterladen von Angeboten zu den Bereichen allgemeines Reisen, Kunst und Kulinarisches.

Weitere Informationen findet man auf den Websites der einzelnen Kommunen, meist unter Ufficio Informazione ed Accoglienza Turistica (IAT) oder Pro Loco.

Literatur

Belletristik

Marlene de Blasi: Tausend Tage in der Toscana. München 2007. Eine humorvolle Romanze mit originalen Rezepten.
Giovanni Boccaccio: Der Decamerone/Das Dekameron. Diverse Ausgaben. Ein Zeugnis der sinnenfrohen italienischen Renaissance am Beispiel Florentiner Adelsfamilien im Pestjahr 1348; eine humorvolle Absage an alle Duckmäuserei und Engherzigkeit, auch ein anmutiges Spiel um die Verwandlungen des Eros.
Carlo Collódi: Pinocchio. In verschiedenen Verlagen auf Deutsch erschienen. Eine kindgerecht geschriebene und liebevoll illustrierte Nacherzählung gibt es von Annette Weber (Text) und Miguel Epes (Illustrationen). Fränkisch-Crumbach 2010.
Dante Alighieri: Die Göttliche Komödie. Diverse Ausgaben. Die Toskana Dantes, dessen – authentische – Figuren im Paradies leben oder in der Hölle schmoren. Unerlässlich für das Verständnis vieler toskanischer Kunstwerke.
Edward M. Forster: Zimmer mit Aussicht. München 2002. Eine Liebesgeschichte vor dem Hintergrund einer Bildungsreise nach Florenz um 1900.
Carlo Fruttero, Franco Lucentini: Das Geheimnis der Pineta. München 2005. Krimi und Gesellschaftssatire; spielt in einem Pinienhain in der Toskana, in dem feinste Villen der italienischen High Society stehen. Der Palio der toten Reiter. München 2007. Eine Huldigung an die Stadt Siena.
Robert Gernhardt: Die Toscana-Therapie. München 2003; auch als Taschenbuch: Frankfurt/Main 2007. Liebevolle Beobachtungen des Alltags.
Magdalen Nabb: Tod in Florenz. Kriminalroman der bis zu ihrem Tod 2007 in Florenz

lebenden Autorin (weitere Krimis: u. a. Eine Japanerin in Florenz; Geburtstag in Florenz).

Michael Ondaatje: Der englische Patient. München 2007. Vier Menschen unterschiedlicher Nationalität begegnen sich am Ende des Zweiten Weltkrieges in einer toskanischen Villa.

Iris Origo: Toscanisches Tagebuch 1943/44. Eindrückliche Schilderung der Kriegsjahre in der Val d'Orcia. München 1991.

Sachbuch

Jacob Burckhardt: Die Kultur der Renaissance in Italien. Stuttgart 2009. Kulturhistorischer Klassiker, für Studenten der Kunstgeschichte und kunstinteressierte Reisende nach wie vor Pflichtlektüre.

Peter Burke: Die Renaissance in Italien. Sozialgeschichte einer Kultur zwischen Tradition und Erfindung. Berlin 1992, zzt. nur antiquarisch.

Henrik Engel: Dantes Inferno. Zur Geschichte der Höllenvermessung und des Höllentrichtermotivs. Berlin 2006. Hilfreich zum Verständnis von Dantes »Göttlicher Komödie« (s. S. 78).

Friedhelm Gröteke: Etruskerland. Geschichte, Kultur, Kunst. Studienführer zu den Grabungsstätten und Museen. Stuttgart 1993 (nur noch antiquarisch).

Harald Keller: Die Kunstlandschaften Italiens. Berlin 1994.

Osterie d'Italia. Italiens schönste Gasthäuser. Nach Regionen und Orten gegliedert, sehr fundiert und mit dem Fokus auf Tradition und Slowfood, auch App für unterwegs. München, jährlich aktuell.

NACHHALTIG REISEN

In einer landwirtschaftlich geprägten Region wie der Toskana verwundert es nicht, dass auch grüner Tourismus immer wichtiger wird. **Agriturismi,** Ferienunterkünfte auf Bauernhöfen, erfreuen sich zunehmender Beliebtheit. Viele davon haben sich einem zumindest naturnahen Anbau verschrieben. Adressen ökologisch geführter Betriebe listet die Website der Umweltorganisation Legambiente, die jedes Jahr auch die saubersten Strände prämiert (http://legambienteturismo.it).

Die in Italien gegründete **Slow-Food-**Bewegung hat 1996 das Projekt **Arca del Gusto** (Arche des Geschmacks) ins Leben gerufen. Es widmet sich dem Schutz regionaltypischer Lebensmittel, die durch Globalisierung und Industrialisierung zu verschwinden drohen. Toskanische Arche-Kandidaten sind u. a. das Chianina-Rind und das Cinta-Senese-Schwein, Regina-di-Londa-Pfirsiche und Zolfino-Bohnen, Kartoffelbrot aus der Garfagnana, Mortadella aus Prato, Pecorino aus den Hügeln um Pistóia (komplette Liste auf der Website www.fondazioneslowfood.com). Wer diese Produkte auf seiner Toskana-Reise probiert, trägt nicht zuletzt zum Erhalt geschmacklicher Vielfalt bei und fördert die regionale Wirtschaft.

Ein Schwesterprojekt von Slow Food ist **Città Slow.** Ziel dieser Organisation ist es, lebenswerte Städte zu schaffen. Dazu gehören die Verbannung von Autos aus der Innenstadt, die Nutzung nachhaltiger Energien, die Erhaltung traditioneller Strukturen und die Konzentration auf lokale Produkte. In der Toskana gibt es derzeit 15 Città Slow: Anghiari, Barga, Bucine, Capálbio, Castelnuovo Berardenga, Civitella in Val di Chiana, Cortona, Cutigliano, Greve in Chianti, Marradi, Massa Maríttima, Pratovecchio Stía, San Miniato, San Vincenzound Suvereto. Nähere Informationen über die Organisation sind erhältlich auf der Website www.cittaslow.org.

Ernst Piper: Der Aufstand der Ciompi. Berlin 2000. Über den ›Tumult‹ der Wollarbeiter im Florenz der Frührenaissance.
Ernst Piper: Savonarola. Umtriebe eines Politikers und Puritaners im Florenz der Medici. München 2009.
Giorgio Vasari: Lebensläufe der berühmtesten Maler, Bildhauer und Architekten. Hrsg. Robert Steiner, Trude Fein. München 2005.
Klaus Zimmermanns: Toscana. Das Hügelland und die historischen Stadtzentren. Ostfildern 2008.
Klaus Zimmermanns: Florenz. Kirchen, Paläste und Museen in der Stadt der Medici. Ostfildern 2012.

Medien

Die meistgelesenen toskanischen Tageszeitungen sind die in Florenz verlegte »La Nazione« und die in Livorno erscheinende »Il Tirreno«.

Alle großen deutschsprachigen Tageszeitungen und Illustrierten findet man zumindest während der Saison an den Brennpunkten des Tourismus, normalerweise tagesaktuell. Leider empfangen noch nicht alle Hotels über Satelliten auch deutsche TV-Sender für ihre Gäste, aber es werden immer mehr. Für Italienischversteher: TG3 Regionale bringt Aktuelles aus der jeweiligen Region, also auch in der Toskana.

Nachtleben

Eine große Ausgehszene gibt es in der Toskana nicht, es sei denn während der Sommermonate in den Strandorten. Daher wird man wohl am Abend mit Sicherheit länger im ausgewählten Restaurant oder der kleinen Trattoria in der Nähe des Hotels sitzen bleiben, um wie die Toskaner das Abendessen ausgiebig zu genießen. Ansonsten flaniert man vor und nach dem Essen gerne lange auf der Passeggiata-Meile oder genießt die nächtliche Beleuchtung der historischen Zentren von einem Kaffeehaustisch auf einer Piazza aus. ›In‹ sind die Aperitifbars (geöffnet ca. 19–21 Uhr), die junge Leute auch zur *apericena* locken, womit man sich das Abendessen spart. Detaillierte Infos zu Ausgehmöglichkeiten in den einzelnen Orten enthält der Reiseteil dieses Buches ab S. 84.

In den Sommermonaten findet man in Florenz wie auch in den Strandorten Freiluftdiskotheken, und die Badeorte organisieren vielfach Freiluftkonzerte, sowohl mit klassischer als auch mit Rock- und Popmusik. Das berühmteste Musikfestival dürfte am Lago Puccini stattfinden: das Festival Pucciniano (s. S. 253). Eher etwas für Kenner ist das Florentiner Maggio Musicale (s. S. 125).

Wer sich vorab im Internet über die Ausgehmöglichkeiten in der Toskana informieren möchte, kann auf zwei interessante Webadressen zurückgreifen: Unter www.aboutversilia.com, Link ›Nachtleben‹, findet man beliebte Diskotheken oder Disco Pubs an der Versilia-Küste (u. a. in Viaréggio, Forte dei Marmi, Pietrasanta). Die Website www.firenze-online.com bietet aktuelle Tipps für die Arno-Metropole: Kinos, Diskotheken, Pubs und Disco Pubs sowie die Termine sämtlicher Festivals.

Notfälle

Polizei/Carabinieri/Rettungsdienst: Tel. 112, für alle EU-Länder und die Schweiz
Medizinischer Notruf: Tel. 118
Pannendienst des ADAC: Tel. 0049 89 22 22 22
Pannendienst des ACI: Tel. 80 31 16
ADAC-Notruf bei Erkrankung und Verletzung: Tel. 0049 89 76 76 76
Auswärtiges Amt – Bürgerservice/Notruf: Tel. 0049 30 18 17 20 00, buergerservice@diplo.de

Öffnungszeiten

Geschäfte: Mo–Sa 8.30/9–12.30/13, 15.30/16–19/20 Uhr, So nur in touristischen Zentren während der Saison. Viele Geschäfte schließen dafür montags, teils nur am Vormittag (z. B. in Florenz) oder an einem anderen Tag.

Zu zweit in der kleinen Weinbar an der Ecke …

… oder mit Freunden über den Dächern der Stadt. Wer abends noch etwas trinken gehen möchte, wird hier sicher fündig

Märkte: meist Mo–Sa 6/7–13/14 Uhr.
Banken: in der Regel Mo–Fr ca. 8.30–13.30, 14.45–15.45 Uhr, in Touristenzentren auch länger und teilweise auch Sa.
Postämter: Mo–Fr 8.30–14, Sa 8.30–12 Uhr. Am Monatsletzten schließen alle Postämter um 12 Uhr.
Achtung: Bei der Reisevorbereitung unbedingt auf die uneinheitlichen Öffnungszeiten der Museen und die unterschiedlichen Ruhetage der Restaurants achten! Detaillierte Hinweise finden sich im Reiseteil dieses Buches bei den jeweiligen Orten.

Post

Inzwischen bietet die italienische Post nur noch die Beförderung per *posta prioritaria* an, was von Vorteil ist, da die Briefe und Postkarten aus dem Urlaub so nicht zu lange unterwegs sind. Die Portogebühr ins europäische Ausland beträgt für Postkarten und Briefe bis 20 g 1,15 €, aktuelle Tarife unter www.guidacranchi.com/info1/postatariffe.htm. Briefmarken bekommt man bei den Postämtern und in Tabakwarengeschäften *(tabbacchi)*, erkennbar am Schild mit einem »T«, oder direkt beim Kauf der Postkarten im Hotel oder im Souvenir- bzw. Zeitschriftenladen.

Rauchen

In Italien herrscht in Bars, Cafés, Restaurants u. ä. gastronomischen Betrieben striktes Rauchverbot. Raucher müssen sich mit Tischen im Freien (sie werden im Winter mit Strahlern beheizt) begnügen oder mit einem Extraraum, falls es sich der Wirt geleistet hat, speziell dafür eine Klimaanlage einzurichten und weitere Auflagen der Behörden zu beachten.

Reisekasse

Das Preisniveau in der Toskana zählt zu den höchsten im Stiefelland, das gilt besonders für **Unterkünfte**. Es macht aber einen großen Unterschied, ob man in Florenz unterkommen möchte oder z. B. in der Valtiberina östlich von Arezzo. Für ein Doppelzimmer mit Frühstück zahlt man in Florenz je nach Saison in einem Fünf-Sterne-Hotel ab 300 €, in einem Vier-Sterne-Hotel ab 160 €, in einem Drei-Sterne-Hotel ab 100 €, in einer Zwei-Sterne-Herberge 60–100 € und in einer Ein-Stern-Unterkunft, also einer Pension, ab 50 €, aber zu Messezeiten auch schon dafür an die 120 €!

Für einen Espresso zahlt man an der **Bar,** wie überall in Italien, meist 1–1,20 €, auf den viel von Touristen frequentierten Plätzen im Stadtzentrum kann er jedoch am Tisch bis zu 5 € und mehr kosten. Also vorsichtshalber zuerst auf die Getränkekarte schauen!

Ein komplettes Menü kostet in normalen **Restaurants** zwischen 25 und 35 €, in hochpreisigen ab 45 €. Mittags bieten viele Häuser feste Menüs ab etwa 18 € inkl. Hauswein und/oder Wasser bzw. Softdrink an. Ein Pizzaessen kostet mit Hauswein ab 12 €.

Im Reiseteil dieses Buches werden ausgewählte Unterkünfte und Restaurants in den jeweiligen Orten durch €-Symbole Preiskategorien zugeordnet (€, €€, €€€).

Die Preise für **öffentlich Verkehrsmittel** liegen deutlich unter denen nördlich der Alpen. Es gibt Sammeltickets bzw. Städtepässe, die die Nutzung öffentlicher Verkehrsmitteln mit einschließen (z. B. Firenze Card, s. S. 117). Benzin ist dagegen im europäischen Vergleich teuer: 1 l Super-Benzin kostet im Schnitt 1,80 €, 1 l Diesel 1,50 €.

Spartipps

Viele wichtige Touristenorte bieten Ermäßigungen für ihre Verkehrsmittel und immer mehr auch Sammelkarten für den Besuch von Museen und anderen Sehenswürdigkeiten an. Für Florenz-Reisende besonders interessant ist die Firenze Card (s. S. 117). In **staatlichen Museen** genießen EU-Bürger unter 18 Jahren gegen Vorlage ihres Ausweises kostenlosen Eintritt, Schüler und Studenten (18–25 Jahre) zahlen einen leicht reduzierten Preis.

Sicherheit

Für den Wagen sollte man vor allem in den Städten eine sichere Garage suchen, Hotels haben nicht immer eine zu bieten. Leider muss man in den touristischen Zentren stets auf sein Hab und Gut achten. Weder sollte man Wertgegenstände im Wagen zurücklassen noch sie offensichtlich bei sich führen. Die Kamera lässt sich zwar schlecht verstecken, doch mit Geld und Kreditkarten sollte man sorgsam umgehen. Auch in Florenz sollte man die Handtasche bzw. den Fotoapparat nicht auf der Straßenseite tragen, denn auf Motorrädern vorbeiflitzende Diebe gehen ihrem Geschäft – meist Teil der Beschaffungskriminalität – vor allem nach Einbruch der Dunkelheit nach! Auch in manchen Gotteshäusern ist man vor Taschendieben nicht sicher, wie etwa in Santa Croce in Florenz, wo man zwischendurch sogar per Lautsprecher gewarnt wird.

Telefonieren

Es gibt fast nur noch Telefonzellen, in denen man mit Telefonkarten *(scheda telefonica)* telefoniert. Sie sind erhältlich bei der Telecom, an Automaten, vielen Zeitungskiosken und in den *tabacchi* (Tabakläden). Das Telefonieren vom Hotelzimmer aus ist meist mit hohen Zuschlägen verbunden.

Benutzer von **Handys** sollten sich vor der Reise zum Roaming anmelden, sodass sie auch in Italien durch Partnertarife ihres Anbieters günstiger telefonieren können.

Internationale Vorwahlen: nach Deutschland 00 49, nach Österreich 00 43, in die Schweiz 00 41. Anschließend wählt man die Ortsvorwahl ohne die erste Null und dann die Teilnehmernummer.

Die **Vorwahl für Italien** ist 00 39, die Null der Ortsvorwahl gehört inzwischen zur italienischen Teilnehmernummer, auch innerorts muss sie also immer mitgewählt werden. Bei den Handynummern entfällt dagegen die Null.

Toiletten

Die Stadt Florenz hat eine Broschüre zum Thema herausgegeben, die man unter www.firenzeturismo.it/it/informazioni-utili/firenze-senza-barriere/servizi/2627-servizi-igienici.html herunterladen kann. Sie enthält Adressen, Öffnungszeiten und eine Übersichtskarte.

Trinkgeld

Im Restaurant zahlt man, wenn man zufrieden ist, 5–10 % Aufschlag auf den Rechnungsbetrag, im Hotel ab 1 € für ein Gepäckstück, mindestens 5 € für das Zimmermädchen pro Person und Woche, bei längeren Hotelaufenthalten auch für das Restaurantpersonal und für die Rezeption, wenn sie Sonderwünsche erfüllt hat. Taxifahrer bezahlt man nach dem Taxameter und rundet die Summe auf.

Wellness

Die Wellnessbewegung hat auch die Toskana erreicht, immer mehr Hotels investieren in Spabereiche – vielfach kombiniert mit einem Golfangebot –, um damit ganzjährig Gäste anzusprechen. Darüber hinaus gibt es die Thermalorte mit ihren zu Wellnessoasen ausgebauten Kurhotels wie die Grotta Giusti in Monsummano Terme oder die Bagni di Pisa in San Giuliano Terme (s. dort). Ruhiger und preiswerter sind kleine Thermalorte wie Bagni di Petriolo oder Bagno Vignoni (s. Tipp S. 429). Ein neuer Trend sind Benessere-Zentren in den historischen Zentren der Städte, wo man für ein paar Stunden ausspannen und neue Kräfte tanken kann (Adressen im Reiseteil).

Zeit

In Italien gilt die Mitteleuropäische Zeit (MEZ). Vom letzten Sonntag im März bis zum letzten Sonntag im Oktober wird auf Sommerzeit umgestellt (MEZ + 1 Std.).

Unterwegs in der Toskana

Zypressenalleen führen in der Toskana zu kleinen Ortschaften, auf einsame Gutshöfe zu oder schlängeln sich zu trutzigen Burgen auf Hügeln empor.

Mugello
Florenz

Kapitel 1

Florenz und Umgebung

Keine andere italienische Stadt besitzt auf so kleinem Raum ein solches Konzentrat an Kunstwerken und historisch wie architektonisch bedeutenden Bauten. Auch heute ist die Piazza della Signoria mit dem gleichnamigen Palazzo, dem Rathaus mit großen musealen Sälen und den weltberühmten Uffizien das weltliche Zentrum der Stadt, sein sakraler Gegenpol liegt nur eine kurze Bummelmeile entfernt an der Piazza del Duomo mit Dom und Baptisterium.

In Scarperia in der nahen Hügellandschaft des Mugello arbeiteten die besten Kunstschmiede, wurden die schärfsten Klingen gezogen – bis heute ist das so. Auch die Medici kamen aus dem Mugello und bauten ihre Landsitze dort zu Villen aus. Einen geeigneten Ausgangspunkt für Ausflüge ins Mugello bietet das etruskische Städtchen Fiésole, ein schöner ›Aussichtsbalkon‹ über Florenz.

Für den groben Überblick reichen drei Tage für Florenz allein. Das historische Zentrum ist zu Fuß einfach zu erkunden. Für Ausflüge nach Fiésole und ins Mugello findet man sehr gute Anbindungen mit öffentlichen Verkehrsmitteln.

Zu Ostern, Pfingsten und im Hochsommer sowie zum Maggio Musicale (Ende April/Anfang Mai bis Mitte Juni) ist Florenz überfüllt, das Gedränge vor den Museen und anderen Sehenswürdigkeiten unbeschreiblich groß. Ohne rechtzeitig zuvor getätigte Ticketreservierung oder die Firenze Card sollte man während dieser Zeiten auf keinen Fall einen Besuch der Uffizien, der Accademia oder anderer großer Museen einplanen. Für Kunstinteressierte, die sich nicht um Regen oder kühlere Temperaturen scheren, empfiehlt sich das Winterhalbjahr – dennoch nach möglichen Messeterminen erkundigen, denn dann steigen die Hotelpreise ebenfalls deutlich an.

Das Original steht in der Accademia, eine Kopie auf der Piazza della Signoria: der »David« von Michelangelo

Auf einen Blick: Florenz und Umgebung

Sehenswert

Florenz: Die Kulturmetropole gilt als Wiege der Renaissance und des Humanismus. Brunelleschi, Donatello, Botticelli, Michelangelo und Leonardi da Vinci, Boccaccio, Petrarca und Dante wirkten hier (s. S. 90).

Scarperia: Die Messerstadt ist städtebaulich ein mittelalterliches Juwel mit netten kleinen Lokalen und besuchenswerten Werkstätten. Und natürlich eine gute Einkaufsadresse für scharfe Klingen (s. S. 135).

Borgo San Lorenzo: Die Nachkommen des toskanischen Jugendstilmeisters Chini produzieren hier noch heute traditionelle wie modernste Keramik, die man zu erschwinglichen Preisen erstehen kann (s. S. 136).

Schöne Route

Von Florenz ins Mugello: Über Pratolino geht es in das verschlafene Städtchen San Piero a Sieve und zu einigen Villen der Medici. Nach einem Abstecher zur hübschen Messerschleiferstadt Scarperia führt die Tour ins ruhige Borgo San Lorenzo, zum bescheidenen Geburtshaus Giottos bei Vicchio und ins Weinland von Rúfina und Pontassieve. Eine kurvenreiche Provinzialstraße führt von Dicomano ins östlich davon liegende Casentino, an dessen ›Pforte‹ die Pieve di Romena das Herz von Liebhabern romanischer Baukunst höher schlagen lässt (s. S. 130).

Meine Tipps

Piazza Santo Spirito in Florenz: Der hübsche Platz ist einer der nettesten der Stadt für eine geruhsame Pause, ringsum mit einladenden Lokalen (s. S. 99).

Mercato Centrale: Die Markthalle war schon immer eine kulinarische Oase mit kleinen Imbissständen. 2014 wurde das Obergeschoss stylish ausgebaut zur Event-Location mit Stehimbissen, feinem Restaurant, Kochschule und vielen Spezialitätenständen (s. S. 104).

Medici-Villen in Trébbio und Cafággiolo: Von Florenz bis ins Mugello haben die Medici ihre einst trutzigen Festungen zu prachtvollen Villen ausgebaut (s. S. 134).

So viele leckere Gerichte – da kann man sich ja gar nicht enscheiden …

Aktiv

Bummel zu den Kunsthandwerkern im Oltrarno: Eine genüssliche Tour durch ein noch ursprüngliches Florenz, fast abseits der touristischen Pfade (s. S. 100).

Mit dem Rad oder zu Fuß zum Parco dei Renai: Gleich zwei Parks lernt man bei diesem Ausflug kennen, den Florentiner Parco delle Cascine sowie den anschließenden Parco dei Renai von Signa (s. S. 126).

Spaziergang von Fiésole nach Florenz: Mit dem Stadtbus geht es von Florenz hinauf nach Fiésole und zu Fuß durch Gärten und über baumbeschattete Sträßchen wieder abwärts (s. S. 131).

Florenz

▶ G 5

Florenz kann trotz strenger Auflagen für den Autoverkehr recht lärmend sein, der städtebaulichen Schönheit am meist gemächlich dahinfließenden Arno tut dies jedoch keinen Abbruch. Die Regionalhauptstadt ist in ihrem historischen Kern klein und übersichtlich, voller Sehenswürdigkeiten und Museen, wunderbarer Modegeschäfte, Restaurants und Trattorien, Enotheken und Antiquitätenläden.

Die Universitäts- und Kunststadt **Florenz** (383 000 Einw.) erfasst man am besten vom Piazzale Michelangelo (s. S. 115) aus, wo sich gegen Abend auch Liebespaare und andere Romantiker treffen, denn die Aussicht ist überwältigend. Florenz fast wie auf einem Reißbrett: die Torre d'Arnolfo des Palazzo Vecchio, dahinter der Campanile Giottos und rechts davon die Domkuppel Brunelleschis. Linker Hand erkennt man den Ponte Vecchio mit seinen pastellfarbenen Häuschen, die wie Schwalbennester an der Brücke kleben, und den Vasari-Gang, der den Palazzo Pitti (weiter links, vom Piazzale aus nicht zu sehen) über den Arno hinweg mit den Uffizien verbindet. Am Horizont schließlich erheben sich die Hügel der Etruskerstadt Fiésole.

Die toskanische Metropole mit mehr als 1 Mio. Einwohnern im gesamten Einzugsgebiet hat nicht nur eine politische Führungsposition inne; auch kulturell (Museen, Theater, Galerien, Universität und zahlreiche Institute) und wirtschaftlich (Mode, Kongresse, Administration) ist die Arno-Stadt tonangebend. Rechnet man die einheimischen Pendler hinzu, wird bald klar, warum Florenz trotz rigoroser Sperrung von Teilen des *centro storico* tagtäglich dem Verkehrsinfarkt nahe ist. Nun hat man strengste Kontrollen per Videos und drastisch hohe Strafen für Autofahrer eingeführt, wenn sie verbotenerweise ins Zentrum vordringen (s. S. 127).

In den monumentalen Palästen wohnen nur noch wenige Florentiner, man hat die kostbare Bausubstanz meist in Museen umgewandelt, in Hotels und Apartments, Galerien und Kunstinstitute oder in Architekturbüros und Handelsniederlassungen sowie Banken. In den kaum sanierten kleineren Stadtpalästen finden noch immer Studenten aus aller Welt relativ preiswerte Unterkünfte, allerdings mit wenig Komfort.

Universität (mit knapp 50 000 Studienplätzen) und Kulturinstitute, Sprachschulen und Kunstakademien sorgen für die Internationalität der Stadt. Und wenn im Sommer die Florentiner Studenten in die Ferien ziehen, kommen die ausländischen Sprach- und Kunststudenten nach Florenz.

Abends, wenn die Tagestouristen die Arno-Metropole verlassen haben, ist die Stadt ein Genuss: das Florenz der charaktervollen Plätze und berühmten Cafés, der engen Straßen mit interessanten Durchblicken und der lockenden Bummelmeilen mit ihren Schmuckgeschäften und Modeboutiquen, Eisdielen und einladenden Aperitifbars.

Geschichte

Die Wiege der Renaissance und des Humanismus, wie Florenz gerne tituliert wird, breitet sich zu Füßen der einst wichtigen Etruskerstadt Fiésole aus. Florenz selbst ist später als – eigentlich unbedeutende – römische Kolonie entstanden, entwickelte sich allerdings ab dem ersten vorchristlichen Jahrhundert so schnell, dass sie bald den Namen Fiorentina, die ›Blühende‹, erhielt. Christlich geworden, hatte Florenz unter den Barbareneinfällen zu leiden, zunächst unter den Hunnen und Goten und etwa um 570 unter den Langobarden. Karl der Große sorgte für einen gewissen Aufstieg; im 9. Jh. war Florenz eine deutsche Markgrafschaft, und da einige kriegerische Ereignisse belegt sind, darf man wohl auf eine etwas größere politische Bedeutung schließen. 1125 konnten die Florentiner das benachbarte Fiésole einnehmen.

Aufstieg zum Machtzentrum

Aus den ständigen Auseinandersetzungen zwischen den deutschen Kaisern – sie herrschten von 951 bis 1268 in der Toskana – und den Päpsten, die für die Autonomie der Städte eintraten, hatten sich mit der Zeit zwei Parteien herausgebildet: Ghibellinen (Hohenstaufer, Anhänger des Kaisers) und Guelfen (Welfen, Anhänger des Papstes). Als sich zu Beginn des 13. Jh. Guelfen und Ghibellinen im Streit um den Kaiserthron zu bekriegen begannen, schlug sich Florenz auf die Seite der Guelfen, war also papsttreu.

Florenz, das zeigte sich bald, war eine bürgerliche Stadt, die gegen den Adel, der ghibellinisch (kaisertreu) war, opponierte. Ab 1250 besaßen die Florentiner eine Volksregierung, 1252 prägten sie, kaiserliche Privilegien ignorierend, ihre eigenen Münzen: den Fiorino bzw. Florin, der jahrhundertelang als allgemeine Währung gelten sollte. Alle Geldgeschäfte von Bedeutung gingen über Florenz, auch die der römischen Kurie. Mochten sich die Bürger der Stadt untereinander aus Gesinnungsgründen noch so sehr bekämpfen – nach außen hin bildeten sie meist eine funktionierende Kommune. Diese machte sich bald viel fremdes Land zu eigen: 1222 besiegte sie zusammen mit den Guelfen von Lucca die ghibellinischen Pisaner. 1260 schlug jedoch die Stunde der Ghibellinen, die unter der Führung eines gewissen Manfred von Hohenstaufen bei Montaperti siegten. Aber mit dem Tod Manfreds 1266 waren bereits wieder die papsttreuen Guelfen die Herren in Florenz.

Wegen innerer Zwistigkeiten spalteten sich die guelfischen Florentinern in zwei Lager auf: Neri (Schwarze) und Bianchi (Weiße), wobei Letztere bald nicht mehr von den feindlichen Ghibellinen zu unterscheiden waren. Was das bedeutete, bekam sogar Dante zu spüren, der 1302 in die Verbannung gehen musste, um dem drohenden Feuertod zu entgehen.

Stadt der Medici

Neben kriegerischen Auseinandersetzungen musste Florenz mit Epidemien, Hungersnöten, der großen Pest (1348) und Überschwemmungen fertig werden. Schon Ende des 14. Jh. war es mit der eigentlichen Demokratie vorbei, denn führende Familien hatten Florenz in ihrer Gewalt. Es klingt fast wie Hohn, dass ausgerechnet eine recht junge Patrizierfamilie, die Medici, den Bürgern in ihrer Auflehnung gegen die Vorherrschaft dieser Dynastien helfen sollte (s. S. 46).

Piazza della Signoria

Cityplan: S. 94
Der wichtigste profane Platz der Stadt, historischer und aktueller Sitz der Regierung, wurde durch den Abriss mittelalterlicher (ghibellinischer) Wohnhäuser bereits im 14. Jh. vergrößert und später von den Medici großzügig, fast überdimensional als gebaute Machtdemonstration angelegt. Die leicht buckeligen, hellen Steinmauern des Palazzo della Signoria (bekannter unter dem Namen Palazzo Vecchio, s. S. 96), des Regierungspalastes der Medici, bekommen durch die 94 m hohe Torre d'Arnolfo sozusagen den letzten Pfiff. Der markante Turm ist weithin sichtbar und stand Modell für viele andere Stadt- bzw. Rathaustürme. Durch einen Gang im Obergeschoss ist der Palazzo mit den Uffizien (s. S. 97) verbunden, den früheren Amtsstuben der Medici und heute Sitz einer der bedeutendsten Gemäldegalerien der Welt. Diese wiederum verbindet der Vasari-Gang (s. S. 97) über den Ponte Vecchio hinweg mit dem Palazzo Pitti (s. S. 98) auf der südlichen Arno-Seite.

Den Westen und Norden der Piazza della Signoria bilden, in Stil und Architektur mehr oder weniger angepasst, neuere Paläste, in denen sich gut besuchte Cafés und Restaurants etabliert haben. Blickfang jedoch sind die Bildhauerarbeiten auf dem Platz.

Neptunbrunnen

Der **Neptunbrunnen** wurde 1576 von Bartolomeo Ammannati geschaffen, dem die Florentiner damals ironisch zugerufen haben sollen: »Ammannati, Ammannati, che marmore hai rovinati!« (... welch' einen Marmor hast Du zerstört!). Er steht zwar nicht in der Platzmitte, aber im Mittelpunkt des Geschehens, wenn sich hier tagsüber Touristen drängen und am Abend die Jugend trifft.

Michelangelos »David«

Den Eingang zum Palazzo Vecchio flankieren rechts die Marmorgruppe »Herkules und Cacus« von Baccio Bandinelli (1533) und links davon eine Kopie des **»David«** von Michelangelo (das Original steht in der Accademia). Im Gegensatz zu Ammannati verstand es Michelangelo in großartiger Weise, sogar aus einem bereits mehrmals ›verhauenen‹ Marmorblock, wie es heißt, 1501 bis 1504 seinen »David« zu formen, jung und edel – als Symbol des Sieges des Schwachen gegen die Übermacht. Die Florentiner betrachteten damals, als die mächtigen Medici kurzfristig das Feld räumen mussten, die Figur des David als Verkörperung der Demokratie, die gegen Goliath, die Medici also, siegte.

Die riesige Domkuppel und der markante Turm des Palazzo Vecchio dominieren die Skyline von Florenz

»Judith und Holofernes« von Donatello

Ebenso symbolträchtig wie die berühmte David-Figur ist die Gruppe **»Judith und Holofernes«** vor der Fassade des Rathauses, ein Bronzewerk Donatellos von 1460. Links davon, nahe dem Ammannati-Brunnen, befindet sich eine Kopie des **»Marzocco«** von Donatello, des Florentiner Löwen, in den Pranken das Wappen von Florenz mit der Lilie.

Reiterdenkmal von Cosimo I

Wo der Platz links vom Palazzo Vecchio weit zurückspringt, bildet ein **Reiterdenkmal** den Mittelpunkt: Cosimo I de' Medici, 1594 von Giambologna geschaffen. Das Sockelrelief zeigt Cosimos Einzug ins eroberte Siena.

Loggia dei Lanzi 1

Einen anderen Akzent setzt die **Loggia dei Lanzi** mit ihren klaren gotisch-florentinischen Rundbögen (1376–1381), die übrigens der Feldherrnhalle in München Modell stand. Am eindrucksvollsten wirkt der Bau, der vom 16. bis zum 18. Jh. die Landsknechte *(lanzi)* aufnahm, am Abend, die Konturen verschärft durch eine sanfte Beleuchtung. Dann wirken die Figuren, als lebten sie, würden gleich der Loggia entsteigen und am Geschehen zu ihren Füßen teilnehmen: der bronzene »Perseus« (1545–1554) von Cellini etwa, der gegen Nessos, den Kentauren, kämpfende »Herkules« (1599) und die Gruppe des »Raubes der Sabinerinnen« (1583) von Giambologna aus gelblichem Marmor, dessen Gipsmodell in der Accademia steht, eine frei

Florenz

Sehenswert

1 Loggia dei Lanzi
2 Palazzo Vecchio
3 Galleria degli Uffizi
4 Ponte Vecchio
5 Palazzo Pitti
6 Giardini Bóboli
7 Santo Spirito
8 Santa Maria del Carmine
9 Chiesa di Ognissanti
10 Palazzo Rucellai
11 Santa Maria Novella
12 Museo Novecento
13 Mercato Centrale
14 Basilica di San Lorenzo / Cappelle Medicee
15 Palazzo Medici-Riccardi
16 San Marco
17 Galleria dell'Accademia
18 Museo dell'Opificio delle Pietre Dure
19 Basilica della Santissima Annunziata
20 Spedale degli Innocenti
21 Museo Archeologico Nazionale
22 Sinagoga e Museo Ebraico
23 Battistero San Giovanni Battista
24 Duomo Santa Maria del Fiore
25 Museo dell'Opera del Duomo
26 Piazza della Repúbblica
27 Palazzo Strozzi
28 Orsanmichele
29 Badia Fiorentina
30 Museo Nazionale del Bargello
31 Chiesa di Santa Croce e Museo
32 San Miniato al Monte
33 Forte Belvedere

Fortsetzung S. 96

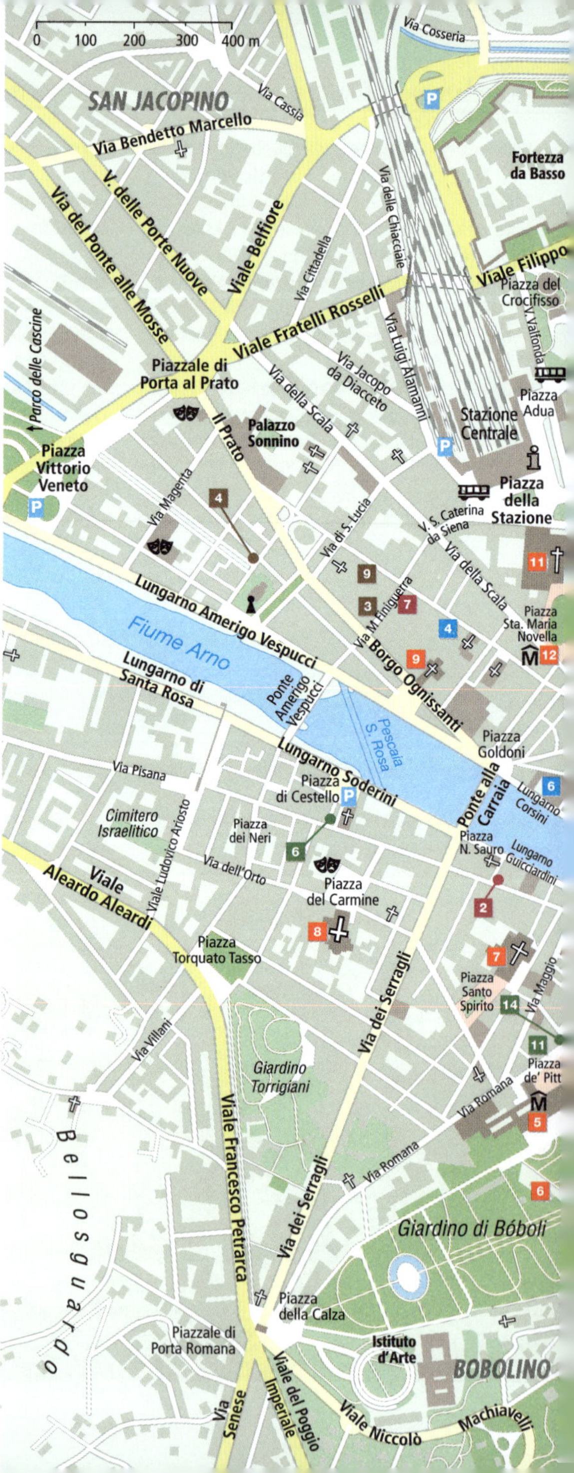

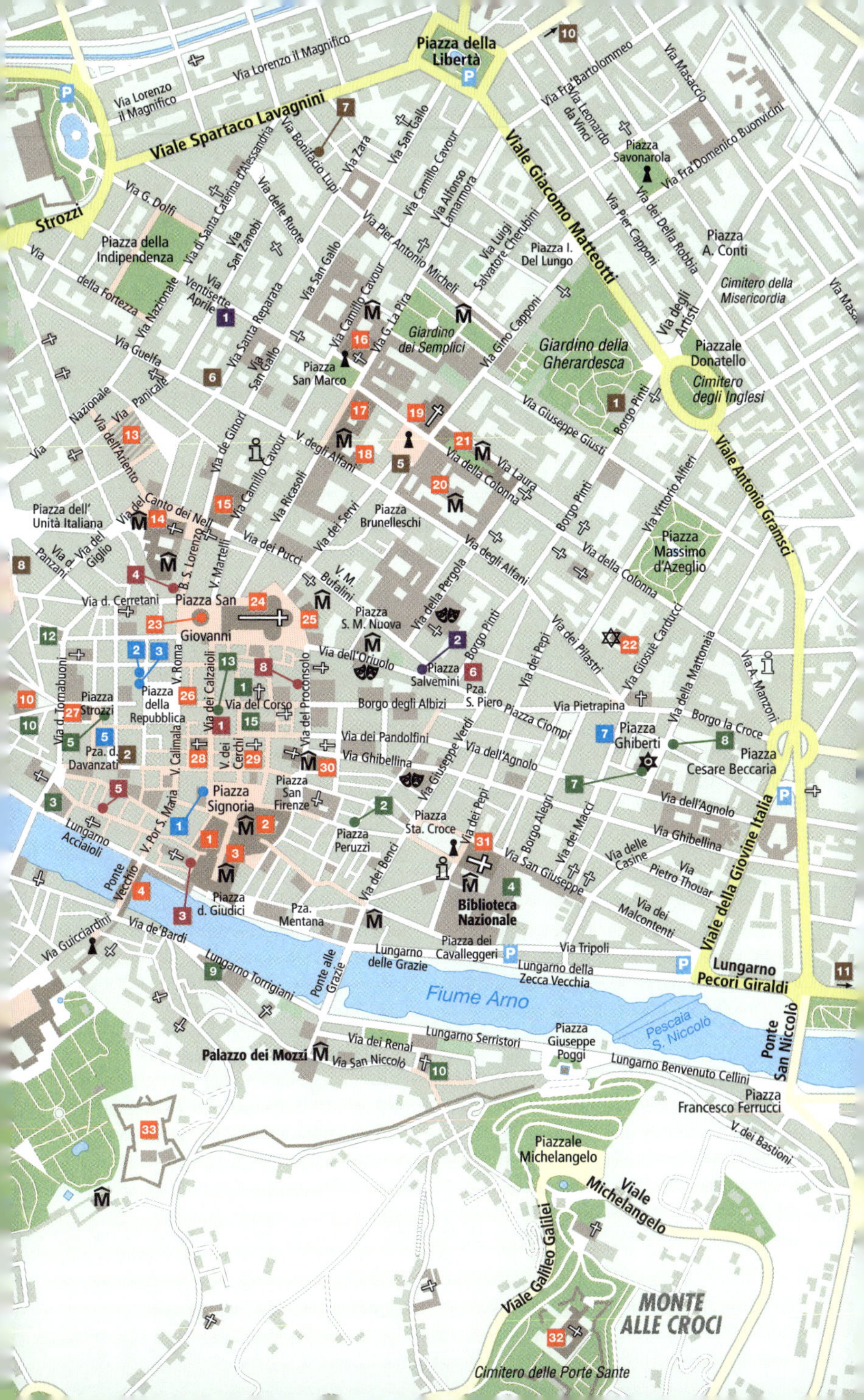

Piazza della Libertà
Via Lorenzo il Magnifico
Via Lorenzo il Magnifico
Viale Spartaco Lavagnini
Strozzi
Via Fra' Bartolommeo
Via Masaccio
Via Leonardo da Vinci
Via Fra' Domenico Buonvicini
Piazza Savonarola
Viale Giacomo Matteotti
Via Bonifacio Lupi
Via Zara
Via San Gallo
Via Camillo Cavour
Via Alfonso Lamarmora
Via di Santa Caterina d'Alessandria
Via delle Ruote
Via G. Dolfi
Piazza della Indipendenza
Via San Zanobi
Via Ventisette Aprile
Via della Fortezza
Via Nazionale
Via Guelfa
Via Santa Reparata
Via San Gallo
Via Pier Antonio Micheli
Via Luigi Salvatore Cherubini
Piazza I. Del Lungo
Via Pier Capponi
Via dei Della Robbia
Piazza A. Conti
Cimitero della Misericordia
Via Masaccio
Via degli Artisti
Piazzale Donatello
Cimitero degli Inglesi
Via Camillo Cavour
Via G. La Pira
Piazza San Marco
Giardino dei Semplici
Via Gino Capponi
Giardino della Gherardesca
Via Giuseppe Giusti
Borgo Pinti
Viale Antonio Gramsci
Via Nazionale
Via Panicale
Via dell'Ariento
Via de Ginori
Via Camillo Cavour
V. degli Alfani
Via della Colonna
Via Laura
Via Ricasoli
Via dei Servi
Piazza Brunelleschi
Via degli Alfani
Borgo Pinti
Via della Colonna
Via Vittorio Alfieri
Piazza Massimo d'Azeglio
Piazza dell' Unità Italiana
Via del Canto dei Nelli
Via d. Panzani
Via del Giglio
B. S. Lorenzo
V. Martelli
Via dei Pucci
V. M. Bufalini
Via della Pergola
Via d. Cerretani
Piazza San Giovanni
Piazza S. M. Nuova
Via dei Pilastri
Via dei Pepi
Via Giosuè Carducci
Via della Mattonaia
Via A. Manzoni
Via d. Tornabuoni
Via Roma
Piazza della Repubblica
Via dei Calzaioli
Via del Proconsolo
Via dell'Oriuolo
Piazza Salvemini
Borgo Pinti
Piazza Strozzi
Via del Corso
Borgo degli Albizi
Pza. S. Piero
Piazza Ciompi
Via Pietrapina
Borgo la Croce
Pza. d. Davanzati
V. Calimala
V. dei Cerchi
Via dei Pandolfini
Via Ghibellina
Via Giuseppe Verdi
Via dell'Agnolo
Piazza Ghiberti
Piazza Cesare Beccaria
Piazza Signoria
Piazza San Firenze
Piazza Peruzzi
Piazza Sta. Croce
Via dei Pepi
Borgo Allegri
Via dei Macci
Via dell'Agnolo
Via Ghibellina
Via delle Casine
Via Pietro Thouar
Via dei Malcontenti
Viale della Giovine Italia
Lungarno Acciaioli
V. Por S. Maria
Ponte Vecchio
Piazza d. Giudici
Pza. Mentana
Via dei Benci
Via San Giuseppe
Biblioteca Nazionale
Via Guicciardini
Via de' Bardi
Lungarno Torrigiani
Ponte alle Grazie
Lungarno delle Grazie
Piazza dei Cavalleggeri
Via Tripoli
Lungarno della Zecca Vecchia
Lungarno Pecori Giraldi
Fiume Arno
Pescaia S. Niccolò
Via dei Renai
Lungarno Serristori
Piazza Giuseppe Poggi
Palazzo dei Mozzi
Via San Niccolò
Lungarno Benvenuto Cellini
Ponte San Niccolò
Piazza Francesco Ferrucci
V. dei Bastioni
Piazzale Michelangelo
Viale Michelangelo
Viale Galileo Galilei
MONTE ALLE CROCI
Cimitero delle Porte Sante

Übernachten
1 Four Seasons Firenze
2 Porta Rossa
3 Grand Hotel Adriatico
4 Anglo American
5 Le Due Fontane
6 Antica Dimora Firenze
7 Residenza Johanna I
8 Domus Florentiae Hotel
9 Palazzuolo
10 Ostello Villa Camerata
11 Camping Firenze in Town

Essen & Trinken
1 Paoli
2 Angiolino
3 Antico Fattore
4 Giannino in S. Lorenzo
5 Totò
6 La Giostra
7 Il Contadino
8 Le Mossacce

Einkaufen
1 Antica Cuoieria
2 Peruzzi
3 Salvatore Ferragamo
4 Scuola del Cuoio
5 Barducci
6 Paolo Lapini
7 Mercato Sant'Ambrogio
8 Mercantino delle Pulci
9 Busatti Firenze
10 Pineider
11 Pitti Mosaici
12 Cantinetta Antinori
13 Cantinetta dei Verrazano
14 Pitti Gola e Cantina
15 Enoteca Alessi

Abends & Nachts
1 Rivoire
2 Gilli
3 Paszkowski
4 Space Electronic
5 Yab
6 Santo Bevitore, Il Santino
7 Teatro del Sale

Aktiv
1 Alinari
2 Soul Space

---

stehende *figura* oder *scultura serpentinata*, die sich um sich selbst zu winden scheint. Über der Loggia breitet sich die große Terrasse des rechten Uffizien-Armes aus.

Palazzo Vecchio 2

https://museicivicifiorentini.comune.fi.it/en/palazzovecchio, Do ganzjährig 9–14, April–Sept. Mo–Mi, Fr–So 9–23, Okt.–März 9–19 Uhr, Erw. 12,50 €

Der **Palazzo Vecchio** (auch Palazzo della Signoria oder Palazzo del Popolo), ist Ausdruck der Macht der Florentiner Kommune des 14.–16. Jh.: unnahbar, streng, mit Wehrgang, nur die Fenster verleihen eine gewisse Leichtigkeit. Arnolfo di Cambio soll den Palast bereits 1299–1314 gebaut haben, Michelozzo schuf den Innenhof (1454), Vasari zeichnete u. a. für die große Treppe verantwortlich (1560–1563).

1565 wurde der kleine, erste Innenhof umgestaltet: Anlässlich der Hochzeit des Medici-Fürsten Francesco mit Johanna von Österreich hat man die 18 Wandzonen im oberen Teil mit Fresken alt-österreichischer Stadtbilder geschmückt. In der Hofmitte steht eines der zauberhaftesten Kunstwerke von Florenz überhaupt: ein geflügelter Knabe mit einem Wasser speienden Delfin. Es ist eine Kopie von Verrocchios Meisterwerk (Bronze, um 1476), das im Kanzleisaal des Palazzo steht, mit einer Porphyrschale von Battista Tadda (1565).

Der Palazzo Vecchio ist zum Teil noch immer Rathaus, zum Teil ein großartiges Museum. Seine größten ständig zu besichtigenden Schätze (andere werden in Wechselausstellungen gezeigt) sind einige der mit Fresken geschmückten Palastsäle: etwa die **Sala dei Cinquecento** (Saal der Fünfhundert), wo an der Decke noch 39 allegorische Darstellungen aus der Geschichte der Stadt und der Medici erhalten sind. Die Längswände zieren riesige Schlachtenbilder von Vasari. Furore macht seit einigen Jahren die vermutliche Entdeckung des ursprünglichen Wandfreskos von Leonardo da Vinci, das von Vasari überdeckt worden sein soll und die Schlacht von Anghiari zeigt.

Überreich mit Fresken und Statuen ausgestattet ist das **Studio di Francesco I de' Medici** (Studiolo di Francesco I), ein Juwel der Spätrenaissance. Das Studierzimmer Cosimo I, über eine Geheimtreppe erreichbar, haben Schüler Vasaris mit Deckenfresken ausgeschmückt. Im zweiten Stockwerk hat sich vor allem Ghirlandaio 1481 bis 1485 in Fresken verewigt: im **Liliensaal** (Sala dei Gigli), im **Audienzsaal** und in der **Kapelle.**

Galleria degli Uffizi 3

Piazzale degli Uffizi 1, www.uffizi.it, Di–So 8.15–18.50 Uhr, je nach Saison Erw. 12–20 €, EU-Bürger unter 18 Jahren frei, 18–25 Jahre 2 €, bei Ausstellungen teurer; Ostern–Herbst Reservierung bzw. Online-Buchung empfohlen (s. Tipp rechts)

Die weltberühmte **Galerie der Uffizien** wurde 1560–1580 erbaut bzw. zum Teil aus vorhandenen Gebäudeteilen zusammengesetzt. Der Bau wurde notwendig, als Cosimo I 1540 aus dem Familienpalast in den Palazzo Vecchio umzog und dort wiederum die Büros *(uffizi)* der städtischen Verwaltung sowie die Gerichtsämter keinen Platz mehr hatten.

Eine detaillierte Darstellung der Kunstschätze dieser einmaligen Gemäldegalerie (die Sammlung umfasst auch einige Skulpturen), die der für die Stadt im Nachhinein positiven Sammelwut der Medici zu verdanken ist, würde den Rahmen dieses Bandes sprengen, außerdem werden aktuell einige Räume umgestaltet. Zu den berühmtesten und am meisten von Besuchern umlagerten Werken zählen Sandro Botticellis zarte Ölgemälde mythologischer Allegorien in den Sälen 10–14: »Der Frühling« und »Die Geburt der Venus«. In Saal 41 hängt Raffaels »Madonna del Cardellino« (Madonna mit dem Stieglitz oder Distelfink), in Saal 83 Tizians »Venere di Urbino«, Saal 45 schmücken Bilder von Canaletto aus dem 15. Jh.

Den Kern der Sammlungen bilden die Werke der Florentiner und Toskaner Schule vom 13. Jh. bis zur Renaissance und später (Duccio di Buoninsegna, Giotto, Ghirlandaio, Paolo Uccello, Masaccio, Piero della Francesca, Fra Angelico, Filippo Lippi, Leonardo da Vinci, Michelangelo, Cimabue, Pietro und Ambrogio Lorenzetti, Simone Martini), ohne die weitere italienische Malerei zu vernachlässigen (Tizian, Raffael, Perugino, Mantegna, Bellini, Caravaggio etc.). Zusehen sind auch Hauptwerke europäischer Malerei, darunter deutsche wie Lucas Cranachs Porträts Martin Luthers und seiner Frau Katharina von Bora (Saal 20).

Für die vielen Räume der Uffizien, die auf die zwei oberen Stockwerke des U-förmigen Palastes aufgeteilt sind, neuerdings noch erweitert durch weitere Säle im Untergeschoss, sollte man genügend Zeit einplanen. Angenehme Gelegenheit für eine Pause bietet die **Caffetteria** mit der Terrasse über der Loggia dei Lanzi.

Tipp

MUSEUMSTICKETS VORBESTELLEN

Lange Wartezeiten vor den Kassen der staatlichen Museen vermeidet, wer sich schon vor der Reise für den Besuch von Uffizien, Accademia, San Marco, Bargello, Museo Archeologico, Palazzo Pitti, Museo Davanzati und vielen mehr beim **Polo Museale** anmeldet: Tel. 0039 05 52 65 43 21 (Mo–Fr 8.30–18.30, Sa 8.30–12.30 Uhr); nähere Infos und eine Möglichkeit zur Online-Buchung gibt es unter www.firenzemusei.it.

Corridoia Vasariano

Wechselnder Eingang im Erdgeschoss der Uffizien, www.uffizi.it/corridoio-vasariano, Tickets an der Uffizienkasse, voraussichtlich ab 2022, aktuelle Infos s. Website

Vom Westtrakt der Uffizien kommend zieht sich der **Vasari-Gang** über die Läden des Ponte Vecchio hinweg zum Palazzo Pitti: auf Konsolen um die Casatorre dei Manelli herum und über den Portikus der Kirche Santa Felicita. Der Gang mit seiner Porträtsammlung wurde bis 2021 neu gestaltet und wird von seinen 73 Fenstern wieder ausgeleuchtet. Durch den Gang gelangt man jetzt direkt in die Bóboli-Gärten (s. S. 99) – geradewegs zum Postkartenliebling vieler Florenzgäste: dem dickbauchigen Bacchus, der auf einer Schildkröte auf seinem kleinen Wandbrunnen hockt. Modell stand der Hofzwerg von Cosimo I – böse Zungen behaupten, die Gesichtszüge seien die des Herzogs persönlich …

Über den Arno zur Piazza de' Pitti

Cityplan: S. 94

Ponte Vecchio 4

Wer zu Fuß von der Piazza della Signoria oder von den Uffizien auf die andere Arno-Seite will, muss über den **Ponte Vecchio** gehen und sollte es trotz aller Unkenrufe (Touristennepp) tun. Die älteste Brücke von Florenz steht dort, wo es vielleicht schon zur Etruskerzeit einen Übergang gab, sicher aber ist, dass die römische Via Cassia an dieser Stelle, der schmalsten des Flusses im Stadtgebiet, eine hölzerne Brücke aufwies, die schon im Jahre 123 einer steinernen weichen musste.

Im 13. Jh. bekam der Ponte Vecchio in etwa sein heutiges Aussehen: mit Wohnungen und Läden, insbesondere von Fleischern, die ihre Abfälle kurzerhand in den Arno warfen. Da aber die Medici, die den Verbindungsgang zum Palazzo Pitti hatten bauen lassen, sich auf dem Nachhauseweg von dem Geruch belästigt fühlten, verbannten sie die Fleischer per Dekret von der Brücke und siedelten Goldschmiede an. So ist der Ponte Vecchio bis heute die Goldschmiede- und Juweliermeile der Stadt. Stellvertretend für sie alle wird Benvenuto Cellini, der berühmteste Goldschmied von Florenz, auf dieser Brücke mit einer Büste geehrt.

Wie Schwalbennester hängen die pastellfarbenen Häuschen außen am Ponte Vecchio, in der Mitte auf der Ostseite von einer dreibogigen Loggia unterbrochen, auf der gegenüberliegenden Seite ganz offen: für Ausblicke auf den Fluss und auf die Paläste an den beiden Ufern – ein beliebter Treffpunkt junger Leute aus aller Welt. Auf der Brücke ist Schmuck jeder Güteklasse und Preiskategorie zu haben. Doch am schönsten ist der Bummel am Abend, wenn die Kostbarkeiten aus Gold, Silber, Korallen, Perlen und Edelsteinen hinter Holztüren mit schmiedeeisernen Schlössern und Riegeln, die bestimmt schon ein paar Jahrhunderte alt sind, verschwunden sind: Dann sehen die kleinen Juwelierläden selbst wie Schmuckschatullen aus.

Palazzo Pitti 5

Piazza Pitti 1, www.uffizi.it/palazzo-pitti, www.firenze.musei.it, Änderungen der Öffnungszeiten einzelner Museen beachten! Galleria Palatina, Galleria d'Arte Moderna und Appartamenti Reali: Di–So 8.15–18.50 Uhr, je nach Saison Erw. 10–16 €, EU-Bürger unter 18 Jahren frei, 18–25 Jahre 2 €; Museo del Costume, Museo degli Argenti, Museo delle Porcellane und Giardini Bóboli: Preise wie oben, Di–So April/Mai, Sept./Okt. 8.15–18.30, Juni–Aug. 8.15–18.50, März–Okt. 8.15–17.30, Nov.–Febr. 8.15–16 Uhr

Überwältigend ist der Gesamteindruck des größten Palastes von Florenz, des lang gestreckten **Palazzo Pitti,** der von der Straße her optisch durch den zur Fassade hin ansteigenden Platz noch übersteigert wird. 205 m misst der Palast in der Breite; in seiner mit dem dritten Stockwerk erhöhten Mitte ist er 36 m hoch. Die Steinquader der Fassade sind grob behauen und betonen ihrerseits die horizontale Ausdehnung durch Querfugen.

Dass Brunelleschi die Entwürfe für den Stadtpalast geliefert hat, ist nicht gesichert. Jedenfalls begann man 1457 mit dem Bau. Verarmt mussten die Pitti 1549 ihren Palast – sicher schweren Herzens – ausgerechnet an die Medici verkaufen, an die Frau Cosimos I, Eleonora von Toledo. Die schöne Fürstin ließ ihn 1559 bis 1570 durch Bartolomeo Ammannati umbauen, insbesondere immens vergrößern: seitlich und nach oben. 1919 schenkte König Vittorio III den Palast dem Staat, der die Sammlungen der Öffentlichkeit zugänglich machte.

Insgesamt befinden sich fünf Sammlungen im Palazzo Pitti, zuzüglich den Königlichen Gemächern (1865–1871 Residenz der italienischen Könige) sowie den Bóboli-Gärten, die man bei Ausstellungen mit speziellen Tickets besichtigen kann: zum einen die **Galleria Palatina, Galleria d'Arte Moderna** und die **Appartamenti Reali,** zum anderen das **Museo delle Porcellane** (Porzellanmuseum), das **Museo degli Argenti** (Silbermuseum) und das **Museo del Costume** (Uniformen und andere Kleidung) sowie die **Giardini Bóboli.** Dieser zweite Komplex ist je nach Jahreszeit unterschiedlich zugänglich, am längsten in den Monaten Juli und August.

An heißen Tagen spenden in den Bóboli-Gärten lange Baumalleen willkommenen Schatten

Galleria d'Arte Moderna

Man könnte mehrere Tage im Palazzo Pitti verbringen, wobei Kunstkenner wohl die **Galerie Moderner Kunst** in immerhin 30 Sälen am meisten interessieren dürfte. Sie besitzt vor allem eine großartige Sammlung von Werken der Macchiaioli (allen voran die Gemälde von Giovanni Fattori, die Landschaften und bäuerliches Leben der Maremma zeigen), den Impressionisten der Toskana. Moderne bedeutet in diesem Fall: nur bis zum Beginn des 20. Jh. Die Sammlung zeitgenössischer Werke wird in wechselnden Ausstellungen präsentiert und hat einen festen Sitz im Museo Novecento gefunden (s. S. 103).

Giardini Bóboli 6

www.uffizi.it/giardino-boboli, Mo (außer 1., letzter Mo/Monat), Di–So ab 8.15 bis e nach Jahreszeit 16.30–19.30 Uhr, Erw. ohne Museen (s. Palazzo Pitti s. S. 98), 10 €

Nicht nur von Anfang Mai bis Mitte Juni, wenn das Musikfestival Maggio Musicale stattfindet, verwandeln sich die u. a. von Giorgio Vasari 1554–1561 konzipierten und im 17./18 Jh. weiter ausgestalteten **Bóboli-Gärten** mit ihren Grotten, Skulpturen und dem Amphitheater in ein atemberaubend schönes Freilichttheater, in dem Oper und Ballett in höchster Vollendung einem sachverständigen Publikum geboten werden. Der Park – eines der schönsten Beispiele italienischer Gartenbaukunst – erstreckt sich im Osten bis zum Forte Belvedere, im Westen bis zur Porta Romana.

Piazza Santo Spirito

Cityplan: S. 94

Ihren problematischen Ruf als Treffpunkt der Drogenszene hat die mit hohen, Schatten spendenden Bäumen geschmückte **Piazza Santo Spirito** abgelegt, jetzt treffen sich hier Florentiner wie Florenz-Besucher, die abseits der Touristenpfade ein Stück Stadt vorfinden, das noch seinen normalen Tagesablauf lebt. Die Wohnungen der Obergeschosse sind noch nicht alle saniert und daher auch für Studen-

Aktiv

BUMMEL ZU DEN KUNSTHANDWERKERN IM OLTRARNO

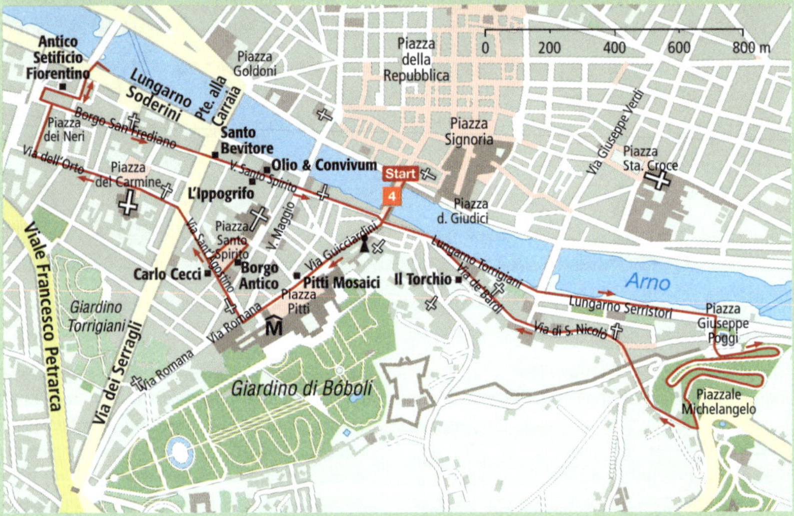

Tour-Infos

Start: Ponte Vecchio
Dauer: halber Tag
Wichtige Hinweise: beste Zeit Mo–Fr 10–12/13, 15/16–18/19 Uhr, Eintritt frei

Infos: Auf der Website www.firenze-oltrarno.net findet man Adressen und Informationen zu den Kunsthandwerkern und Werkstätten, auch einen Überblick über weitere Attraktionen des Oltrarno.

Jenseits des Arno, wie **Oltrarno** übersetzt heißt, nimmt das Florentiner Leben einen noch ziemlich normalen Lauf. Ein gutes Beispiel dafür ist die **Via Santo Spirito** mit ihren Kunsthandwerkern und ihren inzwischen richtig ›angesagten‹ Lokalen, deren Besitzer sich zu einer Vereinigung (an den Aushängeschildern zu erkennen) zusammengeschlossen haben, der Associazione Via Santo Spirito Rive Gauche, s. auch www.diladarno.it oder https://arteventinews.it/tag/associazione-rive-gauche. Beginnen wir unseren Bummel, indem wir über den malerischen **Ponte Vecchio** 4 (s. S. 98) den Arno überqueren. Am Ende der Brücke geht es an einer verlockenden Eisdiele vorbei am Arno entlang nach links – mit Blick auf das historische Zentrum, aus dem Domkuppel und Rathausturm elegant herausragen – geradeaus auf den erhöhten **Piazzale Michelangelo.** Der Weg hinauf lohnt sich schon wegen der schönen Aussicht, aber nun zurück Richtung Ponte Vecchio. Zuvor sollte man in der Via de'Bardi 17 unbedingt die Buchbinderei **Il Torchio** (www.legatoriailtorchio.com) aufsuchen. Die Kanadierin Erin Ciulla, wirkt hier seit 1980. Sie können ihr über die Schulter schauen, wenn sie Leder und vor allem das kostbare marmorierte Papier für ihre handwerklich sehr kunstvollen Einbände, zum Verkleiden von Rahmen und kleinen Kästen etc. verarbeitet. Das Papier bezieht sie von befreundeten Papiermachern. Eine Florentiner Spezialität seit Jahrhunderten, und eine sehr aufwendig herzustellende. Das Besondere an der Werkstatt von Erin Ciulla ist, dass man auch mit eigenen Vorlagen und Ideen zu ihr kommen kann. Sie wird sie mit Freude realisieren.

Zurück zum Ponte Vecchio und in die fast düster wirkende Via Guicciardini geht es nach links. Umso mehr überrascht der große Platz, der sich plötzlich vor einem öffnet, die mächtige **Piazza Pitti** mit dem gleichnamigen Palazzo, der linker Hand ihre ganze Breitseite einnimmt. Gegenüber locken in Haus Nr. 23–24r die Schaufenster von **Pitti Mosaici** (www.pittimosaici.com), vielleicht das Aushängeschild der Mosaikkünstler von Florenz (mit Werkstatt am Lungarno Sdrucciolo de' Pitti 5r). Für das Florentiner Mosaik werden keine Steinchen zusammengesetzt, sondern Bilder in Marmorplatten eingeritzt, mit kostbaren Farben ausgefüllt und glatt poliert.

Wer an der Piazza de' Pitti bleibt, biegt an deren südlichem Ende rechts in die Via Mazzetta und kommt so schnell zur **Piazza Santo Spirito.** Von hier aus überschaut man den ganzen Platz mit seinen einladenden Ruhebänken unter Schatten spendenden Bäumen vor der schlicht-schönen Fassade der Kirche Santo Spirito. Die rechte Platzseite wird von netten Lokalen eingenommen wie dem **Borgo Antico** in Haus Nummer 6r. Aber vorher gilt es, in Haus Nummer 12 **Carlo Cecci** aufzusuchen. Seine Werkstatt befindet sich im Obergeschoss; man muss klingeln, um eingelassen zu werden und den Mitarbeitern bei den komplizierten Vorgängen der Metallverarbeitung zuschauen zu können. Hauptsächlich werden hier Schmuckstücke und Besteck durch Einstanzen gezaubert, und zwar durch Pressen von Feinblech auf gestanzte Edelstahlplatten.

Zwischen der Piazza Santo Spirito im gleichnamigen Stadtviertel und der Piazza del Carmine mit der gleichnamigen Kirche im ebenfalls sympathisch unaufgeräumten Viertel San Frediano sind es nur wenige Bummelminuten. Die Cappella Brancacci in der Carmine-Kirche kann man nur nach Vorausbuchung besichtigen, also entweder vorher organisieren oder auf einen anderen Tag verschieben.

Bald ist durch die Gasse ein Stück der Stadtmauer zu erkennen und die noch erhaltene Porta San Frediano erreicht. Ganz in ihrer Nähe wartet eine Besonderheit unter den Florentiner Manufakturen, das **Antico Setificio Fiorentino** (https://anticosetificiofiorentino.com) in der Via Bartolini 4. Eine richtige kleine Fabrik, die ab 1786 Königshöfe und Patrizierhäuser belieferte, mit einem imposant großen Verkaufsladen mit unglaublich schönen, meist sehr kostbaren Seidenstoffen. Die Webstühle, an denen sie hergestellt werden, stammen aus dem 17. bis frühen 20. Jh. und können höchstens 60 cm am Tag produzieren. Die seidenen Kostbarkeiten haben ihren Preis, aber vielleicht reicht es doch für ein kleines Kissen?

Ein Blick zum nahen Arno, dessen Uferböschung an dieser Stelle flach und einladend ist. Oder gleich in den Borgo San Frediano und weiter parallel zum Fluss die interessante **Via Santo Spirito** Richtung Ponte Vecchio zurück. An der Via Santo Spirito 64/66 lockt zur Essenszeit das **Santo Bevitore** mit leckeren Florentiner Gerichten in uriger Weinstuben-Atmosphäre. Dann aber gibt es ein Stück weiter **L'Ippogrifo** (www.ippogrifostampedarte.com), eine Topadresse in Haus Nr. 5r mit einem wahren Künstler in Sachen Kupferstich bzw. Kunstdruck. Gianni Raffaelli arbeitet mit Techniken, die ein halbes Jahrhundert alt sind. Mit feinstem Stichel ritzt er die Motive auf die mit Wachs überzogenen Kupferplatten, um sie dann mit Säure zu benetzen – der Tiefe ihres Eindringens entsprechen die unterschiedichen Nuancierungen von Hell und Dunkel.

Zu viel gelernt? Gleich gegenüber kann man sich erholen und kulinarisch verwöhnen lassen im **Olio & Convivum** (Haus Nr. 4): ein schicker Culinaria-Laden mit einigen wenigen Tischen.

ten einigermaßen bezahlbar, in den schlichten Häusern haben sich im Erdgeschoss gut besuchte Trattorien und Bars etabliert.

Santo Spirito 7

www.basilicasantospirito.it, Mo, Di, Do–Sa 10–13, 15–18, So, Fei 11.30–13.30 Uhr

Die nördliche Schmalseite nimmt die schlichte Fassade der Kirche **Santo Spirito** ein. Die dreischiffige Basilika wurde ab 1444 nach den Plänen des bereits 1446 verstorbenen Architekten Filippo Brunelleschi begonnen und später von anderen Baumeistern fortgeführt, ohne dass ihre Fassade vollendet worden wäre. Der schlichte Putz wurde erst im 18. Jh. angebracht. Daher ahnt man von außen gar nicht, dass es sich hier um eine der reinsten Renaissancekirchen der Stadt handelt. Mit immerhin 40 Kapellen und einer wundervollen Sakristei auf oktogonalem Grundriss, die nach Plänen von Giuliano da Sangallo 1495/1496 errichtet wurde (auf der linken Seite). Hier befindet sich ein Michelangelo zugeschriebenes Kruzifix, das einen schlanken, leidenden Christus zeigt. Unter den weiteren Kostbarkeiten der Kirche heben Kunstkenner besonders im rechten Querschiff Filippo Lippis »Madonna mit Kind und dem hl. Giovannino« aus dem Jahr 1490 hervor.

Cenacolo di Santo Spirito

Mo, Sa 10–17, So 13–17 Uhr, Kombiticket mit Cappella Brancacci Erw. 10 €

Nebenan, links vom Kirchenportal, ist die Sammlung der Fondazione Romano im ehemaligen Refektorium der Augustiner, dem **Cenacolo di Santo Spirito** sehenswert. Zwar ist vom »Abendmahl« nur ein kleiner Rest erhalten geblieben, mit einer »Kreuzigung« von Andrea Orcagna darüber (ca. 1360/1370). Aber die Fondazione Romano, eine Schenkung des Neapolitaner Antiquitätenhändlers Salvatore Romano an die Stadt Florenz, besitzt eine schöne Sammlung qualitativ beachtlicher Steinmetzarbeiten, darunter einen Engel von Tino di Camaiono (ca. 1280–1337), eine Madonna von Jacopo della Quercia (ca. 1371–1430) und Fragmente eines Altares aus Paduas Kirche Il Santo, wohl von Donatello (ca. 1382–1466).

Piazza del Carmine

Cityplan: S. 94

Santa Maria del Carmine 8

https://museicivicifiorentini.comune.fi.it/en/brancacci, Mo, Mi–Sa 10–17, So, Fei 13–17 Uhr, nur nach Anmeldung unter Tel. 055 238 21 95, Kombiticket mit Cenacolo Santo Spirito Erw. 10 €

Zum wahren Pilgerziel wurde die Kirche **Santa Maria del Carmine** (ab 1268), nachdem man in der **Cappella Brancacci** die wundervollen Fresken von Masolino und Masaccio sowie Filippo Lippi aus dem 15. Jh. restauriert hatte – weniger wegen ihres hohen kunsthistorischen Ranges als Wegbereiter der Renaissancemalerei. Die meisten Besucher kommen, weil man Adam und Eva nun wieder, wie in der Ursprungsfassung, ohne Feigenblatt sieht.

Ognissanti-Viertel

Cityplan: S. 94

Im Ognissanti-Viertel nördlich des Arno prägen enge Gassen mit düster wirkenden Häusern das Bild. Den lebhaften Borgo Ognissanti und seine Nebengassen säumen kleine Läden und preiswerte Lokale. Am Arno buchtet sich der Lungarno Amerigo Vespucci zur Piazza Ognissanti aus und gibt den Blick auf die gleichnamige Kirche frei. Ognissanti war das Viertel Botticellis, der hier 1445 zur Welt kam, später in der Nähe der Kirche sein Atelier hatte und hier auch seine letzte Ruhe fand.

Chiesa di Ognissanti 9

https://chiesaognissanti.it, Kirche: Mo, Di, Do–So 9.30–12.30, 16–19.15, Mi 16–19.15 Uhr, Cenacolo: Do 14–18 Uhr, Eintritt frei

Die **Chiesa di Ognissanti** wird nur selten besucht, obwohl sie einiges zu bieten hat. Erstens liegt hier Amerigo Vespucci, dem Amerika seinen Namen verdankt, begraben (kleine Tafel vor dem zweiten Altar rechts). Zweitens gibt es hier einen »Heiligen Augustinus« von Botticelli und mehrere wundervolle Fresken von Ghirlandaio zu bewundern.

Im Kreuzgang aus dem 16. Jh. erzählen Bilder verschiedener Maler Geschichten aus dem Leben des Franz von Assisi. Im früheren Refektorium ist das **Cenacolo di Ghirlandaio** (Ghirlandaios »Abendmahl«) in herrlichen Farben erhalten; dazu die Vorzeichnungen des abgenommenen Freskos, die links an der Längswand des Refektoriums hängen.

Piazza Rucellai

Cityplan: S. 94

Palazzo Rucellai 10

An der kleinen Piazza Rucellai steht Ecke Via Vigna Nuova mit ihren schönen, meist sehr edlen Geschäften der **Palazzo Rucellai.** León Battista Alberti konzipierte diesen eleganten Stadtpalast der Rucellai, Bernardo Rossellino bautee ihn 1446–1451. Die Fassade erscheint durch flache Rustica und Pilaster, die sich nach oben verjüngen, ganz leicht, wie gezeichnet. Ein weiterer architektonischer Trick: Die drei Geschosse werden nach oben immer niedriger. Über das mittlere Geschoss zieht sich ein Fries mit geblähten Segeln, dem Signum der Rucellai (Segel als Zeichen ihres weltumspannenden Handels), die den Palast bis heute besitzen und an ein Kulturinstitut der Universität Florenz vermietet haben (nur von außen zu besichtigen).

Piazza Santa Maria Novella

Cityplan: S. 94

Santa Maria Novella 11

www.smn.it, Mo–Do 9–17.30, Fr 11–17.30, Sa 9–17.30/18.30, So, Fei 13–17.30/18.30 Uhr (im Sommer länger), Erw. 7,50 €

Raus aus dem Gassengewirr und hinüber zur großzügigen, begrünten **Piazza Santa Maria Novella.** Zuvor bildet linker Hand an der Via della Scala die inzwischen restaurierte, lang gestreckte Loggia di San Paolo (1489–1496), Teil eines alten Krankenhauses, den Platzabschluss und heute den Sitz des neu eingerichteten Museo del Novecento (s. unten). Sie liegt genau gegenüber der schönen Fassade der Kirche **Santa Maria Novella** mit ihrer kleinteiligen Inkrustation aus weißem und grünem Marmor. Der Fries geblähter Segel erinnert an den Palazzo Rucellai (s. links), und tatsächlich war es der reiche Kaufmann Giovanni Rucellai, der 1456 die Fertigstellung der unvollendet gebliebenen Fassade in Auftrag gab.

Verblüffend wirkt der Raumeindruck dieser Klosterkirche des Dominikanerordens: Die dreischiffige Basilika ist enorm schmal (fast 100 m lang und nur knapp 29 m breit), ein gotisches Kreuzgewölbe ruht seitlich auf Arkaden, die den Blick auf die Wände der Seitenschiffe freigeben. Aus der reichen Renaissanceausstattung ragt Ghirlandaios Freskenzyklus aus dem Marienleben (links) und dem Leben Johannes des Täufers (rechts) in der Apsis hinter dem Hochaltar hervor – ein Auftrag von Giovanni Tornabuoni, dem römischen Chef der Medici-Bank in Rom, den Ghirlandaio u. a. mit Hilfe seines Schülers Michelangelo ausführte.

Seit 2012 kann man den gesamten Komplex des riesigen Klosters besichtigen. Im kleinen Kreuzgang links der Kirche, dem **Chiostro Verde** (Grüner Kreuzgang, 14. Jh.), wurden die bedeutendsten Fresken zu ihrem Schutz abgenommen und im Refektorium ausgestellt. Dort zu bewundern sind auch ein gewaltiges Kruzifix von Cimabue und eine »Santa Trinità« von Masaccio. Der neu gestaltete museale Komplex von SMN ermöglicht den Besuch der Kirche, der beiden ersten Kreuzgänge, des sogenannten Cappellone degli Spagnoli und des Refektoriums sowie des Grünen Kreuzgangs.

Museo Novecento 12

www.museonovecento.it, April–Sept. Mo–Mi, Sa, So 11–20, Do 11–14, Fr 11–23 Uhr, Okt.–März kürzer, Erw. 9 €

Am gegenüber liegenden Ende des Platzes wurde das **Museo Novecento** in der dafür restaurierten **Loggia di San Paolo** eingerichtet. In 15 Sälen zeigt es rund 300 italienische Werke des 20. Jh., darunter Arbeiten von Giorgio de Chirico, Renato Guttuso und Giorgio Morandi.

Viertel San Lorenzo

Cityplan: S. 94
Dieser immer mehr verkehrsberuhigte Stadtteil ist überaus lebhaft, mit vielen Läden, Restaurants und Hotels. Es bildet an sich bereits eine Attraktion für viele Besucher, vor allem wegen des ständigen Ledermarktes um die schöne Markthalle herum. Der **Mercato Centrale** 13 (tgl. 10–24, Markt Mo–Sa 10–14 Uhr, www.mercatocentrale.it) in der für die Wende vom 19. zum 20. Jh. typischen Eisenkonstruktion bietet Kennern hervorragende Einkaufsmöglichkeiten. Er war schon immer eine kulinarische Oase für Leute, die authentisch einkaufen und an kleinen Imbissständen genießen wollen. In den beiden stylishen Obergeschossen gibt es einige Stände, ein Restaurant, eine Kochschule und Delikatessläden.

Die kunsthistorischen Höhepunkte des Viertels stehen ganz dicht beieinander: die Kirche San Lorenzo u. a. mit den Medici-Kapellen und der Palazzo Medici-Riccardi mit Benozzo Gozzolis berühmtem Fresko.

Basilica di San Lorenzo / Cappelle Medicee 14

Piazza San Lorenzo, Sakristei/Kirche: Mo–Fr 10–17.30, März–Okt. So, Fei 13.30–17.30 Uhr, Nov.–Febr. So geschl., Erw. 4,50 €; Cappelle Medicee: www.cappellemedicee.it, tgl. 8.15–18, aber 1., 3., 5. Mo/Monat bis 13.20 Uhr, Erw. 6 €; Biblioteca Laurenziana: www.bmlonline.it, bei Ausstellungen Mo–Fr 9.30–13.30 Uhr, Erw. 3 €
Die backsteinerne Fassade der Kirche **San Lorenzo** wurde niemals vollendet, denn auch im Florenz der Medici ging manchmal das Geld aus, oder man investierte es augenblicklich lieber in andere Dinge. Brunelleschi konzipierte die Kirche über den Grundmauern einer wohl bereits vom hl. Ambrosius 393 gegründeten Abtei in ihrer heutigen Form ab 1419 im Auftrag der Medici, die daraus ihre Pfarr- und Grabkirche machten. Die Fassade entwarf Michelangelo, ohne sie jedoch fertig gestellt zu haben, sodass die Kirche nur eine schlichte Backsteinfront besitzt. Daher erhielt sie früher an bestimmten Festtagen immer eine neue – abnehmbare – Verkleidung.

Der basilikale Raumeindruck beim Betreten des Baus versöhnt mit der rohen Fassade. Der Innenraum ist von großer Harmonie, so wie ihn Brunelleschi geplant hatte. Die Säulen mit ihren korinthischen Kapitellen tragen weit gespannte Bögen, die sich zu den Seitenschiffen und weiter zu den aneinandergereihten Seitenkapellen öffnen. Die Kassettendecke ist fein ausgearbeitet, der Fußboden aus Marmor, weiß und grau, ganz schlicht. Eine besondere Zierde der Kirche sind die Bronzekanzeln von Donatello und seinen Schülern rechts und links vor dem Hochaltar.

Durch den linken Querarm gelangt man in die **Alte Sakristei:** Brunelleschi schuf hier 1420 bis 1428 für seinen Auftraggeber Giovanni Bicci de' Medici (der hier mit seiner Frau bestattet wurde) ein architektonisches Renaissancekleinod sowohl in der Funktion einer Sakristei als auch als Grabkapelle. Den skulpturalen Schmuck schuf Donatello: die Szenen in den Rundmedaillons ebenso wie die Stuckreliefs der vier Evangelisten und die bronzenen Türflügel der Apsis

Als **Cappelle Medicee** bezeichnet man die Cappella dei Principe und die Neue Sakristei. Die Medici ließen sich auf der Chorseite die **Cappella dei Principi** (Kapelle der Fürsten) als Grabstätte errichten (ab 1604). Doch nach der Fertigstellung des Prachtbaus war ihre Zeit als Machthaber in Florenz abgelaufen (der letzte Medici-Herrscher starb 1737), die ersten bedeutenden Medici liegen daher entweder in der Kirche selbst oder in den beiden Sakristeien, nur sechs von ihnen in der Kapelle. Der Kuppelraum wirkt trotz seiner kostbaren Ausstattung innen kalt und abweisend (nach längerer Restaurierung wieder strahlend). Nach der Domkuppel ist diejenige der Fürstenkapelle die zweitgrößte von Florenz, von Weitem erkennbar daran, dass sie im Gegensatz zu Brunelleschis Domkuppel keine weiße Laterne obenauf und keine weißen Rippen besitzt.

Die **Neue Sakristei** ist über die Fürstenkapelle erreichbar, und zwar durch einen merkwürdig verschlungenen Gang. Dieser erste Zentralbau von Florenz ist ein Meisterwerk Michelangelos. Er erhebt sich über einem quadratischen Grundriss, ist überkuppelt und in einer kleinen Laterne geöffnet. Die hohe Raumwirkung erzielte Michelangelo dadurch, dass er (1520/1530) die Kassetten in der architektonisch relativ niedrigen Kuppel nach oben immer kleiner baute, also durch einen Perspektivetrick. Die Wände und ihre umlaufenden Gesimse springen ständig vor und zurück. Gedecktes Weiß und Dunkelgrau sind tonangebend, von der Kuppel bis zum Fußboden – eine harmonische Raumwirkung! Die monumentalen Grabskulpturen Michelangelos stellen symbolhaft die vier Tageszeiten dar: Morgenröte und Abenddämmerung, Tag und Nacht.

Der **Chiostro di San Lorenzo** (Kreuzgang) ist eine Oase der Ruhe. Und darin verbirgt sich ein weiteres, ganz besonderes Werk Michelangelos: die **Biblioteca Laurenziana** (1524). Die Farben des Lesesaales sind die gleichen wie in der Neuen Sakristei, die Gliederung der Fensterfront durch Pilaster könnte nicht klarer sein. Doch die größte Faszination bietet die Treppe zur Bibliothek: Dreigeteilt sind die leicht vorschwingenden Stufen, deren Stützen in Wandschränken versteckt sind – weshalb diese Treppe als ein erstes Hauptwerk des Manierismus in der Architektur gilt.

Vom Kreuzgang aus führt eine schmale Pforte zur **Krypta** von San Lorenzo, die den **Tesoro di San Lorenzo** (Kirchenschatz) mit kostbaren sakralen Kunstwerken wie Prozessionskreuzen und Reliquarien birgt und zusammen mit der Kirche zugänglich ist.

Palazzo Medici-Riccardi 15

Piazza San Lorenzo, www.palazzo-medici.it, Do–Di 9–17/19 Uhr, Erw. 7 €

An der Nordostecke des Platzes steht einer der ältesten Renaissancepaläste von Florenz (1444–1464), der mächtige **Palazzo Medici-Riccardi.** Der Eingang befindet sich an der geschäftigen Via Cavour. In diesem von Michelozzo für Cosimo den Alten errichteten Palast lebten alle Medici-Größen, bis Cosimo I 1540 den Umzug in den Palazzo Vecchio vornahm. 1655 kauften die Riccardi den Prachtbau und ließen ihn noch erheblich vergrößern.

Das Äußere des Palastes, in dem heute auch zwei Bibliotheken und das Museo Mediceo un-

Orpheus-Statue von Baccio Bandinelli im Innenhof des Palazzo Medici-Riccardi

tergebracht sind, zeigt einen mächtigen Bau mit einer sehr scharfen horizontalen Dreiteilung durch Stockwerke: schwer, behäbig im Erdgeschoss durch Buckelquader und grobe Fensteröffnungen, darüber eine fast nur angedeutete Rustica-Fassade mit geschosshohen, schlanken Fenstern, bekrönt vom letzten Geschoss mit einer flachen, glatten Fassade, in die flächige Fenster eingesetzt sind. Das schwer wirkende, typische Renaissancedach darüber kragt weit vor. Solche Dächer prägen überhaupt die lange Via Cavour, die stadtauswärts stark befahrene, sehr lebhafte Einkaufsstraße.

Die kostbarsten Schätze der Originaleinrichtung wurden zu Napoleons Zeit verschleppt, zerstört oder in Museen gebracht. Überlebt hat nur, was nicht abtransportiert werden konnte, zum Glück auch die **Palastkapelle,** die Benozzo Gozzoli vollständig mit Fresken zum Thema »Zug der Heiligen Drei Könige« ausmalte. Die Farben sind so leuchtend, als seien sie gerade frisch aufgetragen worden. Das haben sie nur zum geringen Teil der Restaurierung von 1993 zu verdanken, denn die Ausmalung galt schon vorher als perfekt – bis auf das weiße, ›durchtrennte‹ Pferd eines der Drei Heiligen Könige: Beim Einbau der Freitreppe bekam die Wand an dieser Stelle (an der kleinen Eingangstür) einen Knick. Übrigens diente das Konzil von Florenz (1439) Benozzo Gozzoli als Anlass, einige Berühmtheiten seiner Zeit zu porträtieren, u. a. Lorenzo il Magnifico und Piero de' Medici. Neben den Farben beeindruckt die Tiefe und Ausdruckskraft dieser Fresken.

Universitätsviertel von San Marco

Cityplan: S. 94
Eines der lebhaftesten Stadtviertel von Florenz ist mit Sicherheit das Universitätsviertel rund um die eher bescheidene **Piazza San Marco.** Es wird nicht nur von den Florentiner Studenten bevölkert, sondern während der Semesterferien auch von vielen ausländischen Gaststudenten der diversen Akademien. Zudem praktisch das ganze Jahr über von Kunstinteressierten, die sich von den Bildern Fra Angelicos im Kloster von San Marco gefangennehmen lassen, auf Einlass in die Accademia warten oder die benachbarte, von Arkaden geschmückte Piazza Santissima Annunziata mit ihren architektonischen Schätzen genießen.

San Marco 16

Piazza San Marco 3, www.polomusealetoscana.beniculturali.it, Mo–Fr 8.15–13.50, Sa, So, Fei bis 16.50 Uhr, 1., 3. und 5. So, 2., 4. Mo/Monat geschl., Erw. 8 €
In einem Atemzug mit der Kirche **San Marco,** die 1299 von den Silvestrinen gebaut wurde und seit 1436 dem Dominikanerorden gehört, wird das Klostermuseum genannt. Cosimo der Alte, dessen Zufluchtsstätte hier besichtigt werden kann, war dem Kloster sehr zugetan und hat es mit keinesfalls klösterlicher Zurückhaltung ausschmücken lassen (die Fassade stammt von 1780). Der Bußprediger Savonarola, dessen Zelle ebenfalls besucht werden kann, lebte hier als Mönch und hielt hier seine erste Predigt. Aber seinen wahren Ruhm verdankt das Kloster dem malenden Dominikaner Fra Angelico, der es um 1440 vollständig mit Fresken ausschmückte, in seiner ganz eigenen, sanften und geradezu lieblichen Malweise. Außer den zentralen Klosterräumen wie dem Kapitelsaal mit der »Kreuzigung« hat Fra Angelico mehr als 40 Klosterzellen gestaltet. Es bereitet großes Vergnügen, in diesem meist ruhigen Kloster herumzuschlendern.

San Marco besaß zwei Refektorien, ein großes und ein kleines. Im großen Refektorium im Obergeschoss befindet sich zwar wie üblich an der Stirnwand ein »Abendmahl«, doch zeigt dieses nicht das letzte Mahl Christi mit seinen Jüngern, sondern Dominikanermönche, die von zwei Engeln bewirtet werden. Übrigens nennt San Marco auch die erste öffentliche Bibliothek Europas sein eigen (seit 1444): eine Stiftung Cosimos.

Galleria dell'Accademia 17

Via Ricasoli 58–60, www.galleriaaccademiafirenze.beniculturali.it, Di–So 8.15–18.50, Juli–Sept.teils bis 22 Uhr, Voranmeldung empfohlen, Erw. 12 €, bei Ausstellungen teurer

Großherzog Pietro Leopoldo I von Lothringen hat 1784 in den Räumen des Spitals des hl. Matthäus eine Kunstschule eingerichtet, die sich zur **Galleria dell'Accademia** entwickelte, nachdem sie zahlreiche Hauptwerke der Uffizien und des Palazzo Pitti (als Entlastung beider Museen) aufgenommen hatte. Hauptsächlich sind es Werke der Florentiner Malerei des 13.–16. Jh., aber auch hervorragende Skulpturen wie Michelangelos »David«, den er 1501–1504 aus einem bereits verhauenen Marmorblock schuf. In der Accademia befinden sich auch seine »Sklaven« (oder »Gefangene«), genauer vier seiner ingesamt sechs Statuen zum Thema, die er 1519–1536 schuf, aber nicht vollenden konnte, weshalb sie zunächst in den Bóboli-Gärten aufgestellt wurden. Ebenfalls unvollendet blieb Michelangelos »Hl. Matthäus« für das Grab Giulio de' Medicis (1505). Eine Besonderheit, die man der Kunstschule zu verdanken hat, sind die Gipsabdrücke berühmter Florentiner Werke.

Museo dell'Opificio delle Pietre Dure 18

Via degli Alfani 78, www.opificiodellepietredure.it, Mo–Sa 8.15–14 Uhr, bei Ausstellungen zu wechselnden Zeiten geöffnet, Erw. 4 €

Nach mehrfachen Umstellungen der Sammlungen wurde das 1588 von Ferdinand I. als Werkstatt für die beliebten Steinintarsienarbeiten eingerichtete **Museo dell'Opificio delle Pietre Dure** vorerst vollendet. Viele Kostbarkeiten standen bis vor wenigen Jahren in den Uffizien. Zu besichtigen ist ein kleines, aber feines Museum mit rund 600 Kunstwerken aus Marmor und Edelsteinen aus dem 16. bis 19. Jh., in dem man in die Technik der Steinintarsierung eingeweiht wird. Aber die Hauptaufgabe bleibt die Restaurierung, mit Werkstätten u. a. in den Uffizien, der Fortezza da Basso und im Palazzo Vecchio.

Basilica della Santissima Annunziata 19

http://annunziata.xoom.it, tgl. 7.30–12.30, 16–18.30 Uhr, Eintritt frei

Die **Piazza Santissima Annunziata** ist städtebaulich vielleicht die anmutigste von Florenz: Im Norden erhebt sich die gleichnamige Kirche mit der vorgesetzten kleinen Loggia, auf sie zuführend und sie optisch flankierend die langen Loggien des Ospedale degli Innocenti (s. unten) und diesen gegenüber die des Loggiato dei Servi (heute u. a. Hotel). Die Platzmitte markieren zwei zierliche Bronzespringbrunnen und das bronzene Reiterdenkmal Großherzog Ferdinands I. Folgt man seinem Blick, schaut man durch die enge Via dei Servi direkt auf die wunderschöne Chorpartie des Domes.

Im Rücken des Reiterdenkmals bleibt die siebenbogige Vorhalle bestimmend, die Michelozzo 1444 der 1250 erbauten Kirche **Santissima Annunziata** vorsetzte – allein, um der Platzidee Brunelleschis, der 1419 das Findelhaus baute, gerecht zu werden. Bereits um 1250 als Oratorium des Servitenordens entstanden, wurde das Kloster durch Michelozzo trotz des ungleichmäßigen Grundrisses – oder gerade deshalb? – zu einem Meisterwerk mit vielen Anbauten und kapellenbesetztem Chorumlauf (die Kirche ist durch den verbindenden Gang vom Archäologischen Museum aus einsehbar). Besonders hübsch sind die Fresken des **Chiostrino dei Voti** (Kreuzgang der Votivtafeln, 16. Jh.) hinter der Vorhalle.

Spedale degli Innocenti 20

Piazza della Santissima Annunziata 12 www.istitutodeglinnocenti.it, Mo–So 10–19 Uhr, Erw. 7 €

Das **Spedale degli Innocenti** gilt als das erste Waisenhaus Europas und ist leicht an den Wickelkindern in den runden Medaillons zwischen den perfekten Rundbogen der Loggia zu erkennen, die von schlanken Säulen getragen werden. Sie sind ein Werk von Andrea della Robbia (1463). Den Abschluss der Loggia nach oben bilden zwei Gesimse, darüber befindet sich nur ein Stockwerk, dessen gerade Fenster von Dreiecksgiebeln bekrönt werden. Dieses *spedale* ist die erste reine Renaissanceschöpfung Brunelleschis und sicherlich einer der schönsten Profanbauten der Stadt. Links am Findelhaus befand sich ein Drehfenster, durch das man – ungesehen – die ausgesetzten Kinder reichen konnte. Im Kreuzgang setzt sich die klare Bogenarchitektur fort, fünf Arkaden auf jeder Seite, die wieder rekonstruiert wurden. Heute werden die Räume des Waisenhauses für die Jugendausbildung, hauptsächlich aber als Gemäldegalerie benutzt.

Museo Archeologico Nazionale 21

Piazza Santissima Annunziata 9b, www.polomusealetoscana.beniculturali.it, Mo–Mi, Sa, 1. So/Monat 8.30–14, Do, Fr 13–19 Uhr, Erw. 8 €, EU-Bürger unter 18 Jahren Eintritt frei, 18–25 Jahre 2 €

Das **Museo Archeologico Nazionale** gegenüber beherbergt eine der größten Sammlungen etruskischer Funde nach der Villa Giulia in Rom. Die berühmte, in Arezzo schmerzlich vermisste bronzene Chimäre steht hier, außerdem eine große Sammlung etruskischer Urnen und Bronzetti. Nach dem Umbau, der auch den früheren Verbindungskorridor (**Corridoio Mediceo** mit 271 Gemmen aus dem 2.–18. Jh.) in luftiger Höhe zur Kirche Santissima Annunziata (s. S. 107) einbezieht, hat das Museum erheblich an Attraktivität gewonnen. Überraschend reich bestückt ist die ägyptische Sammlung, die eine Rarität enthält: einen einzigartigen Streitwagen aus der Zeit der 18. Dynastie (1552–1306 v. Chr.).

Sinagoga e Museo Ebraico 22

Via Farini 6, www.jewishtuscany.it, 15. April–14. Okt. So–Do 9.30–18.30, Fr 10–17, 15. Okt.–14. April 10–17.30, Fr 9.30–15 Uhr, Erw. 6,50 €

Die Via della Colonna führt vom Archäologischen Museum schnurgerade zur parkähnlichen, einladenden Piazza d'Azeglio. Vor ihr biegt man rechts zur **Synagoge** ab, einem prächtigen Kuppelbau im sog. syrischen Stil mit einigen neugotischen Elementen, der auch das **Museo di Storia e Arte Ebraico** (Jüdisches Museum) beherbergt.

Piazza del Duomo

Cityplan: S. 94

Unglaublich eng wirkt der Domplatz von Florenz, die umgebenden Paläste rücken dem dadurch noch mächtiger wirkenden Dom und dem fast zierlichen Baptisterium so nahe, dass man sie kaum mit einem Blick erfassen kann. Da der Platz nahezu für den Verkehr gesperrt ist, kann man es sich zumindest in den – leider wie üblich im Zentrum teuren – Cafés etwas gemütlicher machen als früher und die schönen Sakralbauten in aller Ruhe betrachten.

Battistero San Giovanni Battista 23

www.ilgrandemuseodelduomo.it, Mo–Mi, Fr 8.15–10.15, 11.15–18.30/19.30, Do, Sa 8.15–18.30, So 8.15–13.30 Uhr, Kombiticket für das sakrale Zentrum Erw. 18 €

Im Westen duckt sich das **Baptisterium Johannes des Täufers,** die Tauf- und Lieblingskirche Dantes. Sie ist neben San Miniato al Monte (s. S. 115) die älteste Kirche von Florenz, 1059 bis 1150 auf einer noch älteren gebaut, die bereits 898 erstmals erwähnt wird. Und diese wiederum stand auf einem keltischen Gräberfeld über einer römischen Bäckerei, wie der gefundene Mosaikboden zu bestätigen scheint. Jedenfalls weiß man nicht, ob ein früherer Bau bereits den oktogonalen Grundriss aufwies. Bis zum 19. Jh. war San Giovanni die einzige Taufkirche von Florenz: Zweimal jährlich gab es hier Sammeltaufen. Auch Dante wurde hier getauft.

Der Außenschmuck, die streng gegliederte Marmorinkrustation, ist das Aushängeschild der Florentiner Protorenaissance (Vorrenaissance): Eine Wand aus dünnen, verschiedenfarbigen Marmorplatten wird der tragenden Wand aus Bruchstein vorgelegt – in Florenz normalerweise weißer Marmor aus Carrara und grüner aus Prato wie beim Baptisterium, aber der Campanile und Teile des Domes erhielten auch rosafarbenen. Das Kostbarste an der Taufkirche sind mit Sicherheit ihre Bronzetüren, vor denen sich tagsüber so viele Betrachter scharen, dass man sie selten frei zu sehen bekommt. Die Südpforte hat Andrea Pisano 1330 begonnen. Charakteristisch sind die 28 Medaillons mit Darstellungen aus dem Leben Johannes' des Täufers. Den

Wie viele Stufen sind es noch mal bis ganz rauf auf den Campanile des Doms?

herrlich verschlungenen Rahmen schuf erst 1453–1461 Vittorio Ghiberti, wahrscheinlich nach Entwürfen seines Vaters Lorenzo.

Am eindrucksvollsten ist natürlich die Ostpforte, die Michelangelo voller Bewunderung »Paradiespforte« nannte, auch wenn sie vor Ort inzwischen nur noch in Kopie bestaunt werden kann. Das Original befindet sich seit 1988 im Dombaumuseum (s. S. 111) hinter dem Chor der Kathedrale. Die zehn Felder mit Geschichten aus dem Alten Testament hat Lorenzo Ghiberti 1426–1452 geschaffen, mit einem Gefühl für Perspektive und Raumeindruck, das bereits die Hochrenaissance erahnen lässt (Abb. S. 45).

Betritt man die Taufkirche, so ist der Raumeindruck gewaltig, weil man von außen wegen des relativ flachen Daches keinen so hohen Kuppelraum vermutet. Byzanz stand Pate für die Kuppelmosaiken (1270 bis ins 14. Jh.), Christus der Weltenrichter ist die Zentralfigur, links unter ihm steht die Kanzel in einer bogenüberspannten Nische. Die einfachen Teile des Mosaikfußbodens stammen aus dem 12. Jh., die raffinierten – wie die Kuppelmosaiken – aus dem 13. und 14. Jh.

Duomo Santa Maria del Fiore 24

www.ilgrandemuseodelduomo.it; Dom: tgl. 10–16.30 Uhr, Eintritt frei, aber reguliert; Campanile: tgl. 8.15–19 Uhr, Kuppel: Mo–Fr 8.30–19, Sa bis 17 Uhr, Sammelticket für Baptisterium, Campanile und Kuppel (jeweils nur nach Voranmeldung!) sowie Museum 18 €

Kein Gedränge herrscht mehr im **Dom,** seit der Eintritt geregelt wird. Das drittgrößte Gotteshaus Italiens (nach der Peterskirche in Rom und dem Mailänder Dom) wurde auf einer früheren, Santa Reparata geweihten Kirche erbaut, deren Reste zu besichtigen sind (Treppe innen an der Südwestecke). Feierlich-streng gibt sich die Hauptkirche von Florenz, vom ursprünglichen Bau des Arnolfo di Cambio, 1296 im gotisch-toskanischen Stil konzipiert, trennen sie Welten. Die Florentiner ließen sich mit ihrem Dom viel Zeit: Giotto-Turm 1334 begonnen, 1337 von Andrea Pisano weitergeführt, Brunelleschi-Kuppel 1420–1434 (der geniale Architekt ließ über dem Gerüst eine Taverne errichten, um die Bauarbeiter während des langen Aufenthaltes hoch oben bei Laune zu halten!); 1436 weihte Papst Eugenius IV. die Kuppel ein, doch erst 1461 erhielt sie ihre Laterne, und erst 1887 wurde die Fassade vollendet, allerdings im nachempfundenen Stil Florentiner Gotik und in der Farbigkeit an Giottos Glockenturm (s. unten) angelehnt.

Den schlanken, rosa, grau und weiß inkrustierten **Campanile** an der Südwestecke des Domes sollte man unbedingt besteigen, wenn die Warteschlange es zulässt. Man wird belohnt mit einem der schönsten Blicke über Florenz mit seinen roten Ziegeldächern. Allerdings: Es sind 414 Stufen nach oben.

Noch mehr Stufen, nämlich 463, sind es bis zum Panorama-Umlauf der **Domkuppel** (separater Eingang durch den Dom).

Tipp

MUSEO SALVATORE FERRAGAMO

Den Häuserblock Lungarno Acciaioli/Ecke Via de'Tornabuoni/Ecke Borgo S.S. Apostoli nimmt der wunderbare **Palazzo Spini Feroni** mit großen Schaufenstern und Etagen voller feinster Schuhmode ein. Ganz oben (Aufzug) hat man in edler, abgedunkelter Atmosphäre das private Schuhmuseum eingerichtet, eine Hommage an die elegante Schuhproduktion von Florenz und natürlich an den Namensgeber Salvatore Ferragamo, des 1898 nahe Neapel geborenen armen Schuhmachers, der es zum ›Fußbekleider‹ königlicher Häuser und Diplomaten und natürlich aller Hollywood-Größen brachte. Ausgestellt sind Modelle und Skizzen sowie Patente von 1929 bis 1964

Salvatore Ferragamo 3 **:** www.ferragamo.com, tgl. 10–19.30 Uhr, Erw. 8 €.

Museo dell'Opera del Duomo 25

www.ilgrandemuseodelduomo.it, tgl. 9–19 Uhr, mit Sammelticket 15 €

Das großartig umgebaute **Dombaumuseum,** nun eines der größten Museen der Welt für sakrale Kunst, birgt die kostbarsten Originale aus dem Dom und dem Baptisterium, darunter die beiden Bronzeflügel der Paradiespforte vom Baptisterium, Michelangelos berühmte »Pietà«, Donatellos »Maddalena« und seine herrliche »Cantoria« (Sängerempore) Ein weiteres Highlight ist das Holzmodell der Domkuppel-Laterne von Brunelleschi.

Via Calzaiuoli

Die wohl berühmteste Bummelmeile der Stadt, von den Florentinern allerdings Pizzameile genannt, weil sich hier zahlreiche Schnellimbisse niedergelassen haben, ist die Via Calzaiuoli zwischen Piazza del Duomo und Piazza della Signoria. Sie bildet eine relativ kurze Gerade zwischen hohen Palästen, zumeist aus dem Barock, in denen sich außer Schnellrestaurants und guten Eisdielen vor allem Modeboutiquen und Schuhgeschäfte eingemietet haben. Fast alle bekannten italienischen Marken sind hier vertreten.

Rund um die Piazza della Repúbblica

Cityplan: S. 94

Die etwas überdimensioniert wirkende **Piazza della Repúbblica** 26 im Westen der Via Calzaiuoli ist der eigentliche Salon der Stadt, in ihren Cafés sind die Drinks noch teurer als an der Piazza della Signoria, nicht selten lassen sich auch Damen mit großkrempigen Hüten und Herren in Nadelstreifen von den livrierten Kellnern bedienen.

Als Florenz 1865 zur Hauptstadt des neuen Vereinten Italien wurde, war die Bauwut an dieser Stelle, an der einst das römische Forum stand, zwecks ›Verschönerung‹ nicht zu bremsen. Das galt zwar für die ganze Stadt, aber hier wurde besonders viel mittelalterliche Bausubstanz abgerissen. Das Marktviertel mit dem angrenzenden jüdischen Ghetto wurde zwangsgeräumt und zu dem umfunktioniert, was heute eben diese Piazza della Repúbblica darstellt. 1871 war allerdings schon klar: Es war alles umsonst, der alte Kern von Florenz ein Opfer der Spekulationen – Rom wurde endgültig die Hauptstadt Italiens.

Palazzo Strozzi 27

Piazza Strozzi, www.palazzostrozzi.org, tgl. 10–19 Uhr, je nach Ausstellung Erw. 9–15 €

Die breite, von Banken gesäumte Via degli Strozzi führt von der Piazza della Repúbblica geradeaus auf die Via de'Tornabuoni zu. An der linken Ecke im Kreuzpunkt beider bedeutenden Straßen ragt an der gleichnamigen Piazza der **Palazzo Strozzi** in die Höhe. Kein anderer Florentiner Palast besitzt so mächtige Buckelquader, die diese Bezeichnung wirklich verdienen. Kein Wunder: Die Familie Strozzi stand im 15. Jh. den Medici an Macht und Einfluss kaum nach. Angeblich wollte der reiche Kaufmann Filippo Strozzi die Medici nicht herausfordern, als er 1489–1538 den Palast von Benedetto da Maiano und später von Cronaca so prächtig bauen ließ. Dennoch beschlagnahmte Cosimo I gleich nach seiner Vollendung den neuen Familiensitz der Strozzi, den sie erst 30 Jahre später zurückerhalten sollten. Er war und bleibt wohl der eindrucksvollste Renaissancepalast von Florenz. Höchste Eleganz zeigt nicht nur der Außenbau mit den nach oben immer flacher werdenden Stockwerksfassaden, sondern auch der Innenhof. Im Palazzo Strozzi sind jetzt das **Centro di Cultura Contemporanea Strozzine** (für zeitgenössische Kunst) und Räume für Wechselausstellungen untergebracht.

Die Westseite des Palastes blickt quasi auf die Mitte der noblen **Via de' Tornabuoni,** in deren hohen herrschaftlichen Adelspalästen sich die wohl feinsten Modegeschäfte der Stadt stilgerecht eingerichtet haben.

Orsanmichele 28

www.bargellomusei.beniculturali.it, Kirche 10–17 Uhr, Eintritt frei, Museum im Obergeschoss nur begleitet Di 9.30,. 10.40, 11.50, Sa 14.15, 15.25, 16.35 Uhr, Erw. 2 €

Sie ist sicher eine der anmutigsten Kirchen von Florenz: die gotische **Chiesa Orsanmichele.** Wie ein Schatzkästlein steht sie mit ihren großflächigen, mit Maßwerk verzierten Fenstern da, die ihr eine besondere Leichtigkeit verleihen. Der Drang nach oben wird durch die relativ kleine Grundfläche des Baus verstärkt. Die Kirche wird auch San Michele in Orto genannt, weil sie aus einem Oratorium mit Getreidespeicher des 14. Jh. entstand. Das Gnadenbild des Oratoriums soll immer mehr Gläubige angezogen haben, sodass man den Kornspeicher bald aufgab, die offenen Arkadenbögen im Erdgeschoss schloss und eine Kirche aus dem schönen Gebäude machte. Die beiden Obergeschosse voller Originalskulpturen sind über eine hohe Brücke mit dem Zunftgebäude der Wollweber verbunden (heute Sitz der italienischen Dante-Gesellschaft).

Ringsum an den Fassaden standen Skulpturen von hohem Rang (jetzt im Museum), Auftragsarbeiten der Zünfte, die sich die Kirche teilten. Die zweischiffige, dunkle Halle ist im Inneren über und über mit Glasfenstern, Fresken und Gemälden geschmückt. Doch der Schatz im Schatzkästlein ist der Marmortabernakel, den Orcagna 1349–1359 im besten gotischen Stil zur Verherrlichung des Gnadenbildes Mariae (1347) von Bernardo Daddi schuf.

Via del Proconsolo

Cityplan: S. 94

Die östliche Begrenzung des sogenannten Dante-Viertels – in diesem Viertel zwischen Piazza della Signoria und Piazza del Duomo stand vermutlich das Geburtshaus des Dichters – bildet die **Via del Proconsolo,** mit neuem Steinbelag herausgeputzt, nachdem hier bei Kanalarbeiten 1994 römische Grundmauern entdeckt worden waren. Zwei besondere Sehenswürdigkeiten stehen in der sich leicht zwischen beiden Plätzen krümmenden Straße einander gegenüber.

Badia Fiorentina 29

www.badiafiorentina.org, außer im Aug. Mo 15–17.30 Uhr öffentlich zugänglich, in der übrigen Zeit nur für Gottesdienste einer christlichen Gemeinschaft geöffnet, Erw. 3 €

Im Westen liegt die **Badia Fiorentina,** Santa Maria Assunta geweiht, mit ihrem zauberhaft leicht wirkenden, schlanken, sechsseitigen Glockenturm, der weithin sichtbar ist. Die im Gesamteindruck gotische Kirche wurde bereits ab 978 erbaut und bildete im 10. und 11. Jh. das geistige und religiöse Zentrum von Florenz. Daher verwundert es nicht, dass sie immer wieder umgebaut und umgestaltet (im 13. Jh. von Arnolfo di Cambio, im 17. Jh. barockisiert) sowie reich mit Kunstwerken ausgestattet wurde. Besonders sehenswert ist der doppelstöckige Kreuzgang des Chiostro degli Aranci, dessen Freskenzyklus zum Leben und Wirken des Heiligen Benedikt restauriert wurde.

Museo Nazionale di Bargello 30

www.bargellomusei.beniculturali.it, Mitte Mai–8. Aug. Mo–Fr 8.45–13.30, Sa 8.45–19. 1., 2., 5. So 8.45–13.30, 2., 4. So 9–14, 9. Aug.–22. Sept. Mo, Mi–Sa, 1.–3. So 8.45–13.30, Erw. 10 €, unter 18 Jahren Eintritt frei, 8–25 Jahre 2 €

Im Westen erhebt sich der **Bargello** mit seinem schlanken, 57 m aufragenden Turm, ein wundervolles Beispiel mittelalterlicher Baukunst. Diesen ersten Regierungspalast von Florenz beschlossen die Bürger der Stadt 1250 als Zeichen ihres Sieges über die Adelsherrschaft zu bauen. Er diente ab 1261 als Sitz der Stadtregierung, wurde 1340 erweitert, 1502 Gefängnis mit Gerichtsrat und ab 1574 Sitz des *bargello,* des Polizeipräsidenten, und dies bis 1859. Trutziger kann eine Stadtburg kaum ausfallen, der älteste Teil zeigt sich von unten nach oben als strenge, schmucklose *casatorre* (Turmhaus), nur die Wappen der *podestà* schmücken die Mauer zum Hof, den die drei auf Arkaden gestützten Flügel (Anbauten von 1340) abschließen.

Über die großzügige Freitreppe an der Turmseite gelangt man in das erste Stockwerk, wo sich das Motiv der Loggia fortsetzt und heute ebenso wie unten Ausstellungsplatz bietet. Denn zur Entlastung der Uffizien wurde der Bargello als erstes italienisches Nationalmuseum nach dem Vatikan eingerichtet **(Museo Nazionale del Bargello).** Untergebracht sind hier Skulpturen bedeutender Florentiner Künstler wie Giambologna, der Familie Della Robbia (mit zahlreichen Terrakottabildnissen), Cellini, Donatello und Brunelleschi.

Von Santa Croce zum Forte Belvedere

Cityplan: S. 94
Vom Südende der Via del Proconsolo bzw. der Piazza San Firenze schlendert man über den schmalen **Borgo de' Greci** zur **Piazza Santa Croce,** die von feinen und weniger feinen Lederboutiquen und -ateliers umgeben ist. Diese sind untergebracht in den Erdgeschossen der vielleicht schönsten mittelalterlichen Wohnpaläste der Stadt.

Alles in Santa Croce dreht sich um Leder, sogar in Teilen des früheren Klosters. Mehrere Kunstinstitute und Sprachschulen haben sich im Viertel niedergelassen und sorgen durch ihre junge Klientel für eine lebhafte Atmosphäre.

Chiesa di Santa Croce e Museo 31

www.santacroceopera.it, Mo, Mi–Sa 9.30–1730, So, Fei 13–17.30 Uhr, Erw. 8 € inkl. Museum
Die ganze Ostseite des großzügigen, vom Autoverkehr befreiten Platzes (großartige Kulisse für den Calcio in Costume!, s. S. 125) nimmt die monumentale Kirche **Santa Croce** ein. Eine relativ hohe Freitreppe führt zu ihrer Westfassade, die erst im 19. Jh. in nachempfundener Gotik fertiggestellt wurde. Ab 1294 entstand Santa Croce anstelle einer von Franziskus von Assisi initiierten Kapelle. Die Pläne stammen wahrscheinlich von Arnolfo di Cambio. Besucher betreten die Kirche an der Längsseite links des Hauptportals.

So großartig wie der Platz vor Santa Croce ist auch der Raumeindruck in der Kirche. Der Dachstuhl ist offen, die Balken bemalt. Den gesamten Chorraum schmücken wunderschöne Fresken, die **Cappella Peruzzi** birgt bedeutende Wandmalereien von Giotto. Gebrochenes Licht fällt durch hohe schmale und bemalte Glasfenster (1320–1450), wohin man sich wendet, tritt man auf Grabplatten und steht vor Grabstätten großer Persönlichkeiten aus der Geschichte, der Kunst und der Literatur Italiens: darunter Michelangelo, der Maler, Bildhauer, Architekt und Verfasser zahlreicher Stanzen (Verse); Galileo Galilei, der Naturwissenschaftler; Luigi Cherubini und Gioacchino Rossini, die Komponisten; Leonardo Bruni und Niccolò Machiavelli, die Politiker. Dante Alighieri, der verbannte und einst verkannte Dichter, bekam 1829, quasi als Entschuldigung seiner Heimatstadt, das monumentale Kenotaph, ein Scheingrab, denn Dante wurde im Ravenna-Exil bestattet. Bereits 1865 erhielt die Nationalbibliothek von Florenz einen Teil von Dantes Asche aus der Grabstätte in Ravenna, doch diese galt seit 1929 als verschollen. Erst im Sommer 1999 entdeckte ein Angestellter der Bibliothek das Aschesäckchen bei der Neuordnung der Handschriftensammlung in einem Regal – was zu einem entsprechenden Auftritt im italienischen Fernsehen führte …

In der Fortsetzung des rechten Querschiffs (neuerdings auch von außen links/Via San

Tipp

TRIPPAIOLI

Über ganz Florenz verteilt findet man in den ursprünglich gebliebenen Vierteln, aber auch im historischen Zentrum, kleine Stände, an denen sich bei jedem Wetter speziell zur Mittagszeit Menschentrauben bilden: Die Florentiner lassen sich hier beim *trippaiolo* ihres Vertrauens eine Portion heiße Kutteln in ein Brötchen drücken, darüber nur Salz und Pfeffer oder auch eine grüne Kräutersoße *(salsa verde)* geben, und verspeisen diesen Imbiss mit sichtlichem Vergnügen.

Ausstellung auf der Piazza di Santa Croce mit der gleichnamigen Kirche

Giuseppe) erreicht man die **Lederschule** von Santa Croce, mit Demonstrationsräumen zur Lederverarbeitung und zum Verkauf. Leider gilt hier: Achtung Langfinger! Sowohl in der Kirche Santa Croce als auch in den Räumen der Lederschule ist Vorsicht angeraten; die Besucher werden zeitweise sogar mehrsprachig über Lautsprecher vor Trickdieben gewarnt.

Aus dem 14. und 15. Jh. stammen die beiden Kreuzgänge des Klosters rechts von der Kirchenfassade, heute das **Museo dell'Opera di Santa Croce.** Am Ende des ersten Kreuzganges steht die zauberhafte kleine **Cappella dei Pazzi,** die Pazzi-Kapelle Brunelleschis (wahrscheinlich 1430–1446), ein Werk der Frührenaissance. Hier begreift man, was die Meister des Rinascimento meinten, wenn sie von der Rückbesinnung auf das menschliche Maß sprachen – und danach bauten. Nichts an der Pazzi-Kapelle ist zu groß geraten, einladend ist die kleine Vorhalle, gedrungen die Kuppel, zierlich die Laterne obendrauf.

Das eigentliche **Museum** zeigt gleich rechts im früheren Refektorium das kostbarste Kunstwerk von Santa Croce, das bei der Arno-Überschwemmung 1966 beschädigt, ja fast verloren war und in jahrzehntelanger Arbeit restauriert wurde: Cimabues gemaltes Kruzifix. Eine längere Betrachtung wert ist aber auch das wunderschöne »Abendmahl« an der Stirnseite des lang gestreckten Raumes, bevor man links in die weiteren Museumsräume geht: ein Werk von Taddeo Gaddi (1340), das früher Giotto zugeschrieben wurde und vielleicht die erste große Abendmahlszene von Florenz darstellt (Besichtigung im Eintritt für die Kirche enthalten).

San Miniato al Monte 32

Via delle Porte Sante 34, www.sanminiato almonte.it, So meist durchgehend, Mo–Sa April–Okt. 9.30–13, 15–19, Nov.–März 10–13, 15.30–19 Uhr, Eintritt frei

Von der Kirche Santa Croce aus bietet sich über den Lungarno delle Grazie und den Ponte delle Grazie ein Spaziergang zum **Piazzale Michelangelo** (mit Traumblick auf die Stadt darunter) an und weiter die steilen Stufen hinauf zu **San Miniato al Monte,** neben dem Baptisterium die älteste Kirche von Florenz und mit ihrer inkrustierten Marmorfassade sicher eine der schönsten. Im 11. Jh. begonnen, wurde sie erst zwei Jahrhunderte später vollendet.

Oben an der Freitreppe angekommen, nimmt einen die Schlichtheit dieser Fassade in schönster Florentiner Protorenaissance sogleich gefangen. Weiß und grün ist die Marmorinkrustation, noch sehr byzantinisch das Mosaik mit dem segnenden Christus über dem tempelartigen Fenster oberhalb des mittleren der fünf Fassadenbögen. Der Adler auf dem Giebel steht für die damals sehr wohlhabende Wollweberzunft, die für die Finanzierung des Gotteshauses sorgte.

Innen wird man überwältigt von der Harmonie der dreischiffigen Basilika und ihrer Ausstattung: intarsierter, noch originaler Marmorfußboden, inkrustierte Wände über den Arkaden des Mittelschiffes zu den Seitenschiffen. Die Balken zur Stützung des offenen Dachstuhls stammen aus der Gotik und sind wunderschön farbig restauriert. Das Hauptschiff wird durch drei hohe Bögen optisch gegliedert, der Blick so schneller zum Chor hin gelenkt. Dort wieder – im Halbrund – die fünf Bögen und darüber im Halbkreis Christus Pantokrator. Links von ihm ist eine Zypresse zu sehen, man befindet sich schließlich in der Toskana!

Je eine steile Treppe führt rechts und links hinauf zum Chorraum, abgeschlossen durch den Lettner, auf dessen rechter Ecke die Kanzel lehnt, sodass sie vorne nur noch zwei

Tipp

PANORAMATERRASSEN

Eine tolle Initiative der Florentiner Hoteliers hat für riesigen Besucherandrang gesorgt und soll jährlich wiederholt werden. Also unbedingt nachfragen: Von Juli bis September öffnen mehrere Hotels und Privatleute ihre schönsten Terrassen oder Türme, von denen aus man Florenz am Abend in voller Pracht überschauen kann. Und dies in Verbindung mit einem Aperitif, wenn Barbetrieb vorhanden ist, oder sogar mit einem Abendessen. Zwar findet die Aktion nicht mehr regelmäßig statt, aber die genannten Terrassen von 2014 sind geblieben, zu finden unter www.tuscanypeople.com/terrazza-con-vista-2014. Eine Anmeldung ist unbedingt ratsam.
Die wohl schönsten Aussichtspunkte bieten: **Grand Hotel Cavour** (www.albergocavour.it), **La Leggenda dei Frati** (vormals: Ristorante Terrazza Bardini; https://laleggendadeifrati.it) in der Villa Bardini, **Grand Hotel Baglioni** (www.hotelbaglioni.it).

schlanke Säulen benötigt. Lettner und Kanzel zeigen feinste marmorne Intarsienarbeiten. Von hier oben sind die Keramikschuppen über der Wölbung des **Tabernakels von Michelozzo** (1448) im Mittelschiff vor dem Chor besonders schön zu erkennen. Es handelt sich dabei um eine Stiftung von Piero de' Medici, dem Gichtigen, dessen stolzes Leitwort *semper* (ewig) immer wiederkehrt.

In der **Sakristei** findet man einen weiteren Höhepunkt toskanischer Kunst: wunderbare Fresken mit Darstellungen aus dem Leben des heiligen Benedikt, von Spinello Aretino ab 1387 gemalt. Gegenüber dem Eingang beginnt die Geschichte, immer im Uhrzeigersinn erst oben und dann unten zu lesen. Die Mönche in den gemalten Rahmen der Fresken machen das Lesen leicht, denn sie blicken immer dorthin, wo die Geschichte weiter geht.

Die Kapelle für den Kardinal von Portugal, die Rossellino 1461 links am Seitenschiff anbaute und die u. a. Luca della Robbia mit fünf Terrakottamedaillons in der Kuppel schmückte, hat nichts gemeinsam mit der eigentlichen Ausstattung der Kirche, ist aber ein Juwel der Frührenaissancearchitektur.

Den Höhepunkt hebe man sich aber für den Schluss auf: die **Krypta** von San Miniato. Eine breite Treppe führt hinter dem Tabernakel hinunter, zwei weitere rechts und links der Chorstufen, hinein in eine feingliedrige, siebenschiffige niedrige Halle mit zierlichem Kreuzgewölbe. Es ist die Grabkirche des hl. Minias, dessen Gebeine im Altar ruhen und dem diese wunderschöne Kirche geweiht ist – daher San Miniato.

Forte Belvedere 33

Meist Di–So 10–20 Uhr, Erw. 3 €, bei manchen Ausstellungen evtl. teurer

Nach jahrelangem Hin und Her wurde die großartige Festung wieder der Öffentlichkeit zugänglich gemacht, speziell im Rahmen von Kulturveranstaltungen und Ausstellungen. Manche Florentiner bedauern, dass hier wegen der vielen Ausstellungen die Aperitifs zum Sonnenuntergang mit Florenz-Totale zu Füßen nicht mehr stattfinden.

Ausflüge zu den Medici-Villen ▶ G 5

Direkt bei Florenz kann man westlich der Stadt Richtung Prato zwei wundervolle Villen der Medici besichtigen, die dicht beisammen stehen und bis in die neuere Geschichte bewohnt bzw. genutzt wurden: die **Villa Castello** und die **Villa della Petráia** (s. unten). Beide erhielten im 19. Jh. neue Parkanlagen, in denen man sich auch heute herrlich vom Trubel der nahen Metropole erholen kann.

Von Florenz hat man auch schnell weitere Villen der Medici erreicht, so etwa die **Villa Demidoff** (s. S. 132), **Trébbio** und **Cafággiolo** (s. S. 134), **Poggio a Caiáno** (s. S. 90) und die Jagdvilla **La Ferdinanda** (s. S. 153).

Villa Castello

Via di Castello 46, Park: tgl. 8.15–19.30, im Winter bis 16.30, Frühjahr/Herbst bis 17.30/18.30 Uhr, 2., 3. Mo/Monat geschl., Eintritt frei

Die **Villa Castello** im gleichnamigen Vorort nordwestlich von Florenz wurde von den Medici lange bewohnt. Weil sie heute als Sitz der Accademia della Crusca dient, ist nur der 5 ha große Park zu besichtigen: Er wurde teils streng-akkurat, teils manieristisch mit Wasserspielen, Statuen und verschiedenen Wäldchen und Pflanzenarten angelegt, u. a. von Bartolomeo Ammannati (die Statuen »Gennaio« sowie »Ercole e Anteo«) und Giambologna (Grottenarchitektur) geschaffen, und im 19. Jh. vom böhmischen Landschaftsarchitekten Joseph Fritsch umgestaltet.

Villa della Petráia

Via della Petráia 40. www.polomusealetoscana.beniculturali.it, Par: Di–So 8.30–18.30, Einlass Villa: Di–So 9.30, 11.30, 15, 16, 17 Uhr, Eintritt Park frei

Die **Villa della Petráia** mit hohem Wachtturm kam 1575 in den Besitz der Medici, die sie von Buontalenti (1576–1590) verändern ließen. Nach ihnen übernahmen die Lothringer die Villa, König Vittorio Emanuele II benutzte sie als Sommerresidenz und ließ den Innenhof

Tipp

CERTOSA DEL GALLUZZO

Auch **Certosa di Firenze** heißt das prächtige Kartäuserkloster aus dem 14. Jh., dessen Mönchszellen wie Schwalbennester hoch am steilen Felsen über der stark befahrenen SR 2 nur 5 km südlich der Porta Romana von Florenz hängen. Grandios ist die Auffahrt, gewaltig im Innenhof die lange Klosterfront mit der integrierten schlichten Kirchenfassade. Im Inneren verdient das geschnitzte 36-sitzige Chorgestühl von 1590 genauere Betrachtung. Dicke Engelsköpfe schmücken die Räume zwischen den Stühlen, und auf der Unterseite der Sitze blicken dem Besucher strenge Fratzen entgegen.

Die wenigen Zisterziensermönche, die das Kloster heute verwalten, sind Spezialisten in Sachen Buchrestaurierung und haben viele der 1966 bei der Arno-Überschwemmung fast zerstörten Folianten aus Florenz gerettet. Im Klosterkomplex wird auch ein berühmter Likör, »Gocce Imperiale«, (Kaisertropfen) hergestellt.

Certosa del Galluzzo: Via delle Certosa 1, www.certosadifirenze.it, geführte Besichtigung Di–Sa 10, 11, 15, 16, 15. März–Okt. auch 17 Uhr, So nur nachmittags, Eintritt frei.

mit dem 1636 bis 1648 freskierten Säulengang als Ballsaal mit einer Eisen- und Glaskonstruktion überdachen. Der italienische Garten ist um einen Brunnen gruppiert, den großen Park hat ebenfalls Joseph Fritsch im 19. Jh. im englischen Stil mit Bachlauf, künstlichem See und exotischen Pflanzen umgestaltet.

Infos

APT: 50121 Firenze, Tel. 055 233 20, www.firenzeturismo.it.

Städtisches Informationsbüro: 50129 Firenze, Via Cavour 1r, Tel. 055 29 08 32. Weitere Infobüros: Aeroporto Amerigo Vespucci, Piazza Stazione 4 (gegenüber Bahnhof, Rückseite der Kirche Santa Maria Novella), Bigallo, Piazza San Giovanni 1.

Firenze Card: www.firenzecard.it. Die Karte deckt den Besuch von 50 Museen ab. Sie kostet. Sie kostet 85 € für 72 Std. Für weitere 7 € hat man freie Fahrt mit Bus und Tram. Auch online buchbar und als App erhältlich.

www.firenzemusei.it: Vorabbuchung von Eintrittskarten für Florentiner Museen, auch Kombitickets etwa für Uffizien, Palazzo Pitti und Bóboli-Gärten

Übernachten

Florenz ist in puncto Hotelpreise die wohl teuerste Stadt der Toskana, die Übernachtung wird zu Messezeiten noch kostspieliger. Bei schmalem Geldbeutel ist man daher durchaus gut beraten, außerhalb zu wohnen, z. B. im Mugello nördlich von Florenz (s. S. 130). Zwar muss man dort auf das städtische Flair der Kulturmetropole zumindest teilweise verzichten, genießt jedoch mehr Natur und Ruhe.

Für besondere Anlässe – **Four Seasons Hotel Firenze** **1**: Borgo Pinti 99, Tel. 055 262 61, www.fourseasons.com/florence. Vom größten privaten Botanischen Garten der Stadt umgebenes Luxushotel in zwei unterschiedlichen Gebäuden im südlichen und im nördlichen Teil des Parks, dem Palazzo della Gherardesca sowie im Conventino, einem kleinen aufgelassenen Frauenkloster. 116 Zimmer und Suiten, zwei Restaurants, großartiges Wellnesscenter mit Pool, auch für Nichtgäste geöffnet. €€€

Stylish – **Porta Rossa** **2**: Via Porta Rossa 19, Tel. 055 271 09 11, nhportarossa@nh-hotels.com. Eines der ältesten Hotels Italiens, großartig neu gestylt, im Zentrum nahe der Piazza della Signoria, 72 Zimmer. €€–€€€

Typisches Stadthotel – **Grand Hotel Adriatico** **3**: Via Maso Fineguerra 9, Tel. 055 279 31, www.hoteladriatico.it. Freundlich geführtes, regelmäßig renoviertes Stadthotel mit angenehmen Zimmern und Suiten sowie großem

Bei so vielen leckeren Gerichten an der Theke kann die Entscheidung schon mal schwerfallen – hier in einer Caffetteria in Florenz

SPREMUTA di ARANCIA
di POMPELMO

Tipp

VILLA IL POGGIALE

Ca. 10 km südlich der Certosa del Galluzzo (s. S. 117), also ideal für Ausflüge nach Florenz und ins Chianti Classico, steht die im Renaissancestil erbaute **Villa Il Poggiale.** Die 28 Classic- und Superior-Doppelzimmer sowie die (Junior-)Suiten sind unterschiedlich, ob mit Himmelbetten, Holzbalkendecken oder freskierten Decken – eben ›gewachsen‹. Das Schönste sind aber die großzügigen Aufenthaltsräume und Salons, in die man sich mit einem guten Buch oder einem Glas Wein zurückziehen oder wo man beim Aperitif mit dem Nachbarn plaudern kann. Das genießerische Publikum ist international. Vom Pool überschaut man das Chianti-Gebiet, gefrühstückt wird bei schönem Wetter im Freien, das Abendessen wird gemeinsam eingenommen (so man möchte). Dabei führt die Köchin, die sich täglich Neues einfallen lässt, durch das Menü. Das Personal ist besonders freundlich und hilft auch gern beim Planen von Ausflügen.
Villa Il Poggiale: 50026 San Cascianio Val di Pesa (FI), Via Empolese 69, Tel. 05 582 83 11, www.villailpoggiale.it, Jan., Febr. geschl. €€

abgeschlossenem Parkplatz zwischen Bahnhof und Arno. Ruhig gelegen. 126 Zimmer, drei Suiten, Restaurant auch für Passanten. €€–€€€

Jugendstilambiente – **Anglo American 4 :** Via Garibaldi 9, Tel. 055 28 21 14, www.nh-hotels.com. Am Rand des lauten Zentrums nahe dem Arno, 111 Zimmer, vier schön möblierte Suiten, Restaurant. €€

Schnörkellos – **Le Due Fontane 5 :** Piazza della SS. Annunziata 14, Tel. 055 21 01 85, www.leduefontane.it. Renoviertes Stadthotel am schönen Annunziata-Platz, zentral und doch ruhig gelegen. 62 Zimmer, Garage (Stellplatz 4 €). €€

Für Stadtnostalgiker – **Antica Dimora Firenze 6 :** Via San Gallo 72, Tel. 055 462 72 96, www.anticadimorefirenze.it. Kleine Pension mit nur fünf Zimmern im Obergeschoss eines schlichten Altstadtpalazzo nahe San Marco. Mit typischen Florentiner Stoffen liebevoll eingerichtet, alles winzig. Sehr freundliches Personal. €–€€

Zauberhaft – **Residenza Johanna I 7 :** Via Bonifacio Lupi 14, Tel. 055 48 18 96, www.antichedimorefiorentine.it. Total renovierte kleine Pension mit zehn gemütlichen Zimmern im 1. Stock eines restaurierten Stadtpalazzo aus dem 19. Jh. €–€€

Renaissancepalast – **Domus Florentiae Hotel 8 :** Via degli Avelli 2 / Piazza Santa Maria Novella, Tel. 055 265 46 45, www.domusflorentiahotel.com. 14 Zimmer mit Stilmöbeln im 1. und 2. Stock eines Renaissance-Palazzo aus dem 16. Jh., Salon und luftige Frühstücksterrasse. €–€€

Einfach – **Palazzuolo 9 :** Via Palazzuolo 71, Tel. 055 21 46 11, www.hotelpalazzuolo.com. Solides Stadthotel, zwölf Zimmer im 1. bis 3. Stock, teils eigenes Bad. €–€€

Jugendherberge – **Ostello Villa Camerata 10 :** Viale Righi 4, Tel. 055 60 14 51, www.ostellofirenze.it. In schöner Lage oberhalb von Florenz (Buslinie 17) mit Familienzimmern, keine Altersbegrenzung. SB-Restaurant, kostenloser Parkplatz! ÜF pro Person im DZ 15–30 €.

Camping – **Firenze Camping in Town 11 :** Viale Generale C. A. dalla Chiesa 1/3, Tel. 055 469 83 00, www.firenze.humancompany.de, ganzjährig geöffnet. Knapp 6 km östlich von Florenz ist der neueste und komfortabelste Campingplatz der Stadt (eher ein Feriendorf!) entstanden, mit Restaurant und Pizzeria, Supermarkt etc., aber auch mit einem großen Pool, nach dem Motto »Spaß und Kultur passen zusammen«. Mit dem Shuttlebus oder per Fahrrad am Arno entlang ist Florenz schnell erreicht. €, Chalets/Bungalows €–€€

Essen & Trinken

In Florenz findet man die vielleicht teuersten Restaurants der Toskana bzw. Italiens wie das sehr feine Pinchiorri mit drei Michelin-Sternen. Doch auch für den normalen Geldbeutel sind gute Lokale, speziell auch winzig kleine, noch immer typische Trattorien zu finden. Zum *coperto* kommt immer seltener ein Zuschlag für den Service hinzu (10–15 %)!

Mittelalterliches Flair – **Paoli** 1 : Via dei Tavolini 12, Tel. 055 21 62 15, kein Ruhetag, Aug. geschl. Eines der bekanntesten Restaurants im Zentrum mit gewölbten Decken und Imitationen mittelalterlicher Fresken, die dem charakteristischen Lokal ein ganz besonderes Ambiente verleihen. Toskanisch-italienische Spezialitäten. €€

Gemütlich – **Angiolino** 2 : Via Santo Spirito 36r, Tel. 055 239 89 76, kein Ruhetag. Noch echte, sehr beliebte, bei den Hauptgängen und Fischgerichten nicht unbedingt preiswerte Trattoria im Santo-Spirito-Viertel mit *crostini, ribollita* etc. zu guten lokalen Weinen, oft überfüllt. €–€€

Mit Kunstpreis – **Antico Fattore** 3 : Via Lambertesca 1/3r, Tel. 055 28 89 75, www.anticofattore.it, Ruhetag So. Historisches Lokal mit langer Kulturtradition (seit 1931 Antico-Fattore-Kunstpreis) und hervorragender Florentiner Küche wie *ribollita* und *pappa al pomodoro* oder die hausgemachte Pasta wie die *pappardelle al cinghiale* (Bandnudeln mit Wildschweinsoße), Ossobuco oder Kalbsrouladen mit Erbsen. Sonst Kaninchen, Täubchen und die unentbehrliche *bistecca fiorentina.* Kleine aber feine Weinkarte. €–€€

Fleischlastig – **Giannino in S. Lorenzo** 4 : Borgo San Lorenzo 35/37r, Tel. 055 239 97 99, www.gianninoinflorence.com, kein Ruhetag. Unter Gewölben aus dem 17. Jh., urig, etwas touristisch, aber gemütlich, seit 1920 Traditionsadresse für deftige Fleischgerichte wie die *bistecca fiorentina* oder das aufwendige *peposo* (weinwürziges Gulasch aus vielen Kalbfleischsorten mit Polenta). Auch Touristenmenüs. €–€€

Bistecca-Spezialist – **Totò** 5 : Borgo Sant'Apostoli 6r, Tel. 055 21 20 96, auf Facebook, im Winter Mi geschl. Uriges größeres Restaurant, versteckt zwischen Uffizien und Ponte Vecchio, mit Holzfeuergrill für die *bistecca fiorentina* und andere toskanische Spezialitäten, historischer Rahmen, freundlicher Service, manchmal hektisch. Auch günstige Touristenmenüs. €–€€

Kompetent und gemütlich – **La Giostra** 6 : Borgo Pinti 12r, Tel. 055 24 13 41, www.ristorantelagiostra.com, kein Ruhetag, an Wochenenden und Feiertagen nur abends – dann bietet das kleine, schlauchartige Lokal eine besonders schöne Atmosphäre. Feine, teure toskanische Küche mit hausgemachter Pasta. Festes Mittagsmenü an Wochentagen. €–€€

Preiswert und gut – **Il Contadino** 7 : Via Palazzuolo 69/71r, Tel. 055 238 26 73, www.trattoriailcontadino.com, kein Ruhetag. Zwei einfache, einladende Räume, tgl. wechselndes Menü (*primi* wie Ravioli, *secondi* wie Kalbsgulasch mit Kartoffeln, Wasser und 1/4 l Wein). €

Urig – **Da Nerbone** 11 : Mercato Centrale San Lorenzo/Via dell'Ariento, Tel. 055 21 99 49, Mo–Sa 8–15 Uhr. Urige Kneipe in der Markthalle mit einfachen, aber köstlichen toskanischen Gerichten, ein Schnellimbiss der besonderen Art, tolles Preis-Leistungs-Verhältnis – man wird satt für wenig Geld – und das inklusive Hauswein. €

Lokalkolorit – **Le Mossacce** 8 : Via Proconsolo 55r, Tel. 055 29 43 61, www.trattorialemossacce.it, Ruhetage Sa/So, Fei. Winziges, uriges Lokal mit kleinem Verkaufsstand für belegte Brötchen, das von den Florentinern frequentiert wird. Zur Mittagszeit hoffnungslos überfüllt, aber Warten lohnt sich, denn der Duft aus der Küche ist unwiderstehlich. Man sitzt eng beisammen, genießt schnell die frischen Tagesgerichte, zahlt nur den aus der Flasche getrunkenen Wein und kommt garantiert mit den Tischnachbarn ins Gespräch. Man bestellt

Boutiqen edler Modelabel finden sich vor allem in der Via de' Tornabuoni

Einzelgerichte wie *ribollita, trippa* oder kleine Kalbsrouladen. €

Einkaufen

Florenz ist ein Einkaufsparadies vor allem für Mode und Leder, Schmuck und Kunsthandwerk, Antiquitäten, Wein und Culinaria – in jeder Preiskategorie! Nobelste Einkaufsmeile für Mode ist die Via de' Tornabuoni (Gucci, Versace, Prada, Damiani, Bulgari, Neuber) mitsamt den von der Piazza della Repúbblica zu ihr führenden Straßen. Schicke Boutiquen findet man darüber hinaus in der **Via Calzaiuoli** zwischen Piazza della Signoria und dem Domplatz. Für preiswerte Mode steht die lebhafte **Via Cavour,** Lederwaren findet man auf dem ständigen Ledermarkt von **San Lorenzo** sowie im Viertel **Santa Croce.**

Lederwaren – **Antica Cuoieria** 1 **:** Via del Corso 48r. Schuhe und feine Lederaccessoires aus bester Florentiner Kunsthandwerkstradition im Erdgeschoss einer mittelalterlichen *casatorre*. **Peruzzi** 2 **:** Borgo de' Greci 8–20r. Lederfabrik hinter dem Palazzo della Signoria, in der man Schuhe und Taschen, Gürtel, Handschuhe und Kleidung (Jacken, Westen, Hosen etc.) zu Fabrikpreisen kaufen kann. Daneben auch Modeartikel und Parfüms sowie hochwertige Sonnenbrillen. **Salvatore Ferragamo** 3 **:** Via de' Tornabuoni/Lungarno Accaioli. Handgefertigte Schuhe und andere Lederwaren (s. Tipp S. 110). **Scuola del Cuoio** 4 **:** Kloster Santa Croce. In den Klostermauern von Santa Croce befindet sich die bekannteste Lederschule von Florenz mit besuchenswerter Verkaufsausstellung (Kleidung, Taschen etc., s. S. 114).

Schmuck – **Barducci** 5 **:** Piazza Strozzi 1. Berühmte Schmuck- und Uhrendesigner sind hier vertreten wie beispielsweise Cartier und

Jaeger-LeCoultre, Van Cleef & Arples, Vacheron Constantini. **Paolo Lapini** 6 **:** Borgo San Frediano 50r. Eigene Schmuckproduktion, daneben auch große Sammlung von Uhrenantiquitäten.

Culinaria – Außer den Stadtteilmärkten verdienen in Florenz die beiden **Markthallen** besondere Erwähnung, am bekanntesten ist der **Mercato Centrale** 11 (s. S. 104) im San-Lorenzo-Viertel. Doch fast interessanter ist der **Mercato Sant'Ambrogio** 7 (Piazza Lorenzo Ghiberti, Mo–Sa 7–15 Uhr, www.mercatosantambrogio.it) am östlichen Stadtrand, der noch volkstümlicher geblieben ist. Morgens sind die beiden Markthallen die besten Einkaufsadressen für frisches Obst und Gemüse sowie alle toskanischen Lebensmittel, außerdem die schönsten Orte, um an einem Marktstand einen Florentiner Snack neben Florentinern zu genießen. Berühmt im Mercato Centrale (Mercato San Lorenzo) ist zu Recht die Kneipe Da Nerbone (s. S. 121).

Trödel und Antikes – **Mercantino delle Pulci** 8 **:** Largo Annigoni, tgl. 9–19 Uhr. Ein Besuch des Mercato Sant'Ambrogio gewinnt durch den benachbarten Floh- und Antikmarkt zusätzlich an Reiz.

Kunsthandwerk und Textilien – **Busatti Firenze** 9 **:** Via San Niccolò 48. Feinste Handarbeit, bestes traditionelles Kunsthandwerk, Tisch- und Fensterdekoration aus Flachs, Baumwolle, Seide und Wolle. Teure, aber zeitlos schöne Stoffe nach historischen Motiven aus einer Kapelle.

Handgeschöpftes Papier – **Pineider** 10 **:** Piazza Rucellai 4/7r. Wunderschönes Büttenpapier, auch mit persönlichen Monogrammen.

Mosaiken – **Pitti Mosaici** 11 **:** Piazza de' Pitti 23r und Sdrucciolo de' Pitti 5r. Hier werden traditionelle Florentiner Mosaiken, auch sogenannte Pietre Dure, und intarsierte Möbel hergestellt und verkauft.

Weine – Eine Besonderheit von Florenz sind die Enotheken, meist Cantinetta genannt, in denen man zu einem Gläschen Wein auch diverse Kleinigkeiten zu essen bekommt. Die Weine, die einem geschmeckt haben, kann man auch gleich vor Ort kaufen. **Cantinetta Antinori** 12 **:** Piazza Antinori 3/Ecke Via Tournabuoni, Tel. 055 29 22 34, Ruhetag So, Platz nur auf Vorbestellung. Die mit dunklem Holz eingerichtete kleine Enoteca ist im Renaissancepalast der alteingesessenen Adels- und Winzerfamilie Antinori untergebracht. In der gemütlichen Weinprobierstube gibt es kostbare toskanische Kleinigkeiten zu essen. **Cantinetta dei Verrazzano** 13 **:** Via de' Tavolini 18/20, Tel. 055 26 85 90, Mo–Sa 8–16.30, So 10–17 Uhr. Mitten in Florenz, nahe der Fußgängerzone der Via Calzaiuoli, liegt die Probierstube für die Weine des Castello di Verrazzano: drei Räume, die im Stil einer Bar, einer kleinen Trattoria und einer Osteria eingerichtet sind. Neben Wein gibt es kleine Gerichte und Häppchen, Focaccia aus dem Holzofen sowie guten Espresso. **Pitti Gola e Cantina** 14 **:** Piazza de' Pitti 16, Tel. 055 21 27 04, Ruhetag Di, sonst 12–23 Uhr. Die kleine Enothek gegenüber dem

Palazzo Pitti bietet ausgesuchte toskanische Weine zum Kauf (am Tisch kredenzt 30 % Aufschlag). Die Karte umfasst Tellergerichte und toskanische Aufschnittplatten. **Enoteca Alessi** 15 **:** Via dell'Ocche 27–29r, Tel. 055 21 49 66, Ruhetag So. In elegant restaurierten Räumen kann man die Weine probieren und sich ausführlich beraten lassen. Nebenan lockt eine verführerische ›süße Abteilung‹.

Outlet-Läden – Fabrikverkauf bzw. Verkauf zu Fabrikpreisen findet man immer mehr rings um Florenz, u. a. in **The Mall** bei Regello im östlichen Arno-Tal, wo man namhafte Marken günstig erstehen kann. Eine aktuelle Liste der Outlets gibt es unter www.themall.it/de. Shuttleservice von/bis Florenz mehrmals tgl., (7 €); auch privater Shuttle ab/bis Hotel möglich (35 €).

Abends & Nachts

In Florenz trifft man sich zum Drink, Aperitif oder Eis auf den schönen und recht teuren Plätzen wie der Piazza della Repúbblica und der Piazza della Signoria oder aber auf den preiswerteren wie vor Santa Croce oder südlich des Arno im San-Lorenzo-Viertel. Immer mehr italienische Jugendliche bevorzugen die unkomplizierten *birrerie* (Bierlokale). Diskotheken und Jazzklubs wechseln oft den Besitzer und die Anhängerschaft, gerade angesagte Adressen kann man u. a. dem Internet (www.firenze-online.com/divertimenti) entnehmen. Im Folgenden einige Tipps zu Cafés (bis in die Nacht geöffnet) und Discos:

Mit Palazzo-Blick – **Rivoire** 1 **:** Piazza della Signoria, tgl. 7.30–22 Uhr. Café mit Tischen im Freien, direkter Blick auf den Palazzo Vecchio.

Edel – **Gilli** 2 **:** Piazza della Repúbblica, tgl. 7.30–24 Uhr. Seit 1773 bestehende Traditionsadresse. Mit Tischen im Freien unter Markisen.

Mit Pianobar – **Paszkowski** 3 **:** Piazza della Repúbblica, direkt neben dem Gilli, Di–So 21–1.30 Uhr. 1991 zum Monumento nazionale erklärtes Konzertcafé.

Zentral – **Space Electronic** 4 **:** Via Palazzuolo 37, Tel. 055 29 30 82, www.spaceclubfirenze.com, tgl. 22–3/4 Uhr, Eintritt ab 15 € inkl. 1 Getränk. Highlife auf zwei Stockwerken, Bar, Disco und Karaoke.

Oft Hip-Hop – **Yab** 5 **:** Via Sassetti 5r, Tel. 055 21 51 60, www.yab.it, Mo und Mi–Sa 23–4 Uhr, Aug. geschl., Eintritt 10–15 €. Meist Mo Hip-Hop, Sa abends DJ, Di Themenpartys, Do Disco.

Tolles Weinlokal – **Il Santo Bevitore** 6 **:** Via Santo Spirito 64/66, Tel. 055 21 12 64, www.ilsantobevitore.com, Mo abends, Di–So mittags und abends. Gemütliches Weinlokal mit guter Küche, zusammen mit **Il Santino** nebenan eine unschlagbare Location für Weinliebhaber.

Ganz besonders – **Teatro del Sale** 7 **:** Via de' Macci 118r, Tel. 055 200 14 92, www.teatrodelsale.com, Ruhetage So abends, Mo. In keinem anderen Theater Italiens soll es so viele Aufführungsabende wie hier geben, es wird fast jeden Tag etwas geboten, ob komisches Theater (Maria Cassi, die Frau des Wirts Fabio Picchi vom Ristorante Cibrèo nebenan, ist eine bekannte Schauspielerin und leitet das Theater) oder Pantomime, Diskussionen zu aktuellen Themen oder Jazz. Vorher wird man allerdings kulinarisch aus Fabios einsehbarer Küche vom Büfett verwöhnt, inkl. Getränke zum Festpreis. Denn man ist Mitglied des Klubs oder kommt erst gar nicht rein. Der Jahresbeitrag (7–11 €) gilt von Juli–Juli, und jeder, auch ein Durchreisender, kann Mitglied werden (Abendbüfett mit anschließender Veranstaltung außer So, Mo um 35 €).

Aktiv

Radverleih – **Alinari** 1 **:** Via San Zanobi 38r, Tel. 055 28 05 00, www.alinarirental.com. Wer sportlich die Stadt erkunden möchte, tut es am besten mit dem Fahrrad. Auch Roller werden verliehen. Je Std. 2,50 €, pro Tag 12 €, die Woche für 50 €.

Wellness – **Soul Space** 2 **:** Via San Egidio 12, Tel. 055 200 17 94. www.soulspace.it, tgl. 10–20 Uhr. Zauberhaftes kleines Benessere-Zentrum mit einem Hauch von Orient (die Besitzerin ist eine Deutsch sprechende türkische Ärztin) in einem Palazzo mit Innenhof mitten im historischen Zentrum.

Termine

Unter den vielen Stadtfesten von Florenz sind einige besonders farbenprächtig:

Scoppio del Carro: Am Ostersonntag findet ein langer Umzug in historischen Kostümen durch die Altstadt zum Domplatz statt, der dem von zwei mächtigen weißen Maremma-Ochsen gezogenen, aufwendig geschmückten Karren folgt. *Scoppio* ist der Knall, mit dem am bereits wackeligen Holzwagen ein Feuerwerk ausgelöst wird, das symbolisch gesegnetes Feuer über die ganze Stadt verteilt. Das soll – bereits seit dem ersten Kreuzzug – den Florentinern Glück bringen.
Calcio in Costume: Letzter Sonntag im Mai. Beginn der fröhlich-lauten Fußballspiele, die am 24. Juni, am Tag des Stadtpatrons Johannes des Täufers, in einem prächtigen Corso durch die Altstadt und dem wildesten Calcio in Costume (Fußballspiel in historischen Kostümen, auch Calcio Storico genannt) vor der prachtvollen Fassade der Kirche Santa Croce gipfelt. Es ist eher ein Ringkampf als ein Fußballspiel – mit insgesamt 54 Teilnehmern.
Maggio Musicale Fiorentino: Im Zentrum des dichten Kulturfahrplans der Stadt steht die Fondazione Teatro del Maggio Musicale Fiorentino. Im Winter mit Opern, Konzerten und Ballett, normalerweise Mai und Juni im Zeichen des Maggio Musicale Fiorentino selbst mit Opern und Ballett, begleitet von Ausstellungen und Kongressen. Es werden nicht nur die wichtigsten Theater der Stadt (Nuovo Teatro all'Opera, Teatro Verdi, Piccolo Teatro della Pergola, Teatro Goldoni) bespielt, es finden auch teilweise kostenlose Freiluftkonzerte statt. Infos und Ticketverkauf: www.operadifirenze.it. Interessant für Reisende bis zum 30. Lebensjahr ist die Maggio Card: Sie kostet 10 €, gilt ein ganzes Jahr und berechtigt zum Kauf von Tickets für alle Veranstaltungen für 10 oder 15 €.
Konzerte und Theater: Das Kulturassessorat der Stadt organisiert vor allem in den Wintermonaten eine Reihe von Konzerten, Informationen und Vorverkauf u. a. unter www.classictic.com. Eine interessante Website für jeden Musikgeschmack ist www.toscanamusiche.it. Unter dem Titel »Firenze dei Teatri« bieten kommunale Theater in der Provinz von Florenz ganzjährig ein dichtes Theaterprogramm, Programminformationen unter www.firenzedeiteatri.it.

Verkehr

Flug: Der 6 km vom Stadtzentrum entfernte Flughafen **Amerigo Vespucci** (Flughafeninfo: Tel. 055 306 13 00, www.aeroporto.firenze.it) wird international angeflogen, mehrmals tgl. Anbindung mit Lufthansa/Air Dolomiti über München oder Frankfurt/Main. Ein Transferbus verkehrt etwa halbstündlich zwischen dem Flughafen und dem Bahnhof dem Flughafen und dem Bahnhof S. M. N., Fahrdauer 25–30 Min. Schneller und preiswerter ist inzwischen die neue Tram T2 auf derselben Strecke mit Gepäck am komfortabelsten bleibt die Taxifahrt.
Bahn: Florenz (Hauptbahnhof **Santa Maria Novella, S. M. N.**) ist u. a. per Nachtzug (Nightjet) von München und Wien aus erreichbar. Ferner liegt die Stadt an der EC-Strecke Brenner–Bologna–Florenz mit mehrmals tgl. verkehrenden Zügen. Gute Anbindung auch an die anderen Provinzhauptstädte der Region wie Siena, Arezzo und über Prato, Pistóia und Lucca mit Pisa. Auskunft: Tel. in Italien kostenlos 199 14 11 41, aus dem Ausland Tel. 0039 06 441 01, www.trenitalia.com.
Bus: Einen Großteil des innerstädtischen Verkehrs in Florenz übernehmen die Busse der **ATAF,** www.ataf.net. Mehrere Busgesellschaften verkehren zwischen Florenz und den wichtigsten Orten der Provinz Florenz sowie den anderen Provinzhauptstädten, fast alle kommen am Bahnhof Santa Maria Novella zusammen: **CAP,** www.capautolinee.it, **LAZZI,** www.lazzi.it, **SITA,** www.sitabus.it, **CPT,** www.cpt.pisa.it.
Innerstädtischer Verkehr: Florenz ist im historischen Zentrum so klein und übersichtlich, dass man keine öffentlichen Verkehrsmittel (immer mehr Eco-Busse und Minibusse) benutzen muss. Dennoch ein paar Hinweise für längere Strecken:
Zum Piazzale Michelangelo fahren vom Bahnhof in dichter Folge die Linien 12 (links herum) und 13 (rechts herum vom Hauptbahnhof über den Domplatz). Mit Nr. 14 kommt man bis zur Piazza Dalmazia, dort umsteigen in Nr. 28 Richtung Sesto Fiorentino bis Via Vittorio Emanuele/Ecke Viale Morgagni zu den **Villen Castello und Petráia.** Nr. 28 fährt zurück zum Hauptbahnhof.

Aktiv

MIT DEM RAD ODER ZU FUSS ZUM PARCO DEI RENAI

Tour-Infos

Start: Piazza Vittorio Veneto beim Parco delle Cascine
Länge: ca. 10 km einfache Strecke
Dauer: Radelzeit etwa 30 Min., Wanderzeit 2–3 Std. je nach Kondition

Wichtige Hinweise: Radverleih s. S. 124. Schatten gibt es nur im Parco delle Cascine – an eine Kopfbedeckung denken!
Öffnungszeiten/Infos: Mo–Fr 12–20, Sa, So 9–20 Uhr, bei Veranstaltungen länger, http://parcodellecascine.comune.fi.it, www.parcorenai.it

Gerade bei sommerlicher Hitze lohnt sich dieser Ausflug in westliche Richtung. Der **Parco delle Cascine,** am Arno entlang einfach zu erreichen, ist tagsüber nicht nur eine Oase der Ruhe, sondern bietet auch schattige Wege unter uralten Bäumen. Am Abend finden oft Open-Air-Veranstaltungen statt, während des Maggio Musicale auch Konzerte von Rang. Für sportliche Urlauber ist er eine willkommene Erholungspause vom kulturlastigen Florenz (aufgeschütteter Sandstrand, Pferderennbahn, Tennisplätze). Jeden Dienstag wird entlang des Arno ein großer **Wochenmarkt** (7–14 Uhr) aufgebaut, der Kundschaft aus der ganzen Stadt anlockt: Die Preise für Obst und Gemüse, Wäsche und Haushaltswaren zählen zu den niedrigsten in Florenz.

Von der mit einem Reiterdenkmal geschmückten **Piazza Vittorio Veneto** vor dem Park führt ein herrlicher Radweg, den man auch gut zu Fuß gehen kann, nach Westen. Anfangs sollte man auf der schattigen Hauptallee bleiben, dann erst zur Schotterpiste an den Fluss wechseln. Stadtauswärts folgt man dem Arno, der immer mehr naturbelassen, geradezu verwildert und harmlos wirkt, als könne er niemals das ausrichten, was z. B. im November 1966 geschehen ist – ›Land unter‹ in ganz Florenz!
Schon bald taucht der **Ponte dell'Indiano** auf, eine wunderbar leichte Brückenkonstruktion für die verkehrsreiche SS 66 über den Arno. Es geht unten durch, hier haben sich Graffitikünstler an den Brückenpfeilern versucht. Kurz darauf ergießt sich von Süden der schmale Greve-Fluss in den durch Dämme geschützten Arno und bildet eine fast verwunschene Flusslandschaft. Man kommt an der Station **Le Piagge** der Regionalbahn Florenz–Empoli vorbei. Mal schlängelt sich der Weg durch die Flussauen, mal ist er wieder gerade, jedenfalls ganz harmlos zu radeln bzw. zu begehen. Von der Brücke aus führt der Radweg parallel zur Bahnlinie, was nicht weiter stört, schließlich rasen nicht dauernd Regionalzüge vorbei.
Es geht bald unter der Autobahn hindurch, dann ragen rechts die Türme des Ex Oleificio Nucci von Scandicci auf, gleich darauf folgt die Regionalbahnstation **San Donnino Badia.** Und schon ist kurz vor Signa der **Parco dei Renai** erreicht. Eine für Freizeitvergnügen umgestaltete, 80 ha große Seenplatte mit Inselchen und WWF-Vogelbeobachtungsstation, Pool mit großen Liegewiesen, aufgeschüttetem Sandstrand, Duschen, Wechselkabinen, Ruderbootverleih, Skateboardpiste, Windsurf- und Segelschule ebenso wie Kitesurfing – eben alles für den sommerlichen Badespaß, auch Radverleih. Wer kein Rad aus Florenz mitbringt, könnte sich also auch hier eines ausleihen. Eine Kletterwand gibt es außerdem und natürlich Lokale zum Einkehren wie Pizzeria, Restaurant und Music Bar.

Florenz ist seit 2010 wieder (es gab früher eine Pferdestraßenbahn) stolze Besitzerin einer **Straßenbahn.** Die Tramlinien auf eigenen Trassen werden nicht vom Pkw-Aufkommen behelligt. Die Linie T1 fährt von der Westseite des Bahnhofes S. M. N. über den Parco delle Cascine bis zum südwestlichen Vorort Scandicci (7,4 km). Sie verkehrt zwischen 5.30/6.30 und 0.30 Uhr alle 4–6 Min. werktags sowie alle 9 Min. feiertags und wird von den Einheimischen sehr gut angenommen. Die Linie T2 verbindet in 22 Min. den Bahnhof mit dem Flughafen, T3.1 den Hauptbahnhof mit Careggi bzw. dem Krankenhaus Meyer. Weitere Strecken sind in Arbeit.
Für das Gemeindegebiet von Florenz lohnen sich die Touristentickets (1 Tag 5 €, 3 Tage 12 €, 10er-Block für je 90 Min., 10 €, Ergänzung zur Firenze Card/72 Std. 7 €). Sie sind an den Bahnhöfen und anderen Verkaufsstellen der öffentlichen Verkehrsmittel erhältlich. Einzelfahrkarten (Geltungsdauer 90 Min.) kosten 1,20 €, im Bus gelöst 2 €.

Mit dem Auto in Florenz: Nördlich und südlich des Arno ist die Stadt zur ZTL erklärt worden (*zona [a] traffico limitato* = verkehrsberuhigte Zone), was für auswärtige Autofahrer bedeutet: bloß nicht hineinfahren! Das Geschehen auf den Straßen wird durch Videokameras registriert, und die Bußgelder bei Verstößen sind saftig. Wer in sein gebuchtes Hotel muss, kann normalerweise einfahren und wird dann vom Hotel bei der Polizei gemeldet, das Bild des Fahrzeugs wird wieder gelöscht – das Verfahren gilt aber nur für Ankunft und Abreise. Da es kaum Hotels mit eigenem Parkplatz gibt, sollte man sich vorher erkundigen, welche Parkhilfe das gebuchte Haus leistet. Die meisten Hotels vermitteln auf Wunsch Garagenplätze, diese sind aber sehr teuer (30 € und mehr pro Tag). Empfehlenswert sind für einen längeren Aufenthalt die öffentlichen Tiefgaragen, die es rund um den Altstadtring gibt, also am Rande der ZTL-Zone (1,70–3 €/Std., 20 €/24 Std., Infos unter www.fipark.com).

Fiésole und das Mugello

Fiésole ist ein herrlicher Platz, um auf die Regionalmetropole hinabzuschauen. Dahinter steigt das Mugello zum Tosco-Emilianischen Apennin auf, Heimat der Medici, Geburtsstätte großer Künstler – und heute eines der beliebtesten Ausflugsziele der Florentiner.

Das bereits aus der Etruskerzeit stammende und daher als Mutter von Florenz titulierte Fiésole ist ein schöner ›Balkon‹ über der großen Nachbarin Florenz sowie ein guter Ausgangspunkt für Ausflüge in die sich anschließende Hügellandschaft Mugello. Diese Sommerfrische der Provinz schirmt Fiésole (wie auch Florenz) vor rauen Winden ab. Sie eignet sich ebenfalls als Standort für Reisende, die nicht nur auf der Suche nach den großen, urbanen Zentren der Toskana sind, sondern auch ihre ländlichen Seiten schätzen.

Kastanienwälder, freundliche Dörfer sowie der Sieve mit seinen zahlreichen, noch recht verwilderten Nebenflüsschen bestimmen das Landschaftsbild. Kein Wunder, dass die Medici, die von hier stammten, auch dem Mugello mit seinem angenehmen frischen Mittelgebirgsklima ihren Stempel aufdrückten: vor allem mit festungsartigen Villen inmitten ausgedehnter Landgüter, die sie zu ihren Lieblingssitzen erklärten (Cafággiolo und Trébbio). Aus ihrer Villa bei Pratolino ist nicht viel übrig geblieben, ihren Namen verdankt der dazugehörige wunderbare Park nun einem ihrer Nachfolger, dem Prinzen Demidoff (s. S. 132). Unweit davon erhebt sich auf einem der schönsten Aussichtspunkte des Mugello das Convento Monte Senário, wahrscheinlich *die* Wallfahrtskirche der Florentiner, aus dem dichten Wald.

Aus dem Mugello stammen zwei der bedeutendsten Künstler der Toskana: Giotto und der malende Mönch Fra Angelico. Aus der Neuzeit kommt die Familie Chini aus Borgo San Lorenzo hinzu, die in der Ära des Jugendstils durch farbenfrohe Keramiken und Glasfenster als Baudekoration Weltruhm erreichten. So ist im Geburtsort der Familie ihr Museum und ihre bis heute existierende Werkstatt unbedingt einen Besuch wert.

Borgo San Lorenzo ist das wirtschaftliche wie kulturelle Zentrum des Mugello, sozusagen im Scheitelpunkt des Sieve-Tales. Folgt man von dort dem Fluss nach Südosten Richtung Arno, kommt man ins Weinland des Chianti Rúfina, der unter Kennern einen besonders guten Ruf genießt.

Fiésole ▶H 5

Karte: S. 133

In 300 m Höhe liegt über der Arno-Metropole zwischen zwei Hügeln eingebettet das hübsche **Fiésole** **1** (14 100 Einw.) in aussichtsreicher Hanglage. Auch wenn man es dem recht touristisch wirkenden Städtchen, dessen Lokale am nördlichen Rand der Piazza keinen besonders guten Ruf genießen, nicht ansieht: Fiésole blickt auf eine interessante Geschichte zurück, ist es doch älter als Florenz, das ihm nun als Regionalhauptstadt zu Füßen liegt. Es soll nicht gerade eine große Liebe zwischen den Bewohnern der beiden Städte bestehen – kein Wunder: Noch bevor an die Gründung von Florenz im damals sumpfigen Arno-Tal gedacht wurde, florierte auf den Hügeln nördlich davon bereits die etruskische Siedlung Faesulae. Unter den Römern erhielt der Ort ein Theater mit Thermen. 1125 wurde Fiésole vom erstarkten Florenz eingenommen, zerstört und später der Provinz einverleibt.

Den schönsten Blick auf Florenz genießt man von der Terrasse des wohl berühmtesten Hotels der Toskana, der **Villa San Michele** (www.villasanmichele.com). Die Fassade des aufgelösten Renaissanceklosters soll Michelangelo geplant haben, weshalb die schönste und teuerste Suite nach ihm benannt wurde. Etwas für Hochzeitsreisende mit entsprechendem Budget …

Palazzo Pretorio

In der Mitte der zentralen Piazza Mino da Fiesole steht ein doppeltes bronzenes **Reiterdenkmal** von Oreste Calzolai (1906). Es zeigt Giuseppe Garibaldi und König Vittorio Emanuele II bei ihrer Begegnung von Teano am 26. Oktober 1860. Im Osten wird die Piazza vom hübschen Rathaus, dem ehemaligen **Palazzo Pretorio** (14. Jh.), begrenzt, dessen Fassade mit zahlreichen typischen Wappen der Stadtoberhäupter geschmückt ist. Von der langgezogenen Loggia im ersten Stock (meist darf man während der Dienststunden problemlos eintreten) genießt man den schönsten Blick über den Platz hinweg bis zum Kloster San Francesco (s. S. 130).

Cattedrale San Romolo und Museo Bandini

Kathedrale: tgl. 7.30–12, 15–17/18 Uhr; Museum: Fr–So März, Okt. 10–18, April–Sept. 9–19, Nov.–Febr. 10–15 Uhr, Erw. 5 €, Sammelticket mit Area/Museo Archeologico (s. unten) 12 €

Schräg gegenüber vom Rathaus, an der Nordwestecke des Platzes, steht die **Kathedrale San Romolo** (11.–14. Jh.) mit ihrem hohen, zinnenbekrönten Glockenturm (13. Jh.). Dahinter lohnt das **Museo Bandini** einen Besuch, das Bilder Florentiner Maler aus dem 13. bis 15. Jh., an die 20 farbige Terrakotten der Künstlerfamilie Della Robbia sowie Holzschnitzarbeiten besitzt. Viel bewundert wird eine Madonna mit Kind aus der Werkstatt Botticellis.

Area Archeologica

www.museidifiesole.it, April–Juni, Sept. tgl. 10–19, Juli, Aug. tgl. 9–19, März, Okt. Fr–So10–18, Nov.–Febr. Fr–So 10–15 Uhr, Archäologisches Museum nur Do–So, Erw. 7 €, Sammelticket 10–12 €

Rechts vom Museum befindet sich der Eingang zum etwas überrestaurierten **Römischen Theater** in der **Archäologische Zone.**

Villen und Gärten bei Fiésole

Hier findet man außerdem die Reste der angeschlossenen **Römischen Thermen** und ein kleines, aber recht interessantes Museum, das **Museo Civico Archeologico** mit vorrangig etruskischen Fundstücken aus Fiésole. Das Theater in wunderschöner Hanglage etwa 300 m über Florenz stammt aus dem 1. Jh. (mit späteren Umbauten) und bot 3000 Zuschauern Platz.

Von der **etruskischen Siedlung** sind u. a. Reste eines **Tempels** (3. Jh. v. Chr.) unter der Ruine eines römischen Tempels und ein Stück der **Stadtmauer** (als Nordabschluss der Area Archeologica) übrig geblieben.

Convento San Francesco

Via San Francesco 13, http://fratifiesole.it, Museum: Mo–Sa 9.30–12, 14.30–19, im Winter bis 18, So, Fei 9.30–11, 14.30–18 Uhr, Eintritt frei

Vom Hauptplatz, am Dom vorbei, gelangt man bald über die steil aufsteigende Via San Francesco zu einem weiteren schönen Aussichtsbalkon Fiésoles mit wundervollem Florenz-Panorama (tagsüber im sanften Gegenlicht!) und den Weg hinauf zum **Convento San Francesco.** Während die Franziskanerkirche auf dem Gipfel des gleichnamigen Hügels steht, erstrecken sich die Klostergebäude den Hang abwärts und beherbergen jetzt zum größten Teil ein Museum. Es zeigt vor allem toskanische Malerei aus dem 15./16. Jh. sowie Sammlungen, die christliche Missionare in Ägypten und China zusammengetragen haben, aber auch archäologische Funde aus Fiésole und Umgebung. Die Gärten des Klosters sind ideal für eine Ruhepause unter schattigen Bäumen.

Infos

Ufficio Informazioni: 50014 Fiésole (FI), Via Portigiani 3, Tel. 055 596 12 93, www.comune.fiesole.fi.it. Infos zu Museen und Kombikarten Bus/Museen unter www.fiesolemusei.it, Link zu www.visitflorence.com. Die Museen Fiésoles können mit der **Firenze Card** (www.firenzecard.it) kostenlos besichtigt werden.

Übernachten

Im Olivenhain – **Bencistà:** Via da Maiano 4, Tel. 055 591 63, www.bencista.com, nur März–Nov. Freundliche Pension (Ursprungsbau Villa 14. Jh.) unterhalb von Fiésole, Stilmöbel, familiäre Atmosphäre, 40 Zimmer, Restaurant, Parkplatz. €€–€€€

In einer alten Orangerie – **Villa Fiésole:** Via Beato Angelico 35, Tel. 055 59 72 52, www.villafiesole.it. Liebevoll in früherer *serraia* (Orangerie) eingerichtetes Hotel an der Straße (kann tagsüber etwas laut sein) unterhalb der Villa San Michele mit Nebengebäude. Kleines Restaurant für die Hausgäste, 32 Zimmer, beheizter Swimmingpool, Kochkurse. €€–€€€

Mit Florenz-Blick – **Villa Aurora:** Piazza Mino da Fiésole 39, Tel. 055 593 68, https://villa-aurora-florence.tuscany-hotels.org. Am Hauptplatz, aber zurückversetzt gelegenes, traditionelles und gepflegtes Hotel mit Garten. 24 Zimmer, Restaurant, Parkplatz. €€

Camping – **Panoramico Fiésole:** Via Peramonda 1 (7 km nördl.), Tel. 055 59 90 69, www.campingpanoramicofiesole.com, ganzjährig. Schmale Terrassen um einen steilen Hügel, schattig, teilweise schöne Ausblicke auf Florenz, Pool, Restaurant. Auch kleine Chalets sowie Mobilheime. €

Termine

Estate Fiesolana: www.bitconcerti.it, Juni–Sept. Musik, Theater.

Verkehr

Bus: ATAF-Bus Nr. 7 verbindet Florenz ab Bahnhof S. M. N., Piazza San Marco 2–4 x stdl. mit der Piazza Mino da Fiésole.

Mugello

Karte: S. 133

Das in Ost-West-Richtung lang gestreckte Tal schlägt einen Bogen am oberen Sieve-Lauf, bevor der Fluss nach Süden in Richtung Arno eilt, in den er sich bei Pontassieve ergießt. Im Durchschnitt etwa 200 m hoch gelegen, wird das **Mugello** von höheren, lieblichen Hügeln zwischen 300 und 500 m Höhe gestaltet und nach Norden durch den 1000 bis 1300 m hohen Apenninkamm gegen kalte Winde abgeschirmt. Einige Gipfel ragen auch im Süden he-

Aktiv

SPAZIERGANG VON FIÉSOLE NACH FLORENZ

Tour-Infos

Start: Piazza Mino da Fiésole
Länge: 4,8 km oder knapp 6 km
Dauer: 1–1,5 Std.

Wichtige Hinweise: Busverbindung von Florenz, Bahnhof S. M. N., Piazza San Marco nach Fiésole mit **ATAF** Nr. 7, zurück ab Le Cure ebenfalls mit Bus Nr. 7

Ein schöner Spaziergang führt zwischen teils hohen Mauern, hinter denen sich alte Villen verstecken, von Fiésoles Hauptplatz, der Piazza Mino da Fiésole, zunächst die Via Vecchia Fiesolana steil abwärts Richtung Florenz. Bald kommt man an dem Kirchlein **Sant'Ansano** vorbei. Der Blick auf Florenz wird zwar meist von Bäumen und Mauern verdeckt, dafür ist der Weg angenehm schattig. Ein skurril anmutendes ›Tor‹ zwischen **Villa und Dependance Nieuwenkamp** mit merkwürdigen Metallkäfigen zwingt zum Betrachten: Früher war die Villa die Sommerfrische der Bischöfe von Fiésole bzw. Florenz, wenn sie in San Domenico (s. unten) zu tun hatten.

An der **Villa Albizzi** vorbei erblickt man nach etwa 20 Min. gemütlichen Fußweges **San Domenico.** Im Kloster (ab 1406) lebte und malte der Mönch Fra Angelico (s. Vicchio, S. 138), bevor er 1437 nach Florenz umzog. Leider sind nur noch wenige seiner Arbeiten in San Domenico erhalten geblieben. In der ersten Kapelle links hängt das Original »Madonna mit Dominikanerheiligen«. Schräg gegenüber von San Domenico führt ein schmales Sträßchen abwärts, und man schaut nach wenigen Metern linker Hand auf die inkrustierte Marmorfassade der Kirche der **Badia Fiesolana** und den dazugehörigen Klosterkomplex, heute Sitz des Istituto Universario Europeo. Von der Terrasse vor der Kirche genießt man einen herrlichen Blick auf Florenz.

Danach geht es den kurzen Weg zurück zur Via San Domenico (Bus nach Florenz). Kurz nach der Kreuzung der Via San Domenico mit der Via Boccaccio (s. unten) geht es rechts in die Via Piazzuola, und an der zweiten Gabelung in die schmale Via delle Forbici. Diese Straße ist von hohen Steinmauern eingeschlossen, aus denen uralte Oliven- und Lorbeerbäume, knorrige Steineichen und wilder Wein wachsen. Ein chinesisch anmutender kleiner Bronzepavillon, einem Schirm nicht unähnlich, ragt an der Via delle Forbici aus einer gelben Mauer, die folgerichtig die **Villa L'Ombrellino** hinter sich versteckt (Haus Nr. 89). Die **Villa di Camerata** (heute Il Garofano, in Haus Nr. 31) gehörte einst der Familie Dantes, also den Alighieri; an den ›göttlichen Dichter‹ und seine Muse Beatrice erinnert hier daher eine Marmortafel.

Unten angekommen, sollte man rechts in den baumbestandenen Viale Alessandro Volta einbiegen und kurz vor der Piazza delle Cure besser den Bus Nr. 7 Richtung San Marco/La Pira nehmen, weil der weitere Weg zu verkehrsreich ist. An der Kreuzung mit der Via Boccaccio könnte man auch dieser Straße folgen, die einen großen Schlenker um die wunderbare Gartenanlage der **Villa Schifanoia** macht, dann durch einen Olivenhain und bald zum Mugnone-Bach führt, an dem entlang man fast durchgehend bis zur Piazza delle Cure läuft. Das wäre sozusagen ein ›grünerer‹ und etwa 1 km längerer Weg.

raus, darunter der Monte Senário (815 m) und der Monte Calvana (913 m). Früher standen hier riesige Kastanienwälder, die nur in – allerdings recht imposanten – Teilen erhalten sind. Im Herbst wird ein wahrer Kastanienfrucht-Kult zelebriert. Die hiesigen Kastanienmehlprodukte gelten als besondere Delikatesse.

Villa Demidoff 2

Via Fiorentina 276, Vaglia, www.cittametropolitana.fi.it/parco-mediceo-di-pratolino, Mai–Sept. Fr–So, Fei 10–20, April, Okt. bis 18 Uhr, Eintritt frei
Von Florenz kommend befindet sich kurz vor Pratolino auf der rechten Straßenseite (Parkplatz gegenüber) der Haupteingang des besuchenswerten **Parco Mediceo di Pratolino** mit der **Villa Demidoff.** Man kann nur den Park besichtigen, die Villa wird für Büros und Ausstellungen genutzt, weitere Gebäude werden noch restauriert. Doch mit dem Park allein hat man stundenlang zu tun, will man ihn in seiner ganzen Pracht und Größe erkunden und darin vielleicht eine Ruhepause genießen. Eine einfache Locanda bietet Snacks und Ähnliches.

Bernardo Buontalenti erhielt 1568 von Francesco I de' Medici den Auftrag, auf dem abfallenden Gelände Richtung Florenz eine großzügige Residenz mit Park zu errichten. Die Arbeiten dauerten bis 1581, der Park wurde mit Springbrunnen und Teichen, künstlichen Grotten und Skulpturen gestaltet. Von besonderer Pracht ist an der höchsten Stelle des Parks Giambolognas gebeugte Kolossalskulptur des »Apennin«, der sich als langbärtiger Greis in einem großen Teich spiegelt. Im Süden erhebt sich der von Ammannati geschaffene »Parnass«, flankiert von den *gamberaie* (für die Aufzucht von Süßwasserkrebsen). Nach Veränderungen im Barock wurde 1818 Joseph Fritsch durch Ferdinand II. von Lothringen mit der erneuten Umgestaltung beauftragt, der aus dem Wenigen, das vom Park des 16. Jh. übrig geblieben war, eine geradezu romantische Parklandschaft schuf. 1872 übernahm Prinz Paul Demidoff das Anwesen, ließ den »Appennin« (1578/1580) restaurieren und machte aus dem Dienstbotentrakt die heutige Villa Demidoff – alles seit 1981 im Besitz der Provinz Florenz.

Aktiv

Klettergarten – **Parco Avventura Il Gigante:** Via Fiorentina 276, Vaglia, www.parcoavventurailgigante.it. 18 Parcours unterschiedlicher Schwierigkeitsgrade (Mai–Sept. tgl. 10–19.30 Uhr, sonst nur Sa, So bzw. kürzer, 2,5 Std. für Kinder je nach Alter 14–22 €).

Verkehr

Bus: Der **ATAF**-Bus Nr. 25 aus Florenz hält am Park der Villa Demidoff, tagsüber ca. alle 20 Min.

Convento di Monte Senário 3

Die SS 65 von Florenz nach San Piero a Sieve und damit auch nach Borgo San Lorenzo ist zwar schneller – schöner zu fahren ist aber die **Via Faentina** (Nr. 302) direkt nach Borgo San Lorenzo, die hauptsächlich durch einen dichten Mischwald führt. Von ihr zweigt ein schnell aufsteigendes Sträßchen zum Wallfahrtsort Monte Senário ab. Hohe Tannen bilden einen dichten Wald auf dem sich hinaufschraubenden Weg, der in Olmo an der historischen Via Faentina abzweigt und zum **Convento di Monte Senário** führt. Das Kloster des Servitenordens wurde 1233 am Tag von Mariä Geburt, also am 8. September, durch sieben Florentiner gegründet, die dem profanen Leben abgeschworen hatten und hier 1241 einzogen. Ihr Wohnhaus bildet den Kern der heutigen Kirche. Cosimo I ließ den Komplex 1539 erweitern, es folgten Veränderungen im Barock.

Die neugotische, freskierte **Cappella dei Sette Santi** birgt einen Reliquienschrein mit den Schädeln der Klostergründer, die **Cappella dell'Apparizione** einen schönen Marmoraltar und eine Terrakotta-Pietà aus der Schule Michelangelos (16. Jh.).

Die Servitenmönche leben zwar nicht in Klausur, man sollte ihre Ruhe aber nicht stören (auch wenn der kleine Kreuzgang einen Blick wert wäre!). Monte Senário gilt als einer der wichtigsten Wallfahrtsorte der Florentiner und der Blick von der Terrasse ermöglicht fast einen kompletten Rundblick – schließlich ist man hier rund 800 m hoch. Die Apotheke der Mönche

produziert berühmt-gute Kräuterliköre wie den »Gemma d'Abate«, die man unterhalb der Kirche kaufen kann (Mittagspause beachten).

San Piero a Sieve 4

Das bescheidene Städtchen am Sieve-Ufer (2900 Einw.) zieht sich von der Traversa del Mugello, der SS 551, den Hang zur kleinen Festung hinauf. Im Zentrum von **San Piero a Sieve** erhebt sich an einem kleinen Platz die bescheidene dreischiffige Pfarrkirche, die **Pieve San Piero** (ab dem 11. Jh.). Gleich links, nahe dem Eingang, steht das zauberhafte oktogonale Taufbecken aus der Werkstatt von Giovanni della Robbia. Ganz in zartem Naturweiß und Gelb zeigen die Basreliefs Geschichten aus dem Leben Johannes des Täufers und über den kleinen Pilastern prangt das Wappen der Medici. Über dem Hochaltar hängt ein Holzkruzifix von Raffaello di Montelupo mit einem in sich ruhenden, gar nicht leidend wirkenden Christus (normalerweise ganztags geöffnet, im Winter Mittagspause möglich).

Zur Medici-Festung aufsteigend kommt man an zwei Villen vorbei, der **Villa Schifanoia** (14. Jh.) und der **Villa Adami** (17. Jh.; Städtische Bücherei). Die **Fortezza Medicea**

di San Martino, 1571 nach Plänen von Bernardo Buontalenti erbaut, ist über einen Waldweg oberhalb von San Piero erreichbar und nur nach Absprache (Privatbesitz) zu besichtigen. Abgesehen vom nahe dem Sieve stehenden **Medici-Turm** (15. Jh.), gibt es sonst nicht viel, was man im Städtchen ansehen kann, aber es ist nett und beschaulich.

Infos

Ufficio Informazioni: 50037 San Piero a Sieve (FI), Piazzetta del Comune 1, Tel. 055 848 57 21, www.aboutmugello.com.

Übernachten

Familiär – **La Felicina:** Piazza Colonna 14, Tel. 055 849 81 81, www.hotellafelicina.com. Freundliches Familienhotel zwischen Sieve und Ortszentrum. Zehn Zimmer, Parkplatz. €€

Verkehr

Bahn: Der Zug von Borgo San Lorenzo nach Florenz hält auch in San Piero a Sieve; dichte Taktfolge, vor allem im Berufsverkehr.

Trébbio 5

Überall also Medici! Kein Wunder, denn sie waren »Halbbürger von Florenz«, wie der zeitgenössische Historiker Benedetto Varchi um 1500 diejenigen nannte, die aus dem Mugello stammten: weil sie an Florenz wegen ihrer Aktivitäten zwar Steuern zu zahlen hatten, aber nicht in der Stadt wohnten. Die Medici besaßen hier ebenso wie um Florenz herum Villen, zwei davon ließen sie später, an die Macht gekommen, standesgemäß ausbauen: **Trébbio,** südwestlich von San Piero a Sieve, von Michelozzo 1461 ausgestattet mit dickleibigem Turm und anderen starken Befestigungen, liegt in Panoramalage in 451 m Höhe inmitten eines ausgedehnten privaten Landgutes, dessen Produkte (Öl und Wein) man kaufen und dabei die Villa von außen bewundern kann.

Cafággiolo 6

Via Nationale 16, Barberino di Mugello, Führungen Sa, So 10–12.30, 14.30–18.30, März–

Einst ein beliebter Sommersitz der Medici: die wuchtige Villa Cafággiolo

Okt. auch Mi, Fr 14.30– 18.30 Uhr, Erw. 5 €, evtl. noch wegen Restaurierungsarbeiten geschl.
Das heutige Landgut **Cafággiolo** westlich von San Piero (Privatbesitz, in Teilen zu besichtigen) war ursprünglich eine Florentiner Festung, die ab 1451 ebenfalls von Michelozzo umgestaltet wurde, diesmal aber für Cosimo den Alten in eine Landvilla. Cafággiolo, das seit 2013 zum UNESCO-Welterbe gehört, gilt als der beliebteste Sommersitz der Medici, auf dem sie so illustre Gäste wie die beiden Päpste Pius II. und Eugenius IV. empfingen.

Essen & Trinken

Osteria mit Enothek – **Girodibacco:** Barberino di Mugello, Via Nazionale 8, 100 m vom Castello di Cafággiolo, Tel. 055 841 81 73, www.girodibacco.it, Ruhetag Mi. Zauberhafte, nicht gerade preiswerte Osteria mit Enoteca (Weinverkauf) in zwei gemütlichen Räumen im Stil eines Wintergartens. Traditionelle Florentiner und Mugello-Spezialitäten wie *ribollita* und *tortelli mugellani* (mit Kartoffeln gefüllte frische Pasta mit Ragout), große Rindfleischplatte mit frischem Gemüse, alles vom Grill. €€

Einkaufen

Mode – **Barberino Designer Outlet:** Via Meucci, Barberino del Mugello, nahe der Ausfahrt Barberino der A1 Bologna-Florenz, www.mcarthurglen.com, tgl. 10–20 Uhr Markenkleidung zu Fabrikpreisen, rund 100 Shops. Auch Shuttlebusse ab Florenz, s. Website.

Aktiv

Wassersport – am nahen Stausee **Bilancino** (s. S. 138).

Scarperia 7

Unbedingt sollte man einen Abstecher zur Messerschleiferstadt **Scarperia** einplanen und sich überraschen lassen von den Reizen einer im Kern (mit nur gut 820 Einw.) hübschen mittelalterlichen Kleinstadt, der man ansieht, dass hier die Wirtschaft auf der Basis alter handwerklicher Tradition – wieder – funktioniert. In den schmalen Straßen gibt es nette kleine Werkstätten, die meisten verkaufen Messer und andere Schneidewerkzeuge bester Qualität und vor allem eigener Marke bzw. Produktion.

Museo dei Ferri Taglienti

Piazza dei Vicari, www.museoferritaglientiscarperia.it, Mai–Okt. Mi–So 10–13, 15–18.30, Nov.–April Mi–Fr 10–13, Sa, So, Fei auch 14.30–18 Uhr, Erw. 5 €
Scharfe Klingen begründeten den Ruhm Scarperias seit dem Mittelalter, wie man im **Museo dei Ferri Taglienti** im dekorativen Palazzo dei Vicari mit seinem hohen Turm und zahllosen Wappen an der Front erfährt. Dabei besichtigt man gleichzeitig diesen wunderbar trutzigen Bau aus dem 14. Jh., der ab dem 15. Jh. als Sitz der Vikare, der Statthalter der Medici diente. Zum musealen Rundgang mit seinen fünf didaktisch interessant aufgebauten Abteilungen innerhalb des Palastes gehört auch der Besuch einer Originalwerkstatt, der **Bottega del Coltellinaio** in der Via Solferino 15. Hier kann man die Fertigung eines Messers mitverfolgen.

Infos

Pro Loco: 50038 Scarperia, Via dei Bastioni 3, Infos im Palazzo dei Vicari, Piazza dei Vicari 1, Tel. 055 846 81 65, www.prolocoscarperia.it.

Übernachten

Camping – **Mugello Verde:** Via Massorondinaio 39, Tel. 055 84 85 11, www.campingmugelloverde.com, März–Nov., teils ganzjährig. Auf terrassiertem Waldgelände mit öffentlichem Freibad und Tennis, dekorative mittelalterliche Festung darüber. Auch Bungalows und Diskothek. Reitmöglichkeiten 3 km, Angeln 4 km, zur internationalen Rennstrecke Mugello (s. S. 136) sind es 5 km. €

Einkaufen

Schneidewerkzeuge – Messer und Scheren, aber auch Korkenzieher und Zigarrenschneider – alles Handarbeit und mit edlen Griffen aus Holz, Metall oder Knochen. Spezialanfertigung oder aus dem Katalog. Berühmte Adressen: **Saladini:** Via Solferino 19/21; **Conaz:** Via Giordani 20; **Berti:** Via della Resistenza 12, Laden Via Roma 43.

Termine

Infiorata: letzter Mai-So. Blumenteppiche in den Gassen und auf den Plätzen des historischen Zentrums.

Mostra dei Ferri Taglienti: Juni–Sept. Verkaufsausstellungen von Messern, Besteck, Scheren und Schmiedeeisen.

Aktiv

Golf – **Poggio dei Medici Golf Club:** Via San Gavino 27, Tel. 055 84 35 62, www.golfpoggio deimedici.com. 18-Loch-Platz.

Motorrennsport – **Autodromo Internazionale del Mugello:** Senni-San Carlo 15, www.mugellocircuit.it. Internationale Auto- und Motorrad-Rennstrecke am östlichen Stadtrand.

Borgo San Lorenzo 8

Borgo San Lorenzo, der Hauptort des Mugello (knapp 18 400 Einw.) im Scheitelpunkt des Sieve-Tales, verdankt seine Bedeutung den Ziegelbrennereien und der Kunstkeramik, d. h. einer hier seit dem 19. Jh. tätigen Familie: den Chini. Außerdem hat sich Borgo San Lorenzo zu einem Zentrum der Textil- und Möbelindustrie entwickelt.

Seit dem 11. Jh. gehört der Ort zum Bistum Florenz und war bis 1529 eng mit dem Schicksal der toskanischen Hauptstadt verbunden. Das winzige historische Zentrum überrascht mit netten bis feinen kleinen Boutiquen in der einladenden Fußgängerzone. Und mit mindestens zwei an den Wochenenden und im Sommer von der Jugend aus dem weiten Umkreis frequentierten Cafés.

Pieve San Lorenzo

Via Cocchio 4, Mo–Fr 7.30–12, 16–19, Sa, So 7.30–12, 16–17.30

Die **Pieve San Lorenzo,** ursprünglich aus dem 10. Jh., 1267–1337 im gotischen Stil verändert, gilt als einer der wichtigsten romanischen Sakralbauten der Provinz Florenz. Dass sie ein etwas merkwürdiges Äußeres hat, liegt daran, dass man sie nach einem schweren Erdbeben 1919 drei Jahre später aus den alten Steinen wieder aufbaute und dabei wohl nicht besonders auf die Details achtete. Das gilt vor allem für ihren im Grundriss wie halbiert wirkenden Glockenturm (1263) mit seinen nun fünf Seiten (wohl die Halbierung eines Oktogons) über der halbrunden Apsis.

Innen sind einige Tafelbilder (14. Jh.) von Rang erhalten wie am rechten Pfeiler vor dem Chor der geradezu rührend wirkende Rest eines Tafelbildes »Madonna mit Kind«. Vom Kind ist nur noch die linke Hand zu sehen, die die rechte Wange der Mutter berührt, seine Rechte umklammert ihren Zeigefinger. An der linken Seite des Pfeilers ist eine byzantinisch wirkende »Madonna mit Kind« von Niccolò di Pietro Gerini zu entdecken; an der rechten Wand vor der Apsis eine »Thronende Madonna mit Kind und Engeln«, Antonio Gaddi zugeschrieben; schließlich die Werke des aus Borgo San Lorenzo stammenden, aber in Florenz geborenen Galileo Chini (1863–1956), des berühmtesten Sohnes der Keramikkünstlerdynastie. Er hat die Chorapsis mit Jesus in der Mandorla als Weltenrichter (1906) und 1950 einen eindringlich hageren, bärtigen Johannes am Jordan dargestellt.

Palazzo del Podestà

Vom einstigen, noch stolz als solcher bezeichneten **Palazzo del Podestà** (Piazza Garibaldi 10; 13. Jh.) mit den zahlreichen Wappen an der Fassade ist nur ein kleiner Teil erhalten, der heute als Bibliothek genutzt wird. Schräg gegenüber lockt ein Eiscafé, die Gelateria Pallino (s. S. 137), Schleckermäuler bis in die Nacht.

Piazza Dante

Hinter dem Palazzo del Podestà öffnet sich der neuere Teil des Städtchens, das von einem unauffälligen, zurückhaltenden Jugendstil, italienisch *stile liberty,* geprägt ist. An der großen **Piazza Dante** bildet das backsteinerne **Rathaus** mit langem Balkon eine Schmalseite vor dem schön als Park angelegten Platz, darunter stehen vier uralte, ausladende Zedern, umgeben von einer umlaufenden Schwarzerlenallee. Das kleine bronzene Denkmal für einen Jagdhund links vor dem Rathaus steht als Zeichen für ewige Treue: Der Hund war bis zu seinem Tod 14 Jahre lang täglich zur gewohnten Zeit an der Bushaltestelle erschienen, um seinen Herrn abzuholen, der jedoch schon 1943 einem Bombenangriff zum Opfer gefallen war.

Pecchioli Ceramica

Via IV Novembre 71, www.pecchiolifirenze.com, Tel. 055 074 91 09, Besichtigung nach Anmeldung

Von der Südseite des schönen Platzes ist es nicht weit zur Via Fantini, wo interessierte Reisende in Haus Nr. 1 den angestammten Sitz der Firma Chini, der bekannten Keramikkünstler von Borgo San Lorenzo, besuchen können. Allerdings heißt die Firma inzwischen **Franco Pecchioli,** weil sich die Familie nach dem Zweiten Weltkrieg aus wirtschaftlichen Gründen mit der ebenfalls traditionellen Florentiner Keramikfirma Pecchioli zusammentun musste. Doch geleitet wird die Werkstatt in Borgo San Lorenzo noch immer von den Chini, künstlerisch wie wirtschaftlich.

Auf Anfrage wird man gerne durch die Manufaktur geführt und individuell beraten (z. B. für Bäder nach Maß oder Keramik- oder Glaspaneele nach historischen oder eigenen Vorlagen). Bewundernswert ist die mühsame Prozedur, mit der bis zu zentimeterdicke Farbpigmente per Hand auf Fliesen aufgetragen und verteilt werden, um eine besonders stabile Lasur zu erhalten, Stück für Stück – keine Oberfläche gleicht der anderen!

Villa Pecori Giraldi

www.museochini.it, April–Okt. Do–So 9–13, 15–19, Nov.–März Sa, So, Fei 10–13, 15–19 Uhr, Erw. 5 €

Richtung Vicchio erhebt sich der klobige Turm der **Villa Pecori Giraldi,** die ab 1854 von der Künstlerfamilie Chini dekoriert wurde – 1906–1911 vom berühmtesten Familienmitglied Galileo Chini, der als Vorreiter des Jugendstils in der Toskana gilt. Das Gebäude hat das **Museo della Manifattura Chini** mit Gebrauchsgegenständen, Teilen von Baudekorationen, Glasbildern, Fliesen und Keramik aufgenommen; es dokumentiert die Familiengeschichte der Chini mit Dokumenten und Abbildungen ihrer bekanntesten Werke.

Infos

Ufficio Informazioni: 50032 Borgo San Lorenzo (FI), Villa Pecori Giraldi, Piazza Lavacchini, Tel. 055 845 62 30, www.mugellotoscana.it.

Übernachten

Jugendstil – **Locanda degli Artisti:** Piazza Romagnoli 2, Tel. 055 845 53 59, www.locandartisti.it. Gepflegte historische Herberge von 1846 mit zarten Jugendstilelementen, jedes der sieben Zimmer (das EZ und DZ ergeben eine Suite) liebevoll und individuell eingerichtet, kleiner Frühstücksraum, aufmerksamer Service. €€

Innen alles Chini – **Park Hotel Ripaverde:** Viale Giovanni XXIII 36, Tel. 055 849 60 03, www.ripaverde.it. Modernes Hotel mit Innenausstattung von Chini in verkehrsgünstiger Lage am Stadtrand. 51 Zimmer, drei Suiten, Fitnessraum, Sauna, Pool, Restaurant **L'O di Giotto.** €€–€€€

Essen & Trinken

Urig – **Feriolo:** Via Faentina 32 (den Weg hoch), Tel. 055 840 99 28, www.ristoranteilferiolo.it, Ruhetag Di. Der Ausflug in die wilde Natur, zuletzt auf staubiger Piste, lohnt sich. Regionale Kost, auch Wild- und Pilzspezialitäten, auf einer kleinen mittelalterlichen Festung mit mehreren Räumen, im Sommer Sa, So viel Betrieb. €–€€

Gemütlich – **La Taverna dell'Ozio:** Piazza Cavour 15, Tel. 055 849 51 30, Ruhetag Mo. Ein-Raum-Trattoria mit Pizzeria im Zentrum mit einladender Sommer-Loggia. Sehr gute, leider etwas hochpreisige Adresse. €€

Einkaufen

Pane San Lorenzo – Borgo San Lorenzo gilt als ›süße Stadt‹. In den Bäckereien und Konditoreien bekommt man das hier erfundene **Pane San Lorenzo:** ein von Nüssen und Gewürzen schweres süßes, haltbares Brot.

Abends & Nachts

Leckeres Eis – **Gelateria Pallino:** Piazza Garibaldi 8, auf Facebook, Mo–Sa 15–24, So, Fei 11–13, 15–24 Uhr. Reines Natureis in unendlichen Varianten. Man sitzt sehr nett auf der kleinen Piazza.

Tolle Torten – **Caffè Pasticceria Valecchi:** Via Mazzini 7, www.pasticceriavalecchi.com, Di–So 7.30–20 Uhr. Guter Kaffee, schöne Aperitifs, kleine Mittagsgerichte.
Jugendtreff ist samstags, beginnend mit dem Aperitif bis tief in die Nacht auf der kleinen **Piazza Cavour.**

Aktiv

Golf & Autorennen – s. Scarperia S. 136.
Wassersport – Am **Lago Bilancino** mit Windsurf Center.
Mountainbiken – Interessante Vorschläge für fünf verschiedene Rundtouren unterschiedlichen Schwierigkeitsgrads bekommt man im Infobüro (s. S. 137).

Termine

Fiera Agricola Mugellana: 2. Juni-Wochenende (ab Do). Kulinarische Stände, Verkäufer in historischen Kostümen.

Verkehr

Bahn: Borgo San Lorenzo ist per Bahn mit Florenz auf zwei Wegen verbunden – von Borgo San Lorenzo linksherum über das wilde Sieve-Tal und am Arno entlang, rechts herum durch die tunnelreiche Strecke über San Piero a Sieve und Pratolino. Dichter Fahrplan, speziell im Berufsverkehr.
Bus: Dichter Fahrplan zwischen Borgo San Lorenzo und Florenz, gute Anbindung u. a. auch an Prato.

Vicchio 9

Sowohl Giotto (1267–1337) als auch Fra Angelico (1387–1455) – auch Beato (der selige) Angelico da Fiésole genannt, weil er dort lange Zeit lebte und wirkte – stammen aus dem unscheinbaren Ort **Vicchio** (gut 8100 Einw.) mit seinen bescheidenen, niedrigen Häusern. Man bemüht sich redlich, wenn auch noch weitgehend vergeblich, mit seinen berühmten Söhnen mehr Besucher anzulocken. Für Giotto wurde ein Denkmal auf der nach ihm benannten Piazza vor der Kathedrale aufgestellt, das ihn mit Malerkappe, Pinsel und Winkeleisen in der Hand (er war auch als Architekt tätig) zeigt. Fra Angelico ist das Museum des Städtchens gewidmet.

Museo d'Arte Sacra e Religiosità Popolare Beato Angelico

Piazza Don Milani, April Do–So 10–13, 14–18, Mai–Sept. Do–So 10–13, 15.30–19.30, Okt. Fr–So 10–13, 15.30–19.30, Nov.–März meist geschl. (u. U. auf Anfrage: Tel. 055 844 82 51), Kombiticket mit der Casa Giotto (s. unten), Erw. 4 €
Das **Museo d'Arte Sacra e Religiosità Popolare Beato Angelico** zeigt zwar kein einziges Werk von Fra Angelico selbst, dafür aber sakrale Kunstwerke aus den Kirchen von Vicchio und Umgebung, die man nach der mit dem Ende der Halbpacht in den 1960er-Jahren einsetzenden Landflucht in Sicherheit bringen wollte: u. a. ein »Johannes der Täufer« von Andrea della Robbia, Florentiner Terrakotten sowie abgenommene Fresken aus dem 15. Jh.

Museo Casa di Giotto

Località Vespignano 164, Zeiten/Preise wie Museo d'Arte Sacra e Religiosità Popolare Beato Angelico
Giotto soll nicht direkt in Vicchio, aber ganz in der Nähe geboren worden sein, genauer in Vespignano nordwestlich. Im winzigen **Colle di Vespignano** nördlich der Hauptstraße steht sein bescheidenes Geburtshaus oder das Bauernhaus, das man dafür hält. Gesichert ist es nicht, und doch ist das **Museo Casa di Giotto** ein Wallfahrtsort für Giottos Bewunderer. Im Inneren ist eine Dokumentation über das Leben und Schaffen des Künstlers zu sehen.

Ponte di Cimabue

Der begnadete Maler soll hier von seinem späteren Lehrmeister, dem Florentiner Cimabue, entdeckt worden sein. Das kleine, zweibogige Brücklein über den Wildbach Ensa zwischen Vicchio und Borgo San Lorenzo ist ein Ersatz aus dem 16. Jh. für diejenige Brücke, an der Cimabue den jungen Giotto als Hirten beobachtet haben soll, wie er mit viel Geschick ein Schaf auf eine Steinplatte zeichnete. Daraufhin holte Cimabue ihn in seine Florentiner Werkstatt, wofür er damals gegenüber den Eltern des Jungen wohl ziemlich viel Überredungskunst aufwenden musste. Die Brücke, heute **Ponte del Cimabue** genannt, ist von der Verbindungsstraße aus über einen kurzen Schotterweg erreichbar (ausgeschildert).

Infos

Pro Loco: 50030 Vicchio (FI), Piazza della Vittoria 2, Tel. 055 84 39 21, www.comune.vicchio.fi.it.

Essen & Trinken

Historische Poststation – **L'Antica Porta di Levante:** Piazza Vittorio Veneto 4, Tel. 055 84 40 50, www.anticaportadilevante.it, Ruhetage Mo, Di, außer Sa, So nur abends. Drinnen nackte Steinwände, draußen eine schattige Sommerterrasse. Lokale Gerichte wie *bistecca fiorentina* und *tortelli mugellani* (Pasta mit würziger Kartoffelfülle), gute Weinkarte. Auch Zimmer (€). €

Termine

Festa dei Marroni: 2.,3. Oktober-Wochenende. Maronenfest mit allen erdenklichen Leckereien aus der Waldfrucht.

Verkehr

Bus: Busse der Linie **SITA** verbinden Florenz und Vicchio.

Über die Pieve di Romena nach Rúfina

Dem Sieve südwärts folgend geht es zwar auch direkt nach Rúfina und Pontassieve, wo Sieve und Arno zusammenfließen. Aber südlich von **Dicomano** 10 kann man alternativ die kurvenreiche SP 556 nach Osten ins Casentino (s. S. 448) wählen. In Stía (s. S. 454) kann man dann über eine großartige, wenn auch kleine Abtei, die **Pieve di Romena** 11 (s. S. 453), den Anschluss an die Staatsstraße 70 Richtung Pontassieve, Abzweigung nach Pomino und weiter nach Rúfina (s. u.) nehmen – eine schöne, etwa 40 km lange Tour zu den Abhängen des Monte Falterona (1654 m), an dessen Füßen der Arno entspringt. Der 1070 m hohe Válico Croce a Mori trennt geografisch das Mugello vom Casentino. Der letzte Abschnitt dieser Tour führt durch die zauberhafte **Weinlandschaft des Pomino.** Warum allerdings fast die gesamte Strecke als Weinstraße ausgeschildert wird, bleibt ein Rätsel.

Weinanbaugebiet Rúfina

Ein wirkliches Weinanbaugebiet ist hingegen das **Chianti Rúfina e Pomino** im landschaftlich schönen Gemeindegebiet des 7400 Einwohner zählenden **Rúfina** 12**.** Hier fährt man durch teils bewaldete, teils von Weingärten bedeckte Flächen, in einige Staubstraßen hinein, in die Tafeln mit berühmten Weinnamen locken. Darunter das **Castello di Nipozzano** im gleichnamigen Ortsteil fast schon in Pontassieve, sowie **Castello di Pomino** in Pomino, beide im Besitz der Florentiner Adelsfamilie **Frescobaldi** (Infos und Anmeldung zu Besichtigung und Verkostung unter www.frescobaldi.it, weitere Adressen in der Enoteca in Rúfina bzw. unter www.chiantirufina.com).

Weinbaumuseum

April–Sept. Do, Fr 14.30–19, Sa, So 8.30–12.30, Okt.–März Do–So 8.30–12.30 Uhr, Erw. 3 €, unbedingt vorher telefonisch anmelden unter Mobil-Tel. 345 221 63 61

Aushängeschild von Rúfina ist das **Museo della Vite e del Vino** in der edel-schönen Villa Poggio Reale aus der Renaissance, die man gerne Michelangelo zuschreibt (unbewiesen). Hier erfährt man alles über den Weinbau und die für die Bestellung der Weinberge nötigen Werkzeuge, über den Weinkonsum und den -handel etc. und besichtigt dabei gleichzeitig die interessante Villa mitsamt ihren wundervollen Weinkellern.

Einkaufen, Abends & Nachts

Wein – In der Villa Poggio Reale befindet sich auch die **Enoteca** des Rúfina, mit Weinbar für Verkostungen sowie Veranstaltungen und Kongresse. Man kann hier sogar standesamtlich heiraten – und danach stilvoll feiern. Kochkurse werden ebenfalls angeboten.

Garfagnana
Pistóia
Florenz
Pisa

Kapitel 2

Zwischen Florenz und dem Meer

Am nördlichen Rand der weiten Arno-Ebene zwischen Florenz und dem Meer liegen zu Füßen der südlichen Ausläufer des Apennin die drei Provinzhauptstädte Prato, Pistóia und Lucca mit schönen historischen Zentren und interessantem Umland. Im Montalbano etwa und bei Lucca zählen viele Villen und deren Parkanlagen zu den großen Sehenswürdigkeiten.

Zu Pistóia gehört Italiens bekanntester Kurort, Montecatini Terme, der sich mit seiner hervorragenden Hotelinfrastruktur als Aufenthaltsort für Erkundungsfahrten im weiten Umkreis bis nach Florenz und Pisa eignet. Nördlich des Arno, in der Hügellandschaft Montalbano, liegt das hübsche Vinci, der trutzig vom Castello bewachte Geburtsort Leonardos. Dies ist auch die Gegend, in der die Medici ihre vielleicht prächtigsten Villen hinterließen: die vornehme Villa in Poggio a Caiáno und die Jagdvilla in Artimino im Weinland des kostbaren roten Carmignano. Ganz in der Nähe liegt die historische ›Keramikwerkstatt‹ von Florenz, Montelupo Fiorentino.

Südlich von Lucca, gleich hinter dem bewaldeten Monte Pisano, breitet sich Pisa in der Ebene aus, die Stadt des Platzes der Wunder mit dem berühmten Schiefen Turm, dem filigranen, schönsten Glockenturm überhaupt.

Den Norden des Gebiets gestalten die südlichen Ausläufer des Apennin: von dunklen Wäldern bedeckte Berge, von Wildbächen durchflossene Täler. Eine Augenweide ist der wilde Sérchio, der die grüne Landschaft Garfagnana mit ihren vielen kleinen Nestern an den Berghängen bildet – ein Muss für Naturfreunde und Liebhaber deftiger Küche. Besonders sehenswert sind der Kurort Bagni di Lucca, das gepflegte Städtchen Barga mit einer der schönsten Pisani-Kanzeln und der Hauptort Castelnuovo di Garfagnana.

Blick vom berühmten Schiefen Turm auf den Platz der Wunder in Pisa

Auf einen Blick: Zwischen Florenz und dem Meer

Sehenswert

Pistóia: Die kleine Provinzhauptstadt besitzt ein zauberhaft kompaktes Altstadtzentrum (s. S. 157).

Vinci: Im Castello zeigt ein Museum Modelle von Entwürfen des hier geborenen Universalgenies Leonardo (s. S. 167).

Lucca: Kaum eine andere Stadtmauer bietet so schöne Ausblicke auf den alten Stadtkern wie die von Lucca (s. S. 190).

Pisa: Mit oder ohne Schiefen Turm – der Domplatz ist an Schönheit seiner Monumente kaum zu übertreffen (s. S. 208).

Schöne Routen

Durch den Montalbano: Diese Tour führt durch die sanft gewellte Hügellandschaft von Pistóia über Leonardos Geburtsort Vinci und San Miniato al Tedesco bis zum hübschen Städtchen Montaione – idealer Ausgangspunkt für weitere Touren ins Umland (s. S. 167).

Rund um Lucca auf Puccinis Spuren: In fast allen Villen, in denen Puccini lebte und einige seiner berühmtesten Musikstücke komponierte, sind kleine interessante Museen entstanden (s. S. 197).

Durch die Garfagnana und die Alpi Apuane: Von Lucca geht es den Fluss Sérchio aufwärts zum ›teuflischen‹ Ponte della Maddalena, dann weiter nach Barga bis zum Hauptort der Garfagnana, Castelnuovo. Nach einem Abstecher zur Grotta del Vento mit ihren bizarren Tropfsteinen verläuft die Tour durch die Apuanischen Alpen hindurch nach Massa oder Seravezza (s. S. 201).

Meine Tipps

Grotta Giusti in Monsummano Terme: Frei nach Dantes »Göttlicher Kömodie« steigt man von einer nur warmen in eine höllisch-heiße Thermalgrotte hinab (s. S. 181).

Stelzenrestaurants von Marina di Pisa: Immer einladender werden im Badeort der Pisaner die Restaurants direkt am Meer, wo sie auf Stelzen stehen und jeweils eigene Badeanstalten mit Sonnenschirmen, Liegen etc. anbieten (s. S. 226).

Der Platz der Wunder in Pisa

Aktiv

Durch die Dörfer der Valdiniévole: Historische wie auch neuere Wege verbinden kleine befestigte Dörfer (s. S. 180).

Märchenweg Péscia – Collódi – Péscia: Vergnügliche Wanderung auf einem vermutlich römischen Saumpfad (s. S. 186).

Spaziergang auf Luccas Stadtmauer: Keine andere toskanische Stadt besitzt eine so gut erhaltene Mauer (s. S. 191).

Mit der Bummelbahn durch die Garfagnana: Gemächliche Genusstour durch waldgrüne Landschaft (s. S. 206).

Prato und Umgebung

Zwischen den Zentren von Florenz und Prato liegen gerade einmal 20 km. Doch Prato wird oft gemieden, weil man sich unter dem ›Manchester Italiens‹ – ganz zu Unrecht – eine hässliche Industriestadt vorstellt. Auch die Umgebung kann sich sehen lassen mit edlen Medici-Villen und der historischen Keramikstadt Montelupo Fiorentino.

Prato besitzt natürlich Fabriken, doch sie liegen außerhalb im Industriegebiet der Stadt. Dort produziert man allerdings schon lange keine Billigstoffe mehr aus Lumpen, wie nach dem Zweiten Weltkrieg, als Prato seinen Ruhm als Textilmetropole begründete (s. Thema S. 151). Das Textilgewerbe hat eine lange Tradition in der wohl von den Etruskern gegründeten Ansiedlung: Bereits im Mittelalter entwickelte sich Prato neben der mächtigen Nachbarin Florenz zu einem Wollimperium. In der zweiten Hälfte des 20. Jh. haben vor allem bekannte italienische Firmen der Luxusklasse hier ihre Produktionsstätten aufgebaut.

Bis vor wenigen Jahren gab es noch mehr als 14 000 Tuchwebereien und Bekleidungsfabriken in und um Prato, doch inzwischen ist die Zahl auf knapp 6000 geschrumpft. Seit einiger Zeit wird wieder vermehrt Massenware produziert, und zwar durch den starken Zugriff chinesischer Investoren. Sie besitzen inzwischen rund 4000 der verbliebenen Fabriken – und lassen darin für wenig Geld Chinesen arbeiten.

Der fernöstliche Einfluss macht sich auch beim Schaufensterbummel durch die Altstadt bemerkbar: Statt der einst üblichen feinen Auslagen beherrscht nun flippige junge Mode aus Hightechstoffen das Angebot, auch wenn Prato noch immer als das größte Textilzentrum Europas gilt. Die chinesische Präsenz bedeutet für Prato aber auch eine multikulturelle Bereicherung: Im Nordwesten der Stadt entstand allmählich in der Nähe der Via Marini und der Via Pistoiese, also Richtung Pistóia, ein wahres Chinatown mit typisch chinesischen Läden und Restaurants.

Prato ist auch die Heimat des malenden Mönches Filippo Lippi (1406–1469), der mit seiner Verführung der schönen Nonne Lucrezia (s. S. 147) einen Kirchenskandal ohnegleichen heraufbeschwor. Außerdem besitzt die Stadt wunderbare sakrale und profane Bauten aus dem Mittelalter und der Renaissance. Und noch immer ist Prato ein hervorragender Einkaufsplatz: In der Fußgängerzone, den engen Gassen rings um den Dom, gibt es eine große Auswahl an Stoffen und Modedesign ebenso wie Lebensmittel und Antiquitäten.

Die Umgebung Pratos bietet einige lohnende Ausflugsziele: Südlich der Stadt liegen in Poggio a Caiáno und Artimino zwei wundervolle Medici-Villen, noch weiter südlich die historische ›Keramikwerkstatt‹ von Florenz, Montelupo Fiorentino.

Prato ▶G 4

Cityplan: S. 146

Das unregelmäßige Sechseck der Stadtmauer um den ebenen und ohne sie daher schutzlosen mittelalterlichen Ortskern birgt in seinem Inneren einige Schätze der Architektur und bedeutende Beispiele der Malerei.

Castello dell'Imperatore 1

Piazza Santa Maria delle Carceri, Mo, Mi–So, Fei April–Sept. 10–13, 15–19, Okt.–März 10–16 Uhr, Eintritt frei außer bei Ausstellungen

Den Bau des wuchtigen **Castello dell'Imperatore** aus dem 13. Jh. mit seinen staufisch gezackten Schwalbenschwanzzinnen soll Friedrich II. veranlasst haben, damit die Stadt – damals schon als Stoff- und Wollhandelsplatz von Bedeutung – sich verteidigen und unabhängig bleiben konnte. Die Festung wurde 1242–1248 nach Plänen von Riccardo da Lentini errichtet, der für Friedrich bereits auf Sizilien und in Apulien gearbeitet hatte. In Nord- wie Mittelitalien sucht man einen weiteren Verteidigungsbau dieser Art vergebens.

Die Festung sah viele Besitzer, die sie immer wieder umbauen ließen, doch der militärische Charakter blieb erhalten. Nun ist sie hinter den hohen, mit acht klobigen Bastionen bzw. Türmen vor- und zurückspringenden Mauern innen fast hohl, nur ein paar Räume gegenüber dem Eingang beherbergen Ausstellungen. Die Mauerkrone kann man besteigen und von dort einen schönen Blick auf die Stadt genießen.

Santa Maria delle Carceri 2

Piazza Santa Maria delle Carceri, tgl. 7–12, 16–19 Uhr

Neben der staufischen Kaiserburg steht der Zentralbau der Kirche **Santa Maria delle Carceri.** Giuliano da Sangallo errichtete sie ab 1484 für das wundertätige Marienbild, das an eine Wand des früheren Gefängnisses an dieser Stelle gemalt war. Ganz klar und einfach ist die Gliederung der Fassade durch grüne Marmorstreifen, schlichteste Renaissance! Die blaugrundigen Terrakottamedaillons mit der Darstellung der vier Evangelisten in der Vierungskuppel stammen von Andrea della Robbia: Prato konnte sich eben die besten Künstler leisten. Und das sogar zu einer Zeit, als die Pest in der Stadt wütete.

San Francesco 3

Piazza San Francesco, tgl. 8–12, 15/16–18.30 Uhr

Vom Kastell erblickt man gegenüber auch die backsteinerne Apsis der **Kirche San Francesco.** Geht man um sie herum, gelangt man zur gleichnamigen Piazza (großer Parkplatz) und zu ihrem Haupteingang. Die weiß-grün quer gestreifte Marmorfassade (sonst zeigt sich die Kirche rinsgum in Backsteinrot) ist von großartiger Einfachheit und überraschend hoch. Die innen franziskanisch schlichte, einschiffige Kirche besitzt einen sehr hohen, offenen Dachstuhl mit farblich schön gefassten Balken. Hier ist u. a. Francesco di Marco Datini begraben, nach Filippo Lippi der wohl berühmteste Sohn der Stadt (s. unten). Über den Kreuzgang erreicht man die **Cappella Migliorati,** die als Kapitelsaal genutzt und 1395 bis 1400 vollständig mit Fresken von Niccolò di Pietro Gerini ausgemalt wurde. Sie erzählen die Lebensgeschichten von San Matteo und Sant'Antonio Abate: eine kostbare Ausstattung von großer Plastizität.

Palazzo Pretorio / Galleria Comunale 4

Mo, Mi–Fr 10.30–18.30 Uhr, bei Ausstellungen evtl. länger, Erw. 8 €

Auf dem Weg zum Domplatz öffnet sich die relativ kleine **Piazza del Comune,** das profane Zentrum von Prato. Hier erhebt sich der **Palazzo Pretorio,** der zusammen mit mehreren mittelalterlichen Bauteilen und Türmen (13. und 14. Jh.), aus dem Palazzo Comunale entstanden, das Regierungsviertel der Stadt bildete. Die großzügige Freitreppe kam erst im 16. Jh. hinzu, ebenso die strengen Zinnen und der Glockenturm über der Uhr. Nach den langjährigen Restaurierungsarbeiten kann man sich endlich den imposanten Sitzungssaal ebenso ansehen wie die **Galleria Comunale** mit ihrer Kunstsammlung vom 14. bis zum 18. Jh.

Palazzo Datini 5

Via Ser Lapo Mazzei 41; Museum: www.museocasadatini.it, Sa, So 10–13, 15–18, Juni–Sept. Sa, So 10–13, 16–19 Uhr, Eintritt frei; Staatsarchiv: http://datini.archiviostato.prato.it, mit Anmeldung

Gegenüber dem Palazzo Pretorio steht ein würdiges **Denkmal für den Prateser Kaufmann Datini,** das kurz vor Ende des 19. Jh. geschaffen wurde. Seinerzeit zählte Datini (1330–1410) zu den reichsten Kaufleuten Italiens, ein typischer Sohn seiner kaufmännisch denkenden Heimatstadt. Er gilt als Erfinder des Wechsels und der doppelten Buchführung. 300 Verträge, 500 Kontobücher und mehr als 400 Versicherungspolicen wurden zusammen mit Briefen erst 1870 bei der Restaurierung seines Hauses entdeckt. Sie waren unter der Treppe einge-

Prato

Sehenswert

1 Castello dell'Imperatore
2 Santa Maria delle Carceri
3 San Francesco
4 Palazzo Pretorio / Galleria Comunale
5 Palazzo Datini
6 Dom Santo Stéfano
7 Palazzo Vescovile / Museo dell'Opera del Duomo
8 Museo del Tessuto
9 Centro per l'Arte Contemporanea L. Pecci
10 Henry-Moore-Skulptur (Forma Squadrata con Taglio)

Übernachten

1 Art Hotel Museo
2 Flora
3 Giglio
4 Giardino

Essen & Trinken

1 Tonio
2 La Vecchia Cucina di Soldano
3 Soldano in Duomo

Einkaufen

1 Maglificio Effeme
2 Biscottificio Antonio Mattei
3 Panificio Loggetti

Abends & Nachts

1 Il Frari delle Logge

Aktiv

1 Le Pavoniere Golf Club
2 Centro Ippico La Querce
3 Club Alpino Italiano (CAI)

mauert und bilden nun den kostbaren Grundstock für das Archiv, das Datinis Namen trägt.

Das Wohnhaus, der **Palazzo Datini** vom Ende des 14. Jh., lohnt aber schon wegen der herrlichen Innen- und Außenfresken von Niccolò Gerini und Arrigo di Niccolò di Prato einen Besuch. Bemerkenswert sind die zahlreichen Lilien, die als Dekoration verwendet wurden. Sie zeigen nicht die Florentiner, sondern die französische Lilie der Avignons! Das **Museum** im Erdgeschoss, **Casa Pia dei Ceppi** genannt, widmet sich Leben und Werk Datinis.

Duomo Santo Stéfano 6

Piazza del Duomo, Dom: Mo–Sa 7.30–19, So, Fei 7.30–12, 13–19 Uhr, Kapellen: Mo, Mi, Sa 10–17, So, Fei 13–17 Uhr, Eintritt Hauptchorkapelle inkl. Audioguide (auch in Deutsch) 3 €

Dass den Pratesern kein Künstler zu teuer war, sieht man auch am Domplatz, den man vom Rathausplatz über die kurze Einkaufsmeile der Via Giuseppe Mazzini erreicht. Die Piazza lädt zum Verweilen ein, die Cafés sind so angesiedelt, dass der Blick auf den **Dom Santo Stéfano** frei bleibt. Geradezu magisch zieht die Außenkanzel (1356) rechts an der quer gestreiften Domfassade den Blick auf sich, auf der die Kopien tanzender und balgender Putten von Donatello und Michelozzo zu sehen sind; das Original wurde im Dombaumuseum (s. rechts) nebenan untergebracht.

Gebaut wurde die zierliche, fast runde Kanzel zur Präsentation des heiligen Gürtels, dessen Geschichte herrliche Fresken im Inneren des Domes erzählen: Maria überließ vor ihrer Himmelfahrt ihren Gürtel dem Apostel Thomas, der ihn später einem Priester schenkte. Dieser gab ihn einem Prateser Kaufmann zur Hochzeit als Mitgift, und der wiederum vermachte den Gürtel sowohl den Vertretern der Kirche als auch denen seiner Heimatstadt. Seitdem gibt es zwei Schlüssel für den Gürtelschrein, und nur mit beiden gemeinsam kann er aufgeschlossen werden. Mehrmals im Jahr wird der Gürtel gezeigt, auf jeden Fall zu Ostern, am 1. Mai, 15. August, 8. September (beim Prateser Jahrmarkt zu Ehren des Geburtstags von Maria) und zu Weihnachten. Ehrensache, dass in einer seit Jahrhunderten fast durchgehend wohlhabenden Stadt der alte Ritus vor allem am 8. September in prunkvollen historischen Kostümen begangen wird!

Der Dom, 1211 an der Stelle einer Pfarrkirche von Guido da Como begonnen und mehrfach umgestaltet (Fassade 1385–1456; seit 1653 Bischofskirche), ist durch seine grünweiße Inkrustation von zauberhafter Leichtigkeit. Der Turm an der Südostecke wirkt durch die nach oben aufgelockerte Folge der Klangöffnungen ebenfalls sehr leicht.

Im Inneren des dreischiffigen romanischen Langhauses gibt es zwei Schätze zu bewundern: Gleich links vom Eingang (durch die Schmiedeeisengitter einsehbar) liegt die **Cappella della Sacra Cintola,** die Kapelle des hl. Gürtels, in der Freskenbilder die Geschichte des Ledergurts erzählen. In der **Hauptchorkapelle** sind die wohl schönsten Fresken Fra Filippo Lippis erhalten: Szenen aus dem Leben des hl. Stephan, dem der Dom geweiht ist, und Johannes des Täufers. Im »Gastmahl des Herodes« tanzt eine anmutige Salome: Modell soll die Nonne Lucrezia gestanden haben, Lippis Geliebte! Er hatte sie an einem der Tage aus dem Kloster entführt, als alle Welt den heiligen Gürtel auf dem Domplatz bewunderte.

Palazzo Vescovile / Museo dell'Opera del Duomo 7

Piazza Duomo 49, www.diocesiprato.it, Mo, Mi–Sa 12–17, So 13–17 Uhr, Erw. 5 €

Gleich neben dem Dom, passend im dafür restaurierten **Bischofspalast** mit seinem romanischen Innenhof untergebracht, befindet sich das **Dombaumuseum.** Neben Skulpturen und Bildern ab dem 13. Jh. besitzt das Museum eine kostbare Sammlung liturgischer Bücher mit wunderschönen farbigen Miniaturen aus dem 14.–16. Jh. sowie Votivgaben für den Heiligen Gürtel. Im Untergeschoss sind etruskische Funde ausgestellt, die hier bei der Grabung entdeckt wurden. Einen eigenen Raum hat das Original der Außenkanzel erhalten, so kann man hier in Ruhe und aus allernächster Nähe die fein behauenen sieben Felder bewundern, die balgende und tanzende Putten zeigen – so lebendig wirken sie, als wollten sie dem rötlichen Stein entsteigen.

Museo del Tessuto 8

Via Puccetti 3, www.museodeltessuto.it, Di–Do 10–15, Fr, Sa 10–19, So 15–19 Uhr, Erw. 10 €

Natürlich gehört zu einer Besichtigung Pratos der Besuch des **Stoffmuseums** in einer früheren Textilfabrik. Hier kann man nicht nur viel über die Stoffverarbeitung und die Bedeutung des Handels im 14. bis 18. Jh. lernen, auch Kollektionen aus dem 19. und 20. Jh., die von berühmten Künstlern wie Henry Moore und Raoul Dufy entworfen wurden, sowie Stoffmuster der wichtigsten Fabriken Pratos sind zu bewundern; darüber hinaus auch solche aus Indien und Japan, Indonesien, Süd- und Zentralamerika. Außerdem informiert das Museum über technologisch entwickelte Textilien sowie über Textilveredlung der Neuzeit. Besucher dürfen viele Stoffe anfassen, um ein Gefühl für ihre Struktur zu bekommen.

Centro per l'Arte Contemporanea L. Pecci 9

Viale della Repubblica 277, www.centropecci.it, normalerweiseDi–Do, So 10–20, Fr, Sa bis 23 Uhr, Erw. 10 €

Bei aller Liebe zur alten Kunst haben die Prateser auch die Moderne bzw. die zeitgenössische Kunst im Repertoire ihrer Museumslandschaft. Kernpunkt ihrer Sammlungen ist das 1988 errichtete **Zentrum für Zeitgenössische Kunst**

Stimmungsvoller abendlicher Treffpunkt: der Domplatz in Prato

L. Pecci, der auch architektonisch passende Ort für Dauer- und Sonderausstellungen, Lehrveranstaltungen und Seminare. Zu den ausgestellten Werken gehören außer denen italienischer Künstler wie Massimo Barzagli, Enzo Cucchi, Mauro Stacioli und Fabrizzio Plessi auch internationale Größen wie Sol LeWitt und Anne und Patrick Poirier.

Henry-Moore-Skulptur 10

Die Stadt selbst schmückt sich ebenfalls mit einigen Kunstwerken der Moderne, darunter das wohl berühmteste: Henry Moores weiße Marmorstatue **Forma Squadrata con Taglio** von 1974 auf der Piazza San Marco.

Infos

Ufficio Informazioni Turistiche della Provincia: 59100 Prato (PO), Piazza del Comune 2, Tel. 0574 241 12, www.pratoturismo.it.

Übernachten

Pratos Hotellerie wendet sich in der Hauptsache an Geschäftsleute und Kongressteilnehmer, weshalb man hier meist außerhalb des historischen Zentrums ausgesprochen komfortable große Hotels findet, im Zentrum hingegen vergleichsweise bescheidene Unterkünfte. Es lohnt sich, die Weekend-Tarife zu nutzen (bis zu 50 % weniger)!

Beim Kunstmuseum – **Art Hotel Museo 1 :** Viale della Repúbblica 289, Tel. 0574 57 87, www.arthotel.it. Gepflegtes modernes Hotel, verkehrsgünstig am südlichen Stadtrand gelegen. 106 Zimmer, Kongresszentrum, Restaurant, Pool, Garage. €–€€.

Jugendstil – **Flora 2 :** Via Cairoli 31, Tel. 0574 335 21, www.hotelfloraprato.it. Nettes Stadthotel in einem Palazzo des 19. Jh. mit Jugendstilelementen. 29 Zimmer, zwei Suiten, Garage. €–€€.

Nett und günstig – **Giglio 3 :** Piazza S. Marco 14, Tel. 0574 370 49, http://albergoilgiglio.it. Zwölf schlichte Zimmer in familiär geführter Pension, kostenlose Parkgenehmigung. €

Freundlich – **Giardino 4 :** Via Magnolfi 2–6, Tel. 0574 60 65 76, www.giardinohotel.com. Gepflegtes, nettes Stadthotel, 25 Zimmer, Garage. €–€€

Essen & Trinken

Achtung: Im Ferienmonat August haben die meisten der typischen Altstadtlokale Pratos geschlossen. Das gilt auch ganzjährig für den Sonntag.

Seit 50 Jahren gut – **Tonio 1 :** Piazza Mercatale 161, Tel. 0574 212 66, auf Facebook, So, Mo mittags, Weihnachten, Neujahr und 1. Sept.-Hälfte geschl. Gutes Altstadtrestaurant mit Plätzen im Freien, seit einem halben Jahrhundert in Familienbesitz. Gepflegt, mit guter Fischküche. €€

Schnörkellos – **La Vecchia Cucina di Soldano 2 :** Via Pomeria 23, Tel. 0574 346 65, http://www.trattoriasoldano.it, Ruhetag So. Fotos an den Wänden der beiden kleinen Speiseräume, auf den Tischen karierte Decken – eine traditionelle Trattoria mit lokaler Hausmannskost und toskanischen Weinen, mittags stets voll! Vorspeisen wie *crostini* mit Pilzen oder *fettunta* mit Tomaten und Anchovis, *tortelli di patate al ragù* o. a. Pastagerichte und *ribollita, bollito misto* mit grüner Soße, Kaninchen mit Oliven oder Grillfleisch, wechselnde Beilagen. Man wird satt für wenig Geld. €

Das Original – **Soldano in Duomo** 3: Via della Sirena 10, Tel. 0574 83 09 13, https://www.soldanoinduomo.it, Ruhetag So, Aug. geschl. Sozusagen die Mutter der Vecchia Cucina (s. oben) mitten im historischen Zentrum, nahe dem Dom, modernisierte schmale Trattoria mit wunderbaren lokalen Gerichten – köstlich: Zicklein aus dem Backofen – mit perfektem Preis-Leistungs-Verhältnis. €

Einkaufen

Generell findet man in Prato schöne **Stoff- und Modegeschäfte,** manche Fabriken bieten auch **Direktverkauf** an (aktuelle Liste bei den Infostellen und in guten Hotels erhältlich). Die Fabriken für Damen- und Herrenbekleidung, Haushaltswäsche, Strickwaren, Kaschmir und anderen Wollstrickwaren sowie Accessoires liegen in Prato selbst bzw. in der näheren Umgebung (Poggio a Caiáno, Carmignano). Auch für gutes **Gebäck** ist die Stadt bekannt.

Outlet-Shopping – Die Touristinfo von Prato (s. S. 149) hält eine stets aktuelle Liste der Kleiderfabriken parat, die eigene Verkaufsläden führen – ideal für den gezielten Einkauf einer bestimmten Marke.

Strickwaren – **Maglificio Effeme** 1: Via Pistoiese 890, Tel. 0574 81 15 79, Mo–Fr 15–19 Uhr. Damen- und Herrenstrickwaren aus Kaschmir und Merinowolle.

Süßes Gebäck – **Biscottificio Antonio Mattei** 2: Via Ricasoli 20, www.antoniomattei.it, Mo–Fr 8.30–19, Sa, So 8.30–13 Uhr, im Aug. gut drei Wochen geschl. Seit 1858 werden hier die Cantucci di Prato (Mandelgebäck, auch *biscotti* genannt) hergestellt sowie andere Kekse und Torten. **Panificio Loggetti** 3: Via Matteotti 11, auf Facebook, Mo–Sa 6.30–13.30, So 9–13 Uhr. Bekannt für seine *cantucci* und das hervorragende toskanische, ungesalzene Brot.

Abends & Nachts

Mit Cocktaillounge – **Il Frari delle Logge** 1: Piazza del Comune 16, Tel. 0574 354 90, www.ifraridellelogge.com, tgl. 8–2 Uhr. Wunderschönes Café-Restaurant am Palazzo Pretorio, eine schöne Location.

Aktiv

Golf – **Le Pavoniere Golf Club** 1: Via della Fattoria 629, Tel. 0574 62 08 55, www.golfclublepavoniere.com. 18-Loch-Platz ca. 6 km südwestlich von Pratos Zentrum.

Reiten – **Centro Ippico La Querce** 2: Località Montemurlo, Via La Querce 43, ca. 8 km nordwestlich von Prato, Tel. 0574 68 21 38, www.laquercedimontemurlo.it.

Wandern – **Club Alpino Italiano (CAI)** 3: Via dell'Altopascio 8, Tel. 0574 220 04, www.caiprato.it, Publikumsverkehr nur Di, Fr 21–22.30 Uhr.

Radfahren – Die Stadt baut ein großes Radwegenetz auf, inzwischen sind 85 km fertig. Besonders schön sind die Strecken entlang des Bisenzio und in den Süden (Weingebiet des Montalbano, s. S. 167). Auskunft bei der Touristinfo oder der Lega Provinciale Ciclismo UISP Prato, www.uisp.it/prato.

Termine

Mariä Geburt: 8. Sept. Historischer Umzug in Renaissancekostümen und traditionelle Präsentation des Heiligen Gürtels (s. S. 147).

Verkehr

Bahn: Prato liegt an der dicht befahrenen Strecke Florenz–Pistóia–Lucca. Von beiden Bahnhöfen der Stadt Regionalverkehr alle 15–30 Min. Bahnauskunft unter Tel. 89 20 21.

Bus: CAP bedient die Stadt und verbindet Prato mit seiner kleinen Provinz (Zentrale Piazza Duomo 18, Tel. 0574 60 82 19) und ebenso wie **LAZZI** mit Florenz (im Sommer zusammen alle 15–30 Min.). Weitere Verbindungen bestehen in dichter Folge mit Pistóia und Lucca.

Modisches aus Lumpen und Hightechstoffen

Während Florenz bildende Künstler und Dichter hervorbrachte, regierte in Prato von jeher nüchterner Geschäftssinn, auch und gerade während des wirtschaftlichen Aufschwungs Mitte des 20. Jh.: Seit Ende des Zweiten Weltkriegs floriert die Stoffindustrie der Stadt wieder.

Damals ging es darum, Millionen von Menschen in Europa, die nur Soldatenkluft und Selbstgenähtes kannten, wieder ordentlich einzukleiden. Stoffe gab es zwar, hervorragende Materialien etwa aus London. Aber weil diese unerschwinglich waren, holten die Prateser Lumpen aus aller Welt zusammen und stellten daraus Kleidung zu Tiefstpreisen her. Ein unvorstellbarer Boom setzte ein, die Geschäfte florierten, aus den kleinen Zulieferbetrieben wurden Großmanufakturen. Neue Maschinen wurden angeschafft, zusätzliche Arbeitskräfte aus dem armen Süden Italiens geholt. Prato wuchs in Richtung Florenz, natürlich in Form von Mietskasernen, also nicht gerade das, worauf man städtebaulich stolz sein könnte. Aber darum ging es nicht: Die Einwohner der Stadt, 1950–1975 von 50 000 auf 160 000 angewachsen, davon mehr als ein Drittel direkt in der Textilindustrie beschäftigt, mussten Wohn- und Schlafplätze erhalten. So schnell wuchs keine andere italienische Stadt, und so reich war damals keine.

Aber die Prateser verloren ihre traditionelle Identität als Textilkünstler. Sie stellten Massenware her, im Akkord und an Maschinen, die sie zu immer höherer Produktivität zwangen. Die Nachteile bekamen sie 1975 zu spüren, als die asiatischen Länder den Weltmarkt der Billig- und Massenproduktion zu erobern begannen. Eine Großfabrik nach der anderen ging in Konkurs, ein Drittel der Textilarbeiter wurde arbeitslos. Wer überleben wollte, kehrte zu den Wurzeln der Prateser Textilindustrie zurück: Spezialisierung, Beschäftigung von kleinen Zulieferern, Wiederentdeckung des Textilkunsthandwerks. Wie anno dazumal, nun aber mit modernen Maschinen und mit modernen Marketingstrategien. Und das schien lange Zeit recht gut zu funktionieren, bis zum Ende des 20. Jh.

Dann entwickelte sich Prato zum größten Umschlagplatz für Altkleider. Die Textilien, die bei den Sammlungen in vielen Ländern Europas anfallen, werden zum Großteil nach Prato transportiert und hier nach Qualität und Zustand sortiert. Denn die Prateser verfügen aufgrund ihrer langjährigen Erfahrung mit Textilien über die besondere Fähigkeit, die Zusammensetzung eines Stoffes durch bloßes Anfassen zu erkennen. Die sortierte Ware geht entweder an Secondhandläden, nach Osteuropa oder Afrika. Doch die Globalisierung hat auch Prato enorme Veränderungen eingebracht: Mehr als die Hälfte der etwa 6000 verbliebenen Stoff- und Kleiderfabriken sind inzwischen in chinesischer Hand.

Natürlich besitzt das mit seinem Umland inzwischen auf mehr als 248 000 Einwohner angewachsene Prato (im Kern 194 600 Einw.) eine Schule für Textiltechnik, das Istituto Buzzi. Und Prato hat in einer ehemaligen Fabrik ein Stoffmuseum eingerichtet (s. S. 148).

Poggio a Caiáno ▶ G 5

Ca. 8 km südlich von Prato hat sich um die Medici-Villa von Poggio a Caiáno ein lebhafter Ort entwickelt, der sie fast etwas einzuengen droht. Einst stand die Villa einsam zwischen dem Ombrone und den Ausläufern des Montalbano (s. S. 167), umgeben nur von Wirtschaftsgebäuden und dem herrlichen Park.

Villa Medicea Poggio a Caiáno

Piazza dei Medici 14, Villa: Besichtigung nur mit Führung und nach Voranmeldung (Tel. 055 87 70 12), 2. und 3. So/Monat, Di, Mi, Fr, Sa stdl. 8.30–12.30, 14.30, 15.30 Uhr, Eintritt frei; Park: Di, Mi, Fr, Sa, 2. und 3. So/Monat 8.15–17 Uhr, Eintritt frei

Angetan von der günstigen und schönen Lage gab Lorenzo de' Medici 1485 Giuliano da Sangallo den Auftrag, die frühere Villa der Florentiner Familie Strozzi umzugestalten. Zur Ausführung kommen sollten die Pläne jedoch erst 1512 für den Sohn des Prächtigen, den späteren Papst Leo X. Die Villa wurde im Laufe der Jahrhunderte wenig verändert, nur die beiden Freitreppen kamen im 19. Jh. hinzu und innen ein weiterer Treppenaufgang. So blieben die Formen der frühen Renaissance in ihrer Klarheit und Schönheit erhalten.

Über die Freitreppen gelangt man in die auf vier Säulen ruhende Eingangshalle mit dem Giebelfeld, die wiederum zur Terrasse über dem Erdgeschoss führt. Diese Terrasse, gestützt auf Rundbogenarkaden, umgibt die eigentliche Villa. Die Räume der Villa gruppieren sich in zwei Geschossen um den zentralen Salon herum, den Prunksaal mit imposanter Ausmalung, die Papst Leo X. in Auftrag gab. Pontormo (1494–1556) und Andrea del Sarto (1486–1531) hinterließen hier Freskenzyklen, die zu den bedeutendsten der Florentiner Malerei des 16. Jh. zählen, vor allem del Sartos Allegorie von der Wiederkehr Ciceros aus dem Exil zur Verherrlichung des Wiedereinzugs Cosimos in Florenz.

Termine

Assedio alla Villa: Ca. Mitte Sept. Weinseliges Fest mit kulturellen Veranstaltungen und einem Antiquitätenmarkt in den Gassen.

Die Villa Poggio a Caiáno wurde zuletzt im klassizistischen Stil möbliert

Verkehr

Bus: Auf Bestellung können Sie u. a. auf dem Gebiet von Poggio a Caiáno, Carmignano, Seano und Artimino den **Pronto Bus** der Busgesellschaft **CAP** (kostenlose Tel. 800 06 38 40) benutzen, Buchung Mo–Fr 8.30–11.30, 14.30–15.30, die Busse fahren Mo–Sa 9.30–12.30, 15.30–19 Uhr, Juli/Aug. abweichend, Infos per Telefon, normaler Fahrpreis!

Carmignano ▶ F 5

Alles in **Carmignano** dreht sich um den Wein, oder zumindest fast alles: Auch Olivenöl vom Feinsten wird hier auf den Weingütern erzeugt. Berühmt wurde der Ort außerdem wegen seiner gefüllten, zuckersüßen Feigen. Sehenswert ist die Pfarrkirche **Santi Michele e Francesco** (14. Jh.), in der sich am zweiten rechten Altar mit der »Heimsuchung Mariä« ebenfalls ein großartiges Werk von Pontormo befindet.

Infos

Pro Loco: Piazza Vittorio Emanuele II 1, 59015 Carmignano (PO), Tel. 055 871 24 68, www.carmignanodivino.prato.it.

Übernachten

Ländlich – **Agriturismo Fuccioli II:** Via del Granaio 3, Carmignano (PO), Tel. 055 871 27 75, Mobil 33 32 07 10 51, www.fuccioli.it. Kleines Landgut, liebevoll restauriertes Häuserkonglomerat inmitten von Ölbäumen zwischen Carmignano und Poggio a Caiáno. Zimmer und Apartments für Selbstversorger. €

Seano ▶ F 5

Parco Museo Quinto Martini

Via Pistoiese, immer geöffnet, vorsichtshalber anrufen, Tel. 055 875 02 50-231

Rund 3 km westlich von Carmignano breitet sich in **Seano** auf einer baumbestandenen Fläche von fast 32 000 m² der **Skulpturenpark Quinto Martini** aus; er wurde 1988 vom Künstler selbst (1908–1990) eröffnet und der Gemeinde von Carmignano testamentarisch vermacht. Der in Seano geborene Bildhauer, der 1960–1977 an der Florentiner Kunstakademie lehrte, hat in seinen 36 Skulpturen vor allem Menschen aus seinem Dorf dargestellt. Seine Werke sind nicht nur in diesem einmaligen Freiluftmuseum zu bewundern, sondern auch weltweit in großen Museen, beispielsweise in New York, Warschau, Osaka und Moskau.

Übernachten

Stilvoll – **Tenuta di Capezzana:** Via Capezzana 100, Tel. 055 870 60 05, www.capezzana.it. Sieben Zimmer in einer Medici-Villa auf dem vielleicht berühmtesten Weingut des Carmignano-Gebietes. Hervorragende Rotweine, Vinsanto und aromatisches Olivenöl (Kauf vor Ort möglich). Reichhaltiges Frühstück. €€

Bäuerlich – **Le Poggiarelle:** Seano, Località Fontanaccio, Tel. 055 871 23 43, www.lepoggiarelle.it. Inmitten von Weingärten gelegenes restauriertes Bauernhaus mit zwei rustikalen Zimmern, Bad zur gemeinsamen Nutzung. €

Einkaufen

Wein und Olivenöl – **Tenuta di Capezzana:** s. Übernachten, Mo–Sa 10–18 Uhr.

Artimino ▶ F/G 5

Ca. 6 km weiter südlich liegt auf einem Hügel das befestigte Dorf **Artimino** (260 m). Es bestand bereits im Mittelalter, seine Bedeutung hat es aber sicher der Jagdlust der Medici zu verdanken, die gegenüber zu Beginn des 17. Jh. in herrlicher, das Arno-Tal überschauender Lage eine Jagdvilla errichten ließen. Genauer: im Auftrag Großherzog Ferdinands I., der damit sein Jagdgebiet von Barco Reale di Caccia aufwerten wollte.

Villa Medicea La Ferdinanda

Viale Papa Giovanni XXIII 1, So 10–17 Uhr, sonst auf Anfrage unter Tel. 055 87 51 41, Erw. 10 €

Äußerlich erinnert die von Bernardo Buontalenti errichtete **Jagdvilla** stark an die Villa Poggio a Caiáno, sie ist allerdings viel breiter, besitzt zu Bastionen ausgebaute Eckrisalite und so viele Schornsteine, dass man sie gerne als Villa dei Cento Camini tituliert (Villa der hundert Kamine). Die Prunkräume sind leider verpachtet und daher nur zu besonderen Anlässen auf Einladung zu besichtigen. Doch von der ebenerdigen Terrasse bietet sich ein herrlicher Blick auf das Pagenhaus rechts davon, im Hintergrund auf das Arno-Tal, außerdem schaut man direkt auf das Dorf Artimino.

Museo Archeologico Comunale di Artimino

Piazza San Carlo 3, www.parcoarcheologico carmignano.it, März–Okt. Mo, Di, Do, Fr 9.30–13.30, Sa, So, Fei auch 15–18 Uhr, Nov.–Febr. Sa, So, Fei 9.30–13.30, 14–16, Erw. 4 €

Das Archäologische Museum Artimino beherbergt Funde aus der näheren Umgebung. Dort haben Archäologen eine Vielzahl an Exponaten (Keramiken, Bronzen, Elfenbeinschnitzereien als Importware) hervorgebracht und tun es noch; überall wird weiter gegraben.

Übernachten

Tolle Lage – **Paggeria Medicea:** Viale Papa Giovanni XXIII, Tel. 055 87 51 41, www.artimino.com. Wunderschönes Hotel mit 37 verschiedenen Zimmern im früheren Pagenhaus der prächtigen Medici-Jagdvilla La Ferdinanda. Pool auf weitläufigem Parkgrundstück in Panoramalage, Tennis, Restaurant **Biagio Pignatta** in Nebengebäude, Parkplatz. €€–€€€

Apartments – **Fattoria di Artimino:** Via 5 Martiri 29, Tel./Webadresse s. Paggeria Medicea. 59 unabhängige, elegant-rustikale Apartments im Dorf, jeweils für 1–5 Pers., meist nur wochenweise buchbar. €

Essen & Trinken

Feine Küche – **Biagio Pignatta:** s. oben, Hotel Paggeria Medicea, Ruhetage Mi abends und Do mittags, außer im Sommer. Verfeinerte toskanische Küche. Tolles 4-Gänge-Menü. €€

Für Schlemmer – **Da Delfina:** Via della Chiesa 1, Tel. 055 871 80 74, www.dadelfina.it, So abends, Mo und 10 Tage Ende Aug./Anfang Sept. geschl. In dem kleinen Dorf Artimino befindet sich in großartiger Panoramalage eines der besten Landrestaurants der Toskana. Die Innenräume des alten steinernen Bauernhauses sind gemütlich eingerichtet. Auf der Terrasse speisen die Gäste mit Blick auf die mediceische Jagdvilla La Ferdinanda. Serviert wird toskanische Küche wie hausgemachte Pasta, Zicklein aus dem Backofen, Rindsgulasch mit Saubohnen und Kaninchen mit Pinienkernen. Die Weine sind hervorragend, der Service perfekt. Sehr empfehlenswerte Menüs. €€

Einladend – **Bottega Perruzzi:** Piazza 5 Martiri 20, Tel. 055 871 83 22, http://bottegaperuzzi.it, April–Okt. tgl. 10.30–24 Uhr, im Winter variabel. Enothek, Weinverkostung. Serviert werden Aufschnittplatten und andere gute toskanische Kost. €–€€

Parco Archeologico di Carmignano ▶ F 5

www.parcoarcheologicocarmignano.it

Im Gemeindegebiet von Carmignano liegt der weitläufige **Archäologische Park von Carmignano,** denn in dem ehemaligen Etruskerland fand man zwischen Comeana und Artimino sowie dem Arno eine große Anzahl an Gräbern. Direkt bei der Paggeria wird noch immer gegraben, südlich davon befinden sich die **Necrópoli di Prato Rosello** und nördlich die **Tumuli di Comeana, Boschetti** und **Montefortini,** ganz im Westen des Gebietes noch die **Area Archeologica di Pietramarina.**

Die Grabungen in diesem Gebiet setzten erst 1965 ein und brachten Einblicke in den etruskischen Totenkult ab dem 7. Jh. v. Chr. Ihre Bedeutung verdankte die etruskische Besiedlung sicher der geografisch und strategisch günstigen Lage im Zusammenfluss von Ombrone und Arno, der zum großen Teil schiffbar war. Die Akropolis dürfte an der Stelle gestanden haben, an der später die Villa La Ferdinanda errichtet wurde.

Tumulo di Montefortini

Via di Montefortini 43, Comeana, Carmignano, Tel. 055 871 97 41, für Führungen Tel. 055 871 81 24, Do 9–13 Uhr, Aug. teils auch Fr, Sa oder So, Eintritt frei

Besonders beeindruckend ist nahe dem Friedhof von Comeana der **Tumulo di Montefor-**

tini mit einem Durchmesser von ca. 70 m. Gänge (Dromos) führen zu den Gräbern im Hügel hinab, das älteste dürfte das im Zentrum des Tumulus entdeckte Grab sein, zu dem ein mehr als 13 m langer Dromos führt und das innen einen Durchmesser von etwa 7 m besitzt. Hier fand man mehr als 200 Arbeiten aus geschnitztem Elfenbein, die heute die Sammlung des Museums in Artimino (s. S. 154) bereichern. Darüber wurde ein kleiner Terrassenaltar gefunden, auf dem man wohl den Leichnam für die Bestattungszeremonie aufbahrte.

Montelupo Fiorentino

▶ F 5

Dort, wo der Arno noch seinem natürlichen, schlängelnden Lauf überlassen ist und die Pesa in ihn einmündet, nur eine Flussschleife südlich von Artimino, lohnt **Montelupo Fiorentino** einen Besuch. Nicht nur wegen seiner hübschen, hoch aufragenden Festung, zu der man besser zu Fuß hinauf pilgert, und auch nicht allein wegen der freundlichen Atmosphäre des Städtchens, das sich in den letzten Jahren intensiv um Verschönerung bemüht hat und innen verkehrsberuhigt wurde, sondern vor allem wegen seines Keramikmuseums und dessen interessanter Entstehungsgeschichte.

Eine Zeichnung von 1540 presst Montelupo in die Form eines Brennofens, und darin sind kleine Häuser, Werkstätten, Brennöfen mit ihren hohen Kaminen und Keramikplatten zu erkennen, die entlang der Straßen zum Trocknen aufgestellt sind. Es war die Blütezeit des Ortes, der schon früh als die Keramikwerkstatt von Florenz von Bedeutung war. Man vermutet, dass Montelupo bereits seit 1203 zu Florenz gehörte, als hier an der Pesa-Mündung ein Kastell gegen das feindliche Capráia auf der Pistoieser Seite errichtet wurde. Übrigens hat sich die Erzfeindschaft zwischen den beiden Städtchen so manifestiert, dass sich ihre Bewohner bis heute nicht besonders wohl gesonnen sind …

Museo della Ceramica

Piazza Vittorio Veneto 10–11, www.museomontelupo.it, Mo 14–19, Di–So 10–19 Uhr, Erw. 5 €

1469 wurde in Montelupo der Architekt und Bildhauer Baccio da Montelupo (eigentlich Baccio Sinibaldi) geboren, den man mit einer Straße geehrt hat. Sie führt Richtung Festung auch am Palazzo Pretorio (links) vorbei, mit Portikus und hübscher Loggia darüber. Die hier 1979 eingerichtete, größte Sehenswürdigkeit des Städtchens war bis 2007 das Keramikmuseum mit einigen historischen Keramikbrennöfen, in denen hauptsächlich zu Demonstrationszwecken noch traditionell gearbeitet wurde. Heute dient der Komplex als Jugendzentrum. In einigen Räumen werden jedoch in regelmäßigen Abständen Ausstellungen meist zeitgenössischer Künstler gezeigt, und die historischen Brennöfen sind dann zu besichtigen.

Das reich bestückte **Keramikmuseum** wurde in größere Räume umgesiedelt: in die Vecchia Scuola (Alte Schule) hinter den Carabinieri an der Piazza Vittorio Veneto. Seine Sammlung beweist, wie sehr durch die Keramik-, aber auch die Glasproduktion Montelupo Fiorentinos Künstler vom Design beeinflusst wurden und sind.

Woher stammen aber die zahlreichen Exponate, mehr als 3000 Keramiken aus dem 14. bis 18. Jh.? Es handelt sich dabei um Arbeiten, die damals nicht dem Qualitätsstandard entsprachen und aussortiert wurden. Man benutzte sie als Baumaterial für die Fundamente öffentlicher und privater Bauten. Bei der Freilegung eines mittelalterlichen Wasserschachtes entdeckten Bauarbeiter 1973 die ersten dieser historischen Keramiken, 1975/1976 wurden sie genauer erforscht und zusammengesetzt.

Eine Stadt, deren Wohlstand auf Keramik beruht, hat eine besondere Beziehung zu diesem Material und seiner Geschichte. Viele Freiwillige meldeten sich, um unter fachkundiger Anleitung weiter zu graben, die gefundenen Scherben zu reinigen und den Restauratoren zu überlassen. Und die Stadtverwaltung kam auf eine geniale Idee: Jedem, der eine bestimmte Menge historischer Keramik (in Kubikmeter gerechnet) an oder unter seinem Haus ausgegraben hatte, erlaubte sie die gleiche Menge an Raum anzubauen. Eine immense Ausgrabungswut packte die Montelupeser – und die Magazine des Museums quollen allmählich über.

Museo Archeologico

www.museomontelupo.it, Tel. 0571 54 15 47, 1. Fr/Monat 14–18, 3. Sa/Monat 9–13 Uhr, sonst nach Voranmeldung per Telefon oder E-Mail (info@museomontelupo.it), Spende willkommen
Wundervolle Räume hat auch das **Museo Archeologico** bekommen, und zwar im aufgelassenen Komplex der Kirchen SS. Quirico e Lucia all'Ambrogiana (neben der Medici-Villa dell'Ambrogiana), der allein schon den Besuch wert wäre. Die Sammlung – eine der besten prähistorischen der Toskana – verweist die Ursprünge des Ortes weit in die Vorgeschichte und hebt wieder die Bedeutung der Keramik hervor.

Infos

Ufficio Turistico: 50056 Montelupo Fiorentino (FI), Corso Garibaldi 35, Tel. 0571 91 75 52, www.comune.montelupo-fiorentino.fi.it.

Übernachten

Zentral – **Granducato:** Piazza Unione Europea 33/34, Tel. 0571 91 39 71, www.granducatohotel.it. Modernes Hotel mitten im Städtchen, 19 schlichte Zimmer, Frühstück im Innenhof, kostenlose Garage. €

Im Grünen – **Fiorino:** Via Salvador Allende 97/A, Tel. 0571 58 39 41, www.hotelifiorino.it. Ideale Lage für Durchreisende im Vorort Capraia Fiorentina jenseits des Flusses, 17 Zimmer, kostenloser Parkplatz. €

Essen & Trinken

Mehrere kleinere Restaurants im Zentrum, die Bewohner von Montelupo fahren aber am liebsten aufs Land zum Essen, z. B. nach **Turbone** südöstlich am Fluss Pesa.

Traditionell – **Osteria Bonanni:** Via Turbone 9, Tel. 0571 91 34 77, www.osteriabonanni.com, Ruhetage So mittags und Mo. Alles begann 1920 mit einem kleinen Lebensmittelladen, der bald um eine Osteria erweitert wurde. Noch heute werden in dem einfachen, aber typischen Lokal traditionelle Gerichte serviert. *Crostini* mit Leber, Würste von der Cinta senese, *ribollita* und *pappa al pomodoro*, Kaninchen mit Kartoffeln, Ossobuco mit Erbsen, zur Saison auch Wild. Tolles Preis-Leistungs-Verhältnis. €

Aktiv

Museumsführungen – **Girolemura:** Leider gibt es die schöne Initiative immer weniger, vielleicht nützt es, wenn Leser immer wieder danach fragen, denn außer den beiden Museen lernte man bei den Führungen auch die schönsten Ecken des Städtchens kennen.

Töpferkurse – **Scuola di Ceramica Montelupo Fiorentino:** Viale Antonio Gramsci 10, Tel. 0571 159 00 07, www.centroceramicosperimentale.it. Die Keramikschule bietet Kurse für Anfänger wie Fortgeschrittene, für Hobbytöpfer/innen oder (zukünftige) Profis. Unterschiedliche Schwerpunkte (z. B. Einführungs-, Raku-, Bemalungskurse) und Dauer (von Wochenend- bis zu mehrwöchigen Kursen).

Termine

Während der Festtage bleiben die Geschäfte in Montelupo Fiorentino geöffnet.

Festa Internazionale della Ceramica: www.festaceramica.it, ca. letzte Juni-Dekade. Keramikmarkt mit Kunsthandwerkern bei der Arbeit, Musik und Theater im Zentrum.

Montelupo Antiquariato: 3. So/Monat. Antiquitätenmarkt in den Gassen der Altstadt.

Bosco in Festa: meist 3. Okt.-Wochenende. Gastronomische Stände mit Spezialitäten aus dem Wald, Ökowanderungen und andere naturnahe Veranstaltungen im nahen Turbone.

Verkehr

Bahn: Montelupo Fiorentino liegt an der Strecke Florenz–Empoli–Pisa (Verbindungen ca. alle 30 Min.). Der Bahnhof Montelupo Capráia befindet sich nahe dem Stadtzentrum (www.trenitalia.it).

Bus: Werktags direkte Verbindungen zwischen Florenz, Piazza San Marco sowie Bahnhof S. M. N., und Montelupo, Caserma Carabinieri nahe dem Bahnhof ca. stdl. Nähere Infos unter www.oraribus.com.

Pistóia, Montalbano und die Valdiniévole

Das geschäftige Pistóia führt touristisch ein fast stiefmütterliches Dasein zwischen den Kunststädten Florenz und Lucca. Südlich davon breitet sich das Montalbano mit hervorragenden Weinlagen und dem Geburtsort da Vincis aus. Der weltbekannte Kurort Montecatini Terme gehört zur hügelreichen Landschaft der Valdiniévole.

Die wichtigsten Sehenswürdigkeiten der Provinzhauptstadt Pistóia gruppieren sich im historischen Zentrum um einen einzigen Platz – angenehm für einen Stadtbummel, der nicht anstrengend werden muss. Für die Umgebung braucht man schon ein wenig mehr Kondition, denn dort liegen inmitten sanfter Hügellandschaften viele besuchenswerte Ausflugsziele.

Südlich der Stadt breitet sich das Gebiet des Montalbano aus, das sich Pistóia mit der Provinz von Prato teilt, allerdings mit Vinci den touristisch interessanteren Teil besitzt. Weiter nach Süden macht seit einigen Jahren Montaione neugierig: Hier hat sich – in den Weinbergen rings um den befestigten, lebhaften Ort – für Ferienhausurlauber eine hervorragende Infrastruktur entwickelt. Ganz in der Nähe liegt eine kleine sakrale Attraktion: das Convento di San Vivaldo. Östlich davon erhebt sich auf einem Hügelrücken das trutzige Certaldo Alto, der sehenswerte kleine Geburtsort von Boccaccio.

Westlich von Pistóia liegt der berühmte Kurort Montecatini Terme. Von dort sollte man die Valdiniévole erkunden, ein eher unbekanntes Gebiet, das sich ins Pistoieser Bergland nach Norden ausdehnt und sowohl von den kurvenreichen Straßen als auch von den kleinen befestigten Dörfern aus wie etwa Massa und Cozzile, Uzzano und Buggiano hinreißende Blicke garantiert. Die Südausläufer des Tosco-Emilianischen Apennin sind vielfach mit Misch- oder Laubwäldern bedeckt; wo sie gerodet wurden, hat man Obst- und Olivenbäume angepflanzt, die ein hervorragendes, würziges Öl abgeben. Auch die Blumenstadt Péscia bietet ein interessantes historisches Zentrum, ja eigentlich zwei auf beiden Seiten des Flusses, der sie mit Collódi und damit mit zwei touristischen Attraktionen verbindet: dem herrlichen Park der Villa Garzoni und dem Pinocchio-Freizeitpark.

✪ Pistóia ▸ F 4

Cityplan: S. 159

Die mittelalterliche Stadtmauer von **Pistóia** zeigt ein etwa trapezförmig nach Nordosten verschobenes Viereck mit der Festung Santa Barbara im Südosten. Fast orientalisch wirkt das Marktviertel hinter dem Baptisterium im Zentrum mit seinen Buden und Theken, Vordächern und Segeltuchbespannung gegen Sonne und Regen, mit Fisch- und Gemüsemarkt, Haushaltswaren und allem, was zum täglichen Leben benötigt wird. Die heute mehr als 90 000 Einwohner zählende Stadt hat sich zu einem blühenden landwirtschaftlichen und industriellen Zentrum entwickelt, das vor allem durch die zahlreichen Baumschulen im Ombrone-Tal international bekannt ist. Doch auch Kupfer- und Schmiedeeisenarbeiten sowie Stickereien werden aus Pistóia in die EU exportiert, und die mechanischen Werkstätten von Breda weisen volle Auftragsbücher vor. Auf dem riesigen Areal der zu AnsaldoBreda fusionierten Fabrik, Ex-Breda genannt, entstand das

Kultur- und Messezentrum **Cattedrale ex Breda.** Die neue Fabrik für Hochgeschwindigkeitszüge platzte hier aus allen Nähten und siedelte daher in das Gebiet südlich der Bahnlinie um.

Pistóias Altstadt wirkt trotz der geringen Ausdehnung urban, mit niedrigen Häuserzeilen und vielen Klein- und Mittelbetrieben. Das Handwerk war nicht immer typisch für die Stadt, die sich bereits vor Florenz mit Bankgeschäften beschäftigte und im Gegensatz zum guelfischen Florenz kaisertreu, also ghibellinisch blieb. Das konnte auf Dauer natürlich nicht gut gehen, und so durchlebte Pistóia eine ziemlich aufreibende Geschichte. In Kurzform: Als Pistoriae römisch und nicht sehr bedeutend, aber wegen der Lage an der Via Cassia befestigt; Blütezeit Ende 11. Jh. bis 1254 (Friedenszwang durch Florenz); Familienfehden,

Pistóia

Sehenswert
1 Fortezza del Campanile
2 Duomo San Zeno
3 Battistero San Giovanni in Corte
4 Palazzo Vescovile
5 Palazzo del Podestà / Palazzo della Giustizia
6 Palazzo Comunale / Museo Civico
7 Palazzo Rospigliosi della Ripa del Sale / Museo Diocesano
8 Ospedale del Ceppo
9 Sant'Andrea
10 Palazzo Fabroni
11 Piazza della Sala
12 San Giovanni Fuorcivitas
13 Oratorio Sant'Antonio Abate o del Tau
14 Fondazione Marino Marini

Übernachten
1 Milano
2 Patria
3 Villa Parri

Essen & Trinken
1 La Cantinetta
2 Trattoria dell' Abbondanza
3 Il Postino
4 Café Le Blanc
5 I Salaioli

Einkaufen
1 Wochenmarkt Piazza del Duomo
2 Wochenmarkt Piazza dello Spirito Santo
3 Obst- und Gemüsemarkt
4 Antiquitätenmarkt
5 Galleria Vittorio Emanuele

Aktiv
1 Club Alpino Italiano (CAI)
2 Radverleih (über IAT)
3 Giardino Zoologico

---

erneute Belagerung 1306 durch Florenz und Lucca, die Stadtbefestigung wird geschleift, im 14. Jh. folgt die erweiterte Mauer. 1530 Eingliederung in das Großherzogtum Toskana.

Für eine eigenständige, baukünstlerische Entfaltung blieb also wenig Zeit, dafür war die Stadt vielleicht auch zu klein. Der frühere Verlauf der Stadtmauer aus dem 12. Jh., von den Florentiner und Luccheser Truppen 1307 niedergerissen, ist noch recht gut zu erkennen: im Westen entlang dem Corso Antonio Gramsci, der sich nach Süden fortsetzt und bei San Domenico in den Corso San Fedi übergeht, im Osten weiter mit der Via dei Baroni, und im Norden muss man sich etwa die Gerade von der Piazza San Lorenzo zur Kirche Sant'Andrea vorstellen. Die Stadtbefestigung mit ihren vier Eckbastionen und der Fortezza Santa Barbara, wie sie heute zu sehen ist, stammt aus dem späten 14. Jh. und umfasst ein Areal, das dreimal größer ist als das vorgenannte aus dem 12. Jh. Bis heute sind nicht alle Baulücken ausgefüllt. 2017 war das relativ kleine Pistóia die Kulturhauptstadt Italiens.

Fortezza del Campanile 1

Piazza del Duomo, tgl. stündlich Besichtigung, Erw. 7 € (Ticket im Bookshop des Baptisteriums)

Den Mittelpunkt Pistóias bildet der Domplatz, auf dem zweimal wöchentlich, mittwochs und samstags, ein großer Kleidermarkt stattfindet. Schönster Turm am Platz und damit zum Stadtturm deklariert ist die **Fortezza del Campanile,** 67 m hoch. Er steht dicht am Dom, ohne ihn jedoch zu berühren: klobig im unteren Bereich, später, im 13. Jh., nach oben hin durch grün-weiße Marmorinkrustationen dem Dom im romanisch-pisanischen Stil angepasst. Die Turmspitze hat sich erst das 16. Jh. geleistet.

Duomo San Zeno 2

Piazza del Duomo, Dom: Mo–Fr 8.30–12.30, 15/16–18/19 Uhr, Eintritt frei; San-Jacopo-Schrein: Öffnungszeiten unsicher, obwohl am Gitter angeschlagen – während der Öffnungszeiten beim Kustoden klingeln, Erw. 4 €

Der **Dom San Zeno** gilt als eine der ältesten Kirchen der Toskana, einige Teile stammen aus dem 5. und 6. Jh. Der Portikus mit den sieben unregelmäßigen Bögen wurde erst 1311 hinzugebaut und führt in eine dreischiffige Basilika, die von Säulen mit unterschiedlichen Kapitellen getragen wird.

Das Mittelschiff schließt mit einem offenen Dachstuhl ab, dessen farbenfrohe bemalte Balkenkonstruktion noch original erhalten ist. Die

Seitenschiffe schließen mit Kreuzrippengewölben ab. Kostbarster Schatz des Domes ist der **Schrein des hl. Jakobus** (San Jacopo) in einer Kapelle auf der rechten Seite: ein Meisterwerk der Silberschmiedekunst mit insgesamt 628 Figuren, die von verschiedenen Künstlern stammen. Von 1287 bis ins 15. Jh. arbeiteten sie daran. Inzwischen ist der Schrein wunderbar restauriert.

Rechts von dieser Kapelle wurden bei Restaurierungsarbeiten des Domes in der kleinen **Cappella del Giudizio** Freskenreste entdeckt (spätestens 1401), die zu einem »Jüngsten Gericht« gehörten; gut zu erkennen ist noch Christus als Weltenrichter (Pantokrator) und ein Engel mit einer Säule.

Battistero San Giovanni in Corte 3

Piazza del Duomo, tgl. 10–13, 15–18, Juli, Aug. 10–18 Uhr, Eintritt frei, bei Ausstellungen (relativ häufig) Erw. ca. 2–4 €

Andrea Pisano entwarf das **Baptisterium San Giovanni in Corte** mit der auffallenden Querstreifung 1338. Rechts vom tief abgetreppten Hauptportal befindet sich eine kleine Kanzel, einem Balkon ähnlich. Sie diente Predigten im Freien. Tritt man in die Taufkirche ein, so wird man ähnlich wie beim Baptisterium von Florenz überrascht vom überwältigend hohen Raumeindruck. Hier handelt es sich innen allerdings um eine nackte Backsteinkuppel.

Palazzo Vescovile 4

Piazza del Duomo, geführte Rundgänge Di, Do, Fr 10.15–16, Sa, So 10.15–18 Uhr, Erw. 5 €

Der **Palazzo Vescovile** aus dem 11. Jh. am Platzrand diente bis 1786 als bischöfliche Residenz. Er wurde mehrfach umgebaut, weshalb er etwas zu harmonisch wirkt, speziell durch die hohen, auf Pilastern ruhenden, leicht zugespitzten Arkadenbögen. Nach umfassender Restaurierung wurde hier u. a. das **Museo Capitolare** eingerichtet, das vor allem den Jakobus-Schatz aufbewahrt.

Palazzo del Podestà 5

Der schlicht-schöne Palast mit fast glatter Fassade und zwei Obergeschossen mit gotischen Biforienfenstern rechts vom Baptisterium ist der **Palazzo del Podestà** von 1367. Als Palazzo Pretorio war er später Sitz des Florentiner Statthalters und beherbergt heute die Justiz. Gericht wurde hier allerdings schon früher gehalten, wie die Inschrift von 1507 auf einer steinernen Gerichtsbank im zugänglichen Innenhof besagt. Erst 1844 bekam der Palast durch Erweiterung sein heutiges Aussehen.

Palazzo Comunale / Museo Civico d'arte antica 6

Piazza del Duomo, Museo Civico: http://musei.comune.pistoia.it, Do–So, Fei 10–18 Uhr, Erw. 3,50 €

Genau gegenüber steht der **Palazzo Comunale,** 1294 begonnen und erst 1385 durch die Aufstockung vollendet. Im Untergeschoss mit dem fünfteiligen Säulengang sind rechts vom Portal alte toskanische und modernere Längenmaße angebracht. Über dem Portikus öffnen sich fünf gotische Fenster, die vier äußeren zweigeteilt mit Maßwerk, das mittlere zu einer Tür heruntergezogen und mit einem luftigen Balkon versehen. Links davon prangt an der Wand ein Mohrenkopf, der den 1113 von Pisa besiegten Maurenkönig von Mallorca darstellen soll. Darüber befindet sich das Zwischengeschoss mit fast unsichtbaren vier Luken (die beiden rechts zugemauert), in ihrer Mitte hängt das schwere Medici-Wappen mit den päpstlichen Schlüsseln – eine Verneigung vor Leo X. Das 1385 aufgesetzte Stockwerk zeigt wieder fünf gotische Fenster, als Triforien ausgearbeitet. Der Bogengang rechts stellt eine Verbindung zum Dom dar.

In dem ausladenden Palast, der ursprünglich als Palazzo degli Anziani (des Ältestenrats) errichtet wurde, lohnt in den drei Obergeschossen, über die Monumentaltreppe aus dem 16. Jh. zu erreichen, das **Städtische Museum für antike Kunst** die Besichtigung. Hier wird man selten durch andere Besucher gestört, obwohl großartige Meisterwerke aus Kirchen und Klöstern zu bewundern sind. Sie belegen, dass es durchaus Pistoieser Maler von Format gab,

Dom San Zeno in Pistóia, eine der ältesten Kirchen der Toskana

auch wenn diese oft anonym blieben wie der ›Meister von 1310‹, der ein Polyptychon »Madonna mit Kind und Heiligen« hinterließ.

Palazzo Rospigliosi della Ripa del Sale / Museo Diocesano 7

Via Ripa del Sale 3, https://musei.diocesipistoia.it, Di–Fr, So 9–13, Sa 9–17 Uhr, Erw. 5 €, bei Ausstellungen länger geöffnet und teurer

Nach aufwendigen Restaurierungsarbeiten beherbergt der **Palazzo Rospigliosi della Ripa del Sale** (16. Jh.) hinter dem Dom nun zwei Sammlungen. Die edlen Räume, in denen einst der Pistoieser Papst Clemens IX. – mit Geburtsnamen Giulio Rospigliosi – residierte, zeigen u. a. Originalmobiliar des Papstes. Eine zweite Ausstellung umfasst die Kostbarkeiten des **Diözesanmuseums,** darunter vornehmlich liturgische Objekte, die lange Zeit über mehrere Gebäude verteilt waren. Geblieben ist auch noch genügend Platz für Sonderausstellungen.

Ospedale del Ceppo 8

Piazza Giovanni XXIII 14, http://musei.comune.pistoia.it, Di–Fr 15–19, Sa, So, Fei 11–19 Uhr, Erw. 6,50 €

Die kurze schmale Ripa del Sale stößt auf die Ringstraße um die Altstadt Pistóias, die Via Filippo Pacini, die nach Nordwesten zu einem der wohl bekanntesten Werke der Stadt führt: zum **Ospedale del Ceppo,** dem historischen Hospiz, bis 2013 Krankenhaus. Das 1277 gegründete und nach der Pest von 1348 erweiterte Hospiz erhielt Mitte des 15. Jh. seine Vorhalle, zwischen 1526 und 1530 nach Brunelleschis Findelhaus in Florenz konzipiert. Sie wurde mit einem wunderbaren farbigen **Fries** (nach innen verlegt) aus lasierter Terrakotta und Medaillons von Santi Buglioni aus der Werkstatt von Giovanni della Robbia geschmückt. Der Fries stellt die wohltätigen Aufgaben dar, denen sich das Hospiz widmete, wie Krankenpflege, Pilgeraufnahme, Einkleidung der Armen und Bestattung der Toten. Inzwischen kann man nicht nur die **unterirdischen Gewölbe** besichtigen, sondern auch das **Museo della Sanità Pistoiese,** eine Sammlung chirurgischer Instrumente, und das **Anatomische Theater.**

Sant'Andrea 9

Via Sant'Andrea, www.santandreapostolo-pistoia.it, Mo–Sa 8.30–17.30, So 10–11.15, 16.30–17.30 Uhr, Eintritt frei

Giovanni Pisano hat die kostbarsten Ausstattungsstücke der Kirche **Sant'Andrea** im Nordwesten geschaffen, deren hübsche inkrustierte Fassadendekoration in pisanisch-romanischer Tradition im oberen Teil leider verloren gegangen ist. Angesichts des fein gearbeiteten Architravs des mittleren Portals, »Reise der Heiligen Könige«, datiert 1166 und signiert von den Meistern Gruamonte, Enrico und Adeodato, vermutet man, dass es sich hier um die erste Kathedrale von Pistóia handelte. Über eine breite Freitreppe steigt man zur dreischiffigen Basilika hinauf, um Giovanni Pisano Referenz zu erweisen: Die links stehende Kanzel schuf er 1301 (datiert), es ist also die dritte der berühmten Pisano-Kanzeln. Sie ruht auf sieben Stützen und zeigt fünf fast vollplastische Reliefs mit Szenen aus dem Neuen Testament. Giovanni Pisanos Schülern Agostino und Agnolo schreibt Vasari das kleine Taufbecken (links nahe dem Eingang) zu. Wohl gesichert ist die Handschrift des Meisters beim Holzkruzifix, inzwischen hinter Panzerglas auf der rechten Seite der Kirche aufbewahrt.

Palazzo Fabroni 10

Via Sant'Andrea 18, http://musei.comune.pistoia.it, Di–Fr 15–19, Sa, So, Fei 11–19 Uhr, Eintritt frei

Im eigens dafür restaurierten **Palazzo Fabroni** befindet sich das **Museo del Novecento e del Contemporaneo,** Pistóias (Kunst-)Museum des 20. Jh. und der Gegenwart, mit Räumen für Sonderausstellungen.

Piazza della Sala 11

Zurück im Zentrum empfiehlt sich eine Mittagspause auf der **Piazza della Sala,** dem historischen Marktplatz Pistóias, auf dem auch heute noch täglich ein verlockender Obst- und Gemüsemarkt abgehalten wird. In seiner Mitte steht seit der Renaissance ein schöner Brunnen, der seine Funktion zwar verloren hat, aber noch immer den dekorativen Mittelpunkt bildet. Ringsum gruppieren sich die Marktstände, um sie herum liegen Cafés und Bars und Enotheken. An diesem Platz verhungert man bestimmt nicht!

San Giovanni Fuorcivitas 12

Via Cavour, Kirche meist den ganzen Tag über geöffnet, am sichersten jedoch 7.30–12, 17–18.30 Uhr, Juli, Aug. nur vormittags, Eintritt frei

Einen herrlichen, grün-weiß gestreiften Anblick vermittelt an der hier zur Piazza ausgebuchteten Via Cavour die als Hauptfassade ausgebildete Nordseite der **Kirche San Giovanni Fuorcivitas.** Sie ist in drei nach oben immer kürzeren und in immer engeren Abständen dekorierte ›Geschosse‹ eingeteilt, die Blendbögen wurden geschmückt und mit fein ausgearbeiteten Rhomben gefüllt. Im frühen Mittelalter stand die im 8. Jh. erstmals geweihte Kirche am südlichen Stadtrand, daher der Beiname *fuorcivitas* (außerhalb der Stadt). Ihre heutige Gestalt mit der Marmorinkrustation nach Pisaner Muster erhielt die Kirche erst ab 1199. Diese Arbeit wird ebenso wie der Architrav mit dem »Letzten Abendmahl« Gruamonte zugeschrieben.

Nach so viel Pracht von außen wirkt der einschiffige Kirchenraum fast ernüchternd. Dabei schmücken auch das Innere von San Giovanni Fuorcivitas einige Kunstschätze. Gegenüber dem Eingang lehnt eine Kanzel an der Wand, die Guglielmo da Pisa 1270 geschaffen haben soll. Die »Weltlichen und geistigen Tugenden« am Weihwasserbecken schreibt man dem künstlerischen Umfeld von Nicola Pisano zu. Aus dem 14./15. Jh. stammen auf der linken Seite des Kirchenschiffs die »Heimsuchung Mariä« von Luca della Robbia und am Presbyterium links ein Polyptychon von Taddeo Gaddi.

Oratorio Sant'Antonio Abate o del Tau 13

Corso Silvano Fedi 28, www.polomusealetoscana.beniculturali.it, zzt. mit Voranmeldung (Tel. 0573 242 12) Mo–Sa 8.30–13.30 Uhr, Eintritt frei

Von der Chorseite der Kirche führt die mittelalterliche Via Crispi mit guten Lokalen auf den verkehrsreichen Corso Silvano Fedi, der außerhalb des den Fußgängern vorbehaltenen inneren Kerns des historischen Stadtzentrums verläuft. Hier liegt das **Oratorio Sant'Antonio Abate o del Tau,** auch Ex-Chiesa del Tau. Es ist seit 1990 als **Museum** zu besichtigen. Nun stehen einige Bronzen Marino Marinis (s. rechts) in diesem sakralen Rahmen. 1360 bis 1365 im Haus des Antonianerordens eingerichtet, ist es ein einziger Betraum mit Kreuzgewölben in gotischem Stil. Seine Fresken wurden erst 1968 wiederentdeckt, sie lagen verborgen unter dicken Putzschichten, die sie u. a. im Zweiten Weltkrieg während der Nutzung des Gebäudes als Lazarett schützten. Immerhin konnte so der vollständig freskierte Raum wunderbar erhalten werden. Die Chorwand zeigt das Paradies, in den zwölf Deckengewölben und an den Wänden sind 26 Szenen aus dem Alten Testament dargestellt, in den mittleren Feldern der Wände 14 Geschichten aus dem Leben des hl. Antonius, des Eremiten aus Ägypten, der als Begründer des Mönchstums im 3. Jh. gilt. Zwei Künstlern und ihren Schülern werden die großartigen Fresken zugeschrieben: Der Florentiner Niccolò di Tommaso soll die Hauptszenen des »Paradies« gemalt haben sowie die biblischen Szenen des Alten Testaments im Deckengewölbe. Der Pistoieser Antonio Vite, der einen erzählerischen Malstil hatte, ließ das beobachtete Alltagsleben in seine Bilder einfließen.

Fondazione Marino Marini 14

Corso Silvano Fedi 30, https://fondazionemarinomarini.it, Sa–Mo 10–19 Uhr, Führungen begleitet durch fachkundiges Personal, Erw. 6 €, bei Sonderausstellungen teurer

Das benachbarte frühere Kloster Sant'Antonio Abate ist Sitz der **Stiftung Marino Marini.** Im zugehörigen **Palazzo del Tau** zeigt sie ausschließlich Arbeiten des Pistoieser Malers, Grafikers und Bildhauers (1901–1980). Er hat so zahlreiche Werke hinterlassen – auch viele Gipsmodelle seiner Skulpturen, die er selbst als eigenständige Kunstwerke betrachtete –, dass sie in Wechselausstellungen sukzessive gezeigt werden müssen. Seine Hauptmotive waren Pferde, Pferd und Reiter, Akrobaten und vor allem immer wieder die etruskische Fruchtbarkeitsgöttin Pomona sowie Porträts vieler seiner bedeutenden Zeitgenossen aus Politik und Film, Musik und bildender Kunst.

Infos

Ufficio Informazioni Turistiche: 51100 Pistóia (PT), Palazzo Vescovile, Piazza del Duomo, Tel. 057 32 16 22, kostenloses Tel. in Italien 800 01 21 46, www.vivipistoia.it, turismo.pistoia@comune.pistoia.it. Sehr erfreulich ist trotz knapper kommunaler Kasse, dass einige Museen der schönen Stadt kostenlos besichtigt werden können. Das ändert sich nur bei bestimmten Sonderausstellungen.

Übernachten

Bahnhofsnah – **Milano 1 :** Viale Pacinotti 10/12, Tel. 0573 97 57 00, www.hotelmilanopistoia.it, zwei Wochen im Aug. geschl. Freundliches Stadthotel unweit des Bahnhofs. 55 Zimmer, großer Salon, kostenloser Parkplatz, günstige Wochenendpakete. €

Zentral – **Patria 2 :** Via Crispi 8, Tel. 0573 25 88 00, www.patriahotel.com. Modernisiertes Stadthotel mit 27 klimatisierten Zimmern, kleiner Salon, nette Bar, kein Aufzug. Parkgarage 200 m entfernt, Gäste dürfen durch die Fußgängerzone anreisen und bekommen Fahrräder zur Verfügung gestellt. €€–€€€

Im Grünen – **Villa Parri 3 :** Via Modenese 206, von der Via Dalmazia aus ca. 4 km nördlich der Stadt, Tel. 0573 41 70 62, www.villaparri.it, im Winter zeitweise geschl. Zehn Zimmer und Apartments für 2–5 Pers., teils mit Kochecke, in einer Villa aus dem 19. Jh. Gemütliche Salons mit einer Antiquitätensammlung. Pool und Relaxzone, Radverleih. €–€€

Essen & Trinken

Geschmackvolles Ambiente – **La Cantinetta 1 :** Via Crispi 15, Tel. 0573 168 11 13, Ruhetag Di mittags. Das Lokal präsentiert sich geschmackvoll ganz in Weiß und bietet eine perfekt zubereitete toskanische Küche, aber auch unvermeidbare Pizza, obwohl als Spezialität Fisch genannt wird. €–€€

Regionale Spezialitäten – **Trattoria dell'Abbondanza 2 :** Via dell'Abbondanza 10, Tel. 0573 36 80 37, Ruhetage Mi sowie Do mittags. Drei Räume eines früheren Lebensmittelladens mit hellem und dennoch gemütlichem Ambiente (weiß gestrichene Deckenbalken, mit Fliesen bedeckte Holztische, Leinensets). Regionale Küche wie Dinkelsuppe und *ribollita,* Kaninchen und Schinken aus dem Backofen. €–€€

Familiär – **Il Postino 3 :** Località il Postino, Via di Bigiano 60 (schräg gegenüber der Villa de' Fiori, s. links), Tel. 0573 45 10 28, Ruhetag Mi. Unkomplizierte, familiäre Trattoria mit Sommerterrasse, Tische dennoch mit weißen Damastdecken! Pizza und hausgemachte Pasta wie gefüllte Ravioli, Maccheroni mit Entenragout, *bistecca* oder *tagliata,* günstiger Hauswein. €–€€

Zum Aperitif – **Café Le Blanc 4 :** Am Markt der Piazza della Sala 15, Tel. 0573 30 89 05, normalerweise tgl. 7–2 Uhr. Eher eine schlichte Bar mit wenigen Tischen auf dem Marktplatz, eigene Pasticceria, im Winter Teesalon, ab 18 Uhr Aperitivi mit Büfett (10 €), danach gibt es auch Pizza aus dem Holzofen.

Delikatessen – **I Salaioli 5 :** Piazza della Sala 20–22, Tel. 0573 202 25, tgl. 7–23 Uhr. Delikatessenladen mit Einkaufsmöglichkeiten und kleinen Tischen, an denen man vor Ort alles ausprobieren kann. Sehr nette, einladende Atmosphäre am Markt.

Einkaufen

Wochenmarkt – **Piazza del Duomo 1 :** mittwochs und samstags auf der Piazza und in ihren Nebenstraßen sowie auf der **Piazza dello Spirito Santo 2 .**

Obst- und Gemüsemarkt – **Piazza della Sala 3 :** Mo–Sa, vor allem im Winter mit Mittagspause.

Antiquitätenmarkt – **Viale Pacinotti 4 :** 2. Wochenende im Monat außer Juli/Aug.

Stylish – **Galleria Vittorio Emanuele 5 :** Via degli Orafi 54. Im früheren Liberty-Kino »Eden« mit schönen Schmiedeeisenarbeiten, das bis 1986 die Pistoiesi unterhielt, hat man ein stylishes Einkaufszentrum mit Café eingerichtet (zuletzt wechselnde Besitzer).

Aktiv

Wandern – **Club Alpino Italiano (CAI) 1 :** Via Antonini 7, Tel. 0573 36 55 82, www.caipistoia.org, Di, Fr 21.15–22.45 Uhr.

Ist das nicht romantisch? Dinner über den Dächern von Pistóia

Radverleih – **Ufficio Turistico 2 :** Piazza del Duomo, April–Okt.
Zoo – **Giardino Zoologico 3 :** Località Galceti, Via di Galceti 74, Tel. 0574 46 05 03, www.csn.prato.it, Mi–So 9.30–12.30 Uhr, Erw. 6 €. Nordwestlich von Pistóia befindet sich auf einem 75 000 m² großen Areal mitten im Wald ein nach den neuesten Erkenntnissen arbeitender Zoologischer Garten mit rund 600 Tieren aus aller Welt. Man bemüht sich vor allem um die Wiederauswilderung vom Aussterben bedrohter Arten und nimmt auch ausgesetzte Tiere auf.

Termine

Es finden zahlreiche **Sommerfeste** statt, z. B. Luglio Pistoiese mit Palio, Ballett und Blueskonzert im Juli.
Giostra dell'Orso: 25. Juli. Zu Ehren des Schutzpatrons San Jacopo wird im Juli die Giostra dell'Orso (des Bären) unter den vier Stadtteilen als Pferderennen ausgetragen. Das Fest erinnert an den Tag im Jahr 1144, als der Ortsheilige eine Reliquie des hl. Jakobus aus dem spanischen Compostela (Santiago di Compostela) nach Pistóia brachte.

Verkehr

Flug: Der Florentiner Flughafen **Amerigo Vespucci** ist 30 km von Pistóia entfernt, von dort Busanbindung.
Bahn: Pistóia ist wichtige Bahnstation an der Strecke Florenz–Lucca mit praktisch stündlicher Anbindung. Verbindungen über Lucca auch mit Viaréggio sowie Pisa.
Bus: COPIT verbindet Pistóia mit seiner Provinz, z. B. mit San Marcello Pistoiese und Poggio a Caiáno. Haltpunkte Bahnhof/Via XX Settembre und Piazza San Francesco (www.copitspa.it).
Innerstädtischer Verkehr: Das historische Zentrum innerhalb der Stadtmauer ist Anliegern mit Sondergenehmigung und den kleinen städtischen Elektrobussen vorbehalten (Gäste von im Zentrum gelegenen Hotels erhalten einen Pass). Zwei Buslinien umkreisen den Fußgängerbereich mit günstigen Haltepunkten für die Besichtigung.

Ausflüge ins Umland

Castagno di Pitéccio ▶ F 3

Ganz **Castagno di Pitéccio,** in 500 m Höhe 3 km von Pitéccio nördlich von Pistóia, entwickelt sich seit 1975 zum Freiluftmuseum mit Werken zeitgenössischer Pistoieser Künstler an den Dorfstraßen und Häusern. Die Idee mit den Kunstwerken hat aus dem noch urigen Dorf mit engen, steilen, grob gepflasterten Gassen zwischen Häusern mit rauen Steinwänden einen Magnet für Wochenendausflügler gemacht. Ganz Pistóia und Umgebung scheinen sich an manchen Sonntagen hier zu treffen.

Außerdem wird in Castagno di Pitéccio alljährlich ein Poesiepreis ausgelobt und im Sommer werden von den lokalen Künstlern Kurse angeboten, die das Dorf mit meist jungen Leuten aus aller Welt füllen. Man kann im Dorf und in der Nähe sehr angenehm wohnen und sich auch kulinarisch verwöhnen lassen.

Infos

Pro Loco Castagno: Via Castagno 28a, Tel. 0573 414 38.

Übernachten

Schöne Lage – **Il Castagno:** Via del Castagno di Piteccio 35, Mobil-Tel. 347 444 04 93, www.residenceilcastagnopistoia.it. Aus Natursteinen errichtetes Apartmenthaus in schöner Lage im oberen Teil des Dorfes. Elf gemütliche Wohnungen für 2–6 Pers., teils mit Terrasse oder Gartenzugang, Swimmingpool. Meist wochenweise buchbar €

Essen & Trinken

Einladend – **Locanda Pandivia:** Via del Castagno di Piteccio 34, Tel. 0573 40 80 50, nur abends, im Sommer Mi–So, sonst Sa, So geöffnet. Einladende Kneipe in zwei Räumen, einer mit großem Kamin, die sich wegen der vorzugsweise biologischen Produkte, die hier verwendet und verkauft werden, BioLocanda nennt. Pizza, Teigwaren etc. auch glutenfrei, Käseplatte mit Honig, Aufschnitt, Saisongemüse, lokale Wurstwaren und Eingelegtes. Auch Degustationsmenüs mit Hauswein. €–€€

Serravalle Pistoiese ▶ F 4

Über der Autobahn Firenze–Mare und der Landstraße schwebt in luftiger Höhe auf einem nördlichen Ausläufer des Montalbano der kleine mittelalterliche Ort **Serravalle Pistoiese** in knapp 200 m Höhe. Einer seiner Festungstürme ist weithin sichtbar und macht neugierig. Dem sollte man nachgeben und hinauffahren. Die Pistoiesi tun dies mit Vorliebe an Sommerabenden und an Wochenenden, weshalb viele Lokale nur dann geöffnet und hoffnungslos überfüllt sind.

Man kann sich aber auch mit einem Tagesbesuch unter der Woche zufrieden geben und so in Ruhe den mittelalterlichen Kern mit seinen wenigen engen Gassen, kleinen Kirchen und den beiden Festungsruinen genießen. Sie zeugen von der strategischen Bedeutung des das Tal weithin überschauenden Ortes ab dem 12. Jh., die sich auch im Namen widerspiegelt – eben *serra valle:* ›das Tal abschließend‹.

Rocca Vecchia und Rocca Nuova di Castruccio Castracani

1140 errichtete Pistóia eine Festung, **Rocca Vecchia** genannt, auf dem höchsten Punkt des Hügels (im Osten), von der aber nur noch der sogenannte Barbarossa-Turm, die **Torre di Barbarossa,** erhalten geblieben ist.

Im 13. und 14. Jh. wechselten sich Lucca und Pistóia als Herren über Serravalle ab. In der ersten Hälfte des 14. Jh. wurde die **Rocca Nuova di Castruccio Castracani** von den Lucchesern am westlichen Ortsrand errichtet, von wo aus sie das Ombrone- wie das Niévole-Tal überschauen konnten. Sie ist heute eine romantische Ruine mit klobigem Mastio (zugänglich) und zum Innenhof offenem Wachtturm, die mittlerweile in einem angenehmen Park integriert wurde. Man kann den Wachtturm besteigen (Traumblick!) und im Innenhof auf dem Rasen oder im Park davor auf einer Bank ruhen.

Unterhalb des befestigten Ortes befindet sich ein einladender kleiner See (auch er ist an den Wochenenden überfüllt) mit einem allzu groß scheinenden Hotel und ebenfalls großem Restaurant nebenan.

Infos

Comune di Serravalle Pistoiese: Piazza Magrini 4, 51030 Serravalle Pistoiese (PT), Tel. 0573 91 73 08, turismo@comune.serravalle-pistoiese.pt.it.

Übernachten

Am See – **Lago Verde:** Via Castellani 4, Tel. 0573 51 82 62, www.rphotels.com. Modernes Hotel mit großer Halle und Pool zu Füßen von Serravalle. 85 Zimmer, vier in der Dependance. Restaurant Barbarossa nebenan (s. unten), Parkplatz. €–€€

Ruhig – **Locanda Del Grillo:** Via San Giusto 31, Tel. 0573 52 87 80, Mobil 347 942 46 66, auf Facebook. Zauberhaftes kleines Anwesen im Grünen mit nur drei nach den Toskana-Größen Dante, Leonardo und Michelangelo benannten Zimmern. Parkplatz. €

Essen & Trinken

Im historischen Kern fast nur Abend- und Wochenendlokale (Fr–So geöffnet).

Abendmenüs – **Barbarossa:** Hotel Lago Verde, s. oben, nur abends. Es stehen u. a. Fleisch- und Fischmenüs zur Auswahl. €

Verkehr

Bus: Stopp nahe der Rocca Nuova, Bus 55 **COPIT/LAZZI Blue Bus** zwischen Serravalle und Pistóia 3–4 x tgl., Tel. 800 27 78 25 (kostenlos).

Montalbano ▶ F 4/5

Eines der schönsten Weinanbaugebiete im Arno-Tal teilen sich die Provinzen Prato und Pistóia, den **Montalbano,** dessen liebliche Hügel kaum die 600-Meter-Marke erreichen und teils noch bewaldet geblieben sind. Von Pistóia über Vinci nach San Miniato führt eine kurvige Panoramastraße quer durch das Hügelland. Sie ist eine der schönsten Straßen der nördlichen Toskana, die hier sehr südtoskanisch wirkt. Wie dort wechseln sich Mischwälder, Weinberge und Ölbäume ab und prägen das Landschaftsbild. Man findet noch viele knorrige alte Olivenbäume, etwa zwischen Vinci und Leonardos Geburtshaus.

In **San Baronto** überquert man den Kamm und damit auch den Hauptwanderweg des Montalbano (auch Monte Albano genannt). Über **Lamporecchio,** das angeblich kommunistischste Dorf der Toskana und vielleicht ganz Italiens (bei den Regionalwahlen traditionell hauptsächlich Linksparteien), führt ein kleiner Abstecher nach **Larciano,** wo 1972 ein kleines **Museum** (Sa, So 16–19 Uhr, Juli, Aug. auch Mo) in der restaurierten **Festung** mit dem 36 m hohen Turm eingerichtet wurde. Zu sehen sind Funde aus der Umgebung, u. a. eine Nonnenmumie mit Münze zwischen den Zähnen. Diesen Turm zu besteigen lohnt sich vor allem wegen des herrlichen Rundblicks von oben.

Vinci ▶ F 5

Fährt man von San Baronto direkt nach **Vinci** (14 600 Einw.), geht es über eine kurvenreiche, landschaftlich reizvolle Straße. 1,5 km vor dem Städtchen weist ein Schild zur Località Anchiano mit dem vermeintlichen Geburtshaus des Universalgenies Leonardo da Vinci (1452–1519). An den Wochenenden ist der wunderbar herausgeputzte Ort mit schönen gepflasterten Gassen und Plätzen vollkommen überfüllt, man sollte seinen Ausflug hierher daher besser an einem Werktag einplanen.

Casa Natale di Leonardo

Via de Anchiano, 2 km nördlich, www.museoleonardiano.it, tgl. März–Okt. 10–19, Nov.–Febr. 10–17 Uhr, mit Museo Leonardino Erw. 11 €

Die **Casa Natale di Leonardo** im Ortsteil Anchiano steht inmitten von silbrig glänzenden Ölbäumen, zu deren Füßen im Frühsommer ein roter Teppich großblättrigen Klatschmohns blüht. Eine angenehme Gedenkstätte für Leonardo in seinem schlichten Geburtshaus, wo Andenken an den großen Künstler und Wissenschaftler ausgestellt sind.

Museo Leonardino

Ticketverkauf: Piazza Leonardo da Vinci 26, www.museoleonardiano.it, tgl. April–Okt. 9.30–19, sonst bis 18 Uhr, mit Casa Natale di Leonardo Erw. 11 €

Angesichts der Hanglage des befestigten Ortes in lichtdurchfluteter Landschaft erstaunt es, dass Vinci in nur 97 m Höhe liegt. Im **Castello dei Conti Guidi** (13. Jh.), das aus zwei wuchtigen Türmen besteht, ehrt man zusammen mit Sammlungen in der nahen **Palazzina Uzielli** (im Obergeschoss ›Leonardo und die Anatomie‹ mit fantastischen Reproduktionen des menschlichen Körpers nach Leonardos Zeichnungen) den bedeutendsten Sohn des Ortes mit einem Museum. Ausgestellt sind Modelle nach Zeichnungen des Universalgenies, das sich aus der handwerklichen Tradition heraus um eine gewisse Industrialisierung zur Erleichterung der Arbeit bemüht hatte: Werkzeuge mit Kraftübertragung, Wasserpumpen, Bagger, Bohrmaschinen, Ölpressen, aber auch eine bedrohlich wirkende Kriegsmaschine sind zu sehen, weiterhin ein Fahrrad und ein Flugapparat.

Zu einem Besuch gehört unbedingt die **Turmbesteigung,** um das unglaublich weite Panorama über das Montalbano-Gebiet zu genießen.

In den Gewölben der Festung war lange Zeit das Museo Ideale Leonardo da Vinci untergebracht, das angeblich wegen eines Wasserschadens geschlossen werden musste. Die Sammlungen, eine Persiflage auf Leonardos Vermarktung, tingeln seitdem ebenso durch die Welt wie Erinnerungsstücke an Leonardo, die seine Nachfahren gehütet haben.

Auf der **Terrasse** vor dem Castello, das wie fast jeder Punkt Vincis eine wunderbare Aussicht über die von Olivenbäumen übersäten Hügel ermöglicht, steht als modernes Kunstwerk (von Mario Ceroli, 1987) »l'Uomo di Leonardo« ein Holzmodell seines idealen Menschen in einer offenen Kugelkonstruktion.

Infos

Pro Loco Vinci: 50059 Vinci (FI), Via della Torre 5, Tesori di Vinci, Tel. 0571 562 60, Tel.-Mobil 349 833 82 63, http://prolocovinci.com.

Übernachten

Ökologisch – **Tassinaia:** Località Petroio 15, Tel. 0571 58 39 85, www.tassinaia.it. Agriturismo in einem nach baubiologischen Gesichtspunkten restaurierten Bauernhaus aus dem 18. Jh. 4 km südöstlich von Vinci mit Panoramaterrasse. Fünf geräumige, nach Farben eingeteilte Zimmer, Holzdecken, gemeinsames Wohnzimmer. €

So also sieht er aus, der Ort, in dessen Nähe Leonardo da Vinci geboren wurde

Hell – **Alexandra:** Via dei Martiri 82, Tel. 0571 562 24, www.hotelalexandravinci.it. Nettes neueres Hotel mit Dependance südlich des historischen Zentrums. 47 helle, geräumige Zimmer. Restaurant/Pizzeria **La Limonaia,** Parkmöglichkeit an der Straße, gutes Preis-Leistungs-Verhältnis. €–€€
Camping – **Barco Reale:** 51030 San Baronto, Lamporecchio (FI), Via Nardini 11, Tel. 0573 883 32, www.barcoreale.it, April–Sept. Hervorragende sanitäre Ausstattung, auch Bungalows. Schatten spendende Bäume, Kinderanimation, Spielplatz, toller beheizbarer Pool, diverse Sportangebote, Fahrradverleih. €

Essen & Trinken

Echt toskanisch – **Al Nicchio:** Via Renato Fucini 26, Tel. 0571 566 88, www.anticaosteriaal nicchio.it, kein Ruhetag. Toskanische Küche in einem schlichten, aber freundlich gedeckten Restaurantraum oder draußen unter einer berankten Pergola im neueren Stadtteil. Hausgemachte Pasta, Spezialitäten vom Wildschwein, Täubchen vom Grill, Fisch. Auch Pizza. €–€€
Winzig – **Antica Cantina di Bacco:** Piazza Leonardo da Vinci 3, Tel. 0571 56 80 41, Mobil-Tel. 338 931 43 48, Ruhetag Mo. Kleine Einraum-Enoteca-Stuzzicheria gegenüber dem Castello. Gute Weine, auch glasweise, und Kleinigkeiten zu essen wie fantasievolle Salate, eine große gemischte Platte, unterschiedlich belegte *bruschette* – an kleinen Tischen innen oder im Freien auf der Piazza. €

Termine

Leonardos Geburtstag: Um den 15. April, dem Geburtstag da Vincis, findet die größte Feier in Vinci statt. Mit Marktständen.

Verkehr

Bus: Verbindungen mit Empoli und Pistóia zu den Hauptverkehrszeiten.

Cerreto Guidi ▶ F 5

Ihr Kastell südwestlich von Vinci hatten die Guidi bereits im 12. Jh. an Florenz verkauft. Hier ließ Cosimo de' Medici 1565 über den Ruinen der Festung eine **Villa** (www.villegiardinimedicei.it/villa-di-cerreto-guidi, Führungen stdl. Di–Do 9–12, Fr–So 9–12, 15–16 Uhr, Eintritt frei) erbauen, deren imposante, rampenähnliche Treppe von Buontalenti so geplant war, dass auch Pferde und Karossen von den weiter unten liegenden Villen problemlos hinaufgelangen konnten. Sie brachte dem Bau den Namen **Ponte de' Medici** (Brücke der Medici) ein. Heute beherbergt die Villa ein **Jagdmuseum** mit einigen Originalstücken und Möbeln aus der Medici-Epoche.

Eine zweite Sehenswürdigkeit befindet sich in der **Pieve di San Leonardo**, der Pfarrkirche des Dorfes: ein sechsseitiges Taufbecken von Andrea della Robbia (1511), das an jenes von San Piero a Sieve (s. S. 133) erinnert, nur dass dieses mehr Farbigkeit besitzt. Es zeigt auf jeder Seite eine Episode aus dem Leben Johannes des Täufers.

San Miniato al Tedesco ▶ F 5

Südlich des Arno breitet sich die Trüffelstadt San Miniato Basso aus, vom umso schöneren, auf einem Bergrücken gelegenen **San Miniato al Tedesco** (28 000 Einw.) überragt. Schon 783 als langobardisch erwähnt, 1046 Geburtsort der Mathilde von Canossa, wurde San Miniato 1218 von Friedrich II. befestigt. Dem deutschen Kaiser verdankt es den Beinamen *tedesco* (= deutsch).

Rocca di Federico II

Via di Rocca, www.valdarnomusei.it, April, Mai, Sept. Di–So 11–18, Juni–Aug., Di–So 10–18, Okt.–März Sa, So 10–15/17 Uhr, Erw. 3,50 €
Der Turm der Kaiserburg überdauerte die Festung um Jahrhunderte. Im Zweiten Weltkrieg ließ ein übereifriger deutscher Offizier ihn sprengen – seitdem wird San Miniatos Beiname gern verdrängt … Inzwischen wurde die **Rocca** sehr schön restauriert und lohnt unbedingt den Aufstieg über die 129 Stufen, denn ohne ihn verpasst man den schönsten und oftmals in Bildern festgehaltenen Blick über den Ort und weit in die hier hügelige Arno-Landschaft hinein.

Dom und Museo Diocesano

Piazza Duomo, http://sanminiato.chiesacatto lica.it, Museum: April–Sept. Mo–Fr 9–13, 14–16, Okt.–März Do 14–16, Fr 9–13, 14–16, Sa, So 9–13 Uhr, Erw. 2,50 €

Unterhalb des Friedrich-Turms steht an einem schönen, schattigen Platz der **Dom**, dem die lange Bauzeit vom 12. bis 19. Jh. architektonisch nicht gerade gut bekommen ist. Wand an Wand mit ihm befindet sich das geradezu modern eingerichtete **Museo Diocesano** mit Bildern aus dem 13. bis 19. Jh. Für den dazu gehörigen Kirchenschatz San Miniatos mit schönen Goldschmiedearbeiten und kostbaren Ornaten wird noch ein passender Platz gesucht.

Piazza della Reppública

Die steile Scala del Duomo führt abwärts zur lang gestreckten **Piazza della Repúbblica** mit dem restaurierten **Seminario Vescovile**, dem bischöflichen Seminar mit wieder in frischen Farben leuchtender Fassade. Der gepflasterte Platz ist mit Ketten vor parkenden Fahrzeugen geschützt und während der drei letzten Novemberwochenenden zusammen mit der Hauptstraße Schauplatz der bedeutendsten Trüffelmesse der Toskana.

Piazza Del Popolo und Via Roma

Geht man Richtung **Piazza del Popolo,** kommt man an deren Ecke an die von außen unscheinbare Kirche **San Jacopo e Lucia.** Die einschiffige Hallenkirche mit drei Apsiden ist verziert mit Fresken zum Leben Mariä. Im angrenzenden früheren **Convento di San Domenico**, dessen nördliche Kreuzgangseite von der Straße her einsehbar ist und an Markttagen den Antiquitätenhändlern sozusagen als Unterstand dient,

Von hier setzt sich die durchgehende Hauptstraße bis zur **Via Roma** fort, die Bummelmeile von San Miniato, u. a. mit kleinen Lebensmittelläden und Metzgereien sowie dem historischen **Caffè Centrale.**

Palazzo Comunale

Via Vittime del Duomo 8, normalerweise Di–Fr 10–13, 14–18, Sa 10–13, 15–18, So 11–18 Uhr, Erw. 2,50 €

Auf der anderen Seite der Piazza della Repúbblica zieht sich die Hauptstraße schlängelnd durch die Stadt. Gleich am Anfang, gegenüber dem breiten, doppelläufigen Treppenaufgang zum Santuario Santissimo Crocifisso, steht das **Rathaus**. Obwohl dessen neuzeitliche Fassade nicht sehr einladend wirkt, sollte man den Besuch des Palazzo Comunale nicht auslassen. Der Ratssaal birgt eine »Madonna mit Kind« aus der Giotto-Schule, Wappen als Freskendekoration und Relieftafeln aus dem 14. Jh. Aus den beiden Fenstern hinter dem Bürgermeistersitz blickt man weit nach Süden in die wunderschöne hügelige Landschaft.

Zum Ponte a Elsa

Über den lang gestreckten Kamm kommt man zur dreieckigen **Piazza Buonaparte:** Napoleon war hier 1796 privat zu Besuch, daher ihr Name. Die Straße führt weiter quer über die **Piazza XX Settembre** mit dem Krankenhaus hinaus aus der Stadt, auf schmaler Fahrbahn nach Osten und im hohen Bogen nach Norden Richtung **Ponte a Elsa.** An der großen Straßenbiegung genießt man einen schönen Blick zurück auf San Miniato.

San Francesco

Piazza San Francesco, tgl., Mittagspause

Wer oben in der Stadt bleiben möchte, sollte noch den Besuch von **San Francesco** (1276, 1404–1480 erweitert) einplanen. Hier stand früher das Oratorium des Florentiner Märtyrers Minias, des Patrons von San Miniato. Allein der Eindruck beim Betreten des schlichten Kirchenraumes ist den Besuch wert, hinzu kommt eine Vielzahl von Ölbildern und Fresken u. a. von Niccolò di Pietro Gerini und vom namenlosen ›Meister von San Miniato‹.

Museo dell'Area Archeologico di San Genesio

Borgo San Genesio, Mobil-Tel. 348 718 79 08, zzt. nur 2. So/Monat und nach Voranmeldung, Erw. 9 €

Das **Archäologische Museum** von San Miniato befindet sich inzwischen im neu errichteten modernen Bau zwischen den Ortsteilen Ponte a Elsa und La Scala, auf der Area Archeologica di San Genesio. Es zeigt u. a. Grabungsfunde aus dem nahen Fontevivo, Zeugen der etruskischen und römischen Geschichte San Miniatos.

Infos

San Miniato Promozione: 56027 San Miniato al Tedesco (PI), Piazza del Popolo 1, Tel. 0571 427 45, www.sanminiatopromozione.it.
Öffnungszeiten und Sightseeing-Pass: Leider sind die Öffnungszeiten der einzelnen Sehenswürdigkeiten mehr als gewöhnungsbedürftig. Auch den praktischen Museumspass hat man zumindest vorläufig, wie es heißt, abgeschafft.

Übernachten

Zimmer mit Aussicht – **Miravalle:** Piazetta Castello 3, Tel. 0571 41 99 04, www.hotelmiravallesanminiato.it. Zum Art Hotel mit 150 Kunstwerken renovierter historischer Palazzo am Rand der riesigen Terrasse des Domplatzes mit Blick über das Tal und die Unterstadt. 18 stilvolle Zimmer, zum Teil mit Holzbalkendecken. Restaurant, wenige eigene Parkplätze. €€

Essen & Trinken

Ländliche Küche – **Omero:** San Miniato Basso, Piazza della Pace 4, Tel. 0571 40 05 20, Ruhetag Sa. Die Osteria mit 200-jähriger Tradition ist aus dem historischen Stadtkern San Miniato al Tedescos in die Unterstadt gezogen. Dort verwöhnt sie ihre Gäste weiterhin mit toskanischer Küche und gutem Fleisch vom Grill. Im Winter gibt's weiße und schwarze Trüffeln, dann kostet das Essen etwas mehr. €

Abends & Nachts

Mit Panoramaterrasse – **Caffè Centrale:** Via IV Novembre 29, Tel. 0571 430 37, Di–So 7–20, 22–1/2 Uhr. Café seit 1930, schon länger mit Restaurant und Weinverkostung. Raucherzimmer, nach hinten Terrasse mit wunderschönem Ausblick. Aperitifs mit kleinen Knabbereien.

Termine

25. August: Theateraufführungen zu Ehren des hl. Genesius.

Fiera del Tartufo: An den letzten drei Novemberwochenenden. Größter Trüffelmarkt der Toskana, auch mit vielen anderen Produkten der Gegend, von ihren Herstellern direkt angeboten.

Aktiv

Golf – **Golf Club Fontevivo:** Via Fontevivo 5, Tel. 0571 41 90 12, www.sanminiatogolf.it. 9-Loch-Platz.

Paláia ▶ E 6

Das kleine befestigte Dorf **Paláia** in einsamer Lage (240 m hoch, rund 4600 Einw.) lädt nicht nur zum geruhsamen Bummeln ein, sondern auch zum Besuch der außerhalb der Mauer auf einer Terrasse liegenden **Pieve San Martino** (1270/1300). Sie ist vollständig aus Backstein errichtet und mit einem umlaufenden Bogenfries mit Konsolen dekoriert, die unterschiedliche menschliche und tierische Figuren schmücken. Auch innen zeigt sich die dreischiffige Basilika ganz in Cotto, nur der ursprünglich ebenfalls damit belegte Boden musste ersetzt werden, nachdem die Kirche im Zweiten Weltkrieg als Garage zweckentfremdet worden war. Das Weihwasserbecken soll einst als Hohlmaß gedient haben für die Menge Wein, die jede Familie einmal jährlich der Kirche zu stiften hatte (inzwischen bleibt die Kirche tagsüber fast immer geöffnet).

Übernachten

Historisch – **Leones Antica Dimora:** Via della Rocca 2, Mobil-Tel. 347 731 12 75, auf Facebook. Kleines Hotel in historischen Mauern mehrerer zusammengelegter Dorfhäuser. Eine Oase der Ruhe, ob in einem stillen Winkel des aristokratischen Palastes oder in seinem durch Pergolen schattigen Garten. 13 mit Antiquitäten eingerichtete Zimmer auf vier Stockwerken, im ersten Stock mit Fresken, auf jeder Etage ein kleiner Salon. Whirlpool. Abendessen auf Anfrage. €€

Essen & Trinken

Osteria – **Antica Farmacia:** Via del Popolo 51, Mobil-Tel. 339 792 69 95, außer So nur abends,

Ruhetag Mi. Die kleine Osteria in einer früheren Apotheke ähnelt einem Wohnzimmer mit Kamin. Auch unter der neuen Leitung gibt es hausgemachte Ravioli, gefülltes Kaninchen oder *peposo* (Gulasch) mit Gemüse. Gutes Drei-Gänge-Menü. €–€€

Gemütlich – **Peggio Paláia Pub:** Piazza del' Popolo 24, Tel. 0587 622 52 22, 11–1/2 Uhr, Ruhetag Mo. Kleines gemütliches Lokal in niedrigem Dorfhaus, Barraum, Nebenzimmer, Terrasse. Nur Kleinigkeiten zu essen wie *primi,* kalte Platten oder *panini.* €

Termine

In Paláia werden mehrere *sagre* im Jahr gefeiert, die schönste ist die **Sagra del Crostino:** Am 1. Mai werden zehn verschiedene *crostini* und andere Leckereien von der Dorfgemeinschaft angeboten, der Verkaufserlös dient wohltätigen Zwecken.

Montaione ▶ F 6

Montaione ist ein hübsches Städtchen (3700 Einw.) in ca. 350 m Höhe, dessen Alltag sich noch immer innerhalb der historischen Mauern seines ovalen *castello* abspielt. Der Ort war bereits im Jahr 1220 für die Glaskunst in kleinen Werkstätten bekannt, bis im Laufe des 19. Jh. die Handwerker in die neuen Fabriken Richtung Empoli im Tal abwanderten und man in Montaione zur Landwirtschaft zurückkehrte. Landwirtschaft bedeutet inzwischen Getreideanbau, aber vor allem Wein- und Olivenölproduktion.

Die Lage des Städtchens ist ideal: Zum einen bietet sich von hier ein großartiger Rundblick über die umgebenden Hügel, teils mit Weingärten bedeckt, teils bewaldet, teils für den Getreideanbau genutzt. Zum anderen kann man von hier hervorragend auf Entdeckungstour gehen, ob mit dem Wagen, dem Rad oder zu Fuß. Im Ort selbst kann man hervorragend einkaufen in den noch immer funktionierenden kleinen Metzgereien und Konditoreien, vom gut ausgestatten Supermarkt in der Stadtmauer ganz zu schweigen. Das alles hat sich bis in die heutige Zeit gerade deshalb erhalten können, weil es hier viele Ferienhäuser gibt, die fast das ganze Jahr über vermietet werden. Wer gerne mal ausgeht, findet gute Restaurants unterschiedlicher Couleur. Auch sportlich kann sich Montaione sehen lassen: Einen Katzensprung entfernt liegt ein viel gelobter Golfplatz (s. Tipp S. 173), und auch einen Reiterhof gibt es.

Museo Civico

Via Cresci 15, April–Okt. Mo 16.30–19.30, Di–So 10–13 Uhr, Erw. 3 €, inkl. San Vivaldo 6 €

Eine echte Attraktion ist das **Museo Civico.** In einem schlichten Dorfhaus, das auch das Infobüro beherbergt, zeigt es archäologische Funde aus Montaione und Umgebung, aber auch eine Schenkung mit prähistorischen Funden aus der Sahara, speziell aus Libyen.

Infos

Visit Montaione: Via Cresci 17–19, Tel. 0571 69 92 55, www.visitmontaione.com.

Übernachten

Neu in alten Mauern – **Le Macine:** Viale Italia 25, Tel. 0571 68 05 12, www.hotellemacine.com. Neues komfortables Hotel mit 14 hellen Zimmern in historischen Mauern in wunderbarer Lage mitten im Ort über der Stadtmauer. Abendrestaurant. €-€€

Freundlich – **Carpe Diem:** Via da Felicaia 67, Tel. 0571 69 78 88, www.carpediemmontaione.com. Familiär geführtes modernes Hotel im neueren Stadtteil, aber nahe dem historischen Zentrum. Sieben gepflegte Zimmer, sehr gutes Restaurant, mit Pool und Parkplatz. €–€€

Essen & Trinken

Ländlich – **Casa Masi:** Località Mura, Via Collerucci 53, Tel. 0571 67 71 70, www.casamasimontaione.it, Ruhetag Mo, Di mittags. Gemütliches Landrestaurant in zwei fast wie ein Landmuseum eingerichteten Räumen auf einem Landgut, schöne Bachlage mit großem Auslauf (schön für Kinder). Auch vier Zimmer. Toskanische Spezialitäten wie *bistecca fiorentina,* Kaninchen in Beize mit Beilage. €–€€

Leckere Küche – **Il Caminetto:** Località Le Mura, Tel. 0571 67 71 30, Ruhetag Mo. Angenehme Trattoria mit zweigeteiltem Raum.

Balkendecken, Backsteinwände, schön eingedeckt. Hausgemachte Ravioli mit Steinpilzfüllung oder mit Walnüssen und Pinienkernen, gefülltes Kaninchen, Lamm, Wild zur Saison. €–€€

Einkaufen

Weingut – **La Pieve:** Località La Pieve, Via Santo Stéfano 41, Tel. 0571 69 79 49, www.lapieve.net. Weingut mit hervorragenden Tropfen (gutes Preis-Leistungs-Verhältnis) in historischen Mauern nördlich von Montaione, mit Weindegustation nach vorheriger Anmeldung. Das Weingut vermietet auch Ferienwohnungen.

Aktiv

Reiten – **Ranch il Gelsomino:** Via Mura 22, Mobil-Tel. 333 140 25 31, 347 320 08 00, www.gelsominoranch.com. Reitklub mit Halle, Pferdepension, Reitstunden, Ausflüge.

Verkehr

Bus: Regelmäßige Verbindungen im Berufsverkehr (alle 30–40 Min.) mit Castelfiorentino/Bahnstation (10 km von Montaione) an der dicht befahrenen Strecke Pisa–Empoli–Siena.

Tipp

GOLF VOM FEINSTEN

Der 27-Loch-Golfplatz von **Castelfalfi,** nur 9 km von Montaione entfernt, ist das Aushängeschild der Gegend, vor allem seit das riesige Landgut wieder zum Leben erweckt wurde. Einige Landhäuser wurden restauriert, die sich betuchte Toskana-Liebhaber ebenso leisten wie das feine Restaurant in der Rocca. Für den Normalreisenden bietet sich eher das angenehme Hotel **La Tabaccaia** (31 Zimmer) in der früheren Tabaktrockenhalle an. Die große Poollandschaft in herrlicher Lage kann auch von Tagesgästen benutzt werden. Es liegt nahe der **Trattoria il Rosmarino** (Ruhetag Di) mit perfekt zubereiteten toskanischen Gerichten zu moderaten Preisen. **Infos:** www.castelfalfi.it.

San Vivaldo ▶ F 6

Kloster/Kapellen: Via San Vivaldo 11, 7 km südlich von Montaione, gut ausgeschildert, www.sanvivaldointoscana.com, www.gerusalemmetoscana.com, Gelände frei zugänglich, Kapellen: April–Okt. Mo–Sa 15–19, So, Fei 10–19, Nov.–März tgl. 14–17 Uhr, mi tMuseo Civico Erw. 6 €

Die größte Sehenswürdigkeit in der Umgebung von Montaione stellt zweifelsohne **San Vivaldo** dar, das sogenannte Jerusalem in der Toskana: ein kleiner Berg inmitten eines herrlich dichten Waldes, der **Selva di Camporena,** auf dem in einer Höhle unter einem Kastanienbaum der Eremit Vivaldo Stricchi da San Gimignano zu Beginn des 14. Jh. lebte und starb. 1497 erwarben die Franziskaner den Platz und ließen dort von 1500 bis 1530 das Kloster sowie Kapellen und kleine Tempel errichten, die eine Nachbildung Jerusalems im 15. Jh. mit den wichtigsten Kreuzwegstationen abgeben sollten – **Gerusalemme in Toscana**. Die insgesamt 24 Kapellen in 17 Gebäuden oder Tempelchen (ursprünglich waren es 34, doch 17 von ihnen wurden im 17. Jh. zerstört) wurden von Künstlern aus der Schule Giovanni della Robbias mit fast vollplastischen, farbig bemalten Terrakottabildern ausgestattet und teilweise freskiert. Der Kustode der beiden noch im Kloster lebenden, greisen Franziskanermönche öffnet auf Anfrage gerne die Türen vor bzw. zu den Kapellen, deren Kunstwerke in ihrer herrlichen Farbenpracht (sie wurden 1970–1980 restauriert) in aller Ruhe bewundert werden können.

Im 16. Jh. war es nicht einfach, nach Jerusalem zu reisen, also eine Pilgerfahrt ins Heilige Land zu unternehmen. Der toskanische Papst Leo X. erklärte daher 1516 San Vivaldo zu einem Monte Sacro, einem heiligen Berg, der – nahe an der Frankenstraße – günstig für viele Reisende lag: Wer hierher pilgerte, wurde genauso erlöst wie bei einer Pilgerfahrt ins Heilige Land. Zu den schönsten Kapellen gehören das **Cenacolo,** links mit dem »Abendmahl«, rechts mit der »Fußwaschung«, ganz hinten oben das »Pfingstwunder« oder die noch völlig freskierte **Cappella del Crosifisso** (Kreuzigungskapelle) auf dem Kalvarienberg.

Picknicktische vor dem Kloster und ein Restaurant im Anbau laden zu einer Rast ein. Im Sommer finden im Kreuzgang Konzerte klassischer Musik statt, und in der Scheune nebenan informiert eine ständige Ausstellung über die Geschichte des interessanten Ortes.

Essen & Trinken

Angenehm – **Il Focolare:** San Vivaldo, Tel. 0571 69 84 35, im Winter nur Sa, So 11.30–14.30, 18.30–22, im Sommer Mo–Fr 18.30–22.30, Sa, So auch 11.30–14.30 Uhr. Urgemütliches Restaurant im Anbau des Klosters, schön eingedeckt. Vielfältige *antipasti,* Spezialität u. a. *pici* mit Rehfleisch, Wildschweingulasch, Kaninchen. Menü ab 25 €.

Ausflug nach Certaldo

▶ F/G 6

Der vermeintliche Geburtsort des Dichters Boccaccio, genauer gesagt die mittelalterliche Altstadt auf dem Hügel über der Neustadt (16 000 Einw.), ist während der Woche ein wenig besuchter, ruhiger Ort. Giovanni Boccaccio, dem **Certaldo** seinen Ruhm verdankt, sollte allerdings erst lange nach seinem Tod zu Ruhm und Ehren kommen: 1313 als uneheliches Kind geboren, unsicher, ob hier oder in Florenz, jedenfalls sicher 1375 in Certaldo gestorben, hat er es zwar in Florenz bis zum Kämmerer im Rathaus gebracht, aber sein »Decamerone« (im Jahr der Pest 1348 entstanden) erlöste ihn nicht aus seiner andauernden finanziellen Misere. Das Haus, in das Boccaccio sich 1361 zurückgezogen und in dem er bis zu seinem Tod gelebt haben soll, ist heute als Studienzentrum und Museum eingerichtet (s. rechts).

Certaldo Castello (oder Certaldo Alto), in 130 m Höhe über dem Elsa-Tal und der neu-

Certaldo Alto, die Stadt des Dichters Giovanni Boccaccio

eren Unterstadt gelegen, wurde ursprünglich von Florenz als Bollwerk gegen Siena ausgebaut und wirkt noch heute wie eine kompakte, uneinnehmbare Festung. Nach den Zerstörungen des Zweiten Weltkrieges wurde es behutsam restauriert und zählt zu den sehenswertesten Städtchen der Toskana.

Palazzo Scoto da Semifonte und Palazzo Strozzi Ridolfi

Den Beginn der **Via Boccaccio** markiert der hübsche, von Zinnen bekrönte **Palazzo Scoto da Semifonte** (13./14. Jh.). Er beherbergt heute ein angenehmes kleines Hotel-Restaurant (Il Castello, s. Übernachten) mit einem zauberhaften Innenhof – der richtige Ort für eine Siesta nach dem Essen. Über Eck steht der ebenfalls zinnenbekrönte **Palazzo Strozzi Ridolfi** mit Renaissance-Innenhof, teilweise in ein B & B umgewandelt; man kann jederzeit den Innenhof zur Besichtigung betreten, das Tor steht normalerweise weit offen.

Casa Boccaccio und Palazzo Pretorio

Öffnungszeiten, Eintritt s. Infos

Weiter oben steht die **Casa Boccaccio** (www.casaboccaccio.it), dann sieht man schon am anderen Ende der **Via Boccaccio**, leicht nach links versetzt von dieser Achse, den **Palazzo Pretorio** aus Backstein mit weit offener Loggia. Die Fassade schmücken Wappen (einige von Della Robbia geschaffen) all jener, die hier das Sagen hatten, außerdem aus unerklärlichen Gründen das Konterfei eines Kleinkindes.

In dem mittelalterlichen Bau um einen Renaissance-Innenhof, der im 15. Jh. seine heutige Form erhielt, befindet sich heute ein **Museum.** Es besitzt beachtenswerte Fresken und eine Sammlung interessanter archäologischer Funde aus etruskischer und romanischer Zeit sowie abgenommene Fresken aus dem Mittelalter, Ölgemälde, ein reiches Archiv sowie Zeichnungen zeitgenössischer Künstler zum Thema Boccaccio. Ein Glanzstück ist die von Benozzo Gozzoli und Giusto d'Andrea freskierte **Cappella della Giustizia.**

Museo Arte Sacra

Di–So 10–16.30/17.30 Uhr, Eintritt s. Infos

Zwischen der Casa Boccaccio und dem Palazzo Pretorio befindet sich, fast versteckt auf derselben Straßenseite, in einem früheren Augustinerkonvent (15. Jh.) das **Museo d'Arte Sacra**. Malerei, Bildhauerkunst und sakrale Gegenstände ab dem Ende des 13. Jh. sind hier effektvoll ausgestellt. Hauptwerk dürfte ein hölzernes Kruzifix aus dem 13. Jh. sein, das einen über den Tod triumphierenden Christus darstellt.

Infos

Pro Loco: 50052 Certaldo (FI), Via Boccaccio 16, Tel. 0571 65 27 30, www.prolococertaldo.it.

Museumseintritt: Für alle drei Museen Certaldos gibt es ein **Sammelticket,** Erwachsene zahlen für zwei Museen 4 €, drei Museen 6 €. Auch die Öffnungszeiten (außer Museo d'Arte Sacra) hat man vereinheitlicht: April–Okt. tgl. 9.30–13.30, 14.30–19, Nov.–März Mi–Mo 9.30–13.30, 14.30–16.30 Uhr.

Übernachten

Palast-Apartments – **Guesthouse Boccaccio:** Via Boccaccio 32, Mobil-Tel. 33 95 33 45 66, www.guesthouseboccaccio.it. Drei Apartments für 2–4 Pers. im wunderbar restaurierten Palazzo Strozzi Ridolfi (s. links), Parkplatz. €€

Für Genießer – **Osteria del Vicario:** Via Rivellino 3, Tel. 0571 66 78 09, www.osteriadelvicario.com, Ruhetag Do. Gemütliches kleines Hotel in einem aufgelassenen Kloster aus dem 13. Jh. mit Garten im zauberhaften romanischen Kreuzgang. Fünf Zimmer, drei davon in der Dependance. Sehr gutes Restaurant, Parkplatz. €€

Versteckter Garten – **Il Castello:** Via della Rena 6, Tel. 0571 66 82 50, www.albergoilcastello.it, Nov. geschl. Kleines Hotel mit ambitioniertem Restaurant im mittelalterlichen Palazzo Scoto da Semifonte (s. links). Zauberhafter Garten, 12 Zimmer. €€

Camping – **Panorama del Chianti:** Località Marcialla 349, Tel. 0571 66 93 34, www.campingchianti.it, Mitte März–Mitte Okt. Auch 16 m² große, feste Zelte. Mit Swimmingpool! €

Essen & Trinken

s. auch Hotels.

Authentisch – **A Casa Tua:** Via Boccaccio 24, Tel. 0571 66 82 29, 12–15, 19–22 Uhr, Ruhetag Mo. Pasta, Suppen, Aufschnittplatten und wenige Hauptgerichte in heimeliger Atmosphäre, die dem Namen des Lokals gerecht wird. Lohnendes Menü. €.

Für zwischendurch – **Bottega di Chichibio:** Via Boccaccio 4, Tel. 0571 65 25 04, www.osteriadachichibio.com, tgl. 10–18 Uhr. Kleiner Lebensmittelladen nahe dem Palazzo Pretorio mit wenigen Tischen für kleine Mahlzeiten, alles bio. €

Verkehr

Bus: Regelmäßige Anbindung nur ab der Unterstadt an Empoli und Poggibonsi, nach Certaldo Alto muss man zu Fuß gehen oder einen der seltenen Busse bzw. die *funicolare* (s. unten) nehmen.

Standseilbahn: Ab der Piazza Boccaccio (Unterstadt) zur Bergstation beim Hotel Castello tgl. 7.30–19.30, im Sommer 7.30–1 Uhr, Erw. 1 €.

Montecatini und die Valdiniévole ▶ E/F 4

Der bedeutendste Kurort der Toskana und einer der wichtigsten Italiens wirft seine Schatten auf eine wunderschöne Umgebung: Kaum jemand kennt die **Valdiniévole,** das Wolkental. So heißt es noch immer wegen der einst ständig umnebelten Flüsschen, die dem früheren Sumpfgebiet zueilten, bis es trocken gelegt und urbar gemacht wurde. Gewiss waren die Nebelwolken ein romantischer Anblick, der Dichter und Maler inspirierte, aber weder für die Gesundheit der Bevölkerung noch für den Fremdenverkehr förderlich. Geblieben ist nur der fast märchenhaft klingende Name des Flüsschens Niévole (im Osten des Gebietes) und des gesamten, recht hügelreichen ›Tales‹ Valdiniévole. Es reicht im Südosten bis Lamporecchio und Larciano, im Südwesten umfasst es das alte Sumpfgebiet von Fucécchio (die Cerbaie) und verläuft an der Linie Monsummano–Chiesina Uzzanese über die Autobahn bis Montecatini Terme. Die Fortsetzung führt weiter in die nördlichen Hügel mit den zauberhaft gelegenen Ortschaften Colle und Buggiano, Massa und Cozzile, Uzzano und dem größeren Péscia mit dem benachbarten Collódi, hinauf bis zu den sogenannten Valli Pesciatine, also in etwa zwischen den Flüssen Niévole und Péscia, im Westen begrenzt von Lucca, im Süden von Pisa.

Montecatini Terme ▶ E 4

Der Paradekurort der Toskana, **Montecatini Terme,** bietet eine ausgewogene Hotellerie aller Schattierungen, vom 5-Sterne-Luxus bis zur liebevoll gepflegten 1-Stern-Pension. Montecatini weiß, was es an seinen Kurgästen hat und tut entsprechend viel für den Erhalt des guten Rufes: Das Hotel- und Kurpersonal ist gut geschult, die Kuranlagen sind gepflegt, Diätköche verstehen ihr Handwerk, die verkehrsberuhigte Kurzone wurde erheblich erweitert und besitzt einen immens großen Kurpark mit uralten, prachtvollen Bäumen. Die Italiener lieben es, in Gesundheit versprechender Atmosphäre, mit einem Glas in der Hand, von dem warmen, wahrlich nicht wohlschmeckenden Wasser zu nippen. Das Tettuccio (kleines Dach), das längst keine Quelle mit kleinem Schutzdach mehr ist, hat sich zur schönsten und größten Therme von Montecatini gemausert. Von den farbigen Kachelwänden schauen einen kurverwöhnte Gestalten im antikisierenden Stil an, die natürlich ebenfalls Wasser trinken. An manchen von ihnen ließe sich der Hinweis auf eine Idealfigur ablesen …

Aldous Huxley beschrieb Montecatini in seiner 1921 erschienenen Novelle »Nach dem Feuerwerk« mit bissigem Zynismus als Tummelplatz von Ungeheuern, als einen »Ort der Strafe, nicht nur der Heilung«: »Zwei-Zentner-Frauen quellen aus ihren Stühlen, alte Männer watscheln wie voll gefressene Bären durch die Wandelhallen, andere stolzieren wie Pfaue hinter den eigenen, prallen Bäuchen her – andere schwanken ausgemergelt und gallengelb zu den polierten Messinghähnen, wo ihnen gelangweilte Brunnenfeen das salzige, lauwarme Wasser zapfen.« Nun, Huxley war damals 26 Jahre jung, das Kurpublikum aber eines, das erst kam, wenn es fast schon zu spät war.

Geschichte

Seinen Ruhm hat Montecatini Terme, dessen Heil bringende Wasser schon in der Antike bekannt waren, aber nach der Renaissance in Vergessenheit gerieten, dem aufgeklärten Fürsten Peter Leopold von Habsburg-Lothringen zu verdanken. Er baute nicht nur große Teile der Toskana um, sondern nahm sich auch der Valdiniévole und damit Montecatinis an. Er ließ die Thermalquellen von Spezialisten neu fassen und veranlasste den Bau des Königlichen Bades (Bagno Regio) 1773, der Terme Leopoldine und der Badeanstalt Tettuccio 1779. Logisch, dass seine Anwesenheit in Montecatini gekrönte Häupter, Dichter und Musiker nach sich zog.

Heute kämpft Montecatini wie viele andere Kurorte um seine Existenz, neue Konzepte wie mehr Sport sollen eine andere Klientel ansprechen. Man will sich jünger, dynamischer geben, aber auch mehr interessante kulturelle Veranstaltungen anbieten.

Kurbezirk

Nur in der Stadtmitte, an der **Piazza del Popolo** mit der geradezu hässlichen, neuzeitlichen **Kirche Santa Maria Assunta** und dem nahen **Kursaal** ist die knapp 20 500 Einwohner zählende Stadt betriebsam und recht laut. Doch von hier aus gelangt man schnell durch den feinen **Viale Verdi** mit seinen klassizistischen Palästen, die innen teilweise mit Jugendstildekorationen überraschen, zum noch feineren, eigentlichen **Kurbezirk** mit kleineren Jugendstilvillen. Von Juni bis September nachts für fremde Autos und Motorräder gesperrt, ist er eine Oase der Ruhe, ebenso wie der schöne **Kurpark** mit seinen Baumriesen und Thermalbädern. Zwei dieser Bäder sind besonders erwähnenswert: die klassizistische **Terme Leopoldine** sowie das elegante **Stabilimento Tettuccio,** ein großzügig angelegter Bau mit prachtvollem Säulenportikus.

Infos

Ufficio Turistico: 51016 Montecatini Terme (PT), Viale Verdi 66a, Tel. 0572 77 22 44, www.termemontecatini.it.

Übernachten

Jugendstilambiente – **Grand Hotel e La Pace:** Via della Torretta 1, Tel. 0572 92 40, www.grandhotellapace.it, März–Nov. Das traditionsreichste Kurhotel der Stadt im Zentrum, 120 zum Teil leicht verstaubte, aber großzügige Zimmer und 30 Suiten, dicht gewachsener Garten mit hohen Bäumen und beheiztem Pool. Restaurants, Tennis, Fitness, Spa, Parkplatz. €€–€€€

Frühstück am Pool – **Grand Hotel Croce di Malta:** Viale IV Novembre 18, Tel. 0572 92 01, www.crocedimalta.com. Traditionelles Hotel am Kurpark (108 Zimmer, 27 Suiten). Viel gelobtes Restaurant, im Sommer Frühstücksservice auf der Poolterrasse im Garten. Garage. €€–€€€

Familiär – **Torretta:** Viale Bustichini 63, Tel. 0572 703 05, www.hoteltorretta.it, April–Nov. Traditionelles Familienhotel oberhalb des Kurparks, 59 modernisierte Zimmer, Pool im kleinen Garten, hervorragendes Restaurant für Hausgäste, Cantina, Parkplatz. Zum Hotel gehört ein hübsches Landgut auf halber Höhe zwischen Montecatini Terme und Montecatini Alto, auf dem die Hotelierfamilie auch Kochkurse anbietet. €€

Zentral – **Florida:** Via Michelangelo 16, Tel. 0572 702 27, www.albergo-florida.it, ganzjährig. Nettes Stadthotel im Zentrum, 34 Zimmer, dazugehöriges Restaurant **Corsaro Verde** in der Nähe, Parkplatz. €

Essen & Trinken

Montecatinis Hotel-Restaurants sind so gut, dass sich Restaurants nur schwer behaupten können. Man findet aber überall Pizzerien und Cafés, in denen man zur Mittagszeit eine Kleinigkeit zu essen bekommt. Die berühmten Lokale sind teuer bis sehr teuer, z. B.:

Tolle Weinkarte – **Enoteca Giovanni:** Via Garibaldi 25/27, Tel. 0572 730 80, Ruhetag Mo, je zwei Wochen Febr. und Aug. geschl. Nettes kleines Restaurant in zwei unterschiedlichen

Kuren in prunkvollem Ambiente: Aus edlen Hähnen fließt das kostbare Heilwasser

Räumen – einer elegant, der andere eher rustikal gehalten. Innovative toskanische Küche (Fleisch und Fisch) und eine gute Weinauswahl, im Sommer abends mit Tischen auf der Piazza. €€–€€€

Einkaufen

Antiquitäten – Nostalgisch anmutende Versteigerungsabende (*asta,* pl. *aste*); ab 18 oder 21 Uhr in speziellen Antiquitätenläden.

Abends & Nachts

In den Hotelbars finden **Cocktail- und Tanzabende** statt. Der Viale IV Novembre im Herzen der Kurstadt hat sich zu einer richtigen In-Meile entwickelt mit inzwischen drei Lokalen, die vor allem von Jugendlichen gerne aufgesucht wird. Allen voran gilt das **Juè** als die Topadresse. Für alle Altersklassen und Gelegenheiten wird aber immer mehr das **Park-Cafè** im Kurpark aufgesucht. Traditionelle Gäste bevorzugen das allerdings recht hochpreisige **Gambrinus** schräg gegenüber (Viale Verdi 26) mit seiner edlen Arkaden-Architektur, auch nach dem letzten Umbau.

Aktiv

Golf – **Montecatini Golf Club:** 51515 Monsummano Terme, Località Pievaccia (9 km südöstl.), Tel. 0572 622 18, www.montecatinigolf.com. 18-Loch-Golfplatz.

Pferderennen – **Ippodromo:** Die Rennbahn von Montecatini liegt am Viale Leonardo da Vinci südl. der Bahnlinien. Infos unter www.ippodromisnai.it/sesanatrotto.

Radfahren – **Radverleih:** über die Hotels und u. a. im Süden des Kurparks.

Geführte Ausflüge – In die **Sümpfe (Palude) von Fucécchio:** Infos unter Tel. 0573 845 40, www.zoneumidetoscane.it.

Verkehr

Bahn: Montecatini ist Bahnstation auf der Strecke Florenz–Lucca und wird zu den Hauptverkehrszeiten stdl. angefahren.

Bus: Mindestens stdl. zwischen Florenz und Lucca (Umsteigen nach Viaréggio) sowie Pisa.

Standseilbahn: Die rote *funicolare* verbindet während der Saison alle 30 Min. und sonst meist stdl. Montecatini Terme mit der historischen Oberstadt Montecatini Alto (s. S. 179).

Montecatini Alto ▶ E 4

Die rote Standseilbahn (ab 1898) mit den beiden hübschen Kabinen namens Gigia und Gigio führt vom Kurgebiet alle halbe Stunde in nur zehn Minuten hinauf nach **Montecatini Alto,** man genießt dabei die Fahrt durch den Wald und zwischen den Gärten hindurch. Das im mittelalterlichen Kern vollständig unter Denkmalschutz stehende Nest ist den Fußgängern vorbehalten.

Die Attraktionen des Ortes sind seine Lage und eine kulinarische Spezialität, die *fettunta,* auf Holzglut geröstetes toskanische Weißbrot, mit Knoblauch eingerieben und mit Olivenöl beträufelt, etwas Salz drauf – fertig. Passend dazu wird in den netten Straßencafés der trockene Weißwein von Montecarlo getrunken, der südwestlich von Montecatini gedeiht.

Piazza Giuseppe Giusti

Die **Piazza Giuseppe Giusti,** nur ein paar Schritte von der *funicolare* entfernt, ist lang gestreckt und leicht abfallend. Sie erinnert ein wenig an die berühmte Piazzetta von Capri. Die umliegenden Cafés sind nicht ganz so anspruchsvoll, aber dafür fühlen sich auch die Einheimischen hier noch wohl.

In Montecatini Alto wurde Ugolino da Montecatini 1348 geboren, der durch seine medizinischen Traktate als Begründer der modernen Thermaltherapie gilt. An ihn erinnert der Name des hochmittelalterlichen **Turmes** an der Piazza Giusti. Und hier verbrachte seine Kindheit und Jugend der in der Valdiniévole sehr beliebte, kränkelnde Dichter Giuseppe Giusti (1809–1850), nachdem die zentrale Piazza benannt ist.

Promenadenrundweg

Ein schöner **Promenadenrundweg,** an dem entlang man unter den schattigen Bäumen den Wagen abstellen kann, führt zu den wenigen Sehenswürdigkeiten wie den Resten der Festung und garantiert ringsum herrliche Ausblicke in die umgebenden Täler, auf die mondäne Kurstadt unten und zu den kleinen befestigten Dörfern der Valdiniévole weiter oben.

Grotta Maona

Tel. 0572 745 81, http://grotte.toscana.it/grotta_maona.html, April–15. Okt. 9–12, 15–18 Uhr, Besichtigung im Rahmen von 20-minütigen Führungen (Höhlentemperatur nur 15° C), Erw. 6 €

Unterhalb von Montecatini Alto führt eine kurze Abzweigung zur **Grotta Maona,** die Mitte des 19. Jh. entdeckt wurde. Die Tropfsteinhöhe beeindruckt, speziell an ihrem Ende, mit Stalagmiten und Stalaktiten, die Namen bekamen wie Steinerner Wald und Säule, Wasserfall oder Beine eines Riesen. Ein einladendes Café bildet hier zudem die Kulisse für Veranstaltungen des sogenannten Complesso Turistico mit Bar und Tanz im Freien (s. S. 181).

Übernachten

Familiäres Ambiente – **Casa Gala:** 51010 Montecatini Alto, Via Talenti 2, Tel. 0572 76 61 30, auf Facebook, Juni–Sept. Nette kleine Pension am unteren Ende der Piazza Giusti mit sieben Zimmern, zwei davon mit Balkon zur Piazza, und Restaurant. €

Essen & Trinken

Die einladenden Cafés rund um die hübsche **Piazza Giuseppe Giusti** bieten auch Restaurantservice an. Man kann also den ganzen Tag am Platz bei Wein und *fettunta* verbringen oder auch richtig toskanisch speisen. Die Menükarten der Lokale ähneln sich, die Preise auch, ob im **La Torre** (wegen des eingelassenen Turmes aus dem Jahr 1000, Ruhetag Di) oder im **Giusti** (seit 1898, Ruhetag Mi). €–€€

Anspruchslos – **Casa Gala:** s. oben. Kleine kulinarische Oase mit ›chilometro 0‹, also alles möglichst aus der Umgebung, und frische Pasta. €

Einkaufen

Kulinarisches – **Bottega Gala:** schräg gegenüber der Pension Casa Gala (s. oben), tgl. 12–24 Uhr. Die Besitzer der Casa Gala betreiben hier einen wundervollen kleinen Laden, in dem ausgezeichnete lokale Spezialitäten verkauft werden.

Aktiv

DURCH DIE DÖRFER DER VALDINIÉVOLE

Tour-Infos

Start: Massa, Parkplatz vor dem Stadttor
Länge: ca. 6 km
Dauer: ca. 3 Std.
Schwierigkeitsgrad: Wege abschnittsweise steil ansteigend

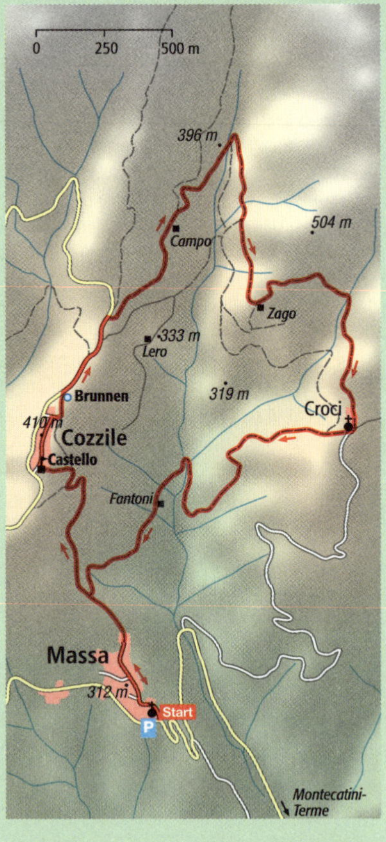

Die Pistoieser Hügel und Berge gehören zu den weniger bekannten Regionen der Toskana und belohnen den Wanderer oder Mountainbiker mit kleinen befestigten Dörfern, großartigen Ausblicken und vielfach schattigen Mischwäldern, durchsetzt mit uralten oder verjüngten Kastanienbäumen.

Unsere Tour beginnt in **Massa** (312 m), unterhalb des gotisch zugespitzten Tores kann man den Wagen parken und gleich in den Ort gehen. Die einzige Piazza-Bar verkauft Getränke und bereitet auf Wunsch auch ein Sandwich für unterwegs zu. Es geht nun rechts von der Bar den mit dunklen Steinplatten gepflasterten Weg immer geradeaus durch das nette, fast nur an den Wochenenden etwas regere Dorf mit schönen Ausblicken nach rechts ins Niévole-Tal. Am Dorfende beginnt der **Maultierpfad** (gelb ausgeschildert), der alte Verbindungsweg zwischen beiden Dörfern, der recht steil nach Cozzile (410 m) führt. Zu überwinden sind demnach nur runde 100 m Höhenunterschied. Immer im Blick das hübsche Castello von Cozzile, das man nach ca. 40 Min. erreicht. Unterwegs kommt man an einem Bild von Rocco Normanno (geb. 1974 in Lecce, lebt seit Jahren in Massa-Cozzile) in der **Via Roma 2** vorbei, den man gerne als den modernen Caravaggio bezeichnet.

In **Cozzile,** unterhalb der Burg, beginnt ein Asphaltweg, und links bald ein **Trampelpfad zur Burg** hoch (Pfeile auf dem Asphalt). Es lohnt sich, bis zur Burg hochzugehen und dann den Ort

zu durchqueren. An dessen Ende erreicht man die Straße und sieht ein gelbes Schild mit dem Hinweis »Margine di Cozzile«, hier steht ein Brunnen mit Marienaltar. Etwa 200 m weiter, am Brunnen vorbei, den nach links abbiegenden Weg ignorieren und erst etwa 200 m weiter nach rechts in einen abwärts führenden **Schotterweg** einbiegen. Dieser ist teilweise grün-blau markiert (Valeriana Trekking) und einfach zu begehen. Nicht nach links dem Wanderschild nach Tómboli folgen, sondern weiter geradeaus gehen; es geht bald über einen Bach und danach links aufwärts.
Man folgt der Straße aufwärts und wendet sich bei einer T-Kreuzung nach rechts. Der Weg verläuft jetzt eben bis leicht abwärts, links der Hang, rechts das Tal. Dann steigt der Weg wieder an, wendet sich nach links und steigt weiter an. Rechts liegt ein eingezäuntes Grundstück mit Haus und kleinem Olivenhain. Nach ca. 400 m geht es wieder abwärts geradeaus. Kurz vor **Croci** gibt es eine Einmündung von rechts, wir bleiben links auf dem Hauptweg, der durch den kleinen Ort bis zur Kirche führt. Hinter der Kirche geht es scharf rechts hinunter und sofort wieder links abwärts (Massa ist ausgeschildert). Ab hier geht es bei kleinen Gabelungen immer bergab, erst bei einer Rechtskurve führt die Schotterpiste geradeaus weiter in einen schmalen Wiesenweg. Man passiert einen kleinen, völlig von Grün überwucherten Schuppen.
Der Weg ist wildromantisch, kann aber bei Regen etwas rutschig werden. Er führt über eine alte Brücke und danach aufwärts. Etwas später passiert man links zur Bachseite ein verlassenes Häuschen, dahinter steigt man zu einer kleinen Asphaltstraße auf. Auf dieser Asphaltstraße geht man links hinab. Der Weg steigt nun wieder an, rechts oben liegt unübersehbar Massa. Rechts zweigt ein mit Gras bewachsener Pflasterweg ab, der bis zur Stadtmauer und dann direkt zur Bar im Ort führt.

Abends & Nachts

Tanzen unter freiem Himmel – **Grotta Maona Discoclub:** Via Maona 35, Mobil-Tel. 345 133 24 81, auf Facebook. Im Sommer heiße Disconächte unter freiem Himmel (April–Okt. mit Sicherheit Sa).

Aktiv

Spaziergang – **Via Crucis:** Als Alternative zu Wagen oder *funicolare* bietet sich die (schattige) Via Crucis als geruhsamer Weg zwischen Montecatini und Montecatini Alto an. Je nach Kondition ist man in rund einer halben Stunde oben bzw. unten und unterwegs kann man Pinienkerne sammeln! Am einfachsten zu finden ist der Einstieg von oben, zu Füßen der Bergstation der Bahn.

Monsummano Terme

▶ F 4

Das wegen seiner zahlreichen Schuhfabriken allzu schnell gewachsene, gesichtslose **Monsummano Terme** liegt im Nordwesten des Montalbano, dessen Flanke wie von riesigen Baggern angeknabbert wirkt. Zwar werden die aufgelassenen Steinbrüche teilweise wieder mit Bäumen bepflanzt, wie es ein toskanisches Umweltschutzgesetz verlangt, aber wirklich schöner wird der Ort dadurch nicht … Immerhin: Montecatinis Golfplatz liegt auf dem Gemeindegebiet von Monsummano Terme, und der Ort besitzt zwei Heilgrotten, die auch für Gesunde einen Besuch wert sind.

Grotta Parlanti und Grotta Giusti

Zwischen Montecatini und Monsummano liegt die **Grotta Parlanti**, die schon 1777 bekannt war, jedoch erst ab 1864 für die speziell dafür errichtete Pension mit Kuranstalt genutzt wurde. Zzt. liegt sie brach.

Steinbrucharbeiten verdankt Monsummano die Entdeckung der **Grotta Giusti** (1849), diese brachte dem Städtchen den Beinamen Terme ein und erhob es damit zum Kurort. Die Grotta Giusti ist eine natürliche Tropfsteinlandschaft mit mehreren weiten Räumen. Je weiter man in die Höhle eindringt, desto wärmer wird die Luft: Von 27 auf 35,2 °C steigend, weshalb die Grotten frei nach Dantes »Göttlicher Komödie« die Namen Vestibül, Paradies, Fegefeuer und Hölle bekamen. Unterhalb der ›Hölle‹ entspringt die Thermalquelle, die sich zu einem *limbo* genannten See ausweitet. Die Luftfeuchtigkeit wird durch die Wärme auf 90 % gesteigert. Je nachdem, wie schwer die Patienten vorher ›gesündigt‹ haben, also je nach Schwere ihrer rheumatischen Leiden, müssen sie, mit einer weißen Tunika und Holzpantinen bekleidet, 40–50 Min. in der ›Hölle‹ sitzen. Im ›Vestibül‹ werden sie anschließend von Badewärtern abgetrocknet und in eine frische, wohlig warme Tunika gesteckt. In Decken gehüllt, fahren sie mit dem Aufzug in die Kuranstalt hoch, wo sie je nach Krankheitsbild Thermalbad oder -dusche erhalten, wieder abgetrocknet und zu den Ruhezimmern begleitet werden. 30–40 Min. Ruhe sind Pflicht, dann können noch Fangopackungen, Unterwassermassagen etc. angewendet werden. Eine aufreibend-intensive Kur, die aber angeblich schon Wunder bewirkt hat: Verdi soll begeistert gewesen sein, und auch Garibaldi war hier.

Museo di Casa Giusti

Viale Martini 18, www.livemonsummanoterme.it, Mai–Okt. Mi–Mo 8–14, 16–19, Nov.–April 8–14, 15–18 Uhr, Eintritt frei

Nahe der ausladenden Piazza Giusti befindet sich in der Via Vincenzo Martini 8 das **Museo di Casa Giusti** in einem Palast, den bereits Ende des 18. Jh. der Großvater des Dichters, selbst ein politisch engagierter Mensch, bauen ließ und wo Giuseppe Giusti am 13. Mai 1809 geboren wurde. Das erste Obergeschoss wurde mit einigen Möbelstücken eingerichtet, die aus dem Besitz des Dichters stammen sollen; das zweite Obergeschoss dient der Dokumentation seines Lebens und Schaffens, ob mit Originalen oder in Kopien.

Übernachten, Essen & Trinken

Stilvoll und wohltuend – **Terme Grotta Giusti:** Via Grotta Giusti 1411, Tel. 0572 907 71, www.grottagiustispa.com. Das historische Kurhotel wurde renoviert und im Juni 2021 als Fünf-Sterne-Haus wieder eröffnet. Es liegt direkt über der Grotta Giusti inmitten eines weitläufigen Parks mit uralten Bäumen. Bekannt gutes Restaurant, riesiger Außenpool mit Thermalwasser. Auch Tagesgäste können sich für einen Spa-/Poolbesuch anmelden (Tagesticket Erw. Mo–Fr 24 €, Sa, So, Fei und vor Fei 28 €, Nachmittagsticket außer Aug. Mo–Fr 15–19 Uhr 17 €, für Kinder günstiger). €€€

Mit Talblick – **La Foresteria:** Località Monsummano Alto, Piazza Castello 8, Tel. 0572 52 00 97, www.ristorantelaforesteria.it, abends, im Winter Sa, So auch mittags, Ruhetag Mo. Viel gelobtes Restaurant in mittelalterlichem Dorf mit herrlichem Blick über das Niévole-Tal. Die zugehörige Villa San Bastiano (www.villasanbastiano.it) nebenan wird nur noch komplett vermietet. €–€€

Massa ▸ E 4

Zwei winzige Nachbardörfer locken von Montecatini Alto nach Westen, beide aus stark befestigten Burgen entstanden, was ganz typisch für die nördliche Valdiniévole ist: Massa und Cozzile. **Massa** bildet ab 223 m Höhe auf seinen beiden Graten ein Ypsilon aus engen Gassen, die von kleinen Wohnhäusern und Plätzen begrenzt werden. Man betritt es durch die **Porta ai Campi** (14. Jh.) mit angebautem **Oratorio della Campagna** (18. Jh.), die auf die umgebenden Felder hinaus führte. Auf der kleinen Piazza Cavour stehen gleich zwei Kirchen beisammen, **San Michele** und **Santa Maria Assunta** (ab 787) mit ihrer dreibogigen Vorhalle, deren klobiger romanischer Glockenturm (12. Jh.) den Platz überragt. Ein *circolo arci* (sozusagen sozialer Treff) mit Bar, ein schmächtiger **Palazzo Pretorio** (ab 13. Jh.) mit den sechs Medici-Kugeln im Wappen, enge Gassen – alles in allem ist Massa ein angenehmer Ort in herrlicher Hügellage.

Cozzile ▸ E 4

Noch winziger ist das benachbarte **Cozzile** in 410 m Höhe mit einer einzigen Dorfstraße, der Via dei Martiri, die zur **Chiesa San Giacopo** (13. Jh., 1526 restauriert) mit dem wehrhaften Campanile führt, ein Teil der einstigen Festung. Die Kirche wurde im 19. Jh. im gotischen Stil wieder aufgebaut und könnte schon wieder eine Restaurierung brauchen. Die hübsche **Porta Nuova a Mezzogiorno** daneben stammt noch aus dem 12. Jh. und öffnet sich zu einem Weg, der heute lediglich in einen kleinen Olivengarten führt und zu einem Spaziergang einlädt.

Buggiano ▶E 4

Den Ort mit den weit auseinander liegenden Ortsteilen erreicht man von Cozzile aus, indem man auf einem aussichtsreichen Bergsträßchen zwischen Ölbaumterrassen ein Stück nach Süden fährt. **Buggiano** besteht aus vier Teilen, die sich im Laufe der Jahrhunderte aus dem ursprünglichen Castello hinaus entwickelten, als die Bewohner erstens mehr Platz und zweitens weiteren Boden für die Landwirtschaft benötigten: Colle oben, Castello 2 km abwärts Richtung Tal, Borgo a Buggiano an der SS 436 westlich von Montecatini und ganz unten Ponte Buggianese.

Buggiano Colle

Buggiano Colle besitzt eine schmale Piazza namens Cavour, die die Bewohner leider völlig zuparken. In der Via Natali steht zwischen den Häusern 4 und 6 eine Barockkapelle, und zwei Gassen weiter engt im Sommer eine unglaubliche Hortensienpracht den Weg fast völlig ein. Colle ist ein Ort für Leute, die gerne selbst entdecken und Ruhe suchen.

Buggiano Castello

Von außen ist kaum erkennbar, wie weitläufig das befestigte Dorf **Buggiano Castello** innerhalb seiner Mauern ist, das es wie die anderen besser nur zu Fuß zu erobern gilt. Ganz oben im Ort breitet sich ein überraschend geräumiger, rechteckiger Platz aus, dessen Umgebung wunderschön saniert wurde. Durch die Baulücke im Osten ist der Blick auf Montecatini Terme und Alto sowie auf die bewaldeten Berge von Pistóia unverstellt. Nach Westen zu, durch einen Rundbogen am ehemaligen Bischofspalast, ist Uzzano zu sehen und die schmale Hügelkette von Lucca.

Borgo a Buggiano

Borgo a Buggiano unten im Tal hat sich zu einem Vorort von Montecatini entwickelt, mit keinen besonderen Merkmalen. Der Abstecher nach Ponte Buggianese (4,5 km) bringt einen zu den Kunstwerken des zeitgenössischen Malers Pietro Annigoni (1910–1988), der sich sowohl in der Wallfahrtskirche **Santa Maria del Buon Consiglio** nördlich des Ortes wie in der Pfarrkirche im Zentrum ein Denkmal gesetzt hat: Ab 1967 schmückte der Maler der Königinnen die Innenräume beider Kirchen aus. Seinen Beinamen trugen ihm die Porträts der ›oberen Zehntausend‹ ein, gekrönter Häupter und Päpste, die er für sie malte. Sein Porträt der Königin von England ging übrigens als Briefmarke um die Welt.

Uzzano ▶E 4

Von Borgo a Buggiano aus führt die Straße wieder hinauf ins 275 m hoch gelegene, befestigte Dorf **Uzzano**. Den Wagen parkt man am besten unten in der Nähe des Tores, vor allem beim **Giugno Uzzanese** im Juni, wenn der ganze Ort Kopf steht. Dann findet man allerdings auch an der Bergstraße keinen freien Parkplatz mehr, wenn zur Festa dell'Amore eingeladen wird, mit Tanz auf der kleinen Piazza. Sonst herrscht auch hier wie in den anderen Dörfern der nördlichen Valdiniévole beschauliche Stille. Von der Piazza mit der romanischen Kirche und dem **Palazzo Pretorio** erblickt man schon die Treibhäuser von Péscia weit unten im Péscia-Tal, man schaut auf die Ausläufer der Garfagnana, den Fluss und die markanten Ölbäume.

Péscia ▶E 4

Die Blumenstadt **Péscia** (gut 19 500 Einw.) ist durch den gleichnamigen Fluss zweigeteilt, dessen Wasser jahrhundertelang den Betrieb von Papiermühlen ermöglichte. Von Uzzano kommend, gelangt man in den neueren Teil am Ostufer, den ›sakralen‹, betrachtet man den Stadtteil auf dem Westufer als den profanen, als das Zentrum der weltlichen Macht.

Ostufer

Einem Triumphbogen gleich wirkt die **Porta Fiorentina**, die Einfahrt in den von hohen Bauten des 17. bis 19. Jh. geprägten sakralen Stadtteil. Gegenüber dem **Ospedale Santi Cosma e Damiano** aus dem 18. Jh. (mit modernem Anbau) steht die kleine **Chiesa Sant'Antonio Abate** (Mitte 14. Jh.), die im Chor Fresken aus dem Leben des Abtes Antonius und anderer Heiligen besitzt (15. Jh.). Nur etwa 150 m weiter bietet die **Chiesa di San Francesco** aus dem 14. Jh. ein ziemlich barockisiertes Bild. Von der ursprünglich schlichten gotischen Hallenkirche sind nur die drei Chorapsiden mit geradem Abschluss erhalten geblieben sowie einige Fresken im oberen Teil und im Deckengewölbe. Ansonsten dominieren die fünf Barockaltäre und die große barocke Kapelle im Norden. Rechts vor dem Chor befindet sich die größte Kostbarkeit der Kirche: das Franziskus-Tafelbild von Bonaventura Berlinghieri (1235).

Auf romanischen Grundmauern ruht in diesem Stadtteil noch der **Dom** aus dem 17. Jh. (Fassade 19. Jh.) mit dem klotzigen Campanile von 1306. Schon seit 1726 ist der Dom Bischofssitz.

Ein schöner, schlichter Natursteinbau auf dieser Seite des Flusses ist der **Palazzo Pretorio.** Der zweistöckige Bau wird von vier großen Gewölbebögen getragen, die Platz- und Talfassade haben jeweils nur vier Fenster. So entsteht der Eindruck einer Festung.

Westufer

Geradezu wohnlich, aufgeräumt, wirkt auf der anderen Flussseite die lang gestreckte **Piazza Grande** oder **Piazza Mazzini** im zweifellos schöneren Stadtteil von Péscia. Eigentlich ist es eine Marktstraße, aber eine von seltener Geschlossenheit. Dieser wahre Salon der Stadt dürfte einer der schönsten (und doch wenig bekannten) Plätze der Toskana sein. An den Flanken im Westen und Osten reiht sich Palazzo an Palazzo, nichts Protziges, höchstens drei- bis vierstöckig, in hellem Ocker oder bräunlich getüncht. Darin befinden sich im Erdgeschoss Bars, kleine Geschäfte und Bäckereien.

Die südliche Schmalseite, die nach der Brücke als erste zur Linken erscheint, bildet die Kirche **Madonna di Piè di Piazza,** ein bescheidener Bau. Er wurde 1447 von Andrea Cavalcanti erbaut und präsentiert sich nun behutsam restauriert, vor allem die schwere, dreiteilige Kassettendecke. In ihrer Mitte zeigt ein ovales Medaillon auf altrosa Grund eine Madonna mit Kind in schönem blauen Gewand.

Die nördliche Schmalseite gegenüber nimmt der **Palazzo dei Vicari** aus dem 13./14. Jh. ein. Über eine großzügige Treppe erreicht man das Obergeschoss, in dem das **Rathaus** untergebracht ist. Wer den Wächter bittet, darf – wenn keine Sitzung stattfindet – den Ratsherrensaal besichtigen. Die Wappenfresken der Vikare sind schön restauriert, ein Wappen zeigt drei Delfine, einer von ihnen mit einer Krone: das Stadtwappen von Péscia. Der Legende nach soll man in der Flussmündung des Péscia einen Delfin gefunden haben.

Links hinter dem Rathaus führt eine schmale Straße zur hübschen **Piazza Santo Stéfano** mit der Kirche **Santi Stefano e Niccolao** (ab 1068). Das Besondere an ihr ist die doppelläufige Treppe aus dem 18. Jh., die damals von Agostino Cornacchini hinzugefügt wurde.

Über Eck folgt die **Piazza Palagio** vor dem **Palazzo Podestà,** in dem die **Gipsoteca Libero Andreotti** (meist Di, Do–So 9/10–12, 15/16–18/19, Mi 9–12 Uhr, Eintritt frei) eingerichtet wurde, mit 230 Gipsmodellen des Bildhauers (1875–1933) aus Péscia.

Blumenmarkt

Via Salvo D'Acquisto 10/12, www.mercatodeifi oridellatoscana.it, Mo–Fr 5–17, Sa 5–11 Uhr

Hinter dem Bahnhof von Péscia hat der größte Blumenmarkt der Toskana seinen modernen Standort. Wer die duftende Pracht auf dem **Mercato dei Fiori** möglichst authentisch erleben möchte, sollte allerdings früh auf den Beinen sein. Im Sommer werden hier täglich rund 3 Mio. Schnittblumen umgesetzt: Nelken hauptsächlich und Gladiolen. Doch in den Treibhäusern blühen auch im Herbst und Winter Nelken. Um seinem Ruf als Blumenstadt gerecht zu werden, hat Péscia übrigens ein Forschungszentrum für Blumenzucht eingerichtet.

Pinocchio, der hölzerne Bengel

Wer kennt den hölzernen Pinocchio nicht, der immer, wenn er lügt, eine lange Nase bekommt und auch sonst ein recht rebellischer ›Sohn‹ ist? In dem ihm gewidmeten Park von Collódi können nicht nur Kinder die Abenteuer der weltberühmten Romanfigur nacherleben.

Der Florentiner Journalist Carlo Lorenzini, besser bekannt als Carlo Collódi, begann 1881 eine Fortsetzungsgeschichte für Kinder, die – schon zwei Jahre später auch als Buch erschienen – Weltruhm erlangen sollte: die abenteuerlichen Geschichten des hölzernen Bengels Pinocchio. Sie sind so berühmt und beliebt, dass seit mittlerweile Jahrzehnten in dem kleinen Ort Collódi nahe Péscia die Händler zwischen Pinocchio-Park und Villa Garzoni mit den hölzernen Figuren ein überaus einträgliches Geschäft machen: Pinocchio in klein mit kurzer Nase, Pinocchio mittelgroß, Pinocchio als Spielriese mit zwei Nasen – zum Auswechseln.

Sein Erfinder Carlo Lorenzini wohnte damals in Collódi und gab sich später den Namen dieses Dörfchens. Federico Fellini, der unvergessene Regisseur des italienischen Films, schrieb einmal: »Pinocchio ist wahrhaftig Italiens großes Buch. Für mich ist es größer als Manzonis ›Die Verlobten‹, ein Buch, das nie aufhört, uns zu nähren, uns zu trösten: ein kleines, so vollkommenes Universum mit seinen Gesetzen, die wir nie mehr verleugnen werden.«

Der ›Vater‹ Pinocchios wurde 1826 in Florenz als Sohn eines Kochs und einer Frau aus Collódi geboren, die sich um elf Kinder zu kümmern hatte. Carlo Lorenzini konnte dennoch Rhetorik und Philosophie studieren, wurde zunächst Bibliothekar, dann politisch engagierter Journalist und schließlich Kinderbuchautor. Als Collódi 1890 in Florenz starb, war er bereits ein weltberühmter Mann.

Klar, dass die Abenteuer einer Figur wie Pinocchio von Walt Disney verfilmt werden mussten. Es war 1940 der zweite abendfüllende Zeichentrick-Film der Disney-Studios (nach »Schneewittchen und die sieben Zwerge«), der einem begeisterten Publikum zeigte, wie die Holzmarionette des alten Gepetto durch eine gute Fee zum Leben erweckt wird und loszieht, die weite Welt zu erkunden. Da bleiben Abenteuer natürlich nicht aus, bis sich der arme Holzbengel im Bauch eines Wals wieder findet.

1976 wurde die Geschichte wieder mit dem beliebten US-Schauspieler Danny Kaye verfilmt, also mit Figuren aus Fleisch und Blut. 2013 stellte Mario Adorf in der deutschen Fassung der Geschichte in rührender Weise den Gepetto dar, Pinocchio beginnt wie in der Originalfassung des Buches als Schnitzwerk. Doch als cineastische Meisterleistung hat der wohl bekannteste Regisseur Italiens, der in der Nähe von Arezzo geborene Roberto Benigni (s. auch Thema S. 443), 2002 Pinocchio erneut verfilmt und damit den teuersten italienischen Film aller Zeiten produziert. Und natürlich spielt der Schauspieler und Komiker darin den hölzernen, anarchischen Bengel gleich selbst.

Aktiv

MÄRCHENWEG PÉSCIA – COLLÓDI – PÉSCIA

Tour-Infos

Start: Péscia, bei der Kinderbibliothek
Länge: 6–7 km
Zeit: 3–4 Std.
Kennzeichnung: Der Märchenweg hat die Nr. 460 und ist weiß und rot markiert.

Dieser Weg wurde von der Deutsch-Italienischen Kulturgesellschaft am 6. Juni 1993 bei der ersten Settimana della Fiaba, der Märchenwoche, eröffnet. Es handelt sich um einen Saumpfad, dessen Ursprung römisch sein könnte und der bis vor einigen Jahrzehnten noch als Verbindungsstraße zwischen Péscia und Collódi diente, wie es Reste von Pflasterstücken beweisen. Am Anfang des Weges, der ein Teil der Europäischen Märchenstraße werden soll, steht die **Kinderbibliothek**, deren Fassade die Studenten der Hochschule der Künste aus Bremen mit einigen Bildern bemalt haben. Nach der Kinderbibliothek geht es gleich nach links, und dann, das Kloster **San Michele** streifend, wieder nach links, wo die **Via della Cappella** beginnt und der Wanderweg ansteigt. Man geht also langsamer und kann dabei in Ruhe die Hügel, die Péscia umkränzen, genießen. Nach ca. 1 km steht eine winzige Kapelle am Wegrand. Solche *marginine* bezeugen die Gläubigkeit der lokalen Vorväter. Der Weg führt über die schmale Straße, die Péscia mit Collecchio und weiter mit Monte a Péscia verbindet. Es handelt sich um eine Abkürzung, die gerne von den Einheimischen benutzt wird, eine *scorciatoia,* wie es auf Italienisch heißt. Es ist ein reizvoller und gut begehbarer Weg. Aber unser Märchenweg, die **Via della Fabia,** führt über die Via Marzalla hinweg durch Olivenhaine bergab nach Collódi.

Ungefähr auf halbem Weg hört man bereits das Geplätscher des Bächleins **La Dilezza**, und nach der hübschen mittelalterlichen Brücke geht es leicht bergauf, an Gärten mit immergrünen Pflanzen für das lokale Blumenhandelszentrum. Collódi ist schon ganz nah, nach der Überquerung einer Straße geht es nun geradeaus, bald kommt man unterhalb der das Dorf beherrschenden Villa Garzoni an (und gegenüber breitet sich der Pinocchio-Park aus, s. S. 189).

Dem an seinen Hang geklammerten Dorf **Collódi** sollte man etwas Zeit widmen, auch wenn die steilen Gässchen das Wandertempo reduzieren. Wenn man aus der Unterführung der **Villa Garzoni** kommt, ist man schon auf dem alten Eingangsweg zum Dorf. Früher musste man übrigens durch die Villa hinaufgehen (deren Besitzer somit immer eine absolute Kontrolle über die entsprechenden Bewegungen hatten), was heute nicht mehr geht. Er ist durch ein verrostetes Gitter geschlossen. Dafür wurde aber gleich nebenan ein Weg eröffnet, der zum Dorf führt. Von hier kann man – kostenlos – den ›italienischen Garten‹ mit seinen Wasserläufen und Skulpturen bewundern (s. S. 189).

Bei dem ersten Plätzchen mit vielen gut erhaltenen Häusern und einem noch heute benutzten Waschplatz wird Halt gemacht. Am Brunnen kann man sich erfrischen, dann geht es durch die immer steileren Treppengässchen immer weiter hinauf, an schönen, mit Blumentöpfen verzierten Häusern vorbei. Noch eine besonders heftige Steigung, dann folgt der Dorfplatz mit der Kirche, deren Stufen sich für eine Ruhepause und als Aussichtsbalkon anbieten.

Jetzt ist es nur noch eine kleine Anstrengung weiter bis zur Schlossruine, die das Dorf bekrönt und den Beginn des »Valleriana Trekking« markiert, des herrlichen Wanderwegs durch die Pesciatiner Schweiz. Nun sieht die Umgebung ganz anders aus. Zuerst führt der Weg durch Olivenhaine und Weinberge, dann in den Wald und bietet herrliche Ausblicke, die einem einen großen Teil der Toskana zu Füßen legen: bis nach San Gimignano und Volterra und zu den Pisaner Bergen, die Lucca von Pisa trennen. Vom Valleriana-Weg biegt nach ca. 1 km rechts eine Abkürzung ab, die zurück nach Péscia und auf den Märchenweg führt. Vorbei auch an den Quellen des Dilezza und wieder bergauf Richtung Crocialino, wo viele Wege zusammen treffen. Hier geht es sofort nach rechts, die Umgebung ist nun weniger wild und nach fast 1 km ist das erste Bauernhaus erreicht. Schon blitzt Péscia zwischen den Bäumen durch. Wir befinden uns auf dem Collecchio, einem der schönsten Hügel der Gegend. Der Weg verläuft recht bequem zwischen alten Olivenbäumen; ein paar restaurierte Bauernhäuser stehen hier – von toskanischen Städtern und Ausländern gepflegt, denn Bauern gibt es hier keine mehr. Von der Dorfkirche geht es schnell bergab nach **Péscia** über die alten Steine, mit denen die Bauern ihre Wege gepflastert haben, hinein in die Stadt, die einst durch die Herstellung von Papier und Seide Reichtum und Berühmtheit erlangte.

Papierfabriken

Blumen allein sind es aber nicht, die das fruchtbare Péscia-Tal, das seit dem frühen Mittelalter landwirtschaftlich genutzt wird, bedeutend machen. Die Baumschulen für Ölbäume bedecken die Ausläufer der Garfagnana, und unten im Tal werden Spargel und anderes Gemüse gezüchtet. Für die Schönheit der Landschaft und für den Umweltschutz weniger förderlich als für die wirtschaftliche Gesundheit der im wahrsten Sinne des Wortes florierenden Gemeinde sind die wenigen noch arbeitenden Papierfabriken entlang des oberen Péscia-Laufes. Das gilt noch mehr für die ebenfalls dort arbeitenden Gerbereien sowie die Betriebe zur Verarbeitung von Aluminium und Kupfer.

Die hohen Hallenkirchen ähnelnden **Papierfabriken** aus dem 19. Jh. bestimmen das Bild des Flusstals bis nach Villa Basilica. Zum Teil wurden sie inzwischen aufgegeben, vorerst zwei davon zu attraktiven Hotels umfunktioniert, zum Teil aber für die Verarbeitung von Altpapier wieder aktiviert. Je nachdem, welche Farbe das Altpapier hatte, das zur Wiederverwendung ausgewaschen wird, färbt sich dann der Fluss weiß oder gelb, rötlich oder braun … Eine Augenweide bleiben dagegen die dichten Kastanienwälder ringsum, Vorboten der wilden Garfagnana.

Papiermuseum

Lacalità Pietrabuona, Piazza della Croce 1, Tel. 0572 40 84 32, www.museodellacarta.org, Voranmeldung dringend empfohlen, Mo, Mi, Sa 10–18 Uhr, Erw. 12 €

Sehr stolz ist man in der Valdiniévole auf das **Museo della Carta,** streng nach wissenschaftlichen Gesichtspunkten aufgebaut, natürlich in einer früheren Papierfabrik (Le Carte) im Dorf Pietrabuona nördlich von Péscia. Zu den kostbaren Sammlungen handgeschöpften Papiers vom 18. Jh. bis 1992 gehören mehr als 8000 Blätter sowie alle Gerätschaften, die mühsam restauriert werden mussten.

Infos

Ufficio Turismo: Via Fratelli Rosselli 2, im ehemaligen Blumenmarkt, Péscia (PT), Tel. 0572 49 09 19.

Übernachten

Im Park – **Villa delle Rose:** Località Castellare di Péscia, Via del Castellare 21, Tel. 0572 46 70, www.rphotels.com. Hotel in einer Villa vom Ende des 18. Jh., 103 Zimmer, drei Suiten. Restaurant **Piazza Grande** im Nebengebäude (evtl. Lärm bei Veranstaltungen!), Pool, Parkplatz. €–€€

In der Papierfabrik – **San Lorenzo e Santa Caterina:** Località San Lorenzo 15 (2 km nördlich von Péscia), Tel. 0572 40 83 40, www.rphotels.com. Angenehmes Hotel in einer malerisch über dem Péscia stehenden, früheren

Da hat Romano Garzoni wirklich ganze Arbeit geleistet. Seine geniale Gartengestaltung wurde einst sogar mit der von Versailles verglichen

Papiermühle mit vielen Sammlerstücken. 21 Zimmer, neun Suiten. Gewölberestaurant, das beliebt ist als Ausflugsziel und Ort von Familienfeiern – Ruhesuchende meiden daher besser die Wochenenden! Zimmer und Suiten, Parkplatz.€–€€

Essen & Trinken

s. auch Hotels.

Ländlich – **Monte a Péscia:** Località Monte a Péscia (5 km nordwestlich), Via Monte a Péscia, Tel. 0572 49 00 00, www.ristorantemonteapescia.it, Ruhetag Mi, zwei Wochen im Juli und Okt. geschl. Aus der einfachen Trattoria (belegte Brote und Gegrilltes vom offenen Kaminfeuer) hat sich ein beliebtes, an den Wochenenden häufig ausgebuchtes Ausflugsziel mit großem Wintergarten entwickelt, das noch immer eine unverfälschte ländlich-toskanische Küche bietet. Angeboten werden auch Degustationsmenüs inkl. Wein. Das Lokal bietet in der Nähe auch drei preiswerte Doppel- und ein Einzelzimmer an. €

Echte ländliche Küche – **Trattoria Da Nerone:** Località Pietrabuona, Via Mammianese 153, Tel. 0572 40 81 44, http://trattoriadanerone.it, Ruhetag Mi. Familiär geführte Trattoria mit lokalen Spezialitäten wie Steinpilzgerichten oder Wild, auch hausgemachte Pasta. €

Einkaufen

Backwaren – **Antico Panificio Giaccai:** Via Borgo Della Vittoria 3, Ecke Piazza Mazzini. Feines Gebäck und Brot werden hier bereits seit 1875 produziert und verkauft, u. a. die leckersten, mandelschweren *cantucci* (auch an der Via Amendola 149).

Collódi ►E 4

Keine 5 km trennen das hübsche Péscia vom ›Geburtsort‹ Pinocchios. Die **Casa Carlo Lorenzini** des berühmten ›Vaters‹ Pinocchios (Pseudonym: Carlo Collódi), steht am Ortseingang von **Collódi** (2700 Einw.) in der Via delle Cartiere 62 (s. auch Thema S. 185). Nur eine unscheinbare Tafel erinnert an den Kinderbuchautor, dafür beginnt 200 m weiter der **Parco di Pinocchio.**

Parco di Pinocchio

www.pinocchio.it, tgl. 9 Uhr bis Sonnenuntergang, Erw. 13 €, Nov.–Febr. günstiger, mit Villa Garzoni 22 €

Im **Parco di Pinocchio** dreht sich alles um den anarchistisch denkenden Holzbengel und seine Abenteuer. Große Wandreliefs und teils begehbare Figuren inmitten eines schattigen Waldes direkt am wilden Bach erzählen die Geschichten Pinocchios.

Villa Garzoni

Garten: März–Okt. tgl. 9 Uhr bis Sonnenuntergang, Nov.–Febr. Sa, So, Fei, Erw. 13 € inkl. Schmetterlingshaus, mit Pinocchio-Park 22 €

Von Pinocchios Ruhm profitiert auch die **Villa Garzoni** (1630 und 18. Jh.) gegenüber. Es handelt sich hier um eine der raffiniertesten Gartenanlagen Italiens, mit Wasserspielen und Kanälen, Terrassen und Treppen, teils fein säuberlich geordneten Blumenbeeten, teils verwilderten Laubengängen und Hecken, die die gepflegten Teile zu überwuchern vortäuschen. In Wahrheit ist nämlich alles schon vom Markgrafen Romano Garzoni so erdacht worden, der Villa und Park anlegen ließ. Kein Wunder, dass diese Anlage im 18. Jh. in einem Atemzug mit Versailles und Schönbrunn genannt wurde.

Von Besuchern wurde bemängelt, dass der Park nicht immer gepflegt sei. Aber nach heftigen Regengüssen und Stürmen kommen die Gärtner mit der Arbeit einfach nicht mehr nach, bedauert die Verwaltung. Die Villa selbst ist privat bewohnt und nicht mehr zugänglich.

Essen & Trinken

Ganz fein oder rustikal – **Ristorante Villa Garzoni:** Piazza della Vittoria 1, Tel. 0572 42 85 45, www.ristorantevillagarzoni.it, nur März–Okt. tgl. 9.30–23.30, Di nur bis 19, im Winter Mi–Fr 19–23.30, Sa, So 9.30–23.30 Uhr. Am Eingang des Parks, mit Tischen im Freien und tollem Parkblick. Rustikale Caffetteria und fein gedecktes Restaurant, die toskanischen Spezialitäten als Augenweide angerichtet. Auch ein veganes Menü ist erhältlich. €–€€

Lucca und die Garfagnana

Seinen Reichtum erzielte Lucca mit Seide, die schönste Stadtmauer der Toskana hat es sozusagen als Prestigeobjekt gebaut. Auch musikalisch war die Stadt fruchtbar, Puccini und Boccherini stammen von hier. Ihr waldgrünes Hinterland, die Garfagnana, hat der Sérchio gestaltet, der in den marmorweißen Apuanischen Alpen entspringt.

Lucca gilt als eine der schönsten Städte der Toskana, obwohl es flach in der Landschaft im ehemaligen Sumpfgebiet liegt. Aber die es umgebenden Mauern mit den großen Eckbastionen sind in ihrer kompakten Schönheit kaum zu übertreffen, obenauf der breite Mauerkamm, von hohen alten Platanen beschattet und daher der Luccheser liebster Jogging- und Radfahrweg. Von dort oben genießt man auch einen herrlichen Blick über die roten Dächer des historischen Zentrums und in so manche Innenhöfe hinein.

Nahe bei Lucca stehen edle Villen in großartigen Parks (s. S. 198), weiter im Norden dehnen sich rechts und links des wilden Laufes des Sérchio die dichten Wälder der Garfagnana aus. Zentrum dieser Landschaft ist Castelnuovo di Garfagnana, ein wahres Schlemmernest.

Lucca ▶ D 4

Cityplan: S. 193

Die Luccheser, die im Gegensatz zu den Florentinern als heiter und ausgeglichen gelten, aber auch als geschäftstüchtig und fleißig, vielleicht auch ein wenig geizig, promenieren am liebsten auf dem Stadtwall. Die hohen, Schatten spendenden Platanen, die im Winter blattlos skurrile Formen zeigen, sind schon die zweite Bepflanzung. Inzwischen wäre der breite Wall sogar für Autos befahrbar, aber das sieht man nicht so gern, dafür flitzen umso lieber Radfahrer zwischen den Fußgängern herum.

Typisch für die Luccheser Palazzi sind ihre Backsteinmauern, an vielen wurden die mittelalterlichen Strukturen wenigstens zum Teil freigelegt, als man sie aufwendig restaurierte. Auch die Hausdächer zeigen die Farbe von Cotto, meist einen dunklen rötlichen Ton.

Die Geschichte **Luccas** (90 400 Einw.) begann mit Luk, was im Etruskisch-Ligurischen so viel bedeutete wie Sumpf, der hier durch den Sérchio gebildet wurde. Auf einem Inselchen entstand Luccas Kern. Die historische Via Francigena (Frankenstraße) führte an der Stadt vorbei, sie verband seit dem 6. Jh. das lombardische Pavia mit Rom und brachte daher auch Lucca wirtschaftliche Vorteile. Schon als römische Kolonie (ab 180 v. Chr.) und später als römische Stadt genoss sie hohes Ansehen. Mit dem Untergang des Römischen Reiches wurde sie von den Goten als die Hauptstadt Tusciens betrachtet, was auch die Langobarden hinnahmen, bis die Karolinger diese Funktion Florenz zusprachen.

Tyrannische Fürsten regierten die Stadt im 13. und 14. Jh., dennoch blühten Handel und Handwerk. Der Handel mit Seidenstoffen füllte Luccas Banken und machte die Stadt bis ins 19. Jh. mehr oder weniger unabhängig. 1847 wurde sie Teil des Großherzogtums Toskana, 1860 Teil des Vereinten Italien.

Stadtmauer

Woher man auch immer kommt, erst muss man eines ihrer vier festungsartigen Tore passieren. Die elf (ursprünglich zwölf) herzförmigen Bastionen der backsteinernen Stadtmauer ragen bedrohlich weit in die Ebene

Aktiv

SPAZIERGANG AUF LUCCAS STADTMAUER

Tour-Infos

Start: an jedem Aufgang, z. B. beim Piazzale Verdi

Länge: 4,2 km
Dauer: 1,5–2 Std.
Karte: S. 193

Keine andere Stadtbefestigung bietet so schöne Ausblicke, sowohl auf die Stadt selbst mit den roten Ziegeldächern ihrer fast durchweg restaurierten Häuser als auch auf die umgebenden Hügel im Norden, auf das Vorland der Apuanischen Alpen im Westen und den Monte Pisano im Süden, der sich als eine feingliedrige Hügellandschaft ausbreitet.
Man kann auf dem breiten Wall, der mit seinen alten Platanen wunderbaren Schatten bietet, gemütlich spazieren gehen, aber auch Rad fahren. Begehbar sind auch die einzelnen Bastionen, die weit aus der Mauer ragen und schöne Ausblicke ermöglichen.
Der Spaziergang lässt sich praktisch an allen Aufgängen beginnen, z. B. zwischen der **Porta San Donato** und der mächtigen **Porta Vittorio Emanuele** am **Piazzale Verdi,** der sich deshalb anbietet, weil hier eine Informationsstelle zu finden ist. Die Rampe führt nach rechts, also nach Süden zum **Bastione San Paolino,** der den Blick auf die südwestliche, verkehrsreiche Peripherie freigibt. Die Südflanke der Stadtmauer bietet die vielleicht schönsten Einblicke in die Altstadt hinein, man ist dem Dom mit seinem Glockenturm ganz nahe und meint in den Innenhof des **Palazzo della Provincia** hineinschauen zu können, weiter links hinter der großen **Piazza Napoleone.** Im Südosten, wo die Mauer einen Knick nach Norden macht, breitet sich zu ihren Füßen der Botanische Garten aus, weshalb hier das Stadttor **Porta Elisa** heißt, schließlich hat die Schwester Napoleons den Garten 1820 anlegen lassen. Man merkt es dem östlichen Altstadtbereich an, dass er später hinzugekommen ist und großzügiger bebaut wurde. Bis zur **Porta Santa Maria** ist das so. Ab hier schaut man nach Süden auf den **Turm von San Frediano** und bekommt eine Ahnung vom großen Oval des früheren Amphitheaters; ganz deutlich sieht man die hohe **Torre Guinigi** dahinter, die man später unbedingt erklettern sollte. Vor lauter Schauen bemerkt man gar nicht, dass der Mauerkamm bald einen Linksknick macht und wieder an der Porta San Donato angekommen ist. Darunter liegt der Piazzale Verdi, der Ausgangspunkt des Spaziergangs.

hinein, übrigens dort, wo früher Wachttürme standen, die beim letzten, dritten Mauerbau integriert wurden. Alles in allem stellt sie eine imposante Befestigung dar, die sich Lucca 1544 bis 1645 leistete, nachdem die Stadt durch den Seidenhandel reich geworden war – ein gigantisches Investitionsobjekt und auch eine Art Arbeitsbeschaffungsmaßnahme. 4,2 km lang ist die elliptisch angelegte Mauer, 12 m hoch und an der Basis bis zu 12 m breit. 6 Mio. Ziegelsteine sollen an ihr verbaut worden sein – um dann niemals einer Belagerung ausgesetzt gewesen zu sein. Als einziger gefürchteter Feind erwies sich nur der Sérchio, der Fluss mit seinen ständig drohenden Überschwemmungen.

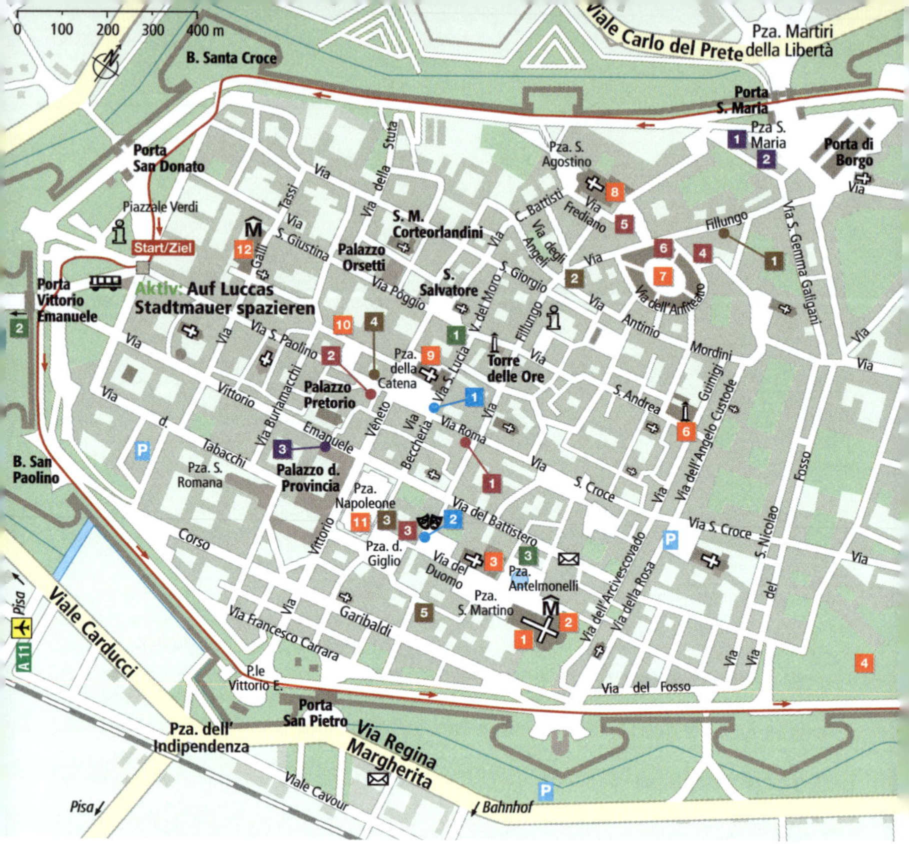

Am angenehmsten ist der Einstieg, wenn man vom Tor aus gleich auf den Stadtwall steigt und diesen schönen schattigen Weg nach rechts bis zur nächsten Rampe geht, um über diese auf die Via dell'Arcivescovado zu gelangen. Gleich erblickt man linker Hand die Chorpartie des Doms.

Duomo San Martino 1

Piazza San Martino, www.museocattedralelucca.it, Kernzeiten Dom Mo–Sa 10–18, So, Fei 12–18, Campanile, Museum, Baptisterium und Chiesa dei Santi Giovanni e Reparata (Area archeologico, Campanile) tgl. 10/10.30–18.30 Uhr, ggf. detaillierte Zeiten auf Website, Sammelticket 9 € (auch Einzeltickets erhältlich)
Erstaunlich, wie gut der **Dom** die zahlreichen Umbauten seit seiner Entstehung überstanden hat: Im 6. Jh. gegründet, im 8. Jh. bereits Bischofssitz, im 12. und 13. Jh. grundlegend umgestaltet, innen im 14. und 15. Jh. neu ausgestattet und im 19. Jh. restauriert. Die reich gegliederte Fassade ist asymmetrisch: Zum Campanile hin, der bei Erweiterungsarbeiten im 13. Jh. stehen geblieben war, werden die Bögen der Vorhalle und der Galerien darüber schmaler. Der Turm selbst ragt fünf Stockwerke über die Fassade hinaus, im ersten Stock auf jeder Seite eine Klangöffnung, dann zwei, drei und in den beiden obersten Abschnitten je vier Bögen. Hübsch ist das Wechselspiel von weißem und rotem Stein an den Eingängen des Domes, der ansonsten schwarz-weiß inkrustiert ist. Guido oder Guidetto da Como, einer der Comasker Steinmetzen, die dieses typisch lombardische Kunsthandwerk bis nach Nordeuropa transportierten, verewigte sich 1204 in den ersten drei Zwerggalerien an der Fassade.

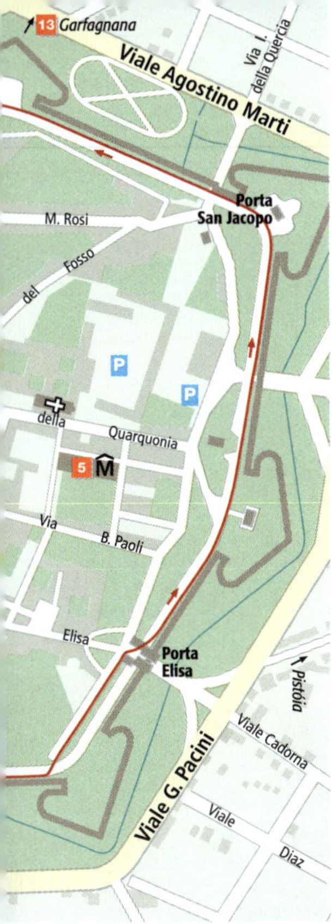

Lucca

Sehenswert

1 Duomo San Martino
2 Museo della Cattedrale
3 Battistero e Chiesa SS. Giovanni e Reparata
4 Orto Botanico
5 Museo Nazionale Villa Guinigi
6 Torre Guinigi
7 Piazza del Mercato
8 San Frediano
9 San Michele in Foro
10 Casa Puccini
11 Piazza Napoleone
12 Palazzo Mansi / Pinacoteca Nazionale
13 Villa Torrigiani

Übernachten

1 A Palazzo Busdraghi
2 La Luna
3 Grand Universe Lucca
4 Piccolo Hotel Puccini
5 San Martino

Essen & Trinken

1 Antica Locanda dell'Angelo
2 Buca di Sant'Antonio
3 Gíglio
4 Osteria Baralla
5 Piccola Osteria
6 La Grotta

Einkaufen

1 Antica Bottega di Prospero
2 Rosticceria il Fagiano
3 Fiera dell'Antiquariato

Abends & Nachts

1 Piazza della Catena/ Piazza San Michele
2 Teatro del Gíglio

Aktiv

1 Antonio Poli Biciclette
2 Cicli Bizzarri
3 Club Alpino Italiano (CAI)

Er schuf später auch einige Skulpturen der Vorhalle.

Die dreischiffige Pfeilerbasilika wirkt innen zunächst sehr dunkel, wenn man sich daran gewöhnt hat, erfreuen die Matronäen (Frauenlogen) mit hohen gotischen Dreipassöffnungen das Auge. Links im Chorraum zeigt ein Altar Giambolognas als eine Art Predella das Relief mit dem Stadtbild von Lucca: Die Mauer ist noch nicht vollendet, vier Bastionen und die trutzige Silhouette der hohen Geschlechtertürme sind jedoch schön zu erkennen. Die größte Steinmetzarbeit des Domes, die sich früher im linken Querarm befand, steht jetzt aus Sicherheitsgründen in der Sakristei: das **Grabmal für Ilaria del Carretto,** vielleicht das zauberhafteste der Frührenaissance. Geschaffen wurde es für die zweite Frau von Paolo Guinigi, Herr von Lucca, die im jugendlichen Alter im Kindbett starb, ein Werk Jacopo della Quercias aus dem Jahr 1406.

Luccas größte Kostbarkeit aber ist ein religiöser Schatz und hat seinen Platz ebenfalls im Dom: **Volto Santo,** das Heilige Antlitz. Dieses Holzkruzifix in einem zierlichen oktogonalen Tempelchen von Matteo Civitali (1484) steht links im vierten Joch des Langhauses. Die Legende erzählt: Der heilige Nikodemus soll es aus einer Libanonzeder geschnitzt haben, ein Jude hatte es versteckt, dann wurde die Figur entdeckt und ›erdolcht‹, aus einer Wunde floss Blut, das wiederum Wunder wirkte. Ein Boot soll das Kruzifix 782 im Nordwesten der Toskana bei Luni (heute Ligurien) an Land, ein Ochsengespann es alleine, ohne Führer weiter nach Lucca gebracht haben. Und hier wurde es so berühmt, dass es auf lucchesischen Münzen geprägt und damit bald in ganz Eu-

Früher ging es für die Gladiatoren hier um Leben und Tod. Heute geht es auf der Piazza dell' Anfiteatro nicht mehr blutig zu, gekämpft wird nur noch um die Gunst der Kunden

ropa bekannt war. Kunsthistoriker aber schätzen, dass das Volto Santo nach einem älteren Vorbild erst im 11. Jh. geschaffen wurde, höchstwahrscheinlich tatsächlich im orientalischen Raum. Jedes Jahr am 13. September wird das Kruzifix prächtig geschmückt und auf einem Ochsenkarren von Lucchesern in mittelalterlichen Kleidern durch die Altstadt gezogen.

Museo della Cattedrale 2

s. Duomo S. 192

Am Domplatz lohnt auch das **Museo della Cattedrale** einen Besuch, das wichtige Kunstwerke aus dem Dom aufgenommen hat: Bilder und Skulpturen sowie Reliquiarien und andere liturgische Gegenstände (ab dem 6. Jh.) von hohem künstlerischen Wert sowie kostbare Gewänder aus bestickter Luccheser Seide. Nicht zu vergessen: der Schatz des Volto Santo, sein kostbarer Goldschmuck wie Krone und Szepter, Kragen und Gürtel. Auch die Statue des Evangelisten Johannes, zu Beginn des 15. Jh. von Jacopo della Quercia für den Dom geschaffen, steht inzwischen hier, sein Kopf scheint viel zu groß geraten, aber das liegt daran, dass er an erhöhter Stelle stehen sollte und dann die Perspektive stimmen würde.

Battistero e Chiesa SS. Giovanni e Reparata 3

s. Duomo S. 192

Die **Kirche** mit dem angrenzenden **Baptisterium** ist zu einer hochinteressanten **archäologischen Zone** geworden. Vor dem Betreten sollte man das hübsche Portal der Kirche betrachten: Die feine Steinmetzarbeit schuf Guidetto da Como Ende des 12./Anfang des 13. Jh. Innen schaut man auf die Grundmauern des ursprünglichen quadratischen Taufbeckens, das von einer hohen Kuppel mit feiner Steineinlegearbeit überspannt wird. Außerdem entdeckt man u. a. Mosaikböden, die aus dem römischen Domus (1. Jh. v. Chr.) und der frühchristlichen Basilika (4.–5. Jh.) stammen.

Orto Botanico 4

Via del Giardino Botanico 14, https://ortobotanicodilucca.it, stark variierende Zeiten: s. Website, Erw. 5 €

Um 1600 wurde Lucca im Osten um den Bereich, der zwischen der Via del Fosso (mit dem Kanal) und der Stadtmauer liegt, erweitert. Hier wurde großzügiger gebaut, viel Grünfläche ausgespart. So findet man gleich im Südosten den weitläufigen **Botanischen Garten.** Elisa Baciocchi, Napoleons Schwester und Fürstin von Lucca, ließ ihn im Jahr 1820 anlegen.

Museo Nazionale Villa Guinigi 5

Via della Quarquonia, www.luccamuseinazionali.it, Di–Sa 8.30–19.30, Juli, Aug. auch So, Fei 8.30–13.30 Uhr, Erw. 4 €, mit Palazzo Mansi 6,50 €, unter 18 Jahren Eintritt frei

Über den Mauerkamm oder entlang des Kanals geht man nun nordwärts und biegt ab zum **Museo Nazionale Villa Guinigi.** Die prächtige Villa ließ 1413 Paolo Guinigi, damals Signore von Lucca, bauen. Zu seinen Lebzeiten stand das Haus noch außerhalb der Stadtmauern des 13. Jh., heute befindet es sich innerhalb der Renaissancemauer. In den edlen, schön renovierten Räumen wurde das Nationalmuseum mit archäologischen Funden aus Lucca und Umgebung sowie einer Sammlung von Malerei und Skulpturen vom 13. bis zum 18. Jh. eingerichtet.

Torre Guinigi 6

Via Sant'Andrea, tgl. März, Okt. 9.30–17.30, April, Mai bis 18.30, Juni–Sept. bis 19.30, Nov.–Febr. bis 16.30 Uhr, Erw. 4 €

Schon von Weitem sieht man immer wieder ein paar Steineichen aus einem Turm hinausragen. Sie sind sicher die berühmtesten der Toskana und gedeihen prächtig auf der Dachterrasse der **Torre Guinigi,** die zum gleichnamigen Palast gehört; das Musterbeispiel einer *casatorre,* eines Turmhauses aus dem 14. Jh. Wer sich einen Überblick über die schöne Backsteinstadt, die Straßen und Gassen verschaffen möchte, muss den Turm besteigen, auch wenn dabei 230 Stufen zu erklimmen sind.

Piazza del Mercato 7

Fast noch bekannter als die Steineichen auf dem Dach der Torre Guinigi ist das perfekte Oval der **Piazza del Mercato** über dem römischen Amphitheater. Sie ist rundum mit mittelalterlichen Häusern bebaut, die genau den Grundmauern der Zuschauertribünen folgen, und zwar unter Erhalt der ursprünglichen Struktur mit 56 Bögen. Darunter befinden sich vier größere, die den früheren Eingängen ins Oval entsprechen, von denen nur noch einer original römisch ist (beim *caffèlatte*-Geschäft). Allerdings war der Platz auch innen wegen Baulandmangels zugebaut und wurde erst im 19. Jh. durch Abriss wieder frei gemacht.

Die kleinen, recht modischen Geschäfte und Bars/Cafés besitzen großteils zwei Eingänge, einen an der außen umlaufenden Via dell'Anfiteatro, einen innen auf dem Platz. Die Häuser sind zwei- bis fünfstöckig, je nachdem wie finanzkräftig die Bauherren waren. Einige Gebäude wurden – vom Platz aus gesehen – nach hinten aufgestockt, denn spätestens seit der Freistellung des Ovals durfte der generelle Charakter nicht mehr verändert werden. Die Farben der Fassaden bewegen sich zwischen Hell- und Dunkelocker in allen verbleibenden Variationen, dazu grüne, gräuliche, bräunliche Holzklappläden, abblätternder Putz – der gewisse Charme des leicht Heruntergekommenen …

San Frediano 8

Piazza S. Frediano, Öffnungszeiten hängen vom Kustoden ab, im Prinzip tgl. 8.30–12, 15–17, So, Fei 10.30–17 Uhr, Eintritt frei

Über die beliebte Einkaufszeile der Via Fillungo hinweg stößt man auf die fußgängerfreundlich gestaltete **Piazza San Frediano** und schaut bereits auf die Fassade der Kirche **San Frediano** ganz nahe dem Stadtwall. Die Nähe ist auch der Grund, warum man ihre Fassade bei den notwendigen Umbauten im 13. Jh. nach Osten richtete: damit sie nicht gegen die Stadtmauer schaut. Schmal und hoch ist San Frediano, im oberen Teil der Fassade leuchtet ein Goldgrundmosaik im byzantinischen Stil mit Christus in der Mandorla, von zwei Engeln flankiert und von den zwölf Aposteln getragen.

Innen wiederholt sich der Eindruck von außen, dass das Mittelschiff für seine geringe Breite zu hoch geraten ist. Die zweite Kapelle rechts ist der hl. Zita geweiht, der Schutzpatronin Luccas und der Dienstmädchen: Die junge Magd, ein armes Mädchen aus dem 13. Jh., hatte eine hartherzige Herrschaft, die ihr verbot, zur Messe zu gehen. Zita ließ sich jedoch nicht beirren, ging heimlich in die Kirche, und jedesmal kam währenddessen die Muttergottes und erledigte ihre Arbeiten …

In der Via San Frediano 8 südlich der Kirche lebte übrigens zeitweise der Geigenvirtuose Niccolò Paganini (1782–1846).

Zurück auf der **Via Fillungo** lohnt es sich, auf dieser ein Stück nach Süden zu bummeln vorbei an hohen, herausgeputzten Stadtpalästen. An vielen Gebäuden sind bei der Restaurierung mittelalterliche Bauteile, vor allem Backsteinbögen, freigelegt worden. Unter den eher einfacheren Läden fallen einige traditionelle Stoffgeschäfte auf.

San Michele in Foro 9

Piazza S. Michele, tgl. 7.40–12, 15–18, im Winter 8.30–10.30, 15–17 Uhr, Eintritt frei

Im Zentrum der römischen Stadt, an der Stelle des einstigen römischen Forums (daher der Name in Foro), erhebt sich die sogenannte Bürgerkirche Luccas, **San Michele in Foro.** Sie wurde ab dem 12. Jh. als Gegenpol zur Bischofskirche, dem Dom, errichtet. Piazza della Catena (Kettenplatz) nennen die Luccheser den Platz vor ihrer Lieblingskirche, wegen der dicken Bronzeketten, die als Abgrenzung fungieren. Es ist ein schönes, weitläufiges Areal, umgeben von einladenden Restaurants und Cafés.

Ihre Kirche ließen die Luccheser mit sehr viel Liebe zum Detail ausstatten. Mit der Fassadengestaltung beauftragten sie Guido da Como, der das Gebäude ringsum mit Carraramarmor verkleiden sollte. Schlank sind die Blendarkaden unten, die Zwerggalerien oben werden von figuralen, unterschied-

Tipp

RUND UM LUCCA AUF PUCCINIS SPUREN

Musikfreunde werden in Lucca und Umgebung vor allem auf den Spuren Giacomo Puccinis reisen wollen, was sich angesichts des regen Wohnungswechsels des Komponisten tatsächlich als Leitfaden anbietet. Geboren wurde Puccini 1859 in Lucca an der Via di Poggio als Sohn eines Domkapellmeisters. In seinem Geburtshaus befinden sich heute eine Stiftung und ein kleines **Museum,** in dem man u. a. das Klavier sehen kann, auf dem er die Oper »Turandot« komponierte; vor dem Gebäude steht ein bronzenes Denkmal für den Komponisten (s. S. 197).

Von Lucca fährt man den Sérchio hinauf bis kurz vor Borgo a Mozzano und biegt bei Diécimo links ab, folgt dem Pedogna-Bach in Richtung Pescáglia bis nach **Celle dei Puccini** in 371 m Höhe. Hier steht gewissermaßen das **Stammhaus der Puccini** (tgl. nach Vereinbarung, Tel. 0583 359 88, Mobil-Tel. 347 674 63 98, Erw. 4 €). Dort hielt sich der Musiker am 26. Oktober 1924, also etwa einen Monat vor seinem Tod (29. Nov.), auf. Auch in dem schlichten Landhaus gibt es wieder ein Klavier zu bewundern, auf dem er einen Teil von »Madame Butterfly« komponierte.

Auf dem Gipfel des Monte Quiesa, in **Chiatri** zwischen Viaréggio und Lucca, erwarb der inzwischen wohlhabende Puccini eine Villa (in Privatbesitz), um in Ruhe seine »Tosca« zu erschaffen; seine Frau mochte den allzu einsamen Ort jedoch nicht, weshalb er ihn bald wieder verließ.

Der wohl bekannteste Puccini-Ort liegt übrigens nicht bei Lucca, sondern in der Nähe von Viaréggio an dem nach ihm benannten See, dem Lago Puccini (s. S. 253). In **Torre del Lago Puccini** verbrachte Giacomo Puccini die letzten Jahre seines Lebens, und hier wurde er schließlich in einem zur Kapelle umgebauten Zimmer zur letzten Ruhe gebettet.

Weitere Tipps für Unternehmungen auf den Spuren des Komponisten unter **www.giacomopuccini.it.**

lich gestalteten Säulen getragen, bis hoch zu den beiden obersten, schmaleren ›Etagen‹, die eine Scheinfassade bilden. Die insgesamt fünfstöckige Fassade wird vom Schutzpatron, dem Erzengel Michael, sowie zwei Engeln bekrönt. Bis zum 14. Jh. zogen sich die Arbeiten hin; als sie beim oberen Teil des Mittelschiffes angelangt waren, fehlte wohl das Geld für die Marmorverkleidung – an der Nordseite sind daher noch die blanken Backsteinmauern zu sehen. Die Madonna am Südwestpfeiler wurde von Matteo Civitali, dem gebürtigen Luccheser Bildhauer und Architekten, geschaffen: zum Dank für die Verschonung Luccas vor allzu großen Verlusten während der großen Pestepidemie von 1476 bis 1480.

Innen ist die dreischiffige Basilika im Charakter romanisch geblieben, sie birgt Andrea della Robbias Terrakottaskulptur »Madonna mit Kind« und ein Tafelbild von Filippo Lippi, das die Heiligen Rochus und Sebastian, Helena und Hieronymus zeigt (1480/1500).

Casa Puccini 10

Corte San Lorenzo 9, Ticketbüro Piazza Cittadella 5, www.puccinimuseum.org, März, Okt. Mi–Mo 10–18, April–Sept. tgl. 10–19, Nov.–Febr. Mi–Mo 10–13, 15– 17 Uhr, Erw. 9 €

Am nahen Corte di San Lorenzo, einer Ausbuchtung der Via di Poggio, dürfte es Musikfreunde zur **Casa Natale di Giacomo Puccini** hinziehen: ein kleines Museum zur Erinnerung an den großen Musiker in seinem authentischen Geburtshaus; hier sitzt auch die Fondazione G. Puccini, die u. a. für die zahlreichen Musikveranstaltungen der Stadt verantwortlich zeichnet.

Piazza Napoleone 11

Zwei kurze Querstraßen weiter südwestlich öffnet sich die großzügige **Piazza Napoleone.** Ihre Platanen wurden bereits im Auftrag von Elisa Baciocchi von einem französischen Gartenarchitekten gepflanzt: Napoleon hatte seiner Schwester 1799 Lucca samt Umgebung als Fürstentum überreicht. Nur die Bäume entlang der Via Vittorio Veneto sind dem Ausbau des bereits 1578 errichteten, nun so ausladenden **Palazzo della Provincia** zum Opfer gefallen.

Palazzo Mansi / Pinacoteca Nazionale 12

Via Galli Tassi 43, Di–Sa 8.30–19.30, Juli, Aug. auch So, Fei 8.30–13.30 Uhr, Erw. 4 €, mit Villa Guinigi 6,50 €, unter 18 Jahren Eintritt frei

Den **Palazzo Mansi** ließ jene Familie Mansi im 17. Jh. errichten, die auch die berühmte Villa Mansi bei Segromigno besaß. Außen ist der L-förmige Palast recht schlicht, innen aber prunkvoll ausgestattet. Die sogenannten Monumentalappartements sind ebenso zu besichtigen wie die **Nationalpinakothek** mit Malerei aus dem 16.–18. Jh. (u. a. Werke von Paolo Veronese und Andrea del Sarto, Tintoretto und Fra Bartolomeo), einer Sammlung Luccheser Malerei des 19. Jh., Kostümen, flämischen Wandteppichen sowie Möbeln aus dem 18.–20. Jh. Die Gemäldesammlung hatte Napoleons Schwester Elisa Baciocchi 1819 begründet, reichlich aufgestockt wurde sie von Großherzog Leopold II. anlässlich der Aufnahme Luccas in das Herzogtum Toskana 1847.

Villa Torrigiani 13

Via del Gomberaio 3, Camigliano, Capannori, Park und Villa: 1. So im März–3. So im Nov. 10–13, 15–17/18.30, sonst nur nach Vereinbarung unter Tel. 0583 92 80 41, Erw. Park 7 €, Park und Villa 10 €

Nordöstlich von Lucca liegen gleich drei berühmte toskanische Villen dicht beieinander: die Villa Reale, die Villa Mansi und die Villa Torrigiani, die alle besichtigt werden können (**Infos:** www.capannori-terraditoscana.org), vorgestellt sei hier die Villa Torrigiani

Eine Zypressenallee führt zum Park der auch Villa di Camigliano genannten **Villa Torrigiani** (um 1600). Sie wirkt riesig, obwohl das oberste Geschoss zurückversetzt wie ein Pavillon auf dem Dach hockt. Auf der Park- bzw. Schauseite bildet nur ein Bogen im palladianischen Stil die **Eingangsloggia.** Darüber sitzt eine zweite Loggia, eine Kopie der unteren. Die untere Etage und der Mittelteil sind mit Rustica verkleidet, was die massige Wirkung verstärkt. Figuren zieren die Nischen und Balustraden. Die Villa birgt eine Sammlung italienischer, französischer und flämischer Malerei des 17. und 18. Jh. sowie wertvolles Porzellan. Der Park wurde im 17. Jh. mit Wasserspielen, Grotten und Statuen prachtvoll verändert und im 19. Jh. durch importierte exotische Pflanzen und Kamelien romantisiert.

Infos

IAT: Piazzale Verdi, Vecchia Porta San Donato, 55100 Lucca, Tel. 0583 58 31 50, www.turismolucca.it, April–Okt. 9.30–18.30, Nov.–März 9.30–16.30 Uhr.

Übernachten

Edel – **A Palazzo Busdraghi 1:** Via Fillungo 170, Tel. 0583 95 08 56, www.apalazzobusdraghi.it. Wundervoll restaurierter mittelalterlicher Palast. Sieben große und unterschiedliche, aber elegante Zimmer mit Antiquitäten aus dem Familienbesitz. Aber auch Hightech wie Flachbildschirm-TV ist vorhanden, ebenso Jacuzzi- oder türkische Bäder. Kleiner Leseraum, Parkplatz in der Nähe. €€

Modern – **La Luna 2:** Via Fillungo/Corte Compagni 12, Tel. 0583 49 36 34, www.hotellaluna.it, Jan.–7. Febr. geschl. Modernisiertes Hotel (15 Zimmer) mit neuer Dependance (14 Zimmer; besonders schön: Zimmer 212) über Eck. €€–€€€

In den Pasticcerie von Lucca werden Liebhaber von dolci bestimmt fündig

Historisch – **Grand Universe Lucca** 3 **:** Piazza del Gíglio 1, Tel. 0583 400 41, www.granduniverselucca.com. Das aus dem Jahr 1890 stammende Hotel wurde von Marriott übernommen, aufwendig und luxuriös umgestaltet und in die Autograph Collection aufgenommen. Mit Restaurant, Weinkeller und Rooftop Bar. €€€

Schlicht, aber sympathisch – **Piccolo Hotel Puccini** 4 **:** Via di Poggio 9, Tel. 0583 554 21, www.hotelpuccini.com. Nettes kleines Hotel mit 14 einfachen, aber ordentlichen Zimmern. €–€€

Freundlich – **San Martino** 5 **:** Via della Dogana 9, Tel. 0583 46 91 81, www.albergosanmartino.it. Kleines Hotel in Domnähe. Zehn Zimmer mit AC, Parkplatz. €–€€

Essen & Trinken

Kreativ – **Antica Locanda dell'Angelo** 1 **:** Via Pescheria 21, Tel. 0583 46 77 11, www.anticalocandadellangelo.com, Ruhetage So abends und Mo (außer im Sommer). Sowohl klassische als auch kreative Küche mit besonderer Auswahl an Weinen in elegant-rustikaler Atmosphäre. €€, Mittagsmenü €

Traditionelle Küche – **Buca di Sant'Antonio** 2 **:** Via della Cervia 3, Tel. 0583 558 81, www.bucadisantantonio.com, Ruhetage So abends und Mo. Verfeinerte toskanische Spezialitäten – z. B. Kaninchensalat, hausgemachte Ravioli mit Ricottafüllung und Zucchinigemüse, Dinkelsuppe, Wildschweingulasch mit Oliven und Polenta, *trippa* – in sehr angenehmer Atmosphäre. Hervorragendes Preis-Leistungs-Verhältnis. €€, mittags €

Mit Sommerterrasse – **Gíglio** 3 **:** Piazza del Gíglio 2, Tel. 0583 49 40 58, Ruhetage Di und Mi mittags. Traditionelles, bei den Lucchesern beliebtes Restaurant in Palazzo aus dem 18. Jh. mit Stuckzimmer, gegenüber dem Theater. Sommerterrasse auf der Piazza, toskanisch-italienische Küche, hausgemachte Pasta, frisches Gemüse. Leichtes Mittagessen inkl. Wasser €, wechselndes Degustationsmenü (4 Gänge, passende Weine und *caffè*) €€

Historisch – **Osteria Baralla 4**: Via Anfiteatro 9, Tel. 0583 44 02 40, www.osteriabaralla.it, Ruhetag So. Seit 1860 bestehende traditionelle Osteria unter Backsteingewölbe, nackte Tische, Papiersets. Luccheser Küche u. a. aus zertifiziertem Chianina-Fleisch (das einzige Lokal Luccas!) und von der Cinta senese, lange Vorspeisenliste, Luccheser Dinkel, *tordelli* (gefüllte Pasta), Lamm, *baccalà* (Stockfisch) mit Porree, *bistecca* vom Schwein wie vom Rind. Weine aus Lucca und Montecarlo. €–€€

Sympathisch – **Piccola Osteria 5**: Piazza San Frediano 6, Tel. 0583 49 49 40, auf Facebook, tgl. durchgehend 11–22.30 Uhr. Nette Osteria mit Tischen auf der Piazza, Verkostung und Verkauf typischer Produkte. Mittags große *tagliere* (Platten) mit 1/4 l Wein und günstiges Tagesmenü, abends Aperitif, Vorsicht: wechselnde Kritiken! €

Lucchesisch – **La Grotta 6**: Piazza Anfiteatro 2, Tel. 0583 46 75 95, www.pizzicherialagrotta.it, Ruhetag Di, sonst 9–19.30 Uhr geöffnet. Delikatessladen seit 1865 mit Tischen auf der Gasse und auf dem historischen Marktplatz. *Focaccia, bruschetta,* Pizza, Pasta, diverse Aufschnittplatten. €

Einkaufen

Die **Via Fillungo** ist die Bummel- bzw. Einkaufsmeile von Lucca, mit zauberhaften kleinen Boutiquen, Stoffgeschäften etc. Außerdem wird in Lucca gerne gut gegessen, beim Einkauf auf Tradition geachtet:

Getreideprodukte – **Antica Bottega di Prospero 1**: Via Santa Lucia 13, https://anticabottegadiprosperolucca.myadj.it. Alles, was die Luccheser an Getreide und Mehl für ihre Küche benötigen, bekommen sie in dem kleinen traditionellen Laden – stets gedrängt voll und eine Sehenswürdigkeit.

Feine Fertiggerichte – **Rosticceria il Fagiano 2**: Viale Puccini 233, auf Facebook. Schlemmeroase am westlichen Stadtrand von Lucca, auch für sonntägliche Einkäufe, denn hier wird täglich alles frisch produziert und gebacken.

Antiquitäten – **Fiera dell'Antiquariato 3**: am 3. Wochenende des Monats große Antiquitätenmesse in der Altstadt.

Abends & Nachts

Sehen und gesehen werden – Cafés und Bars aller Couleur gibt es rund um die **Piazza del Mercato 7** sowie um die **Piazza San Michele 1**.

Klassisch – **Teatro del Gíglio 2**: Piazza del Gíglio 13/15, Tel. 0583 46 53 20, www.teatrodelgiglio.it. Ballettaufführungen, Prosatheater und lyrisches Theater.

Aktiv

Radverleih – **Antonio Poli Biciclette 1**: Tel. 0583 49 37 87, www.biciclettepoli.com. Verleih an mehreren Stellen in der Stadt, z. B. Piazza Santa Maria 42; **Cicli Bizzarri 2**: Piazza Santa Maria 32, Tel. 0583 49 66 82, www.ciclibizzarri.net.

Trekking – **Club Alpino Italiano (CAI) 3**: Cortile Carrara 18, Tel. 0583 58 26 69, www.cailucca.it, Mo–Fr 18–19.30 Uhr.

Termine

Volto Santo: 13. Sept. Luccas bedeutendstes Fest. Das Volto Santo (s. Dom S. 192) wird in einer eindrucksvollen Prozession durch die Stadt getragen (s. S. 193).

Puccini-Konzerte: Termine s. www.puccinielasualucca.it, www.luccamusica.it.

Verkehr

Flug: Der Pisaner Flughafen **Galileo Galilei** ist nur 20 km von Lucca entfernt und gut mit dem Bus zu erreichen.

Bahn: Lucca ist eine wichtige Station auf den Eisenbahnstrecken Florenz–Viaréggio und Florenz–Pisa, die beide fast im Stundentakt befahren werden. Darüber hinaus fährt die Garfagnana-Bahn über Castelnuovo di Garfagnana bis Aulla ca. 4 x tgl. (s. Aktiv unterwegs S. 206).

Bus: CTT Nord bedient mit **Vaibus** die Stadt Lucca mit Anbindung an Livorno und Pisa, Pistóia, Lucca und Massa-Carrara, in die Provinz und zur Küste der Versilia, nach Bagni di Lucca in der Garfagnana. Der Hauptbusstopp liegt an der Piazzale Verdi direkt beim städtischen Infobüro. In Lucca muss man auf den Strecken Florenz–Viaréggio und Florenz–Pisa den Bus wechseln.

Durch die Garfagnana und die Alpi Apuane

Karte: S. 203
Eines der interessantesten und am wenigsten bereisten Gebiete der Toskana dürften die bewaldete Garfagnana und die fast nur durch ihren Marmor bekannten Apuanischen Alpen sein. In der Garfagnana sind die Attraktionen eher natürliche: von Robinien durchsetzte Kastanienwälder, die im Frühjahr weiße Blüten tragen und einen betäubenden Duft ausströmen; stundenlang kann man hier wandern. Die Vegetation ist insgesamt von unglaublicher Dichte und Üppigkeit, die Luft klar.

Der Herbst jedoch ist die eigentliche Garfagnana-Zeit: Die Kastanien sind reif, der Wein ist frisch gekeltert, Pilze schießen aus dem Boden, und Wild darf gejagt werden. Wildschwein mit Pilzen und Kastanienmus ist dann eines der typischen Hauptgerichte, zum Nachtisch gibt es Kastanienkuchen in allen Variationen.

Ponte della Maddalena 1

Von **Lucca** (s. S. 190) aus gelangt man über die SS 12 Richtung Norden nach Borgo a Mozzano. Die von Süden kommend zweite Brücke des kleinen Ortes, **Ponte della Maddalena,** steht mit ihren Füßen im Sérchio und streckt sich nur in der Mitte überaus fotogen in die Höhe.

Der Volksmund berichtet, dass sie der Teufel in einer einzigen Nacht gebaut habe. Deshalb nennt man die Brücke auch Ponte del Diavolo, die Teufelsbrücke. Sie stammt wohl aus dem 11. oder 12. Jh. und soll von der Markgräfin Mathilde in Auftrag gegeben worden sein. In ihrer Mitte macht die Brücke einen richtigen Katzenbuckel für die einst funktionierende Schifffahrt, durch den letzten kleinen Bogen im Westen fährt die Schmalspurbahn Lucca–Aulla. Mit ihr durch die Landschaft zu zuckeln, bereitet übrigens ein besonderes Vergnügen, welches sich Leute mit genügend Zeit unbedingt leisten sollten (s. Aktiv unterwegs S. 206).

Bagni di Lucca 2

Nur rund 6 km sind es, ein Stückchen weg vom Sérchio nach Osten Richtung Abetone, bis **Bagni di Lucca.** In den »Bädern von Lucca« hat Heinrich Heine den Kurort verewigt, der damals freilich noch eher ein verträumtes Badestädtchen war. Heine weilte hier im Herbst 1828 und meinte, er habe nie ein reizenderes Tal gesehen. Die Schönheit der Landschaft, die Thermalwasser und die gute Luft brachten den Bädern von Lucca schon im 18. Jh. einen gewissen Ruf in intellektuellen und wohlhabenden Kreisen ein, vor allem bei den Engländern, unter denen es als schick galt, sich hier kurieren zu lassen.

Bagni di Lucca (6500 Einw.) ist zweigeteilt: Das Ortsbild von **Villa** unten am Fluss Lima wird von relativ prunksüchtigen Bauten geprägt (Casinò und Villen des 18. und 19. Jh.); eine lange Platanenallee zieht sich hinauf zum lieblichen Hügel von **Caldi,** wo zum Teil verlassene Badehäuser wieder aufgemöbelt werden, denn seit Jahren ist Generalüberholung angesagt. Die Hoffnung, Italiens erstes Casinò wieder zu aktivieren, hatten die Bagniluccheser nie aufgegeben, und so konnten sie 2011 das imposante Gebäude wieder eröffnen. Allerdings nicht als richtige Spielbank, sondern nur mit allerlei elektronisch betriebenen Spielen, Slot-Maschinen, elektronischem Roulette mit virtuellem Groupier, auch Tischen zum Pokerspielen und für Blackjack. Und es finden hier besondere Veranstaltungen statt.

Deshalb muss sich Bagni di Lucca weiterhin auf seine guten Kurmittel (19 Thermalquellen von 38 bis 54 °C, Thermalgrotte und mit Thermalwasser durchsetzter Fango) besinnen und versuchen, durch Mundpropaganda aus dem Dornröschenschlaf geweckt zu werden. Italiener haben den alten/neuen Kurort wieder gerne angenommen. Nun wartet er auf die Wiederentdeckung durch die Engländer, die ihn einst bevorzugten. Die Chancen stehen gut, denn im Gegensatz zu den Deutschen haben einige Briten der Garfagnana die Treue gehalten: Barga (s. S. 202), nur 23 km von Bagni entfernt, ist ein ›britisches Nest‹. Weil das Gebiet früher sehr arm war, wanderten viele Bewohner in die Vereinigten Staaten und nach Großbritannien aus, vor allem nach Glasgow, woher wiederum die ersten Touristen kamen.

Infos

Ufficio Informazioni Turistiche: 55022 Bagni di Lucca (LU), Viale Umberto I 97, Tel. 0583 80 57 45, https://infobagnidilucca.blogspot.com.

Übernachten

Gepflegt und sympathisch – **Bridge Hotel:** Piazza Ponte a Serraglio 5a, Tel. 0583 80 53 24, www.bridge-hotel.it. Freundliches Hotel, mitten im netten Kurort ganzjährig geöffnet, zwölf kleine Zimmer. €

Essen & Trinken

Fischgerichte mit Flussblick – **Corona:** Ponte Serraglia, Via Serraglia 78, Tel. 0583 92 37 62, www.lacoronabdl.com, März–Nov., März, April, Nov. Mi Ruhetag. Große Glasfenster zum Fluss hin, Sommerterrasse, lokale Küche mit Schwerpunkt auf Fischspezialitäten. Auch elf komfortabel renovierte Zimmer (€–€€). Lohnendes Menü. €€

Außerdem gibt es in Bagni di Lucca mehrere **Pizzerien** und **Bars/Cafés.**

Aktiv

Wildwasserabenteuer – **Aguaraja:** Ob Rafting oder Kajak fahren – wilde Bäche wie der Lima sind dafür von Okt. bis Mai ideal. Infos unter www.aguaraja.com.

Verkehr

Bus: Es existieren mehrmals tgl. gute Verbindungen nach Lucca.

Barga 3

Außer winzigen, leicht überschaubaren Orten gibt es nur wenige Städtchen in der Garfagnana. Dazu gehört das Handwerkszentrum **Barga** (10 000 Einw.), das in 410 m Höhe steil am Hügel aufgeschichtet liegt und vom mittelalterlichen Dom überragt wird. Steile, enge, gepflasterte Gassen führen von der großzügig angelegten Unterstadt durch den älteren Kern hinauf. Den Wagen parkt man am besten unten auf der überdimensionalen, von Zedern bestandenen Piazza.

Grandios ist der breite Aufgang, der plötzlich aus dem Gassengewirr hinaus auf die große, ausladende Bergterrasse des Domes emporsteigt. Ebenso grandios ist der Blick ringsum über die Wälder der Garfagnana bis zu den Apuanischen Alpen und natürlich hinab auf Barga.

Garfagnana und Alpi Apuane

Duomo

Der weiße Travertin des **Domes** und seines klobigen Glockenturms leuchtet im Sonnenlicht so stark, dass er blendet. Schon im 10. Jh. wurde mit dem Bau der dreischiffigen Basilika begonnen, bis ins späte 15. Jh. dauerten die Arbeiten. 1920 erlitt der Dom enorme Schäden durch ein starkes Erdbeben, die allerdings behoben wurden. Die wohlproportionierte Pfeilerbasilika zeigt sich daher wieder im reichen romanisch-lombardischen Stil. Die Alabasterfenster lassen ein angenehm diffuses Licht durch, nur die drei Apsiden des Chores haben bunte Glasfenster.

Das unumstrittene Prachtstück des Domes ist jedoch die steinere Kanzel auf der rechten Seite des Mittelschiffs, die Guido da Como zugeschrieben wird, dem man im Lucchesischen mehrfach begegnet. Sie wird vorne von zwei Löwen – einer hat einen Menschen, der andere einen Drachen unter sich – und hinten links von einem hockenden Menschen getragen.

Hohe Berge, dichte Wälder und kleine Bergdörfer prägen die Garfagnana

Das vordere linke Kapitell ist besonders fein ausgearbeitet mit zwei Adlern, einem geflügelten Menschenkopf und einem Widder. Da es im Inneren des Domes von Barga recht dunkel ist, können die Augen nur Stück für Stück diese schöne Steinmetzarbeit aufnehmen, was die Entdeckung besonders spannend macht.

Infos

Associazione Pro Loco Barga: 55051 Barga (LU), c/o Edicola Poli, Via Páscoli 20/c, Tel. 0583 72 47 45, www.prolocobarga.it, www.barga.it.

Übernachten

Mit gutem Restaurant – **Alpino:** Via Pascoli, Tel. 0583 72 33 36, www.bargaholiday.com. Familiengeführtes, nettes Hotel mit sieben Zimmern, zwei Studios mit Kochnische, beliebtes Restaurant auch für Passanten und Enothek. €–€€

Familiär – **La Pergola:** Via Sant'Antonio Abate 1, Tel. 0583 71 12 39, www.hotel-lapergola.eu. Kleines gepflegtes Hotel (seit 1955), 24 Zimmer im Haupthaus, Dachterrasse mit herrlichem Blick, drei Apartments in Villen, Restaurant, gutes Frühstück. €

Termine

Barga Jazz: www.bargajazz.it, knapp zwei Wochen im Aug. und an Sommerwochenenden. Wettbewerb und Veranstaltungen.

Verkehr

Bus: Verbindungen mit Lucca mehrmals tgl. im Berufsverkehr.

Castelvecchio Páscoli 4

Von Barga aus hat man die Wahl: Man kann entweder 3,5 km den aussichtsreichen Bergkamm entlang zum Sérchio zurückfahren oder aber in Nordost-Richtung oben bleiben und dann die Haarnadelkurve bei Ponte di Catagnana wieder nach Westen nehmen, um nach 6,3 km (wunderschöne Aussicht!), kurz vor dem Sérchio, auf **Castelvecchio Páscoli** zu stoßen.

Casa Páscoli

Località Caprona 6, Okt.–März Di 14–17.15, Mi–So 9.30–13, 14.30–17.15, April–Sept. Di 15–18.45, Mi–So 10.30–13, 15–18.45 Uhr, Erw. 3 €

Der politisch engagierte Dichter Giovanni Páscoli (1855–1912) lebte und arbeitete von 1895 bis 1912 in dem nach ihm benannten Ort, genauer im Ortsteil Caprona. Die Villa **Casa Páscoli** in ausgesprochener Panoramalage, in der er bis kurz vor seinem Tod zusammen mit seiner Schwester Maria wohnte, beherbergt heute das Páscoli-Archiv mit Briefen und Manuskripten.

Eremo di Calomini und Fornovolasco

Auf der anderen, der westlichen Seite des Flusses beginnt bei Gallicano eine 8 km lange, schmale, aber wunderschöne Straße entlang des Wildbaches Túrrite di Garfagnana. Es ist ein reißender Bach, der sich seinen Weg mühsam gebahnt hat; das schmale Sträßchen folgt ihm hartnäckig unter ausladenden Felswänden mit Tunnels und Brücken. Rechter Hand versteckt sich im Wald auf der Bergseite das kleine Grottenheiligtum des **Eremo di Calomini** 5, das zu einer Entdeckungspause einlädt, ebenso wie das malerisch am Fluss gelegene **Fornovolasco** 6. Wenn dieses Dorf erreicht ist, hat man eine schöne Fahrt hinter sich, mit winzigen Weilern an den Berghängen und typischen Trattorien, die oft nur am Wochenende und an Feiertagen ihre Spezialitäten wie Zicklein, Bachforellen, Wildschwein und guten Schafskäse anbieten.

Grotta del Vento 7

Tel. 0583 72 20 24, www.grottadelvento.com, tgl. 10–12, 14–18 Uhr, Nov.–März oft geschl., nur mit Führung (1/2/3 Std.), Erw. 10/18/25 € inkl. Audioguide (u. a. auch auf Deutsch)

Die **Grotta del Vento** wurde erst 1963 entdeckt, die zu ihr hinführende Straße ist eine Sackgasse: Die Höhle befindet sich zwar im Herzen der Apuanischen Alpen, ist aber nur von der Garfagnana aus erreichbar. Etwa 3,5 km lang ist das verzweigte Karstsystem der Grotte mit Tropfsteinen und mehreren Seen. Wem 132 m Höhenunterschied zu viel und 10,7 °C zu wenig sind, wer kein festes Schuhwerk und keine warme Jacke dabei haben sollte, kann sich für die einstündige Führung entscheiden. Wer richtig ausgerüstet ist, wird Freude am dreistündigen Spaziergang durch die Höhlenwelt haben.

Dass die Grotte des Windes gerne besucht wird, beweist außer den beiden Trattorien in der Nähe das Zentrum mit Selbstbedienungsrestaurant und Verkaufsausstellung mit Kunstgewerbe, Wanderkarten etc.

Castelnuovo di Garfagnana 8

Von Gallicano aus folgt man der großen Sérchio-Kurve nach Norden bis **Castelnuovo di Garfagnana** (knapp 6000 Einw.). In der trutzigen **Rocca** (ab 11. Jh.) residierte von 1522 bis 1525 Ludovico Ariost (Verfasser von »Der rasende Roland«) angeblich recht lustlos als Gouverneur der Este aus Ferrara. Auf dem gepflasterten Platz der mit Rundbastionen verstärkten Rocca mit dem schlicht-schönen Torbogen, der sich zur Fußgängerzone öffnet, treffen sich wie eh und je die Bauern und Handwerker des Städtchens und der Umgebung. Hier wird Markt abgehalten, Politik, die kleine und die große, besprochen. Castelnuovo in knapp 278 m Höhe, am Zusammenfluss von Sérchio und Túrrite Secca gelegen, ist der historische Hauptort der Garfagnana, weshalb der 1504 geweihte Dom einige wertvolle Kunstwerke birgt, u. a. eine Terrakottagruppe aus der Della-Robbia-Schule.

Aktiv

MIT DER BUMMELBAHN DURCH DIE GARFAGNANA

Tour-Infos

Start und Ziel: Lucca, Bahnhof, evtl. Zwischenstopp in Castelnuovo di Garfagnana

Karte: S. 203

Länge: 45 km

Dauer: 2 Std. einfache Fahrt (oder 2 Tage mit Zwischenübernachtung bei der Rückfahrt mit dem Rad).

Wichtige Hinweise: Einkehrmöglichkeit in Castelnuovo di Garfagnana, s. S. 207.

Mit der Eisenbahn auf der Strecke Lucca–Aulla durch die herrliche Landschaft zu zuckeln bereitet ein ganz besonderes Vergnügen, das sich Leute mit genügend Zeit nicht entgehen lassen sollten. Herrlich abenteuerlich klingt schon das ständige Pfeifen der Diesellok, immer dann, wenn ein Tunnel durchfahren oder eine Brücke passiert wird. Kenner warten bereits mit Spannung auf bekannte Punkte am Weg, ganz zu Beginn auf den als Teufelsbrücke bekannten **Ponte della Maddalena** 1, durch dessen schmalen Bogen die Bahn geradezu rast. Bald wird das Sérchiotal schmaler, bewaldete Berge rücken näher zusammen, den Weinbergen folgen dichte, dunkelgrüne Kastanienwälder, aufgehellt durch fast ebenso hohe alte Robinien. Zwischen den kleinen mittelalterlichen Dörfern, die meist auf halber Höhe hängen, stürzen sich Wildbäche in den Sérchio. Immer wieder passiert die Bahn Papierfabriken am Fluss, manche arbeiten noch, andere sind bereits geschlossen – es soll hier einmal ein Freilichtmuseum zum Thema Papierproduktion geben.

31 Tunnel passiert die Bahn auf ihrer nur 45 km langen Strecke, im längsten Tunnel, 7,5 km lang, bleibt man sechs Minuten im dunklen Bauch des Berges. Da die Strecke eingleisig ist, muss immer wieder der Gegenzug abgewartet werden – Zeit für intensivere Blicke rechts und links. Nach zwei Stunden ist das Endziel Aulla erreicht, hart an der ligurischen Grenze im Nordwesten der Toskana. Die Stadt selbst hat nichts Sehenswertes zu bieten, so kann man schnell wieder die Rückreise antreten – und die Strecke gleich noch einmal genießen.

Wer Zeit und Lust hat, kann auf der Rückfahrt auch eine Station in **Castelnuovo di Garfagnana** 8, dem Hauptort genau auf halber Strecke, einlegen und die nächste oder auch die übernächste Bahn nach Lucca zurücknehmen – jetzt hat man ja den Überblick! Und in Castelnuovo gibt es mindestens zwei empfehlenswerte Adressen zum Einkehren (s. S. 207).

Den Rückweg können Sportliche auch mit dem Rad antreten, die Fahrradmitnahme ist in der Regionalbahn möglich. Landschaftlich besonders reizvoll, aber anstrengender ist die nördliche Strecke von Aulla bis Castelnuovo Garfagnana (270 m), einfacher die darauf folgende südliche Strecke. Dann aber immer auf der Sérchio-Seite fahren, die nicht als Schnellstraße ausgebaut ist, nämlich überwiegend auf der Ostseite des Flusses. Der Weg führt praktisch immer abwärts, es sei denn, man möchte eines der auf den Bergkuppen thronenden Dörfer besuchen. Am besten ist es freilich, man legt einen Übernachtungsstopp z. B. in Castelnuovo di Garfagnana ein, wo man sich auch kulinarisch verwöhnen lassen kann.

In Castelnuovo kann man recht typisch nordtoskanisch essen und Produkte der Garfagnana einkaufen, vor allem Käse und Wurst, aber auch spezielle hier biologisch angebaute Getreidesorten und Hülsenfrüchte.

Infos

Pro Loco: Piazza delle Erbe 1, 55032 Castelnuovo di Garfagnana (LU), Tel. 0583 64 10 07, www.castelnuovogarfagnana.org, www.turismo.garfagnana.eu.

Übernachten

Komfortabel – **Da Carlino:** Via Garibaldi 15, Tel. 0583 64 42 70, www.albergodacarlino.it. Komfortables zentrales Hotel mit Garten. 23 Zimmer, Restaurant, Parkplatz. €

Essen & Trinken

Verfeinert – **Osteria Al Ritrovo del Platano:** 55027 Gallicano (LU), Località Ponte di Campia 8/4, Via Provinciale 8/4, zwischen Gallicano und Castelnuovo di Garfagnana, Tel. 0583 68 99 22, www.osteriaalritrovodelplatano.it, Ruhetag Mo. 2009 hat Mauro Bertolini die einst familiengeführte Osteria in einer alten Remise (seit 1897 im selben Besitz) übernommen. Hier speisten schon der Dichter Giovanni Páscoli und seine Schwester, woran auch die Dekoration erinnert. Im schön eingedeckten Speiseraum genießt man lokale, gern verfeinerte Küche wie frische Pasta aus Vollkornmehl, Forellen aus dem Sérchio und im Herbst Trüffel- und Kastanienspezialitäten. €–€€

Urig – **Vecchio Mulino:** Via Vittorio Emanuele 12, Tel. 0583 621 92, www.vecchiomulino.info, Di–So 11–21 Uhr. Ein herrlicher Laden, in dem man steingemahlenes Mehl aus Kastanien, Buchweizen und Mais kaufen und hervorragend in der Osteria speisen kann – wenn man die deftige Kost der Garfagnana mag wie Schinken, Innereien und Gerichte aus Buchweizenmehl. €–€€

Preiswert – **Locanda Marchetti:** Via Fulvio Testi 10, Tel. 0583 631 57, Ruhtetag So. Osteria unter einer alten Loggia mitten im Ort. Den ganzen Tag gibt es etwas Kleines zu essen, immer deftig und typisch für die Garfagnana, sehr preiswert. €

Aktiv

Golf – **Golf Club Garfagnana:** 55100 Pieve Fosciana (LU), Località Braccicorti, Mobil-Tel. 32 80 97 18 70, www.garfagnanagolf.com. 6-Loch-Platz.

Radfahren – **Radverleih** bei der Touristeninformation Pro Loco (s. links) und www.bikesharing.garfagnana.eu.

Trekking – **Turismo Garfagnana:** Piazza Erbe 1, Tel. 0583 651 69, www.trekking.garfagnana.eu, und Comunità Montana della Garfagnana, Via Vittorio Emanuele, Tel. 0583 651 69. **Club Alpino Italiano (CAI):** Via Vittorio Emanuele 3, Tel. 0583 655 77, www.garfagnanacai.it.

Durch die Alpi Apuane an die Marmorküste ▶ C 3

Von Castelnuovo di Garfagnana sind es knappe 40 km auf kurvenreicher, faszinierender, aber anstrengender Bergstraße quer durch die Alpi Apuane in westlicher Richtung bis nach Massa (nördlich) oder Seravezza (südlich). Dem engen Lauf des Túrrite Secca ab Castelnuovo immer aufwärts folgend, kommt man zu einem kurzen Tunnel. Ab jetzt lässt die Straße ein wenig zu wünschen übrig, daher unbedingt genügend Zeit einplanen! Man passiert **Isola Santa** 9, nach einem weiteren Tunnel zweigt eine Straße rechts über **Arni** 10 nach **Massa** 11 ab, eine andere zur langen Galleria del Cipollaio links. Letztere führt kurvenreich bis nach **Seravezza** 12 – und von dort durch die Versilia-Hügel zum Edel-Badeort Forte dei Marmi (s. S. 240). Das ist in etwa auch der Weg, auf dem früher die Marmorblöcke transportiert wurden, die beispielsweise Michelangelo für seine Statuen brechen ließ.

Wer auf der rechten Abzweigung bleibt, fährt oben nach einem weiteren kurzen Tunnel geradeaus Richtung Massa (s. S. 236). Auf dieser Strecke tauchen bald die weißen Wunden der Marmorbrüche von Arni auf. Diese größten Marmorvorkommen der Welt gehören hauptsächlich zur Provinz Lucca und sind für das gesamte Gebiet von erheblicher wirtschaftlicher Bedeutung (s. Thema S. 234).

Pisa und Umgebung

Die Visitenkarte der Stadt am Arno ist der Platz der Wunder mit dem Schiefen Turm. Doch Pisa ist auch Universitätsstadt und außerdem eine rege Handelsstadt mit schönem Hinterland wie dem Monte Pisano und der Badeküste vor der Tür. Diese zieht sich vom beschaulichen Marina di Pisa bis zum im Sommer quirligen Tirrénia hin.

Pisa hat mehr zu bieten als nur den Platz der Wunder und ist überhaupt viel schöner, als so mancher Reisende vermuten dürfte: Die nette Lage an beiden Ufern des träge dahinfließenden Arno kommt aber erst dann richtig zur Geltung, wenn man auf einer Brücke steht. Eine davon ist der Ponte di Mezzo, der sich gut für das größte Fest der Stadt eignet, den Gioco del Ponte, bei dem beide Stadtteile eine ordentliche Kraftprobe zu bestehen haben (s. S. 222). Im Kern in seinen Strukturen noch recht mittelalterlich erhalten, mit einigen hohen Wohntürmen, ist Pisa (90 500 Einw.) dennoch eine junge Stadt. Mehr als 50 000 Studenten sind an der inzwischen größten Universität der Toskana sowie an mehreren Sprach- und Fachschulen eingeschrieben.

Als Straßen- und Eisenbahnknotenpunkt mit Verbindungen vom Nordwesten Italiens nach Rom und in den Osten des Landes erhält die Stadt zusätzliche Bedeutung. Den Flughafen neideten die Florentiner den Pisanern von Beginn an: Der internationale Aeroporto Galileo Galilei ist nämlich das ganze Jahr über frei von Nebel. Mit der Hafenstadt Livorno verbindet Pisa ein schiffbarer Kanal, was weitere Vorteile bringt. Und da der Badeort Tirrénia zur Provinz gehört, sind auch die Einnahmen aus dem Fremdenverkehr – nicht nur der Tagestouristen, die sich den Platz der Wunder anschauen – nicht zu verachten. Gewinne erzielt die Provinz auch mit dem Alabastervorkommen von Volterra und mit den geothermischen Bodenschätzen von Larderello (s. Thema S. 28). Einen weiteren nicht unbedeutenden Wirtschaftszweig bilden der Bau und die Wartung von Jachten. Entlang des Arno bis zu seiner Mündung mit neuem Hafen in Marina di Pisa stehen kleinere Werften, ebenso an den Kanälen hinter Tirrénia.

Mit dem nahe gelegenen San Giuliano Terme (s. S. 223) besitzt Pisa einen zu neuem Leben erwachten Kurort. Zu Füßen des grünen Monte Pisano gelegen, ist er ein ebenso lohnendes Ausflugsziel wie die Certosa di Calci (s. S. 223) auf der anderen Seite des Hügels.

✪ Pisa ▶ D 5

Cityplan: S. 211

Die bedeutendsten Bauten **Pisas** wurden vor 1284 begonnen, was eine einfache historische Erklärung hat: Am 6. August des Jahres hörte die Stadt auf, eine Seerepublik zu sein. Genua hatte Pisa vor dem Meloria-Riff bei Livorno vernichtend geschlagen. Vorbei ging eine glorreiche Epoche, die sehr vielversprechend begonnen hatte.

Wahrscheinlich bewohnten schon die Etrusker den Lagunenort. In römischer Zeit wurde er ein wichtiger Flottenstützpunkt mit Siedlungen am nördlichen Arno-Ufer. Im 4. Jh. war Pisa unter langobardischer Herrschaft Bischofssitz, und im 8. und 9. Jh. blieb es bei mehreren Sarazenen-Überfällen relativ unbeschadet. Damals beherrschte die Stadt bereits militärisch wie wirtschaftlich das Mittelmeer. Ab dem 11. Jh. war der Expansionsdrang der Pisaner noch gewaltiger: Eroberung Sardiniens, Bündnis mit den Normannen gegen die Sarazenen,

1064 gipfelnd in der Seeschlacht bei Palermo. Zum Dank für die Vernichtung der heidnischen Flotte schenkte der Papst Pisas Kirche die Insel Korsika und erhob es neuerlich zur Bischofsstadt. Kolonien und Stützpunkte an der Südküste Kleinasiens, in Südspanien und Nordafrika entstanden.

Dem Handel war dies natürlich förderlich: Pisa exportierte Holz, Eisen und Lederwaren, seine Werften erlangten Weltruhm, die Flotte besaß mindestens 300 Galeeren. Der Orient befruchtete auch das geistige Leben, was ein Chronist 1115 weniger positiv sah: »Wer sich nach Pisa begibt, sieht dort Ungeheuer. Diese Stadt wird von Heiden, Türken, Libyern und Parsen besudelt, und die unzüchtigen Chaldäer durchstreifen ihr Land.« In Wahrheit war die Verschmelzung von islamischer Kultur und der klassischen Tradition Pisas das Beste, das der Stadt und Europa passieren konnte. Was die Kunstgeschichte als pisanisch-romanischen Stil bezeichnet, entstand aus überlieferten langobardischen Formen und orientalischen Vorbildern.

1137 wurde die Seerepublik Amalfi durch Pisas Flotte vernichtet, 1161 das erste See- und Handelsrecht erlassen. Das 12. Jh. erlebte eine starke Bevölkerungszunahme und die Ausdehnung der Stadt, die sich hinter ihrer hohen Mauer mitsamt Gärten und Ackerland verschanzte. *Casetorri* entstanden, die turmartig befestigten Wohnhäuser, auch Geschlechtertürme genannt.

Schleichend kündigte sich der Untergang an, denn die Seemacht Pisa verlor das Meer: Der Hafen versandete, was die militärische und wirtschaftliche Vormachtstellung der Stadt schwächte. Dann ereignete sich im Jahr 1284 besagtes Debakel mit Genua; Lucca und Montecatini wurden zwar 1314 und 1315 noch eingenommen, aber Pisas Schlagkraft ließ nach. Der Verzweiflungskampf gegen das verhasste Florenz endete 1406 mit Pisas Unterwerfung. Dass die Stadt kaisertreu blieb, rettete sie 1494 bis 1509 noch einmal, aber nur kurzfristig: Karl VII. verhalf ihr zur Unabhängigkeit. Dann wurde sie wieder florentinisch und blieb es bis zur Einigung Italiens.

Ein einzigartiges Architekturensemble: der Platz der Wunder in Pisa

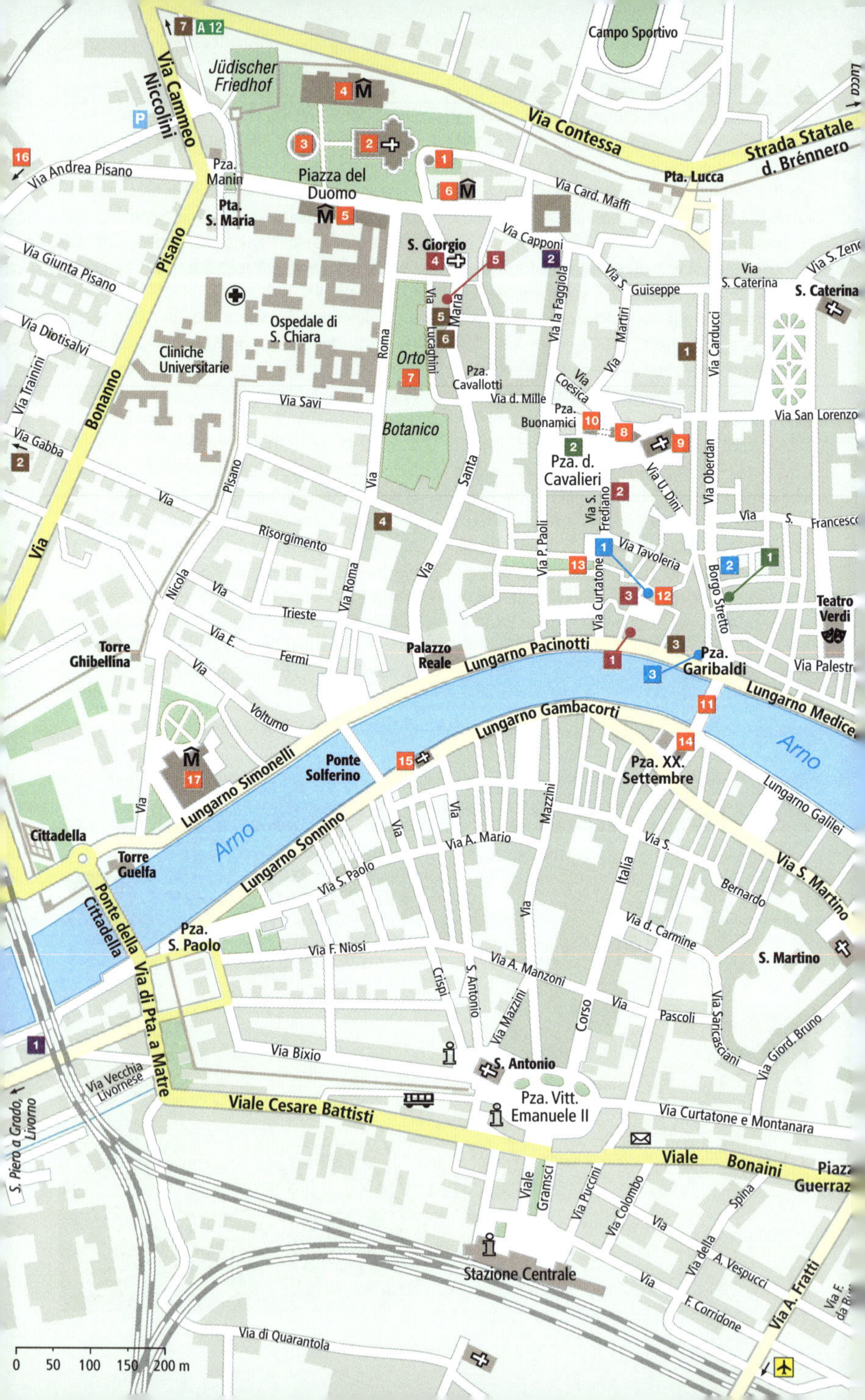

Campo Sportivo
Via Contessa
Strada Statale d. Brénnero
Lucca
Pta. Lucca
Via Card. Maffi
Jüdischer Friedhof
Via Cammeo
Niccolini
Via Andrea Pisano
Pza. Manin
Piazza del Duomo
Pta. S. Maria
Via Giunta Pisano
Via Diotisalvi
Via Trainini
Via Gabba
Pisano
Bonanno
Via
S. Giorgio
Via Capponi
Via S. Guiseppe
Via S. Caterina
Via S. Zeno
S. Caterina
Ospedale di S. Chiara
Cliniche Universitarie
Via Roma
Via Maria
Via Lucaghini
Orto
Botanico
Pza. Cavallotti
Via d. Mille
Via la Faggiola
Via Martiri
Via Coesica
Via Carducci
Pza. Buonamici
Via San Lorenzo
Via Savi
Pza. d. Cavalieri
Via U. Dini
Via Oberdan
Via S. Frediano
Via S. Francesco
Via Santa
Via Pisano
Via Risorgimento
Via P. Paoli
Via Tavoleria
Via Curtatone
Borgo Stretto
Teatro Verdi
Via Nicola
Via Trieste
Via E. Fermi
Via Voltumo
Torre Ghibellina
Palazzo Reale
Lungarno Pacinotti
Pza. Garibaldi
Via Palestro
Lungarno Mediceo
Lungarno Gambacorti
Pza. XX. Settembre
Arno
Lungarno Galilei
Ponte Solferino
Lungarno Simonelli
Lungarno Sonnino
Cittadella
Torre Guelfa
Ponte della Cittadella
Via Mazzini
Via A. Mario
Via S. Paolo
Via Italia
Via S. Bernardo
Via S. Martino
Via d. Carmine
S. Martino
Pza. S. Paolo
Via F. Niosi
Via A. Manzoni
Crispi
S. Antonio
Corso
Via Pascoli
Via Saricasciani
Via Giord. Bruno
Via di Pta. a Matre
Via Bixio
Via Mazzini
S. Antonio
Via Vecchia Livornese
S. Piero a Grado, Livorno
Viale Cesare Battisti
Pza. Vitt. Emanuele II
Via Curtatone e Montanara
Viale Bonaini
Piazza Guerrazzi
Viale Gramsci
Via Puccini
Via Colombo
Via Spina
Via della A. Vespucci
Via F. Corridone
Via A. Fratti
Via F. da Buti
Stazione Centrale
Via di Quarantola
A 12
0 50 100 150 200 m

Pisa

Sehenswert

1 Campanile/Torre Pendente
2 Duomo Santa Maria Assunta
3 Battistero
4 Camposanto Monumentale
5 Museo delle Sinopie
6 Museo dell'Opera del Duomo
7 Orto Botanico
8 Palazzo dei Cavalieri
9 Santo Stéfano dei Cavalieri
10 Palazzo dell'Orologio
11 Ponte di Mezzo
12 Piazza delle Vettovaglie
13 Piazza Dante
14 Loggia di Banchi
15 Santa Maria della Spina
16 Römischer Flusshafen
17 Le Navi Antiche di Pisa / Arsenali Medicei

Übernachten

1 Attico Sulla Torre
2 Grand Hotel Bonanno
3 Royal Victoria
4 Amalfitana
5 Francesco
6 Locanda La Lanterna
7 Camping Torre Pendente

Essen & Trinken

1 Osteria La Mescita
2 Osteria dei Cavalieri
3 Vineria di Piazza
4 Trattoria Toscana
5 Antica Bottega di Pisa

Einkaufen

1 Caffè Pasticceria Salza
2 Antiquitätenmarkt

Abends & Nachts

1 Piazza delle Vettovaglie
2 Skyline American Bar
3 Bazeel

Aktiv

1 Società Canottieri Arno
2 Toscana in Tour

Cosimo I de' Medici erhob Pisa 1542 zur Universitätsstadt und zum Sitz seiner Stiftung des Militärordens der Cavalieri di Santo Stéfano (1563). Drei Jahre zuvor wurden die Werften im Auftrag Cosimos aufpoliert. Was danach politisch mit Florenz geschah, passierte auch Pisa – und ist den Pisanern bis heute ein Dorn im Auge. Daher: Als Florentiner leistet man sich in Pisa lieber keine Parksünden …

Piazza dei Miracoli

Kein Wunder, dass man die große Wiese im Nordwesten der Altstadt, die Piazza del Duomo, **Platz der Wunder** (Piazza dei Miracoli) nennt: So viele bedeutende Kunstschätze auf einem einzigen Platz findet man auch in der sonst so kunstreichen Toskana nicht noch einmal. Den besten Überblick verschafft man sich natürlich vom schiefen Campanile aus, was nach langen und wiederholten Restaurierungs- und Stabilisierungsphasen inzwischen wieder möglich ist. Von oben wirkt der Platz trotz der architektonischen Schönheit seiner Bauten eher kühl, was aber am Baumaterial, dem hellen Travertin, und den ebenfalls fast weißen Dächern liegt.

Campanile/Torre Pendente 1

www.opapisa.it, tgl. April–Mitte Juni 9–20, Mitte Juni–Mitte Sept. 8.30–22, Mitte Sept.–März 9–20 Uhr, Erw. 18 €, Ticketverkaufsstellen auf dem Platz, nahe dem Campanile und im Museo delle Sinopie/Santa Chiara

Pisas berühmter **Campanile** mit seinen acht Stockwerken, von denen die mittleren sechs mit ihren umlaufenden Arkadengängen wie feine Spitzenarbeit wirken, bleibt der schönste weit und breit. Er wäre sicherlich auch ohne seine ›fallsüchtige‹ Haltung eine touristische Attraktion geworden, aber keine so begehrte. Inzwischen steht er still mit einer Neigung von 5°, was 4,10 m Abweichung von der Mittelachse entspricht (s. auch Thema S. 214).

Grundsteinlegung war 1173 unter dem Dombauarchitekten Bonanno, dessen Namen man jetzt in einem Sarkophagfragment links vor der Eingangstür zum Turm eingemauert findet (der Überlieferung nach soll Bonanno unter seinem Turm begraben liegen). 1185 waren erst drei Stockwerke errichtet, und das gesamte Bauwerk neigte sich nach Süden. Für Bonanno, der nach Sizilien abreisen musste, war das sicher keine verblüffende Erscheinung: Er kannte den Schwemmlandboden

Pisas und wusste, dass er unsicher war. Ab dem vierten Stockwerk baute Giovanni di Simone, die Neigung leicht korrigierend, weiter. Fertiggestellt wurde der Turm bis zum siebten Geschoss aber erst 1350 von Tommaso Pisano, der zudem als achtes Geschoss die offene Glockengalerie aufsetzte.

Nur Schwindelfreie sollten den Aufstieg wagen, auch wenn die begehbaren Arkadenumläufe inzwischen mit Geländern gesichert sind. Wenn einen beim Aufstieg (297 Stufen!) ein flaues Gefühl in der Magengegend beschleicht, dann ist man vermutlich an der ›Fallseite‹, die man deutlich zu spüren bekommt. Aber es ist ein Erlebnis, den Platz der Wunder von oben zu betrachten! Beim Aufstieg sollte man sich die Wände auch von innen ansehen: An den oberen Stockwerken hat man nicht mehr den schweren Kalkstein aus San Giuliano verwendet, sondern den leichteren Tuff; aus Marmor sind nur die Säulen gehauen.

Sieben unterschiedlich große Glocken (für die sieben Töne) hängen in dieser schwindelerregenden Höhe (57,90 m). Nur eine kleinere wird elektronisch geläutet. Dort, wo eine rote Fahne weht, befindet sich der eigentliche Mittelpunkt des Turmes, wegen seiner Neigung natürlich ganz am Rand.

Nicht nur Rundpfeiler, sondern auch mehrere Figuren tragen die berühmte Domkanzel

Von oben blickt man auf den Platz mit dem Dom, dem Baptisterium, dem Camposanto, alle mit grauweißen Bleidächern bedeckt (nur das Baptisterium hat teilweise Ziegel obenauf), und dem Ospedale Santa Chiara wie aus der Vogelperspektive und überschaut die Altstadt.

Duomo Santa Maria Assunta 2

Sommerhalbjahr tgl. 10–20, im Winter 10–18/19, So, Fei 13–20 Uhr, Nov.–Febr. Eintritt frei, jedoch benötigt man einen Einlasscoupon von der Kasse, sonst Erw. 2 €, zum Sammelticket *s. S. 221 (Infos)*

Nordwestlich, dicht beim Campanile, steht der orientalisch wirkende **Dom.** Seinen Bau beschloss man 1063 nach dem Sieg über die Sarazenen und der Eroberung Palermos. Da die Fassade im Westen und damit von der Stadt abgewandt auf das Baptisterium gerichtet ist, wurde von Anfang an das Portal am südöstlichen Querarm neben dem Chor als Eingang benutzt: die **Porta San Ranieri** mit ihren wundervollen, plastischen Bronzereliefs von Bonanno. Dieses schönste Werk am Pisaner Dom ist die einzige nach dem großen Brand von 1595 erhaltene der vier Bronzetüren, die der Architekt für den Dom schuf. Die 24 Tafeln mit den Geschichten aus dem Leben Christi sind von ergreifender schlichter Schönheit. Das Portal wurde hier durch wunderbare Kopien ersetzt, das Original restauriert und ins Museo dell'Opera del Duomo (s. S. 218) transferiert.

Fast ebenso schön ist das Hauptportal im Westen des Doms. Dort finden (trotz Absperrung) zuerst meist die von Besucherhänden glänzend geriebenen Gestalten am linken Teil des Hauptportals an der Westfassade Beachtung: Hündchen, Frosch und zwei Eidechsen. Wer sie berührt, weiß nämlich die Legende zu berichten, findet die Erfüllung seiner schönsten Wünsche und Träume, und Abiturienten streicheln die zwei Eidechsen unten links genau 100 Tage vor der Prüfung, um diese danach garantiert zu bestehen …

Die vier oberen Galerien über dem mit Blendarkaden verzierten Sockel der Westfassade scheinen ästhetisch an den Campanile angepasst. Durch die dadurch entstandene Betonung der Horizontalen hat der Dom etwas von einem antiken griechischen Tempel. Kein Wunder, denn sein erster Baumeister, Busketos, war ein aus Griechenland stammender Pisaner (sein Grabmal befindet sich an der linken Seite der Fassade). 1118 wurde der Bau unvollendet eingeweiht und erst Ende des 13. Jh. durch Rainaldo fertiggestellt, der ebenfalls an der Fassade verewigt ist (mit einer Tafel rechts über dem Mittelportal).

Das gesamte Formenspiel der pisanischen Architektur ist außen abzulesen: am Langhaus Blendbögen unten, in denen sich

Problemfall Schiefer Turm

Der berühmte Campanile von Pisa, vermutlich der schönste und sicher der bekannteste Glockenturm der Welt, wurde von seiner gefährlichen ›Fallsucht‹ geheilt, ohne dass er dabei an Anziehungskraft eingebüßt hätte. An seiner Aufrichtung bzw. Fixierung waren Fachleute aus aller Welt beteiligt.

Der Schiefe Turm von Pisa ist einer der größten Touristenmagnete des Stiefellandes, wenn nicht ganz Europas. Nicht auszudenken also, wenn er nicht mehr bestaunt und erklettert werden könnte. Immerhin kommen knapp 1 Mio. Reisende nach Pisa und keiner lässt sich die Piazza dei Miracoli, den Platz der Wunder mit dem Glockenturm entgehen.

297 Stufen hat die steinerne Wendeltreppe um den hohlen Kern des berühmten Turms. Genaugenommen war dieser nur bis vor wenigen Jahren hohl, als man einen Zwischenboden einzog und eine Messstation einrichtete, um das Schicksal der *torre pendente,* wie der schiefe Turm auf Italienisch genannt wird, unter Kontrolle zu bekommen. Jetzt weiß man es genau: Im Laufe der Jahrhunderte machte der Turm drei sich überlagernde Bewegungen mit. Zunächst hat er sich nach Süden geneigt, ist dann als Ganzes im Boden eingesunken und hat sich schließlich in Richtung Südwesten um die eigene Achse gedreht. Fazit: Im Norden ist er 55,22 m hoch, im Süden nur 54,52 m; die Abweichung von der Senkrechten beträgt immerhin 4,42 m – und nahm jährlich zunächst nur um 1,2 mm zu.

Die Maßnahmen des 20. Jh. zu seiner Rettung begannen 1982 vorerst zu greifen: Der Bau von Hochhäusern wurde in ganz Pisa verboten, weil der lose Untergrund nur eine Belastung von höchstens einem Kilogramm pro Quadratzentimeter verträgt (beim Campanile sind es im Süden bis zu zwölf!); Grundwasser darf seit 1970 im Umkreis von 3 km vom Domplatz nicht entnommen werden – was zur Stabilisierung des Wasserspiegels und zur Verringerung der Neigung führte. Doch dann begann der Campanile wieder zu ›fallen‹: Unter Wehgeschrei der ganzen Stadt ließ ihn Rom (Denkmalamt und Staatsanwaltschaft) 1990 aus Sicherheitsgründen schließen. Erst im Jahr 2000 brachten neue Ideen – eigentlich die simpelsten! – den ›fallsüchtigen‹ Turm nicht nur zum Stehen, er konnte damit sogar etwas aufgerichtet werden – um 44 cm. Genug, um ihn Weihnachten 2001 wieder der Öffentlichkeit zugänglich zu machen.

Inzwischen wird er zwar geregelt, aber doch den ganzen Tag fast ununterbrochen von neugierigen und glücklichen Touristen erklommen. Der ›Trick‹: Man entzog dem Erdboden auf seiner Nordseite mit feinen Bohrungen Sand und Kies, hielt dabei den Turm mit starken Stahlseilen fest und legte ihm zu Füßen zusätzlich 600 Tonnen Bleigewichte an – alles zusammen sorgte dafür, dass sich der Boden auf der Nordseite verdichtete, der Turm sozusagen nachkam und sich so weit aufrichten konnte, dass es den Fachleuten reicht. Die Zugseile sind wieder weg, die feinen Drahtseile, die den Turm umschlingen, fast nicht zu erkennen.

Und wie das alles kam? Der Volksmund erzählt, der Architekt des Campanile habe am Ende der Bauarbeiten bei einer öffentlichen Zeremonie seinen Lohn kassieren sollen. Das Volk, die Ratsherren und der Klerus waren versammelt – vor dem kerzengeraden Turm. Der Bürgermeister aber wollte den Baumeister um sein Geld prellen und erklärte feierlich, er solle doch auf den schnöden Mammon verzichten – schließlich habe er zu Ehren und zum Ruhme Gottes gearbei-

Wirklich alleine ist man hier nie – kein Wunder, den Schiefen Turm von Pisa kennt halt doch (fast) jeder

tet. Der Architekt drehte sich daraufhin zornig um und rief seinem Werk zu: »Komm, Turm, und folge mir nach!« Entsetzt sah die versammelte Menge, wie sich der Campanile seinem Schöpfer zuneigte. Hastig versprach darauf der Bürgermeister, den verdienten Lohn nachzuzahlen, wenn der Baumeister den Turm zum Stehen bringen würde. Das geschah – aber aufgerichtet wurde er nicht mehr: als Mahnung auch für künftige Stadtväter, keinen Architekten um sein Honorar zu prellen …

Eine zweite Geschichte um den schiefen Campanile: Galileo Galilei, 1564 in Pisa geboren, prüfte am schiefen Turm die Fallgesetze. Er erkannte während seines Studiums der Naturwissenschaften, dass alle Gegenstände, unabhängig von ihrem Gewicht, mit der gleichen Geschwindigkeit nach unten fallen. Ein Stein fällt genauso schnell wie ein Stück Blei oder eine Feder. Das Problem dabei: Es darf keine Luft da sein. Damals hatte er aber noch keine Geräte, mit denen er hätte ein Vakuum erzeugen können. So musste er sich auf Versuche mit Steinen beschränken. Er stieg auf den schiefen Turm und ließ von der Spitze verschieden große Steine herabfallen. Sein Helfer stand entweder unten und musste beobachten, ob die Steine wirklich gleichzeitig unten auftrafen, oder er musste die Steine fallen lassen. Dieser und andere Versuche kosteten Galileo nicht nur seine Professur, erst an der Pisaner Universität, später in Padua. Seine experimentellen Beweise der Kopernikus-Lehre brachten dem Wissenschaftler außerdem den päpstlichen Bann und die Verbannung nach Arcetri nördlich von Florenz, wo er 1642 starb.

stufenweise eingeschnittene Rhomben mit schmalen romanischen Fenstern abwechseln; im oberen Teil sind es Lisenen, unter dem Gesims wieder Rhomben, Kreise und gerade Fenster im Wechselspiel; die oberste Stufe, die Seitenwände des Mittelschiffes der Basilika, bietet eine Mischung aus Rhomben, Rundbogenfenster, Kreisen etc. zwischen den halbrunden Pilastern; alles mit geometrisch geschnittenen, grünen und weißen Marmorsteinen eingelegt. Die Fassade dagegen zeigt die reine, konstruierte Formensprache der Pisaner Romanik, die danach nur noch »typisch pisanisch« genannt wird: unten stark gliedernde Pilasterordnungen mit Rhomben und Kreisen in den Rundbögen, darüber eine vierstöckige Konstruktion aus Zwerggalerien bzw. Blendarkarden, im Wechsel je eine gerade und darüber eine abgetreppte.

Innen ist der Raumeindruck nicht allein durch die Breite der fünf auch noch sehr langen Schiffe, die vergoldene Kassettendecke und die hohen Matronäen grandios. Antike Elemente sind hier die 72 dunklen Granitsäulen, die Pisa nach der Sarazenenschlacht aus Magna Graecia (Süditalien und Sizilien) angeschleppt hatte. Die **Kanzel,** die heute links vor dem Hochaltar steht, schuf Giovanni Pisano ab 1302 (40 Jahre nach der Vollendung der Kanzel des Baptisteriums durch seinen Vater Nicola). Weil die mittlere Stütze aus drei Frauengestalten zusammengesetzt ist, besitzt Giovannis Kanzel insgesamt elf Träger. Er schuf sie teils aus grauem und rotem Granit, zwei von ihnen werden von je einem reißenden Löwen getragen, andere von menschlichen Figuren. Von einer unglaublich präzisen Dynamik sind die Reliefbilder der Felder darüber, die Geschichten aus dem Leben Christi erzählen – Giovannis eindrucksvollstes, vielleicht auch am besten ausgearbeitetes Werk. Die Figuren scheinen sich geradezu aus den Feldern lösen zu wollen.

Die **Lampe,** die Galileo Galilei 1581 für sein Pendelgesetz benutzt haben soll, dürfte nicht die echte sein, denn sie wurde erst fünf Jahre später geschaffen. Vielleicht ist es doch jene im Camposanto?

Battistero 3

Tgl. im Sommerhalbjahr 9/10–20, im Winter 10–18/19 Uhr, Erw. 5 €, zum Sammelticket *s. S. 221 (Infos)*

Die **Taufkirche** gegenüber der Westfassade des Domes ist die größte der Welt überhaupt und ein akustisches Wunder. Sie hat den stolzen Umfang von 107,5 m. Finanziert wurde sie von 34 000 Familien Pisas, zumindest zu Baubeginn. Ihre ›Haut‹ ist noch feiner ausgearbeitet als an den anderen Sakralbauten des Platzes, wie Spitzenwerk wirkt der Tambour der Kuppel über dem Arkadengang (den man inzwischen besteigen kann!). In den Nischen standen Skulpturen, die man zum Schutz vor Umweltschäden ins Innere verlegt hat, wo sie an den Wänden stehen.

Innen ist man vom vollkommen romanischen Raumeindruck überwältigt. Grüne Marmorstreifen betonen die Linienführung vom oktogonalen Taufbecken in der Mitte an den Rand zu den Wänden, wo sie sich als Horizontalbetonung fortsetzen. Das riesige Taufbecken schuf Guido Bigarelli da Como 1246 und verzierte es mit orientalisch anmutenden Ornamenten, die sich im Boden des schlichten Altarraumes dahinter wiederholen. Bis zum 14. Jh. war die Kuppel über dem großen Taufbecken offen, es wurde bei Niederschlägen durch Regenwasser gefüllt, dann wurde der Raum durch die doppelschalige Kuppel eingedeckt.

Die sechseckige Kanzel auf sieben Stützen gegenüber dem Eingang steht ein wenig im Dunkeln. 1255 bis 1260 hatte sie Nicola Pisano geschaffen. Drei der dunklen Granitstützen werden von Löwen getragen, die Mittelstütze ruht auf geduckten menschlichen Gestalten. Zum ersten Mal wird hier aus der von der Architektur bestimmten Skulptur der Romanik eine belebte, bewegte Darstellung. Pisano sieht man in den 16 Feldern seiner Kanzel, die das Leben und Sterben Christi darstellen und durch zierliche Säulenbündel getrennt sind, sein Studium antiker Skulpturen an. Denn so viel Plastizität hatte es in Reliefarbeiten seit der Antike nicht gegeben. Im Übrigen ist diese Kanzel die erste, die nicht an der Wand lehnt, sondern frei steht.

Die Kustoden pflegen im Baptisterium die hervorragende Akustik des Raumes zu demonstrieren. Sie schließen die Türe, fordern völlige Stille im perfekten Rund, der Singsang schwillt auf und ab, man hört einen Nachklang wie von einem ganzen Orchester.

Direkt hinter dem Baptisterium erhebt sich die **Torre Santa Maria,** wo ein Gang über die Stadtmauer von Pisa beginnen kann, bislang sind ca. 2,5 km bis zur Torre di Legno südlich der Piazza delle Gondole fertiggestellt.

Camposanto Monumentale 4

Tgl. 8–20, im Winter 10–18 bzw. 9–19, Juli, Aug. 8–22 Uhr, Erw. 5 €, zum Sammelticket s. S. 221 (Infos)

Fast garantiert ist nach dem Rummel auf der Piazza dei Miracoli die Ruhe im großartigen **Monumentalfriedhof:** außen ganz schlicht, innen ein mit schönem Vierpass-Maßwerk verzierter Kreuzgang, sicher der eindrucksvollste Friedhof der Toskana. Die Graberde wurde auf 53 Kähnen aus dem Heiligen Land hierher gebracht. Schließlich hatte die damalige Seemacht keine Transportprobleme. Der Camposanto – das Wort bedeutet übersetzt ›heiliges Feld‹ – wurde als letztes sakrales Bauwerk auf dem Platz 1278 durch Giovanni di Simone begonnen. Da aber der Baumeister 1284 im Krieg gegen Genua gefallen war, dauerte es Jahrhunderte, bis wenigstens die Außenmauern standen: 1358 war noch nicht einmal das Fundament der Nordwand ausgehoben, nur die Südwand aus Marmor war schon fertig. Die Fresken rings um den Kreuzgang wurden erst ab dem 14. Jh. aufgetragen, darunter einige wunderschöne Werke von Benozzo Gozzoli (1469–1484) und der eindrucksvolle »Triumph des Todes« eines unbekannten Meisters.

Dass die Fresken, die früher den gesamten Komplex überzogen, abgenommen sind, hat man der zerstörerischen Wut des Zweiten Weltkrieges zu ›verdanken‹: Am 27. Juli 1944 wurde Pisa bombardiert und zur Hälfte zerstört. Das Dach des Camposanto fing ebenfalls Feuer, das Blei darin löste sich auf, floss schwer und vernichtend über die Fresken. Bereits ab 1945 wurde restauriert, gerettet, was noch zu retten war. Dabei entdeckte man die Sinopien, die darunter liegenden Rötelzeichnungen, die sich oft als kostbarer als die Bilder selbst erwiesen. Denn sie stammen aus des Künstlers Hand, zeigen sein ganzes Können in charakteristischen Linienführungen – die Fresken haben nach solchen Vorzeichnungen zum größten Teil Schüler und Helfer auf den frisch aufgetragenen Putz gemalt. Nur noch wenige Fresken und ihre Sinopien sind im Camposanto selbst zu bewundern, darunter aber drei Monumentalbilder im großen Raum schräg gegenüber dem Eingang. Es sind die abgenommenen Fresken des Maestro del Trionfo della Morte (1360–1380), die in wunderbaren Erdfarben erstrahlen. Der bedeutendste Teil der Sinopien befindet sich gegenüber im großartig eingerichteten Sinopienmuseum (s. unten).

In einer kleinen Kapelle auf der selben Seite des Camposanto, geschmückt mit einer Altarwand von Andrea della Robbia, hängt die vielleicht echte **Lampe,** an der Galileo Galilei seine Pendelgesetze erkannte (s. Dom, s. S. 216). Außer zahlreichen Grabmälern sind zwei Ketten an der inneren Westwand des Camposanto interessant: Es sind die Hafenketten von Pisa, von den Genuesern zum Zeichen des Sieges über die Rivalin mitgenommen. Die linken Ketten wurden 1352 an Florenz weitergereicht, das sie erst 1848 an Pisa zurückgab – die rechten erhielt die Stadt 1860 von der »Generosa Genova«, wie geschrieben steht, direkt zurück.

Museo delle Sinopie 5

Tgl. 8–20, im Winter 9–18 Uhr, Erw. 5 €, zum Sammelticket s. S. 221 (Infos)

Gegenüber dem Camposanto zeigt das **Museo delle Sinopie** im historischen Pilgerbau beim Hospital von Santa Chiara (1257) die abgenommenen Vorzeichnungen der Fresken vom Camposanto. Sinopien heißen sie, weil die rote Erdfarbe aus Sinope am Schwarzen Meer stammt. Sehr gelungen ist auch die moderne Architektur des Museums innen, die Raum für riesige Bilder schaffen musste, ohne die wertvolle mittelalterliche Bausubstanz zu beeinträchtigen.

Museo dell'Opera del Duomo 6

April–Sept. tgl. 8–20, Juli, Aug. bis 22 Uhr, sonst kürzer, Erw. 5 €, zum Sammelticket s. S. 221 (Infos)

Ebenfalls wunderschön im früheren Erzbischöflichen Seminar (16./17. Jh.) mit seinem zierlichen Kreuzgang wurde 1986 das **Museo dell'Opera del Duomo** eingerichtet. Es hat sakrale Kunstwerke aufgenommen, die vorher in der Dombauhütte sowie in mehreren städtischen Sammlungen ein eher unscheinbares Dasein fristeten. Es zeigt auf zwei Geschossen u. a. Arbeiten von Giovanni Pisano (von der Außenhaut des Domes, 1278–1306) und sogar einige islamische Kunstwerke aus dem Mittelalter, darunter ein imposant großer bronzener Greif aus dem 11. Jh., daneben ein ausladendes Bronzebecken aus dem 13. Jh. mit gezacktem Rand und feinen Ritzungen schnäbelnder Vögel aus dem syrisch-ägyptischen Raum. Nicht zu vergessen: die Bronzetüren der Porta Ranieri vom Dom, wunderbar restauriert und aufgestellt.

Zwischen Platz der Wunder und Arno

Orto Botanico 7

www.ortomuseobot.sma.unipi.it, tgl. April, Mai, Sept. 8.30–20, Juni–Aug. 8.30–21, Okt.–März 8.30–17 Uhr, Erw. 4 €

Ein kurzer Stadtspaziergang führt in Höhe des Schiefen Turmes, am Dommuseum vorbei, in die lebhafte Via Santa Maria mit vielen Restaurants und Geschäften und anschließend mit einem Schlenker nach rechts zum sehenswerten, dennoch bislang nur wenig besuchten **Orto Botanico,** dem Botanischen Garten. Bereits 1591 ließ hier der mediceische Großherzog Ferdinand I. eine Sammlung botanischer Kuriositäten anlegen, die inzwischen den Kern des ausgelagerten **Museo di Storia Naturale e del Territorio** in der Certosa di Calci (s. S. 223) ausmacht. Doch allein der Botanische Garten ist es wert, hierher zu kommen: eine Oase der Ruhe inmitten wuchernden Grüns mit ein paar Exoten, Bambusgruppen, fast tropischen Treibhäusern, Teichen und wunderbaren Ausblicken auf Kuppeln und Turm des nahen Domplatzes.

Palazzo dei Cavalieri 8

Über die Via Santa Maria hinweg und die kleine Piazza Cavalotti stolpert man quasi auf die **Piazza dei Cavalieri.** Sie ist ein großartiger Platz, städtebaulich im sonst sehr engen historischen Bereich Pisas überraschend großzügig und kunsthistorisch ein Kleinod. Sehr wahrscheinlich befand sich hier das römische Forum Pisas.

Vom Botanischen Garten kommend schaut man geradeaus auf die schönste Platzseite, nämlich den **Palazzo dei Cavalieri** mit seiner fast auberginefarbenen Sgraffiti-Fassade und der wohlproportionierten doppelläufigen Freitreppe. Den mittelalterlichen Kommunalpalast ließ Cosimo I von Vasari 1562 umbauen, um darin den Ritterorden von Santo Stéfano unterzubringen (zum Dank nicht nur dafür steht seine Statue direkt davor). Unter Napoleon wurde daraus eine Eliteuniversität, die bis heute unter dem schlichten Namen Scuola Normale Superiore existiert; weshalb der Platz vor allem mittags voller junger Leute ist.

Santo Stéfano dei Cavalieri 9

Daneben steht die ebenfalls von Vasari 1565 bis 1569 errichtete Renaissancekirche **Santo Stéfano dei Cavalieri,** deren Fassade Giovanni de' Medici höchst persönlich skizziert haben soll. Die innen mit einer schweren Kassettendecke abgeschlossene Kirche birgt rechts und links vom Chor zwei wohlklingende, schöne Orgeln mit historischen Registern, außerdem zahlreiche Trophäen von der berühmten Schlacht von Lepanto (1571): türkische Fahnen und einige Holzfiguren der gegen die Türken siegreichen Galeeren des Ritterordens (zur Mittagszeit meist geschl.).

Palazzo dell'Orologio 10

Auf der anderen Seite des Palazzo dei Cavalieri stehen zwei durch einen Torbogen im Knick verbundene Turmhäuser, vom Ritterorden zusammengefasst zum **Palazzo dell' Orologio.** Er ist hübsch anzusehen, war seinerzeit jedoch kein angenehmer Ort: Links befand sich das mittelalterliche Staatsgefängnis, rechts der sogenannte Hungerturm, wo man u. a. Graf Ugolino della Gherardesca verhungern ließ und sich Pisa lebende Adler als Wappentiere hielt. Gegenüber dem Palazzo dei Cavalieri runden weitere Renaissancepaläste das schöne Bild des fast ovalen Platzes ab, teils Sitz der Universität, teils der Regionalverwaltung der Toskana.

Ponte di Mezzo 11

Sichtbar mittelalterlich krumm schlängelt sich die lange Via Ulisse Dini mit einigen gekappten Turmhäusern an der kleinen Piazza San Felice vorbei zum Borgo Stretto, der gar nicht so *stretto,* also eng ist, sondern mit seinen Arkaden eine einladende Einkaufsstraße mit verlockenden Cafés bildet. Der Borgo Stretto endet auf der quadratischen, lebhaften Piazza Garibaldi direkt am Arno und direkt vor dem **Ponte di Mezzo,** wo alljährlich der Gioco del Ponte ausgetragen wird. Von der Brücke schaut man auf die beiden Arno-Ufer mit ihren großzügigen Palästen, eine Uferbebauung, die in der Toskana ihresgleichen sucht und eine herrliche Kulisse abgibt auch für die traditionsreichen Feste Regata di San Ranieri (s. S. 222), Regata Storica und eben den Gioco del Ponte (s. S. 222).

Piazza delle Vettovaglie 12

Auch Pisa ist wie Florenz eine Stadt der Plätze: sakrale wie die Piazza dei Miracoli, profane wie die Piazza dei Cavalieri, auch der kleinen, heimlichen, oder der großen und doch wohnlichen. Von der Piazza Garibaldi ein Stückchen nördlich, parallel zum Borgo Stretto, führt (gleich links) ein Durchschlupf zur **Piazza delle Vettovaglie,** eingezwängt in ein Quadrat aus kaum sanierten, von Arkaden getragenen und geschmückten Stadtpalästen. Wegen Platzmangel musste der frühere Gemüsemarkt auf die nahe **Piazza Uomobuono** verlegt werden; auf dem Platz selbst findet nur noch wochentags am Vormittag ein Wäschemarkt statt. Noch immer ist aber die besondere Atmosphäre des dicht bewohnten Stadtteils zu spüren: überall die *casetori* (Turmhäuser), hoch oder gekappt, immer funktionell umgebaut und genutzt. Metzgereien, Bäckerläden, kleine Trattorien und Bars, die Kleinigkeiten für Zwischendurch anbieten. Man kann hier daher eine gemütliche und authentischere Rast einlegen als nahe dem Campanile. Die Bewohner allerdings leiden unter nächtlicher Ruhestörung.

Piazza Dante 13

Ein kleines Stück westlich liegt die lange, begrünte **Piazza Dante** mit der ersten Universität der Toskana, die 1329 aus einer Rechtsschule aus dem 12. Jh. entstand. Früher ein lebhafter Platz mit netten Stadthäusern, preiswerten, einfachen Bars und Trattorien, neuerdings leider recht trostlos.

Südlich des Arno

Der Corso Italia führt vom Ponte di Mezzo schnurgerade zur ovalen **Piazza Vittorio Emanuele II** mit ihren zahlreichen Cafés und Bars, der anschließende kurze, aber breite und begrünte Viale Gramsci zum Bahnhof. Hier, südlich des Arno, obwohl zum größten Teil noch innerhalb der Stadtmauer, haben, je weiter man zum Bahnhof strebt, moderne Zeiten ›aufgeräumt‹.

Interessanter ist der Bereich, der näher am Fluss liegt: etwa die **Piazza XX Settembre** mit der **Loggia di Banchi** 14 (1603–1605), dem früheren Tuchmarkt der Stadt am Palazzo Gambacorti, eines Signore von Pisa, der hier 1393 ermordet wurde.

Santa Maria della Spina 15

Meist nur bei Ausstellungen geöffnet

Den ebenfalls nach ihm benannten **Lungarno Gambacorti** entlang spazierend sieht man bald, direkt am Arno-Hochufer, ein paar gotische, reich verzierte Spitzen aufragen: die Rückseite des als Gebetshalle für Flussschiffer und Reisende gegründeten Kirchleins **Santa Maria della Spina.** Der Dorn *(spina),* der ihr den Namen gab, ist nicht mehr hier aufbewahrt, und auch die Kirche selbst stand früher ein paar Meter tiefer auf dem Arno-Kies. Als sie vom Fluss zu sehr bedroht wurde, versetzte man sie 1871 auf das Hochufer. Wie ein kostbarer Schrein wirkt sie, ist vor allem an der Straßenfront reich dekoriert, u. a. mit 13 Tabernakeln für die Figuren von Jesus und den zwölf Aposteln. Dieses Wunderwerk der Architektur wird der Pisano-Schule zugeschrieben (ab 1325), nähert sich aber schon sehr der französischen Gotik an. Das sakrale Kleinod ist zwar oft geschlossen, doch allein der Anblick seines Äußeren lohnt den Abstecher.

Römischer Flusshafen und Le Navi Antiche di Pisa

www.navidipisa.it, Ausgrabungsfeld Römischer Flusshafen: Besichtigung nur auf Anfrage in den Arsenali; Le Navi Antiche di Pisa: Arsenali Medicei, Lungarno Seminelli 16, Juni–Sept. Fr 15.30–18.30, Sa, So 10.30–20.30, Okt.–Mai Fr 15.30–18.30, Sa, So 10.30–18.30 Uhr, Erw. 10 €

Als die italienischen Staatsbahnen beschlossen, den Nebenbahnhof von Pisa, San Rossore, zu erweitern und 1998 mit den Aushubarbeiten begannen, mussten sie gleich die Archäologen rufen: Hatten sie den alten, bereits im Mittelalter versandeten Hafen Pisas entdeckt? Nein, es handelt sich um den noch älteren, **Römischen Flusshafen** 16 (Cantiere delle Navi Romane)!

Rund 400 m² groß ist das bislang ausgegrabene Areal gleich hinter den Gleisen des Bahnhofs San Rossore nordwestlich vom Domplatz (10 Min. zu Fuß durch den Bahnhof hindurch, sonst mit dem Wagen; Parkplatz vorhanden; Bahnreisende wechseln den Zug in Pisa Centrale nach Pisa San Rossore). Das Besondere auch für Nicht-Archäologen ist, dass man jetzt schon, während der noch lange nicht vollendeten Grabungen, die bisher entdeckten Transportschiffe und kleineren Flussboote besichtigen kann (insgesamt rund 30). Seit 2019 dienen die **Arsenali Medicei** als Museum: **Le Navi Antiche di Pisa** 17 (›Die antiken Schiffe von Pisa‹). Auch die gehobenen Schiffsladungen sind teils im Arsenal ausgestellt. Dazu an die 400 Amphoren mitsamt noch immer dicht schließenden Deckeln. Darin Oliven und Nüsse, Kirschen und Trockenfrüchte, ja sogar Trockenfisch und Spuren von Wein! Auch Gegenstände des täglichen Gebrauchs und Kleidungsstücke wurden gefun-

Wie ein kostbarer Schrein wirkt die gotische Kirche Santa Maria della Spina

den: Ledersandalen und Nadeln, Tongeschirr und Schreibtafeln aus Wachs. Besonders wertvoll sind jedoch Navigations- und Bordinstrumente, die noch funktionstüchtig sein sollen. Die bereits präparierten Fundstücke werden vor Ort ausgestellt, neun Schiffe und mehr als 8000 Fundstücke haben endlich in den speziell dafür restaurierten Räumen ihren Platz gefunden.

Ein junges Forscherteam, verstärkt durch Studenten, dürfte für die nächsten Jahrzehnte Arbeit genug damit haben, direkt nebenan in den eifersüchtig bewachten Laboratorien. Klar ist jedoch: Die Boote sind an dieser Stelle im Wasser versunken und wurden danach von einer Schlammschicht bedeckt. Als Ursache vermutet man eine Art Tsunami, der sich um 10 n. Chr. ereignet haben könnte. Dadurch wurden die Boote mitsamt kompletter Ladungen zur Freude ihrer Entdecker hervorragend konserviert – man spricht bereits von einem maritimen Pompeji. Die neuesten Funde in Pisa werden allerdings auf das 3. bis 5. Jh. datiert. Sie sollen Aufschluss geben über die Schifffahrt in der Spätantike ebenso wie über die Handelsströme dieser Epoche.

Infos

Ufficio Informazioni: 56100 Pisa (PI), Piazza Vittorio Emanuele II 16, Tel. 050 92 97 77, Info-Tel. 050 422 91, www.turismo.pisa.it/it/infopoint, www.pisaonline.it. Mit Informationsbüros am Flughafen sowie am Domplatz. Info Point und Startpunkt von Walking in the City (8 verschiedene Tourenvorschläge, mit Karte): Piazza Duomo 7, im Komplex von Santa Chiara, Tel. 050 55 01 00, www.turismo.pisa.it, tgl. 9.30–17.30 Uhr. Per QR-Code an Informationsstellen erfährt man allerhand über die historischen Sehenswürdigkeiten entlang des gewählten Rundgangs.

Sammeltickets: Für die Sehenswürdigkeiten und Museen des Domplatzes gelten die folgenden Eintrittsgebühren: Die Besichtigung von zwei Monumenten kostet für Erwachsene 7 €, von allen Monumenten auf dem Domplatz ohne den Schiefen Turm 10 €. Der Besuch aller Sehenswürdigkeiten auf dem Platz der Wunder mit Campanile/Torre Pendente 27 €.

Übernachten

Elegant – **Attico Sulla Torre** **1**: Via della Faggiola 13, Mobil-Tel. 348 513 32 68, www.atticosullatorre.it. Wunderbar zentral und im dritten Stock (Aufzug) eines Turmhauses aus dem 14. Jh. eingerichtetes B & B. Elegante und aufmerksame Gastlichkeit. €€

Bequem und zentrumsnah – **Grand Hotel Bonanno** **2**: Via F. Gabba 17, Tel. 050 52 40 30, 050 52 40 44, www.grandhotelbonanno.it. Komfortables Hotel außerhalb der ZTL-Zone aber zentrumsnah. 89 Zimmer, Restaurant, Parkplatz (!). €€

Illustre Gäste – **Royal Victoria** **3**: Via Lungarno Pacinotti 12, Tel. 050 94 01 11, www.royalvictoria.it. Traditionsreiches Hotel (seit 1837) am zentrumsnahen Nordufer des Arno. 48 renovierte Zimmer, Parkplatz und Garage. €€

Renoviert – **Amalfitana** **4**: Via Roma 44, Tel. 050 290 00, www.hotelamalfitana.it. Nettes schmales Hotel im Altstadtviertel mit 21 Zimmern. €

Freundlich – **Francesco** **5**: Via Santa Maria 129, Tel. 050 55 54 53, www.hotelfrancescopisa.com. Nettes, kleines Stadthotel nahe dem Domplatz, 13 teils kleine, aber komfortable Zimmer, Restaurant, Terrasse. €€

Sehr hübsch – **Locanda La Lanterna** **6**: Via Santa Maria 113, Tel. 050 83 46 51, www.locandalalanterna.com. Pension in einem Altstadt-Palazzo mit angenehmem Ambiente, 15 teils enge Zimmer. €

Camping – **Torre Pendente** **7**: Viale delle Cascine 86, Tel. 050 56 17 04, www.campingtorrependente.it, April–Mitte Okt. Großer, teils schattiger Platz beim Bahnhof San Rossore. Bungalows, Restaurant, Pool, Parkplatz. Camperstellplatz, bevorzugt wochenweise. €.

Essen & Trinken

Abendlokal – **Osteria La Mescita** **1**: Via Cavalca 2, Tel. 050 314 46 80, www.osterialamescitapisa.com. Trattoria in Cotto-Gewölben des 15. Jh., früher nur Weinausschank. Authentische toskanische Küche, gute Käseauswahl, Piemonteser Weine. Keine Kreditkarten! €–€€

Beste Osteria – **Osteria dei Cavalieri 2 :** Via S. Frediano 16, Tel. 050 58 08 58, www.osteriacavalieri.pisa.it, Ruhetage Sa mittags und So, Aug. geschl. Zwei kleinere Räume unter hohen Tonnengewölben, freundlicher Service. Mittags Tagesteller wie *scamorza* (Käse) aus dem Backofen und gegrilltes Gemüse oder Stockfisch mit Kartoffeln, Ossobuco mit Safranreis, auch Vier-Gänge-Menüs. €–€€

Weinlokal – **Vineria di Piazza 3 :** Piazza Vettovaglie 13, Tel. 050 520 78 46, tgl. mittags, Do–Sa auch abends. Schlichtes Weinlokal unter den Arkaden des Marktplatzes. Pisanische Gerichte wie Kutteln, Schmorbraten in Chianti, *cacciucco* (reichhaltige Fischsuppe). Kreditkarten werden nicht akzeptiert! Menü täglich wechselnd, inkl. Hauswein. €

Pizzeria – **Trattoria Toscana 4 :** Via Santa Maria 163, Tel. 050 56 18 76, Ruhetag Mi. Schnelles Mittagessen ohne hohe Ansprüche, auch auf dem Bürgersteig nahe dem Domplatz. Täglich wechselnde Menüs inkl. Wasser oder Glas Wein, auch Pizza. €

Preiswert und urig – **Antica Bottega di Pisa 5 :** Via Santa Maria 145, Mobil-Tel. 335 102 50 03, tgl. 9.30/10–17 Uhr. Eigentlich ein winziger Feinkostladen mit wenigen Tischen auf dem Bürgersteig und im Hinterzimmer. *Panini* und *bruschette*, reichhaltige Aufschnittplatten. €

Einkaufen

Schokolade – **Caffè Pasticceria Salza 1 :** Via Borgo Stretto 46. Hervorragende Konditorei (seit 1898) mit köstlichen Süßigkeiten und Schokoladen aus dem Piemont.

Antiquitäten – **Antiquitätenmarkt 2 :** auf und rings um die Piazza dei Cavalieri, Sept.–Juni jedes 2. Wochenende/Monat.

Abends & Nachts

Noch immer ›in‹ – **Piazza delle Vettovaglie 1 :** Die heimelige Atmosphäre des alten Marktplatzes lockt immer mehr die ›Szene‹ mit kleinen und größeren musikalischen Darbietungen. Aber auch sonst ist es einfach schön, hier vor einem der kleinen Lokale zu sitzen – bis spät in die Nacht.

Stylish – **Skyline American Bar 2 :** Largo Ciro Menotti 8/9, Tel. 050 57 80 41. Sehr stylish, *aperitivi* und *apericena* mit großem Büfett, Cocktails aus frischen Früchten, der angesagte Treff in Pisa ab 17 Uhr.

Pub – **Bazeel 3 :** Lungarno Pacinotti 1, nahe Piazza Garibaldi, Mobil-Tel. 34 02 88 11 13. Beliebter Jugendtreff, tgl. normalerweise 12 (Brunch)–3/4 Uhr.

Aktiv

Kajakfahren – **Società Canottieri Arno 1 :** Lungarno Bonaccorso da Padule 2, www.canottieriarno.it.

Radsport – **Toscana in Tour 2 :** Via Faggiola 41, Mobil-Tel. 333 260 21 52, www.toscanaintour.it.

Termine

Der Juni ist der Monat des Stadtpatrons San Ranieri mit zwei religiösen Veranstaltungen und einem farbenprächtigen Volksfest (die Termine richten sich oftmals nach den Sonntagen):

Luminara di San Ranieri: 16. Juni. Seit dem Mittelalter werden an diesem Tag alle Fenster der Stadt mit Kerzen beleuchtet zu Ehren der Prozession, heute sollen es an die 70 000 Lichter sein, die sich entlang des Arno im Fluss spiegeln und das historische Zentrum geradezu märchenhaft verzaubern.

Regata di San Ranieri: Seit 1292 als Regatta zu Ehren der Assunta am 17. Juni belegt (wird aber oft verschoben), 1635 mit neuen Regeln und seit 1718 San Ranieri geweiht, mit Booten aus allen vier Vierteln der Stadt: San Martino, Sant'Antonio, Santa Maria und San Francesco.

Gioco del Ponte: 25. Juni bzw. letzter Juni-Sa. Erstmals 1568 erwähnt, dann lange verdrängter und in der Neuzeit wieder aufgenommener ›Kampf‹ der beiden Fraktionen, die durch den Arno getrennt werden: Je sechs Parteien von Tramontana und Mezzogiorno müssen sich auf dem Ponte di Mezzo gegenseitig einen schweren Karren zuschieben. Sieger ist die Mannschaft, die den Wagen auf die gegnerische Seite drückt. Begleitet wird das Spiel von einem langen Umzug in historischen Kostümen.

Verkehr

Flug: Aeroporto **Galileo Galilei** (3 km südlich), im Sommer mehrmals tgl. auch Verbindungen mit deutschen Destinationen, Tel. 050 84 93 00, www.pisa-airport.com. Bus- und Bahntransfer Pisa Mover zur Innenstadt (Air Terminal am Bahnhof), nach Lucca und Florenz.

Bahn: Bahnhof **Pisa Centrale** südlich des Arno unweit des historischen Zentrums, wichtige Station auf der Strecke Genua–Rom mit stdl. Anbindung, auch an Lucca und damit an die Garfagnana, an Florenz, Arezzo etc.

Bus: Regelmäßige Anbindung an Lucca und die Versilia nach Norden, Livorno und weiter nach Süden/Grosseto sowie nach Florenz.

Umgebung von Pisa

San Giuliano Terme ▶ D 5

Eine mit alten Bäumen bestandene Straße führt von Pisa fast gerade nach Nordosten zum hübschen Kurort **San Giuliano Terme** mit nostalgischen Kuranstalten und hohen Bäumen. Lang ist es her, dass Percy Shelley auf dem nach ihm benannten Largo zur Piazza San Michele in Foro mit gleichnamiger Kirche flanierte. Ein verstoßener britischer Romancier in einem romantischen toskanischen Kurstädtchen, das sich bereits damals über den Thermen zu Füßen des nahe gelegenen Monte Pisano Il Kafé Haus leistete, dessen weder rein italienische noch deutsche Schreibweise bis heute Stilblüten treibt.

Obwohl restauriert, ist dieses Arkadencafé heute nur noch Erinnerung. Die Badeanstalt befindet sich seit 1938 im Besitz der italienischen Sozialversicherung. Das lange mit Albergo Terme nur prahlende Gebäude nebenan wurde 2004 tatsächlich in neuem Glanz als Luxusherberge mit Wellnessabteilung eröffnet. Der Ort selbst hat von seinem romantischen Anstrich jedoch nichts verloren, die alten, Schatten spendenden Alleenbäume sind von besonderer Pracht. Und auf der Piazza gegenüber der Therme, jetzt Fußgängerzone, laden nette Cafés zum Verweilen ein.

Übernachten

Purer Luxus – **Bagni di Pisa:** Largo P. B. Shelley 18, Tel. 050 885 01, www.bagnidipisa.com. Luxus pur in renovierten Prachträumen aus dem 18. Jh., zum Teil mit freskierten Decken. 61 unterschiedliche, elegante Zimmer und Suiten für die Gäste. American Bar, aufwendige Wellnessabteilung, direkter Zugang zu den Thermen. Pool, Restaurant, Parkplatz. €€€.

Zauberhaft – **Airone Pisa Park Hotel:** Via Sant'Elena 4, Tel. 050 82 22 84, www.hotelpisa.it. Wundervolles Hotel auf dem restaurierten Podere la Pertica mit Dependance (zehn Zimmer), Pool, 12 eleganten Zimmern, Restaurant und Parkplatz. €€

Aktiv

Wandern – Der **Monte Pisano** ist ein angenehmes Wandergebiet. Infos unter https://de.wikiloc.com.

Certosa di Calci ▶ D 5

Via Roma 79, Calci, Juni–Sept. tgl. 10–20, Okt.–Mai Mo–Sa 9–19, So bis 20 Uhr, Erw. 8 €

Südöstlich von San Giuliano Terme, zu Füßen des 917 m hohen Monte Serra, liegt die 1366 begonnene **Kartause von Calci.** Sie wurde im 17. und 18. Jh. zwar erweitert und stark verändert, wobei sie eine barocke Kirche erhielt, aber die beiden Kreuzgänge aus dem 15./16. Jh. sind original erhalten geblieben. Allein die angenehme Lage des ausladenden Kartäuserklosters lohnt den Besuch. Doch außerdem befindet sich hier das **Museo di Storia Naturale e del Territorio.** Die reichen Sammlungen des naturkundlichen Museums stammen ursprünglich aus dem Botanischen Garten von Pisa, sie wurden jedoch so groß, dass sie in den 1980er-Jahren in die Certosa di Calci verlegt wurden. Sie zeugen mit Hunderttausenden geologischer, botanischer und mineralogischer Exemplare von der regen Forschertätigkeit am Standort Pisa, angefangen bei kleinen Mineralien über ausgestopfte Tiere bis hin zu den riesigen Skeletten urzeitlicher Meeres- und Landbewohner.

San Piero a Grado ▶ D 5

Basilika April–Okt. tgl. 9–18, Nov.–März 9–17 Uhr, freier Eintritt, Spende für die ausgelegten Karten und Skizzen willkommen
Eine wunderschöne alte Platanenallee führt von Pisa entlang dem linken Arno-Ufer zur ehemaligen Flussmündung Richtung Meer. Zwischen den Bootswerften und Fischerhäusern hängen die feinmaschigen Netze zum Fang der *anguille* oder *cee,* wie sie bei den Pisanern heißen, der winzigen, neu geborenen Aale, die während der Fangsaison von Mai bis Oktober aus der – teuren – Spezialitätenküche Pisas nicht wegzudenken sind.

Von der Platanenallee zweigt gleich nach der Autobahn eine kurze Stichstraße nach **San Piero a Grado** ab. Eine Fassade sucht man vergebens, die drei Schiffe der romanischen, doppelchorigen Basilika enden im Osten in drei runden Chorapsiden, im Westen hat nur das Mittelschiff eine runde Apsis. Die Formensprache ist von schöner, harmonischer Einfachheit, belebt durch ungleichmäßige und verschiedenfarbige Steine. Ringsum schließen Rundbogenfriese die Mauern nach oben ab, im südlichen Chorbereich mit runden und rhombenförmigen Öffnungen ausgefüllt und nach unten in unregelmäßigen Abständen durch Lisenen verlängert. Im Norden fallen farbige Keramikschüsseln auf, die aus Sizilien sowie Nordafrika stammen; ursprünglich sollen es mehr als 200 gewesen sein, heute sind nur noch 63 übrig geblieben. Es handelt sich allerdings um Kopien, die Originale befinden sich in Pisa im Museo San Matteo.

Man betritt die Kirche durch das kleine Portal an der Nordseite und steht inmitten der dreischiffigen Basilika, die von Säulen getragen wird: zwölf an jeder Seite, mit teils römischen Kompositkapitellen. Individuell angefertigte Basen gleichen ihre unterschiedliche Höhe aus. Eine gewisse Zweiteilung der Kirche ergibt sich durch zwei Tuffpilaster, sie dienten als Abgrenzung für die beiden Funktionen der Kirche: Im Osten wurde der größere Teil für den normalen Gottesdienst genutzt, der Westteil diente als Wallfahrtskirche mit dem Allerheiligsten unter dem Ziborium.

Von besonderer Prachtentfaltung sind die über und über freskierten Wände von San Piero, allerdings nicht in allen Teilen komplett erhalten. Ein gewisser Deodato Orlandi aus Lucca schuf die Bilder wahrscheinlich zwischen 1300 und 1312 in drei übereinander liegenden Reihen. In der Architektur-Malerei passte er sich wunderbar den durch den Stein vorgegebenen Formen an, sparte keinen Bogenzwickel und keinen Pfeiler aus. Die erste Reihe zeigt in kleinen nummerierten Nischen die Konterfeis von Päpsten, übrigens die bedeutendste ›Sammlung‹, die erhalten geblieben ist. In der zweiten Reihe darüber sind in 31 Feldern Szenen aus dem Leben der Apostel Petrus und Paulus dargestellt, beginnend an der rechten Wand von Ost nach West und weiter auf der gegenüberliegenden Wand von West nach Ost.

Und warum in San Piero a Grado? Auf seinem Weg von Antiochia nach Rom, heißt es, habe es den Apostel Petrus 44 n. Chr. hierher an die Arno-Mündung (jetzt 6 km weiter) verschlagen, wo er die erste christliche Gemeinde auf italienischem Boden gründete. Jüngere Ausgrabungen könnten den Altarstein freigelegt haben, den der Legende nach Petrus in der Vorgängerkirche Ecclesia ad Gradus (Kirche an den Stufen) benutzt haben soll.

Essen & Trinken

Frischer Fisch – An den Wochenenden werden zwischen San Piero a Grado und Marina di Pisa zu den Fangzeiten kleine **Freiluft-Verkaufsstände** für Fische und *arselle* (Shrimps) geöffnet, an denen man nicht nur den frischen Fang kaufen, sondern auch schon zubereitet ganz unkompliziert am Fluss verspeisen kann.

Badeorte der Pisaner ▶ C 5/6

Der Naturpark der **Tenuta di San Rossore** mit weltberühmtem Gestüt für Rennpferde endet an der Arno-Mündung. Die zehn oder

San Piero a Grado wurde im Stil der frühen pisanischen Romanik erbaut

zwölf folgenden Kilometer bis zum Canale Navicelli vor Livorno sind fest in der Hand von Sonnenanbetern und Schwimmern, sozusagen Pisas letzte Bastion am Meer. Im Hintergrund, ganz nahe an die Küste gerückt, dehnt sich die wunderschöne, unter Naturschutz stehende **Tenuta di Tómbolo** aus, deren breitschirmige Pinien, zu dichten Wäldern zusammengewachsen, den besonderen Reiz dieser Strandorte ausmachen. Privatvillen und Hotels, Campingplätze und Sportanlagen stehen beziehungsweise verstecken sich im Schatten der Bäume, vor allem im Bereich von Tirrénia.

Marina di Pisa ▶ C 5

Am Meer angekommen, muss man zwangsläufig nach Süden abbiegen, denn im Norden ergießt sich der Arno ins Meer; dort entstand 2013 nach Jahrzehnten ein Jachthafen, Boccadarno, also Arno-Mündung genannt. Noch ist **Marina di Pisa** so, wie es die Pisaner lieben: einfach, ohne Schnörkel, nur wenige Hotels, aber dafür viele Zimmer und Wohnungen, die man im Sommer monatsweise mieten kann. Davor ein schmaler Sandstreifen, den man dem Meer durch Wellenbrecher abgetrotzt hat. Und hier steht sie, die Hauptattraktion von Marina di Pisa: die Pfahlbauten über dem Wasser, Restaurants, die praktisch nur Spezialitäten aus dem Meer bieten – erfrischend unkomplizierte, einfach eingerichtete Lokale. An heißen Sommertagen werden die Strohrollos heruntergelassen und die Fenster auf Durchzug gestellt. Bis zum Mittagessen liegen die Gäste erwartungsfreudig am meist kleinen Strandabschnitt des dazugehörigen Strandbads, nach dem Essen erholen sie sich dort vom üppigen Mahl. Die Pisaner lieben diesen Badeort und bevölkern ihn an den Wochenenden wie am Feierabend, vom Sommermonat August ganz zu schweigen.

Übernachten

Bescheidene Hotellerie (vorwiegend Sommer-Ferienhotels und Pensionen), die sich nach den Einheimischen richtet. Aber mit der Inbetriebnahme des neuen Hafens für bis zu

400 Boote könnte sich das ändern, wie erste Residenzen (Aparthotels) zeigen, drei- bis vierstöckig und um Innenhöfe gruppiert.

Wochenweise zu mieten – **L'Incanto di Boccadarno:** 56013 Marina di Pisa (PI), Via Barbolani, Tel. 050 31 10 84, www.lincantodiboccadarno.it. Modernes Residence-Hotel gegenüber der Arno-Mündung beim neuen Jachthafen. 29 rund 30–40 m² große, in Pastellfarben gehaltene Apartments und drei Suiten mit Kochnische; auch mit Hotelservice, wochenweise mietbar, Die Preise variieren je nach Saison, 2-Pers.-Apartment €–€€

Familiär – **Manzi:** 56013 Marina di Pisa (PI), Via Repubblica Pisana/Lungomare 25, Tel. 050 365 93, www.hotelmanzi.it. Nettes, kleines, familiär geführtes Hotel an der Meerespromenade. 26 Zimmer, Sat-TV, kleiner Salon, Bar. In der Bar gibt es im Winter auch das Frühstück, was sonst auf der Sonnenterrasse serviert wird. €–€€

Essen & Trinken

Fischig – **L'Arsella:** Via Padres Agostino 37, Tel. 050 366 15, Ruhetage Di abends und Mi. Pfahlbau-Fischrestaurant, ähnlich wie Toto. Der Schwerpunkt der Karte liegt auf Fisch. Empfehlenswertes Drei-Gänge-Menü. €

Auf Stelzen – **Toto:** Via Padre Agostino 32, Tel. 050 366 05, Ruhetage Mo, Di. Luftiges Fischrestaurant als Pfahlbau über dem Strandbad. Freundliches Personal, gute Fischgerichte wie frittierte Meeresfrüchte und Muscheln in Knoblauchsud, Hauswein. Vier verschiedene Fischmenüs. €

Aktiv

Segeln und Surfen – **Yacht Club Repubblica Marinara:** Lungarno D'Annunzio 234/d, Tel. 050 31 00 23, www.ycrmp.com.

Verkehr

Bus: Im Sommer gute Verbindungen zwischen Pisa und Marina.

Badefreuden am Hausstrand der Pisaner, Marina di Pisa

Tirrénia ▶ C 6

Der tiefe, feine und sacht abfallende Sandstrand braucht im Gegensatz zu dem von Marina di Pisa keinen Schutz. **Tirrénia** präsentiert sich als relativ junger Badeort aus der Retorte, aber gekonnt entwickelt. Nur ein Hotel besitzt durch einen Planungstrick (als Kongresszentrum vorgesehen) ein eigenes Strandbad, das an sich gesichtslose Gran Hotel Continentale. Alle anderen Hotels und Pensionen stehen jenseits der Hauptstraße des 4 km langen Viale del Tirreno – im Pinienwald. Hier finden sich auch die Privathäuser der Pisaner, Ferienhäuser und Apartments sowie Campingplätze jeder Kategorie, Geschäfte, Restaurants, Sportzentrum, Golfplatz, Diskotheken, Bars, Kino.

Nur wenige Strandabschnitte sind frei zugänglich bzw. kommunal. Man kann aber vor den einladenden *bagni* kilometerweit am Wasser entlang spazierengehen. Diese Badeanstalten aller Couleur flankieren den Strand mit ihren Restaurants, Kabinen, Spielplätzen, Liegestühlen, Bars etc. Kurzum: In Tirrénia fehlt es an nichts für den typischen Strandurlaub. Ca. 1800 Gästebetten stehen im Sommer zur Verfügung, eine Wintersaison gibt es aber praktisch nicht, kaum ein Haus bleibt dann geöffnet. Preislich bewegt sich Tirrénia zwischen Forte dei Marmi und Viaréggio, ist also nicht gerade billig. Während im Juli meistens Ausländer den Strand bevölkern (außer an den Wochenenden), ist im August die Umgangssprache fast ausnahmslos Italienisch.

Calambrone ▶ C 6

Tirrénia hat sozusagen einen Wurmfortsatz im Süden, den Badeort **Calambrone.** Bis vor wenigen Jahren noch mit einfacherer Infrastruktur und daher besonders preiswert, wird sich das in naher Zukunft sicher ändern. Denn die vielen, vor sich hin zerfallenden Ferienkolonien der Carabinieri und anderer großer, staatlicher wie halbstaatlicher Gesellschaften, in denen die Familien mitsamt Kindern oder auch nur die Kinder die Sommerferien verbringen konnten, sind zu neuem Leben erwacht. Sie werden nun zu Geld gemacht, an Entwicklungsgesellschaften veräußert, die aus den riesigen Anlagen direkt am Strand (das kann man sonst in Italien lange suchen) Apartmenthäuser und Hotels machen.

Infos

Pro Loco Litorale Pisano: 56018 Tirrénia (PI), Kiosk im Sommer auf der Piazza Belvedere, Mobil-Tel. 324 567 31 70, www.prolocolitoralepisano.com.
Saison: Mai–Sept.

Übernachten

Superanlage – **Green Park Resort:** 56018 Calambrone (PI), Via dei Tulipani 1, Tel. 050 313 57 11, www.greenparkresort.com, März–Nov. Das bislang schönste Ferienhotel in der Pineta von Calambrone unter hohen Schirmpinien mit 144 eleganten, großzügigen Zimmern und vier Suiten in unterschiedlichen Gebäuden. Wellnesszentrum, zwei Restaurants, Parkplatz. Zeitweise Fluglärm. €€–€€€

Helles Ambiente – **Riviera Blu:** Tirrénia, Viale del Tirrenio 15, Tel. 050 371 46, www.rivierablu.it. Modernes Hotel in der Pineta 100 m vom Meer. 20 komfortable Zimmer, Salon, einladende Bar, Restaurant, Parkplatz, kostenloser Radverleih. €–€€

Camping – **Saint Michael:** Tirrénia, Via della Bigattiera, Tel. 050 331 03, www.campingstmichael.com, Juni–Mitte Sept. Wiesen- und Sandgelände mit gewachsenem, altem Baumbestand am Rand einer Villensiedlung. Strandservice, Restaurant, Parkplatz. €

Essen & Trinken

In den Strandbädern Tirrénias und Calambrones erhält man den ganzen Tag über Kleinigkeiten zu essen oder kann richtig speisen. Noch gilt: Je weiter gen Süden, desto preiswerter die Bäder und Bar-Restaurants.

Aktiv

Golf – **Cosmopolitan Golf & Country Club:** Viale Pisorno 60, Tel. 050 336 33, www.cosmopolitangolf.it, 18-Loch-Platz. **Golf Club Tirrenia:** Viale San Guido, Tel. 050 375 18, www.golftirrenia.it, 9-Loch-Platz.

Viaréggio
Livorno
Cécina
Piómbino
Elba
Grosseto
Gíglio

Kapitel 3

Toskanische Küste

328 km lang ist die Küste der Toskana, die im Norden vor den Apuanischen Alpen mit ihren reichen Marmorvorkommen beginnt. Rechnet man alle toskanischen Inseln dazu, misst ihre Küstenlinie sogar ca. 580 km, die an Abwechslung kaum zu übertreffen sind.

Lange, tiefe, feinsandige und flach abfallende Strände wechseln sich ab mit kleinen felsigen oder sandigen Buchten, umrahmt von steilen, schön geformten Felsen. Vielfach werden die feinsandigen Strände von uralten Wäldern mit hohen Schirmpinien gesäumt, die angenehmen Schatten spenden. Ein guter Teil dieser Pinete steht unter Naturschutz und wird sorgsam gehütet und gepflegt, am intensivsten im wohl schönsten Naturschutzgebiet der Toskana, dem Parco Naturale della Maremma mit den Monti dell'Uccellina. Zu den berühmten Badeorten wie Forte dei Marmi und Viaréggio im Norden der Küste gesellen sich zauberhafte kleine wie Castiglione della Pescáia mit großer Lagune oder Castiglioncello mitten in einem Pinienwald.

Auch Hafenstädte prägen die Küste wie das eher beschauliche Livorno und das geschäftige Piómbino. Die vorgelagerten Inseln, allen voran Elba und Gíglio, sind eine Welt für sich. Selbst wenn ihre Fans im Hochsommer wie die Heuschrecken über sie herfallen, bieten auch sie noch einsame Buchten. Die streng naturgeschützten kleinen Inseln Pianosa und Montecristo können nur im Rahmen organisierter Touren besucht werden.

Weniger bekannt und doch anziehend sind im Hinterland die Städte Massa Maríttima und Grosseto mit ihren sehenswerten historischen Zentren. Sie stehen auf altem Gebiet der Etrusker, die hier in Roselle und Vetulónia sowie an der Küste am Golf von Barátti zahlreiche Zeugnisse ihrer Geschichte hinterlassen haben.

Im Hafen von Gíglio Porto

Auf einen Blick: Toskanische Küste

Sehenswert

Viaréggio: Die Stadt des berühmtesten italienischen Karnevals ist vom Jugendstil geprägt und besitzt einen traumhaft schönen Sandstrand (s. S. 246).

Elba: Italiens bekannteste und beliebteste Ferieninsel besticht nicht nur mit einer Vielzahl ganz unterschiedlicher Badestrände und -buchten, sondern auch dank kleiner Bergdörfer mit nostalgischer Atmosphäre (s. S. 272).

Parco Naturale della Maremma: Ausgedehnte Pinienwälder, traumhafte Strände, wild lebende Pferde und große weiße Maremmane – das Naturschutzgebiet im Süden der Toskana ist ein Muss (s. S. 306).

Insel Gíglio: Der Granitfels mit drei urigen Ortschaften und vielen versteckten Felsbuchten ist am 13. Januar 2012 bei der Havarie eines Luxusdampfers mit einem blauen Auge davongekommen (s. S. 317).

Schöne Routen

Auf Umwegen von Pietrasanta nach Camaiore: Über Erdterrassen mit uralten Ölbäumen erlebt man ein langsames Autobummeln (oder Radfahren) zwischen Pietrasanta und Camaiore (s. S. 245).

Rundfahrt über Elba: Die größte toskanische Insel lässt sich auf zwei Tagestouren recht gut erschließen – von Portoferráio aus geht es an einem Tag in den Westen mit der höchsten Erhebung, dem Monte Capanne, an einem zweiten Tag erkundet man in Fortsetzung der Tour den Osten mit seinen interessanten Bergwerksnestern (s. S. 277, 284).

Meine Tipps

Moderne Kunst in Pietrasanta: Die lebensfroh-bunten Bilder des kolumbianischen Malers und Bildhauers Fernando Botero sowie seine zentnerschweren Steinkolosse zieren Gebäude und Plätze des Städtchens zu Füßen der Marmorberge (s. S. 243).

Parco Archeominerario di San Silvestro: Wo schon die Etrusker und Römer Eisen verarbeiteten, kann man über diese Kunst bei der Führung durch das historische Bergarbeiterdorf und durch den Stollen (beide heute nur noch Museum) viel lernen (s. S. 268).

Thermalspaß aus drei Quellen in Venturina: Drei Quellen mit Temperaturen zwischen 36 und 45 Grad speisen in dem kleinen Ort die Thermen, das große Thermalschwimmbecken und einen See (s. S. 268).

Aktiv

Radtour auf den Spuren Michelangelos: Von Seravezza über La Cappella in die Apuanischen Alpen nach Azzano (s. S. 247).

Radtour von Viaréggio nach Lucca: Etwas anspruchsvollere Radtour von der Küste in die Stadt Puccinis (s. S. 250).

Durch die Tómboli di Cécina: Leichte Wanderung durch den wunderschönen Staatswald parallel zum Meer (s. S. 329).

Von der Küste per Rad in die Valcornia: Reizvolle Fahrt in die Korkeichenwälder der meernahen Maremma (s. S. 266).

Mit dem Rad durch Elbas Westen: Radtour um den inselhöchsten Berg und der rauen Küste oft ganz nah (s. S. 282).

Trekking in Elbas Zentralmassiv: Aussichtsreiche Höhenwanderung von Porto Azzurro nach Marina di Campo (s. S. 289).

Wanderung im Maremma-Naturpark: Kurze, aber anstrengende Tour durch den wunderschönen Naturpark (s. S. 309).

Reiten im Etruskerland: Ausritte zu Pferd gehören zu einem richtigen Maremma-Urlaub unbedingt dazu (s. S. 313).

Von Carrara bis Viaréggio

Carrara steht für den weißen Marmor der Apuanischen Alpen, Forte dei Marmi wie die Karnevalsstadt Viaréggio für Strandferien total. In Pietrasanta und Camaiore inmitten silberglänzender Olivenhaine lebt man noch einen langsamen Takt. Am Lago di Massaciúccoli hielt sich Puccini gerne auf, man ehrt ihn hier allsommerlich mit einem Musikfestival.

Carrara ▶ C 3

Zusammen mit Massa bildet **Carrara** die Doppelprovinz Massa-Carrara. Die knapp 63 000 Einwohner zählende Stadt in rund 100 m Höhe auf einem Ausläufer der Apuanischen Alpen trägt ihre Entstehung im Namen: Kar hieß im Altligurischen einfach Stein. So nah an der römischen Kolonie Luna (heute Luni, direkt hinter der Grenze zu Ligurien) entwickelte sich das friedliche Dorf bald zu einem gefragten Marmorzentrum. Im Mittelalter war es ein Zankapfel zwischen den Herrschenden: Byzanz wollte es haben und die Langobarden, 1235 wurde es freie Kommune, Grafschaft unter den Malaspina, Herzogtum unter den Este, 1859 erfolgte schließlich der Anschluss an das Königreich Italien. Dass ausgerechnet in Carrara 1945 ein Anarchistenkongress stattfand, verwundert nicht: Die Marmorarbeiter hatten schon lange vergeblich versucht, ihre Rechte durchzusetzen.

So liest sich ein Spaziergang durch Carrara wie ein Gang durch diesen Teil ihrer Geschichte: Erinnerungstafeln zu bedeutenden Köpfen und Ereignissen, spezielle Bibliothek zum Thema, Anarchistendruckerei, Anarchistencafé, Demonstrationsplatz (Piazza Alberigo). Carrara war und bleibt eine Stadt, die keine wirkliche soziale Ruhe kennt – nur sieht es ihr der unbefangene Besucher nicht an.

2500 Menschen arbeiten in den Marmorbrüchen, früher waren es mehr als 7500. Zwei Drittel der Stadtbevölkerung von Carrara leben vom Marmor; der Rest von der Werft und dem Hafen, der am Umschlag gemessen immerhin der drittwichtigste Italiens ist. Mehr als 80 Marmorsägereien, meist Kleinbetriebe, arbeiten in Carrara und Umgebung. Hier wird der Marmor mit einem ›Gatter‹ in Platten jeder Dicke zersägt, langsam und höllisch laut.

Im Sommer 2014 erwarben Verwandte des ermordeten Al Qaida-Chefs Bin Laden 50 % des größten Marmorabbaubetriebes. Zum Leidwesen der einen, zum Jubel der anderen, die damit Arbeitsplätze gesichert sehen. Denn die arabische Welt zählt zu den wichtigsten Abnehmern des Carrara-Marmors. Auch die Umweltprobleme, die der kontinuierliche Marmorabbau verursacht, werden unter den Teppich gekehrt, denn Massa-Carrara weist die wohl höchste Arbeitslosenrate der Toskana auf – an die 17 %, unter den 15 bis 29-Jährigen 49 %.

Duomo Sant'Andrea

Schön ist der **Dom** (11.–14. Jh.) auf der winzigen Piazza del Duomo mit seiner Fassade im Pisaner Stil aus grau-weißem und grünem Marmor. Der untere, romanische Bereich mit dem eher bescheidenen Portal ist rechts und links mit je vier Blendbögen verziert, die in der Mitte auf einem Pilaster ruhen. Der obere Bereich zeigt schon gotische Spitzbögen mit Maßwerk, und die markante, fein gegliederte Rosette in der Mitte wird von einer zu beiden Seiten hin abfallenden Zwerggalerie flankiert.

Die dreischiffige Basilika mit halbrundem Chor (die seitlichen Chorkappen schließen gerade ab) wird innen von schlanken, verschieden geformten Stützen getragen; die einfachen Tellerbasen stehen in reizvollem Gegensatz zu den unterschiedlichen (römischen) Blatt- und figuralen Kapitellen. Im 20. Jh. wurde der Plüsch, der an den Wänden hing, heruntergerissen. Nun präsentiert sich die Kirche in wohltuender Schlichtheit: ein paar Freskenreste an den Seitenwänden, eine kleine Marmorkanzel mit zartfarbenen Einlegearbeiten (16. Jh.), einige Marmorstatuen an der linken Wand, die zum ausrangierten Hochaltar aus dem 14. und 15. Jh. gehörten.

Den zierlichen viergeschossigen Campanile (33 m hoch) aus dem 13. Jh. schmücken romanische Galerien, den großen Brunnen vor dem Dom hat Baccio Bandinelli gebaut, aber nie vollendet.

Palazzo Cybo-Malaspina

Via Roma 1, www.accademiacarrara.it

Im ehemaligen **Schloss der Grafen Malaspina** mit seinen wuchtigen Wehrgängen nach der Zusammenlegung mit dem fürstbischöflichen Renaissancepalast im Jahr 1769 die **Kunstakademie** untergebracht worden. Man kann sie, ebenso wie einige Marmorbrüche, auf Anfrage besichtigen.

Die einzige staatliche italienische Berufsschule für Marmorverarbeitung steht natürlich in Carrara. Besonders stolz ist das moderne Carrara aber auf das **Gebäude der Industrie- und Handelskammer** im geschäftigen Teil zwischen Dom und dem begrünten und von Villen flankierten Viale zum Meer, also Richtung Marina di Carrara (s. S. 238).

Colonnata

Als besonders interessant erweist sich der Weg nach Colonnata, gepflastert mit Schleifereien, kleinen und größeren Steinbrüchen sowie Bildhauerwerkstätten. Das Bergarbeiterdorf **Colonnata** selbst verdankt seinen inzwischen wohl weltweiten Ruhm dem hier erzeugten *lardo di Colonnata,* einem fast völlig weißen, also nur aus Fett bestehenden Speck, der, wie könnte es anders sein, in kleinen Marmor-›Sarkophagen‹ in einer Lake mit vielerlei Gewürzen (Geheimrezept natürlich!) reift und danach für sündhaft teures Geld vermarktet wird. In Colonnata selbst weiß man gar nicht, wo man zuerst den würzigen Speck probieren und kaufen soll. Schlechte Qualität dürfte es nicht geben, da achten die Produzenten schon untereinander darauf, dass der Ruhm ihres D.O.P.-Produktes (also registriert und streng kontrolliert, von der EU anerkannt) keinen Kratzer abbekommt. Neben zwei hervorragenden Restaurants findet man inzwischen zumindest an den Wochenenden und während der Saison geöffnete Probierstuben, kleinen Osterien nicht unähnlich.

An der höchsten Stelle des Ortes erhebt sich die kleine Dorfkirche. Vor ihr steht, mit der grandiosen Kulisse der Apuanischen Alpen im Hintergrund, ein monumentales weißes Marmorwerk zum Andenken an die unendlich vielen, beim Marmorabbau verunglückten Bewohner von Colonnata und Umgebung.

Infos

Ufficio Turistico Massa Carrara (für die Doppelprovinz): 54033 Carrara (MS), Località Stadio, Viale XX Settembre 152/a, Tel. 0585 84 41 36, s. auch Marina di Massa S. 238.

Tipp

MIT DEM AUTO DURCH DAS MARMORABBAUGEBIET

Ein Erlebnis der besonderen Art ist die Rundtour mit dem eigenen Wagen entlang der alten Bahnlinie zwischen **Colonnata** und **Fantiscritti:** Eine rund 6 km lange Holperstrecke führt – immer wieder durch finstere Tunnel hindurch und über hohe schmale Brücken hinweg – mitten durch das Abbaugebiet des Marmors von Carrara. Aber Achtung: Die Fahrt auf der Panoramastraße kann nur uneingeschränkt genießen, wer nicht unter Platzangst leidet!

Der Marmor von Carrara

Kein Marmor der Welt hat je einen solchen Ruhm erlangt wie der von Carrara, das ›Weiße Gold der Toskana‹. Die tiefen Wunden der Apuanischen Alpen im Hintergrund der Versilia zeugen von seinem Abbau seit mehr als 2000 Jahren.

Niemand weiß, wie groß die Marmorvorkommen von Carrara eigentlich sind: schätzungsweise 50 x 15 km Fläche – aber wie tief? Mehr als 1 Mio. t werden jährlich abgebaut. In den 1970er-Jahren waren die Ölscheichs die zahlungskräftigsten Kunden. Nach einer längeren Pause geht nun mindestens die Hälfte des in Carrara abgebauten Marmors wieder in die arabische Welt (s. S. 232). Weil in Carrara das Know-how für die Verarbeitung von Marmor und anderem Gestein vorhanden ist, wurde auch Marmor aus aller Welt zur Weiterverarbeitung hierher gebracht, ein Geschäft, das sich zu rentieren schien und das nebenbei die Marmorvorkommen der Apuanischen Alpen schont … (In den letzten 20 Jahren wurde mehr Marmor abgebaut als in den 2000 Jahren zuvor.) Doch weil die Arbeitskraft und damit der Abbau durch strenge Arbeitsschutzmaßnahmen immer teurer wird, denkt man um und schickt immer mehr unbearbeitete Marmorblöcke dorthin, wo sie billiger verarbeitet werden können.

Immerhin: Weil er so kostbar ist, wird der Carrara-Marmor heute nicht mehr wie noch in der Renaissance einfach aus dem Berg gesprengt, sondern mittels moderner, mit Industriediamanten besetzter Stahlseile oder -sägen herausgeschnitten. Der Abtransport erfolgt nicht mehr mit der Bahn (ab 1876) oder der Drahtseilbahn (von 1930), sondern mit schweren, aber wendigen Lastwagen, deren Fahrer beim Bewältigen der spitzwinkeligen, steilen Serpentinen wahre Meisterleistungen vollbringen. Ihr übliches Transportgut: Marmorblöcke von je 30 t Gewicht.

Marmor ist ein kristalliner Kalkstein, seine unterschiedliche Färbung bekommt er von Spuren an Metallsalzen, rund 50 verschiedene Marmortypen sind registriert. So schön farbiger Marmor ist – am kostbarsten ist und bleibt der schillernd weiße von Carrara. Und dann hängt es davon ab, wie er bearbeitet wird. Beim Schneiden muss wie bei einem zarten Steak darauf geachtet werden, dass die Richtung stimmt. Doch während das Fleisch quer zur Faser zugeschnitten werden muss, wird der Marmor parallel zur Gesteinsschicht zersägt, sonst ist er nur schwer weiterzuverarbeiten. Die Fachausdrücke dazu: Ein Schnitt in Richtung der Schichtflächen heißt *verso*, ein Schnitt dagegen *contro*.

Besonders begehrt ist der weiße Marmor aus Carrara nicht nur bei Bauherren, sondern auch bei Bildhauern aus aller Welt, nicht anders als bei den Römern für ihre Tempelbauten und Skulpturen und während der Renaissance – allen voran bei Michelangelo, der sich hier sogar mehrmals für einige Monate einmietete, um für seine Bildhauerwerke den passenden Marmor zu finden. Unter den internationalen Größen muss Henry Moore genannt werden und unter den zeitgenössischen Künstlern vor allem Fernando Botero, dessen Skulpturen seine toskanische Lieblingsstadt Pietrasanta zieren (s. S. 243).

Übernachten

Die beliebtesten Hotels stehen entlang der Küstenstraße. Während der Saison können sie recht laut sein, dennoch sind die Häuser schnell ausgebucht (s. S. 238, Marina di Massa).

Essen & Trinken

Winzig, aber toll – **Venanzio:** Località Colonnata, Oiazza Palestro 3, Tel. 0585 75 80 33, www.facebook.com/RistoranteVenanzio, Ruhetage Do, So abends (außer Aug.). Klein, aber ganz feines und trotzdem nicht überspanntes Ambiente, sehr gute lokale Spezialitäten wie *lardo,* diverse Wurstwaren, in der Saison werden Gerichte mit Wild und Steinpilzen serviert. €–€€

Echt apuanisch – **Locanda Apuana:** Località Colonnata, Via Comunale 1, Tel. 0585 76 80 17, www.locandaapuana.com, Ruhetage So abends und Mo. Gemütliche traditionelle Trattoria am Eingang des Marmorarbeiterdorfes. Hausmannskost der Apuanischen Alpen wie deftige Fleischgerichte, Pasta aus Kastanienmehl, Kaninchen und Kartoffeln mit *lardo.* €

Aktiv

Reiten – **Centro Ippico Pegaso:** Carrara, Via Fivizzano 12, Mobil-Tel. 338 845 41 46. Kurse und geführte Ausritte.

Trekking – **Club Alpino Italiano (CAI):** Carrara, Via Giorgi 1, Tel. 0585 77 67 82, www.caicarrara.it.

Verkehr

Bus: Verbindungen zwischen Carrara und Marina di Carrara in den Sommermonaten in dichter Folge.

Luni und die Lunigiana

Direkt nordwestlich von Carrara beginnt Ligurien und damit ein Stück gemeinsamer Geschichte der beiden Regionen Toskana und Ligurien, deren schönste Zeugnisse man in der **Lunigiana,** im hügel- und dörferreichen Nordwestzipfel der Toskana mit trutzigen kleinen Kastellen findet.

Luni ▶ B 3

Das römische Luna liegt direkt an der Grenze im Ligurischen (Provinz La Spezia), aber nur, weil sich Ligurien bei **Luni** in die Toskana hinein ausbuchtet. Die Lunigiana dagegen liegt entlang dem Fluss Magra weiter nördlich in der Toskana. Wenn die Zeit für die Lunigiana nicht reichen sollte – Luni muss sein! Hier wird seit den 1970er-Jahren eine Römerstadt ausgegraben, die eine der schönsten und reichsten Norditaliens war. Schon frühligurisch besiedelt, wurde Luni im Magra-Tal 117 v. Chr. von den Römern erobert, die hier eine Kolonie gründeten: Luna, in strategisch bedeutender Position an der Via Aurelia, mit dem Hafen sozusagen vor der Haustür und den Marmorvorkommen der Apuanischen Alpen im Hinterland.

Parco Archeologico / Antica Città di Luni

Via Appia 9, Luni, Ortonovo, Parkplatz in der Via Falaschi, www.luni.beniculturali.it, Di–Sa 8.30–19.30, So 8.30–14, Winterhalbjahr abweichend, Erw. 4 €, unter 18 Jahren Eintritt frei

Die **Ausgrabungsstätte** von Luni umfasst die gesamte Kolonie innerhalb der Mauern, im Zentrum das Capitol und einen Diana-Tempel; mehrere Wohnhäuser, teils mit Mosaikböden und/oder Fresken, wurden freigelegt. Ganz im Osten außerhalb der Mauern – man folgt der historischen Streckenführung der Via Aurelia, die durch die Kolonie führte – steht das Amphitheater. Das kleine **Museo Archeologico Nazionale** auf dem Gelände des Kapitols zeigt eine stolze Sammlung von Münzen, Keramik und Marmorskulpturen – ein Teil der Grabungsfunde blieb vor Ort.

Essen & Trinken

Beliebtes Gartenlokal – **Chioccia d'Oro:** Ortonovo (SP), Luni, Via Appia Antica 5, Tel. 0187 666 89, auf Facebook, Ruhetag Mo. Achtung: An den Wochenenden hoffnungslos überfüllt! Wunderbar unkompliziertes Gartenlokal zwischen der römischen Kolonie und dem Amphitheater von Luni. Riesiges Vorspeisenbüfett, hausgemachte Pasta, Fleisch vom Grill, auch Menü inkl. Wasser und Wein. €

Der Fluss Magra, zu Deutsch ›die Dünne‹, bei Pontrémoli macht seinem Namen wirklich alle Ehre. Die letzten ergiebigen Regenschauer sind wohl schon etwas länger her …

Pontrémoli ▸B 1

Pontrémoli ist das Zentrum der Lunigiana. Stadt und Umgebung bilden das wichtigste Fundgebiet der ligurischen Frühgeschichte (3.Jt. v. Chr.). Denn die Lunigiana besiedelten die Ligurer bereits im Neolithikum, wie die Funde im sehenswerten Stelenmuseum beweisen.

Museo delle Statue-Stele della Lunigiana

Via del Piagnaro, www.statuestele.org, tgl. Juni, Juli, Sept. 10–18.30, Aug. 10–19.30, Okt.–Mai 9.30–17.30 Uhr, Erw. 7 €

Im mittelalterlichen **Castello del Piagnaro** von Pontrémoli in großartiger Panoramalage befindet sich heute das **Museo delle Statue-Stele della Lunigiana**. Es besitzt ca. 60 Sandsteinstelen – teils mundlose menschliche Figuren aus Stein, Stelen mit nur angedeuteten Brüsten; jüngere Monolithe zeigen die gewohnten humanen Formen. Götter in der Nachahmung des Menschen? Gesichert ist nur, dass sie, wie kultische Symbole zeigen, Geburt und Leben, Fruchtbarkeit und Kampf beeinflussen sollten.

Infos

Consorzio Lunigiana Turistica: Piazza della Repubblica 6, Póntremoli (MS), Tel. 01 87 83 37 01, www.lunigiana.com (alle Sehenswürdigkeiten, Adressen von Unterkünften und Restaurants, Einkaufstipps etc. – eine informative Website!).

Massa und Umgebung

Massa ▸C 3

Eine kurze Passstraße (7 km) führt vom 100 m hoch gelegenen Carrara über 226 m Höhe wieder etwas abwärts nach **Massa** (70 000 Einw.), das sich an den Monte Belvedere (895 m) schmiegt. Die heutige Hauptstadt der Doppelprovinz Massa-Carrara steht noch ganz unter dem Diktat der Fürstenfamilie Malaspina: natürlich nicht wie vom 15. Jh. bis 1790 unter deren politischer Gewalt, sondern städtebaulich im Schatten ihrer Burg, des Castello Malaspina, das den besten Überblick über die Stadt und deren Seebad hinter dem Pinienwald bietet.

Piazza Aranci und Palazzo Ducale

Das Zentrum bildet die **Piazza Aranci** mit ihren namengebenden Orangenbäumen und großem (kostenpflichtigem) Parkplatz, der für die Stadtbesichtigung sehr bequem ist. Eine ganze Breitseite des Platzes nimmt der **Palazzo Malaspina** (auch **Palazzo Ducale** genannt) von 1560 ein, heute Präfektur. Sein Innenhof besitzt wunderschöne Arkadengänge der Renaissance. In dieser Zeit wurde auch die Innenstadt verändert, indem man Häuser, die den neuen, gerade geplanten Straßen im Wege standen, kurzerhand abreißen ließ. Leider beanspruchte auch der Faschismus viel Bauplatz für seine Größenwahnarchitektur. Doch zwischen Malaspina-Palast und den Berghängen blieb die Altstadt in ihren Strukturen relativ gut erhalten.

Dom

Vom Platz steigt eine kurze breite Fußgängerzone leicht aufwärts zum weißmarmornen **Dom** aus der Renaissance, der von Giacomo Malaspina im 15. Jh. als Grabkirche (innen rechts: die Grabkapelle) errichtet wurde. Er erlebte einige Umbauten und bekam 1936 seine neue Fassade aus Carrara-Marmor. In den Nischen der zweistöckigen und dreibogigen Loggia zeigen Mosaikbilder Geschichten aus dem Leben des hl. Franziskus. Eine hohe Treppe führt zum Portal der einschiffigen Halle mit Seitenaltären, Querschiff und halbrundem Chor. In einer Glasvitrine im linken Querarm trägt ein leidender Gekreuzigter eine mit Edelsteinen verzierte Krone.

Castello Malaspina

Via del Forte 15, normalerweise Juni–Sept. Di–So 9.30–12.30, 16–19.30, Aug. Sa bis 23, Okt.–Mai Sa 9.30–12.30, So, Fei 15–18.30 Uhr, Erw. 7,50 €, unter 18 Jahren Eintritt frei

Zum **Castello Malaspina** führen eine breite Treppengasse und eine Fahrstraße hoch. Wer den Fußweg wählt, genießt beim Aufstieg (höchstens 15 Min.) immer wieder einen schönen Blick auf die Stadt – und oben angekommen auf die Küste. Die unglaubliche Prachtentfaltung der ursprünglich mittelalterlichen Festung, die von den Malaspina im 15. und 16. Jh. im Renaissancestil erweitert wurde, kündigt sich bereits in der zierlichen Loggia über dem Portal an. Welche Überraschung bietet der Innenhof dennoch! Seine Wände sind mit Sgrafitti verziert, Doppelsäulchen tragen die 15-bogige Loggia der Fassade des Palas.

Im Erdgeschoss links überspannt ein Scheingewölbe den Raum, der in satten Erdfarben freskiert wurde: Die Decke ist mit geometrischen Mustern geschmückt, die stark zerstörten Wandmalereien zeigen stets die gleichen Motive: Putten, die um dreischalige Brunnen tanzen. Es bereitet Vergnügen, auf der Festung auf Erkundungstour zu gehen, alle Treppen zu erklimmen, ob innen oder

Tipp

AUF DEN SPUREN DER MALASPINA

Castrum heißt eine Initiative, die zu den Kastellen der Toskana führt. Im Bereich von Massa bzw. der nördlichen toskanischen Küste bietet es sich an, auf den Spuren der hier einst so bedeutenden Herrscherfamilie Malaspina zu reisen. Ein Faltblatt (auf den einzelnen Kastellen kostenlos erhältlich) zeigt eine nachvollziehbare Route: entlang des sogenannten Spino Fiorito östlich des Magra die sechs Kastelle Anghiolfi di Montignoso, Malaspina di Massa, Malaspina di Fosdinovo, Fortezza della Brunella di Aulla, Malaspina di Terra Sossa sowie Malgrate; entlang des Spino Secco westlich des Magra ganz im Nordwesten der Region die beiden Kastelle Piagnaro di Pontrémoli (mit dem Stelenmuseum, s. links) und Lusuolo. Nähere Infos, auch zu Konzerten, unter Tel. 0585 81 65 24 bzw. www.istitutovalorizzazionecastelli.it.

außen. So entdeckt man z. B. auf der Rückseite des *palas* eine noch längere Loggia und von dort einen noch hinreißenderen Blick auf Massa, die Apuanischen Alpen und das Meer bis zum ligurischen Portovenere!

Alternativen für die Weiterfahrt

Von Massa führt eine von vielen Serpentinen geprägte Bergstraße, 15 km lang und mit Panoramagarantie, zu den **Steinbrüchen von Arni** (s. S. 207). Nur 4,5 km – durch eine von alten Bäumen bestandene Allee – sind es bis zum Badeort Marina di Massa (s. rechts).

Infos

s. Carrara S. 233, Marina di Massa S. 239, www.turismomassacarrara.it.

Essen & Trinken

Während der Sommersaison bleiben die meisten Lokale an der Küste auch an ihren offiziellen Ruhetagen geöffnet. Viele Restaurants haben nur abends geöffnet.

Mit Panorama – **La Ruota:** Via Bergiola 2 (5,5 km nördlich), Tel. 0585 420 30, www.laruotaristorante.com, Ruhetag Mo, im Sommer nur Mo mittags. Freundliche Trattoria mit lokaler Küche und schöner Aussicht. Menü, Pizza-Menü, à la carte. €–€€

Apuanische Küche – **Osteria del Borgo:** Località Porta Martana, Via Beatrice 17, Tel. 0585 81 06 80, https://osteriadelborgoms.eatbu.com, Mi–Sa 19.30–22, So, Fei auch 12–14.30 Uhr, Di Ruhetag, 2 Wochen im Sept. geschl. Gilt als Massas bestes Restaurant, apuanisch-toskanische Gerichte wie Vorspeisen mit Aufschnitt, unterschiedlich belegte *crostini,* Spanferkel aus dem Ofen, hervorragendes Preis-Leistungs-Verhältnis. €€

Historisches Kellergewölbe – **Taverna de' Batti:** Via Cavour 71, Tel. 0585 431 60, Ruhetag Mo. Abendpizzeria mit großem Holzofen. Heiße *focaccine,* Colonnata-Speck und Stockfisch aus dem Holzofen, gutes Fleisch aus Argentinien. €–€€

Verkehr

Bus: Gute Anbindung vor allem an Marina di Massa im Sommer.

Marina di Carrara und Marina di Massa ▶ C 3

Verkehrstechnisch ist die gesamte Küste der nördlichen Toskana hervorragend erschlossen: die stark befahrene SS 1, die historische Via Aurelia Richtung Rom, die Autobahn A 12 sowie die von Mussolini begonnene Küstenstraße, die sich schnurgerade, breit, ampel-übersät und im Sommer viel befahren von Marina di Carrara im Norden bis nach Viaréggio im Süden zieht. Am Meer bleibt nur der Streifen für die berühmten *bagni* vor dem tiefen Sandstrand, auch für Cafés und Restaurants, übrig. Jenseits der Küstenstraße breiten sich die eigentlichen Badeorte aus, teils in ausgedehnten Pinienwäldern, und dahinter steigen die Apuanischen Alpen auf.

Trotz des Marmorstaubs und des nahen Riesenhafens sowie der Magra-Mündung weiter nördlich im Ligurischen ist **Marina di Carrara** bei den Einheimischen recht beliebt, was auch für das eher unscheinbare **Marina di Massa** gilt. 12 oder 13 km Strandlänge inklusive Hafengebiet, bis zu 100 m breiter, feindsandiger Strand, das ist doch auch nicht zu verachten, sagen die Lokaltouristiker. Wellenbrecher schützen den Strand, ausladende Pinien spenden Schatten. Auch für Vergnügungen aller Art und für sportliche Betätigung (auch Reiten und Galopprennbahn) ist gesorgt. Vom kleinen Flughafen in Cinquale, an der Grenze zur Provinz Lucca und zur eigentlichen Versilia (s. rechts), können Rundflüge unternommen werden.

Cinquale ▶ C 3

Der bescheidene, aber sehr familienfreundliche Badeort **Cinquale** (oder **Marina di Montignoso**, wie er ebenfalls heißt) ist von Forte dei Marmi, dem Star der Versilia, nur durch einen schmalen Bach getrennt, weshalb viele Urlauber sich in Cinquale einmieten, aber Strand und Infrastruktur von Forte nutzen. Ab hier rühmt sich die Versilia des Hinterlandes mit den schönsten Olivenhainen der Toskana, nämlich denen von Strettoia, Vallecchia, Capriglia und Valdicastello Carducci.

Infos

Ufficio Turistico (für die Doppelprovinz): 54037 Marina di Massa (MS), Lungomare Vespucci 24, Tel. 0585 24 00 63, www.turismomassacarrara.it.

Übernachten

Komfortabel – **Matilde:** Marina di Massa, Via Tagliamento 4, Tel. 0585 24 14 41, 0585 24 04 88, www.hotelmatilde.it, ganzjährig geöffnet. Gepflegtes, umfassend renoviertes (rosafarbenes) Hotel im Zentrum des Strandortes, ca. 250 m vom Meer. Zwölf teilweise verspielt eingerichtete Zimmer, Sat-TV, auch für Geschäftsreisende gut ausgestattet. Restaurant für die Hausgäste (die Besitzer kochen selbst), eigener Parkplatz. €€

Familiär – **Giulio Cesare:** 54038 Cinquale (MS), Via Giulio Cesare 29, Tel. 0585 30 93 18, www.hotelgiuliocesarecinquale.com, Ostern–Sept. Liebevoll renoviertes und gepflegtes Hotel mit kleinem Garten in ruhiger Wohnlage. Zwölf Zimmer bzw. Apartments, Fitnessraum, Parkplatz. €–€€

Nettes Ambiente – **La Pineta:** Marina di Carrara, Viale Colombo 119, Tel. 0585 63 33 90, www.hotelristorantelapineta.com, Mai–Jan. Freundliches Familienhotel mit Restaurant. 17 Zimmer. €–€€

Ruhige Wohngegend – **Gabrini:** Marina di Massa, Via Luigi Sturzo 19, Tel. 0585 24 05 05, www.hotelgabrini.it, April–Sept. Gepflegtes, familiär geführtes Hotel in großem Garten ca. 300 m vom Strand. 43 Zimmer, Sat-TV, Restaurant, Parkplatz. €–€€

Essen & Trinken

Auf Pfählen – **La Péniche:** Marina di Massa, Lungobardo Brugiano 3, Tel. 0585 24 00 17, www.lapeniche.com, kein Ruhetag. Supermodernes Pfahlbau-Restaurant mit ›schwimmender‹ Terrasse, eher internationale Küche, vorwiegend Fischgerichte, feine Fleischgerichte, und ein perfektes Fischmenü. €€–€€€

Beim Segelklub – **Circolo della Vela:** Marina di Massa, Viale Vespucci 84, Tel. 0585 24 09 00, Ruhetag Di, im Winter nur Fr–So abends geöffnet. Restaurant des Segelklubs, hübsch mit Veranda, Meeresküche. Tolle Fischmenüs. €–€€

Aktiv

Segeln und Surfen – **Circolo della Vela:** Marina di Massa, Tel. 0585 24 09 00, https://www.cvmarinadimassa.it. **Club Nautico:** Marina di Carrara, Viale Colombo 2, Tel. 0585 78 51 50, https://www.clubnauticomarinadicarrara.net.

Badeanstalt – **Universo:** Marina di Carrara, Viale Vespucci 38, Tel. 0585 78 30 32. Tolles *bagno* mit gutem Restaurant, Pool, natürlich direkt am Strand mit Kabinen, Verleih von Liegen und Schirmen.

Verkehr

Bus: Während der Saison fahren Busse in dichter Folge die Küste ab, andere verbinden Marina di Massa mit dem Hauptort Massa, Marina di Carrara mit Carrara.

Badeorte der Versilia

▶ C 4

Der berühmteste toskanische Küstenabschnitt ist ohne Zweifel die Riviera della Versilia, kurz **Versilia** genannt. Sie misst zwischen Forte dei Marmi und dem wild belassenen Abschnitt im Naturschutzgebiet von Migliarino vor dem Lago Puccini südlich von Viaréggio fast 30 km. Ihre zum Teil seit dem 19. Jh. besuchten Seebäder werden durch die SS 1 miteinander verbunden, die antike Via Aurelia.

Die Küste ist ein Dorado für Strandfans, denn sie bietet nicht nur kilometerlange breite, meist feinsandige Strände, sondern auch die berühmten, bunt bemalten *bagni.* Diese Badeanstalten mit ihren kleinen hölzernen Häuschen mieten sich italienische Familien (vorrangig für die Frauen und Kinder) Jahr um Jahr für die gesamte Saison, hier trifft man sich alle Jahre wieder, ist dort aufgewachsen, hat Freundschaften fürs Leben geknüpft.

Im Hintergrund der Küste erstrecken sich auch hier dichte Pinienwälder und die Apuanischen Alpen, die mit ihren Marmorbrüchen aussehen, als seien sie das ganze Jahr über mit Schnee bedeckt. Hier kommen auch Wanderer auf ihre Kosten.

Forte dei Marmi ▸ C 4

Forte dei Marmi, der Edelbadeort der Versilia, gilt bei den Italienern als ein ausgesprochenes Familienferienziel – freilich nur für Leute, die es bezahlen können oder hier sogar ihre eigenen Villen besitzen. Großhotels sucht man vergebens, die Hauptrolle spielen hier Ferienwohnungen und frühere Villen, in denen familiäre (aber auch superfeine) Hotels eingerichtet wurden. Was für deutsche Urlauber unvorstellbar wäre, ist bei Italienern eine Selbstverständlichkeit: Ferienhäuser und -wohnungen sind meist nur für den ganzen Sommer, mindestens aber für einen Monat zu mieten.

Forte dei Marmi, die »feinste Perle der Versilia«, wie sie sich gerne titulieren lässt, hält im Winter einen zufriedenen Schlaf. Durch die Bebauung mit Villen blieb viel Grün erhalten, von rund 100 m² Land (Garten) sind nur 20 bebaut; Privathäuser dürfen höchstens zwei-, Hotels maximal dreistöckig aufsteigen. So bleibt der Eindruck einer dichten, grünen Pineta erhalten, und die höchstens 27 000 Sommergäste fallen nur am Strand auf. An ständigen Bewohnern zählt Forte nicht einmal ein Drittel (knapp 7700) dieser Gästezahl; viele toskanische Familien und illustre Gäste haben hier für den Sommer ein zweites Zuhause, und inzwischen auch viele Russen.

Der etwa 4 km lange Strand ist breit und gepflegt, die Badehauslandschaft eine Augenweide, die Mole, eine beliebte Passeggiata-Meile, 300 m lang. Die Hotels bieten besten Service, die Restaurants sind gut bis sehr gut, in den Hügeln ländlich-typisch. Man muss sich zu ihnen durchfragen, manche haben nur an Sommerwochenenden geöffnet. Jeden Mittwoch findet ein gut besuchter großer Markt statt. Der Ortskern um die hübsche kleine, aber trutzige Festung (sie gab dem Ort seinen Namen, s. unten) ist sauber und übersichtlich, mit einer Reihe sehr feiner Modegeschäfte.

Ein kurzer Blick auf die Geschichte: Forte dei Marmi, Festung des Marmors, entstand als Verladehafen für Marmor. Die Verbindung mit den Marmorbrüchen bestand in einer *lizza*, einer Art Rutschbahn. Nach dem Bau der Festung durch Leopold I. 1788 entwickelte sich der Ort schnell. Villen schossen aus dem Boden, Stars und Geldadel ließen sich hier nieder. 1890 war Forte schon traditionell der Badeort der ›besseren Gesellschaft‹, was bis heute so geblieben ist: ›Man‹ trifft sich auch am Wochenende in Forte.

Infos

Ufficio Turistico: 55042 Forte dei Marmi (LU), Via C. Spinetti 14, Tel. 0584 28 02 92, www.fortedeimarmi.it, www.luccaturismo.it mit Link zur Versilia.

Übernachten

Hochsaison: Karneval, Ostern und Mitte Juni–Mitte Sept. Dann ist Forte am teuersten und doch am vollsten! Generell steht kein einziges Haus direkt am Meer, die bedeutendsten liegen auf der Bergseite der Strandpromenade gegenüber. Preiswerter wohnt man im netten Cinquale (s. S. 238) nördlich der Versilia-Grenze.

Familiär und ökologisch – **Tarabella:** Via Versilia 13/b, Tel. 0584 78 70 70, www.tarabellahotel.it, Mitte April–Mitte Okt. Hübsches, ruhiges Hotel unter familiärer Führung in der dritten Generation, 32 Zimmer, Restaurant, Pool, Parkplatz, Ladestationen für E-Autos. €€

Essen & Trinken

Gutes Preis-Leistungs-Verhältnis – **Il Sogno:** Via Nenni 69, Tel. 0584 863 58, Ruhetag Di. Familiär geführtes Lokal, gepflegtes Ambiente, für Forte-Verhältnisse (wohl wegen der Lage weit weg vom Strand) relativ preiswert. Hausgemachte Pasta, frische Fische und anderes Meeresgetier, bescheidene Weinauswahl. €–€€

Preiswert – **Orlando:** Via Cristoforo Colombo 80, Tel. 0584 807 63, http://orlandofortedeimarmi.admin-sitosemplice.net, Saisonbetrieb, sonst nur Sa, So, Fei geöffnet. Besonders von Einheimischen frequentierte Pizzeria, vier Straßenzüge vom Strand entfernt, unkompliziertes, familiäres Ambiente. €

Selbst wenn die Sonne schon untergeht, tummeln sich am Pier von Forte dei Marmi noch die Leute – unter ihnen auch viele Italiener im wohlverdienten Familienurlaub

Aktiv

Golf – **Versilia Golf Club:** Via Sipe 100, bei Pietrasanta, Tel. 0584 88 15 74, www.versilia golf.it.

Segeln – **Compagnia della Vella:** Piazza Navari/Viale Italico 1, Tel. 0584 897 71, www.cvfm.it.

Tennis – **Tennis Club Italia:** Via dell'Acqua, Tel. 0584 824 82, auf Facebook. **Tennis Versilia Holidays:** Via Vico, Tel. 0584 840 01. Außerdem Tennisplätze in den Hotelanlagen.

Verkehr

Bahn: Die Zuglinie führt parallel zur Via Aurelia entlang der Versilia zwischen Genua und Pisa–Livorno bzw. über Lucca Richtung Florenz.

Bus: Gute Verbindungen entlang der Versilia zwischen den einzelnen Badeorten, speziell während der Saison. Weniger gut sind die Verbindungen ins Hinterland.

Marina di Pietrasanta und Lido di Camaiore ►C 4

Hinter dem kleinen **Fiumetto** beginnt gleich **Marina di Pietrasanta,** ein eher bescheidener Ferienort mit zahlreichen Ferienhäusern und einfacheren Hotels. Das Gleiche gilt für das anschließende **Lido di Camaiore,** das sehr grün ist und einen großen Kinderspielplatz im herrlichen Pinienwald besitzt. Die Strandpromenade steigt terrassenartig an, der Montagsmarkt bietet einige Abwechslung. In Lido di Camaiore ist das Angebot an Hotels aller Schattierungen besonders groß. Die preiswerten liegen normalerweise im Kern des Strandortes, die teureren und die wenigen ganz teuren nahe zur Strandpromenade, die allerdings recht laut sein kann.

Infos

... in Marina di Pietrasanta:

Ufficio Informazioni: 55044 Marina di Pietrasanta (LU), Via Donizetti 14, Tel. 0584 203 31, www.comune.pietrasanta.lu.it.

... in Lido di Camaiore:

Consorzio di Promozione Turistica: 55043 Lido di Camaiore (LU), Viale Colombo 127, Tel. 0584 61 77 66, www.versiliainfo.com.

Übernachten

... in Marina di Pietrasanta:

Verwöhnadresse – **Mondial Resort & Spa:** Via Duca della Vittoria 129/131, Tel. 0584 74 59 11, www.hmondial.com. Helles Ambiente und klare Linien prägen das in zweiter Reihe gelegene Hotel. Pool, Restaurant und vor allem eine ausgetüftelte Wellnessabteilung, die auch Passanten nach Reservierung offen steht. €€–€€€

Für Wanderer und Radsportler – **Le Giraffe:** Località Fiumetto, Via Don Bosco 21, Tel. 0584 74 58 68, www.albergolegiraffe.it, April–Mitte Okt. Familiär geführtes einfacheres Hotel in einem schattigen Garten in ruhiger Wohngegend. Restaurant, Parkplatz. Der Besitzer bietet als CAI-Mitarbeiter geführte Wander- und Radtouren an, auch Pakete für Aktivurlauber. €€

Mit nostalgischem Flair – **Grande Italia:** Località Tonfano, Via Torino 5, Tel. 0584 200 46, www.albergograndeitalia.it, Juni–Mitte Sept. Nettes Familienhotel mit 22 Zimmern, Dependance im Garten. Eigenes Restaurant für die Hausgäste, Parkplatz. Meist nur mit Halbpension buchbar. €€

... in Lido di Camaiore:

Sympathisch – **Biagi:** Viale Pistelli 12, Tel. 058 46 76 74/5, www.hotelbiagi.com, April–Okt. Freundliches Ferienhotel mit 26 Zimmern. Parkplatz, Strandservice. €–€€

Aktiv

Golf – **Versilia Golf Club:** Marina di Pietrasanta, Via della Sipe 40, Tel. 0584 88 15 74, www.versiliagolf.it. 18-Loch-Platz.

Badeanstalt – **Europa:** Viale Lungomare/Viale Roma 50, Tel. 0584 238 83, www.bagnoeuropaversilia.it, Mai–Sept. 8 Uhr bis open end. Sehr nette Mannschaft, schöne Strandlage, köstliche Salate in diesem gepflegten Strandbad mit Kabinen und Verleih von Liegen und Schirmen.

Verkehr

Bus: Busse verkehren während der Saison in dichter Folge entlang der Küstenstraße und verbinden auch Marina di Pietrasanta mit seinem Hauptort Pietrasanta.

Pietrasanta und Umgebung

Pietrasanta ▶ B 4

Das Städtchen **Pietrasanta,** nur 3 km vom Meer an den Abhängen der Apuanischen Alpen gelegen, dürfte das hübscheste zwischen der Küste und den Marmorbergen sein. Es ist zudem für das handwerkliche Können seiner Marmorbildhauer bekannt, einige Spezialisten bearbeiten auch Onyx. Doch die Hauptsache ist das perfekte Kopieren historischer Statuen von Weltrang, traditioneller Formen überhaupt; in jeder erwünschten Größe, in jeder Steinart. Seine Bekanntheit verdankt Pietrasanta sicher auch der starken Präsenz des kolumbianischen Malers und Bildhauers **Fernando Botero** (geb. 1932), des wohl berühmtesten unter den zahlreichen ausländischen Künstlern, die hier arbeiten oder sogar leben.

Auf der Via Mazzini zur Piazza Duomo

Jeden Abend ab ca. 18.30 Uhr verwandelt sich die ohnehin Fußgängern vorbehaltene **Via Mazzini** in eine einzige Passeggiata-Meile. Familien, Jugendliche und Pärchen schlendern von der **Piazza Statuto** (mit großem Parkplatz) zur **Piazza Giordano Bruno.** Diese entspricht dem Domplatz, und damit dem Zentrum des Städtchens (knapp 24 000 Einw.), das eine Luccheser Gründung (1255) ist. Nicht verpassen sollte man beim Bummeln entlang der Via Mazzini die unscheinbare **Chiesa Sant'Antonio Abate** (ab dem 14. Jh.), in der Fernando Botero 1993 zwei großformatige Fresken hinterließ. Sie stellen die »Pforte zum Paradies« und die »Pforte zur Hölle« (mit Hitler-Konterfei) dar.

Die **Piazza Giordano Bruno/Piazza Duomo** ist ein wohnlicher Platz, am südlichen Rand mit Cafés ausgestattet, die fast das ganze Jahr über ihre Tische weit hinaus rücken. Ein schöner Platz auch für Freiluftausstellungen wie z. B. für acht der berühmt-mächtigen Skulpturen Fernando Boteros.

Dom und Campanile

Der **Dom**, eigentlich **Collegiata di San Martino,** entstand bereits 1256–1258, wurde 1330 erweitert, um 1630 innen barockisiert und später von der Großfürstin Christine von Lothringen, der Witwe Ferdinands I., mit zahlreichen Kunstwerken ausgeschmückt. Ganz mit Marmor verkleidet präsentiert sich die weiße, schlichte Fassade mit Betonung der dreischiffigen basilikalen Form. Die drei schmalen Eingänge sind mit feinen Basreliefs im Stile der Pisani geschmückt, von links nach rechts stellen sie »Auferstehung«, »Kreuzigung« und »Pietà« dar. Über der »Kreuzigung« prangt das Wappen der Medici, darüber öffnet sich eine gotische Rosette. Ein zierlicher Rundbogenfries umfasst schließlich die Oberkanten der dreiteiligen Fassade. Innen werden die fünf Joche der Basilika mit Querschiff von vielfarbigen Marmorsäulen getragen, die Hauptchorkapelle hat einen halbrunden Abschluss, die beiden seitlichen einen geraden. Besonders schön gearbeitet ist die Kanzel von 1630, deren Treppe aus einem einzigen Marmorblock geschlagen wurde (mittags geschl.).

Links neben dem Dom erhebt sich der 36 m hohe **Campanile** über einem Marmorsockel, sein backsteinernes Äußeres zeugt davon, dass er mit Marmorplatten verkleidet werden sollte, wozu es aber niemals kam – und das in einer solchen Marmorstadt!

Chiesa di Sant'Agostino

Hinter dem Campanile bildet den Nordabschluss des lang gestreckten Domplatzes, der eine hübsche Kulisse in der von Zinnen bekrönten Mauer darüber erhält, die frühere **Chiesa di Sant'Agostino**. Schmal und nur mit drei hohen Blendarkaden vertikal gegliedert, wird die Fassade aus hellem Travertin mit einer gotischen Zwerggalerie aus schlanken Säulchen über dem Eingang abgeschlossen. Im 15. Jh. diente diese Augustinerklosterkirche bedeutenden Familien aus Pietrasanta als Grabkirche, bis das Convent von Napoleon säkularisiert wurde. Nach langwierigen Umbauarbeiten bietet der einschiffige Raum mit schönem restaurierten Chorgestühl und zahlreichen Freskenresten

Jetzt bloß nicht abrutschen! Bei der Restauration und Kreation dieser schönen Marmorskulpturen ist Präzision gefragt

nun den Rahmen für Ausstellungen und Konzerte.

Museo dei Bozzetti

Via S. Agostino 1, www.museodeibozzetti.it, Mo 14–19, Di–Sa 9–13, 14–19, So, Fei 16–19, Mitte Juni–Aug. Mo 9–13, Di–Sa 9–13, 19–24, So, Fei 19–24 Uhr, Eintritt frei

Nebenan im zauberhaften Kreuzgang haben die Städtische Bibliothek und das **Museo dei Bozzetti** Platz gefunden. Es zeigt mehr als 500 historische wie zeitgenössische Gipsmodelle *(bozzetti)*, u. a. von Michelangelo. Schließlich hatte er längere Zeit im benachbarten Carrara gewohnt und gearbeitet, und überliefert ist sein Aufenthalt in Pietrasanta vom 27. April bis 1. Juni 1518.

Infos

Informazioni Turistiche: 55045 Pietrasanta (LU), Piazza Statuto, Tel. 0584 28 33 75, www.comune.pietrasanta.lu.it.

Übernachten

Palasthotel – **Pietrasanta:** Via Garibaldi 35, Tel. 0584 79 37 26, www.albergopietrasanta.com, Mitte Okt.–6. Jan. geschl. Das Paradehaus der Stadt (Palast aus dem 17. Jh.) im Zentrum mit Garten. Elegant-wohnliches Ambiente, 18 Zimmer und zwei Suiten, mit Stilmöbeln eingerichtet, Kunstsammlung. €€€

Modern – **Palagi:** Piazza Carducci 23, Tel. 0584 702 49, www.hotelpalagi.it. Stylishes Ambiente in einem Palazzo aus dem 17. Jh., zentral gelegen, familiär geführt. 14 Zimmer. €€

Essen & Trinken

Gemütlich – **La Vineria Osteria:** Via Barsanti 22, Tel. 0584 707 93, www.facebook.com/la.vineria.pietrasanta, Ruhetag Mi. Aus einem der ältesten Lokale der Stadt wurde eine eher weinbetonte Osteria mit sehr angenehmem Ambiente. Hausgemachte Pasta, Lammkeule aus dem Ofen, Wildschwein, Fischgerichte. €–€€

Fleischlust – **Antica Macelleria:** Piazza Giordano Bruno 7, Tel. 0584 701 05, www.anticamacelleriapietrasanta.it, Ruhetage Mi, Do mittags. Die Hauptrolle spielt in diesem Restaurant – eine aufgelassene Metzgerei, daher der Name – Fleisch, und zwar bester Qualität. Serviert werden vor allem opulente Grillgerichte, bekannt ist das Haus für seine *tagliata* für zwei. Mittags gibt es auch leichte, preiswerte Speisen. €–€€

Einkaufen

Marmorarbeiten – Nachbildungen historischer Kunstwerke sowie eigene Kreationen produzieren viele Kunsthandwerker in und um Pietrasanta. Die Künstler sind vereint in der **Associazione ArtigianArt Pietrasanta,** Adressen unter www.artigianart.org.

Aktiv

Wandern – An die 100 Routen durch die Apuanischen Alpen sind von der CAI ausgeschildert. Tipps bietet die Organisiation der Reiseführer der **Guide del Parco Alpi Apuane,** Infos unter www.parcapuane.it.

Verkehr

Bahn: Pietrasanta liegt an der dicht befahrenen Strecke Genua–Viaréggio–Pisa–Livorno–Rom.
Bus: Gute Verbindungen mit dem Hausstrand Marina di Pietrasanta.

Sant'Anna di Stazzema

▶ C 4

Traurige Berühmtheit erlangte das kleine Dorf **Sant'Anna di Stazzema** auch in Deutschland durch Zeitungsberichte im Jahr 2004. Erst zum 60. Jahrestag des Massakers, das Mitglieder der Waffen-SS dort am 12. August 1944 anrichteten, fand ein Prozess statt. Unter den rund 500 Opfern waren vorwiegend Frauen und Kinder, denn die Männer waren allesamt Partisanen und im Wald versteckt (Achtung: nicht nach Stazzema fahren, das liegt jenseits einer tiefen Schlucht von Sant'Anna, sondern den Hinweisen am östlichen Rand von Pietrasanta folgen).

Museo Storico della Resistenza Toscana

Via Coletti 22, www.santannadistazzema.org, Okt.–März Di–Do 9–14, Fr, Sa 9–17, So 14–18, April–Sept. Di, Mi 9–14, Do–Sa 9–18, So 10.30–18.30 Uhr, Eintritt frei

In Sant'Anna wurde zusätzlich zur Gedenkstätte an der Pfarrkirche ein Dokumentationszentrum eingerichtet, das **Museo Storico della Resistenza Toscana** am oberen Ortsrand nahe der Kirche. Im »Historischen Museum des Widerstandes« werden Fotos der Opfer, Filmaufnahmen mit Aussagen der Überlebenden und Videos über den aktuellen Stand der Recherchen zum Thema nationalsozialistische Besatzung und Widerstand in den toskanischen Bergen gezeigt. Leider wird man nicht mehr von einem Überlebenden geführt, der dank eines mitfühlenden SS-Soldaten (»Lauf Junge, lauf«, raunte er ihm damals zu) als Sechsjähriger im wahrsten Sinne des Wortes davonkam: Enio Mancini, der sich dieses Zentrum zum Lebenswerk gemacht hatte.

Tipp

VON PIETRASANTA NACH CAMAIORE

Statt die 8 km direkt nach Camaiore kann man auf einer gleich langen, aber bergwärts führenden, sehr hübschen Strecke über das Dörfchen Valdicastello Carducci fahren, dem Geburtsort des Schriftstellers und Nobelpreisträgers Giosuè Carducci (1835–1907), dessen Namen der Ort inzwischen als Anhang trägt. Dieser Umweg lohnt sich allein schon wegen der herrlichen Ausblicke und der wunderschönen alten Ölbäume, die auf Erdterrassen stehen.

Essen & Trinken

Ländlich – **Da Luciano:** La Culla 7/a, 4 km unterhalb von Sant'Anna auf dem Weg nach Pietrasanta, Tel. 0584 98 90 91, www.trattoria daluciano.com, Ruhetag Mi (Auto oben an der Straße parken!). Bar mit kleiner gemütlicher Trattoria in einer Art Wintergarten mit Talblick. Wenige, lokale Gerichte wie *tordelli* (mit Brot, Wurstmasse und Milch gefüllte Pasta), Kaninchen, im Herbst Pilze und Wild, sonst Gegrilltes. €

Camaiore ▶C 4

Auch **Camaiore**, im Gegensatz zu den anderen im Hinterland der Versilia ein fast ebenes Städtchen (knapp 32 400 Einw.), hatte Lucca 1255 als Stützpunkt ausbauen lassen. Damals kam die **Collegiata Santa Maria Assunta** hinzu, die im 14. Jh. verändert wurde. Die Kollegiatskirche mit festungsgleichem Campanile ist dreischiffig, wobei ihr linkes Schiff praktisch im Glockenturm beginnt, weshalb die Fassade schmal wirkt, als habe die Kirche nur das Mittel- und das rechte Seitenschiff. Erst von innen zu erkennen ist die prachtvolle gotische Rosette (mittags meist geschl.).

Auch Camaiore besitzt wie die anderen Orte im Hinterland seinen Strandort, **Lido di Camaiore.**

Museo d'Arte Sacra

Via IV Novembre 71, www.museoartesacracamaiore.it, Juni–Sept. Di, Do, Sa 16–19.30, Okt.–Mai Do–Sa 15.30–18 Uhr, Eintritt frei

Etwas abseits des Zentrums, aber in wenigen Gehminuten erreichbar, hat Camaiore ein wunderschönes Museum zu bieten: das **Museum für Sakralkunst.** Lange Zeit vernachlässigt, wurde die kostbare Sammlung sakraler Kunstwerke aus dem 14. und 15. Jh. nach und nach restauriert und ist nun wunderbar präsentiert in den Räumen des aufgelösten **Ospedale San Michele in Borgo** mitsamt seiner Kirche (ab dem 12. Jh.) zu bewundern.

Infos

s. **APT Versilia** in Lido di Camaiore S. 242, www.versiliainfo.com.

Übernachten

Ohne TV und Telefon – **Locanda al Colle:** Capezzano Pianore, Tel. 0584 91 51 95, www.locandaalcolle.it, Ostern–Okt. Kleines Sommerhaus in blühendem Garten voller moderner Skulpturen inmitten von Ölbaumterrassen mit Traumblick. Zum besonderen Konzept gehört: kein TV und kein Telefon (!). Zwölf Zimmer, eines davon mit separatem Eingang und Kochnische, kleiner Salon im Obergeschoss, Salzwasserpool, auch Kochkurse. Nutzung des privaten Strandklubs Cavallone inklusive. €€–€€€

Familiär – **Locanda Le Monache:** Piazza XXIX Maggio 36, Tel. 0584 98 92 58, https://lemonache.com. Gemütliche Atmosphäre mitten im historischen Camaiore. 13 renovierte Zimmer, zum Teil mit Stilmöbeln. Wunderbares Restaurant (s. unten). €–€€

Essen & Trinken

Große Portionen – **Locanda delle Monache:** im gleichnamigen Hotel (s. oben), So Ruhetag. Angenehmes Ambiente, perfekt zubereitete lokale Spezialitäten vornehmlich vom Holzkohlegrill mit Produkten aus dem Umland, umfassende Weinkarte. €–€€

Verkehr

Bus: Von Camaiore ins HInterland bestehen gute Verbindungen, im Sommer mit dem Strandort Lido di Camaiore an der Küste.

Viaréggio ▶C 4

Im Karnevalsort und größten Badeort der Versilia sowie der tyrrhenischen Küste, **Viaréggio,** herrschen Schwung und Übermut. Die Stadt ist noch recht jung: Herzogin Maria Luisa Bourbon-Parma verlieh dem Fischer- und Seefahrerort Anfang des 19. Jh. Stadtrechte, ließ einen ›ordentlichen‹ Stadtplan aufstellen und das erste Hafenbecken anlegen. Daraus entwickelte sich eine kommerzielle und touristische Hafenstadt mit vier Werften sowie einem Fischerei- und einem Jachthafen. Der herrliche breite und sanft abfallende, feinsandige Strand zog rasch Badegäste an.

Aktiv

RADTOUR AUF DEN SPUREN MICHELANGELOS

Tour-Infos

Start: Seravezza
Länge: 17 km, mit Verlängerung 22 km
Dauer: ca. 3 Std.
Schwierigkeitsgrad: mittel bis schwer. Der Weg führt über Asphalt und Schotter und man benötigt daher ein Rad mit entprechender Bereifung.

Eine wunderbare Panoramastraße führt von Seravezza (55 m) in gemütlichen Schleifen bergauf Richtung Giustignana/Fabiano durch Kastanien- und Kiefernwälder. Nach rund 7 km ist nach dem Dörfchen **Giustignana** die romanische Kirche **San Martino alla Cappella** in einsamer Panoramalage erreicht. Sie stammt aus dem 11. Jh., wurde jedoch im 16. Jh. umgebaut, wobei Michelangelo die noch verbliebene Rosette zugeschrieben wird – daher Occhio di Michelangelo, das ›Auge Michelangelos‹ genannt. Es lohnt sich auch einen Blick hinter die Kirche zu werfen, um die grünen Wälder der Apuanischen Ausläufer zu betrachten.
Weiter geht die Fahrt ins nahe, auf ca. 450 m Höhe gelegene **Azzano,** an dessen oberem Ende ein angenehmer Saumpfad durch schattige Kastanienwälder weiter hinauf verläuft. Nach ca. 2 km stößt dieser Weg auf eine Schotterstraße, die nach **Polla** zu Füßen des Monte Altissimo (1589 m) führt. Dies ist der Weg zu den **Marmorbrüchen von La Fitta und Tacca Bianca.** Hier, inmitten einer eindrucksvollen Berglandschaft mit steil abfallenden Hängen, soll Michelangelo Ablagerungen von besonders reinem Statuario-Marmor entdeckt haben. Unter dem Medici-Großherzog Cosimo I wurde dann mit dem Abbau dieses kostbaren Marmors begonnen.
Von Polla geht es zurück auf der Schotterstraße bis zur Via Martiri del Lavoro und von dort weitere 2 km zurück nach Azzano und La Cappella – dann aber auf einem schönen Saumpfad zu den aufgelassenen **Steinbrüchen von Bardiglio.** Diese Steinbrüche wurden zusammen mit der Trambissera-Brücke auf der gegenüber liegenden Seite des Serra-Flusses 1518–1520 von Michelangelo erschlossen bzw. abgebaut. Er benötigte das Material für die – bis heute unvollendete – Verkleidung der Florentiner Kirche San Lorenzo. Ein Saumpfad führt weiter bergab und kurz darauf ist **Riomagno** bzw. **Seravezza** erreicht und damit der Startpunkt der Tour.

Zur Jahrhundertwende (19./20. Jh.) war nicht nur der von sportlichen und folkloristischen Veranstaltungen, Theater und Musik begleitete Karneval geboren, etabliert war Viaréggio auch als Erholungsort mit gesundem Meeresklima. Prachtbauten im Jugend- und klassizistischen Stil wurden errichtet wie das Nobelhotel Principe di Piemonte und das Royal. Auch das Gran Caffè Margherita mit seinen grün gekachelten Kuppeln entstand in dieser Pionierzeit. Hier pflegte u. a. Puccini zu verkehren, der mit einer bronzenen Skulptur gleich vor dem Eingang des Cafés (jetzt Restaurant) geehrt wird.

Heute bevölkern jeden Sommer etwa 80 000 Menschen die schöne, klar gegliederte Stadt (gut 62 400 Einw.), die sowohl urban-geschäftig als auch urlaubsmäßig-sportlich und unternehmungslustig wirkt. Das Publikum ist sehr international, viele Urlauber kommen mit dem eigenen Boot an. Denn der Jachthafen am Ende des Burlamacca-Kanals vom Lago Puccini ist ein beliebter Treffpunkt auf den Kreuzfahrten zwischen dem Süden der tyrrhenischen Küste sowie Sardinien und Sizilien und der ligurischen Riviera im Norden.

Außerdem ist Viaréggio eine hervorragende Einkaufsstadt, sowohl mit feinen Boutiquen vieler Weltmarken vor allem entlang der Meerespromenade als auch mit einfachen Geschäften rund um den Markt der **Piazza Cavour** mitten im Wohngebiet (Fußgängerzone).

Der Karneval ist für seine Betreuungsgesellschaft und die Stadt alle Jahre ein gutes Geschäft – trotz des immensen Aufwandes. Denn andere Orte kaufen oder leihen sich hinterher ganze Wagen aus, manchmal mitsamt Mannschaft. Bis nach Venezuela sind so manche Schausteller schon gekommen.

Pineta ▶ C 5

Außer dem herrlichen Strand und der breiten Flanierpromenade davor prahlt Viaréggio noch mit seinen zwei Pinienwäldern: der nordöstliche, die **Pineta di Ponente,** breitet sich vom historischen Kern und den Wohnvierteln Richtung Eisenbahnlinie aus, der südliche, die **Pineta di Levante,** ist eine der schönsten, die sich eine Stadt leisten kann. Dank des Naturschutzes für diesen Pinienwald mit seinen uralten hohen Bäumen sind es bis zur ersten querenden Straße immerhin 6 km ununterbrochenes, tiefes Grün. Zu erreichen ist er über den schnurgeraden Viale dei Tigli, unter den Pinien rechts und links der Allee breitet sich dichte Macchia aus und mittendrin stehen Hütten und kleine Sommerrestaurants. Überall begegnet man im Sommer Ausflüglern mit Picknickkörben.

Macchia di Migliarino

▶ C 5

Im Süden setzt sich die Pineta mit der streng geschützten **Macchia di Migliarino** fort. Diese wiederum geht südlich der Sérchio-Mündung in die aus Sumpfwald bestehende **Tenuta di San Rossore** über. Zusammen bilden sie den **Parco Naturale Migliarino – San Rossore – Massaciùccoli,** der sich bis ins Pisanische ausdehnt und dort in der Tenuta di Tómbolo mit herrlichem Pinienwald, der bis zur Arno-Mündung reicht, seine Fortsetzung findet. Zu viel waldgrüne Natur?

Es kommt aber noch mehr: Vorgelagert ist alledem ein feinsandiger, fast unberührter Strand, den man sowohl von Viaréggio aus als auch vom Süden der Pineta di Levante, vom Lago Puccini bzw. Massaciùccoli, zum größten Teil nur zu Fuß erreichen kann. Der südliche Teil erwacht erst im Hochsommer richtig zum Leben, dann findet ein reger Busverkehr zwischen Viaréggio und **Marina di Torre del Lago** statt, öffnen die wenigen Strandbuden und vor allem die Restaurants

Auf der Strandpromenade von Viaréggio, vorne das frühere Gran Caffè Margherita

Aktiv

RADTOUR VON VIARÉGGIO NACH LUCCA

Tour-Infos

Start: Viaréggio, Piazza del Principe del Piemonte

Länge: je 35 km hin und zurück (insgesamt 70 km)

Dauer: ein bis zwei Tage mit dem Rad, evtl. sollte man in Lucca übernachten

Schwierigkeitsgrad: leicht bei der Hinfahrt, nur kleine Steigung, Rückfahrt leicht (Radverleih s. S. 252)

Man überquert zunächst die **Pineta di Ponente** Richtung Citadella del Carnevale, fährt durch die Bahnunterführung Richtung Camaiore und kommt nach rund 10 km im grünen Tal von **Camaiore** an. Man sollte sich ein wenig Zeit nehmen für das hübsche mittelalterliche Zentrum mit der romanischen **Badia.** Weiter geht es durch das Tal, bald beginnt die Straße für ca. 3,5 km leicht anzusteigen bis **Montemagno,** wo man ein schönes Tal-Panorama genießen kann. Von hier geht es wieder abwärts für ca. 20 km durch das grüne **Freddana-Tal,** das 1 km nach Überquerung des Sérchio-Flusses direkt zur herrlichen Stadtmauer von **Lucca** führt. Man fährt hier durch die im Norden liegende **Porta Santa Maria** ein, geradewegs auf die Piazza Santa Maria zu.

Wer nicht in Lucca bleiben möchte, kann auf einem anderen Weg die Rückfahrt antreten, um einen Rundkurs zu fahren. Der Weg führt zu Füßen der Hügel entlang und berührt kurz den Lago Puccini. Dafür fährt man von Lucca die **Via Provinciale Sarzanese** nach Westen, die geradeaus nach **Ponte San Pietro** führt, wo man nach links Richtung **Nozzano** abbiegen muss. Das hübsche mittelalterliche Dorf, das vollkommen von gut erhaltenen Mauern umgeben ist, bietet sich für eine Pause an.

Von hier aus gibt es zwei Möglichkeiten für die Weiterfahrt nach Viaréggio: Wer keine Angst vor den Mühen einer steilen Strecke hat, wird dafür mit einem grandiosen Blick auf den **Puccini-See** belohnt; man fährt dafür Richtung **Balbano,** radelt auf einer kaum befahrenen angenehmen Straße weiter nach **Quiesa,** wo man wieder die Provinciale Sarazenese erreicht, die nach rund 15 km hinein nach Viaréggio führt.

Wer es einfacher haben möchte, hält sich in Nozzano links auf der ebenen, wenn auch ausholenden Strecke über **Filettole,** angenehm inmitten von Olivenhainen nach **Massaciúccoli,** wo man den See und seine Flora und Fauna genießen kann und evtl. noch Reste römischer Thermen. Nun sind es nur noch wenige und kaum befahrene Kilometer bis nach **Quiesa,** von wo aus man über **Massarosa** nach Viaréggio zurückkommt.

entlang des Viale Europa, der im mittleren Teil nur Fußgängern und Radfahrern zugänglich ist. Der Strand, der hinter den bewachsenen, naturgeschützten Dünen liegt, ist als *spiaggia libera* ausgewiesen und damit frei zugänglich – das gibt es sonst selten in solcher Länge.

Der strenge Naturschutz ist damit zu erklären, dass es sich hier um den letzten Rest einer Lagunenlandschaft handelt, die noch im 18. Jh. etwas Venezianisches an sich hatte: Eine breite, von Schilf bewachsene Düne trennte die Lagune vom Meer, darauf lebten Jäger und Fischer. Später verlandete das Gebiet durch Ablagerungen der zahlreichen Gebirgsbäche, 1750 wurde die Pineta angepflanzt, im 19. Jh. mussten Kanäle für die Wasserregulierung sorgen und halfen gleichzeitig, die hier wütende Malaria zu verdrängen. Übrig blieben ein fruchtbarer Landstrich und ein fischreicher See – der Lago di Massaciùccoli, auch Lago Puccini (s. S. 253) genannt.

Infos

Informazioni Turistiche: 55049 Viaréggio (LU), Viale Carducci 10, Tel. 0584 96 22 33, www.luccaturismo.it.

Kommunale Infostelle: Via Regia 43, Tel. 0584 96 65 21.

Übernachten

Es gibt zwar normalerweise genügend Parkplätze an der Meerespromenade, doch sind sie gebührenpflichtig; die meisten Hotels besitzen keine eigenen (s. Hotelbeschreibungen).

Stilvoll – **Plaza e de Russie:** Piazza d'Azeglio 1, Ecke Meerespromenade, Tel. 0584 444 49, www.softlivingplaces.com. Charmantes Hotel von 1871. 52 zum Teil geräumige, hohe Zimmer mit Antiquitäten, Dachterrasse, Restaurant **Lunasia** (ein Michelinstern). €€–€€€

Angenehmes Liberty-Ambiente – **Palace Hotel:** Via Flavio Gioia 2, Tel. 0584 461 34, www.palaceviareggio.com. Schöne Details wie Dachterrasse/Sonnendeck mit Bar, American Bar. 73 stilvolle, komfortable Zimmer und Suiten (Minibargetränke inkl.), Restaurant **Il Cancello,** Parkplatz, Strandservice. €€–€€€

Wunderhübsch – **London:** Lungomare Manin 16, Tel. 0584 498 41, www.hotellondon.it. In Weiß gehaltenes Ambiente (Ende 19. Jh., 2021 komplett renoviert) an der Strandpromenade, eleganter Salon. 33 komfortable Zimmer. €€

Zentral – **Lupori:** Via Galvani 9, Tel. 0584 96 22 66, www.luporihotel.it. Kleines, familiär geführtes Hotel, wenig Aufenthaltsraum, aber 19 zum Teil große Zimmer, im 2. Stock mit Terrassen, Garage. €–€€

Ruhig gelegen – **Albachiara:** Via Zanardelli 81, Tel. 0584 445 41, www.hotelalbachiara.

it, Mai–Nov. Kleines familiäres Hotel nahe der Fußgängerzone. Restaurant für die Hausgäste (tgl. zwei wechselnde Menüs zur Wahl, Beilagen vom Büfett). €–€€
Wohnlich – **Casa Fornaciari:** Via Leonardo da Vinci 88, Tel. 0584 43 31 22, www.casafornaciari.it. Vier klimatisierte Zimmer in einem Privathaus mit kleiner Garten in einer reinen Wohngegend. €–€€
Camping – s. S. 253, Torre del Lago Puccini.

Essen & Trinken

Klassisches Fischrestaurant – **La Darsena:** Via Virgilio 150, Tel. 0584 63 29 42, www.trattorialadarsena.it, So Ruhetag. Ein schlicht-eleganter Raum, fangfrischer Fisch und Meeresfrüchte, *antipasti di mare,* Spaghetti mit Meeresfrüchten, frittierter Fisch. €–€€
Familiär und klassisch – **Da Remo:** Via Paolina Bonaparte 47, Tel. 0584 484 40, Mo und Di mittags geschl. Zentral gelegen, familiär geführt mit klassischer Fischküche, wobei nur frischeste Zutaten verarbeitet werden. Auf der Karte stehen aber auch andere Gerichte. Nach dem wechselnden Zwei-Gänge-Menü fragen. €–€€
Urig – **Osteria N° 1:** Via Pisano 140, Tel. 0584 38 89 67, Mo Ruhetag. Osteria-Pizzeria (ein Raum mit Wintergarten) weit im Südosten aber nahe den Campingplätzen. Preiswerte Fischküche (weil aus Fischzucht), aber abends auch leckere Pizza. €

Einkaufen

Mode – Feine Boutiquen entlang des Viale Marconi/Strandpromenade, z. B. **Pier Francesca** für Damen. In vielen Geschäften findet man aktuelle Sonnenbrillen.
Markt – Inzwischen überwiegend preiswerte asiatische Ware, aber auch Obst und Gemüse auf dem **Mercato Piazza Cavour** in der Fußgängerzone.
Antiquitäten – **Antiquitätenmarkt:** Piazza Campioni nahe dem Hafen, letzter So/Monat. Der größte Markt an der Versilia.

Abends & Nachts

Entlang der Meerespromenade reiht sich Café an Café, desgleichen in kleinerer Form in der Fußgängerzone im Zentrum. Diskotheken mit wechselnder Beliebtheit und wechselnden Besitzern, aktuelle Tipps am besten im Hotel erfragen.
Abends voll – **L'Assassino:** Viale Manin 1, Tel. 0584 450 11. Abendlokal nahe dem Kanalhafen, bis spät geöffnet. Weinbar, Taverna mit Aufschnittplatten und andere Kleinigkeiten bei recht lauter Musik in mehreren kleinen Räumen in Schiffsambiente.

Aktiv

Wassersport – Normalerweise direkt in den unzähligen **Strandbädern** Viaréggios zu buchen.
Reiten – **Associazione Sportiva Nuova Burlamacco:** Via F. Matelli 3a, Mobil-Tel. 320 837 76 01. **Centro Ippico Viareggio:** Via Comparini 8, Mobil-Tel. 389 939 66 88.
Rad fahren – Die gesamte Versilia ist mit durchgehenden Radwegen entlang der Meerespromenade erschlossen. Über die zahlreichen Verleihstationen informiert die Infostelle der Gemeinde (s. S. 251). **Kostenlose Stadträder:** Wer sich beim Ufficio Servizi al Cittadino (Gemeindeamt, s. S. 251) einen Schlüssel besorgt hat, kann einen ganzen Tag ein Fahrrad kostenlos benutzen. **Radverleihstionen:** Die meisten privaten Radverleiher befinden sich in der Pineta di Ponente, z. B. **Francesconi Patrizia Noleggio Biciclette,** Tel. 0584 94 46 99, Mobil-Tel. 338 315 79 12, und bei den Campingplätzen. Man kann stunden- und tageweise, aber auch für den ganzen Urlaub Räder mieten.

Termine

Carnevale: Viaréggios Karneval, der erste Italiens, gilt auch als der größte und schönste des Landes, er zieht Zuschauer aus aller Welt in die Stadt, in der dann kurzfristig kaum ein freies Bett zu bekommen ist. Informationen unter http://viareggio.ilcarnevale.com.
Lucca Film Festival: April in Lucca und Viaréggio. Infos unter Tel. 0584 96 63 34, www.luccafilmfestival.it.

Verkehr

Flug: Flughafen **Galileo Galilei** Pisa, 22 km von Viaréggio, Tel. 050 84 93 00, www.pisa-air

port.com, Busanbindung; Flughafen **Amerigo Vespucci** Florenz, 95 km von Viaréggio, Tel. 055 306 13 00, www.aeroporto.firenze.it.
Bahn: Viaréggio liegt an der EC-Strecke Turin–Genua–Rom, Abzweigung in Viaréggio nach Florenz. Trenitalia: Tel. 89 20 21, www.trenitalia.com.
Bus: Zentrale Busstation nahe dem Hafen am südlichen Ortsrand an der Piazza d'Azeglio. Gute Verbindungen entlang der gesamten Versilia, im Sommer besonders häufig. Busse von **Vaibus LUCCA** der Gruppe **CTT Nord** nach Lucca (und weiter nach Pisa) bzw. Pistóia, Prato und Florenz.
Schiff: Jachthafen Viaréggio, Anlegestelle La Madonnina. Infos: Viaréggio Porto, Tel. 085 43 20 33, www.marinareservation.com/marina-porto-viareggio-658.

Lago Puccini (Lago di Massaciúccoli) ▶C 4

Von Marina di Torre del Lago führt eine Lindenallee nach **Torre del Lago Puccini** und zum See, der eigentlich **Lago di Massaciúccoli** heißt. Er ist zwar nur 6,9 km² klein, aber der größte der Toskana. Er macht einen angenehm verwilderten Eindruck, obwohl er künstlich in Form gehalten wird. Im Norden geht der Lago Puccini in zahlreiche Kanäle über, z. B. in den Burlamacca nach Viaréggio. Andere Kanäle sind mit Schilf bewachsen und die Ufer mit Fischerhütten bebaut, aus denen die feinmaschigen Auslegenetze zum Fang der Fische und der begehrten *anguille* (Miniaale) wie große Moskitonetze über dem Wasser hängen. März bis Juli ist hier Fangsaison. Unüberhörbar sind manche Bewohner des Sees und seiner Kanäle: Frösche, Vögel und Enten aller Art – und Moskitos. Im Sommer kann man mit einem Ausflugsboot über den See fahren und ihn so intensiver erleben.

Museo Villa Puccini

Viale Puccini 266, Torre del Lago, www.giacomopuccini.it, Jan.–Okt., Dez. tgl. 10–12.40, ferner Di–So Febr./März 14.30–17.50, April–Juni, Sept., Okt. 15–18.20, Juli, Aug. während des Festival Puccini 14.30–20.40, Dez., Jan. 14.30–17.20, Nov. nur Sa, So 10–12.40, 14–17.20 Uhr, Erw. 7 € (Audioguide inkl.)
In Torre del Lago am Westufer des Sees ließ sich Puccini, aus Lucca kommend, nieder und komponierte u. a. »La Boheme« sowie »Madame Butterfly«, weshalb hier im Sommer in seinem Namen Musikfestspiele veranstaltet werden. Die Restaurants am See leben gut vom Weltruf des Komponisten. Sein Haus, das **Museo Villa Puccini** mit Erinnerungsstücken an den großen Komponisten und dem Familienmausoleum, kann besichtigt werden.

Infos

Pro Loco: 55049 Torre del Lago (LU), Viale Kennedy, Ecke Viale dei Tigli, Tel. 0584 35 98 93, www.luccaturismo.it, www.turismo.lucca.it.

Übernachten

Camping – **Dei Tigli:** Torre del Lago Puccini, Viale dei Tigli 54, Tel. 0584 35 91 82, www.campingdeitigli.com, April–Sept. Auch Bungalows und Apartments, 800 m vom Strand entfernt, schattiger Platz, Kinderanimation, Spielplatz, schallisolierte Disco, Radverleih, Hunde erlaubt. €. **Camping Italia:** Torre del Lago Puccini, Viale dei Tigli, Tel. 0584 35 98 28, www.campingitalia.net, April–Sept. Mit Bungalows, 1 km zum Strand, Schatten unter Palmen, Kinderanimation, Spielplatz, Sportangebot, Radverleih, keine Hunde Mitte April–Aug. €.

Aktiv

Bootstour auf dem See – **Eco Idea:** Piazzale Belvedere, Tel. 0584 35 02 52, Mobil-Tel. Giuseppe Diridoni 338 902 94 65. Im Sommer werden regelmäßig Fahrten über den Lago Puccini angeboten (rund 1 Std.). Zu den Festspielen werden außerdem Aperitif-Touren bzw. Überfahrten vom Ostufer aus organisiert.

Termine

Festival Pucciniano: Juli/Aug. Alljährlich im Sommer findet im Freilichttheater in Torre del Lago Puccini ein Puccini-Musikfestival statt. Infos unter Tel. 0584 35 05 67, www.puccinifestival.it.

Livorno und die Riviera degli Etruschi

Livorno bildet eine lang gezogene und sehr schmale Provinz: Im Norden verläuft die Grenze am Rand der gleichnamigen Provinzhauptstadt, im Osten zieht sie sich südwärts entlang der Autobahn nur wenige Kilometer vom Meer entfernt bis Cécina, umrahmt die küstennahe Maremma Pisana und trifft kurz vor Follónica wieder auf das Meer.

Mag sie noch so schmal sein – die Provinz Livorno verfügt sowohl touristisch als auch wirtschaftlich über ein enormes Potenzial. Denn zu ihr gehören neben der gleichnamigen Provinzhauptstadt, der drittgrößten Stadt der Toskana mit dem wichtigen Hafen, auch der Hafen von Piómbino sowie die Inseln Elba, Gorgona, Capráia, Pianosa und Montecristo. Doch auch die Festlandsküste, die Riviera degli Etruschi, besitzt bekannte Ferienorte wie Castiglioncello, Marina di Cécina, Marina di Castagneto Donorático und San Vincenzo. Im Süden gelangt man ins Etruskerland, etwa zu den Nekropolen von Populónia nahe dem alten Hafen von Baratti.

Im Süden der Provinz reichen die Hügelketten bis ans Meer, steigen jedoch zum größten Teil nicht höher als 250 m an und erreichen im nur 379 m hohen Monte Pelato ihren höchsten Punkt. Die Küstenstraße muss sich streckenweise zwischen den Hügeln hindurchschlängeln zu den Badeorten, die teils von steilen Felsen umrahmt sind, teils auch breite, sandige Abschnitte besitzen.

Livorno ▶C 6

Cityplan: S. 257

Die knapp 159 000 Einwohner zählende Hafenstadt **Livorno,** die während des Faschismus große Teile ihrer Altstadt eingebüßt hat, macht sich gerade fit für ein neues Image als Touristenmagnet. Außer dem mediceischen Hafen hatte sie bislang eher wenig Attraktives zu bieten. So fehlt ein echtes Museum für den hier geborenen Maler Amedeo Modigliani (1884–1920), aber immerhin existiert eines für Giovanni Fattori, den bedeutendsten Vertreter der toskanischen Macchiaioli. Auch besitzt die Provinzhauptstadt keine richtigen Strände, nur Badeanstalten über der felsigen Küste, die allerdings von den Livornesi innig geliebt werden.

Mit der ewigen Rivalin Pisa konkurrieren kann Livorno nicht, nun will sie wenigstens ein eigenes Profil zeigen. Immerhin ist die drittgrößte Stadt der Toskana ein wichtiges Handels- und Industriezentrum und von einem Chemiegürtel mit Raffinerien und Eisenverarbeitungsbetrieben umschlossen, die zwar keine Zierde sind, aber notwendig, auch als Arbeitsplätze. Am saubersten sind noch die Bootswerften, und die Accademia Navale gilt als wichtigste Marineuniversität des gesamten Mittelmeerraumes. Daher beherrscht noch heute – ›weißes‹ – Militär das Straßenbild. Darüber hinaus hat sich Livorno zu einer Ausbildungsstadt entwickelt. Sprachschüler aller Altersklassen beleben die Stadt ebenso wie Schüler anderer Institute und haben eine besondere Infrastruktur gefördert: Die meisten Gästebetten stehen in kleinen Hotels, Pensionen und Privatunterkünften.

Livorno stand jedoch nicht immer im Abseits: Nach der vernichtenden Schlacht gegen Genua 1284 waren für Pisa Freiheit und Größe vorbei (s. S. 209), Livorno dagegen entwickelte sich zur stärksten Rivalin. Dabei hatte Pisa selbst im 10. Jh. das frühere Fischernest zu einer Hafenstadt ausgebaut. Gerade der Schwemmsand, der zur Verlandung des Pisaner Hafens in der Arno-Mündung geführt hatte, bot Livorno am offenen Meer den richtigen Baugrund.

1421 kauften die Medici Livorno, denn sie benötigten dringend einen Militärstützpunkt und eine Hafenstadt. Hohe Investitionen folgten, im 16. Jh. wurde ein neuer Hafen gebaut und mit ihm die Stadt architektonisch völlig umgekrempelt. So entstand die heutige Altstadt, umflossen vom Fosso Reale, einem breiten Kanal, der auch die Fortezza Nuova (1590) zu einer Insel macht. Weil niemand so richtig in das noch sumpfige Gebiet ziehen wollte, gestand man alle möglichen Rechte zu (Steuerfreiheit, Freihafen); alle Religionsgemeinschaften waren willkommen – auch zwielichtige Existenzen kamen, die Kriminalitätsrate soll hoch gewesen sein.

Politik hat in Livorno Tradition: 1921 wurde im Teatro San Marco die Kommunistische Partei Italiens gegründet; im Gefängnis, einem ehemaligen Dominikanerkloster, war der spätere Staatspräsident Sandro Pertini als Widerstandskämpfer inhaftiert.

Hafen

Wenn man das hässliche Industriegebiet im Norden der Stadt überwunden hat, kommt man, den Hinweisen zur Stazione Marittima folgend, zur **Fortezza Vecchia** 1 . Antonio da Sangallo hat 1521 bis 1534 die mit einer mächtigen Rundbastion verstärkte mediceische Festung zum Schutz des Hafens gebaut, mitsamt dem sogenannten Mathilde-Turm, der noch aus der Vorgängerfestung (11. Jh.) stammt. Die Festung dient nach gründlicher Restaurierung im Sommer als Freilichtbühne für Konzerte und andere Veranstaltungen und auch als Dekoration für den Passagierhafen von Livorno mit seinen unterschiedlichen Becken, die den mediceischen Hafen umstehen. Von hier gehen Schiffe ab nach Korsika und Sardinien, Elba und Gorgona. Es ist daher ein ziemliches Kommen und Gehen, ähnlich wie im 18. Jh., als Livorno der wichtigste Hafen an der toskanischen Küste war.

»Quartiere Venezia« nennen die Livornesi den Stadtteil rund um die Fortezza Nuova

Menschen aus aller Welt lebten hier, trieben Handel und fuhren zur See. Der Zweite Weltkrieg setzte dem Wohlstand freilich ein vorübergehendes Ende, denn je wichtiger eine Stadt, desto sicherer war ihr der erbarmungslose feindliche Angriff. Wenig ist daher vom historischen Kern übrig geblieben, den die Medici als Idealstadt ausbauen ließen. Mehr dagegen von den breiten Straßenzügen des Faschismus: sauber aufgereihte, oft mit Marmor verkleidete, protzige Bauten, die heute vielfach von Banken besetzt sind.

Quartiere Venezia

So nennen die Livornesi den von Kanälen durchflossenen nördlichen Stadtteil, der im 17. Jh. rund um die **Fortezza Nuova** 2 von 1590 (heute eine grüne Oase mit hohem Freizeitwert) entstand. Sie wird vom Fosso Reale, dem Königlichen Graben, umflossen und steht damit auf einer Insel. Der Fosso Reale, als Wasserweg zwischen den Häusern und den Lagern der Handelsleute konzipiert, umfasst aber noch mehr: Er fließt unter der Piazza della Repúbblica, tatsächlich eine Brückenkonstruktion, hindurch nach Süden. Dann schlägt er einen großen Bogen um die Altstadt mit Dom und Rathaus im Zentrum und fließt vorbei am werktags interessanten Mercato Nuovo (1894), jetzt **Mercato Centrale** 3 genannt, und an gepflegten hohen Palästen wieder dem Meer bzw. dem Medici-Hafen zu. Damit verpasst der Wassergraben der gesamten Altstadt eine Insellage. Außerdem bietet der Fosso vielen kleinen Booten bequeme und sichere Ankerplätze.

Livorno

Sehenswert
1 Fortezza Vecchia
2 Fortezza Nuova
3 Mercato Centrale
4 Acquario
5 Museo Civico Giovanni Fattori
6 Casa Natale Amedeo Modigliani

Übernachten
1 Gran Duca
2 Touring
3 Villa Eugenia
4 Navy

Essen & Trinken
1 Osteria del Mare
2 Cantina Nardi
3 Osteria Marino di Massi

Abends & Nachts
1 Teatro Goldoni/ Goldonetta

Aktiv
1 Compagnia Arcieri Dino Dani
2 Cicli Plebe
3 Yacht Club Livorno
4 Circolo Nautico

Zwischen der Piazza della Repúbblica und dem Hafen durchzieht die schnurgerade Via Grande die Altstadt. Im Zentrum erhebt sich an der Piazza Grande der **Dom** mit seiner dreibogigen Loggia, die dem Muster der damaligen Platzgestaltung mit Arkadengängen folgte. Er wurde auf den Resten einer langobardischen Kirche 1587 errichtet. Nach der Zerstörung im Zweiten Weltkrieg wurde er nach den alten Plänen wieder aufgebaut, fertiggestellt erst 1953.

Meerespromenade

Die **Meerespromenade** war schon früh angelegt, denn die reichen Neusiedler bauten sich ihre Villen auf den Hügeln im Osten der Stadt und in ihrem Süden. Zu Beginn des 21. Jh. wurde sie parkartig verbreitert. Am **Piazzale** bzw. der **Terrazza Mascagni** an der **Viale Italia** bieten weit ins Meer hinausragende Terrassen großartige Blicke aufs Wasser (die Sonnenuntergänge sind berühmt). Hier liegt auch das **Acquario** 4 (Piazzale Mascagni 1, www.acquariodilivorno.it, tgl. 10–18/19/19.30 Uhr, im Winter nur Sa, So, Fei, Erw. 12–17 €), wo in 20 Becken 300 Arten von Meerestieren leben. Zu Füßen des Platzes breiten sich die beliebtesten Strandbäder der Livornesi **(Bagni Tirreno** und **Bagni Nettuno)** aus, mit allem, was man für vergnügliche Sommertage braucht. Ergänzt wird die Freizeitzone vom kleinen Jachthafen, dem **Porticciolo Nazario Sauro**. Doch auch oben auf der Promenade, der man kilometerlang nach Süden folgen kann, befinden sich einladende Cafés, Spielplätze und Ruhebänke.

Die Promenade mit ihren hohen Palmen und Tamarisken entlang der mit Klippen und Kiesstränden gestalteten Küste hatten schon die Macchiaioli zu Beginn des 20. Jh. in ihren Bildern festgehalten. Der Viale Italia setzt sich nach Süden fort, vorbei an der **Accademia Navale**, der Marineakademie, dem kleinen Jachthafen von **Ardenza** und der Meeresterrasse **La Rotondaa,** bis zum 9 km entfernten Badeort **Artignano** mit seinen Jugendstilvillen.

Museo Civico Giovanni Fattori 5

Via San Jacopo in Acquaviva 65, www.museoattori.livorno.it, Di–So 10–13, 16–19 Uhr, Erw. 6 €

In der teils protzigen Villa des reichen Kaufmanns Mimbelli von 1875 befindet sich das **Städtische Museum.** Es trägt den Namen des wohl bekanntesten Macchiaiolo: Giovanni Fattori. Von ihm und anderen toskanischern Malern des 19. und beginnenden 20. Jh. besitzt das Museum an die 100 Bilder, fast durchweg mit der Macchia und der Maremma als Protagonisten.

Casa Natale Amedeo Modigliani 6

Via Roma 38, Mobil-Tel. 320 888 70 44, https://casanatalemodigliani.it, April–Okt. tgl. 10–13 Uhr, Erw. 10 €

In **Modiglianis Geburtshaus** werden in zeitgenössisch eingerichteten Räumen Dokumente sowie Fotografien zum Leben und Werk des Malers und Bildhauers (1884–1920) gezeigt.

Montenero

Funicolare di Montenero (Standseilbahn), tgl. ca. 7.15–20 Uhr alle 15 Min. ab Piazza delle Carozze nach Montenero, 1,70 €

Montenero, die Sommerfrische der Livornesi, ist in rund fünf Minuten bequem per **Seilbahn** erreichbar (der Berg steigt bis auf 313 m an). Das nostalgische Verkehrsmittel aus dem Jahr 1908 wird heute mit Fotosolarzellen betrieben. Es führt aber auch eine Autostraße hinauf. Oben bieten sich nette Lokale für eine längere Pause an – doch erst nach dem Besuch der auf der Piazza di Montenero unübersehbaren Wallfahrtskirche. Die der Patronin der Toskana, **Santa Maria delle Grazie** (tgl. 7–12.30, 14.30–18, im Sommer bis 19 Uhr), geweihte Kirche ist eine Gründung der Vallombroser Benediktinermönche (1792). Man betritt die einschiffige Kirche mit je drei Seitenkapellen und Querschiff durch ihre querovale Vorhalle, rechts von ihr befinden sich Grabmäler bedeutender Persönlichkeiten Livornos, u. a. von Giovanni Fattori.

Innen überrascht die Kirche mit reicher Stuckierung und farbiger Marmorverzierung. Ziel der Wallfahrt ist ein kleines Bild im Hochaltar, die wohltätige »Madonna mit Kind«. Die Wunder der Madonna spiegeln sich in den Votivgaben, mit denen ihre Kirche und, über die Sakristei erreichbar, das Kloster übersät sind.

Infos

Ufficio Turismo: 57100 Livorno (LI), Via Pieroni 18/20, Tel. 0586 89 42 36, infotur@comune.livorno.it, Juni–Sept. Zweigstellen am Hafen (Stazione Marittima).

Übernachten

Traditionsreich – **Gran Duca** 1: Piazza Micheli 16, Tel. 0586 89 10 24, www.granduca.it. Traditionsreiches, leicht angejahrtes, aber sympathisches Haus gegenüber dem Hafen. 62 Zimmer mit Stilmöbeln, Fitnesscenter mit kleinem Pool, viel gelobtes Restaurant, Parkplatz. €€

Nettes Cityhotel – **Touring** 2: Via Goldoni 61, Tel. 0586 89 80 35, www.hoteltouringlivorno.it. Freundliches Stadthotel nahe der Piazza Cavour mit 19 renovierten Zimmern. €€

Villenambiente mit Panorama – **Villa Eugenia** 3: Via di Montenero 442, Mobil-Tel. 338 724 38 93, u. a. über www.bedandbreakfast.eu buchbar. Drei unterschiedliche und mit Antiquitäten ausgestattete Doppelzimmer in einer großzügigen Villa in Panoramalage (Berg- und Meerblick); Parkplätze. €

Gemütlich – **Navy** 4: Viale Italia 231, Tel. 0586 80 20 77, http://hotel.hotelnavy.com. Kleines Hotel in einer Villa im Libertystil an der Meerespromenade schräg gegenüber der Militärakademie. Neun Zimmer. €–€€

Essen & Trinken

Livornos Küche ist berühmt für ihre köstlichen Fischgerichte, allen voran der *cacciucco livornese,* eine reichhaltige Fischsuppe mit Krustentieren, die eine ganze Mahlzeit ersetzen kann. Ebenfalls zu empfehlen sind der tintenfischschwarze Risotto, Stockfisch und gegrillte Sardinen. Im Gassengewirr südlich des Fosso Reale befinden sich viele einfache Kneipen, in denen man diese und andere Köstlichkeiten zu moderaten Preisen genießen kann.

Rustikal – **Osteria del Mare** 1: Borgo dei Cappuccini 5, Tel. 0586 88 10 27, Ruhetag Do, erste drei Wochen im Sept. geschl. Schlichtes Ambiente in zwei gemütlichen Räumen nahe dem Hafen. Dazu passend: fantastische Fischküche. €–€€

Hervorragende Weine – **Cantina Nardi** 2: Via Cambini 6/8, Tel. 0586 80 80 06, www.cantinanardi.com, Ruhetag So, im Aug. zwei Wochen geschl. Eine Enoteca mit bester Weinauswahl, auch zum Mitnehmen. Im vorderen Bereich ist die Theke für Weinproben und Kleinigkeiten zu essen, im hinteren Bereich befindet sich ein Restaurant (nur mittags, Enothek, Aperitif bis 20.30 Uhr). Vorwiegend junges Publikum. €

Beste Fischgerichte – **Osteria Marino di Massi** 3: Via del Lavoro 1, Mobil-Tel. 380 141 18 11, Ruhetag So abends, im Sommer auch So mittags. Eine Trattoria so richtig für Fischfans, mit der vielleicht besten *Frittura di paranza* (was der Fang so hergibt), oder eine gemischte Fischplatte mit Garnelen. Leckeres Fischessen bei gutem Preis-Leistungs-Verhältnis. €–€€

Einkaufen

Markt – **Mercato Centrale** 3: Am Fosso Reale, Scali Sassi. Sehenswert und ideal zum Einkauf von kulinarischen Mitbringseln. Der Mercato Centrale soll ähnlich wie der Markt von Florenz durch kulturelle Aktivitäten und neue Stände attraktiver werden.

Abends & Nachts

Theater und Konzerte – **Teatro Goldoni** und **Goldonetta** 1: Infos Fondazione Teatro Goldoni, Via Goldoni 83, Tel. 0586 20 42 13, www.goldoniteatro.it. Lyrik, Prosa, Tanz und Sonderveranstaltungen wie Jazzabende.

Aktiv

Bogenschießen – **Compagnia Arcieri Dino Dani** 1: Piazza Bartelloni 34, Tel. 0586 40 60 04, www.arcierilivornesi.it.
Radsport – **Cicli Plebe** 2: Via delle Bandiere 20, Tel. 0586 89 82 47, www.plebecicli.it. Auch Radverleih und -reparatur.
Segeln und Surfen – **Yacht Club Livorno** 3: Molo Mediceo 21, Tel. 0586 89 61 42. **Circolo Nautico** 4: Porticciolo Nazario Sauro unterhalb des Viale Italia, Tel. 0586 80 73 54, www.cnlivorno.it.

Termine

Il Villagio della Vela: April. Internationale Segelregatta.
Palio Marinaro: Juli. Ruderwettbewerb.
Effetto Venezia: Juli/Aug. Livorno füllt sich an den Wochenenden ebenso wie Venedig mit Musik- und Theatervorführungen, kleinen Märkten und Ausstellungen.

Verkehr

Bahn: Livorno liegt an der dicht befahrenen Bahnstrecke Genua–Rom.
Bus: Innerstädtisch und innerhalb der Provinz Busse von **CTT Nord,** Tel. 0586 84 72 37, www.livorno.cttnord.it (im Sommer ab 20.30 Uhr kostenlos). Überlandstrecken nach San Marcello Pistoiese, Abetone, Florenz, Lucca, Pisa, San Giuliano Terme bedient von der Zentralstation Piazza Manin ebenfalls CTT Nord.
Standseilbahn: s. Montenero s. S. 258. Infos unter Tel. 0586 57 93 38.

Tipp

BOOTSFAHRTEN AUF DEN KANÄLEN

Giro dei Fossi in Battello: Reizvoll, vor allem an warmen Sommerabenden, ist die Umrundung der mediceischen Festung bzw. Kanalfahrten u. a. mit den Motorbooten Libur oder Pamiglione (So 16, im Sommer 21 Uhr, Gruppen auf Anmeldung jederzeit). Auf dem Programm stehen auch Bootstouren mit Kostproben toskanischer Spezialitäten (Sa 20 Uhr) oder mit *aperitivo* und Büfett. Infos und Buchung unter www.tourinbattello.livorno.it sowie www.livorno-ef fettovenezia.it.

Schiff: Fähren von **Toremar** verbinden Livorno mit den Inseln Gorgona (1,5 Std. Fahrzeit), Capráia (2,5 Std. direkt, über Gorgona 3 Std. 20 Min.), Elba (Portoferráio direkt 3 Std., über die kleineren Inseln knapp 5 Std.), Auskunft unter Tel. 199 11 77 33, www.toremar.it. Nach Korsika, Sardinien und Sizilien mit **Corsica Ferries,** Tel. 199 40 05 00, www.corsica-ferries.de, mit **Moby Lines,** Tel. 199 30 30 40, in Deutschland 061 11 40 20, www.moby.it, nach Korsika und Sardinien.

Küste zwischen Livorno und Piómbino

Zu den Stadtstränden im Süden Livornos gesellt sich eine Reihe weiterer Badeorte, die zur Provinz gehören, bis zur Hafenstadt Piómbino. Sie bilden die eigentliche **Costa degli Etruschi,** die Etruskerriviera mit schönen Stränden und sympathischen Badeorten.

Castiglioncello und Vada

▶ D 7

Das 3 km von der Küste entfernt in ca. 150 m Höhe liegende **Rosignano Maríttimo** besitzt am Meer zwei völlig verschiedene Strandorte: den Badeort Castiglioncello und die Industrieansiedlung Vada.

Eine wunderhübsche Minibucht, sichelförmig mit schmalem Sandstrand, kennzeichnet den schönsten Platz von **Castiglioncello,** an dessen Rand sich bunte Badehäuschen drücken. Sehr privat, sehr italienisch wirkt der Ort (knapp 3800 Einw.), der mehrere Felsenbuchten mit zum Teil nur aufgefülltem Sand aufweist. Viele private Sommervillen und kleine Hotels verstecken sich im hohen Pinienhain. Südlich davon beginnt eine wunderschöne alte Pineta, die sich, wenn auch recht schmal, bis nach Marina di Bibbona hinzieht.

Auch **Vada,** eigentlich ein gesichtsloser Industriehafen, besitzt einen breiten, fast weißsandigen Strand, der an warmen Wochenenden eine wahre Invasion erlebt. Kein Wunder, dass sich hier im südlichen Bereich ein Campingplatz an den anderen reiht!

Infos

Pro Loco Castiglioncello: 57012 Castiglioncello (LI), Via Aurelia 632, im Bahnhofsgebäude, Tel. 0586 75 32 41, nur Juni–Sept., www.castiglioncello.com, www.prolococastiglioncello.it.

Übernachten

Die genannten Hotels befinden sich unter hohen Pinien mitten im netten Ferienort Castiglioncello.

Nostalgisch – **Villa Parisi:** Via Romolo Monti 10, Mobil-Tel. 348 016 80 49, www.villaparisi.com, Mitte April–Mitte Okt. Historische, komplett renovierte Villa vom Anfang des 20. Jh. in schöner Lage in einem Park, Pool über der Felsenküste, eigener Abgang zum Meer, familiäre, elegante Atmosphäre. 21 Zimmer, Restaurant (nur abends), Parkplatz. €€

Familiär – **Atlantico:** Via Martelli 12, Tel. 0586 75 24 40, www.hotelatlantico.it. Freundliches Hotel in einer Villa vom Anfang des 20. Jh. mit Dependance in der Nähe. 50 komfortable Zimmer, Hallenbad, helles Restaurant (April–Sept.), Parkplatz. €€

Jugendstil – **Park:** Via Fellini 19, Tel. 0586 75 22 29, https://hotel-park-castiglioncello.hotelmix.it. Familiäres Hotel in historischer Villa (19. Jh.) mit Terrazzoböden. 14 eher einfache Zimmer, recht elegantes Restaurant, Parkplatz. €–€€

Urgemütlich – **Bartoli:** Via Martelli 9, Tel. 0586 75 20 51, www.albergobartoli.com, Ostern–Okt. (keine Heizung!). Ältliches Hotel mit Stilmöbeln (seit 1952), kleinem Vorgarten, Panoramablick. 17 einfache Zimmer auf zwei Etagen, teils ohne Bad. Das Restaurant steht nur Hausgästen offen. €

Camping – **Tripesce:** 57018 Vada (LI), südlich des Ortes, Tel. 0586 78 80 17, www.campingtripesce.it. Ein schöner Campingplatz am Strand mit Hütten. Mattendächer, Kinderanimation, Spielplatz, großes Sportangebot, Fahrradverleih, Hunde sind nicht zugelassen, €. **Baia del Marinaio:** Vada, Località Campo ai Fiori 2, südlich des Ortes, Tel. 0586 77 01 64, www.baiadelmarinaio.it. 400 m zum Strand. Ein einfacherer Campingplatz mit Hütten. Bäume und Mattendächer spenden Schatten, Kinderanimation, schöner Spielplatz, Pool, Planschbecken, Sportangebot, Hunde sind hier erlaubt. €

Essen & Trinken

Super – **Nonna Isola:** Castiglioncello, Via Aurelia 558, Tel. 0586 75 38 00, www.nonnaisola.it, Ruhetag Mo, So abends, 10. Jan.–Ende Febr. geschl. Fischrestaurant mit langer Tradition. Enrico Faccenda bereitet im Nonna Isola fangfrischen Fisch perfekt zu. Auf der Speisekarte stehen außerdem hausgemachte Pasta und *crudità mediterranea* (Rohes aus dem Mittelmeer). Zum Fisch gute trockene Weine mit Beratung von Sommelier Susanne Eschen. €€–€€€

Mit Enothek – **La Stazione:** Castiglioncello, Via Aurelia 634, Tel. 0586 75 11 17, auf Facebook. Aus der einstigen Fischkneipe wurde eine feine Enoteca mit Restaurant, in dem man gut, aber zu gehobenen Preisen isst. €€–€€€

Sonst speist man recht ordentlich in den **Strandbädern** (s. Aktiv).

Aktiv

Strandbäder – **Bagni Etruria:** Castiglioncello, Tel. 0586 75 10 88, www.bagnietruria.com. Strandbad mit weit ins Meer hinausragender Mole als Sonnendeck, Pedalos kostenlos leihbar, Bar und Restaurant. **Bagni Italia:** Località Quercetano, Tel. 0586 75 20 94, www.bagniitalia.it. Mit eigenem Sandstrand, rund 100 Kabinen, Miniklub mit Animation, Pedaloverleih, Bar und Restaurant.

Tauchen – **Bolle d'Azoto Diving Center:** Località Chioma, Via Aurelia km 300, Mobil-Tel. 34 86 50 62 76, www.bolledazoto.it. **Antignano Diving Centre:** Località Antignano, Via del Littorale 164, beim Hotel Rex, Tel. 0586 58 15 28, www.divingcenterlivorno.com. Kurse und Tauchgänge.

Verkehr

Bahn: Castiglioncello ist Bahnstation auf der dicht befahrenen Strecke Livorno–Piómbino (auf der EC-Linie).

Bus: In der Saison regelmäßige Verbindung mit Livorno und den anderen Küstenorten.

Marina di Cécina ▶ D 8

Besonders dicht und schön sind die Pinienwälder an der Flussmündung des Cécina mit dem wenig feudalen Seebad, dessen schmaler Strand nicht besonders feinsandig ist. Aber **Marina di Cécina** hat seine italienischen Fans, die das breite Sport- und Unterhaltungsangebot schätzen und nichts auf den Urlaubsort kommen lassen.

In der schmalen, aber schönen Bucht von Castiglioncello

Infos

Ufficio Informazioni Turistiche: 57023 Marina di Cécina (LI), Piazza Sant'Andrea 6, Tel. 0586 62 06 78, cecina@visitcostadeglietruschi.com. Saisonales Infobüro am Strand Juni–Sept. sowie zur Weihnachtszeit.

Übernachten

Klubmäßig – **Stella Marina:** Viale della Vittoria 159, Tel. 0586 62 03 93, www.hotel-stella-marina.it, April–Sept. Neuzeitliches Hotel direkt am Strand mit 69 Zimmern, ein richtiges Familienhotel mit Kinderanimation etc., Restaurant; im Sommer Klubbeitrag 10 € (alle Sport- und Animationsarten inkl.). Normalerweise nur 3/4-Pension. €–€€

Camping – **Delle Gorette:** Cécina Mare, 2 km nordwestlich, Tel. 0586 62 24 60, www.gorette.it, April–Sept. Gepflegter Campingplatz 150 m vom Strand, Laub- und Nadelbäume, Kinderanimation, Spielplatz, Pool, Sportangebot, Hunde erlaubt, €. **Mareblu:** Cécina Mare, Via dei Campilunghi, Tel. 0586 62 91 91, www.campingmareblu.com, Mitte März–Mitte Okt. Schattiger Platz in Pinienwald 350 m vom Strand. Mobilheime (u. a. mit Klimaanlage, TV etc.), Kinderanimation, Spielplatz, Pool, Sportangebot, Radverleih, Hunde erlaubt. €

Marina di Bibbona ▶ D/E 8

Lang und breit ist der Strand von **Marina di Bibbona** – und mit einer kleinen Festung geschmückt, die einst Livornos Seemacht stützte. In dieser Gegend stehen weniger geordnete *bagni,* es geht alles einfacher und lockerer zu. Sonnenschirme, zum Teil auch Liegestühle können aber am weichsandigen, langsam abfallenden **Strand,** der ideal für Kinder und Nichtschwimmer ist, gemietet werden.

Direkt hinter dem Festungsturm beginnt das kleine Naturschutzgebiet **Oasi di Bólgheri,** 1959 als erstes privates Naturschutzgebiet Italiens eingerichtet – und zwar vom Marchese Mario Incisa Della Rocchetta, dem Mitbegründer des WWF Italia und lange auch dessen Präsident. Im Frühjahr machen hier vor allem Flamingos Station.

Bólgheri ▶ D/E 8

Neugierige Toskana-Reisende und Feinschmecker zieht es aber in das Landesinnere: Genau 4,8 km lang ist die hohe, schnurgerade Zypressenallee bis zum kleinen Burgdorf **Bólgheri.** Rechts und links säumen Olivenhaine die prächtige Allee. In den kleinen Geschäften des Dörfchens findet man Wildschweinwürstchen und -schinken aus dem umgebenden Wald- und Farmland sowie den sehr gepflegten und meist sehr teuren Wein von Bólgheri, ebenso Olivenöl. Insgesamt gilt: Alles ist hier edler und teurer als unten am Meer, aber alles auch ein bisschen aufwendiger hergestellt und als Souvenir besonders hübsch verpackt.

Seinen Ruf verdankt das mittelalterliche Festungsdorf nicht nur den guten Namen der Toskaner, die hier das Sagen hatten wie die Gherardesca, und zuletzt als Gutsbesitzer die Antinori. Berühmt geworden ist Bólgheri schon recht früh durch den Dichter und Nobelpreisträger Giosuè Carducci (1835–1907), der als der erste Nationaldichter nach der Einigung Italiens gilt. In Bólgheri wuchs er bei seiner Großmutter Lucia auf. Daher der Name des Hauptplatzes Largo Nonna Lucia, daher die Gedenktafel an Carduccis früherem Wohnhaus und ebenso das Bronzedenkmal auf dem Platz davor.

Infos

Bólgheri besitzt über das »Consorzio per la tutela dei Vini Bolgheri DOC« eine hervorragende Webadresse: **www.bolgheridoc.com**, in der von der Geschichte des Festungsdorfes bis zu seinen Wein- und Olivenölproduzenten alles enthalten ist – beim Wein bis hin zu den einzelnen Rebsorten. Weitere Informationen findet man beim **Ufficio Turistico Bolgheri,** Località San Guido, Tel. 0565 182 72 34.

Übernachten

Der Küstenabschnitt von Marina di Bibbona wird gerne von **Campern** aufgesucht, die hier teilweise hervorragend ausgestattete Plätze vorfinden. Auch Hütten können gemietet werden.

Camping – **Casa di Caccia:** 57020 Marina di Bibbiona, Via del Mare 40, Tel. 0586 60 00 00,

Aktiv

DURCH DIE TÓMBOLI DI CÉCINA

Tour-Infos

Start: Marina di Cécina
Länge: einfache Strecke ca. 3 km
Dauer: ca. 2 Std.

Diese leichte Wanderung durch die Tómboli di Cécina, also die bewachsenen Dünenstreifen, ist markiert durch grün-weiße Wanderzeichen. Von **Marina di Cécinas** Zentrum geht es ab dem Kreisel zur Via Galoppatoio und gleich in den südlichen Teil des **Naturschutzgebietes** hinein (das sich auch in den Norden ausdehnt). Durch den Staatswald geht es immer nach Süden, unterwegs laden Ruhebänke und Picknicktische zur Rast ein. Schilder weisen auf den Naturpark und seine Vegetation hin, man kommt zu einem **Arboretum** mit dem ganzen Reichtum der Flora der mediterranen Macchia, die man hier in ganz natürlicher Form findet. Der toskanische Großherzog Leopold II. hatte dieses Naturschutzgebiet eingerichtet, eigentlich um die Landwirtschaft im Hinterland vor der salzigen Luft abzuschirmen. Nach dem Arboretum folgt eine Kreuzung, wo man nach rechts abbiegt, über eine hübsche Brücke hinweg folgt man dem Hauptweg durch die hohe Pineta, auch wenn rechter Hand immer wieder Trampelpfade zum Strand locken.

An der Brücke über den **Fosso Nuovo** geht es immer geradeaus parallel zur Küste, diverse Zeichen locken zu Abzweigungen, doch erst am Picknickplatz in der Nähe eines größeren Platzes folgt man einem Weg, der zum **Tómbolo** führt, der feinsandigen Düne, bewachsen mit Steineichen und unterschiedlichen Wacholderbüschen – gute Verstecke für hier lebendes Wild wie Füchse und Rehe, Wildschweine und Dachse. Man muss aber schon sehr still sein, um einem dieser Tiere zu begegnen.

Kurz vor einem Bach, der sich ins nahe Meer ergießt, machen wir kehrt Richtung Norden, also nach Marina di Cécina zurück. Aber diesmal geht es am Strand entlang, auch hier begleitet von einer geschützten Vegetation, die Sand und Salzluft liebt wie die weiße Strandlilie, die Rauke und der Strandmohn. Nach Überquerung des Fosso Nuovo führt eine Abzweigung nach links zum Ausgangspunkt der gemütlichen Wanderung.

Von Wald und Weinbergen umgeben: Castagneto Carducci

www.campingcasadicaccia.com, Mitte März–Okt. Pinien und Eukalyptusbäume, Kinderanimation, Spielplatz, Hunde nicht erlaubt, mit Strandhütten, €. **Le Esperidi:** 57020 Marina di Bibbona (LI), Via dei Cavalleggeri Nord 25, Tel. 0586 60 01 96, www.esperidi.it, April–Mitte Okt. Campingplatz mit Hütten am Strand, Pinienwald und Buschwerk, Kinderanimation, Spielplatz, Sportangebot, Fahrradverleih, Hunde sind nicht erlaubt, €. **Il Gineprino:** Marina di Bibbona, Via dei Platani, Tel. 0586 60 05 50, www.ilgineprino.it. Campingplatz mit Hütten an einem Pinienhain, 300 m vom Strand, Kinderanimation, Pool, Planschbecken, Sportangebot, Hunde sind nicht zugelassen. €

Essen & Trinken

Am Meer findet man keine kulinarischen Sensationen – es gibt fangfrischen, einfach zubereiteten Fisch. Anders in Bólgheri, wo zwar auch recht einfache Gerichte angeboten werden, jedoch im meist zauberhaften Ambiente kleiner Lokale wie **La Taverna del Pittore** und **Gola e Vino,** beide am Largo Nonna Lucia. Spezialitäten sind vor allem Produkte aus Wildschwein (*cinghiale alla cacciatora* oder *in umido,* eine Art Gulasch) und Cinta senese, Steinpilze, Fasan, Täubchen.

Schlemmen auf dem Weingut – **Osteria del Tasso:** Località San Walfredo 184/A, Via Bolgherese km 3,9, Tenuta Guado al Tasso, Tel. 0565 182 80 61, www.osteriadeltasso.com. Schlichte und doch besondere Osteria auf einem der Antinori-Weingüter am Rande von Bólgheri, mit entsprechend kostbaren Weinen. €€–€€€

Einkaufen

Wein und Olivenöl – Beste Weinlagen wie **Ornellaia** und **Castello di Bólgheri,** meist identisch mit den Produzenten von hochwertigem Olivenöl, gehören zu Bólgheri. Kaufen kann man die guten Tropfen direkt bei den Herstellern oder in den kleinen Läden des Dorfes. Seit Jahren vom »Gambero Rosso« gelobte **Weine** (drei Gläser) von der **Tenuta dell' Ornellaia** (Bólgheri Superiore Ornellaia) und der **Tenuta San Guido** (Bólgheri Sassicaia).

Verkehr

Sonn- und feiertags ist das winzige Burgdorf für den Autoverkehr gesperrt. Parkplätze außerhalb am Straßenrand sind zwar reichlich vorhanden, doch an Wochenenden schnell besetzt. Außerdem sind sie von 8–1 Uhr gebührenpflichtig und die örtlichen Polizisten streng: Eventuelle Strafzettel sind teuer!

Castagneto Carducci

▶ E 8

Von Bólgheri kann man nach nur zehn kurzweiligen Kilometern entlang der Weinstraße **Castagneto Carducci** erreichen. Knapp 200 m hoch liegt in Sichtweite des Meeres der zweigeteilte Wohnort des italienischen Dichters ›des neuen Italien‹, Giosuè Carducci (1835–1907): ein nettes, mittelalterlich geprägtes Städtchen mit sehr engen Gassen.

Eine breite Straße führt zurück zur Küste nach **Marina di Castagneto Carducci,** das wunderbar flach abfallende Strände besitzt. Die Pinien rücken hier schon näher ans Meer heran. Im Hinterland erstrecken sich fruchtbare bestellte Äcker und die Colline Metallífere.

Casa Carducci

Via Carducci 59, https://carducciecastagneto.wordpress.com, 15. Juni–15. Sept. Di–So 10–13, 16.30–19.30, sonst nur Sa, So, Fei 15–18 Uhr, Erw. 2 €

Oben bei der Piazza Alberto steht man vor dem Haus, in dem Carducci einst wohnte und das man heute als Museum besichtigen kann, der **Casa Carducci.** Auch ein Archiv sowie der **Literaturpark** erinnern an den Dichter.

Infos

Ufficio Informazioni Marina di Castagneto: 57022 Castagneto Carducci (LI), Località Marina di Castagneto, Via Marina 8, Tel. 0565 74 42 76, ufficituristici@comune.castagneto-carducci.it. In Castagneto Carducci im Palazzo Comunale, dem Rathaus; auch für Donorático und Bólgheri zuständig.

Übernachten

Familiär geführt – **Zi'Martino:** Località San Giusto 264, Tel. 0565 76 60 00, www.zimartino.com. Modernes, blitzsauberes, wenn auch an sich unscheinbares Hotel an der Straße von der Küste nach Castagneto Carducci. 23 Zimmer, beliebte Trattoria, auch für Passanten (viel Hausgemachtes!). Pool, Radverleih, überhaupt ein bei Radlern sehr beliebtes Haus. €€

Jugendstilambiente – **Villa Tirreno:** Marina di Castagneto, Via della Triglia 13, Tel. 0565 74 40 36, www.villatirreno.com, März–Okt. Zentral am Strand gelegen, 30 komfortable Zimmer, davon fünf mit großer Terrasse. American Bar und Restaurant. Nur 50 m entfernt befindet sich das **Strandbad La Zattera,** wo die Gäste der Villa Tirreno ihren gebuchten Platz finden. €€

Camping – **International Camping Etruria:** Marina di Castagneto-Donorático, Tel. 0565 74 42 54, www.campingetruria.it, April–Sept. Am Strand, Dünengelände und Pinien, Kinderanimation, Sportangebot. Außerdem tolles Glamping in Hütten und Zelten. €

Essen & Trinken

Nette Strandrestaurants und Bars findet man in den *bagni,* wie etwa die **Bar La Zattera,** Via della Marina 2.

Super – **Da Ugo:** Castagneto Carducci, Via Pari 3/A, Tel. 0565 76 37 46, www.daugo.it, Ruhetag Mo, Nov. geschl. Gesichtsloses, aber bestes und familiäres Restaurant am Ort mit lokalen Gerichten wie Castagneto-Gemüsesuppe, Tagliatelle mit Täubchen oder Täubchen in Rotwein und Kräutersoße, Wildschwein. Eine Spezialität ist Wildschweinkopf mit Kastanien *(testina di cinghiale alla castagnetana).* Besonders gute Rotweine. €€

Aktiv

VON DER KÜSTE PER RAD IN DIE VALCORNIA

Tour-Infos

Start: Donorático
Länge: knapp 65 km
Dauer: ca. 3,5 Std.
Schwierigkeitsgrad: mittel, Höhenunterschied beträgt min. 20 m, max. 370 m

Eine landschaftlich sehr reizvolle Tour, vor allem auf ihrer Ostflanke im hügeligen Teil – mit tollen Ausblicken auf die Küste und nach Osten in die dunklen Wälder. In **Donorático** geht es auf der alten Via Aurelia Richtung Cécina, in **Il Bambolo** (ca. 1 km) biegt man rechts auf der SP 329 Richtung Castagneto Carducci ab. Sie steigt in Kurven leicht an, etwa 3 km bis **San Giusto**, wo der Anstieg über eine Strecke von 2,5 km nach **Castagneto Carducci** beginnt (6,8 km). Durch dichten Wald erreicht man bald **Ponte d'Oro**, von wo man 2 km lang zum **Passo della Bocca di Valle** (12 km) und nach **Sassetta** (13,8 km) fährt.

Damit hat man den Höhepunkt der Tour erreicht, die Strecke nach **Suvereto,** die für italienische Radfahrer als besondere Herausforderung gilt. Hinter Sassetta geht es ca. 1 km leicht bergauf und dann in einer leicht zu fahrenden Abfahrt Richtung Val di Cornia und Suvereto (27,1 km). Die Strecke verläuft zwar außerhalb des Ortes, aber man sollte sich Suvereto anschauen (s. S. 267). Zum Einkehren gibt es dort genügend Möglichkeiten.

Vor dem Ortsausgang nicht geradeaus nach Venturina fahren, sondern links ab zur SP 398 Richtung Monteverdi–Monterotondo bergab, vorbei am Landgut **La Bulichella.** Nach Überquerung der Brücke über den Fosso di Gore, 3 km hinter Suvereto, verlässt man an der Abzweigung (30,4 km) die Provinzialstraße und folgt nun der SP 19 »di Montioni«, den Hinweisen nach Massa Maríttima.

Man überquert den Cornia-Fluss, fährt an der nächsten Abzweigung rechts auf die SP 22 »San Lorenzo – Banditelle« und erreicht nach weiteren 1,3 km den Ortsteil **San Lorenzo,** wo man an den Weinbergen der **Cantina di Petra** und nach einem leichten Anstieg an der **Fattoria di Casalappi** vorbeikommt. Es folgen eine kurze Abfahrt und eine scharfe Linkskurve (39 km, bei km 3,5 der SP 22). Die Strecke verlässt die Provinzialstraße und führt 2 km geradeaus bis

zur nächsten Kreuzung, links abbiegend folgt man der Hochspannungsleitung und biegt dann auf die SP 21 »Campiglia Marittíma–Riotorto« ab. Im nahen **Cafaggio** (43,2 km) folgt man den Hinweisen nach Campiglia Maríttima ca. 4 km in Serpentinen bergauf bis **Campiglia** (47,7 km) – anschauen!
Von hier geht es in schneller Abfahrt 6 km bis zur Brücke, die die SS 1 Aurelia überquert. Bei Erreichen der alten Via Aurelia SP 39 geht es rechts ab nach **San Vincenzo** (57,2 km) und anschließend nach Donorático zurück (63,5 km), wo man sich gleich zum Baden ins Meer stürzen könnte …

Sassetta ►E 9

Eine kurvige Straße verläuft ost- und südostwärts durch die bewaldeten Hügel an der Ostflanke des 522 m hohen Capo di Monte mit dem netten **Sassetta** zu Füßen und des 646 m hohen Monte Calvi auf rund 20 km abwärts Richtung Suvereto. Man fährt teils durch dichten Wald, durchsetzt mit Korkeichen. Ab und zu genießt man durch Lücken Ausblicke zum Meer und nach Piómbino, aber auch ins bewaldete Hinterland, in die Maremma.

Suvereto ►E 9

Suvereto, dessen Name von den Korkeichen *(sughere)* herrührt, öffnet sich in nur noch 90 m Höhe und dennoch in Panoramalage zum Cornia-Tal. Genau so stellt man sich ein Bergnest aus dem Mittelalter vor: Eine einzige Hauptstraße durchzieht das ummauerte Burgdorf von der Porta di Sopra bis zur Porta di Cima, enge steingepflasterte, steile Gassen und kleine Plätze bestimmen das Ortsbild zwischen mit Zinnen geschmückten Palästen und stützenden Bögen. Das Rathaus mit seinem markantem Uhrturm und der Freitreppe unter einer klaren Loggia sowie die romanische Chiesa di San Giusto aus dem 10. und 12. Jh. stellen eindrucksvolle Sehenswürdigkeiten dar, wie auch San Francesco mit dem 1280 errichteten Kreuzgang.

Suvereto gilt als Schlemmernest, vor allem im Winter zur Wildschweinzeit; im Dezember wird die **Sagra del Cinghiale** begangen, mit noch vielfältigeren kulinarischen Angeboten als im übrigen Jahr.

Infos

Informazioni Turistiche: 5702 Sassetta (LI), Via di Castagneto, Tel. 0565 79 45 21, apt7sassetta@costadeglietruschi.it; 57028 Suvereto (LI), Via Magenta s/n, Tel. 0565 82 93 04, ufficio.turistico@comune.suvereto.li.it.

Übernachten

Landvilla – **La Bandita:** 57020 Sassetta (LI), Via Campagna Nord 30, Tel. 0565 79 42 24, www.labandita.com, April–Okt. (manchmal auch länger). Zauberhaftes Villenanwesen auf kleinem landwirtschaftlichem Gut (Olivenöl, Wein, Obst) mit Nebengebäude. Pool, Reiten, Tennis. 24 Zimmer, am schönsten sind die zehn in der Villa vom Ende des 17. Jh. mit Marmorbädern. Restaurant für Hausgäste, Parkplatz. €€

Essen & Trinken

Typisches Jägerlokal – **Il Castagno:** Sassetta, Via Campagna Sud 72 (1 km südlich), Tel. 0565 79 42 19, Ruhetag Mo, Nov. und 7. Jan.–Ostern geschl. Lokal mitten auf dem Land, mit Jagdtrophäen dekorierter Speisesaal. Wild-, Pilz- und Kastaniengerichte in der Saison, ansonsten einfach-rustikale toskanische Küche und jedes Wochenende eine neue Pizzavariante. €–€€

Zentral – **Il Caminetto:** Suvereto, Piazza San Francesco 7, Tel. 0565 82 81 18, Ruhetag Mi, Mitte Jan.–Febr. geschl. Osteria auf kleinem Platz im historischen Zentrum, kleiner Speisesaal mit Holztäfelung, Tische auf der Piazza. Wild und andere saisonale Spezialitäten der Val di Cornia, frische gefüllte Pasta, Chianina-Steaks, Perlhuhn, Kaninchen, Stockfisch mit Kartoffeln. Reiche Auswahl an lokalen Weinen. €

Campiglia Maríttima

► E 9

Zunächst Richtung Venturina, fährt man in Cafággio einige Kilometer nach Nordwesten und kommt so ins mittelalterlich erhaltene **Campiglia Maríttima,** das Suvereto recht ähnlich ist. Der Ort, der sich auf zwei Hügelgraten zwischen Olivenbaumpflanzungen erstreckt, behauptete sich schon zur Zeit der Etrusker (7.–1. Jh. v. Chr.) als Zentrum des Bergbaus in diesem Gebiet, bedeutsam wegen der Zinnbergwerke am Monte Valerio (im Westen Richtung Küste) und der reichen Sulfidvorkommen.

Zu Beginn des 12. Jh. war der Ort noch Sitz einer Sieneser Hauptmannschaft, dann der Florentiner Adelsfamilie Della Gherardesca, deren Wappen an der Porta Fiorentina prangt. Noch im selben Jahrhundert wurde Campiglia Maríttima von Pisa erobert, das den schutzbedürftigen Ort mit Festung und Mauern versah. Von dort genießt man fast rundum weite Ausblicke.

Tipp

THERMALSPASS AUS DREI QUELLEN

Venturina zwischen Campiglia Maríttima und Populónia ist ein kleiner, ganz besonderer Ort: Seine drei unterschiedlichen Thermalquellen mit Temperaturen zwischen 36 und 45 °C bringen schwefel-, kalk- und magnesiumhaltiges Wasser aus der Tiefe und werden Mai–Okt. sowohl für Freizeitvergnügen als auch zu Therapiezwecken genutzt. Die Quellen speisen die Thermen, das große Thermalschwimmbecken und einen See (www.termediventurina.it).

Zu einem noch attraktiveren Ausflugsziel entwickelte sich Campiglia Maríttima durch die Erschließung des Bergwerksstädtchens am 338 m hohen Monte Rombolo: **Rocca di San Silvestro** mitsamt den darunter befindlichen historischen Schächten der **Miniera di San Silvestro** (gut ausgeschildert). Hier wurde eines der interessantesten Bergwerksmuseen der Toskana fertiggestellt (s. unten). Man hat dieses große und interessante Areal zu einem Parco Archeominerario ausgebaut, der zusammen mit dem nahe gelegenen Archäologischen Park von Baratti/Populónia (s. S. 269) eine Gesamtfläche von rund 80 ha aufweist.

Parco Archeominerario di San Silvestro ► E 9

www.parchivaldicornia.it, März–Mai, Okt. Sa, So, Fei 10–18, Juni–Sept. tgl. 9.30/10–18/19.30, Jan., Febr., Nov., Dez. So, Fei 10–17 Uhr, sonst auf Anfrage, Tel. 0565 22 64 45; Bergwerk und Museum: 10–20 €, Familienticket 45–49 €

Rocca di San Silvestro hat sich in den letzten Jahren zu einem Ausflugsziel besonderer Art entwickelt: Das historische, verlassene Bergwerksstädtchen am 338 m hohen Monte Rombolo wurde zu einem Freilichtmuseum, das nicht nur Mineraliensammler und Geologiefreunde begeistert, sondern auch Wanderer und Liebhaber wild belassener Landschaften. Im 10.–13. Jh. wurden hier u. a. Silber und Kupfer abgebaut bzw. für die Münze von Lucca und Pisa verarbeitet. Wie das geschah, und wie das Alltagsleben in einem derart spezialisierten Dorf ausgesehen hat, erfährt man beim Besuch. An manchen Tagen kann man auch selbst an den kleinen Schmelzöfen experimentieren. Gutes Schuhwerk nicht vergessen, denn hier darf man ganz schön herumklettern! Für den Gang durch das kilometerlange Bergwerk bekommt man Kopfschutz und Gummimantel am Museum.

Eine knallgelbe Bahn erschließt inzwischen das Bergwerk, führt durch aufgelassene Tunnel bis zum Platz vor der Rocca, die man alleine für sich entdecken kann.

Infos

Informazioni Turistiche: 57029 Campiglia Maríttima (LI), Via Buozzi, Tel. 0565 83 72 01, ufficioturisticocampiglia@parchivaldicornia.it.

Übernachten

Wohltuend – **Villa Terme di Caldana:** Località Venturina, Via del Parco Termale 33, Tel. 0565 85 14 00, www.villaterme.it, April–Okt. Nur sechs gemütliche Zimmer, mit toskanischen Antiquitäten eingerichtet, in einer Villa vom Ende des 19. Jh. In der Nähe (Pfad) ein Thermalpool und ein Schwimmbad mit kühlerem Wasser – eine schöne Abwechslung! Außerdem ist die Therme von Venturina nah (s. Tipp S. 268). Parkplatz. €€

Urlaub total – **Riva degli Etruschi:** 57027 San Vincenzo (LI), Località Riva degli Etruschi, Via della Principessa 120, Tel. 0565 71 99, www.rivadeglietruschi.it. Rein touristische Ansiedlung (ganzjährig) inmitten eines Steineichen- und Pinienwalds am ca. 2 km langen eigenen Sandstrand. 2000 Ferienbetten in Bungalows, Wohnungen und Hotels, sehr großes Freizeit- und Sportangebot. Bei deutschen Reiseveranstaltern gehört der Komplex zum Standardangebot. Normalerweise nur mit Halbpension buchbar. €€

Essen & Trinken

Gutes Preis-Leistungs-Verhältnis – **Otello:** Località Venturina, Via Indipendenza 1–5, Tel. 0565 85 12 12, Ruhetag Mo, Mitte Jan.–Mitte März geschl. Historisches, aber modernisiertes Restaurant an der Staatsstraße 398. Gute Fisch- und Fleischküche. Menü ab 25 €.

Populónia ▶ D 9

Das befestigte Dorf **Populónia** in 181 m Höhe hat zwei schöne Aussichten: eine ziemlich ausladende auf die Küste mit dem hübschen Golfo di Barátti im Norden und eine sozusagen rückwärts auf den 286 m hohen Monte Massoncello, zu dessen Füßen es sich befindet. Populónia ist Pflichtübung für jeden interessierten Toskana-Reisenden. Denn nirgendwo ist die Bezeichnung dieser Küste als Riviera degli Etruschi so gerechtfertigt wie hier. Leider fahren nur wenige Besucher der etruskischen Nekropole direkt gegenüber dem kleinen Sandstrand von Barátti nach Populónia hinauf, was wirklich schade ist. Denn hier gehen die Uhren zwar nicht anders, nur scheint es im trutzig von einer riesigen Rundbastion mit dicken Schwalbenschwanzzinnen und einem klobigen Wachtturm bewachten Populónia niemand eilig zu haben.

Als Pupluna war Populónia unterhalb des Bergdorfes der wichtigste etruskische Verarbeitungs- und Umschlagplatz für die Kupfererze aus den Colline Metallífere und für das Eisenerz aus Elba. Zur Römerzeit avancierte es gar zur Hauptlieferantin Roms. Denn die Römer fanden die Schlackeberge der Etrusker, deren Verfahren zur Verhüttung von Eisen nicht ausgereift genug waren, um alles ausschöpfen zu können. So nahmen sich die römischen Experten der noch gehaltvollen Schlacke an, verstanden aber offensichtlich auch nicht sehr viel mehr von der Verarbeitung und hinterließen ihrerseits neue, wenn auch nicht mehr ganz so wertvolle Schlacke. Aber dies in ungeheurer Menge: Ca. 2 Mio. t lagen auf einer Fläche von 200 000 m^2. Damit bedeckten sie auch die etruskischen Nekropolen am Meer und schützten sie gleichzeitig vor weiterem Verfall.

Als Italien für die Kanonenkugeln des Ersten Weltkrieges Eisen brauchte, besann man sich auf die Schlacke von Populónia, und bei ihrer Prüfung stellte sich heraus, dass sie noch 54 % Eisen enthielt. Bald strömten auch Archäologen und Grabräuber an den Golf von Barátti, denn unter den Schlackebergen fand man die etruskischen Nekropolen.

Parco Archeologico di Barátti e Populónia

www.parchivaldicornia.it, März–Mai, Okt. Di–So 10–18, Juni, Sept. 10–18, Juli, Aug. tgl. 10–19, Nov.–Febr. Sa, So, Fei 10–16 Uhr, Erw. 10–20 €, Familien 45–49 €

Die etruskischen Grabstätten und die Reste von Eisenverhüttungsplätzen sowie die römische Akropolis weiter oben beim Dorf wurden zu einem großen **Archäologischen Park** zusammengefasst, den man in Teilen oder als Ganzes besichtigen kann – Besichtigungsstoff

Dichte Pinienwälder säumen die Riviera degli Etruschi

für mindestens drei Stunden! Das Besondere ist zudem, dass man durch eine in ihre ursprüngliche Form zurückversetzte Landschaft wandert, denn nur die allernotwendigsten Wege werden immer wieder gemäht. So können die Wiesen und Hänge vom frühen Frühjahr an in prachtvollen Farben erblühen, überall duftet es nach Minze und Oregano.

Manche Gräber der **Necropoli Arcaia** und des nahen **Poggio La Porcareccia** kann man nur gebückt betreten. Besonders schön ist die einem Haus ähnliche **Tomba di Bronzetto di Offerente,** imposant das Rund der **Tomba dei Carri** (7. Jh. v. Chr.) mit 28 m Durchmesser, monumental die Bauweise des Grabes **Tazze Attiche** (5. Jh. v. Chr.), eine Mischung aus ›Kirche‹ und Sarkophag. Alle Gräber tragen die Namen ihrer wichtigsten Funde, die großteils das Archäologische Museum von Florenz bereichern und nun auch das Museo Archeologico del Territorio di Populónia in Piómbino (s. S. 271).

Museo Etrusco di Populonia – Collezione Gasparri

Via di Sotto 8, April–Mitte Okt. tgl. 10–13, 14–20 Uhr, sonst Sa, So, Fei 10–13, 14–18 Uhr, Tel. 0565 293 87, Erw. 2,50 €

Das **Museum** mit den wenigen hier verbliebenen Fundstücken aus den nahen Nekropolen ist im Grunde die private Sammlung der Familie Gasparri. 2000 Exponate, darunter Keramik, Eisenleuchter, Fibeln etc.; das mag nicht überwältigend sein, gehört aber bei einem Besuch Populónias einfach dazu.

Übernachten

Am Strand – **Sabbia d'Oro:** 57027 San Vincenzo (LI), Via della Repúbblica 38, Tel. 0565 70 13 32, www.hotel-sabbiadoro.it. 40 Zimmer in einem komfortablen Hotel am feinsandigen Strand. Kleine, aber feine Spa-Abteilung. Das **Ristorante San Vincenzo** mit regionalenProdukten steht auch Passanten offen. €€€

Essen & Trinken

In der hübschen Badebucht des Golfo di Barátti öffnen im Sommer kleine Strandlokale.

Perfekte Fischküche – **Osteria La Torre di Populónia:** Via San Giovanni 14, beim Festungsturm, Tel. 0565 195 31 10, Ruhetag Mo. Fische und Meeresfrüchte aus den Gewässern von Elba. €€€

Piómbino ▶ D 10

Die bedeutende Hafenstadt **Piómbino** (34 000 Einw.) liegt in der Mitte der toskanischen Küste, die bergige Halbinsel ragt wie ein Fühler ins Tyrrhenische Meer, zu dessen Inseln ständige Fährverbindungen bestehen. Das ist normalerweise auch der einzige Grund, warum Toskana-Reisende Piómbino auf dem Programm haben.

Die Stadt war lange nicht besonders sehenswert, inzwischen hat man jedoch mit einer gründlichen Sanierung begonnen. So wurde die Hauptgasse der Altstadt zwischen dem Torrione del Rivellino und der langen Felsnase mit der Rocchetta auf der über dem Meer schwebenden Piazza Bovio, der Corso Vittorio Emanuele, zur Fußgängerzone umgestaltet. Die Besitzer der netten Cafés und Restaurants schieben bei schönem Wetter ihre Tische auf die Gasse und ihre einheitlich weinroten Markisen vor. Die Meerespromenade unterhalb der von Leonardo da Vinci geplanten **Rocchetta** wurde aufgemöbelt.

Museo Archeologico del Territorio di Populónia

www.parchivaldicornia.it, Nov.–Febr. Sa, So, Fei 10–17, März– Mai, Okt. Sa, So, Fei 10–18, Juni, Sept. Di–So 10–18, Juli, Aug. Di–So 10–18, Fr 16–23 Uhr, Erw. 7 €

Das **Archäologische Museum** in der Nähe in einem speziell dafür errichteten Gebäude, **Palazzo Nuovo** genannt, ist didaktisch großartig aufgebaut. Hier soll den Besuchern, darunter häufig italienische Schulklassen, die geradezu dynamische Entwicklung des Gebietes in der Antike (aber auch ab dem Mittelalter bis heute) erläutert werden. Rund 2000 Fundstücke aus Populónia aus dem Neolithikum, der etruskischen wie aus der römischen Epoche (mitsamt attischem Import) sind ausgestellt und kommentiert. Absolutes Prunkstück ist die große silberne Amphore, die 1968 im Gebiet von Barátti entdeckt wurde, raffiniert mit ovalen Vertiefungen wie Medaillons verziert. Eine weitere Sensation ist noch jüngeren Datums: der Silbermünzenschatz aus der römischen Kaiserzeit, 2002 vor der Küste entdeckt.

Infos

Piómbino Turismo: 57025 Piómbino (LI), Via Ferruccio 4, Tel. 0565 631 11, am Hafen, Via Stazione Maríttima, und Sommerkiosk am Strand von Baratti, www.turismopiombino.it.

Übernachten

Erstes Haus am Platz – **Centrale:** Piazza Verdi 2, Tel. 0565 19 76 41, www.hotelcentralepiombino.com. Mit Blick auf Elba. 40 Zimmer und eine Suite, helles Restaurant mit schönem Altstadtblick. €–€€

Winzig – **Il Piave:** Piazza Niccolini 17, Tel. 0565 22 60 50. Kleines Stadthotel, nur 12 Zimmer, Restaurant. €

Einfach – **Collódi:** Via Collódi 7, Tel. 0565 22 42 72, hotelcollodi@hotmail.com. Kleineres Stadthotel mit 24 Zimmern, zum Teil ohne Bad. €

Essen & Trinken

Traditionelle Fischküche – **Il Garibaldi Innamorato:** Via Giuseppe Garibaldi 5, Tel. 0565 494 10, www.ristoranteilgaribaldinnamorato.com, kein Ruhetag. Nette Atmosphäre mitten in der Altstadt, leckere Fischgerichte (Tagesfang), die Antipasti probieren! €–€€

Verkehr

Bahn: Umsteigen in Campiglia Maríttima, etwa 13 km entfernt, von dort Busverbindung. Infos unter www.trenitalia.it.

Bus: TIEMME verbindet Piómbino mit Campiglia Maríttima, Suvereto, Cécina, Follónica, Barátti etc. Infos: Tel. 0565 26 01 11, www.tiemmespa.it.

Schiff: Nach Elba mit **Toremar,** Tel. 0565 22 65 90, www.toremar.it, und **Moby Lines,** Tel. 0565 93 61, 199 30 30 40, www.moby.it. Details s. Elba S. 274.

Elba

Napoleon hat die größte Insel des Toskanischen Archipels mit ihren Bergnestern und dem schönen Haupt- und Hafenort Portoferráio bekannt gemacht. Wild geformte Granitfelsen begeistern im Westen, erzhaltige Berge im Osten, wo stillgelegte Bergwerke besichtigt werden können. Allsommerlich erlebt Elba eine wahre Invasion von Sonnenanbetern und Wassersportlern – und behält doch auch stille Ecken.

Was wäre Elba ohne sein ›Maskottchen‹ Napoleon bzw. ohne dessen kurzen unfreiwilligen Aufenthalt hier? Es hätte zumindest einige historische Gedenkstätten in den Palästen weniger, in denen der abgedankte Kaiser damals residierte; auch eine Einsiedelei würde kaum Romantikerherzen höher schlagen lassen, wenn nicht bekannt wäre, dass sich hier Napoleon heimlich mit seiner Geliebten und dem gemeinsamen Sohn getroffen hatte.

Knapp 31 600 Menschen leben auf der größten toskanischen Insel (224 km^2). Über 8000 Gästebetten in rund 300 Hotels und Pensionen, weitere 15 000 Betten/Plätze in Residence, privat oder auf Campingplätzen gibt es – Platz genug für über 2 Mio. Touristen im Jahr, ein Sechstel des gesamten Aufkommens der Toskana. Mehr als 50 % der Elba-Touristen sind Italiener. Sie kommen vor allem im Hochsommer, die meisten Ausländer dagegen in der Vor- und Nachsaison, der eigentlich schönsten Zeit des Jahres: dann, wenn die Insel duftend erblüht (Rosmarin bedeckt große Teile der Macchia) und danach, wenn die Weinlese stattfindet und sich die Tische in den guten Restaurants unter Wild- und Pilzgerichten biegen.

Elbas Hotellerie gilt als ausgezeichnet strukturiert, mit Häusern in allen Kategorien, aber alle preislich etwas höher angesiedelt als im toskanischen Durchschnitt. Fast überall wurde so niedrig gebaut, dass die umgebenden Baumwipfel die Häuser überragen, mit einer einzigen Ausnahme in Portoferráio, und die bezieht sich ausgerechnet auf ein Verwaltungsgebäude der Stadt. Wassersport, insbesondere Tauchen, Segeln, Schwimmen und Wasserski, ist das wichtigste Anliegen der Elba-Urlauber. Sehr begehrt sind die Strände und Buchten, auch viele kleine, einsame, nur mit einem Boot vom Meer her zugängliche. Während der Sommersaison kann man die Insel, deren Küstenlänge insgesamt 147 km beträgt, ebenso pri-

vat wie auch auf organisierten Bootsausflügen umrunden.

Die meisten Elbaner arbeiten in Portoferráio: im Hafen, in den Geschäften und Restaurants oder im Handel und im Tourismus, der inzwischen die besten Jobmöglichkeiten bietet. Doch viele Einheimische finden an ihrem Arbeitsort keine Wohnung, weil mehr als 1000 Apartments an Touristen vermietet werden, die für die kurze Urlaubszeit insgesamt mehr zu zahlen bereit sind als die jährlichen Mieteinnahmen einbringen würden. Ein weiteres Problem ist die inselweite Wasserknappheit im Sommer: Während für die Privathaushalte zeitweise Wassersperre besteht, werden die Hotels rund um die Uhr versorgt. Freilich müssen auch diese – sicherheitshalber – noch eigene Reserven haben, damit ihre Gäste sich jederzeit duschen können.

Infos

Ufficio Turistico Arcipelago Toscano: 57037 Portoferráio (LI), Calata Italia 4, Tel. 0565 90 82 31, www.parcoarcipelago.info, gut auch www.visitelba.info und www.infoelba.net.

Parco Nazionale dell' Arcipelago Toscano: Località Enfola, Tel. 0565 91 94 11, www.islepark.gov.it.

Verkehr

Flug: Vom kleinen **Flugplatz La Pila** von **Marina di Campo** aus Verbindungen mit Pisa, im Sommer auch Flüge zu anderen europäischen Städten (Linien- und Charterflüge).

Bus: Die größeren Orte der Insel sind von Portoferráio aus mit den Linienbussen von **CTT Nord** erreichbar, bei den einsam gelegenen ist man allerdings auf einen Wagen oder ein Motorrad angewiesen – oder auf das Fahrrad. Von Juni bis September fährt der sogenannte **Marebus** zu den Stränden in den Gemeinden Portoferráio, Marciana, Rio nell'Elba, Porto Azzurro und Capoliveri. Günstig unterwegs ist man auf der Insel mit der **Elba Card** (6 Tage/25 €).

Strategisch ideal und wunderschön gelegen: Portoferráio, die ›Hauptstadt‹ Elbas

Tipp

ÜBERNACHTEN

Nur wenige Hotels bleiben das ganze Jahr geöffnet, die Saison geht von April oder gar erst Mai bis Oktober. In Elbas Hotels und den Restaurants muss man mehr zahlen als auf dem Festland – die Insel ist vom meist höherpreisigen Tourismus geprägt. Dafür gibt es erstaunlich gute Campingplätze und Feriendörfer.
Die meisten Häuser gehören dem elbanischen Hotelverband an: **Associazione Albergatori Isola d'Elba**, Calata Italia 26, Tel. 0565 91 55 55, www.elbapromotion.it.

Schiff: Verbindungen zum Festland s. auch Livorno (s. S. 259) und Piómbino (s. S. 271). Im Sommerhalbjahr dichte Fähr- und Schnellbootverbindungen zwischen Piómbino und Portoferráio (Fähre 60 Min., Schnellboot 40 Min.), teilweise Anschluss auch mit Rio Marina, Cavo und Porto Azzurro. Im Sommer sollte man die Fähre lieber vorbuchen; Auskunft über das Infobüro bzw. Buchung über die Schiffsgesellschaften: **Moby Line** für Fähren Piómbino–Portoferráio–Piómbino, Via Ninci 1, Portoferráio, Tel. 0565 93 61, www.moby.it; **Toremar** für die Fähren Piómbino–Rio Marina–Porto Azzurro–Pianosa (Fahrzeit 3 Std.) und für die Aliscafi/Schnellboote Piómbino–Cavo–Portoferráio (1,5 Std.), Piazzale Premuda, Piómbino, Tel. 0565 91 80 80; Calata Voltoni 20, Rio Marina, Tel. 0565 96 20 73, www.toremar.it, www.traghetti-toremar.com. Inzwischen kann man die Fähren von Moby Line und Toremar, die nun zusammenarbeiten, gemeinsam über die deutsche Hotline 0611 140 20 buchen. Unter der Bezeichnung **Elba Ferries** verbinden Fähren der großen Gesellschaft Corsica Sardinia Ferries inzwischen auch Elba mit dem Festland. Die Schnellfähre »Corsica Express Three« fährt in der Saison 13 x hin und zurück und benötigt für die Strecke Piómbino–Portoferráio nur 30 Min. Nähere Informationen auf der deutschen Website www.corsica-ferries.de.

Portoferráio ▸C 10/11

Karte: S. 279

In **Portoferráio** 1 (Eisenhafen) kommen die meisten Elba-Touristen mit der Fähre an. Der Hauptort Elbas ist bereits seit der Zeit der Etrusker der wichtigste der Insel, die mit der Ausbeutung der Eisenerze Elbas begannen und sie von hier aufs Festland nach Populónia (s. S. 269) zur Verhüttung transportierten.

Portoferráio (knapp 12 000 Einw.) ist ein schönes altes und meist lebhaftes Städtchen, eine gute Visitenkarte der Insel. Es klettert vom großbogigen natürlichen Hafenbecken den Hausberg hinauf bis zum Palazzo dei Mulini an der mediceischen Doppelfestung, einem der beiden offiziellen Sitze Napoleons auf Elba. Breite, geradezu theatralisch wirkende Treppengassen führen hinauf und bestimmen das Bild Portoferráios, dessen Häuser mitsamt vier Festungen (La Linguella und Stella im Osten, Falcone und Fortezze Medicee im Westen) von einer mächtigen mediceischen Mauer eingeschlossen sind.

Von der Hafeneinfahrt kommend, blickt man von der mediceischen Mole direkt auf das Stadttor, die **Porta a Mare,** die eher wie ein Schlupfloch in der Mauer wirkt. Dahinter öffnet sich die quer liegende, großzügige und doch provinziell-nett wirkende **Piazza Cavour.** Mit ihren eher schlichten Geschäften bietet sie das typische südländische Bild eines Hauptplatzes und ist lebhaft, inzwischen aber verkehrsberuhigt (ZTL).

In ihrer Mitte steigt die schmale Via Vittorio Veneto zum nächsten Platz auf, zur parkähnlichen **Piazza della Repúbblica,** umgeben von Cafés und kleinen Restaurants mit Wintergarten auf den Bürgersteigen. Am linkem Rand beginnt die Via Garibaldi, die wiederum in eine breite Treppengasse mündet, der Salita Napoleone zur Festung hinauf.

Palazzo dei Mulini

Piazzale Napoleone1–3, April–Sept. Mo–Sa 8.30–19, sonst tgl. 8.30–13.30 Uhr, Erw. 5 €, zusammen mit Villa San Martino 8 €, unter 18 Jahren Eintritt frei

Durch einen Torbogen und nach links gelangt man zur **Palazzina Napoleonica dei Mulini,** einem ockerfarbenen Palast aus dem 18. Jh., den Napoleon zu seiner Residenz ausbauen ließ (1814–1815). Die Wohnräume können besichtigt werden; ein Kleinod ist die Bibliothek, die der gerade abgedankte und dann wieder zurückgerufene Kaiser der Gemeinde von Portoferráio vermacht hatte.

Fortezza Stella und La Linguella

La Linguella: Ostern-Anfang Nov. tgl. 10–12.30, 14.30–18.40 Uhr, Erw. 7 €, Außenbereich ab April offen und kostenlos zu besuchen

Geht man von der Treppengasse stattdessen nach rechts, kommt man schnell zur wuchtigen **Fortezza della Stella,** die allerdings nicht zu besichtigen ist (privat). Aber von hier kann man weiter den schmalen Weg (Gradinata della Stella) abwärts gehen, der über die Salita Cosimo de' Medici zurück zur Piazza della Repúbblica und damit in die Unterstadt führt. Ganz am südlichen Ende der Calata Buccari, dem östlichen Rand des perfekten Hafens von Portoferráio, befindet sich in einem restaurierten mediceischen Salzlager der Festung **La Linguella** (16. Jh.) mit trutziger **Torre del Martello** das **Museo Archeologico della Linguella.** Hier werden Funde vom Ende des 8. Jh. v. Chr. bis zum 5. Jh. n. Chr. aufbewahrt, die die Bedeutung des Toskanischen Archipels für den Seehandel dokumentieren.

Forte Falcone und Fortezze Medicee

Zur Landseite hin schließen der **Forte Falcone** und die **Fortezze Medicee** im Westen die Festungsanlage mit einem Gewirr an Mauern ab, zu deren Füßen heute ein hübscher Stadtpark den Hang abwärts klettert. Unten beginnen die touristischen Hafenmolen, die im Schutz der großen Bucht von Portoferráio lie-

Idyllische Treppengassen prägen die Altstadt Portoferráios

gen und einen Hafen bilden, den der britische Admiral Nelson als den sichersten der Welt bezeichnet haben soll.

San Martino

Di, Do, Sa, So 8.30–13, Mi, Fr 14–18.30 Uhr, Erw. 5 €, zusammen mit Palazzo dei Mulini 8 €

Auch wer sich nur begrenzt für Napoleon interessiert, besucht bestimmt die **Villa Napoleonica**, nur 6 km von Portoferráio entfernt (Busverbindungen). Hierfür gibt es zusammen mit dem Palazzo dei Mulini ein drei Tage gültiges Ticket. In San Martino ließ Napoleon seine Residenz über einer bereits bestehenden Villa aufbauen. Der Name Villa Napoleonica stammt allerdings erst aus dem Jahr 1851, als der russische Prinz Demidoff das Anwesen erwarb und daraus eine napoleonische Gedenkstätte machte. Zu sehen sind Teile der Originaleinrichtung und das Ägyptische Zimmer.

Übrigens hat Napoleon hier selbst niemals gewohnt, denn als die Residenz fertig eingerichtet war, musste er die Insel schon wieder verlassen. Von der Terrasse genießt man einen schönen Blick auf den Hafen von Portoferráio. Unterhalb, in der Galleria Demidoff, sind vor allem historisch bedeutsame Stiche von Portoferráio und Elba aufbewahrt. Man erkennt darauf eine fast baumlose Insel! Napoleon war der erste, der sich an die Wiederaufforstung Elbas machte, indem er überall, wo er hinkam, Bäume pflanzen ließ.

Infos

Ufficio Turistico Arcipelago Toscano: Portoferráio, s. S. 273

Übernachten

Luxuriös – **Villa Ottone:** Località Ottone (11 km südöstlich Portoferráio), Tel. 0565 93 30 42, www.villaottone.com, Mai–Sept. Hotel in Neoklassizismus-Villa (mit freskierten Räumen) in schattigem Park am Meer. 69 Zimmer, zwei Suiten, Pool, Tennisplatz, Privatstrand, Restaurant, Parkplatz. €€€

Fürsorglich – **Villa Ombrosa:** Via De Gasperi 9, Tel. 0565 91 43 63, www.villaombrosa.it, ganzjährig. Nettes Hotel am Ghiaie-Strand, kurzer Fußweg zur Stadt. 38 moderne bzw. renovierte Zimmer, Restaurant, Parkplatz. In der Saison nur mindestens mit Halbpension buchbar. €€–€€€

Schnörkellos sympathisch – **Ape Elbana:** Salita Cosimo de' Medici, Tel. 0565 91 42 45, www.ape-elbana.it, ganzjährig geöffnet. Traditionsreiches Haus (das erste der Insel, schon zu Napoleons Zeiten eine Locanda), zentral. 24 Zimmer, Terrasse zur Piazza della Repúbblica, Restaurant, Parkplatz. €–€€

Camping – **Rosselba Le Palme:** Località Ottone 3, Tel. 0565 93 31 01, www.rosselbalepalme.it, Mai–Sept. Weitläufige Terrassenanlage mit Bungalows 1 km vom Strand. Schöner Palmengarten, Pool, Kinderanimation, Tennis. €

Essen & Trinken

Entlang des Hafenbeckens, vor allem an der Calata Mazzini und der Piazza Cavour, mehrere Cafés mit Wintergarten, z. B. **Caffè Roma.**

Angenehm – **Stella Marina:** Via Vittorio Emanuele II 1, Tel. 0565 88 05 66, Ostern–Mitte Okt., Ruhetag Di abends. Modernisiertes Restaurant mit guter Fischküche. €–€€

Recht eigen – **Da Nedo:** Piazza della Repúbblica 27, Tel. 0565 91 84 56, im Sommer kein Ruhetag. Man wird von Wirt Nedo gefragt, ob man ›weiß‹ oder ›rot‹ speisen möchte, danach richten sich Soßen und sonstige Beilagen, sonst hat man keine Wahl, muss sich auf ihn verlassen. Also gut, wenn man Italienisch kann. Sehr speziell, romantisch, elbanisch. €

Preiswert – **Pane e Pomodoro:** Via Cavalieri di Vittorio Emanuele 5, Tel. 0565 91 98 30, Ruhetag So (nur im Winter). Kleiner Gastraum mit Wintergarten, vor allem kleine Speisen und *schiaccine* (gedeckte, mit Gemüse etc. gefüllte Pizza), Pizza, Salate.€

Einkaufen

Mineralien – Keine Frage, dass man auf Elba eine große Auswahl an Mineralien kaufen kann. Man darf aber auch selbst buddeln. Wo, sollte man beim Touristenamt erfragen, da sich die Standorte ändern können. Auch ist zu klären, was überhaupt gesammelt werden darf.

Wein – Die Insel produziert immer bessere Weine, vor allem trockene weiße.

Abends & Nachts

Abends trifft man sich auf den unteren Plätzen oder an den Calate um den mediceischen Hafen. Auch am Ghiaie-Strand bleibt die Strandkneipe im Sommer lange geöffnet. In die kurze Via dell'Amore im Osten der Altstadt zieht es momentan die Szene. Hier lockt die kleine Weinbar **BerBene** (Nr. 40, tgl. 18.30–2.30 Uhr). In der rustikalen **Osteria Pepenero** (Nr. 48, 19.30–23 Uhr) gibt es Köstliches zu essen.

Termine

Der August ist der Monat der **Patronatsfeste** auf Elba, die meist mit Sportveranstaltungen, Umzügen, gastronomischen Angeboten und Feuerwerk begangen werden.

Madonna del Monserrato: 8. Sept. Fest der (katalanischen) Madonna von Portoferráio mit einer langen Prozession zur gleichnamigen Wallfahrtskirche.

Trofeo Velico Amerigo Vespucci: letztes Wochenende im Sept. Segelregatta, veranstaltet zusammen mit der lokalen Sektion der Lega Navale Italiana. Infos unter Tel. 0565 91 72 43, www.leganavale.it.

Aktiv

Golf – **Golf Club Hermitage:** Baia della Biodola, beim gleichnamigen Hotel, Tel. 0565 96 97 40. 9-Loch-Platz. **Elba Golf Club dell' Acquabona:** Località Acquabona, Tel. 0565 94 00 66, www.elbagolfacquabona.it. 9-Loch-Platz.

Reiten – **Centro Ippico Elbano:** Località Monte Orello bei Portoferraio, Mobil-Tel. 347 006 46 50, 347 639 57 04. **La Bosana:** Capoliveri, Località Ripalte, Tel. 0565 94 24 08, www.labosana.it.

Schiffstouren – Am Hafen werden in den Sommermonaten Schiffstouren u. a. nach Capráia (s. S. 291) angeboten.

Segeln – **Segelzentrum Elba:** Portoferráio, Località Bagnaia, Villa Marmori, Tel. in Deutschland 0565 96 10 90, www.segelferien.de. **Elba Water Sports:** am Strand von Prócchio, Mobil-Tel. 333 416 94 16, www.elbawatersports.it.

Tauchen – **Sirena Diving Center:** Località Enfola (westlich Portoferráio), www.enfoladivingcenter.it.

Strand – **Le Ghiaie:** Im Nordwesten von Portoferráio beginnt der kurze und schmale, kiesige und dennoch sehr einladende Hausstrand, an dessen erhöhtem Rand nette Hotels stehen.

Naturbelassen – **Spiaggia di Capo Bianco:** Schmaler weißer Kiesstrand vor weißen Felsen im Anschluss an Le Ghiaie, ›wild‹ belassen.

Wandern – Wanderer kommen auf der gebirgigen Insel voll auf ihre Kosten. Sie quartieren sich mit Vorliebe in den kleinen Bergdörfern ein, meist privat. Auch von den Küstenorten ist es nicht weit zu so schönen Ausgangspunkten wie Marciana, von wo aus man z. B. den Monte Capanne (s. S. 280) besteigen kann.

Der Inselwesten

Karte: S. 279

Der Westen Elbas steigt zum höchsten Punkt der Insel auf, dem dicht bewaldeten **Monte Capanne.** Auf den Bergkuppen hocken idyllische, kleine Bergdörfer mit steilen Treppengassen. Die schroffe Küstenlinie zeigt meist steil abfallende Felsen, die höchstens kleineren oder gar winzigen Buchten Platz bieten. Die Natur ist wild, die mediterrane Macchia voller Rosmarin von intensivem Duft.

Capo d'Enfola 2

Von Portoferráio geht es nach Westen am Hausstrand Le Ghiaie vorbei nach Acquaviva, zum **Capo d'Enfola.** Rechts und links sieht man Ginsterbüsche, die im Frühjahr einen betäubenden Duft verströmen, bis man plötzlich zu beiden Seiten das Meer hat. Denn der **Isthmus von Enfola** ist schmal, beiderseits erstrecken sich kleine felsige Buchten. Das Kap erreicht man in wenigen Minuten, aber nur zu Fuß. Stark duftet hier der mit Macchia bedeckte Boden des Pinienwaldes, der sehr an die grünen Wälder der Maremma auf dem Festland erinnert. Das Meer ist ein wunderbares Tauchrevier. Nun geht es zurück Richtung Portoferráio, dann aber biegt man nach rechts ab und folgt den Hinweisen zum Bivio Boni und weiter Richtung Prócchio.

Biodola und Prócchio

Ein kurzer Abstecher führt zum Vorort **Biodola** mit gröberem, aber hellem Sandstrand und schönen Hotels. Biodola gehört zu den Prachtbuchten Elbas, weshalb sie während der Saison vollkommen überlaufen ist. Auch in **Prócchio** 3 selbst, das bald darauf erreicht ist, sieht es während dieser Zeit nicht besser aus. Denn der feinsandige Strand gilt als der vielleicht schönste öffentliche der ganzen Insel, mit den typischen Einrichtungen eines Badeortes wie Kabinen, Duschen, Verleih von Schirmen und Liegen etc.

Übernachten

Schönes Strandhotel – **Biodola:** Portoferráio, Località Biodola, Tel. 0565 97 48 12, www.biodola.it, April–Okt. In einem Garten mit Pool. 6-Loch-Golfplatz, Tennis, 88 Zimmer, Restaurant für Hausgäste, Parkplatz. In der Saison nur mit Halbpension buchbar. €€€

Eigene Sandbucht – **Desirée:** 57030 Marciana (LI), Località Prócchio, Via Spartana 15, Tel. 0565 90 73 11, www.htdesiree.it, April–Anfang Okt. Schöne ruhige Anlage mit Pool und Tennisplätzen, 78 Zimmer und Apartments, Restaurant für Hausgäste, Parkplatz. €€

Marciana Marina 4

Das schönste Seebad – und bei den Italienern vom Festland wohl am beliebtesten – dürfte **Marciana Marina** sein, das inzwischen wegen des florierenden Tourismus auf rund 2000 Einwohner angewachsen ist. Auch hier reichen die Pinienwälder bis ans Meer, den Bootshafen bewacht ein dekorativer Turm, die Häuser stehen abseits des eher bescheidenen kiesigen Strandes – besonders hübsch sind diejenigen entlang der herrlich restaurierten Via Cotone über einer fjordähnlichen Bucht am östlichen Ende des Ortes, die auf kantigen Felsen stehen. Wo diese Platz lassen, liegen kleine, bunt bemalte Boote. Im Hintergrund dehnen sich die Weinhänge von Marciana aus und man erkennt den höchsten Gipfel der Insel, den Monte Capanne (s. S. 280).

Marciana 5

Marciana selbst (375 m hoch) ist wahrscheinlich Elbas hübschester Bergort, überragt von einer malerischen Burgruine, der Fortezza Pisana. Eng und steil sind die Gassen und Treppen des Bergnestes zwischen Häusern mit schönen Granitportalen, vielfach mit den Familienwappen (18./19. Jh.); Blumentöpfe mit Hortensien verengen sie noch mehr. Mittendrin befindet sich das **Museo Civico Archeologico,** das vorgeschichtliche Funde und sol-

Elba

che aus der Etrusker- und Römerzeit zeigt (Ende Juni–15. Sept., unsichere Öffnungszeiten, meist Mo–Sa 10–13.30, 16–19.30, So 10–13.30 Uhr, Erw. mit Fortezza 4 €).

Madonna del Monte 6

In Marciana beginnt der steile, aber wunderschöne Aufgang zur **Madonna del Monte.** Eine gute Stunde sollte hierfür eingerechnet werden. Erst geht es über eine Treppengasse aufwärts, dann über Felder und durch dichten Wald mit Esskastanien und Akazien hindurch. Diesen anstrengenden Weg nehmen auch viele Gläubige am 15. August, wenn sie zu Elbas wichtigster Wallfahrtskirche pilgern, die 1595 neben einer Einsiedelei errichtet wurde, weil sie ein wundertätiges, auf einen Granitblock gemaltes Madonnenbild aus dem 15. Jh. birgt.

Die meisten Besucher aber steigen hinauf wegen einer romantischen Geschichte, die sich an der Kirche in 630 m Höhe abgespielt hat. Hier, an der erfrischenden Quelle und

Dichte Wälder umgeben das Bergdorf Marciana zu Füßen des Monte Capanne

dem schönen Halbrund (Exedra), unter uralten Kastanienbäumen, traf sich am 1. September 1814 Napoleon mit seiner polnischen Geliebten, der Gräfin Maria Walewska, und dem gemeinsamen Sohn Alexander. Heimlich und nur für zwei Tage. Denn Napoleon hatte nicht nur die Intoleranz seiner Gemahlin Marie Louise zu fürchten, die ihrerseits einen Besuch auf der Insel angekündigt hatte, sondern auch die Gefühle der streng gläubigen Inselbevölkerung zu achten. Er wollte seine Beliebtheit bei den Elbanern nicht aufs Spiel setzen, zudem hätte eine öffentliche Romanze nicht zu seiner Auffassung von staatsmännischem Auftreten gepasst.

Monte Capanne 7

Marciana ist auch Ausgangspunkt der Gondelbahn auf den **Monte Capanne** (1019 m). Wer keine Angst vor den schaukelnden kleinen, Käfigen ähnelnden Gondeln hat (nur für 1–2 Pers.), sollte die Fahrt nicht versäumen. Abwärts geht es auf recht gemütlichen, aber auch steilen Wegen, man hat die Wahl. Der Aufstieg zu Fuß von der Bergstation auf den Gipfel ist eher etwas für geübte Wanderer. Keine Frage, dass man von dort oben den schönsten und weitesten Rundblick fast über die ganze Insel genießt!

Póggio 8

Durch eine enge Schlucht von Marciana getrennt, liegt nur 3 km entfernt das kleinere **Póggio** inmitten eines Kastanienwaldes in 330 m Höhe. Treppengassen durchziehen auch dieses ehemalige Bergarbeiterdorf, das terrassenförmig angelegt ist.

Infos

Ufficio Informazioni Turistiche: 57033 Marciana Marina (LI), Piazza della Vittoria 13, Tel. 0565 99 81 12, und am Hafen, nur Juni–Sept. Interessante Homepage: www.visitmarciana.it.

Übernachten

Suiten – **Gabbiano Azzurro:** Marciana Marina, Viale Principe Amedeo 94, Tel. 0565 992 26, www.hotelgabbianoazzurroelba.it, nur April–

Okt. Kleines feines Ferienhotel im Villenstil mit 20 Suiten. Schöner Pool, 600 m vom Strand, bewachter Parkplatz. Zimmer tageweise, Apartments nur wochenweise buchbar. €–€€

In freier Natur – **Da Giacomino:** Marciana, Località Sant'Andrea, Tel. 0565 90 80 10, im Winter Tel.0565 90 82 48, www.hoteldagiacomino.it, April–Okt. Umgeben von Pinien und Obstbäumen über der Badebucht gelegenes Hotel mit 33 renovierten Zimmern, schönem Pool in Panoramalage, Liegewiesen, Parkplatz und familiärer Atmosphäre. Lokale Küche im Restaurant (auch für Passanten). In der Saison nur mit Halbpension buchbar. €–€€

Essen & Trinken

Prima – **La Vecchia Marina:** Marciana Marina, Piazza Vittorio Emanuele 18, Tel. 0565 994 05, 7. Jan.–10. März, 10. Nov.–10. Dez. geschl. Sehr gutes Fischrestaurant, aber auch Pizzeria, mit Tischen am zentralen Hauptplatz der übersichtlich-kleinen Altstadt des Badeortes. €€

Traumhafte Lage – **Públius:** Località Póggio, Piazza del Castagneto 11, Tel. 0565 992 08, April–3. Nov., 15. Juni–15. Sept. Ruhetag Mo mittags, sonst Mo. Wunderbar bodenständiges Lokal mit großer Terrasse darüber in Traum-Panoramalage am Dorfeingang. Traditionelle elbanische Fisch- und Fleischspezialitäten. €€

Fischrestaurant – **Rendez-Vous da Marcello:** Marciana Marina, Piazza della Vittoria 1, Tel. 0565 992 51, auf Facebook, April–Okt., Ruhetag Mi (außer Juni–Sept.). Von der Promenade ein paar Stufen abwärts in zwei gemütliche Räume, Tische auch auf der Terrasse an der Meerespromenade. €–€€

Familiär – **Da Loris:** Marciana Marina, Via XX Settembre 29, Tel. 0565 994 96, Ruhetag Mo (außer 20. Juni–Sept.), Jan./Febr. geschl. Schlichte Pizzeria im Zentrum unter Holzbalkendecke mit verglaster Veranda. Sehr preiswertes Mittagsmenü inkl. Softdrink und Pizza, sonst Fischküche. €

Abends & Nachts

Mehrere Cafés reihen sich an der wunderschönen Meerespromenade von Marciana Marina aneinander, Treff der Elbaner Schickeria im Hochsommer bis frühmorgens, z. B. im **Gran Bar La Perla** (hier bekommt man die besten *brioche*), nur Ostern–Okt. geöffnet.

Super Panini – **La Porta:** Póggio, Piazza For di Porta 3, am unteren Tor, Ruhetag Mi (außer im Sommer). Der Wintertreff der Einheimischen mit Tischen auf der riesigen Aussichtsterrasse vor der mittelalterlichen Porta Lorena. Auch Abendtreff der Touristen, die im Sommer der Hitze der Küste entfliehen wollen. Bar, Birreria, Paninoteca etc. mit vielen *bruschette*, Salaten, *panini*.

Nightlife echt elbanisch – An den Stränden trifft sich im Sommer die Jugend bis zum frühen Morgen zu Beachpartys. Die Szene wechselt oft, auf **www.elbaworld.com** finden sich immer die neuesten Tipps.

Aktiv

Klettern – **Elba Free Climbing Club:** Località Sant'Andrea, Infos im Hotel Ilio, Tel. 0565 90 80 18, www.hotelilio.com.

Radsport – **Rent Lupi:** Marciana Marina, Località Caparutoli 1, Tel. 0565 90 41 34. Verleih auch von Scootern.

Segeln – **CVMM:** Viale Regina Margherita 52, Marciana Marina, Tel. 0565 990 27, www.cvmm.it.

Tauchen – **Elba Diving Center:** Viale Aldo Moro 42, Marciana Marina, Mobil-Tel. 339 733 89 02, www.elbadiving.it. Tauchausflüge und -kurse

Tennis – **Tennis Club Marciana Marina:** Viale Aldo Moro, Mobil-Tel. 329 184 82 37.

Termine

Festa di Santa Chiara: 12. Aug. Patronatsfest für Santa Chiara in Marciana.

Festa della Castagna: um den 2. Okt. Kastanienfest mit kulinarischen Genüssen (Fr–So).

Presepio Vivente: 22. Dez.–6. Jan. Lebende Krippen in Marciana.

Verkehr

Seilbahn: Ein-/Zwei-Personen-Gondeln von Marciana (375 m) auf den 1019 m hohen Monte Capanne, April–Sept. ca. 10–13, 14.20–17.30 Uhr, je nach Sonnenstand, Okt. nur bis 17 Uhr, bei unsicherer Wetterlage besser vorher erkundigen, Tel. 0565 90 10 20.

Aktiv

MIT DEM RAD DURCH ELBAS WESTEN

Tour-Infos

Start: Marciana, Postamt
Karte: S. 279
Länge: 42,3 km, Höhenunterschied 795 m
Dauer: ein Tag
Schwierigkeitsgrad: anspruchsvoll
Radverleih: Il Viotollo, Via Fucini 279, Campo nell'Elba, Tel. 0565 97 80 05, www.ilviottolo.com. Bietet auch organisierte Rad-, Wander- und Bootstouren, Kajaks etc.

Der Westen Elbas gilt als naturbelassen und recht wild, mit schönen Aussichtspunkten und dem höchsten Berg der Insel, dem Monte Capanne (1019 m), den man bei dieser eintägigen Radtour praktisch umkreist. Startpunkt ist die Piazza des hübschen Bergortes **Marciana,** genauer das Postamt, von wo aus man zunächst die Straße nach Póggio nimmt und dann Richtung Marina di Campo abbiegt. Die Straße schlängelt sich durch dichten Wald hinauf zum **Monte Perone,** bis

man nach insgesamt 7,3 km zu einem Picknickplatz kommt, der einen wundervollen Panoramablick über den Süden der Insel bietet.
Abwärts fahrend kommt man an der klobigen **Torre di San Giovanni** vorbei, auch dies ein herrlicher Stopp für Panoramafotos des Golfes von Marina di Campo. Am Ende der Talfahrt biegt man rechts ab (12,9 km) nach **San Piero in Campo,** das man allerdings nur streift, denn an der folgenden Abzweigung geht es weiter Richtung Pomonte (17,6 km). Hier beginnt eine wiederum wunderschöne Panoramastrecke oberhalb der Westküste; man kommt vorbei an den verlockenden Stränden von Cávoli, Seccheto und Fetovaia, die man sich für einen Badeausflug allerdings extra vornehmen sollte. Dabei geht es ständig auf und ab, sodass schon eine bessere Kondition der Radelnden gefragt ist …
In **Pomonte** sieht man den Inselhöchsten, den **Monte Capanne,** vor sich, und nach **Chiessi** wird es besonders anspruchsvoll: immer steiler hinauf, bis zu einem Aussichtspunkt, nach dem es zunächst abwärts geht und gleich wieder aufwärts Richtung **Zanca,** das an der Nordwestecke der Insel liegt. Hier jedoch biegen wir nicht nach Zanca ab, sondern radeln geradeaus weiter, um wieder den Ausgangspunkt der Tour zu erreichen.

Westküste ▶ B 11

Steil fallen im Westen die Felsplatten zum Meer hin ab und bilden herrliche Liegeplätze zum Sonnen; sie lassen aber auch immer wieder Platz für kleine Sandbuchten. Für Einsamkeitsfanatiker ist dieser Teil Elbas das wahre Paradies. Wo sich ein wenig Macchia an die glatten Felsen klammert, duftet es intensiv nach Rosmarin. Aus allen Felsritzen quillt das köstliche Kraut heraus: zarter Kriechrosmarin oder buschiger Rosmarin mit dicken Nadeln. Der Boden ist hier so karg und trocken, dass man sich fragt, woher die Pflanzen die Kraft zum Wachsen nehmen. Es ist aber ein touristisch bereits stark erschlossenes Gebiet, auch wenn es auf den ersten Blick nicht diesen Anschein hat. Hier findet man auch viele ausgebaute Aussichtspunkte und Picknickplätze.

Eine der schönsten Minibuchten liegt um die Ecke bei **Pomonte** 9**,** nach Osten zu vor der Punta Le Tombe. Sie ist nur zu Fuß erreichbar. Ihre kleinen Kieseln sind rosafarben und leuchten beim Sonnenuntergang golden. Dieser auch **Roselle** genannte Platz ist allerdings nur über einen steilen, 200 oder 300 m langen Pfad erreichbar. Man muss es sich sozusagen verdienen … Und schon ist man in **Fetovaia** angelangt, einer tiefen Bucht mit kleinem Sandstrand, die besonders reizvoll ist. Kleinere Boote suchen hier Zuflucht hinter der natürlichen Mole. Dann folgen vor und in **Cávoli** mehrere kleine Buchten. Bei **Colle** muss man etwa 100 Stufen zum Badeplatz mit seinem (inoffiziellen) *bagno* absteigen.

Marina di Campo 10

Das alte Fischerdorf **Marina di Campo** liegt fast in der Mitte der Südküste Elbas. Es hat sich touristisch zwar stark entwickelt, ohne jedoch im Kern seinen ursprünglichen Charakter ganz abgelegt zu haben. Marina di Campo (knapp 2100 Einw.) besitzt einen herrlichen, für Elbaner Verhältnisse recht breiten Sandstrand und als dessen Abgrenzung die längste Promenade der Insel, eine geeignete Passeggiata-Meile für Einheimische wie Touristen. Die Hotellerie ist ausgewogen, ebenso Art und Anzahl der Restaurants, und es gibt zahlreiche Ferienwohnungen zu mieten, außerdem liegen ringsum die begehrtesten Campingplätze Elbas.

Zu Marina di Campo gehört auch der 3 km entfernte kleine Flugplatz der Insel. Der Ort liegt innerhalb des Gemeindegebietes von **Campo nell'Elba**, dem früher bedeutenden Granitabbaugebiet der Insel. Einen Besuch wert sind hier die winzigen Dörfer **Sant'Ilario in Campo** mit seinen Granitbrüchen und **San Piero in Campo** mit seiner romanischen Kirche mit ihren verblassten Fresken.

Im Vorort **Segagnana** am Beginn der Straße nach Lacona lohnt ein Besuch des **Acquario dell'Elba** (www.acquarioelba.com, April, Mai 9–19, Juni, Sept., Okt.9–20, Juli, Aug. 9–23.30 Uhr Erw. 10 €), wo man Mittelmeerfauna bestaunen kann. Auf einer Fläche von rund 1000 m² stehen mehr als 60 Becken für etwa 150 verschiedene Meeresbewohner, Fische und Pflanzenarten. Auch einige interessante Tropenbewohner wie Piranhas und kleine Riffhaie tummeln sich hier. Integriert ist das **Museo Faunistico Elbano**, ein Faunamuseum mit dem Nachbau typischer Elbaner Vogelnester und anderer Schlupfwinkel der heimischen Fauna.

Infos

Pro Loco: 57034 Marina di Campo/Elba (LI), Piazza del Granatieri, Tel. 0565 97 67 92, www.prolococamponellelba.it.

Übernachten

Klein – **Elba:** Via per Portoferráio 319, Tel. 0565 97 62 24, www.hotel-elba.it, April–Okt. Familiäres Hotel 300 m vom Meer. 21 Zimmer, Pool, Restaurant nur für Hausgäste, Parkplatz. In der Saison nur mit Halbpension buchbar. €€

Im Pinienhain – **Santa Caterina:** Viale Elba, Tel. 0565 97 64 52, www.hotelsantacaterina.com. Etwa 200 m vom Meer und knapp 1 km vom Ortszentrum entfernt gelegenes, familiäres Ferienhotel mit kleiner privater Pineta, 41 Zimmern, Restaurant und Parkplatz. Nur mit Halb- oder Vollpension buchbar, was auf Elba nicht nur in der Hochsaison normal ist. €–€€

Essen & Trinken

Exklusiv am Strand – **La Lucciola:** Viale Nomellini 64, Tel. 0565 97 63 95, Ostern–Okt. geöffnet, Ruhetag Di (außer Hochsaison). Strandbad mit den üblichen Einrichtungen, leichter Mittagstisch, am Abend exklusives Restaurant mit fangfrischem Fisch. €€.

Im alten Zentrum – **Il Cacciucco:** Piazza Cavour 6, Tel. 0565 97 64 89, Jan., Nov. geschl. Schön auf der Piazza sitzen und gut speisen. €–€€

Musik und Holzofenpizza – **Kontiki:** Molo Nuovo, Tel. 0565 97 79 84, www.ristorantekontiki.it, Mitte Juni–Mitte Sept. tgl. abends, sonst Ruhetag Mi. Leckere Pizza, typische Antipasti sowie Fischgerichte auf der großen Terrasse. €–€€

Aktiv

Bootsausflüge und -verleih – **Rent Navigare:** Località La Foce, Spiaggia di Marina di Campo, Mobil-Tel. 389 118 75 18, www.rentnavigare.it. Verleih unterschiedlicher Boote, auch mit Skipper, sowie Bootsausflüge.

Reiten – **L. E. Farms:** Campo nell'Elba, Località Literno, Tel. 0565 97 90 90, nur während der Saison.

Schlauchboote und Pedalos – **Riccardo:** Lungomare Mibelli, Mobil-Tel. 33 84 20 85 67.

Segeln & Windsurfen – **Club del Mare:** Lungomare Mibelli, Tel. 0565 97 69 42, www.clubdelmare.it.

Tennis – **Club Marina di Campo:** Campo nell'Elba, Località Sighello, Mobil-Tel. 339 690 49 30.

Termine

Granfondo Elba Ovest: Okt. Mountainbikerennen, das von Marina di Campo aus veranstaltet wird. Infos: Tel. 0565 97 80 04, www.tuscanybikechallenge.com.

Der Inselosten

Karte: S. 279

Den Osten Elbas kennen viele ausländische Gäste eher als den Westen. Zu den beliebtesten Ausflugszielen gehören das ausnehmend hübsche Bergdorf und frühere Bergarbeiternest Capolíveri und der Fischerort Porto Azzurro mit seinen Pfahlbauten-Restaurants. Und die verlassenen Bergwerke (teils zu Museen umfunktioniert) bieten nicht nur Mineraliensammlern einen geeigneten Tummelplatz.

Von Marina di Campo aus Richtung Osten fahrend, erreicht man die Ebene von Lacona; hier schiebt sich eine Landzunge fast 3 km weit nach Süden bis zur **Punta della Stella.** Im Westen der Landzunge ist der schöne **Golfo della Lacona** ausgebildet mit Elbas größter Sandbucht im Scheitelpunkt, der **Spiaggia Grande.** Sie ist ein Magnet für

Wochenendausflügler. Im Osten der Landzunge öffnet sich der größere **Golfo Stella** mit zahlreichen *lidi* (Stränden) an seiner Ostflanke.

Übernachten

Gute Ferienanlage – **Lacona:** 57031 Capolíveri (LI), Località Lacona Lido, Tel. 0565 96 40 54, www.hotellacona.it, MItte April–Okt. Großer Hotelkomplex mit 169 Apartments, nur etwa 100 m vom langen schönen Sandstrand entfernt. Pool, Tennis, Restaurant, Parkplatz. Normalerweise nur mit Vollpension buchbar. €€–€€€

Capolíveri 11

Keine Strände, sondern Bergwerke und ein zauberhafter Ort locken auf die südöstliche Halbinsel Elbas. Bis auf 413 m erhebt sich die Halbinsel von Calamita, deren Hauptort **Capolíveri,** das frühere Bergarbeiterdorf in 167 m Höhe (gut 4000 Einw.), eine grandiose Panoramalage besitzt. Es macht Spaß, durch die verkehrsberuhigten Gassen des Dorfes in herrlicher Aussichtslage zu schlendern, sich auch mal von den Düften aus einem kulinarischen Tempel zu einer Pause verleiten zu lassen. Das tun freilich so viele, dass der Ort im Sommerhalbjahr fest in Touristenhand ist; dafür hat sich die Preissituation entspannt, es gibt immer mehr Pizzerien, in denen man auch günstigere Gerichte bekommt.

Unterhalb der zentralen Piazza Matteotti mit vielen Lokalen ringsum befindet sich das Mineralienmuseum, das **Museo Alfeo Ricci** (Via Palestro, April–Juni, Sept., Okt. 9.30–12.30, 16–19.30, Juli, Aug. 9.30–12.30, 19–24 Uhr, www.capoliveri-elba.com/museo-alfeo-ricci, Erw. 2,50 €).

Das Bergwerk von Calamita südlich von Capolíveri wurde zwar stillgelegt, doch alle Einrichtungen für den Erzabbau werden ständig kontrolliert und stehen daher noch so da, als wollte man am nächsten Morgen mit der Arbeit fortfahren.

Der **Punta Calamita** ganz im Süden der Halbinsel nähern sich Seefahrer angeblich nur mit dem größten Respekt, weil man sich hier wegen der starken Kräfte der großen Magnetitvorkommen (*calamita* = Magnet) auf keine Kompassnadel verlassen kann.

Übernachten

Mit Meerblick – **Dino:** Località Pareti, 4 km südlich, Tel. 0565 93 91 03, www.elbahotel dino.com, Ostern–Okt. Familiäres Hotel in schöner Lage, gutes Preis-Leistungs-Verhältnis, 36 komfortable Zimmer, Terrassenrestaurant, Parkplatz. €€

Maritimer Look – **Antares:** 57031 Capolíveri (LI), Località Lido, 7,5 km nordwestlich, Tel. 0565 94 01 31, www.elbahotelantares.it, nur Ostern–Okt. Angenehmes weißes Hotel in schöner grüner Lage am Meer mit Dependance. 49 Zimmer, Tennis, Restaurant, Parkplatz. Bevorzugt, vor allem in der Saison, mit Halbpension buchbar. €–€€

Essen & Trinken

Super – **Il Chiasso:** Via Nazzario Sauro 13, Tel. 0565 96 87 09, auf Facebook, April–Sept., Ruhetag Di (außer Juni–Sept.). Charakteristisches, daher überlaufenes Abendlokal im Herzen des hübschen Dorfes. Fisch- und Fleischküche, gute Weinkarte. €€–€€€

Neapolitanisch – **Il Vecchio Borgo:** Via Roma 2, Ecke Piazza Matteotti, Tel. 0565 96 70 73, auf Facebook, Ruhetag Mi. Viel gelobte neapolitanische Pizzeria mit Holzofen, zwei gemütliche Räume und Terrasse, schön eingedeckt. Pizza, Fisch-Risotto, Fischgerichte. €–€€

Aktiv

Klettern – **Elba Free Climbing:** www.info elba.it/sport-tempo-libero/sport-terra/free-climbing. Insbesondere entlang der gesamten Costa dei Gabbiani im Gemeindegebiet von Capolíveri .

Radsport – **Tenuta delle Ripalte:** s. unten.

Reitzentrum – **Tenuta delle Ripalte:** Capolíveri, Località Ripalte, Tel. 0565 942 11, www.te nutadelleripalte.it. **Centro Ippico Costa dei Gabbiani** auf dem weitläufigen Landgut.

Tauchen – **Mandel Diving Center:** Località Morcone, Mobil-Tel. 348 792 56 53, www. mandeldivingcenter.com. Wassersportzentrum Mandel Club, auch Windsurfschule, Verleih von Kanus, Tret- und Motorbooten.

Termine

Festa dell'Uva: letzter So im Sept. Bei dem großen Weinfest werden alte Traditionen des Weinbaus und der Landwirtschaft dargestellt; mit Prämierung.

Verkehr

Rings um Capolíveri wurden große Parkplätze eingerichtet. Wer dennoch ins Dorf hineinfährt, riskiert einen saftigen Strafzettel.

Porto Azzurro 12

Kein Wunder, dass der einstige Fischerort **Porto Azzurro** (rund 3700 Einw.) bei Touristen, vor allem bei deutschen Urlaubern, so überaus beliebt ist: Erstens besticht er durch seine Lage an einer vor dem rauen Nordwind geschützten Bucht. Zweitens gibt es in der Umgebung mehrere Strände, mit und ohne Sand, flach oder steil abfallend. Außerdem beginnt hier ein Unterwassersportparadies, das sich bis zur Punta dei Ripalti im Südosten der Halbinsel Calamita hinzieht.

Porto Azzurro selbst präsentiert sich als Bilderbuchschönheit mit Pfahlbau-Restaurants am Hafen, in dessen Wasser bunt bemalte Boote schaukeln. Dahinter verläuft die Bummelmeile, Fußgängerzone ebenso wie das Gebiet rings um den Hafen. Alles im Schatten der vom spanischen König Philipp III. 1603 errichteten **Fortezza di Portolongone,** auch wenn diese heute noch immer als Strafanstalt fungiert.

Man kann es nicht anders sagen – die Bucht von Porto Azzurro ist einfach eine Bilderbuchschönheit

Madonna di Monserrato

Außer am 8. Sept. meist geschl.

Ebenfalls als Reminiszenz aus spanischer Zeit gilt die Wallfahrtskirche **Madonna di Monserrato** (17. Jh.). Sie steht in etwas versteckter, aber dennoch exponierter Lage auf einem Felsvorsprung am Monte Castello (390 m) nördlich von Porto Azzurro. Die hier verehrte Marienfigur ist eine Kopie der schwarzen Madonna im katalanischen Montserrat unweit von Barcelona und ist vor allem am 8. September, dem Geburtstag Mariä, ein gut besuchtes Wallfahrtsziel. Man kann von Porto Azzurro eine kurze Wanderung dorthin einlegen. Ihre Lage ist ausnehmend hübsch und der gut eine halbe Stunde lange Weg dahin ebenfalls.

La Piccola Miniera

Via Provinciale Est, www.lapiccolaminiera.it, Laden tgl. März–Mai, Sept.–5. Nov. 9–13, 14.30–18.30/19/19.30/20, Juni–Aug. 9–20/20.30 Uhr (das Bergwerk schließt 30–90 Min. früher), 12. Dez.–7. Jan. Laden/Bergwerk10–12.30/11–12, 16–19.30/16–17 Uhr, Erw. inkl. Degustation 10 €

Im Vorort Pianetto befindet sich **La Piccola Miniera,** ein privates, künstlich geschaffenes Bergwerk, durch das eine Kleinbahn führt. Ein kleines Mineralienmuseum ergänzt den Besuch ebenso wie die Demonstration der Bearbeitung von Natursteinen. Zudem können elbanische Produkte verkostet werden.

Übernachten

An der Hafenpromenade – **Belmare:** Banchina IV Novembre 21, Tel. 0565 950 12, www.elba-hotelbelmare.it. 25 Zimmer mit Balkon zum Hafen, Parkplatz. €–€€

Komfortabel – **Barbarossa:** Località Barbarossa, 1,5 km östlich, Tel. 0565 950 87, htbarbarossa@elbalink.it, April–Okt. Familiäres Hotel 350 m von der Spiaggia di Barbarossa im Grünen. 18 zum Teil große Zimmer, Restaurant, Parkplatz. €€

Agriturismo – **Azienda Agricola Sapereta:** Località Mola, Tel. 0565 950 33, www.sapereta.it. Hübsches Anwesen mitten in landwirtschaftlichem Gut 1 km vom Meer. 22 Apartments für 2–6 Pers. in zwei restaurierten Bauernhäusern, Pool, gutes Restaurant. €–€€

Essen & Trinken

Im Wasser – **La Caravella:** im Hafen, Tel. 0565 950 66, www.ristorantelacaravella.eu, Ostern–Mitte Okt., Ruhetag Di (außer Juni–Sept.). Freundliches Pfahlbau-Restaurant im Hafenbecken. Elbanische Fischspezialitäten, gerne als Menü. €€

Elba-Fische – **La Lanterna Magica:** Via Vitaliani 5, Mobil-Tel. 333 951 00 77, Ruhetag Mo (außer Juni–Sept.), Dez./Jan. geschl. Einfaches Fischlokal auf verglaster Veranda am Hafen, elbanische Gerichte. €-€€

Für zwischendurch – **All'Arco Antico:** Via d'Alacron 40, auf Facebook. Enoteca mit Bar in der ›zweiten Reihe‹ in der Fußgängerzone für kleine Mahlzeiten zwischendurch. Mittagspause möglich (weil eigentlich Verkaufsladen), sonst bis nach Mitternacht geöffnet.

Einkaufen

Mineralien – **La Piccola Miniera:** s. S. 287. Große Auswahl an Mineralien.

Aktiv

Baden – **Spiaggia di Barbarossa:** ca. 1,5 km östlich.

Bootsausflüge – **Motobarca Dollaro II:** Mobil-Tel. 328 689 02 27, dollaro2@infoelba.it, Juni–Sept. Abfahrten 9.45, 15.30 Uhr, Fahrdauer je 3 Std., Erw. je nach Saison ca. 25 €.

Segeln und Windsurfen – **Ciclo Velico:** Via Veneto 13, Tel. 0565 95 78 67.

Geräteverleih – **Spazio Mare:** Spiaggia La Rossa, Tel. 0565 951 12, www.spaziomare.it.

Tauchen – **Due Passi nel Blu:** Banchina IV Novembre 2, Tel. 0565 92 00 61.

Tennis – **Longone Tennis Club:** Viale Europa, Tel. 0565 95 78 45.

Termine

Madonna di Monserrato: 8. Sept. Am Tag der Geburt Mariä ist die kleine Kapelle am Rande des 390 m hohen Monte Castello Ziel einer eindrucksvollen Wallfahrt.

Verkehr

Boote: Fährverbindungen mit der Insel Pianosa und mit Rio Marina.

Rio nell'Elba 13

Das einstige Bergarbeiterdorf **Rio nell' Elba** in 178 m luftiger Höhe inmitten des Gebirgszuges, der im Nordosten eine Halbinsel bildet, ist mit seinen steilen, engen und verwinkelten Gassen noch recht ursprünglich geblieben. Es soll einer der ersten bewohnten Flecken Elbas gewesen sein. Die Ruine der nahen **Fortezza Volterraio** (11. Jh.) steht auf einer etruskischen Akropolis, ringsum gab es bereits in der Antike mehrere Erzgruben. Bis zur Schließung der neuzeitlichen Gruben bildeten Rio nell'Elba und Rio Marina die Hauptindustriezentren der Insel.

In den letzten Jahren hat man Rio nell'Elba etwas aufgefrischt, den steil am Hang angelegten Stadtpark mit den überdimensionierten Treppen unterhalb der Piazza Matteotti mit Bänken und Kinderspielplatz ausgestattet. Oben auf der Piazza mit der **Chiesa Fortezza San Giacomo e Quirico Martiri,** die über einer pisanischen Festung (um 1300) errichtet wurde und daher noch so verteidigungswillig aussieht, trifft sich alles, was sich sehen lassen will oder etwas zu besprechen hat. Übrigens: Montags bleiben praktisch alle Lokale des Ortes geschlossen (Ausnahme höchstens im Hochsommer).

Überall im Dorf ist die Präsenz und damit die Bedeutung von Wasser spürbar: Brunnen auf den kleinen Plätzen und in den engen Gassen, aber auch der große öffentliche Waschplatz, die **Lavatoi Púbblici Comunali,** zu denen Hinweistafeln führen und die wunderbar restauriert wurden.

Museo Archeologico Isola d'Elba

Via Mazzini, www.archeominelba.it, Juni–Mitte Okt. Fr, Sa, im Juli auch Do 10.30–12.30, 17–19.30, So 10.30–12.30 Uhr, im Winterhalbjahr Termin vereinbaren, Tel. 0565 96 20 88, Erw. 5 €

Das **Archäologische Museum,** zentrumsnah in der modernen Sala Barcocaio unterhalb der Terrazza Barcocaio untergebracht, besteht im Grunde aus zwei Museen: Im **Museo Civico Archeologico** wird die Geschichte Rios durch die Brille der Bergwerksarbeit lebendig dargestellt, dazu gesellen sich Exponate aus vorgeschichtlicher Zeit, aus der Zeit der Etrusker, der Römer und aus dem Mittelalter. Die **Collezione dei Minerali Elbani della Gente di Rio** präsentiert ca. 7000 elbanische Mineralienfunde.

Botanischer Garten

Località Santa Catarina, www.islepark.it/visitare-il-parco/elba, April–Juni Do–So 11–18, Juli–15. Sept. Di–So 15–20, 16. Sept.–Nov. Fr–So 10–13 Uhr oder nach Vereinbarung unter Tel. 0565 94 34 28, Erw. 4 €

Beim kleinen **Eremo di Santa Caterina** nördlich von Rio liegt der **Orto dei Semplici El-**

Aktiv

TREKKING IN ELBAS ZENTRALMASSIV

Tour-Infos

Start: Porto Azzurro
Karte: S. 279
Länge: 15,5 km
Dauer: ca. 8 Std.

Wichtige Hinweise: Organisiert ist diese Strecke Teil einer viertägigen Wanderung, zu buchen bei **Il Viottolo,** Via Fucini 279, Marina di Campo, Mobil-Tel. 329 736 71 00, www.ilviottolo.com.

Diese großartige Wanderstrecke, die auch organisiert angeboten wird (s. oben), führt von Porto Azzurro über das sogenannte Zentralmassiv Elbas nach Marina di Campo. Sie ist etwas für Urlauber, die an Geschichte interessiert sind, aber vor allem schöne Landschaften genießen möchten.

In Porto Azzurro befindet man sich noch in Meereshöhe, doch bald geht es durch die Valle del Botro zum Capo Galletti hinauf, um mit der **Valle del Buraccio** rund 250 m Höhe zu erreichen. Hier werden Wein und Oliven kultiviert. Das ganze Tal abwärts gehend kommt man zu den Weinbergen von **Casa Marchetti** in nur 10 m Höhe.

Von hier geht es wieder hinauf, umgeben von duftenden Rosmarinbüschen und Ginster. Angepeilt ist der 377 m hohe **Monte Orello,** der höchste Punkt der Wanderung. Hier kann man ein atemberaubend schönes Panorama genießen: im Norden liegt Portoferráio, im Süden erstrecken sich die beiden Golfe von Lacona und Stella. Hier oben finden sich noch militärische Festungen aus dem Zweiten Weltkrieg.

Vom Monte Orello absteigend, kommt man durch einen alten Korkeichenwald und zur Quelle des bereits von den Etruskern benutzten **Fonte agli Schiumi.** Der Weg führt weiter zum **Passo di Colel Reciso** (200 m), beeindruckend durch einen großen Kalksteinbruch.

Ab hier geht der Aufstieg auf das eigentliche Zentralmassiv los, zum **Poggio del Molino al Vento** in 288 m Höhe. Hier findet man mitten auf den Wiesen die Ruinen der alten, namengebenden Windmühle. Und hier spürt man es: Die Mühle hatte keine Mühe, ihre Räder vom Wind drehen zu lassen! Dann erst der Blick auf den Golf von Lacona!

Weiter geht's recht steil in Richtung Monte Barbatoia (368 m), doch das eigentliche Ziel ist der **Monte San Martino** (360 m), ziemlich genau die Mitte Elbas, der nach wenigen Minuten erreicht ist. Beim Abstieg, das Literno-Tal rechts lassend, führt der Weg über einen Maultierpfad zum **Passo del Monumento** (263 m) und weiter ansteigend unter hohen Erdbeerbäumen und Baumerika, hinter denen sich noch manche Bunker verbergen, wird der Gipfel des 277 m hohen **Monte Tambone** erreicht. Kein Wunder, dass er als einer der schönsten Aussichtspunkte der Insel gilt!

Auf dem Abstieg nach **Marina di Campo** begleiten uns wiederum aromatisch duftende Macchia-Büsche. Unten angekommen, hat man sich den fast weißen feinen Sandstrand zum Ausruhen bestimmt verdient.

bano, der sich der Flora des gesamten Toskanischen Archipels widmet. Die Liste der hier wachsenden Pflanzen führt 1568 verschiedene Arten auf; 1209 von ihnen wachsen allein auf Elba, also eine ungewöhnliche Vielfalt, die u. a. durch die ›spontane‹ genetische Veränderung der Pflanzen zu erklären ist. Die Gefahr, dass der Garten nicht mehr öffentlich zugänglich sein könnte, scheint gebannt. Er ist jetzt Teil eines Projektes zum Erhalt und zur Erforschung der Flora Elbas. Gefördert werden auch musikalische Abende beim Eremo di Santa Caterina.

Übernachten

Camping – **Sole e Mare:** Località Nisporto, nordwestlich im Westen der Halbinsel, Tel. 0565 93 49 07, www.soleemare.it, ganzjährig. Drei-Sterne-Campingplatz bzw. Feriendorf mit Apartments und Bungalows, Restaurant, Pizzeria, SB-Supermarkt, großem Sportangebot, Tauchschule. €

Essen & Trinken

Mit grünem Wintergarten – **Da Cipolla:** Piazza del Popolo 1, Tel. 0565 94 30 68, tgl. 7–24 Uhr. Kleines familiäres Lokal, Bar/Café oberhalb der Piazza Matteotti. Lokale Gerichte wie *sburrita* aus (entsalztem) Stockfisch, Fisch-Gnocchi, schwarzer Risotto, Fisch-Frittura, aber auch Rindersteak. €

Rio Marina 14

Das einladende Hafenstädtchen **Rio Marina** 3 km östlich mit seinem vom Uhrturm bewachten Fährhafen ist inzwischen auf Tourismus eingestellt, den es trotz seiner geringen Größe mit einer erstaunlichen Vielfalt an Restaurants und Lokalen bedient. Wenn montags vormittags Markt herrscht, ist kein Parkplatz zu finden, und nach 14 Uhr füllen sich auch die Lokale mit hungrigen Marktleuten. Also hier lieber an einem anderen Tag eine kulinarische Pause einlegen! Vom Hafen steigt hinter dem dekorativen Uhrturm die Altstadt auf, deren Häuser schlicht, aber in schönen Erdfarben bemalt sind: gelb, ocker und altrosa. Dem Hafen gegenüber, unterhalb vom Museum, liegen einige Kneipen, mehrere in der kurzen Fußgängerzone auf halber Höhe.

Museo dei Minerali Gennai Tonietti

Via Magenta 26, https://parcominelba.it, April–Okt. 9.30–12, 15.30–18.30, Juli, Aug. 9.30–12.30, 15.30–19 Uhr, sonst nach Vereinbarung unter Tel. 0565 96 20 88, Erw. 5 €, Touren (nur nach tel. Vereinbarung) 13–19 €

Von der Bergwerksgeschichte des einstigen Erzverladehafens zeugt das **Museo dei Minerali Gennai Tonietti,** das mit dem **Parco Minerario** zusammengelegt wurde und nun im früheren Verwaltungsgebäude von Italsider, dem Palazzo Burò, zu besichtigen ist. Das Museum besitzt knapp 1000 Beispiele der auf Elba gefundenen Mineralien und Erze, mit genauen Angaben ihrer Fundorte. Gezeigt werden darüber hinaus alte Arbeitsgeräte und historische Fotos sowie ein kleiner Abschnitt eines nachgebauten Schachtes. Man kann sich im Museum auch für **geführte Touren durch nahe Erzgruben** anmelden

Übernachten

Traditionshaus – **Rio sul Mare:** Via Palestro 31, Tel. 0565 92 42 25, www.hotelriomarina.com, Mai–Okt. Traditionsreiches, renoviertes Hotel (Palazzo aus dem 19. Jh., hier wohnten die Mitarbeiter der Minenbetreiber) nahe beim Hafen. 35 unterschiedliche, zweckmäßige, zum Teil klimatisierte Zimmer, im 3. Stock mit Terrassen, zwei Salons, Innenhof, Menüvereinbarung mit Da Oreste (s. Essen & Trinken). €€

Essen & Trinken

Lokale Spezialitäten – **Da Oreste – La Strega:** Piazza Vittorio Emanuele 6, Tel. 0565 96 22 11, Ruhetag Mo (außer Juni–Sept.), Jan., Febr. geschl. Gemütlicher kleiner Raum, große Sommerterrasse. Regionales wie *seppie* süß-sauer mit Gemüse, Thunfisch mit Tomaten, Olivenöl und Zwiebeln, Pasta mit Fisch und Meeresfrüchten. Fangfrischer Fisch, auch Fleischgerichte, hausgemachte *dolci* und Brot, lokale Weine. €–€€

Einkaufen

Markt – Jeden Montag Vormittag Wochenmarkt in Rio Marina.

Termine

I Fiori della Terra: Juni. Mineralienausstellung »Blumen der Erde«, bei der man Mineralien bewundern, aber auch kaufen bzw. tauschen kann. Informationen beim Parco Minerario, Tel. 0565 96 20 88.

San Rocco: 16. Aug. Patronatsfest mit Umzügen, Musik und Jahrmarkt.

Verkehr

Schiff: Ab Rio Marina Fährverbindungen mit Booten von **Moby Line** und **Toremar** (s. S. 274) mit Pianosa und nach Piómbino, dorthin auch mit Schnellbooten von Toremar.

Cavo 15

Ganz im Nordosten der Insel, in **Cavo,** können nicht nur Erzgruben besichtigt werden. Hier steht auch die Kirche der Bergleute, die **Chiesa Santa Barbara**. Cavo umgeben dichte Pinienwälder, die Küste gestalten sonnige felsige, aber auch sandige Buchten. Cavo ist ein netter, einfacher Ort, der nur im Sommerhalbjahr zum Leben zu erwachen scheint, wenn auch Wassersportler die nahen Buchten bevölkern, im Bootshafen die Schnellboote aus Portoferráio einfahren oder dorthin abfahren.

Übernachten

Familiär – **Maristella:** Cavo/Rio Marina (LI), Lungomare Kennedy 4, Tel. 0565 94 98 59, www.hotelmaristella.com, April–Sept. Freundliches Familienhotel in zwei Villen unter hohen Pinien gegenüber der Meerespromenade. 24 Zimmer, zwei Suiten, Restaurant, Parkplatz. Normalerweise nur mit Halbpension buchbar. €–€€.

Am Yachthafen – **La Vecchia Scuola:** Lungomare Michelangelo 5–7, Mobil-Tel. 338 348 98 46, www.lavecchiascuolasuites.com. Das hübsche Hotel bietet gut eingerichtete, helle Apartments zur Selbstverpflegung, einige mit Meerblick; Parkplatz. €

Verkehr

Schiff: Schnellboote und Fähren verbinden im Sommer Cavo mit Portoferráio.

Inseln rund um Elba

Die vier kleinsten Inseln des Toskanischen Archipels gehören zusammen mit Elba zur Provinz Livorno und werden touristisch vom Infobüro Arcipelago Toscano gemeinsam mit Elba betreut. Capráia liegt nordwestlich von Elba, Pianosa südwestlich davon; westlich von Livorno, also weit im Norden, liegt Gorgona, ganz im Süden Montecristo. Alle Inseln gehören wie Elba und Gíglio zum hier besonders strengen Schutzbestimmungen unterworfenen Naturpark Arcipelago Toscano.

Während man Capráia problemlos von Elba aus erreichen kann, muss man sich für Pianosa, das täglich höchstens 400 Personen besuchen dürfen, einer organisierten Tour anschließen. Gleiches gilt auch für die kleine Insel Montecristo. Gorgona schließlich mit seiner wunderbar wilden Natur und dichten Macchia wird noch immer fast vollständig von der bereits 1869 eingerichteten Strafanstalt eingenommen und ist nur sehr eingeschränkt zugänglich.

Capráia ▸ A 9

Die bewohnte Insel **Capráia** (19,5 km^2, rund 400 Einw.) mit ihren steilen Felsenküsten und geradezu wilder Landschaftsszenerie ist vulkanischen Ursprungs und unter passionierten Unterwassersportlern sicherlich kein Geheimtipp mehr. Mit dem **Monte Arpagna** erhebt sich das Inselchen immerhin 410 m aus dem Meer und bietet sich auch im Inneren sportlichen Naturen an: für Wanderungen. Kaum zu glauben, dass es hier von 1873 an eine landwirtschaftliche Strafkolonie gegeben hatte, die erst 1986 schloss und damit die Bahn frei machte für die Aufnahme in den Nationalpark des Toskanischen Archipels 1989.

In **Porto,** wie der kleine Hafenort einfach heißt, verbindet eine nur 800 m lange Asphaltstrecke den Hafen mit dem Dorf, mit **Paese.** Sonst gibt es nur Pfade, gemauerte Wege und Staubstraßen. Besonders sympathisch ist die Bestimmung, dass man im Sommer sein Fahrzeug nur bis zu einer Stunde nach Ankunft und ab einer Stunde vor Abreise benutzen darf – also lassen vernünftige Reisende ihr Fahrzeug lieber auf dem Festland stehen (was auch eine Kostenfrage ist, denn der Fährtransfer ist nicht gerade billig). Ein kleiner Bus verbindet die beiden Ortsteile von 7 bis 1 Uhr miteinander.

Außer Natur hat die Insel auch kleine historische Attraktionen zu bieten: Porto, die einzige Siedlung der Insel, wird vom **Forte San Giorgio** (12. Jh.) bewacht und hatte seine größte Bedeutung zur Zeit der Sarazenenüberfälle. Ähnlich trutzige Verteidigungstürme besitzt Capráia rings um die Insel noch dreimal, typisch für die einst waffenstarrende Insel, die am besten geschützte des Archipels. Die niedrigen Häuser aus lokalem Stein sind verputzt und in zarten Pastellfarben gestrichen. In der Mitte erhebt sich das größte Gebäude der Insel, der sogenannte **Palazzone,** von den Savoyern 1838 errichtet. Hier versuchte man mit einer Zigarrenfarbrik der Inselwirtschaft einen Anschub zu geben.

Zu den ältesten Bauten auf der Insel zählen die Kirche **Santo Stéfano** aus dem Jahr 800, die im 11. Jh von den Pisanern nach einem Sarazenenüberfall wiederaufgebaut wurde (südlich von Paese), einige Häuser aus dem 15. Jh. und die **Himmelfahrtskirche** aus dem 11. und 12. Jh. in der kleinen Hafensiedlung sowie **San Giorgio** (15. Jh.) auf der Spitze von Bricco. Keine Frage, dass auf der naturgeschützten Insel die Macchia in den schönsten Farben blüht und die Düfte ihrer Wildkräuter unbeschreiblich sind. Ein großer Teil der Flora ist sogar endemisch, kommt also nur auf Capráia, der Insel der Ziegen vor. Auch die Fauna kann sich sehen lassen, außer Silbermöwen leben hier Haubenkormorane, Sturmtaucher, die Korallenmöwe mit dunklem Schnabel, Fischadler und Bussard, Wander- und Turmfalke; das Vorkommen von Säugetieren ist allerdings auf Kaninchen und Mufflons beschränkt.

Infos

Agenzia Viaggi Parco: 57032 Isola di Capráia (LI), Via Assunzione 42, Tel. 0586 90 52 35, www.isoladicapraia.it.

Übernachten

Mediterrane Apartments – **Solmar:** Porto Turistico, Via Assunzione 100, Tel. 0586 90 51 98, www.solmar.it. Modernes Ferienhaus mit 10 unabhängigen, verschieden großen Apartments mit Kochnische für 2–6 Pers., direkter Zugang zum Meer, tage- und wochenweise buchbar. €€

Mit Kastellblick – **Da Beppone:** Porto Turistico, Via Assunzione 78, Tel. 0586 90 50 01, Jan., Febr. geschl. Familiengeführtes Haus mit zwölf Zimmern, Restaurant. €–€€

Camping – **Le Sughere:** Porto Turistico, Via delle Sughere 1, Tel. 0586 90 50 66, www.campeggiolesughere.it, April–Sept. Hübscher Campingplatz mit Bungalows unweit vom Hafen. Restaurant. €

Essen & Trinken

Mehrere Lokale in Porto und Paese (Dorf), u. a. **La Garitta,** Tel. 0586 90 52 30, und **Da Beppone** (s. Übernachten).

Aktiv

Bootstouren – **Inselumrundung per Boot:** Ausflugsangebote am Hafen.

Tauchen – Die Tauchgründe rund um Capráia gehören wegen der artenreichen Unterwasserwelt und der vielfältigen Felsformationen an der Küste zu den schönsten des Mittelmeeres. In der Nähe der Sandbänke, 200–500 m von der Küste entfernt, sind u. a. Barrakudas und Zackenbarsche zu entdecken. Doch Vorsicht: Streng geschützten maritimen Regionen darf man sich von Mai bis Juni weder zu Fuß noch mit dem Boot nähern, geschweige denn dort tauchen. Das gilt auch im Süden der Insel für das Gebiet rund um Piano dello Zenobito, wo u. a. eine seltene Möwenart, die Korallenmöwe *(gabbiano corso; Ichthyaetus audouinii, auch: Larus audouinii),* nistet. **Capráia Diving Service:** Porto Turistico, Via Assunzione 100, Tel. 0586 90 51 37, www.capraiadiving.it. Auch nächtliche Tauchexpeditionen!

Wandern – 15 (!) Wege erschließen die Insel, mit einer Dauer zwischen 30 Min. und 5 Std. (hin und zurück). Auf der Website www.isoladicapraia.it sind einige genau beschrieben, allerdings auf Italienisch.

Verkehr

Schiff: 1 Std. 45 Min. braucht die Fähre von Portoferráio/Elba, 2,5 Std. von Livorno direkt, 3 Std. über die Insel Gorgona. Infos bei **Toremar Capráia,** Via Assunzione 18, Tel. 0586 90 50 69 oder schon in Deutschland unter Tel. 061 11 40 20, www.toremar.it.

Pianosa ▶ B 12

Seitdem die 10,25 km² kleine und höchstens 29 m hohe Insel **Pianosa** aus Muschelkalk und anderen Ablagerungen des Quartärs seit 1998 nicht mehr als Strafkolonie benutzt wird, gehört sie im Rahmen des Naturparks nun zu den besonders streng geschützten Inseln des Toskanischen Archipels. Was Sinn macht, denn rund 150 Jahre als Strafkolonie führten dazu, dass zumindest das Meer ringsum tatsächlich unberührt blieb und sich nun als Unterwasserparadies zeigt, speziell durch die ringsum gedeihende Posidonia, eine besondere, empfindliche und im Mittelmeer gefährdete Algenart.

So darf man sich nicht in Eigenregie der Insel nähern, folgerichtig auch nicht ankern, fischen oder tauchen; baden ist nur am ausgewiesenen Strand von **Cala Giovanna** gleich beim kleinen Hafen erlaubt. Wandern darf man, aber man sollte die Wege nicht verlassen, Blumen pflücken und Mineralien sammeln sind ebenso streng verboten wie Jagen, Feuermachen und wildes Campen. Hunde müssen an der Leine geführt werden. Übernachten kann man inzwischen im einfachen Hotel der Kooperative San Giacomo (s. rechts).

Die nahezu flache Insel (daher ihr Name: *pianosa,* die Flache) steigt gleich zweimal 29 m hoch, einmal nordwestlich des Hauptortes mit dem **Belvedere** und einmal südwestlich mit dem **Poggio alla Quercia.** Wie auf Capráia gibt es nur eine kurze Asphaltstraße zwischen der Cala San Giovanni im Süden und den Bagni di Agrippa am Ende der Cala Giovanna, dem Strand im Norden des Hafens. Alles andere sind Staubstraßen, die einst für die Erschließung der Äcker der Strafkolonien geschaffen wurden.

Beim Hafenort befinden sich **Katakomben**, vermutlich aus dem 4. Jh., die restauriert wurden und zugänglich sind. Einer der politischen Gefangenen 1932 auf Pianosa war der italienische Staatspräsident Sandro Pertini.

Infos

Im Internet: Gute Informationen zu Pianosa liefert die Website www.pianosa.net.

Übernachten

Inseltypisch-einfach – **Albergo Milena (Albergo Pianosa):** Mobil-Tel. 345 985 38 62 (WhatsApp), www.albergopianosa.it. Nov.–Febr. außer Neujahr geschl. Elf einfache Doppelzimmer und ein Einzelzimmer, alle mit Bad, von der lokalen Kooperative geführt. Nur mit Vollpension buchbar. €€

Verkehr

Schiffsausflüge: Bootsverbindungen von **Toremar** im Sommer tgl. ab Piómbino und Rio Marina mit den Fähren von **Toremar,** www.toremar.it. Außerdem (Tages-)Ausflugsfahrten, die an den Häfen Elbas angeboten werden.

Montecristo ▶ C 13

Bootsausflug mit geführter Wanderung ab Elba, Gíglio oder Porto Santo Stefano, Infos: http://prenotazioni.islepark.it, 120 €

Ein interessantes Reiseziel ist **Montecristo,** die 10,39 km² kleine Insel mit einem Benediktinerkloster aus dem 16. Jh., das Alexandre Dumas zu seinem Roman »Der Graf von Montecristo« inspirierte. Die Insel lockt außerdem mit ihrer zerklüfteten Küste und dem höchsten Granitgipfel, der bis 645 m aus dem Meer emporsteigt. Die Insel gehört zum Parco Nazionale del'Arcipelago Toscano und steht seit 1997 unter strengem Naturschutz.

Grossetos Küste und die Maremma

Die große Provinz Grosseto mit der gleichnamigen Hauptstadt und dem hübschen Massa Maríttima als urbane Zentren besitzt wichtige etruskische Fundorte und eine abwechslungsreiche Küste; dieser vorgelagert sind die Halbinsel Monte Argentario, die beliebte Badeinsel Gíglio und das gern besuchte Eiland Giannutri.

Der Name Maremma wird gerne mit *amaro,* bitter, übersetzt aufgrund der harten Arbeit ihrer Bewohner und des Leidens in den sumpfigen, einst von Malaria verseuchten Gebieten. Er kommt aber von *maríttima,* meernah. Die Landschaft erstreckt sich von der Küste weg, in Höhe von Massa Maríttima, über Grosseto als Mittelpunkt bis in die Region Latium, nach Tuscania und Tarquinia, den beiden bedeutenden Etruskerstädten kurz vor Rom. Die Maremma entspricht damit im Großen und Ganzen der Provinz Grosseto – einer sehr ländlichen Provinz mit nur zwei bedeutenden Städten: der gleichnamigen Provinzhauptstadt fast im Zentrum und Massa Maríttima im Norden.

Die Maremma ist Etruskerland, mit einigen interessanten Nekropolen wie jene unterhalb des kleinen Ortes Vetulónia (s. S. 300) und mehreren leider geplünderten oder gar völlig verschütteten. Und mit typisch etruskischen Gründungen in der Alta Maremma auf hohen Tuffgraten wie Pitigliano und Sovana, deren heutiger Charakter innen freilich vom Mittelalter geprägt wurde.

Bis zur Regionalgrenze mit dem Latium prägen Flussmündungen, Bäche und Kanäle das Landschaftsbild ebenso wie die grüne Pineta del Tómbolo und der vielleicht schönste Naturpark der Toskana, der Parco Naturale della Maremma mit den Monti dell'Uccellina.

Die frühere Insel Monte Argentario, ein Berg mit einem schönen Hafenort und einem begehrten Ferienhafen, ist durch drei Dämme mit dem Festland verbunden. Dazwischen liegt in der Lagune das hübsche, aber von Stechmücken geplagte Orbetello und auf dem Festland gegenüber ein etruskisches oder doch römisches Wunderwerk der Ingenieurbaukunst, die Tagliata Etrusca, die den damaligen Hafen vor Verlandung schützte.

Einst galt das Land zwischen Follónica und über die Grenze zum Latium hinweg bis vor Tarquinia als verflucht, weil durch Malaria verseucht. Doch heute lebt die Provinz Grosseto nicht schlecht vom Hinterland der inzwischen trocken gelegten Maremma. Das intensiv landwirtschaftlich genutzte Gebiet ist sehr fruchtbar, Haupteinnahmequellen sind Getreide- (wie zur Römerzeit, vor der Versumpfung) und Weinanbau, Pferde- und vor allem Rinderzucht (weiß-graue, riesige *maremmane*). Die Cowboys der Maremma, die *bútteri,* sind anders als die Schäfer der Toskana bereits vor Generationen nicht aus Sardinien eingewandert, sondern aus dem Veneto. Die Hügel des Hinterlandes gelten als begehrtes Jagdgebiet, und in den Flüssen und zahlreichen Kanälen zur Entsumpfung des Gebietes wird kommerzielle Fischerei betrieben.

Auch von ihren Stränden lebt die Maremma nicht schlecht, die man in dieser Region Küsten-Maremma nennt: Punta Ala ist der Retortenort mit einem der größten Jachthäfen des Tyrrhenischen Meeres und ein Golfer-Dorado, das man freilich bezahlen können muss – Castiglione della Pescáia dagegen der gewachsene Fischerort, noch immer hauptsächlich von regionalem Tourismus geprägt.

Massa Maríttima ▸F 9

Das städtebauliche Juwel am südlichen Rand der Colline Metallífere beeindruckt in 560 m Höhe durch seine geologische Schräglage, die sich besonders hübsch in seinem Zentrum, dem Domplatz, eigentlich Piazza Garibaldi, zeigt.

Zweimal im Jahr steht **Massa Maríttima** (knapp 8300 Einw.) im Mittelpunkt des Interesses: Im Mai und August wird das historische Spiel Balestra del Girifalco, das Armbrustschießen auf einen hölzernen Falken in prächtigen Renaissancekostümen, gespielt, einmal zu Ehren des heiligen Bernhard von Siena (1380–1444), der in Massa Maríttima zur Welt kam, und einmal in Erinnerung an die Gründung der Freien Kommune.

Die kleine Stadt war im Mittelalter Zentrum des Bergbaus in den metallreichen Hügeln. 1310 entstand hier der »Codice Minerario Massatano«, der in der Stadtbibliothek aufbewahrt wird: das erste modifizierte Berggesetz. Wie Grosseto litt die Stadt damals stark unter der Malaria, Ende des 18. Jh. wurden kaum noch 400 Einwohner gezählt. Erst das 19. Jh. brachte wieder Schwung in den Bergbau, der allgemeinen Industrialisierung folgend. Im 20. Jh. hingegen tauchten – trotz der Trockenlegung der Sümpfe ringsum (ab 1930) – neue Entvölkerungsgefahren auf: erst durch die starke Bombardierung im Zweiten Weltkrieg, dann durch die endgültige Schließung der Minen.

Heute setzen die Stadtväter auf eine touristische Zukunft. Dafür steht an erster Stelle das hübsche Stadtbild selbst: Die Altstadt *(città vecchia)* aus dem 13. und 14. Jh. rings um den Dom bietet durch die kompakte Struktur besondere städtebauliche Reize, ebenso die Neustadt *(città nuova)* bei der Burg. Sie brachten Massa Maríttima den Beinamen »Perle des Mittelalters« ein. An zweiter Stelle garantieren die unzähligen Ferienhäuser, vielfach in ausländischer Hand, einen zumindest in den Sommermonaten regen Zulauf und eine gesteigerte Nachfrage nach Lebensmitteln, Handwerkern, Restaurants etc.

Duomo San Cerbone

Piazza Garibaldi, tagsüber immer geöffnet, Eintritt frei

Von mittelalterlichen Bauten umgeben ist die unregelmäßige **Piazza Garibaldi**, mit den Cafés und Bars ringsum der Treff der Einheimischen am Abend, vor allem der Jugend, die ihre *passeggiata* in die Via della Libertà und weiter zur kleinen Piazza Cavour ausdehnt – und wieder zurück. An der Südseite der Piazza Garibaldi steht leicht erhöht und platzbestimmend der **Dom** mit seiner romanischen und pisanisch-gotischen Baudekoration. Zu ihm führt, fast theatralisch, eine breite und die Platzschräge ausgleichende Treppe hinauf, die auch den Campanile und den Bischofspalast einbezieht. Besonders hübsch wirkt der Campanile, dessen fünf obere Stockwerke durch immer mehr Klangöffnungen (2, 3, 4 und zweimal 5) eine gewisse Leichtigkeit erhalten; die große Vierungskuppel zeigt sich im Gegensatz zur äußeren Haut des Domes backsteinrot.

Die dreischiffige und siebenjochige Basilika ruht innen auf Marmorsäulen mit korinthischen Kapitellen. Gleich gegenüber dem (normalerweise seitlichen) Eingang ist das augenfälligste Kunstwerk des Domes, das Taufbecken aus einem einzigen Travertinblock, zu sehen, das Giroldo da Como 1267 schuf. Ein quadratisches, nicht wie sonst üblich oktogonales Bildhauerwerk mit einem Tabernakel in der Mitte, das erst in der Renaissance hinzu kam (um 1447). In diesem großen Becken wurde am 8. September 1380 Bernardino Albizeschi getauft, der spätere hl. Bernhard von Siena. Am Ende des linken Seitenschiffes befindet sich eine typische »Maestà« auf Goldgrund von Duccio (1316).

Palazzo del Podestà mit Museo Archeologico

Piazza Garibaldi, www.museidimaremma.it, Di–So 9.30–13, 15–19, Juli, Aug. tgl. 9.30–13, 16–20, 1.–15. Sept. Di–So 9.30–13, 16–20 Uhr, Erw. 3 €

Rechts vom Dom schaut auch der dreistöckige, mit Wappen geschmückte **Palazzo del Podestà** von 1225, Sitz des **Archäologischen Museums** mit den größten Schätzen der Stadt, auf die Piazza: Funde aus der etruskischen Siedlung und der Nekropole vom nahen Lago dell'Accesa (7.–6. Jh. v. Chr.) sowie römische Ausgrabungsstücke, außerdem Malerei des 14. und 15. Jh., darunter eine »Maestà« von Ambrogio Lorenzetti. Zu den Sammlungen gehört eine wundervoll schlichte Stele in Form eines Menschen mit schlanken Armen sowie angedeuteter Nase und Augen – der Mund fehlt wie bei den Stelen der Lunigiana (s. S. 236). Diese Stele di Vado all'Arancio stammt wie anderes prähistorisches Material aus dem 3. Jt. v. Chr. aus der Umgebung der Stadt.

Palazzo Comunale und Casatorre Biserno

Am Anfang der Passeggiata-Meile, also rechts vom Museum, erhebt sich nach einer schmalen Treppengasse, die abwärts führt, eine Reihe mittelalterlicher Paläste und Turmhäuser wie der frühere **Palazzo Comunale** (ab 1250) und die **Casatorre Biserno.** Gegenüber öffnet sich eine große Loggia mit dem einladenden Caffè Logge. Hier beginnt eine aufsteigende Gasse, die **Via Moncini,** die zum Arco Senese führt. Bleibt man auf der geraden **Via della Libertà,** hat man die Wahl zwischen mehreren Cafés und netten Geschäften, also zwischen Kaffeepause und Einkaufsbummel. Rechts führen die Gassen nach oben, links nach unten.

Arco Senese und Torre del Candeliere

Piazza Matteotti, www.museidimaremma.it, Turm: Di–So 10–19, 2.–6. Juni Di–Do 14–19, Fr–So, Fei 10–19, Juli–15. Sept. tgl. 10–20 Uhr, Erw. 4 €

Ein Bummel nach rechts führt durch Altstadtgassen, deren Häuser teilweise in den Felsen hineingebaut wurden. Manche kleinen Läden in ihnen verkaufen Mineralien, fantasievollen Schmuck und anderes Kunsthandwerk der Region. Oben angekommen, am schönsten wie bereits erwähnt über die zur Treppengasse übergehende Via Moncini, muss man den Kopf tief in den Nacken zurücklegen, um

Ein wenig bekanntes Juwel: der Domplatz von Massa Maríttima

den großartigen **Arco Senese** von 1337 mit seinem kühnen Bogen zu erfassen. Er verbindet die enge Festung außerhalb der Mauer der Altstadt (13. Jh.) mit dieser, scheint sich auf sie zu stützen. Die Festung von 1355 ist eigentlich nur ein Turm auf großem quadratischen Grund und wird **Torre del Candeliere** genannt. Der Aufstieg garantiert weite Aussichten in die sanfthügelige, grüne Maremma.

Bergbaumuseen

Im Gegensatz zur Altstadt mit ihren krummen Gassen ist die sogenannte Neustadt in akkurate Rechtecke aufgeteilt. Die Straßen sind gerade, müssen aber auch keiner Hanglage mehr folgen – man ist bereits ganz oben auf einer Art Plateau. Gegenüber dem Arco Senese steht an der Piazza Matteotti das eher bescheidene **Museo di Arte e Storia delle Miniere** (zzt. geschlossen). Wer sich für Bergbau interessiert, kann auch 300 m südlich des Domes am abschüssigen Südhang der Altstadt das **Museo della Miniera** (Via Corridoni, www.museidimaremma.it, Führungen Di–So 11, 12, 15, 16, 2.–6. Juni Di–So 11, 12, 15, 16, Juli, Aug. tgl. 11, 12, 15, 16, 17 Uhr, Erw. 6 €) in einer stillgelegten Stollenanlage besuchen.

Kloster Sant'Agostino und Chiesa di San Pietro all'Orto

Museo di Arte Sacra (Museo di San Pietro all'-Orto): Corso Diaz, www.museidimaremma.it, Di–So, Juli, Aug. tgl. 9.30–13, 15–19, 2.-6. Juni Fr–So 9.30–13, 15–19 Uhr, Erw. 5 €

An der Piazza Matteotti beginnt der schnurgerade Corso Diaz zwischen niedrigen Häusern hindurch zum aufgelassenen **Kloster Sant'Agostino** mit zauberhaftem Kreuzgang. Zusammengelegt mit der ebenfalls aufgelassenen **Kirche San Pietro all'Orto** wurde daraus ein **Ausstellungszentrum für zeitgenössische Kunst** (mit Wechselausstellungen) und der fest installierten Collezione Martini mit ca. 750 Werken sowie das **Museo di Arte Sacra** (auch: Museo di San Pietro all'Orto). Das Museum für Sakralkunst zeigt in fünf Sälen kostbare Kunstwerke aus den Kirchen und Klöstern Massa Maríttimas, entstanden während der Blütezeit der Stadt im 13. und 14. Jh.

Tipp

DIE WEINSTRASSE ENTLANG

»Strada del Vino Monteregio di Massa Maríttima« heißt ein jährlich erscheinender Führer (kostenlos bei den regionalen Infostellen erhältlich), der zahlreiche Vorschläge für Rundfahrten entlang der Weinstraße enthält, die durch die Gemeinden von Castiglione della Pescáia, Follónica, Gavorrano, Massa Maríttima, Monterotondo Maríttimo, Roccastrada und Scarlino führt. Neben Angaben zu den Weingütern bietet er auch aktuelle Informationen zu ländlichen Unterkunftsmöglichkeiten, Restaurants und Enotheken sowie zum Verkauf von regionaltypischen Produkten und Kunsthandwerk (www.visittuscany.com/de/routen/strada-del-vino-monteregio).

Infos

Ufficio Informazioni: 58024 Massa Maríttima (GR), Via Todini 3/5, Tel. 0566 90 47 56, www.comune.massamarittima.gr.it, www.coopcollinemetallifere.it. Für die gesamte Maremma.

Übernachten

Die Hotellerie der kleinen Stadt ist eher bescheiden, die meisten Touristen zieht es hinaus aufs Land, wo man zahlreiche Agriturismo-Angebote und Ferienhäuser für jeden Geschmack finden kann.

Landgut mit schöner Villa – **Tenuta del Fontino:** Località Accesa, ca. 11 km südlich, Tel. 0566 91 92 32, www.tenutafontino.it, Ostern–Nov. 23 unterschiedliche Zimmer, Suiten und Apartments, Pool, Restaurant, Parkplatz. In der Nähe Reiten, See zum Schwimmen, Trekking, Radfahren, Angeln. €€

Edel und zentral – **Residenza d'Epoca Palazzo Malfatti:** Via Moncini 10, Tel. 0566 90 41 81, www.palazzomalfattiresidenzadepoca.com. Historische Residenz (13. Jh.) in toller Lage; sechs Apartments gruppieren sich um einen überdachten Innenhof. €–€€

Familiär – **Duca del Mare:** Piazza Dante Alighieri 1/2, Tel. 0566 90 22 84, www.hoteldinardogroup.com/duca-del-mare, meist ganzjährig. Hotel gleich außerhalb der Stadtmauer. 28 Zimmer, Pool, Restaurant für Gäste, Parkplatz. €–€€

Jugendherberge – **Ostello per la Gioventù Sant'Anna:** Via Antonio Gramsci 7, Tel. 0566 90 11 15, www.fondazionesantanna.com/ostello. Religiöse Herberge, etwas Besonderes. €

Essen & Trinken

Zwei Sterne – **Bracali:** Loc. Ghirlanda, Via di Perolla 2, Tel. 0566 90 23 18, www.mondobracali.it, Ruhetage So, Mo, unbedingt reservieren! Das Highlight der maremmanischen Restaurants am Rand von Massa Maríttima, seit Jahren von Michelin mit Sternen bedacht. Kreative Küche, tolles Ambiente und perfekter Service. Für besondere Anlässe. €€€

Authentisch – **Osteria da Tronca:** Vicolo Porte 5, Tel. 0566 90 19 91, Ruhetag Mi (außer Aug.), 15. Dez.–1. März geschl. Echte Osteria mit guter Weinauswahl und heimischen Spezialitäten der Maremma wie Tortelloni, Kutteln und Kichererbsengerichte. €

Im Weinkeller – **Taverna del Vecchio Borgo:** Via Parenti 12, Tel. 0566 90 21 67, Ruhetage Mo, Okt.–Mai auch So, Abendlokal. Lokal in der früheren Cantina eines historischen Palazzo aus dem 17. Jh. Traditionelle Küche mit Hülsenfrüchten und Dinkel, *pici* mit Steinpilzen, Kaninchen und Spanferkel. €€

Trattoria – **Il Grosso:** Piazza Matteotti 6, Tel. 0566 90 14 57, Ruhetag Do. Freundliches Lokal unter der Loggia beim Minenmuseum der Neustadt. Speziell Pizza, Pasta, Aufschnitt. €

Abends & Nachts

Auf der Piazza Garibaldi gibt es mehrere Cafés und Bars wie das **Caffè Le Logge** mit Enothek. Auch nette Cafés in der Fußgängerzone der Via della Libertà wie die **Bar Centrale.**

Aktiv

Wandern, Radfahren, Reiten – Die Comunità Montana der Colline Metallíere hat an die zwei Dutzend Wanderwege ausgeschildert, die das Gebiet für Wanderer, Radfahrer und Reiter erschließen. Der Weg von Massa Maríttima zum **Lago Acceso** ist nur einer davon, aber ein besonders schöner mit vielen Aufs und Abs (bis zu 15 % Steigung). Infos unter www.unionecomunicollinemetallifere.it.

Termine

Balestra del Girifalco: So nach dem 20. Mai und 2. So im Aug. Historischer Wettstreit in Armbrustschießen (s. S. 295).

Verkehr

Busse: Die Verkehrsanbindungen an Massa Maríttima sind relativ schlecht, man braucht also ein Fahrzeug. Im Sommer Pendelverkehr nach Follónica, dort Anschluss an die Bahnstrecke.

Follónica ▶ E10

Das industriell geprägte Städtchen **Follónica** (21 400 Einw.) mit neuzeitlichen, allzu hohen Mietshäusern und dem schmalen Strand ist alles andere als eine Schönheit. Dennoch füllen sich Strand und Straßen während der Saison so sehr, dass Ruhesuchende besser einen Bogen um Follónica schlagen. Denn hier gibt es relativ preiswerte Unterkunftsmöglichkeiten in kleinen Hotels und Pensionen, und im dichten Pinienwald weiter südlich zwischen der Landstraße und dem Meer haben sich einige Campingplätze etabliert.

Infos

Pro Loco – Info Point Follónica: 58022 Follónica (GR), Via Roma 49, Tel. 0566 520 12, www.prolocofollonica.it.

Übernachten

Schlichtes Ferienhotel – **Parco dei Pini:** Via delle Collacchie 7, Tel. 0566 532 80, www.hotelparcodeipini.it. Jan., Febr. geschl. 25 Zimmer, Parkplatz. €€

Camping – **Il Veliero:** Località Pratoranieri, Tel. 0566 26 00 99, www.parcovacanzeilveliero.it. Vier-Sterne-Feriendorf 800 m vom Strand. Camping, Bungalows, Wohnwagen, Animation, zwei Pools, viele Sportmöglichkeiten, Wellnesscenter, Restaurant. €

Punta Ala ▶E 10

Auf beiden Seiten des Flusses Alma führt je eine Straße zur Spitze der Halbinsel **Punta Ala** inmitten eines der dichtesten und größten zusammenhängenden Pinienwälder der Toskana. Punta Ala ist vor allem für Bootsferien (einer der größten Jachthäfen des Mittelmeeres) und Golfspieler (Golfplatz zwischen den Hotels) interessant. Außerdem findet man hier die edelsten, wenn auch teuersten Strandbäder der Toskana!

Punta Ala war früher lediglich eine geografische Bezeichnung, ein General Mussolinis ließ sich an erhöhter Stelle ein Schlösschen erbauen – das war alles. Nach dem Zweiten Weltkrieg erwarb der Mailänder Ingenieur Pesenti das Gebiet und erschloss es. Es folgten Landverkäufe, der Bau von Privatvillen und 1960 die Eröffnung des ersten Hotels. Inzwischen finden hier Golfmeisterschaften und Reitturniere statt, Segelregatten und Kongresse.

Übernachten

Camping – **PuntAla Camping Resort:** Tel. 0564 92 22 94, www.campingpuntala.it. Mitte April–Ende Okt. Naturbelassener alter Pinienwald mit individuellen Stellplätzen im dichten Unterholz, langer, tiefer Sandstrand, nur durch eine bewachsene Düne vom Platz getrennt. Ein besonders schöner Vier-Sterne-Campingplatz mit hervorragender Infrastruktur, auch Bungalows. Kinderanimation, großer Spielplatz, großes Sportangebot, Hunde sind nicht erlaubt. €

Aktiv

Golf – **Punta Ala Golf Club:** Via del Golf 1, 58043 Punta Ala (GR), Tel. 0564 92 21 21, www.golfpuntaala.it. Einer der schönsten Golfplätze der Toskana (18-Loch).

Castiglione della Pescáia ▶F 11

Der Fischer- und Hafenort **Castiglione della Pescáia** (knapp 7300 Einw.) an der Mündung des Bruna liegt am Rande ausgedehnter Pinienwälder, die bis nahe an den Strand reichen. Oben auf dem Poggio Petriccio (342 m hoch) thront das hübsche **Castello** (ab dem 10. Jh.), von dem aus am besten zu erkennen ist, was die wahre Schönheit des bei italienischen Familien beliebten Badeortes ausmacht: Der Fluss, in den sich vorher zahlreiche Kanäle ergießen, bildet hier eine breite, lagunenartige Mündungslandschaft, teilt Castiglione in Alt- und Neustadt. Fischerkähne schaukeln in der Flussmündung und so manche Urlauberboote.

Weit und breit ist keine Industrie in Sicht, die Meer oder Luft verschmutzen könnte. Castiglione della Pescáia bietet eine schöne, heile Ferienwelt mit einer netten Meerespromenade zum Bummeln, vielen Restaurants und Bars, Pensionen und einem Campingplatz am Südufer. Ein durch und durch italienischer Ferienort, den ein paar fremde Genießer nicht aus der Ruhe bringen dürften.

Pineta del Tómbolo

Zum tief Durchatmen eignet sich die **Pineta del Tómbolo,** die sich am Meer entlang bis an die Ombrone-Mündung hinzieht. Der Name sagt es bereits: Pinien über Pinien. Die Strände davor, die schon zu Grosseto gehören, gehen ineinander über: **Marina di Grosseto,** das aus einfacheren Hotels besteht, aber eine hübsche Promenade direkt am Strand bekommen hat und ein guter Einkaufsplatz ist; daran anschließend das schlichte **Principina a Mare** mit Campingplätzen. Der hier breite und zur Entwässerung der **Palude della Tráppola** (Sumpfgebiet) von Kanälen begleitete Ombrone ergießt sich zwischen Principina Mare und Marina di Alberese ins Meer, nachdem er mit seinen großen Schleifen große Teile der Maremma geprägt hat.

Infos

Ufficio Informazioni: 58043 Castiglione della Pescáia (GR), Piazza Garibaldi 6, Tel. 0564 93 36 78, www.turismocastiglionedella pescaia.it.

Übernachten

Mit Strandbad – **Miramare:** Via Vittorio Veneto 35, Tel. 0564 93 35 24, www.hotelmira mare.info, Ostern–Okt., Dez. geöffnet. 37 teils renovierte Zimmer, Restaurant und eigenes Strandbad. €–€€

Am Kanalhafen – **L'Approdo:** Via Ponte Giorgini 29, Tel. 0564 93 34 66, www.approdo.it, ganzjährig. Größtes Haus des Badeortes, renoviert, freundliches Personal, 48 Zimmer, Restaurant, Parkplätze in der Nähe. €€

Essen & Trinken

Maremmanisch – **Ristorante nel Buco:** Via della Libertà 93, Mobil-Tel. 339 287 84 39, auf Facebook, nur abends, 15. Nov.–15. Dez. geschl. Auch nach dem Umzug, nun auch mit Terrasse, eine super Location für den Abend (Parken im Orto del Lilli). Maremma-Spezialitäten wie Lammragout, diverse Suppen, hausgemachte Pasta, fangfrischer Fisch. €€–€€€

Fischspezialitäten – **Da Antonietta:** Via Colombo 24, Tel. 0564 93 36 61, auf Facebook, Ruhetag Di. Gute traditionelle Fischer-Trattoria mit Wintergarten zum Kanalhafen unaufdringlich freundlich. Fisch und Meeresfrüchte, gegrillt oder ausgebacken. €

Aktiv

Segeln & Windsurfen – **Riva del Sole:** in der Ferienanlage Riva del Sole Resort & Spa, Mobil-Tel. 333 201 75 23. **Club Velico Castiglione della Pescáia:** Tel. 0564 93 70 98.

Vetulónia ►F 10

Empfehlenswert ist der Aufstieg zum mittelalterlichen, befestigten Dorf ganz oben auf einem Hügel, der schon den Etruskern gefallen hatte. An der höchsten Stelle des engen Dorfs (den Wagen besser auf dem ausgewiesenen Parkplatz stehen lassen) ist ein Stück ihrer zyklopischen Mauer erhalten geblieben. Das etruskische Vatluna war wegen der reichen Bodenschätze (Gold, Silber und Erz) in seiner Umgebung im 7./6. Jh. v. Chr. ein bedeutendes Mitglied des etruskischen Zwölferbundes. Von **Vetulónia** genießt man einen herrlichen Blick in die Maremmalandschaft und auf den 369 m hohen Poggio Bruno im Süden.

Museo Archeologico

Piazza Vetluna, www.museoisidorofalchi.it, Di–So, Mo (wenn Fei) April–15. Juni 10–18, 16. Juni–15. Sept. 10–14, 15–19, 16. Sept.–Okt. 10–18, Nov., Dez. 10–16 Uhr, Erw. 5 € inkl. Nekropolen

An der Piazza Vetluna befindet sich das 2000 errichtete kommunale **Museo Archeologico Isidoro Falchi** mit einigen Funden aus der Umgebung wie Münzsammlungen und Grabbeigaben; die wichtigsten bereichern freilich wie so oft die größeren, staatlichen Sammlungen.

Zona Archeologica

Unsichere Öffnungszeiten, Di–So Okt.–Febr. 10–16, März–Mai 10–18, Juni–Sept. (Juli, Aug. tgl.) 10–14, 16–20 Uhr, Eintritt frei

Das Grabungsfeld, die **Zona Archeologica** von Vetulónia, gerne Scavi Città genannt, ist relativ klein, gleich am Ortseingang auf der linken Seite frei zugänglich – es wird noch immer gegraben – und sogar auf Deutsch beschriftet. Erst 1983 bis 1986 wurde an diesem Hügel namens **Poggiorello Renzetti** ein Wohnviertel mit breiter, gepflasterter Straße freigelegt. Man erkennt auch Grundmauern von Atriumhäusern und Läden aus dem 3. bis 1. Jh. v. Chr., aus der römischen Zeit Vetulónias also, aus der man verzierte Terrakotten gefunden hat. Da Brandspuren gefunden wurden, geht man davon aus, dass dieses Wohngebiet durch Feuer zerstört wurde.

Etruskische Nekropolen

www.museidimaremma.it, Parkplatz ausgeschildert, Sa–Mo, Mi–Do Sommer 10/10.30–19, im Winter 8–17 Uhr; dann gehen die Tore zu einigen Gräbern ferngesteuert zu; Knopf für Alarmruf vorhanden!

Ausgrabungen am Poggiorello Renzetti bei Vetulónia

Am interessantesten sind die nahen **etruskischen Nekropolen.** Man fährt vom Dorf Vetulónia auf dem Hügel wieder hinab und vorbei am Ausgrabungsfeld. Bald danach biegt eine ins Tal führende Schotterstraße rechts ab. Man kann zwar mit dem Wagen bis zu fast allen Gräbern vorfahren, doch schöner ist eine Wanderung. Allerdings muss man dann zum Schluss den Weg zurück zum Parkplatz wieder aufsteigen!

Die erste sehenswerte Begräbnisstätte ist – nach der **Tomba Belvedere** – das komplexeste Hügelgrab von Vetulónia, der **Tumulo della Petraia** aus dem 7. Jh. v. Chr. Weil vermutlich das erste Grab noch beim Bau eingestürzt war, wurde darüber ein zweites errichtet mit Dromos und viereckiger Kammer, insgesamt ein 14 m hoher künstlicher Erdhügel mit einem Durchmesser von rund 60 m.

Überrestauriert scheint die **Tomba Diavolino II** dekorativ auf einem mit Olivenbäumen bepflanzten Hügel. Die Tomba Diavolino I sucht man hier vergebens: Sie wurde bereits Ende des 19. Jh. abgetragen und im Garten des Archäologischen Museums von Florenz wieder aufgebaut. Die Grabkammer von Diavolino II ist rechteckig, darauf ruhen die vorkragenden Steinplatten der Scheinkuppel, die original nur im unteren Bereich erhalten ist, weshalb man den oberen wieder aufgebaut hat. Der lange, teilweise überdachte Korridor (Dromos) führt zum Eingang.

Grosseto ▸ G 11

Karte: s. oben

Der Vergleich mag hinken angesichts der Größe, aber auch die wie Lucca flach in der

Landschaft und fast in Meereshöhe liegende Provinzhauptstadt **Grosseto** (knapp 82 200 Einw.) besitzt eine bewundernswerte Stadtmauer und wird deshalb von manchen Liebhabern Klein-Lucca genannt. Doch ihre Bewohner verlassen die Stadt, sie fliehen das *centro storico.* Zwar werden immer mehr mittelalterliche Paläste renoviert und dabei in kleine Wohneinheiten eingeteilt, der modernen Kleinfamilie angepasst, doch das sind Luxussanierungen mit nicht bezahlbaren Wohnungen für den normalen Grossetano. Dennoch gibt es in der Stadt auffallend schöne Geschäfte und gute Restaurants. Und Grosseto ist eine ruhige, bewohnbare Stadt, weshalb wiederum neuer Zuzug registriert wird – aus den größeren toskanischen Städten!

Im frühen Mittelalter war Grosseto im Schwemmland des Ombrone ein kleines Kastell an der Aurelia, einer der letzten Stützpunkte der Römerstraße vor ihrem Ziel Rom. 935 wurde die Stadt Bischofssitz. Den ersten zaghaften wirtschaftlichen Aufschwung erlebte sie nach einer wechselvollen Geschichte erst unter den Großherzögen der Toskana. Die Malaria blieb aber im Nacken: Je nach Zustand der Entwässerungskanäle bildete sie eine kleinere oder eine größere Gefahr. Erst die Trockenlegung des Sumpfgebietes der Maremma (ab 1930) brachte durch die fruchtbar gewordenen Ländereien Wohlstand, und die florierende Landwirtschaft zog einige Industrien nach sich; für die Alliierten im Zweiten Weltkrieg ein Grund mehr, die Stadt heftig zu bombardieren.

Grosseto

Sehenswert
1 Cassero Senese
2 Duomo San Lorenzo
3 Palazzo Aldobrandeschi (Palazzo della Provincia)
4 Museo Archeologico e del'Arte della Maremmal
5 Chiesa San Francesco

Übernachten
1 Fattoria La Principina
2 Airone
3 Bastiani Grand Hotel

Essen & Trinken
1 Buca di San Lorenzo da Claudio
2 Canapone
3 Enoteca Canapino
4 Il Canto del Gallo
5 Locanda de' Medici
6 Brezzi

Abends & Nachts
1 Gusti in Piazza
2 Caffè Latino

Aktiv
1 Vespa Noleggio

Cassero Senese 1
Öffnungszeiten und Eintrittspreise wechseln je nach Ausstellung, sonst Eintritt frei
Die sternförmige Stadtbefestigung mit ihren sechs Bastionen und den beiden Haupttoren, die von den Medici 1574–1593 errichtet wurde, ist zusammen mit den bereits von den Senesern gebauten Teilen inzwischen praktisch komplett restauriert worden. Man hat eine große Tiefgarage mit Park obenauf **(Piazza Caduti di Nassiriya** zur Erinnerung an die italienischen Soldaten, die am 12. November 2003 im Irak fielen) angelegt. So kann man sich im historischen Zentrum in Ruhe zu Fuß bewegen, ohne allzu lange Wege zum fahrbaren Untersatz zurücklegen zu müssen.

Vom Parkplatz kommt man über eine modern geschwungene Brücke zur erwähnten Festung, zum **Cassero Senese** (Bastione Fortezza) von 1345, einer großen Bastion in der Mauer. Sie ist von der Gotik geprägt wie vieles andere in Grosseto. Der Grund: Die Medici besaßen zwar während der Renaissance die Stadt, aber sie waren hier nicht präsent durch Paläste o. Ä., weil ihnen das Gebiet durch die Malaria zu ›ungemütlich‹ war. Seit der Restaurierung der Bastion ist sie Sitz der recht jungen Universität von Grosseto und Ausstellungsort. Geradezu furchterregend ist der Waffenhof, darunter die riesige Zisterne, die das Cassero bzw. die Soldaten darin autark machte. Hier erfreut ein **Freilichtkino** die Grossetani (Juni–Sept., Vorstellungen 19 und/oder 21 Uhr). Auch die Fluchtwege sind imposant – doch diese Festung hat sich niemals verteidigen müssen! Das erinnert wieder sehr an Lucca … Außerdem soll hier Salz gelagert worden sein, ehemals ein kostbares Gut.

Duomo San Lorenzo 2
Mo–So 7.30–12, 15.30–19 Uhr
Den sakralen wie profanen Mittelpunkt der Stadt bildet die **Piazza Dante** mit dem Denkmal für Leopold II. (1846). Platzbestimmend ist der **Dom,** der von 1294 bis 1302 auf den Grundmauern einer älteren Vorgängerkirche errichtet wurde. Seine Fassade erhielt er erst im ausgehenden 19. Jh., wenn auch dem Sieneser Stil angepasst. So weit das Äußere. Doch im Inneren wurde die romanisch-gotische Kirche wiederum neugotisch angepasst, was ein geübtes Auge an allzu akkurater Ausführung bemerken kann: an den Kreuzrippengewölben, an den Stützen, die mit Stuck verziert sind – da versuchte man einen sienesischen Stil in Weiß-Rot-Braun nachzuahmen, dabei liebte Siena nur Schwarz- bzw. Grau-Weiß.

Palazzo Aldobrandeschi (Palazzo della Provincia)
Im 19. Jh. bekam Grossetos Domplatz bzw. seine Fortsetzung, die Piazza Dante, um Einheitlichkeit zu erzielen, noch weitere Bauten im historisierenden Stil, besonders auffallend und platzbestimmend ist der **Palazzo Aldobrandeschi** 3, heute der Sitz der Provinzverwaltung (Palazzo della Provincia), ganz

im Stil des Rathauses von Siena. Dabei wurden sogar die gleichen Farben gewählt (unten weiß und oben backsteinrot) sowie Sienas architektonisches Lieblingsmotiv, der sogenannte Sieneser Bogen.

Museo Archeologico e dell'Arte della Maremma 4

Piazza Baccarini 3, www.museidimaremma.it, April–Mai Di–Fr 10.30–17, Sa, So, Fei 10–13, 16–19, Juni–15. Sept. Di–Fr 10–19, Sa, So, Fei 10–13, 17–20, Juli, Aug. Do–Sa auch 21–23, 16. Sept.–Okt. Di–Fr 10.30–17, Sa, So, Fei 10-13, 16–19, Nov.–März Di–Fr 9.30–13.30, Erw. 5 €

Im **Museum für Archäologie und Kunst der Maremma** im alten Palast des Tribunals aus dem 19. Jh. befinden sich mehrere Sammlungen, angefangen in Saal 1 mit der Collezione Giovanni Chelli (1860–1869). Chelli war ein rühriger Geistlicher in Grosseto, der mit dieser Sammlung das erste Museum der Stadt gründete. Die Säle 2–12 sind den Funden aus Roselle (s. S. 305) gewidmet, die Säle 13–23 weiteren etruskischen Funden aus den Nekropolen der Maremma, aus Vetulónia, Vulci, Populónia und Pitigliano, aber auch bedeutenden Exemplaren aus der früheren Villanova-Kultur; ebenso aus der Zeit der Romanisierung, der römischen Kaiserzeit und der Spätantike; ein neu geordnetes, wunderbares Museum, das man für das Verständnis der Archäologie und Kunst in der Maremma nicht missen sollte.

Chiesa San Francesco 5

Via Andrea da Grosseto, tgl. außer zur Mittagszeit geöffnet

Nördlich des Museums befindet sich eine weitere sakrale Stätte von Bedeutung, die **Chiesa San Francesco,** eine schlichte, einschiffige gotische Halle mit offenem Dachstuhl, die 1289 geweiht wurde. Ursprünglich benediktinisch, wurde sie wegen der Malaria verlassen und später den Franziskanern überlassen, die sie mitsamt dem dazugehörigen Kloster für ihre Bedürfnisse umgestalteten. Im 17. Jh. kam die freskierte **Capella Sant' Antonio** hinzu. Größte Kostbarkeit dürfte heute das Holzkruzifix auf Goldgrund von Duccio di Buoninsegna (um 1255–1319) sein, eine zarte Darstellung mit starker Betonung der S-Kurve, der Lendenschurz ist nur angedeutet.

Infos

Ufficio Turismo: 58100 Grosseto (GR), Via Colombo 5, Tel. 0564 48 88 82, https://new.comune.grosseto.it/web/uffici/ufficio-turismo. Infos zur Maremma insgesamt: https://quimaremmatoscana.it.

Übernachten

Auf dem Land – **Fattoria La Principina 1:** 58046 Principina Terra, 6 km südwestlich, Via San Rocco 465, Tel. 0564 40 03 75, www.fattorialaprincipina.it. Große Ferienanlage auf einem Landgut mit Hotel, Ferienwohnungen (wochenweise mietbar), großem Sportangebot, Wellnesscenter. 196 Zimmer, Restaurant, Parkplatz. €€

Komfortabel – **Airone 2:** Via Senese 35, Tel. 0564 41 24 41, www.hotelairone.eu. Nettes moderneres Hotel außerhalb der Mauern in ruhiger Wohngegend, das historische Zentrum noch gut zu Fuß erreichbar. 71 kleine, aber komfortable Zimmer. €€

Herrschaftlich – **Bastiani Grand Hotel 3:** Piazza Gioberti 64, Tel. 0564 200 47, www.hotelbastiani.com. Geschmackvolles und luxuriöses Haus in herrschaftlichem Palazzo mitten in der Altstadt. 48 Zimmer, vier Suiten. €€

Essen & Trinken

Verwöhnadresse – **Buca di San Lorenzo da Claudio 1:** Via Bertani 14/16, Tel. 0564 05 00 15, Ruhetage So, Mo, 6.–20. Jan. und 7.–21. Juli geschl. Das gemütliche Kellerlokal gilt als bestes Restaurant der Stadt im Zentrum. Stets frische Meeresspezialitäten, täglich wechselnde Menüs. €€€

Berühmt und viel gelobt – **Canapone 2:** Piazza Dante 3, Tel. 0564 245 46, www.facebook.com/RistoranteCanapone, Ruhetag So, Mi mittags, im Winter auch Mi abends. Seit 1949 und in dritter Generation existierendes Restaurant mit elegantem, raffiniertem Ambiente und fantastischer Küche der Maremma – für Reisende, die sich etwas Besonderes gönnen wollen und leisten können. €€–€€€

Mit Weinproben – **Enoteca Canapino 3 :** Piazza Dante 6, Tel. 0564 245 46, Ruhetag So. Weinbar und Enothek. Mittags kleine Gerichte wie Pasta und Salate, Aperitif mit Knabberzeug, schöne Antipasti, perfekte *acquacotta.* €€

Urgemütlich – **Il Canto del Gallo 4 :** Via Mazzini 29, Ecke Piazza Tognetti 2, Mobil-Tel. 339 184 41 46, nur abends, Ruhetage So, Mo. Typische Maremma-Küche in urgemütlicher Atmosphäre (ein langer Schlauch in ehemaligem Fischlager), immer gut besucht. Tipp: *acquacotta,* hausgemachte Pasta u. a. mit Wildschwein-, Pilz- oder Wildsugo, *peposo* (pfeffriges Gulasch vom Rind). Lokale Weine, auch biologisch angebaute. €€

Im Gewölbe – **Locanda de' Medici 5 :** Piazza del Popolo 5, Tel. 0564 41 07 44, www.locandademedici.it, abends, So auch mittags, Ruhetag Di. Treppenstufen führen außen am Haus hinunter zum stimmungsvollen Gewölbeambiente der Bastione della Rimembranza, einem früheren Luftschutzkeller. Die Küche ist typisch maremmanisch mit *acquacotta,* Pasta Tortelli und Tagliatelle sowie Wildschweingerichten; auf Vorbestellung gibt es auch Fisch! €€

Am Meer – **Brezzi 6 :** Marina di Grosseto, Via XXIV Maggio 38, Tel. 0564 344 47, Ruhetag Mo. Schlichte, typische Trattoria an der Meerespromenade. Fischspezialitäten, nicht aufregend, aber gut. €€

Abends & Nachts

Büfett – **Gusti in Piazza 1 :** Piazza Dante 18. Zentral am Dom gelegenes, neu gestaltetes Café, der Nachfolger des historischen Caffè Italiano. Die Wirtsleute sind sehr ambitioniert – mal sehen, wie es sich durchsetzt!

Südamerikanisch – **Caffè Latino 2 :** Via Garibaldi 17, 7 Uhr bis spät geöffnet. Bar, Café, lateinamerikanische Drinks, peppige Atmosphäre.

Freilichtkino in der Festung – **Cinema Cassero Senese 1 :** s. S. 303.

Aktiv

Vespa- und Radverleih – **Vespa Noleggio 1 :** Via Giusti, Ecke Via Baracca, Marina di Grosseto, Mobil-Tel. 392 872 21 30, www.vespanoleggio.com.

Verkehr

Bahn: Grosseto liegt an der EC-Bahnlinie Genua–Pisa–Livorno–Rom und wird etwa im Zweistundentakt angefahren.

Bus: Linienbusse verkehren etwa stdl. von Piómbino, Siena und Florenz nach Grosseto. Von Grosseto Busse der Gesellschaft **TIEMME,** www.tiemmespa.it, zu den wichtigsten Orten der Provinz.

Umgebung von Grosseto

Roselle ▶ G 10

www.museidimaremma.it, Ausgrabungsgelände Scavi di Roselle: tgl. 9.45-18.45 Uhr, Ticketschalter: tgl.9.45–13, 14.30–18 Uhr, Erw. 4 €

Rund 10 km nordöstlich von Grosseto befindet sich das zurzeit größte Grabungsfeld der Provinz, die sehr viel in die Kulturarbeit investiert hat – angeblich 8 % werden dafür bei der arbeitenden Bevölkerung auf die Einkommenssteuer aufgeschlagen!

Während man noch vor wenigen Jahrzehnten behaupten konnte, **Roselle** lohne den Ausflug nicht, wurde nach 1980 viel gegraben, und heute ist der Besuch des Ortes für geschichtlich Interessierte Pflicht! Roselle war eine der Städte des etruskischen Zwölferbundes. Ihre Blütezeit im 6. Jh. v. Chr. bezeugt die Stadt schon durch ihre in großen Zügen erhaltene, 3270 m lange **Stadtmauer.** Besonders imposant ist sie auf der unteren Hangseite, wo man innerhalb der Ausgrabungsfläche entlang laufen und die zyklopische Bauweise bewundern kann: Die Kalksteinblöcke sind bis zu 2 m hoch.

Anfänglich, so hat man hier rekonstruieren können, sollen in einer solchen etruskischen Stadt höchstens 50–70 Menschen gelebt haben, Menschen, die vor allem mit dem Erzabbau in den Colline Metallífere zu tun hatten. Die Lage war günstig, um die Transportwege durch Kanäle und über den Lago Prile zu kontrollieren. Doch dann führten die Ablagerungen der vielen Flüsse – Ombrone, Albegna, Bruna u. a. – zur Verlandung des Sees, was zur Versumpfung (und Malaria-Verseuchung) führte.

Roselle stand von Anfang an in ständiger Konkurrenz zu Vetulónia, das näher bei den Minen lag. 293 v. Chr. übernahm Rom den etruskischen Stadtstaat. Obwohl die Etrusker sowohl im Städtebau als auch im Kult einen höheren Standard als die Römer hatten, die sie gerne nachahmten, vereinnahmten. So kann man in der römischen Zeit gewisse Überschneidungen, aber auch die Fortsetzung des urbanen Lebens erkennen: beispielsweise mit den **Thermen,** die nun typisch römisch sind, oder den wunderbar mit großen Steinplatten gepflasterten **Straßen.** Oder die Mosaiken der Wohnhäuser: In der **Casa dei Mosaici,** die später in eine kleinräumige Therme aufgeteilt wurde, sind große Tierfiguren (Delfine, Tiger, Löwe, Pferd, Ziege u. a.) aus schwarzen Mosaiksteinchen auf rosa-weißem Grund erhalten geblieben.

Für den Bau des **Amphitheaters** (1. Jh. v. Chr.–1. Jh. n. Chr.) hatten die Römer ein etruskisches, mit Fresken verziertes Haus teilweise zerstört, um Platz für die große ovale Anlage zu schaffen. Hier ist noch schön das *opus reticulatum* zu erkennen, Mauerwerk aus quadratischen, auf die Spitze gestellten Steinen, die das Gesamtbild eines Netzes ergeben (lateinisch *rete* = Netz). Heutzutage bietet das Amphitheater einen schönen Rahmen für die sommerlichen Freilichtaufführungen, die stimmungsvoll mit unzähligen Kerzen beleuchtet werden; Stühle gibt es eher selten, man hockt sich mit der mitgebrachten Decke einfach auf den Boden.

Sieben Zufahrten besaß schon damals Roselle, an einer davon ist eine doppelte Tränke zu sehen: der untere Trog für das Pferd, der obere für den Reiter, der so auf dem Pferderücken bleiben konnte. Entlang der Zufahrtsstraßen wurden Überreste von Gräbern entdeckt.

✿ Parco Naturale della Maremma ▸F/G 11/12

Das letzte Stück relativ wilder Maremma zwischen Principina a Mare im Norden und Talamone im Süden wurde (u. a., weil hier im Winter viele Zugvögel Station machen) zum Naturpark erklärt: der **Parco Naturale della Maremma** oder **Parco Naturale Monti dell' Uccellina.** Dichte Steineichenwälder und Macchia bedecken die Monti dell'Uccellina, in der Ebene erstrecken sich große Weideflächen, einst für wilde, jetzt für frei lebende, gezüchtete Pferde und Rinder. Sumpfig ist die Mündung des Ombrone, der dank Naturschutz seine zerfranste Tümpel- und Seenlandschaft bewahren konnte. Im Norden des

Typisch für die Maremma: eine Allee prachtvoller Schirmpinien

Parks hat man von der **Torre di Castel Marino** einen wunderbaren Blick darauf. Unter dem Turm leben in einem schmalen Kanal golden schimmernde Schildkröten, über und über mit winzigen Goldpunkten übersät und nicht scheu, wenn man sich ruhig verhält. Und überall duftet es nach den Wildkräutern der Macchia im dichten Pinienbestand. Nahe dem wunderschönen, wild belassenen Sandstrand mit vielen liegenden, von der Sonne gebleichten Baumstämmen befindet sich eine **Felsenhöhle,** in der man Hinterlassenschaften der Neandertaler entdeckt hat. Weit und breit kein Kiosk, keine Bar. Also muss man zu essen und vor allem zu trinken mitnehmen (und den Abfall wieder einpacken!).

In **Alberese** befindet sich das Informationszentrum mit dem Ticketverkauf, denn den Park kann man nur gegen Gebühr zu festgelegten Zeiten und nur zu Fuß betreten bzw. mit dem parkeigenen Bus bis zum letzten möglichen Punkt fahren und dann weiter auf eigene Faust oder geführt wandern.

Im 100 km^2 großen, streng geschützten Naturpark kann man sieben gut ausgeschilderte **Wanderungen** von 4 bis 12 km Länge (Dauer zwischen 3 und 6 Std., s. Aktiv unterwegs S. 309) unternehmen, allerdings nur zu festgelegten Zeiten, so z. B. nicht im Hochsommer während der Mittagshitze, weil dann Brandgefahr besteht. Man kann sich auch geführten Gruppen anschließen oder eine nächtliche Wanderung unternehmen. Ferner ist es möglich, nach Voranmeldung den *bútteri,* den maremmanischen Cowboys, bei ihrer Arbeit zuzuschauen, denn im Park arbeitet das regionaleigene Agrargut, die **Azienda Agricola della Regione Toscana.** Im Mai werden die bereits drei Jahre alten, wild aufgewachsenen Pferde erstmals zugeritten, was einem großen Wildwestspektakel gleicht.

Wer nur Natur erleben und den ganzen Park erforschen bzw. erwandern möchte, sollte eine ganze Woche dafür einplanen und sich gleich in der Nähe einquartieren: entweder auf dem Land bei Alberese im Norden des Parks oder im kleinen, von der Rocca bewachten Festungsort **Talamone** ganz im Süden. Letzterer hat den Vorteil einer recht netten Hafenatmosphäre.

Infos

Parco Regionale della Maremma: Anmeldung im Besucherzentrum ›Centro Visite‹, 59010 Alberese (GR), Via del Bersagliere 7/9, Tel. 0564 39 32 38, www.parco-maremma.it, Mo–Fr 8.30–13.30, Sa, So, Fei durchgehend bis 16.30, im Sommer tgl. bis 18 Uhr. Auch Infos über Agriturismo-Betriebe in der Umgebung und weitere Tipps.

Öffnungszeiten: Normalerweise ist der Naturpark ganztags bis 1 Std. vor Sonnenuntergang zugänglich. Die Besucherzentren dagegen bleiben üblicherweise nur vormittags geöffnet - aber auch das kann schwanken. Für den Besuch des Parks gilt im Prinzip: tgl. Albarese 9–20, Talamone 16–20 Uhr. Buspendelverkehr stdl. ab Alberese, Rückkehr ab Parkstation Pratini spätestens 17 Uhr. Jeweils 1 Std. vor Sonnenuntergang wird der Park geschlossen. Eintritt je nach gebuchter Tour 4–10 €. Bei Eintritt in den Park vorsichtshalber genau erkundigen! Wanderungen s. Aktiv unterwegs S. 309, auch Radfahren möglich.

Übernachten

Mit Hafenblick – **Baia di Talamone:** Orbetello, Talamone, Via della Marina 23, Tel. 0564 88 73 10, www.hbt.it, April–Okt. Familiär geführtes kleines Hotel in wunderbarer Lage über dem kleinen touristischen Hafen von Talamone. Einige der 18 Zimmer und sechs Suiten haben einen kleinen Salon. Parken inkl. €€.

Nachhaltig geführt – **Il Duchesco:** Alberese Scalo, Strada Provinciale Albarese 59, Mobil-Tel. 338 846 26 59, www.ilduchesco.it, 10. Jan.–15. März geschl. Zehn schlichte Zimmer in Reihenhäuschen mit kleinem Vorgarten, gemeinsame Küche und Grillplatz auf biologisch arbeitendem Landgut (Solaranlage, Windpark, Recycling) am Rand des Naturparks 12 km vom Meer. Radverleih. Restaurant (€) Ostern–Sept., dann auch Halb- oder Vollpension möglich. €–€€

Essen & Trinken

Gemütlich – **La Nuova Dispensa:** Alberese, Via Aurelia Vecchia 11, Tel. 0564 40 73 21, Ruhetag Mi (im Winter). Kleine Osteria in schlichtem, langem Raum mit Cottoboden in einem Steinhaus gegenüber dem biologischen Landgut Il Duchesco (s. oben), Sommerterrasse. Reine Maremma-Küche: Gemüse-*crostini* der Saison, *pici* mit Tomaten- und Knoblauchsugo, *peposo* mit weißen Bohnen und Radicchio, Wildschwein, bestes Rindfleisch. €

Schöne Platten – **Il Duchesco:** s. oben, 12.30–19.30 Uhr, Ruhetag Di. Verkaufsladen mit Kleinigkeiten zu essen wie *crostoni* und *crostini*, gemischte Platten mit Schinken- und Wurstwaren, Käse sowie gegrilltes Gemüse. €

Einkaufen

Regionale Spezialitäten – Biologische Kosmetikartikel, Wein, Marmeladen, Olivenöl, Grappa etc. im Laden des **Duchesco** (s. oben).

Aus biologischem Anbau – **Terre Regionali Toscane** (ex Azienda Regionale Agricola di Alberese): Via dell' Artigliere 4, Alberese.

Aktiv

Reitvorführungen – **Associazione Butteri d'Alta Maremma:** Scarlino, Fattoria Ponte alle Catene, Mobil-Tel. 339 247 09 30, www.butteri-altamaremma.com.

Reiten – **Centro Ippico CIAM:** Roselle, Strada dello Sbirro 90, Mobil-Tel. 347 2917735, www.ciam.grosseto.it.

Wandern – Die Wanderwege im Naturpark in der Umgebung von Talamone sind nur über das Besucherzentrum von Caprarecce (Gemeinde Talamone, Tel. wie in Alberese, s. links) erreichbar (s. Aktiv unterwegs S. 309).

Aktiv

WANDERUNG IM MAREMMA-NATURPARK

Tour-Infos

Start: Pratini
Länge: 7,2 km
Dauer: mind. 3 Std.
Schwierigkeitsgrad: Auf der Wanderung sind 400 Höhenmeter zu überwinden, was eine gewisse Kondition erfordert.

Anstrengend, aber auf jeden Fall lohnend ist diese Wanderung durch den Naturpark der Maremma, der außer Natur auch wunderbare Aussichtspunkte bietet. Von **Pratini** innerhalb des Parks geht es nach rechts auf einen Pfad, der ca. 300 m zwischen Waldrand und einem alten Olivenhain verläuft und dann in den Steineichenwald führt, wo er gleich stark anzusteigen beginnt. Nach einem Kohlenmeiler wird es noch steiler, Büsche lösen immer mehr die Bäume ab. Hier ist eine erste Pause angesagt, zum Luftholen und um die herrliche Aussicht zu bewundern: über die dichte grüne **Pineta di Alberese** mitsamt zwei alten Wachttürmen am Strand weit unten. Im Norden sind wie auf einer Landkarte die **Palude della Tráppola,** die Sümpfe, zu erkennen, die sich bis zur Ombrone-Mündung mit Grasinseln und Wäldchen abwechseln.

Der Weg scheint nun ebener zu werden, doch bald steigt er wieder ein kleines Stück auf, jetzt durch Macchia, immer wieder mit weiten Ausblicken. Oben angekommen, durchquert man ein hohes Steineichenwäldchen bis zum Gipfel des 417 m hohen **Poggio Lecci,** ein eher kleines, baumloses Plateau mit großen alten Ginsterbüschen und duftendem Wildkräutergrund.

Im Blick von hier oben: der **Monte Argentario** mit der Lagune und den drei Dämmen von Orbetello; die Inseln **Gíglio** und **Montecristo,** in nördlicher Richtung **Elba.** Jetzt geht es links wieder abwärts, nach spätestens 15 Min. erscheint der helle Glockenturm der romanischen und romantischen **Abbazia di San Rabano,** die immer wieder von der Macchia verschlungen zu werden droht. An der Abteiruine vorbei geht man quasi auf einem Parallelweg zurück, wobei man von zwei Aussichtspunkten aus eine der wildesten und naturbelassensten Landschaften der Toskana betrachten kann. Dann folgt ein Waldstück, in dem die Quellen für die Versorgung der Abtei gefasst waren, danach geht es immer weiter abwärts, an einigen Kohlenmeilern vorbei. Durch einen kleinen Olivenhain und hinter einem Holzgatter kommt man zur einzigen Asphaltstraße im Park, der **Strada degli Olivi,** die nach Pratini zurückführt.

Monte Argentario

▶ G 13

Einen richtigen Inselcharakter hat der **Monte Argentario** nicht, weil er dreifach mit dem Land verbunden ist: über zwei natürliche Sandbänke – im Norden über den dicht mit Ferienhäusern besetzten **Tómbolo della Giannella,** im Süden über den **Tómbolo di Feniglia,** einen streng geschützten Naturpark mit uralten hohen Pinien – sowie in der Mitte über einen Damm (La Diga). Da der Argentario eigentlich ein massives Vorgebirge darstellt, zeigt er eine recht zerklüftete Küstenlinie, die fast überall steil ins Meer abfällt und an der sich kleine Buchten ausgebildet haben. Auf den Spitzen der Landzungen stehen Verteidigungstürme, Zeugen einer wechselvollen Geschichte.

Dicht mit Macchia und Pinienwald bewachsen, ist der Monte Argentario landschaftlich eine Augenweide. Vom Charakter wirkt er recht düster, wären da nicht die zwei zauberhaft hellen, großzügigen Hafenbuchten von Porto Santo Stéfano, dem Hauptort im Nordwesten, und von Porto Ércole im Osten. Nur 26 km lang ist die Küstenstraße, die im Süden vom höchsten Gipfel, dem 635 m hohen **Monte Telégrafo,** eng an die Steilküste gedrängt wird. Man sollte jedoch nicht in Versuchung geraten, die Halbinsel zu umrunden, denn in ihrem Südwesten sind große Teile der Straße in Privatbesitz und in einem (wohl bewusst so gehaltenen) erbärmlichen Zustand.

Schon im Altertum wurde dem Monte Argentario viel Aufmerksamkeit gewidmet: Die Etrusker vom nahen Cosa hüteten diesen Besitz, die Phönizier haben angeblich Porto Ércole gegründet, unter den Römern soll die Insel einem berühmten römischen Bankiersgeschlecht, den Domizi Enobardi, genannt Argentarii (weil sie viel Silber besaßen) gehört haben, daher der Inselname Monte Argentario (Silberberg). Das ganze Mittelalter hindurch bis 1557 gehörte das Gebiet der Republik Siena, später bis 1800 Spanien, das die mächtigen Festungen errichten ließ. Danach wurde es dem Reich Etruria und später dem Großherzogtum Toskana zugeschlagen.

Porto Santo Stéfano

▶ G 13

Den Fischer- und Hafenort **Porto Santo Stéfano** gründeten erst um 1600 Einwanderer aus Ligurien, der Toskana und Süditalien. Noch heute ist die Stadt Hauptort und wirtschaftliches Zentrum des Argentario, See- und Fischereihafen zugleich. Inzwischen leben viele der ca. 9900 Einwohner recht gut vom Tourismus. Die Häuser ziehen sich von den beiden Häfen die steilen Hänge hoch. Ein Aquarium (www.acquarioargentario.org) stimmt auf die artenreiche Unterwasserwelt des Monte Argentario ein. Auch außerhalb der touristischen Saison herrscht hier Leben, die Bewohner sind recht zurückhaltend, aber gastfreundlich. Jeden Morgen findet ein gut besuchter Fischmarkt statt, zu dem auch die Toskaner aus dem Landesinneren kommen, um die bekannt frische Ware einzukaufen. Fast aus den Fugen gerät das Städtchen am Abend des Ferragosto, beim großen Sommerfest mit riesigem Feuerwerk zum krönenden Abschluss.

Infos

Ufficio di Informazione Turistica: 58019 Porto Santo Stéfano (GR), Piazza della Valle s/n, Tel. 0564 33 20 75, turistico.pss@comune.montear gentario.gr.it.

Übernachten

Mit Meerblick – **Vittoria:** Via del Sole 103, Tel. 05641 33 20 33, www.hvittoria.com, ganzjährig. Freundliches Hotel in erhöhter Panoramalage über der Stadt. 28 Zimmer, Pool, Restaurant, schattiger Parkplatz. DZ/ÜF €€

Familiär – **Week End:** Via Martiri d'Ungheria 3, Tel. 0564 81 25 80, www.pensioneweek end.it, ganzjährig. Renovierte Pension im historischen Zentrum direkt über dem Scheitelpunkt des Hafens. 15 Zimmer, kostenloser Parkplatz in der Nähe. €–€€

Für Schleckermäuler – **La Fontanina:** Località San Pietro, 3 km südlich, Tel. 0564 82 52 61, www.lafontanina.com, Jan., Nov. geschl. Das familiäre Fischlokal in der sprichwörtlichen Campagna ist bekannt gut. Es bietet auch

Weite einsame Sandstrände säumen die Küstenmaremma

zwei nette Zimmer mit romantischer Terrasse zum Meer. €–€€

Essen und Trinken

Fisch – Viele Lokale des kleinen Hafenortes bieten hervorragende Fischspezialitäten, meist einfach zubereitet (gegrillt oder frittiert), aber stets fangfrisch. Besonders hübsch sitzt man gleich oberhalb des Hafens im **Lo Sfizio 2.0** (Fischlokal) oder im **La Bussola** (feines Fischrestaurant). Ebenfalls empfehlenswert sind die Pizzeria-Creperia **Da Gigetto** und die Trattoria **La Locandina** (alle Ruhetag Mo).

Aktiv

Tauchen – **Diving Center Il Nostromo:** www.divingilnostromo.com. **Centro Immersioni Costa d'Argento:** www.centroimmersioni.com.

Wassersport – Infos im Touristenamt.

Bootsausflüge – **Zeurino Barche:** Piazzale Candi 9, Tel. 0564 81 87 28, 0564 81 87 28, www.zeurinobarche.com. Inselumrundung und Bootsexkursionen zu den vorgelagerten Inseln, nach Gíglio, Giannutri, Montecristo, Pianosa und Elba.

Verkehr

Fähre: Maregiglio, Isola del Gíglio Porto, Via Umberto I 22, Tel. in Porto Santo Stéfano 0564 80 93 09, www.maregiglio.it. Verbindungen mit Gíglio während der Saison mindestens 12 x tgl. hin und zurück.

Porto Ércole und die Tómboli ▶ G 13

Das kleine Städtchen **Porto Ércole** besitzt einen hübschen Jachthafen, der von zwei trutzigen Kastellen und einem Fort (Militärsperrgebiet) bewacht wird, die totalen Überblick über das großzügige, natürliche Hafenbecken bieten. In Porto Ércole, das wie die Lagune von Orbetello mehr schlecht als recht mit der Moskitoplage zurecht kommt, und auch am langen Strand des **Tómbolo**

della Giannella haben sich viele reiche Italiener und andere Europäer niedergelassen, Villen gebaut, die sie nur ein paar Wochen im Jahr bewohnen. Eine grüne Lunge und eine Wohltat fürs Auge ist der **Tómbolo di Feniglia,** ein unter Naturschutz gestellter Pinienwald, der nur zu Fuß oder mit dem Fahrrad zu erkunden ist.

Übernachten

Freundlich – **Don Pedro:** Via Panoramica 7, Tel. 0564 83 39 14, www.hoteldonpedro.it, Ostern–Okt. Hotel mit herrlichem Hafenblick. 60 Zimmer mit maurischem Touch (2021 renoviert), Restaurant, eigener Strand, Parkplatz. €€

In Hafennähe – **La Conchiglia:** Via della Marina 4, Tel. 0564 83 31 34, www.albergolaconchiglia.it. Zwölf freundliche aber recht kleine Zimmer, davon sechs mit Balkon, familiär, ohne Schnörkel aber sehr angenehm. Ein echtes ›Stadthotel‹, Restaurants etc. in Laufweite. €–€€

Essen & Trinken

Fischgerichte – **Il Gambero Rosso:** Lungomare Andrea Doria 70, Tel. 0564 83 26 50, Ruhetag Mi, 15. Nov.–15. Febr. geschl. Hafenrestaurant mit Sommerterrasse und Fischspezialitäten. €€

Orbetello ▶ G 13

Mitten in der Lagune beziehungsweise im gleichnamigen Naturschutzgebiet gelegen, ist **Orbetello** (knapp 15 000 Einw.) bei italienischen Feriengästen sehr beliebt. Auch Sehenswertes gibt es hier wie die spanischen Befestigungsanlagen (16.–18. Jh.) und den gotischen Turm (14. Jh.), ein gutes Beispiel Sieneser Baukunst, und schließlich das **Archäologische Museum** in der **Polveriera Guzman** (Via Mura di Levante 7, www.museidimaremma.it, Jan–Juni Fr, Sa 14 30–17 30, So, Fei 10–13, Juli, Aug. Fr–So, Fei 18–22, Sept. Fr–So 16–20, Okt.-Dez. Fr, Sa 14 30–17 30 Uhr, Eintritt frei).

Es ist ein Vergnügen, in Orbetello über die Promenade entlang der Lagunenseite zu schlendern, wenn nicht gerade eine Moskitoplage herrscht. Allerdings wird dagegen einiges unternommen, u. a. durch den Einsatz von Insektiziden …

Man kann in Orbetello, anders als auf dem Monte Argentario selbst, lecker und doch relativ günstig speisen. Vor allem die Lagunenfischerei bereichert den Speisezettel (berühmt: Aale, Meeräschen-Kaviar und geräucherte Meeräsche; auch als Mitbringsel geeignet).

Infos

Pro Loco: 58015 Orbetello (GR), Piazza della Repúbblica 1, Tel. 0564 86 04 47, https://prolocolagunare.it.

Übernachten

Schönes Sommerambiente – **I Presidi:** Via Mura di Levante 34, Tel. 0564 86 76 01, www.ipresidi.com, März–Sept. Größtes Hotel am Platz, auf der Lagunenseite gelegen. Mit Rattanmöbeln wunderbar eingerichtet. 39 Zimmer, zwölf Suiten, gemütliche American Bar. €€

Lagunenhotel – **Sole:** Via Colombo 2/Corso Italia, Tel. 0564 193 31 23, www.orbetellohotelsole.com, ganzjährig. Kleines Haus inmitten der Lagune. 18 Zimmer. €€

Auf dem Landgut – **Azienda Agraria Grazia:** Orbetello Scalo, Località Provincaccia 110, Via Aurelia km 140 Nr. 1, Tel. 0564 88 11 82, www.agriturismograzia.com. Sechs unterschiedliche, großzügige Apartments (2–4 Pers.) auf einem Landgut mit Pferdehaltung und Olivenölproduktion, Restaurant. Verkauf der Produkte des Gutes. €€

Für die Durchreise – **Da Renato:** Via Aurelia Nord 179, Tel. 0564 87 00 30. Günstiges kleines Hotel. 17 Zimmer, Restaurant, Parkplatz. €

Camping – **Hawaii:** Via Aurelia km 154,5, 2 km nördlich, Tel. 0564 87 01 64, www.campinghawaii.it. Am Strand mit Hütten, Kinderanimation, Spielplatz, großem Sportangebot. Keine Hunde. €

Feriendorf – **Orbetello Camping Village:** Tómbolo della Giannella, Tel. 0564 82 02 01, www.orbetellocampingvillage.it. 70 m vom Strand, Pinienhain mit Hütten, Kinderanimation, Spielplatz, Sportangebot (auch Tauchen),

Aktiv

REITEN IM ETRUSKERLAND

Tour-Infos

Start: Roselle, Corte Degli Uilvi (gut 10 km nördlich von Grosseto), Strada dello Sbirro snc., Mobil-Tel. 335 651 17 74, www.cortedegliulivi.net.

Dauer: halber Tag (ca. 3 Std. im Sattel)

Wichtige Hinweise: Die geplanten Ausritte können variieren, was auch vom Wetter abhängig ist.

Kosten: Der Preis pro Person beträgt um 100 € inkl. Ausrüstung und Imbiss. Gute Reitkenntnisse sind erforderlich!

Die mehrtägigen Ausritte führen durch die Hügel um Roselle und durch das Tal des Ombrone. Durch unbewohnte Hügel, im Frühjahr übersät mit wilden Orchideen und im Sommer voller duftender Wildkräuter. Mit etwas Glück begegnet man hier noch Wildschweinen, Adlern und Rehen in freier Wildbahn beim Ritt durch unberührte Waldgebiete und mediterrane Macchia.

Ein erlebnisreicher halbtägiger Ausritt führt zum **Romitorio di S. Andrea.** Es geht am frühen Morgen vom Reitstall aus durch die Maremma, durch typische Olivenhaine in Richtung Batignano mit seinen etruskischen und römischen Ruinen, wo eine kurze Rast eingelegt wird.

Dann reitet man durch das **Naturreservat von Caprarecce** bis zum früheren **Kloster Santa Croce** bei **Batignano,** um dann zur tausendjährigen **Ruine des Romitorio** in den Wäldern um Montepescali zu gelangen. Nach einer kurzen Pause im historischen **Podere Prunicce** in dem Gebiet um Nomadelfia geht es durch den privaten Wald der **Fattoria di Vallerotana** zurück zum Reitstall.

Weitere Reitexkursionen führen beispielsweise am Ombrone-Fluss entlang, auch Zwei- und Drei-Tages-Ritte werden angeboten, ein zweitägiger Reitausflug hat etwa Roccastrada zum Ziel.

Fahrradverleih, Hunde erlaubt, auch Mobilheime/Bungalows. €–€€

Essen & Trinken

Unkompliziert – **La Pergola:** Via Roma 14, Tel. 0564 86 75 85, Ruhetag Do (unsicher). Kleine, familäre Trattoria im Stadtzentrum. Kleine Karte mit Schwerpunkt auf Fischspezialitäten wie *spaghetti allo scoglio* (mit Meeresfrüchten), gemischte Fischplatte. Schöne Fischmenüs. €–€€

Slow Food – **L'Oste Dispensa:** Strada Provinciale Giannella 113, Tel. 0564 82 00 85, www.ostedispensa.it, Ruhetag Di. Wirt Stefano Sorci arbeitet so, wie es die italienische Slow-Food-Bewegung am liebsten hat – mit lokalen und selbstverständlich frischen Produkten (überwiegend Fisch aus der Lagune), die er möglichst nach alten Rezepten zubereitet. €–€€

Verkehr

Bahn: Gute Anbindung ab Orbetello Scalo (4 km entfernt) etwa im Stundenrhythmus auf der Strecke Genua–Viaréggio–Livorno–Rom.

Bus: Regelmäßige Verbindungen vom Bahnhof über Orbetello auf die ›Insel‹ des Monte Argentario.

Tipp

ANTICA FATTORIA LA PARRINA

Traumhaft schönes historisches Anwesen auf einem der größten privaten Landgüter der Toskana mit drei Gebäuden rund um einen großen Hof. Zwölf gemütlich-elegante Zimmer und vier Apartments, mehrere Salons, Pool, Restaurant, Parkplätze. Das Tollste an **La Parrina** ist der Laden im Untergeschoss des Haupthauses, in dem morgens die frischen Produkte des Landgutes (Obst, Gemüse, Schafs- und Ziegenkäse, Olivenöl, Wein) verkauft werden. Solche Frische sucht ihresgleichen!
La Parrina: 58010 Albinia (GR), Località La Parrina (Ausfahrt Via Aurelia km 146/Parrina-Manciano), Tel. 0564 86 26 26, www.parrina.it, €€, Apartments €€–€€€.

Umland des Monte Argentario

Ansedónia ▶ G 13

Porto Santo Stéfano und Porto Ércole sind ebenso wie Orbetello geeignete Ausgangspunkte für Ausflüge zu den wichtigsten Etruskerstädten der Toskana (und auch Latiums) sowie in unberührte Naturlandschaften.

Sozusagen vor der Haustür befindet sich auf dem Festland am Ende des Tómbolo di Feniglia der Ort **Ansedónia.** Wenn man sich durch die kreisförmigen, verwirrenden Straßen zwischen mehr oder weniger imposanten, jedenfalls vielfach protzigen Villen durchgearbeitet hat, kommt man zum steinigen und meist ungepflegten Strand. Aber deshalb ist man nicht hierher gefahren, sondern wegen einer einzigartigen Sehenswürdigkeit römischen Ursprungs – auch wenn sie schon immer **Tagliata Etrusca** heißt, also etruskischer Einschnitt. Sie ist ein in den Felsen gehauener Kanal, der bis heute den Zu- und Abfluss des Wassers so reguliert, dass eine Versandung des einstigen Hafengebietes verhindert wird. Wie der Kanal genau funktioniert, ist noch immer nicht vollkommen erforscht, es bleibt ein – geheimnisvolles und wirkungsvolles – Meisterwerk der antiken Ingenieurbaukunst! Hätten die Pisaner ihren Hafen auf ähnliche Weise beschützt, vielleicht hätten sie niemals auf ihre Glorie als Seemacht verzichten müssen … Die Tagliata liegt am nördlichen Rand der Bucht, dem Wachtturm gegenüber. Man kann auf der Bergseite ein Stück hinauflaufen und so genauer das Meisterwerk früher Ingenieurleistung bewundern. Der mittelalterliche Wachtturm am Strand trägt den Namen Puccinis, weil der große Musiker hier Teile seiner Oper »Tosca« komponiert haben soll.

Cosa ▶ G 13

Via delle Ginestre, Ansedónia, Nachfrage/Voranmeldung Tel. 0564 88 14 21, www.polomusealetoscana.beniculturali.it, tgl. ca. 10–18.30 Uhr, im Winter abweichend, Erw. 2 €

Ansedónia liegt auf dem Gebiet der ehemaligen Stadt **Cosa,** die die Römer 280 v. Chr. dem etruskischen Stadtstaat Vulci abgenommen hatten. Ab 273 v. Chr. römische Kolonie, wurde sie wahrscheinlich schon im 5. Jh. n. Chr. zerstört. Auf Cosas Grundmauern errichtet, erlebte Ansedónia eine wechselvolle Geschichte: von den Franken erobert, von Karl dem Großen den Benediktinern zum Lehen gegeben, Ende des 10. Jh. von den Sarazenen eingenommen, die 1100 ihrerseits vertrieben wurden, und 1330 völlig von Siena zerstört.

Auf einem 114 m hohen Hügel (den Hinweisschildern folgen, sonst verfährt man sich) befindet sich das interessante Ausgrabungsgelände von Cosa, einer Stadt, in der rund 2500 Familien der römischen Kolonie gelebt haben sollen. Das kleine Museum zeigt Funde, die bei den Ausgrabungen 1947 bis 1971 ans

Tageslicht gebracht wurden: Mosaiken und Inschriften, zahlreiche Glasscherben, Elfenbein- und Bronzefiguren, Amphoren, Münzen und mehrere Torsi sowie eine etwa 60 cm hohe Faunsfigur aus Marmor.

Rings um das Museum breitet sich das Ausgrabungsgelände aus, von uralten Ölbäumen und hohen Affodillen mit ihren zarten weißen Blüten überwuchert. Jeden Schritt begleitet der Duft winziger Kamillenblüten. Zu sehen sind Reste des Forums und des Kapitols, von Tempeln und Wohnhäusern sowie ein Stadttor und wunderbar angelegte, mit großen Steinen gepflasterte Straßen. Immer mehr Teile der zyklopischen Stadtmauer mit den akkurat eingepassten Steinen werden restauriert, was die Ausgrabungsstätte für Besucher auch immer attraktiver macht.

Lago di Burano ▶ H 13

Geführte Vogelbeobachtungstouren, Tel. 0564 89 88 29, lagodiburano@wwf.it, www.wwfoasi.it/lago-di-burano, Sept.–April So 10, 14.30/15, Juli, Aug. Mo, Mi, Sa auf Anmeldung um 17.30 Uhr, Eintritt frei

Im Südosten von Ansedónia schließt sich der **Burano-See** an, ein *stagno,* also ein Brackwassersee, der durch einen Kanal mit der raffinierten Tagliata Etrusca verbunden ist. 140 ha des Naturschutzgebietes nimmt dieser See ein, der im Durchschnit nur 1 m tief ist und dessen Salzgehalt je nach Jahreszeit zwischen 1,5 und 3,2 % schwankt. Hier hat der World Wildlife Fund (WWF) auf inzwischen 410 ha Land ein Tierreservat eingerichtet, hauptsächlich für Wasservögel, Stachel- und Wildschweine, Fischotter und Kormorane, das streng geschützt und deshalb normalerweise nur Experten zugänglich ist (diese können sogar im Gästehaus übernachten). Aber ein kleines Stück dürfen auch Normalneugierige, die sich für die Tierwelt interessieren, direkt hinter dem kleinen Verwaltungsgebäude betreten.

Die beste Vogelbeobachtungszeit ist Dezember/Januar bis Anfang Februar. Ansonsten sind aber auch einzelne Wasservögel zu sehen, wie Spießenten, Pfeifenenten, Löffelenten, Krickenten und Stockenten – diese alle im Schilfgürtel bzw. Flachwasser brütend. In der tieferen, zentralen Zone leben eher Wasservögel, die gerne tauchen wie die Reiherenten und Tafelenten, Schellenten und Mittelsäger, Samtenten u. a. Dann die Säugetiere, zu denen der seltene Fischotter ebenso gehört wie das Symboltier der Maremma, das Stachelschwein, in dessen Nachbarschaft gerne Dachse leben. Auf den sandigen Lichtungen bevölkern Wildkaninchen die Landschaft, außerdem leben hier Igel und Wiesel, Iltis und Steinmarder, Fuchs und Wildschwein. Tafeln erläutern Fauna und Flora so anschaulich, dass alles auch ohne Italienischkenntnisse für Groß und Klein verständlich ist.

Capálbio ▶ H 13

Nördlich des Lago di Burano liegt auf einem anmutigen Hügel nur 14 km vom Meer entfernt das einst verrufene Banditennest **Capálbio** inmitten großartig intakter (und begehbarer) mittelalterlicher Mauern. Nicht zuletzt wegen der romantisierenden Banditengeschichten, aber vor allem wegen der hervorragenden Trattorien herrscht an Wochenenden notorische Parkplatznot, weshalb man besser während der Woche hierher kommt (und den Wagen auf dem erstbesten ausgewiesenen Parkplatz abstellt).

Die wohl berühmteste Gestalt Capálbios war der schnauzbärtige Brigant Domenico Tiburzi, der 1896 unter mysteriösen Umständen ums Leben kam. Alles im hübschen Dorf (höchstens 4200 Einw.) erinnert an den Banditen, wie so oft manchmal allzu viel.

Giardino dei Tarocchi

Località Garavicchio, Pescia Fiorentina, Tel. 0564 89 51 22, www.ilgiardinodeitarocchi.it, Nov.–März außer Fei jeden 1. Sa des Monats 9–13 Uhr freier Eintritt laut Testament der Künstlerin, April–15. Okt. tgl. 14.30–19.30 Uhr, im Winter besser prüfen, Erw. 12 €

Unterhalb von Capálbio befindet sich, leider schlecht ausgeschildert, dicht an der Grenze zum Latium, eine Sehenswürdigkeit besonderer Art, zumindest für die Toskana: der **Giardino dei Tarocchi** der im Jahr

Farbenfrohe Riesenskulpturen schmücken den Giardino dei Tarocchi bei Capálbio

2002 verstorbenen französischen Künstlerin Niki de Saint-Phalle. Riesige, großbusige und begehbare Frauenskulpturen, mit Spiegelstücken und bunten Glasmosaiken geschmückt, auch ein ganzer Spiegelturm und Mobiles stehen verstreut in einem dichten Macchia-Wald – eine schön verspielte Skulpturenlandschaft, unübersehbar unter dem Einfluss der in der Toskana sehr beliebten Tarock-Spielkarten

Infos

Informazioni Turistiche: 58011 Capálbio (GR), Tel. 0564 89 66 11, www.visittuscany.com/it/localita/capalbio.

Übernachten

Landferien – **Casale degli Olivi:** Strada dei Tiburzi 4, Tel. 0564 89 67 10, www.ilcasaledegliolivi.it. Zauberhaftes, modernes Agriturismo mit angenehmer Atmosphäre, zu Füßen von Capálbio auf einem 30 ha großen Landgut mit Olivenbäumen und Weingärten gelegen. Pool, Sauna, Gym. Sieben moderne, komfortable, nach Weinen benannte Zimmer, vier Apartments für zwei bis vier Personen, überdachter Parkplatz. Nur wochenweise buchbar. €€

Essen & Trinken

Super Ambiente – **Il Frantoio:** Via Renato Fucini 10, Tel. 0564 89 64 84, www.frantoiocapalbio.com, Ruhetage Di, Mi mittags. Restaurierte historische Ölmühle in einem wunderbaren Garten mit Tischen teils unter Olivenbäumen. Bar mit langer Theke für die Leckereien zum Aperitif. Außer einer Boutique ist eine kleine Bibliothek vorhanden, betreut von Maria Concetta Monaci. Frau Monaci kümmert sich darüber hinaus um kulturelle Veranstaltungen, die im Obergeschoss Platz finden. Abendessen bei Kerzenlicht im Garten, es gibt die typischen Capalbio-Gerichte wie *acquacotta* und deftige Fleischgerichte vom WIld, aber auch Fisch aus dem nahen See und dem Meer. €€–€€€

Unkompliziert – **La Porta:** Via Vittorio Emanuele II 1, Tel. 0564 89 63 11, Ruhetag Di (außer Juli/Aug.). Trattoria in ehemaliger Ölmühle nahe beim Stadttor. Einfache Toskana-Küche. €

Tolle Platten – **Al Pozzo:** Via Vittorio Emanuele 17, Tel. 0564 89 67 80, Ruhetag Do (unsicher). Schlichte Bruschetteria und Osteria mit kleiner Karte. Vor allem lokale Spezialiäten wie Aufschnittplatten. €

Gíglio ▶F 13

Traurigen Ruhm erlangte **Gíglio** Anfang 2012, als ein Kreuzfahrtschiff mit über 4000 Passagieren einen hafennahen Felsen rammte und havarierte. Unter den Todesopfern waren auch Deutsche. Das Schiff konnte erst 2013 mühsam aufgerichtet und 2014 nach Genua zum Abwracken geschleppt werden. Gíglio und dem ganzen Toskanischen Archipel ist dennoch eine Umweltkatastrophe erspart geblieben.

Gíglio, ein rundherum zauberhafter Granitfels zum Anfassen, ist ein Paradies für Wasserratten, möglichst mit eigenem Boot. Auch ein Schlauchboot tut's, denn es geht nur darum, die Insel auf der Suche nach einer einsamen Bucht zu umrunden. Und sie ist ja nicht groß (21,21 km^2). Autos sind nicht gern gesehen, und im Sommer ist deren Transport auf die Insel eingeschränkt, weshalb man den Wagen besser auf einem Parkplatz in Porto Santo Stéfano (s. S. 294) lässt.

Nachdem der Abbau von Granit, einst vor allem bei Bildhauern begehrt, aus Transportgründen unrentabel geworden war, entdeckte die daraufhin verarmte Insel erst 1965 den Fremdenverkehr. Und man ging es behutsam an, zumindest sichtbare Fehler sind kaum gemacht worden. Heute leben die meisten der nicht einmal 1500 Insulaner hauptsächlich vom Tourismus, der vor allem auf Badegäste eingestellt ist. Denn Gíglio liegt in einer Schönwetterzone, mehr als 15 Regentage im Jahr sind außerordentlich selten. Wassermangel wird daher wiederum zum Problem, das die Gígliesen mit Zisternen und einer Meerwasserentsalzungsanlage allerdings einigermaßen im Griff haben. So freut man sich natürlich unterwegs auf dem trockenen Gíglio, wenn man ein paar schmale Wasserstürze an den terrassierten Berghängen entdeckt.

1200 war die Insel noch in sienesischem Besitz, 1330 schon pisanisch, im 16. Jh. mediceisch, und zwar als wichtiger Stützpunkt gegen die Sarazenen. Fischer aus Sizilien und Neapel wurden in Marina, dem heutigen Gíglio Porto, angesiedelt. Die einheimische, bäuerliche Bevölkerung, die niemals zur See fuhr oder fischte, zog sich ins *castello* zurück und lebte sehr ärmlich. Den Wein (ein schwerer, robuster Ansonaco) allerdings, erzählt man sich auf der Insel, habe man niemals ausgehen lassen, auch damals nicht.

Den einzigen Sieg von Bedeutung errangen die Gígliesen gegen die Tunesier: Sieben tunesische Schiffe sollen die Insel angegriffen haben, nach einer anderen Version waren es zwölf algerische Piratenschiffe, gesichert ist nur das Datum, der 18. November 1799. Die Feinde landeten in Campese, erklommen die Burg auf dem Bergrücken Il Franco – doch dank San Mamilliano konnten sie von den Bewohnern ins Meer zurückgedrängt werden. Der Arm des Heiligen, der zu Lebzeiten Bischof von Palermo war, wird als Reliquie hoch verehrt und alljährlich am 18. November beim Festzug gezeigt. Wer nicht an den hilfreichen Heiligen glaubt, behauptet, ein günstiger Wind habe die feindlichen Schiffe vom Ufer abgetrieben.

Eigentlich braucht man auf der Insel kein eigenes Fahrzeug. Erstens sind – trotz des Auf und Ab der Landschaft – die Entfernungen gering, zweitens verbindet ein Bus alle drei Ortschaften miteinander. Von Gíglio Porto nach Gíglio Castello sind es gerade mal 6 km, weiter nach Gíglio Campese nochmals 6,5 km, von Porto direkt nach Campese nur 8,4 km. Fährt man alle übrigen Inselstraßen ab, so kommen insgesamt keine 15 km zusammen.

Gíglio Porto

Die kleinen Fährschiffe von Porto Santo Stéfano kommen in **Gíglio Porto** an, einer gelungenen Mischung aus Fischer-, Hafen- und Ferienort mit bunt bemalten und weißen Häusern, kleinen Pensionen, inzwischen auch Ferienwohnungen, und eher einfachen Restaurants. Zwar versteckt (wohl wegen des Naturparks) aber doch sichtbar am Nordhang über dem Hafen, mit Blick ins Inselinnere stehen neue

Reihenhäuser, die zeigen, dass es nicht jedermanns Geschmack ist, in der Enge historischer Bausubstanz zu leben. Bei der Ankunft steht schon der Linienbus bereit und nimmt die Neuankömmlinge auf, die vielfach voll bepackt weiterziehen wollen.

Gíglio Castello

Der Inselbus fährt meist zuerst in das 450 m hoch gelegene **Burgdorf** (rund 600 Einw.), das einen ganz eigenen Zauber ausstrahlt. Ein echter Gígliese stammt übrigens immer nur aus Castello, sagt man hier, die Leute von Castello sind Gígliesen, die von Porto Portolani. Den Eingang zum befestigten Dorf bilden Granitfelsen, die so in die Mauer integriert wurden, als schwebten sie zwischen Gasse und Himmel.

Die intakte Mauer des trutzigen Dorfes lässt nur durch ein paar Gucklöcher Blicke ins Tal zu. Enge, verwinkelte Treppengassen mit zahlreichen Stützbögen verstärken das Gefühl, in einem Irrgarten zu sein. Immer wieder muss man hochschauen, um etwa eine kühne Bogenspannung zu bewundern oder Grün, das aus kleinen Fenstern quillt. Dicht beisammen stehen die Steinhäuser, einige mit schmiedeeisernen Balkonen. Dicke Kastanienbalken tragen die Decken der Innenräume, quer zu ihnen verlaufen schlanke Pinienbalken, mit denen sich überraschend große Räume schaffen ließen. Jedes Haus in Castello hat seine eigene Cantina, den Vorratskeller, der zugleich Weinkeller ist, meist direkt aus dem Granitfelsen geschlagen und nur selten mit Bausteinen überwölbt. Eine Weinpresse steht in einer Ecke, daneben kleine Fässer: der Wein für den Eigenbedarf. Kein Tropfen verlässt die Insel!

Oben in Castello weht die frische Meeresbrise am intensivsten, manchmal aber besonders kräftig. »Tu sei come il ponente« – du bist wie der Ponente, sagen die Gígliesen über einen leicht aufbrausenden Menschen. Gemeint ist der Westwind, der unerwartet über die Insel herfällt, sie aber genauso plötzlich wieder verlässt, nach höchstens 24 Stunden. Im Sommer bietet er eine angenehme Abkühlung.

Die im 15. Jh. erbaute Pfarrkirche **San Pietro Apostolo** (Sommer tgl. 9–13, 15–19.30, Winter Mi, Sa 9–12 Uhr) besitzt ein kostbares Elfenbeinkruzifix, das Giambologna (1529–1608) zugeschrieben wird, und als größte Kostbarkeit in der Schatzkammer (rechts hinter Glas) die in Silber gefasste Armreliquie von San Mamilliano von 1724 mit dem rechten Unterarmknochen.

Am Brunnen vor der Kirche sieht man ganz genau, wie hier das kostbare Wasser gesammelt wird: Es dürfte kein Tropfen, der das Dach berührt, sinnlos versickern, denn das Regenwasser wird in Leitungen direkt von der Dachrinne in den Brunnen geführt.

Poggio della Pagana

Von Castello aus kann man herrlich wandern, natürlich auch zum höchsten Gipfel, dem **Poggio della Pagana** (498 m). Vom Frühjahr bis zum Hochsommer bllüht es auf Gíglio: Weiß,

gelb, lila, blau leuchten die Wildblumen, rot der Klatschmohn. Maulbeerbäume und Feigen, die im September zusammen mit dem Wein reif werden, vereinzelt Feigenkakteen, wilde Kirschen, immergrüne Steineichen und hohe Korkeichen setzen Akzente als charaktervolle Landschaftsgestalter. In den kleinen Weinbergen stehen winzige Bauten mit Kuppeldächern: die Weinpressen, immer aus Granit, innen eine aus dem Stein geformte Vertiefung, in der den Trauben der köstliche Saft entzogen wird. Er fließt in einer Öffnung am Boden heraus und wird zum Gären in einer anderen Granitkuhle gesammelt.

Gíglio Campese

Der einzige richtige Badeort der Insel ist ein besonders hübscher. Zwar verfügt **Gíglio Campese** lediglich über einen grobsandigen Strand, der aber liegt in einer ausladenden, von einer kleinen Festung geschützten Bucht. Im Ort gibt es ein relativ großes Hotel und zahlreiche Ferienwohnungen, die im Sommer fest in italienischer Hand sind. Wer unkomplizierte Strandferien sucht, hier findet er sie bestimmt, darf sich allerdings in der absoluten Hochsaison, d. h. im Monat August, nicht über schlaflose Nächte beschweren …

Infos

Pro Loco: 58012 Gíglio Porto (GR), Via Provinciale 9, Tel. 0564 80 94 00, https://visitgiglioisland.com, www.giglioinfo.it.

Saison: Ostern sowie Mitte Juni–Mitte Sept., Hochsaison Aug.

An Booten mangelt es im malerischen Gíglio Campese wahrlich nicht

Übernachten

Strandhotel – **Campese:** Gíglio Campese, Via della Torre 18, Tel. 0564 80 40 03, www.hotelcampese.com, Mai–Sept. Einfaches Hotel am einzigen langen Sandstrand der Insel mit Blick auf das kleine Castello. 39 Zimmer, Restaurant, Parkplatz. €€–€€€

Angenehm – **Arenella:** 2,5 km nordwestlich von Gíglio Porto, Tel. 0564 80 93 40, www.hotelarenella.com, April–Okt. Wunderschöner Blick auf die Steilküste und das Meer, 26 Zimmer, Restaurant, Parkplatz. €€–€€€

Nett – **Castello Monticello:** An der Kreuzung nach Arenella Nord, 1 km von Porto, Tel. 0564 80 92 52, www.hotelcastellomonticello.com, März–Okt. 26 Zimmer, schöner Garten, Aussichtsterrasse, Tennis, Restaurant für Gäste, Parkplatz. €€

Schöne Lage – **Bahamas:** Gíglio Porto, Via Oreglia 22, Tel. 0564 80 92 54, www.bahamashotel.it, ganzjährig. Zauberhafte Lage mitten im Ort und 100 m über dem Hafen, familiäre Atmosphäre, 29 schlichte Zimmer mit z. T. großen Terrassen, Parkplatz. €–€€

Essen & Trinken

Von Ostern bis September haben alle Lokale auf der Insel täglich geöffnet. Im Winter hingegen kann es – außer in Gíglio Porto – Probleme geben, ein offenes Restaurant zu finden.

... in Gíglio Porto:

Sommerlokal – **La Vecchia Pergola:** Via Thaon de Revel 31, Tel. 0564 80 90 80, nur März–Okt., Ruhetag Mi. Mit Pergola über dem Meer. Fischküche. €–€€

Flanieren auf der Hafenpromenade von Gíglio Porto

Urig, einfach, gut – **Il Grembo:** Via Verdi 7, Mobil-Tel. 370 123 16 40, Ruhetag Mi. In einem Weinkeller aus dem 12. Jh., familiär und romantisch, u. a. gute lokale Meeresküche. €–€€

Am Hafen – **Il Cavalluccio Marino:** Via Umberto I 35, Tel. 0564 80 93 43, Ruhetag Do. Nettes einfaches Lokal. Die Spezialität sind fangfrischer Fisch und Krustentiere. €

... in Gíglio Castello:

Das In-Lokal – **Da Maria:** Via Casamatta 12, Tel. 0564 80 60 62, Ruhetag Mi (außer Hauptsaison), Jan./Febr. geschl. Uriges Gewölbeambiente im historischen Zentrum, lokale Küche mit Fisch und Meeresfrüchten. €–€€

Aktiv

Inselumrundung im Kajak – **Il Viottolo:** Mobil-Tel. 329 736 71 00, www.ilviottolo.com. Dreitägige Umrundung der Insel, 2 Übernachtungen an Bord (einschließlich Überfahrt ab Elba, falls erforderlich), auch andere Gruppensportarten bzw. Touren.

Segeln – Infos beim Pro Loco (s. S. 319). Sonst fährt von Gíglio Porto im Sommer 1 x wöchentlich ein Ausflugsboot nach Montecristo (s. S. 293) und Giannutri (s. S. 321).

Tauchen – **Deep Blue:** Basen in Porto und Campese, Mobil-Tel. 333 104 22 42, www.divingcollege.it. **International Diving:** Porto, Via del Saraceno 60, Mobil-Tel. 333 104 22 42, www.internationaldiving.it. Tauchschulen und Nachfüllstationen für Sauerstoffflaschen.

Wandern – **Pro Loco:** Die Insel ist ein Paradies für Wanderer, Tipps und Wanderkarten sind bei der Pro Loco erhältlich.

Termine

Festa di San Lorenzo: 10. Aug. In Porto kämpfen die drei Orte um den Palio Marinaro; Bootswettbewerb. Am Abend wird der Hafenort mit Fackeln beleuchtet.

Festa di San Rocco: 14.–16. Aug. Patronatsfest in Campese, das mit einer Meeresprozession und Feuerwerk endet.

Festa di San Mamilliano: Mitte Sept. Der Schutzheilige der Insel wird in Castello mit liturgischen Riten, traditionellen Tänzen und kulinarischen Ständen geehrt (s. S. 317).

Verkehr

Schiff: Bootsverbindungen mit Porto Santo Stéfano / Monte Argentario (Fahrzeit 55 Min.), im Sommer dichter Fahrplan. Fahrzeuge mit ausländischem Kennzeichen dürfen nur mitgebracht werden, wenn eine mindestens einwöchige Hotel- oder andere Buchung vorliegt. Für das Fahrzeug ist dann eine Art Kommunalsteuer zu zahlen. Nähere Informationen bei der Pro Loco bzw. **Maregíglio,** Gíglio Porto, Via Umberto I 22, Tel. 0564 80 93 09, www.maregiglio.it, sowie bei **Toremar,** Tel. 0564 80 93 49, www.toremar.it, Fährbuchung: www.traghetti-giglio.it.

Bus: Auf Gíglio verkehrt ein Bus mehrmals tgl. zwischen den drei Orten, abgestimmt auf die Ankunft und die Abfahrt der Boote.

Auto: Es lohnt sich nicht, den Wagen auf die Insel mitzunehmen, man parkt ihn besser in **Porto Santo Stéfano.** Dort gibt es zwei kostenlose **Parkplätze:** Giardino Jacovacci und Sant'Andrea. Zusätzlich sind fünf kostenpflichtige Parkplätze vorhanden, man sollte aber besser vorher anrufen, ob genügend Plätze vorhanden sind: Parkplatz und Garage Piazzale Sant'Andrea, Mobil-Tel. 328 764 21 51; Fanciulli, Banchina Toscana, Mobil-Tel. 336 71 32 99; Preis für Pkw bis 31. Mai 10 €/Tag, Juni–Sept. 15 €/Tag, für Campingmobile teurer. Alle Informationen gibt es tagesaktuell auf der Website der Gemeinde Porto Santo Stéfano unter www.comunemonteargentario.gov.it.

Giannutri ▶ G 14

www.giglioinfo.it, im Sommer 1–2 tgl. Fähre ab Porto Santo Stéfano (4 €, 1 Std. Fahrzeit), April–Sept. auch Tagesausflüge ab Porto und Castiglione della Pescaia; von Gíglio aus eventuell Fahrten für kleine Gruppen durch Bootsverleiher

Fähre Giannutri, die kleine Nachbarinsel Gíglios (2,62 km^2), erhebt sich bis zu 88 m aus dem Meer und gilt als wahres Unterwasserparadies. Sie rühmt sich aber auch einer sehr dekorativen antiken Attraktion, der Ruinen einer römischen Villa aus dem 1. Jh.

San
Gimignano
Chianti
Volterra
Siena

Kapitel 4

Siena und Umland

Das vom Mittelalter geprägte Siena gilt als die gotische Metropole der Toskana, die sonst so sehr mit der Renaissance prahlt. Auf der muschelförmigen Piazza del Campo mit ihren harmonischen Palastfassaden wird zweimal jährlich der Palio ausgetragen. Im sakralen Mittelpunkt der Stadt erhebt sich der Dom, ein Juwel gotischer Architektur. Aus der Renaissance stammt die reich freskierte Cappella Piccolomini, einmalig sind die Fußbodenbilder der Kathedrale. Und gegenüber im früheren Ospedale della Scala entstand eines der schönsten Museen der Region.

Südwestlich von Siena bietet sich ein Ausflug in die wenig bekannte Region der Montagnola mit tiefgrünen Wäldern und kleinen Weilern oder befestigten Dörfern an. In der Nähe liegen zwei besondere Sakralbauten: die winzige Abtei von Torri mit ihrem dreistöckigem Kreuzgang sowie die dachlose Ruine von San Galgano, die als Kulisse in Tarkowskis »Nostalgia« Filmgeschichte schrieb.

Nordwestlich von Siena reihen sich berühmte Sehenswürdigkeiten aneinander: das intakte Burgdorf Monteriggioni mit seiner von wuchtigen Wachttürmen dominierten Stadtmauer, das malerisch auf drei Hügelrücken liegende Colle di Val d'Elsa und natürlich San Gimignano, wegen seiner hoch aufragenden Geschlechtertürme oft das ›Manhattan der Toskana‹ genannt.

Von hier ist es nicht weit zur Etruskergründung Volterra, heute für ihre Alabasterkunst berühmt. Mit ihren hohen mittelalterlichen Palästen und engen Gassen besitzt sie einen fast düsteren Charakter. Volterra liegt hoch auf einem Hügel, die gefährlichen Balze zu Füßen, die beständig daran nagen.

Nördlich von Siena breitet sich das weltberühmte Weinanbaugebiet des Chianti aus, das bis nach Florenz reicht. Hier, inmitten sanfter Hügellandschaft, kann man in unzähligen Weingütern die edlen Tropfen vor Ort genießen.

Während des Palio herrscht in Siena Ausnahmezustand

Auf einen Blick: Siena und Umland

Sehenswert

Siena: Die Provinzhauptstadt mit dem vielleicht schönsten Platz der Welt gehört unbestritten zu den Höhepunkten einer Toskana-Reise (s. S. 326).

Monteriggioni: Komplett ummauertes Kleinod nördlich von Siena (s. S. 345).

Colle di Val d'Elsa: Malerisch auf drei Hügelrücken über dem Elsa-Tal gelegen und vom Mittelalter geprägt (s. S. 329).

San Gimignano: Die Stadt mit ihren berühmten Geschlechtertürmen steht unter UNESCO-Schutz (s. S. 354).

Volterra: Der hochgelegene, einstige etruskische Stadtstaat beeindruckt durch seinen mittelalterlichen Aufbau (s. S. 359).

Chianti: Keine Weinregion dürfte berühmter sein, kaum ein Landstrich bietet so viele Burgen und Schlösser (s. S. 366).

Schöne Routen

Von Siena nach Volterra: Entlang der historischen Via Cassia von Siena über Monteriggioni nach Colle Val d'Elsa, San Gimignano und Volterra – allesamt malerisch auf Hügeln thronend – führt diese Tour zu gleich zwei Highlights der Toskana (s. S. 345).

Durch das Chianti-Gebiet: Von Siena geht es quer durch das Chianti mit seinen Städtchen, Burgen und Weingütern – Verführung zum Verkosten und Einkaufen des Gallo Nero und anderer Weine inklusive (s. S. 366).

Meine Tipps

Orto Medievale de' Pecci: Ein kurzer Spaziergang führt von Sienas Mercato Vecchio zu diesem mittelalterlichen Garten, der eine Augenweide ist (s. S. 335).

Mit dem Trenonatura aufs Land: Zu wichtigen Veranstaltungen wie Märkten im Umland, aber auch sonst für Fahrten ins Grüne bietet sich der sogenannte grüne Zug ab/bis Siena an (s. S. 343).

Chianti-Skulpturenpark bei Vagliagli: Im Chianti kommt man in den Genuss eines recht wild belassenen Parks voller Skulpturen, deren Standort sich die Künstler selber passend zu ihrem Thema aussuchen durften (s. S. 367).

Von San Gimignano aus bietet sich ein wunderbarer Blick auf das Elsa-Tal

Aktiv

Frankenstraße von Monteriggioni nach Piramide: Auf der Wanderung entlang der europäischen Pilgerstraße trifft man nicht nur auf Pilger (s. S. 159).

Spaziergang durch das Elsa-Tal: Im Elsa-Flusspark erlebt man Natur pur plus mittelalterliche Ingenieurleistung (s. S. 353).

Wandern um die Badia a Coltibuono: Vor einer kulinarischen Pause streift man durch die Wälder der Abtei (s. S. 375).

Siena und Umgebung

Die Provinzhauptstadt breitet sich auf drei Hügelrücken aus, den sogenannten Terzi di Città, die sich auf dem berühmten Campo im Zentrum Sienas treffen. Eine hohe Mauer umschließt die Stadt, in die man nur durch eines ihrer Tore hineinkommt. Aus dem Häusergewirr ragen Türme heraus, am höchsten die Torre del Mangia des Rathauses und der schwarz-weiß gestreifte Campanile des Domes.

Siena ▸H 7/8

Cityplan: S. 329

Für die Sienesen keine Frage: Ihre Stadt ist die schönste der Toskana, wenn nicht gar ganz Italiens und überhaupt. Jedenfalls gilt sie zu Recht als die gotische Metropole der Toskana – im Gegensatz zur ewigen Gegenspielerin Florenz, der Renaissancestadt. Und es ist eine Stadt, die man als Fußgänger genießen kann, denn bereits 1956 haben die Sienesen den historischen Kern für den Straßenverkehr gesperrt.

Siena, obwohl fast eine Großstadt mit gut 53 800 Einwohnern, ist innerhalb seiner Stadtmauern so gut wie unverändert gotisch geblieben – als habe man in puncto Architektur die Renaissance ganz oder zumindest weitgehend übersehen. Nicht zum Nachteil der Stadt! Charakteristisch sind hohe Backsteinpaläste, so hoch im Verhältnis zu den engen Gassen, dass kaum ein Sonnenstrahl auf das Pflaster fällt. Die Fassaden sind großzügig mit Fenstern gegliedert, damit wenigstens durch sie genügend Licht in die Häuser gelangt. Architektonischer Trumpf ist der sogenannte Sieneser Bogen, eine eigenständige Fensterform: Ein oder sogar zwei Spitzbögen sitzen auf einem flachen Rundbogen; in den Zwischenräumen bleibt Platz, normalerweise für ein Wappen.

Zahlreiche Paläste schmücken die schöne Stadt. Denn wer vom Landadel hier Bürgerrecht erwerben oder behalten wollte, musste einen Palazzo in Siena errichten. An die 50 Adelsfamilien kauften sich auf diese Weise ein und bestimmten somit den zauberhaft urbanen Charakter der Stadt, weil jede noch schöner als die andere bauen wollte.

Auch Siena hat begonnen, seinen Bewohnern und Gästen das Leben zu erleichtern, indem günstige Parkplätze mit dem historischen Zentrum über Rolltreppen verbunden werden. Und kaum eine andere toskanische Stadt hat so viele Hinweisschilder angebracht: An jeder wichtigen Straßenkreuzung findet man kurze und prägnante Wegweiser. In Sienas Altstadt kann man sich also nicht verlaufen – es sei denn, man ist der Meinung, von einem zum nächsten Stadtteil gelangen zu können, ohne über den Campo zu gehen. Mitnichten! Die Bergrücken der *terzi* sind durch tiefe Einschnitte voneinander getrennt, die es in sich haben.

Geschichte

Drei Hügel, steil abfallend und Y-förmig zueinander stehend, hatten die Sienesen für ihre Stadt zur Verfügung. Das ergab natürliche Stadtdrittel, die *terzi:* Terzo di Città im Westen, Terzo di San Martino im Südosten und Terzo di Camóllia im Nordosten. Im Kreuzpunkt, in einer Vertiefung: Il Campo, das Feld, der Platz der toskanischen Plätze.

Zur Etrusker- und Römerzeit dürfte Siena nicht sehr bedeutend gewesen sein. Doch da es schon 313 Bischofssitz wurde, darf man auf eine urbane Besiedlung zur späteren Kaiserzeit schließen. Das Wappen Sienas jedenfalls beruht wie in Rom auf einer Gründungsgeschichte, die erst im Mittelalter nachgewiesen werden konnte: Senius und Aschinus, die Söhne des Remus, gründeten auf der Flucht vor ihrem Onkel Romulus hier das Castello Senio. Die römische Wölfin hatten sie bei sich, das Wahrzeichen nicht nur Roms, sondern auch Sienas.

Spätestens ab 1114 befehdeten sich Florenz und Siena. Es ging um die Sicherung der Handelswege und um Wegzölle. Florenz war guelfisch, also papsttreu, Siena hingegen ghibellinisch, kaisertreu: Die Stadt verdankte Friedrich Barbarossa die Rechte der Münzprägung, der Gerichtsbarkeit und der Wahl der Konsuln. Insgesamt fuhren die Bürger nicht schlecht damit: Die Regierung, die das freie Siena 1236 bildete, der Rat der Vierundzwanzig, bestand nur noch zur Hälfte aus adeligen Ghibellinen, vier aus jedem Stadtdrittel; die übrigen zwölf waren *popolani* aus dem Großbürgertum.

1260 siegte Siena bei Montaperti über Florenz. Dieser Sieg blieb im Bewusstsein der Sienesen Jahrhunderte lang tief verwurzelt. Auch wenn es 1269 Florenz gelang, wiederum Siena zu besiegen, und es dann noch häufig Kriege gegeneinander gab, bis Siena 1555 endgültig kapitulierte.

Den Reichtum an Kunstschätzen verdankt Siena einer kurzen Friedenszeit: Von 1287 bis 1355 regierte der Rat der Neun (Consiglio dei Noveschi) die Stadt, aus neun reichen Kaufleuten bestehend; der Adel war ausgeschlossen. Die Neun hatten erkannt, dass Frieden die Voraussetzung für gute Geschäfte ist. Und gute Geschäfte machten die Stadt reich, mit ihrem Vermögen konnte sie sich ihrer Verschönerung widmen.

Siena engagierte dafür u. a. Duccio di Buoninsegna und Simone Martini, beide jeweils Schöpfer einer »Maestà«. Was danach Pietro und Ambrogio Lorenzetti im Siena des 14. Jh., in der Nachfolge Duccios in der Malerei einführten, sollte bis ins 15. Jh. als Sieneser Schule fortgeführt werden: u. a. die wirklichkeitsnahe Darstellung von Stadtarchitektur und Landschaft, z. B. die Darstellung der »Guten Regierung« in den Fresken des Palazzo Púbblico. Dargestellt sind wohlhabende Kaufleute in der Stadt, gotische Paläste, von hohen Türmen überragt – und in der sanft gewellten Hügellandschaft befestigte Dörfer und Landgüter, Bauern bei der Arbeit, die geometrischen Muster der bestellten Äcker an den Hängen und – wie hingetupft – ausladende Pinien. Die berühmtesten Bildhauer und Baumeister jener Zeit, Nicola und Giovanni Pisano, rief man ebenfalls nach Siena. Die Pisano-Kanzel im Dom zählt zu den besonders wertvollen Schätzen der Stadt, deren Paläste zum größten Teil ebenfalls aus dieser Friedenszeit stammen.

Dem Größenwahn freilich waren die Sienesen verfallen, als sie beschlossen, ihren Dom so zu verändern, dass er mit dem von Pisa konkurrieren könne: Der alte Bau sollte nur noch das Querschiff des Neuen Domes bilden! Das wird noch an der Südseite deutlich, dort, wo sich der Eingang zum Dombaumuseum befindet: Der Raum zwischen der Domsüdwand und dem hohen Bogen hinter dem Museum sollte das Langhaus des neuen Domes bilden. Zu mehr als diesen Bauteilen kam es nicht: 1348 dezimierte die Pest die Bevölkerung Sienas auf ein Drittel. Ebenso schnell versiegte die Finanzkraft der Stadt, und damit waren Macht und Herrlichkeit – und auch die Bauwut – dahin.

In der Neuzeit erging es Siena fast wie im Mittelalter: Als die Frankenstraße an Bedeutung verlor, weil es bequemere Wege durch die trockengelegten Sümpfe gab, begann der wirtschaftliche Niedergang der Stadt. Heute führt die Autobahn Florenz–Rom in großem Bogen an Siena vorbei, die hervorragende (kostenlose) Superstrada Florenz–Siena wirkt fast schon wie eine Entschuldigung dafür.

Stadtbesichtigung

San Domenico 1

Piazza San Domenico, tgl. März–Okt. 9–18.30, Nov.–Febr. 9–18 Uhr, Eintritt frei

An der Piazza San Domenico steht die 1225 bis 1254 erbaute Hallenkirche **San Domenico.** Darin rechts, auf der Westseite, findet sich das einzige authentische Bild der heiligen Kathe-

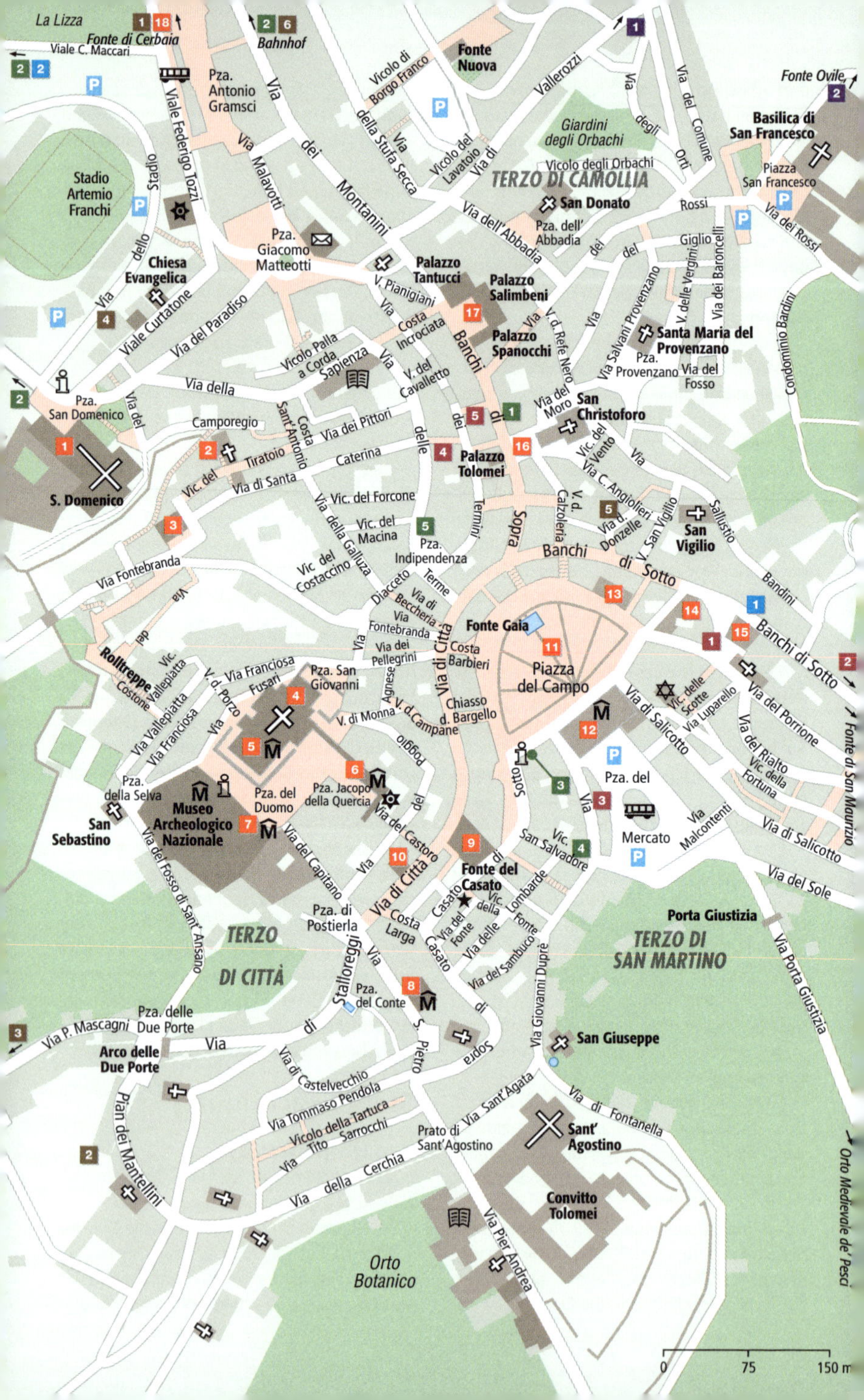
La Lizza
Fonte di Cerbaia
Bahnhof
Viale C. Maccari
Pza. Antonio Gramsci
Viale Federigo Tozzi
Via Malavolti
Via dei Montanini
Vicolo di Borgo Franco
Via della Stufa Secca
Vicolo del Lavatoio
Fonte Nuova
Via Vallerozzi
Via degli Orti
Via del Comune
Fonte Ovile
Basilica di San Francesco
Piazza San Francesco
Via dei Rossi
Giardini degli Orbachi
Vicolo degli Orbachi
TERZO DI CAMOLLIA
San Donato
Pza. dell' Abbadia
Via dell'Abbadia
Stadio Artemio Franchi
Viale dello Stadio
Pza. Giacomo Matteotti
Palazzo Tantucci
Palazzo Salimbeni
Palazzo Spanocchi
V. Pianigiani
Via Costa Incrociata
Banchi di Sopra
V. d. Refe Nero
Via del Giglio
V. delle Vergini
Via dei Baroncelli
Via Salvani Provenzano
Santa Maria del Provenzano
Pza. Provenzano
Via del Fosso
Condominio Bardini
Chiesa Evangelica
Viale Curtatone
Via del Paradiso
Vicolo Palla a Corda
Sapienza
V. del Cavalletto
Via della
Pza. San Domenico
S. Domenico
Camporegio
Costa Sant'Antonio
Via dei Pittori
Via del Tiratoio
Vic. del
Via di Santa Caterina
Via delle Terme
Via del Moro
San Christoforo
Palazzo Tolomei
Vic. del Vento
Via C. Angiolieri
Via d. Donzelle
V. San Vigilio
San Vigilio
Via Sallustio Bandini
Vic. del Forcone
Vic. del Macina
Pza. Indipendenza
Via della Galluza
V. d. Calzoleria
Vic. del Costaccino
Via Fontebranda
Via Diacceto
Via di Beccheria
Via Fontebranda
Banchi di Sotto
Fonte Gaia
Piazza del Campo
Via dei Pellegrini
Costa Barbieri
Via di Città
Rolltreppe
Vic. Vallepiatta
Costone
V. d. Porzo
Via Franciosa
Fusari
Pza. San Giovanni
Via Agnese
V. di Monna
V. d. Campane
Chiasso d. Bargello
Via di Salicotto
Vic. delle Scotte
Via Luparello
Via del Porrione
Via del Rialto
Vic. della Fortuna
Fonte di San Maurizio
Via Vallepiatta
Via Franciosa
Pza. della Selva
San Sebastino
Museo Archeologico Nazionale
Pza. del Duomo
Pza. Jacopo della Quercia
Via del Poggio
Via del Castoro
Via del Capitano
Via di Sotto
Vic. San Salvadore
Pza. del Mercato
Via Malcontenti
Via di Salicotto
Via del Sole
Via del Fosso di Sant' Ansano
Fonte del Casato
Via di Casato
Vic. della Fonte
Via del Fonte
Via delle Lombarde
Via del Sambuco
Pza. di Postierla
Costa Larga
Casato di Sotto
Porta Giustizia
Via Porta Giustizia
TERZO DI CITTÀ
TERZO DI SAN MARTINO
Via di Stalloreggi
Pza. del Conte
Via S. Pietro
Via Giovanni Duprè
San Giuseppe
Via P. Mascagni
Pza. delle Due Porte
Arco delle Due Porte
Via di Castelvecchio
Via Tommaso Pendola
Vicolo della Tartuca
Via Tito Sarrocchi
Prato di Sant'Agostino
Via Sant'Agata
Via di Fontanella
Sant' Agostino
Pian dei Mantellini
Via della Cerchia
Convitto Tolomei
Via Pier Andrea
Orto Botanico
Orto Medievale de' Pesci
0
75
150 m

Siena

Sehenswert
1 San Domenico
2 Santa Catarina
3 Fontebranda
4 Battistero
5 Duomo Santa Maria Assunta
6 Museo dell'Opera Metropolitana
7 Santa Maria della Scala
8 Pinacoteca Nazionale
9 Palazzo Chigi-Saracini
10 Palazzo Piccolomini delle Papesse
11 Il Campo
12 Palazzo Púbblico / Museo Civico
13 Palazzo Sansedoni
14 Palazzo Piccolomini
15 Logge del Papa
16 Piazza Tolomei
17 Piazza Salimbeni
18 Museo dell'Acqua

Übernachten
1 NH Siena
2 Palazzo Ravizza
3 Santa Caterina
4 Chiusarelli
5 Tre Donzelle
6 Camping Siena Colleverde

Essen & Trinken
1 Osteria Le Logge
2 Babazuf
3 Antica Trattoria Papei
4 Da Trombicche
5 Il Grattacielo

Einkaufen
1 Libreria Feltrinelli
2 Mercato settimanale La Lizza
3 Dolce Siena
4 La Nuova Pasticceria
5 Toscana Lovers

Abends & Nachts
1 Caffè Le Logge
2 ViviFortezza

Aktiv
1 Hallenbad Amendola
2 Villa Gori Siena Golf Club

---

rina von Siena (Fresko um 1380, im Barock eingerahmt). Die Kapelle der Heiligen in der Mitte der Südseite (1488) wurde 1526 von Sodoma mit Fresken zur Lebensgeschichte Katherinas ausgestattet, an der Schauwand die Kopfreliquie der Heiligen. Die Unterkirche ist sowohl rechts gleich hinter der Katherinenkapelle über eine steile Treppe als auch direkt von außen zu erreichen; letzteres allerdings nur dann, wenn sie als Kultur- und Konzertzentrum benutzt wird. Wundervoll ist dort unten die Raumwirkung der hohen Backsteingewölbe, die auf mächtigen Bündelpfeilern ruhen.

Santa Catarina 2

Costa Sant'Antonio, tgl. 9–12.30, 15–18 Uhr, Eintritt frei

Mit dem Terzo di Città im Blick geht man links von San Domenico erst in die Via Camporeggio mit der schön restaurierten Häuserzeile zur Linken, um dann in spitzem Winkel nach rechts die steile Treppe anzupeilen. An der Ecke stößt man auf die Chorseite der kleinen Kirche **Santa Catarina.** Der Wallfahrtsort im Haus der Katherina von Siena ist immer gut besucht und entsprechend voll, aber sehenswert. Das Haus musste wegen der Hanglage etwas kompliziert gestaltet werden und ist durch eine weitere kurze Treppe mit der Via Santa Catarina verbunden. Man kann beide Wege wählen, um auf die andere Seite der ›Schlucht‹ zu gelangen.

Fontebranda 3

Vicolo del Tiratoio, Via Fontebranda

Ob von oben oder von unten, von beiden Seiten kommt man zur **Fontebranda,** zum wohl schönsten Brunnenhaus Sienas. Solche Brunnen (s. Thema S. 339) machten die Stadt bei Belagerungen autark. Denn wer genug Wasser hatte, konnte lange ausharren. Besonders schön sieht der einer Festung ähnelnde Brunnenbau, der in der jetzigen Form bereits 1246 stand, von unten aus, vor dem Hintergrund des mächtig aufsteigenden Querschiffes von San Domenico.

Via Fontebranda

Die **Via Fontebranda** verläuft am Brunnen vorbei – einmal hinab und hinaus zum gleichnamigen Stadttor, einmal hinauf Richtung Campo. Richtung Zentrum gehend durchquert man einen eher wohlhabenden Stadtteil: das Gebiet der Contrada dell'Oca, der mächtigsten Sienas. Dort, wo man durch einen Hausbogen (Arco di Porta Salaria) treten muss, verengt sich die Straße sehr. Sie stößt anschließend auf die **Via di Città,** die sich zusammen mit den **Banchi di Sotto** als Hauptgasse durch das historische Zentrum zieht, der Rundung des Campo parallel folgend.

Battistero 4

Piazza San Giovanni, tgl. März–Nov. 10.30–19, Nov.–Febr. bis 17.30 Uhr, Erw. 8 € oder Opa Si Pass (s. S. 338)

Bevor man sich dem Campo widmet, sollte man einen Schlenker zum sakralen Zentrum der Stadt unternehmen – es sei denn, man spart es sich für einen Extrabesuch auf. Man beginnt auf der weit unterhalb des Domplatzes liegenden **Piazza San Giovanni.** Ein paar breite Stufen führen zum **Baptisterium** hoch, eine städtebaulich sehr gute, für Siena typische Lösung: quasi das Stapeln von Gebäuden übereinander. Denn die Taufkirche bildet die untersten Bauteile des Komplexes aus Baptisterium, Krypta und Dom. Überraschend ist angesichts der breiten Fassade die geringe Tiefe des Baptisteriums – sein Bau war 1316 bei der geplanten Erweiterung des Domes (ähnlich der Unterkirche von San Domenico) notwendig geworden. Dass die Pfeiler so voluminös sind, war eine schlichte Notwendigkeit: Schließlich müssen sie ein immenses Gewicht tragen.

Trotz der Fülle an Fresken, zum Teil aus dem 15. Jh., bleibt wichtigstes Kunstwerk des Baptisteriums das 1417 begonnene Taufbecken, an dem gleich mehrere hervorragende Künstler arbeiteten: Jacopo della Quercia, Donatello, Ghiberti und Giovanni Turino, ein jeder von ihnen ein Renaissancemeister eigenen Stils. Und dennoch wirken die Szenen aus dem Leben Johannes des Täufers homogen.

Cripta del Duomo

Öffnungszeiten s. Battistero, Erw. 11 €, Opa Si Pass Erw. 8–15 € (s. S. 338)

Eine steile Treppe führt links vom Baptisterium nach oben. Zuerst gelangt man zur **Cripta del Duomo** (früher Cripta delle Statue), die Krypta des Domes, die lange Zeit die von der Außenfassade des Domes entfernten Statuen barg, die heute im Dombaumuseum untergebracht sind. In dieser zwischen Baptisterium und Domchor eingeklemmten Krypta wurden großartige vergessene Fresken des 13. Jh. entdeckt, darunter eine Kreuzabnahme.

Am oberen Ende der Treppe gelangt man auf die **Piazza Jacopo della Quercia** mit den überdimensionalen Maßen des geplanten und nie vollendeten Neuen Domes (s. S. 327). Im einzigen fertiggestellten Teil befindet sich das Dombaumuseum – Museo dell'Opera Metropolitana (s. S. 332).

Duomo Santa Maria Assunta 5

Piazza del Duomo, Mo–Sa 10.30–19, So, Fei 13.30–18, Nov.–Febr. bis 17.30 Uhr, Erw. 5–8 €, Nov.–Febr. außer Weihnachtszeit frei, Audioguide für Cappella bzw. Libreria Piccolomini 3,50 €, Opa Si Pass (s. S. 338)

Über Baptisterium und Krypta erhebt sich der **Duomo Santa Maria.** Man sollte der Versuchung widerstehen, Sienas Kathedrale gleich durch die kleine Südpforte zu betreten, und bis zur Westfassade gehen. Diese Schauseite im besten Sinne mag zwar an Zuckerbäckerstil erinnern, wirkt aber insgesamt doch imposant. Der Bau des Domes, der an der höchsten Stelle der Stadt steht (346 m), wurde um 1210 begonnen und bis ins 14. Jh. fortgeführt. Seine Fassade (1284–1297), eine völlige Neukonzeption von Giovanni Pisano mit späteren Änderungen bis ins 14. Jh., präsentiert sich fast schon im Sinne der französischen Gotik stark figural geschmückt.

Bereits auf der Terrasse zum Westportal fallen die grafittiähnlichen **Fußbodenbilder** auf. Außen sind es zwar Kopien, innen aber die Originale aus dem 15. Jh. Die ältesten Bilder waren jahrelang zum Schutz vor kratzenden Schuhsohlen mit dicken Kartonagen abgedeckt, inzwischen aber werden sie wie früher an hohen Feiertagen (und auch etwa Mitte Aug.–Ende Okt.) mit Kordeln abgesichert, komplett gezeigt. Die ältesten Bilder wurden in den Marmor (Punkt für Punkt) eingeritzt, die Rillen dann mit Teer ausgefüllt. Die jüngeren Bilder sind eine Art Einlegearbeit aus verschiedenfarbigem Marmor.

Überhaupt gehört der Sieneser Dom zu den am prächtigsten ausgestatteten Kirchen der Toskana. Wunderbar hat ab 1503 Fra Giovanni da Verona das **Chorgestühl** von 1363 bis 1397 intarsiert. Wird es mit Hilfe des Münzautomaten beleuchtet, kann man besonders gut die perspektivischen Spielereien erkennen: schräg geöffnete Fenster, eine weite Landschaft dahinter, Straßenzüge, viel Architektur und Stillleben. Die zweite Rückenlehne von rechts zeigt Dürers »Hasen« (1502): Die Technik der Vervielfältigung durch Druck war inzwischen verbreitet, sodass die Künstler beliebte Vorlagen für ihre Arbeit nutzen konnten. Das mittlere, nicht intarsierte, sondern nur geschnitzte Chorgestühl entstand 1567–1570.

Prachtvoll leuchtet das runde **Glasfenster** über dem Chor, das nach einem Entwurf von Duccio 1287/1288 geschaffen wurde und die Themen Tod, Himmelfahrt und Krönung Mariä behandelt. Die **Kanzel** (1266–1268), an der Nicola Pisano mit Gehilfen, darunter Sohn Giovanni, gearbeitet hatte, ist die zweite der berühmten Pisano-Kanzeln nach Pisa (Baptisterium, 1259) und vor Pistóia (Sant'Andrea, 1298–1301) und Pisa (Dom, 1302–1311). Sienas Kanzel zeigt eine noch detailgenauere Ausarbeitung charaktervoller Köpfe, Menschen von der Straße, die Gefühle, vor allem

Selbst bei Regen noch imposant: die Westfassade des Sieneser Domes

Ängste zeigen, daher schon sehr real wirken. Im August fallen für kurze Zeit Sonnenstrahlen so auf die Kanzel, dass sie in ihrer ganzen Feinheit wie durchsichtig wirkt. Auch wenn die Vorstellung natürlich reizvoll ist – das war nicht die Absicht Pisanos, denn die Kanzel stand ursprünglich in der Mitte der Vierung, nicht wie jetzt links vor dem Chorraum.

Links in der Kirche hat Francesco Todeschini Piccolomini, der spätere Papst Pius III., zum Andenken an seinen Onkel Papst Pius II. 1495 die sogenannte **Libreria Piccolomini** einziehen und ausstatten lassen, um darin dessen wertvolle Handschriftensammlung aufzunehmen. Leben und Wirken des Papstonkels, der mit bürgerlichem Namen Enea Silvio de' Piccolomini (1405–1464) hieß und u. a. den Bau der Stadt Pienza (s. S. 401) veranlasste, zeigen wunderbar erhaltene Fresken von Pinturicchio (1502/1503). Der Zyklus beginnt rechts neben dem Fenster. Auch hier ist das Spiel mit der Perspektive zu erkennen. Und die Mondsichel als Schmuckornament: das Wappen der Piccolomini, das in Siena häufig zu sehen ist.

Museo dell'Opera Metropolitana 6

Öffnungszeiten s. Battistero, mit Opa Si Pass (s. S. 338)

Die hochkarätige Sammlung des **Dombaumuseums** birgt neben Hauptwerken der Sieneser Malerei auch zwei der größten Schätze Sienas: den Duccio-Saal mit der »Maestà« aus dem Dom und die Holzschnitzereien von Jacopo della Quercia.

Im zweiten Stockwerk kommt man durch die Sala dei Parati mit reich geschmückten Messgewändern zu einer Flügeltür mit der Aufschrift »Scala del Facciatone«: 60 Stufen Wendeltreppe, die sich lohnen! Im ersten Abschnitt gelangt man unter den Bogen des Neuen Domes und steht genau gegenüber der Südwand der Kathedrale. Der Campo ist, von hier rückwärts schauend, nur zum Teil zu erkennen. Links führt nochmals eine beängstigend enge Wendeltreppe zum schönsten Aussichtsplatz über dem Bogen, dem **Facciatone,** der die Fassade des Neuen Domes überwölben sollte. Von hier liegt einem ganz Siena zu Füßen.

Lässt man den Blick über die drei Stadthügel schweifen, ist leicht zu erkennen, wie sehr Siena nur im Zentrum urban ist und das Land sich durch die Schluchten in die Stadt hinein zu fressen scheint. Weit reicht der Blick über die Hügellandschaft, bis hin zum markanten Schattenriss des Monte Amiata. Am eindrucksvollsten aber sind die Dächer von Siena. Dicht aneinander ziehen sich die Häuserzeilen aus Siena-Backstein mit sienaroten Tonziegeln an den Hügelkämmen entlang, Der Blick fällt in gepflasterte Innenhöfe, in deren Mitte ein Ziehbrunnen oder ein einziger ausladender Baum steht, bevorzugt Zedern. Die schönste Zeder ragt aus dem früheren Klosterhof von San Francesco, wo heute Teile der Universität untergebracht sind.

Santa Maria della Scala 7

www.santamariadellascala.com, 15. März–15. Okt., 26. Dez.–6. Jan. tgl. 10–19, 16. Okt.–14. März Mo, Mi–Fr 10–17, Sa, So 10–19 Uhr, Erw. 9 €, mit Sammelticket 14–18 €

Dem Dom gegenüber steht der mächtige Komplex des früheren **Ospedale di Santa Maria della Scala** aus dem 13. und 14. Jh. Der Name ist einfach zu erklären: Dieses frühere Krankenhaus wurde gegenüber der – damals noch höheren – Domtreppe errichtet (Treppe = ital. *scala*). 1988 begann man mit dem Umbau des großen Komplexes für das reiche **Museo Archeologico,** gleichzeitig wurden Räume für die Sammlungen zeitgenössischer Kunst eingerichtet, **SMS Contemporanea** genannt. Schon immer zu besichtigen war die **Sala del Pellegrino** des Krankenhauses, die im Freskenzyklus von Domenico di Bartolo und anderer Maler nach ihm Szenen aus den Aufgabenbereichen des *ospedale* zeigen: natürlich Krankenpflege, aber auch die Betreuung von Waisen und die Verteilung von Almosen. Aus dem Ganzen ist nun eines der schönsten Museen der Toskana geworden. Nicht versäumen sollte man die labyrinthischen Gänge des Untergeschosses mit der großen Sammlung etruskischer Urnen und der Originale sowie Gipsabdrücke der restaurierten Reliefplatten der Fonte Gaia vom Campo, die dort ja nur in Kopie das wohl beliebteste Fotomotiv auf dem Platz darstellt. Vorsicht: Wer nicht den Hinweispfeilen folgt, kann sich hier leicht verirren!

Pinacoteca Nazionale 8

Via di San Pietro 29, http://pinacotecanazionale.siena.it, Mo, Fr, Sa, 1., 3., 5. So/Monat, Fei 8.30–13.30, Di–Do 14–19 Uhr, Erw. 8 €, Sammelticket 15–25 €

Die Via del Capitano geht an der Kreuzung mit der Via di Città in die Via San Pietro über und führt zur **Nationalpinakothek** im früheren Palazzo Buonsignori. Sie zeigt eine Sammlung mit Malereien Sieneser Künstler und ist zudem normalerweise ein herrlich ruhiger, weil wenig besuchter Ort – mit einem schönen Renaissancebrunnen im Innenhof.

Palazzo Chigi-Saracini 9

Via di Città, Führungen im Sommer nur nach Voranmeldung (Tel. 0577 220 91) meist Mo–Sa 11.30 Uhr, Erw. 7 €

Zurück zur Via di Città und dieser nun nach rechts folgend, schlendert man zwischen den wohl schönsten Stadtpalästen Sienas hindurch. Es ist auch die Bummelmeile der Stadt mit einladenden Geschäften und Restaurants. Menschenmassen schieben sich meist durch die Fußgängerzone, nicht nur Einheimische und Touristen, sondern auch viele italienische und ausländische Studenten. Denn in Siena haben sich mehrere Institute etabliert, die italienische Kultur, Sprache und Musik vermitteln. Vor allem Musik: Die **Accademia Chigiana** im wunderschönen **Palazzo Chigi-Saracini** existiert bereits seit 1932 und ist eine Stiftung, deren kostbare Ausstattung, vor allem die Gemäldegalerie, inzwischen besichtigt werden kann. Die Musikstudenten haben es noch einfacher: Sie üben unter manch streng blickender Dame aus der Renaissance und dürfen sich in den Pausen die Kostbarkeiten des Palastes in Ruhe ansehen. Immer offen ist der rückwärtige Hof mit dem schönen Renaissancebrunnen. Der Palast, im 12. Jh. begonnen, wurde im 14. Jh. in seine heutige Form gebracht. Im 18. Jh. folgte die grundlegende Restaurierung.

Palazzo Piccolomini delle Papesse 10

Schräg gegenüber befindet sich der **Palazzo Piccolomini delle Papesse,** für Catarina Piccolomini, die Schwester von Papst Pius II., 1460 bis 1465 im Stile der Frührenaissance gebaut. Hier befand sich einige Jahre lang das **Centro Arte Contemporanea** (Zentrum für Zeitgenössische Kunst), ein wissenschaftliches Forschungszentrum für Moderne Kunst mit Ausstellungsräumen; die Sammlungen sind seit 2008 in Santa Maria della Scala untergebracht (s. S. 332).

Il Campo 11

Bald öffnet sich rechter Hand der schmale **Chiasso del Bargello.** Wer nicht zu schnell vorbei eilt, erblickt die Torre del Mangia, den herrlichen Rathausturm Sienas mit seinem so leicht wirkenden Glockenaufsatz. Die Treppengasse abwärts führt zum **Campo,** dem wohl schönsten Platz der Toskana. Wie eine Muschel liegt der mit Backsteinen in Fischgrätmuster angelegte Platz dem Betrachter zu Füßen, fällt sichtbar ab zum Rathaus, was die weißen Travertinstreifen des Pflasters, die sich unten treffen, optisch noch verstärken. Ringsum – die Rathausseite ausgenommen – haben sich im Erdgeschoss der großteils mittelalterlichen Paläste Restaurants und Cafés eingenistet, die allein wegen ihrer imposanten Lage zu den teuersten Sienas zählen.

Die Schönheit und vor allem die Harmonie des Platzes sind kein Zufall. Bereits 1309, manche Historiker meinen schon früher, wurden Vorschriften erlassen, wie die Hausfassaden auszusehen hätten. 1359 wurde gar eine ›Verschönerungsbehörde‹ eingerichtet. Galerien, Vorsprünge und Vordächer waren verboten, und nur zwei- und dreibogige Fenster nach dem Muster des Palazzo Púbblico erlaubt. Hohe Ämter wurden verliehen, Schulden erlassen – all dies, damit den betroffenen Bürgern genügend Geld blieb, um die vorgeschriebenen Verschönerungsmaßnahmen durchzuführen. Mitten auf dem Platz steht die von Tauben umschwirrte Kopie der **Fonte Gaia** (Original im Archäologischen Museum, s. S. 332), ein beliebter

Treffpunkt von Jung und Alt, von Einheimischen wie Touristen.

Palazzo Púbblico 12

Der **Palazzo Púbblico** (auch Palazzo Comunale genannt), das **Rathaus,** wurde 1297 begonnen. Aus der ersten Bauzeit des Rathauses stammt nur der mittlere Block mit drei Geschossen. Das Obergeschoss kam 1305 hinzu, die Seitenflügel 1307.

Die **Torre del Mangia,** der 87 m hohe, alles überragende Turm – obwohl er 1325 bis 1344 an der niedrigsten Stelle der Stadt errichtet wurde – erhielt 1680 eine Travertinbekrönung, die ihm optisch eine unglaubliche Leichtigkeit verleiht (leider ist die Besteigung des Turmes wegen Überfüllung nicht immer möglich). Gleichzeitig mit dem Turmaufsatz erhielt der Unterbau des Palazzo eine Travertinfassade, darüber die Backsteingeschosse mit Fenstern und Portalen, wie sie uns in ganz Siena begegnen. Vielsagend für Siena: Über dem riesigen Medici-Wappen beherrscht der Strahlenkranz des heiligen Bernardino mit dem Christusmonogramm IHS die Fassade – das ungeliebte mediceische Zeichen der Eitelkeit einer Dynastie überstrahlt vom Symbol des Stadtheiligen, der gegen die Eitelkeit predigte!

Museo Civico 12

Palazzo Púbblico, 1. Nov.–15. März 10–18, 16. März–31. Okt. 10–19 Uhr, Erw. 10 €, mit Sammelticket 14–20 €

Das **Museo Civico** im Rathaus ist aus mehreren Gründen einen Besuch wert, u. a. wegen der Sala del Mappamondo mit den Fresken von Simone Martini (besonders sehenswert die »Maestà«, 1315) und der Sala della Pace mit den Fresken von Ambrogio Lorenzetti: »Die gute Regierung« (s. S. 327) und »Die schlechte Regierung«, letztere leider nur in Teilen erhalten (1337–1339). Von der offenen Loggia im Obergeschoss auf der Rathausrückseite bietet sich ein wunderschöner Blick über den alten Marktplatz und das Terzo di

Piazza del Campo mit Palazzo Púbblico und Torre del Mangia

San Martino mit der Basilica dei Servi di Maria auf die umgebenden Weidehügel – eine ganz ähnliche Ansicht wie auf dem Fresko der »Guten Regierung«.

Palazzo Sansedoni 13

Schräg gegenüber dem Palazzo Públbico, vom Rathaus aus gesehen rechts der Fonte Gaia, steht der herrliche **Palazzo Sansedoni.** Er entstand 1339 durch die Zusammenfassung mehrerer Häuser, ganz im Sinne der ›Verschönerungsbehörde‹, denn er folgt der Rundung des Platzes in vollendeter Form. Heute gehört er dem Bankhaus Monte dei Paschi di Siena, der großen, verarmten Mäzenin Sienas.

Palazzo Piccolomini und Logge del Papa

Palazzo Piccolomini / Archiva di Stato: Banchi di Sotto 52, www.archiviodistato.siena.it, Führungen normalerweise Mo–Sa 10, 11, 12, 13 Uhr, sonst auf Anfrage

An die Nordostecke des Platzes stößt ein mächtiger Bau mit einer Fassade aus Buckelquadern zu den Banchi di Sotto: der **Palazzo Piccolomini** 14**.** Es waren die Piccolomini, die die Renaissance in die gotische Stadt brachten, zwar mit auffälligen Bauten, aber ohne damit den gotischen Charakter nachhaltig verändert zu haben (s. auch Palazzo Piccolomini delle Papesse, S. 333, und Logge del Papa, S. 335). Bernardo Rossellino baute den Palazzo Piccolomini in Anlehnung an den Palazzo Rucellai in Florenz. Aber er wirkt düsterer und schwerer und birgt in seinen repräsentativen Räumen das **Staatsarchiv** mit wunderbar bemalten Täfelchen *(biccherna).*

Gleich um die Ecke in Richtung Via del Porrione stehen die großbogigen **Logge del Papa** 15**,** 1462 im Auftrag von Papst Pius II. zu seiner eigenen und der Verherrlichung seiner Verwandten, der Piccolomini, errichtet.

Piazza Tolomei und Piazza Salimbeni

Die Banchi di Sotto zurückgehend, biegt man rechts in die Banchi di Sopra ein und folgt ihrem Bogenverlauf, bis sie sich zur kleinen **Piazza Tolomei** 16 hin öffnet – mit der Sieneser Wölfin auf einer hohen Säule in der Mitte dieses Platzes (sowie sie es öfters in Siena gibt), der **Chiesa San Christoforo** rechts und dem **Palazzo Tolomei** auf der linken Seite. Der Palast gilt als der älteste erhaltene Profanbau Sienas und entstand bereits 1205. Nur sein Erdgeschoss wurde 1267 einer Festung ähnlich umgestaltet. Jetzt wirkt er, zweifach

Tipp

ORTO MEDIEVALE DE' PECCI

Vom Platz hinter dem Mercato Vecchio schaut man weit ins Sieneser Land, gleich unterhalb beginnt (Hinweisschilder beachten!) hinter einem Gatter, das seitlich immer offen bleibt, ein zwischen dicht bepflanzten Gärten abwärts führender Weg, die **Via Porta Giustizia,** die einen sofort ins ländliche Siena bringt. Ein Kletterturm, ein Fußballplatz, Ruhebänke, ein kleiner Zoo und ein Kinderspielplatz sowie die vielen Kinderwagen schiebenden Mütter und eine nette Kneipe mit Tischen davor beweisen, dass der große Freiraum unterhalb der Stadtmauer gerne angenommen wird.
Ganz am unteren Ende, nach einem verlockenden Kirschgarten, versteckt sich fast der klösterlich wirkende **Garten,** der seit dem Mittelalter existiert und jüngst wieder gepflegt wird. Allein schon die kunstvolle Umzäunung aus Ginsterreisig ist es wert, die halbe Stunde hierher zu schlendern. Rund 40 mal 40 Schritte groß (oder klein) ist dieser Mustergarten, in der Mitte ein Feigenbaum, ringsum ordentlich und beschriftet die Nutz- und Heilpflanzen. Ein Dokument vom 20. August 1547 hält fest, dass hier ein gewisser Girolamo di Piero als Gärtner ein »abitante del Orto de' Pecci al Mercato Vecchio« war, also hier fest wohnte.

Mehr als nur ein Spiel – der Palio in Siena

Wenn zweimal im Jahr in Siena der Palio seine Schatten auf das Leben in der schönen gotischen Stadt wirft, folgt das Leben einem völlig anderen Rhythmus. Am Tag der beiden Palio-Termine, am 2. Juli und am 16. August, gerät Siena dann vollends aus den Fugen, ist alles den Palio-Gesetzen unterworfen.

Die Mitte des zur Rennbahn umfunktionierten Campo füllt sich allmählich, ebenso die Balkone und Tribünen. Ringsum ist jede Lücke zwischen den Balkonen mit Brettern geschlossen, auf denen die Zuschauer dicht bei dicht sitzen. Man muss lange vor dem Rennen die Plätze einnehmen, sonst ist kein Durchkommen mehr. An allen Fenstern stehen Sienesen und schwenken Fahnen ihrer *contrade* (Stadtteile); aus Dachluken und von den Turmdächern beugen sie sich beängstigend weit vor.

Für den Palio des 2. Juli werden bereits am 25. Mai drei der heute konkurrierenden *contrade* aus denen des letzten Palio ausgelost. Zusammen mit den sieben, die ohnehin an der Reihe sind (weil sie beim letzten Mal nicht dabei waren), werden sie am kommenden Palio-Tag das Rennen bestreiten. Am Morgen des 29. Juni findet die Auswahl der Pferde statt, die anschließend durch das Los den zehn teilnehmenden Stadtteilen zugeteilt werden. Um 19 Uhr desselben Tages veranstaltet man das erste Proberennen. Der Campo ist dabei bereits mit festgestampftem Sand und Lehm bedeckt. Am nächsten Tag setzen sich die Proberennen fort.

Die Generalprobe beginnt am 1. Juli Punkt 19.45 Uhr, am späten Abend folgt dann das festliche Essen, das Glück und Segen bringen soll. Alle Bewohner der *contrada* nehmen daran teil – und der Reiter, der normalerweise ein Fremder, meist ein angeheuerter Sarde aus der Maremma ist. Während der ganzen Zeit wird das Pferd in der *casa del cavallo,* die jeder Stadtteil besitzt, strengstens bewacht.

Am Morgen des 2. Juli findet – nachdem die Reiter an der Kapelle vor dem Rathaus gesegnet wurden – die *provaccia* statt, die große Probe auf der Piazza del Campo – schon dies ein farbenprächtiges Schauspiel für Frühaufsteher.

Am Abend des 2. Juli (was sich natürlich am 16. August wiederholt) beginnt die Riesenglocke auf der Torre del Mangia zu schlagen, und die ersten Abordnungen der Stadtteile betreten den Platz: jeweils ein Trommler, zwei Fahnenschwinger, der *duce* (Führer), zwei bewaffnete Männer, ein Bannerträger mit der Fahne der *contrada* und zwei Knappen, die die Feldzeichen der einstigen Militärkompanien tragen; es folgt ein Reitknecht mit dem Paradepferd, darauf der *fantino,* der Reiter. Ganz zuletzt kommt das Rennpferd, von seinem *barbaresco,* dem Stallmeister und Bewacher, geführt.

Es ist kurz vor halb acht Uhr abends, die Sonne erleuchtet nur noch das Rathaus. Auf dem Campo unten, der im Schatten liegt, innerhalb und um die Rennbahn herum, fände keine Stecknadel mehr Platz! Der Zugang für weitere Besucher wird gesperrt. Die Glocken auf dem Rathausturm schlagen. Es wird still. Pferde und Reiter treten aus dem Innenhof des Rathauses auf die Rennbahn, nachdem sie vom Wachtposten die Ochsenziemer zum Antreiben der Pferde erhalten haben.

Zum Palio verwandelt sich der Campo in eine spektakuläre Rennbahn

Zwischen zwei quer gespannten Hanfseilen zittern Pferde und Reiter dem Start entgegen, ihrer schwersten Aufgabe. Das Seil fällt: Bahn frei! Ein rasender Lauf beginnt, ein gefährliches Rennen ohne Sattel – die Notärzte stehen bereit. Am gefährlichsten ist die Kurve von San Martino links am Rathaus, weshalb die kleine vorspringende Kapelle in dicke Matratzen eingehüllt ist. Doch Opfer hat sie immer gefordert. Dreimal geht es um den Platz, also auch dreimal in diese Kurve.

Sehr oft gewinnt die *oca* (Gans), für viele andere *contrade* ist die ganze Hoffnung oft mit einem Peitschenhieb des feindlichen Reiters dahin! Dabei geht vieles nicht so korrekt zu, wie man sich das als unbeteiligter Betrachter vorstellen mag.

Können Sienesen jemanden nicht leiden, sagen sie, er sei wie ein *fantino*. Tatsächlich sollen die für das Rennen gekauften Reiter untereinander die übelsten Tricks anwenden, um aus dem Palio für sich ein gutes Geschäft zu machen. Absprachen sind an der Tagesordnung. Da kann tatsächlich nur das Pferd an der Entscheidung etwas ändern. Denn auch reiterlos, *scosso*, kann es den Wettkampf gewinnen, wenn es als erstes durch das Ziel geht. Folgerichtig bekommt das Siegerpferd beim großen Festessen den Ehrenplatz an der Tafel, wird aus silbernem Geschirr gefüttert und beim Siegeszug durch die Stadt richtiggehend verehrt.

Dass die Sienesen ein so freundliches Wesen haben, so unbeschwert wirken, und ihre Stadt die vielleicht niedrigste Kriminalitätsrate der Welt aufweist, soll auch daher kommen, dass sie zweimal jährlich im Palio ein Ventil öffnen – sagen andere Toskaner.

aufgestockt, schmal und dennoch sehr robust. Nur die Rückseite zeigt noch, wie uneinnehmbar diese kleine Stadtfestung ursprünglich war. Nach gründlicher Restaurierung zog hier die Sparkasse von Florenz mit ihrem Hauptsitz für Siena ein – wohl als Gegengewicht zur einst mächtigsten Bank Sienas auf der benachbarten **Piazza Salimbeni** 17, der Monte dei Paschi di Siena.

Museo dell'Acqua 18

Strada delle Fonti di Pescaia 1, https://museoacqua.comune.siena.it, Anmeldung empfohlen (s. Website), Juni–Sept. Do–So 10–12.30, 16.30–19, Okt.–Mai Mo, Mi, Fr 10–12, Sa, So 9.30–12.30, 15–19 Uhr, Erw. 10 €

Einen wunderbaren Einblick in das System der Wasserversorgung Sienas verschafft ein Besuch im **Wassermuseum.** Es wurde über den **Fonti Pescaia** errichtet und besitzt einen Zugang zu den **Bottini,** den unterirdischen Aquädukten, die noch heute die historischen Sieneser Brunnen mit Wasser versorgen.

Infos

Ufficio Informazioni: 53100 Siena (SI), Piazza Duomo 1, Tel. 0577 28 05 51, 800 54 02 67 (kostenlose Infonummer innerhalb Italiens), **www.terresiena.it**.

Sammeltickets: Für die Besichtigung Sienas werden immer neue Sammeltickets angeboten, abhängig davon, welche Zusatzausstellungen in den einzelnen Gebäuden gerade laufen. Auf jeden Fall sollte man zuerst beim Infobüro danach fragen, man kann damit eine Menge sparen. Etwa mit dem Ticket für die wichtigsten Museen der Stadt, das zwei Tage gültig ist und 13 bzw. 20 € kostet – nähere Infos unter www.comune.siena.it. Für die sakralen Museen gibt es den **Opa Si Pass** (8–15 €), der für drei Tage eine Ersparnis von 50 % bringt – Infos unter Tel. 0577 28 63 00, www.operaduomo.siena.it.

Übernachten

Unter den Suchmaschinen für Hotels, B-&-B-Unterkünfte und Ferienwohnungen in und um Siena, von luxuriös bis preisgünstig, sind die Webportale www.hotels.com und www.booking.com und andere mehr interessant. Zimmer (*affitacamere*) mit und ohne Frühstück, schlichte oder auch in Adelspalästen (*residenza d'epoca*), findet man u. a. im aktuellen Hotelverzeichnis der Provinz Siena, s. auch www.terresiena.it.

Modern – **NH Siena** 1: Piazza la Lizza, Tel. 0577 38 21 11, www.nh-hotels.de. Modernes Hotel am Rand des historischen Zentrums mit 129 komfortablen Zimmern, Restaurant mit toskanischer Küche und Fitnesscenter. Gebührenpflichtiger Parkplatz 200 m entfernt. €€–€€€

Stadtpalast – **Palazzo Ravizza** 2: Pian dei Mantellini 34, Tel. 0577 28 04 62, www.palazzoravizza.it. Palast aus dem 17. Jh. mit Garten, 35 romantischen Zimmern, vier mit Stilmöbeln eingerichteten Suiten, Restaurant, Parkplatz. €€–€€€

In Panoramalage – **Santa Caterina** 3: Via E. S. Piccolomini 7, Tel. 0577 22 11 05, www.hscsiena.it. Kleineres Hotel in einer Patriziervilla aus dem 18. Jh. außerhalb der Stadtmauer vor der Porta Romana, ca. 30 Gehminuten vom Campo entfernt. 22 nette Zimmer, diejenigen zur Straße besser meiden. Wunderbarer Garten in Panoramalage, in dem im Sommer gefrühstückt werden kann und der sich gut für eine Ruhepause eignet. Bar, kleiner Parkplatz. €–€€€

Zentral – **Chiusarelli** 4: Viale Curtatone 15, Tel. 0577 28 05 62, www.chiusarelli.com. Ältliches Hotel in schön renovierten Räumen, 48 Zimmer, Restaurant. €–€€

Aufgemöbelt – **Tre Donzelle** 5: Via delle Donzelle 5, Tel. 0577 27 03 90, www.tredonzelle.com. Aufpolierte Pension im Obergeschoss nahe der Piazza del Campo mit 20 Zimmern, einladender Salon am Nachmittag. €

Camping – **Siena Colleverde** 6: Via Scacciapensieri 47, Tel. 0577 33 25 45, 0577 33 40 80, www.sienacamping.com. Auf einem Hügel mitten im Wohngebiet mit Blick auf die Altstadt von Siena, gute Busanbindung (Nr. 8 zur Piazza del Sole und Nr. 3 zur Piazza Gramsci), Mindestaufenthalt drei Nächte. €

Essen & Trinken

Tolle Atmosphäre – **Osteria le Logge** 1: Via Porrione 33, Tel. 0577 480 13, www.oste

Die Brunnen von Siena

Die Brunnen, die die Stadt in Zeiten der Belagerung autark machen sollten, sind städtebaulich wie architektonisch eine Meisterleistung und durch kilometerlange Kanäle miteinander verbunden.

Fonte Gaia auf der Piazza del Campo

Während die **Fonte Gaia** auf dem **Campo** 11, ursprünglich ein Werk della Quercias, lediglich ein Zierbrunnen war und ist, bildet die prächtige und trutzige **Fontebranda** 3 (s. S. 329) zu Füßen von San Domenico das Musterbeispiel eines Sieneser Brunnenhauses. Stark befestigt, das war wichtig, vor allem bei diesem nachweislich ältesten Brunnenhaus Sienas (erste Dokumente von 1081, 1193 vergrößert). Denn Siena ist schon immer arm an Wasser gewesen (heute wird die Stadt mit Überlandleitungen vom Monte Amiata versorgt). Zu allem Überfluss hatten sich die Sienesen ab dem 13. Jh. auch noch auf die Verarbeitung von Wolle, Seide und Leder spezialisiert, Handwerke, die viel Wasser verbrauchten. Die drei Hügel der Stadt aber bestehen aus Kalk- und Tonböden, weshalb man sehr tief bohren musste, um auf Wasser zu stoßen. Der gesamte Untergrund der Stadt wurde ausgehöhlt, um das Quellwasser weiterzuleiten. 25 km lang sollen die *bottini* sein, die tonnengewölbten Wassergalerien. Einen wunderbaren Einblick gewährt das **Museo dell'Acqua** 18.

Die Quellbrunnen mussten verteidigungsbereiten Festungen gleichen. Nicht nur als Spender für Trinkwasser für Mensch und Tier waren die Quellen wichtig, sondern auch zum Löschen von Bränden, die besonders in Kriegszeiten die Stadt bedrohten. Es entstanden daher neben den öffentlichen auch viele private Brunnen, und natürlich hatte jede *contrada* einen eigenen. Neugeborene werden mit dem Brunnenwasser der eigenen *contrada* getauft, symbolhaft für die lebenslange Zugehörigkeit. Weitere sehenswerte Wasserspender:

Fonte Nuova: Im Norden der Stadt, 1298–1303 errichtet und bis ins 16. Jh. hinein umgestaltet.

Fonte Ovile: 1262 an der Porta Ovile im Nordosten weit unterhalb von San Francesco gebaut.

Fonte della Contrada del Bruco: Als Brunnen von San Francesco unterhalb der Via dei Rossi mit weitem Bogen gebaut; seit 1513 Brunnen von San Bernardino, wurde er 1878 von der *contrada* der Raupe restauriert und wieder in Funktion gesetzt.

Fonte del Casato (14. Jh.): Unterhalb der Treppengasse, die vom Casato di Sotto hinter dem Campo abwärts, am Palazzo Ugurieri mit seiner beigebraun stuckierten Fassade vorbei, zum Vicolo del Fonte führt.

Fonte di San Maurizio (16. Jh.): im Südosten Richtung Basilica dei Servi di Maria an der Kreuzung der Via San Martino mit der Via San Girolamo.

Fonte di Cerbaia: im Nordwesten der Stadt unterhalb der Via di Montluc, ab dem 13. Jh., mit Renaissanceaufbauten versehen.

rialelogge.it, Ruhetag So. In einer alten Drogerie mit holzgetäfelten Vitrinen, kulinarisch kaum zu toppen. Aufwendig zubereitete lokale Spezialitäten, wunderbare Weine. Mit Zugang zum Weinkeller in etruskischem Tunnel. €€–€€€

Einladend modern – **Babazuf** 2 **:** Via Pantaneto 85–87, Tel. 0577 22 24 82, www.osteria babazuf.com, Ruhetag Mo. Moderne Osteria im Studentenviertel mit fleischlastiger Küche, Fisch je nach Marktangebot. €–€€

Familiär – **Antica Trattoria Papei** 3 **:** Piazza del Mercato 6, Tel. 0577 28 08 94, www.antica trattoriapapei.com, kein Ruhetag, zehn Tage im Juli geschl. Trattoria in drei kleinen Räumen sowie draußen auf dem früheren Marktplatz. Einfache, perfekte toskanisch-sienesische Küche, leckere Pasta und Gegrilltes. €

Originell – **Da Trombicche** 4 **:** Via delle Terme 66, Tel. 0577 28 80 89, www.datrom bicche.it, kein Ruhetag. Etwas schicke, aber originelle, enge Osteria. Kleine toskanische Gerichte von der Theke, im Sommer vor allem kalte Platten und Salate, im Winter Suppen und Eintöpfe, Wein auch glasweise; Aperitifs ab 19 Uhr. €–€€

Urige Osteria – **Il Grattacielo** 5 **:** Via de' Pontani 8, Mobil-Tel. 334 631 14 58, www.osteria ilgrattacielo.it, kein Ruhetag. In dem winzigen, neu gestalteten Lokal gibt es frisch zubereitete lokale Speisen und kleine Imbisse wie Sandwichs, dazu Hauswein. €

Salumeria Gastronomia – So nennen sich Lebensmittelläden – angefüllt mit allen erdenklichen Leckereien der Toskana –, in denen sich viele mit fertigen oder vorgefertigten Gerichten eindecken. Neben Wurst und Schinken, köstlichem Pecorino und Wein kann man auch in Olivenöl Konserviertes kaufen. Solche Läden inklusive Möglichkeit zum Schnellimbiss findet man auch in Sienas Altstadt, beispielsweise **Prètto:** Via dei Termini 4, bei den Einheimischen wegen der ehrlichen und schmackhaften Portionen beliebt. **Morbidi** (Via Banchi di Sopra 73–75, Via Banchi di Sotto 27, Ruhetag So) bietet mittags ein Büfett mit frisch zubereiteten Antipasti, Salaten, Nudelgerichten und *dolci.*

Da vergisst man fast das Essen, bei diesem einzigartigen Blick auf die Altstadt von Siena

Einkaufen

Für Bücherwürmer – **Libreria Feltrinelli** 1 **:** Via Banchi di Sopra 52, Filiale auch in Hausnummer 64–66. Sehr gut sortierte, renommierte italienische Buchhandlung. Auch deutschsprachige Reiseführer.

Wochenmarkt – **Mercato settimanale La Lizza** 2 **:** Mi 8–13 Uhr auf der ausladenden Piazza und ihrer Umgebung.

Süßigkeiten – **Dolce Siena** 3 **:** Piazza del Campo 3/4. Mit Blick auf das Sieneser Rathaus befindet sich dieser kleine Laden voller süßer Verlockungen auf der rechten Seite des Campo.

Gebäck – Siena ist ein Schlemmerparadies mit einigen sehr verlockenden Läden – auch am Campo, wo man auf jeden Fall den **Panforte** bekommt, einen Pfefferkuchen in vielen Variationen, der ursprünglich nur zur Weihnachtszeit gegessen wurde und dessen Zutaten die Sieneser aus dem Orient bezogen.

Ricciarelli – **La Nuova Pasticceria** 4 **:** Via Duprè 12. Gleich hinter dem Rathaus wurden jahrzehntelang die duftig leichten und doch mandelschweren *ricciarelli* sowie andere Sieneser Konditorspezialitäten gebacken, nun werden die am Stadtrand produzierten Leckereien hier nur noch verkauft.

Typische Souvenirs – **Toscana Lovers** 5 **:** Via delle Terme 33, www.toscanalovers.it. Exklusive, echt toskanische Mitbringsel wie Leinen für Tisch und Küche, Messer aus Scarperia, Olivenöl und Wein. Auch Online-Verkauf.

Abends & Nachts

Musik und nette Atmosphäre – **Caffè Le Logge** 1 **:** Via Pantaneto 11, auf Facebook, 18/19–2 Uhr, Ruhetage So, Mo. Aus dem Studententreff wurde eine atmosphärische Bar für gepflegte *aperitivi* und Cocktails..

Sommer in der Stadt – **ViviFortezza** 2 **:** Von Juni bis Ende September finden in der Fortezza Medicea bis spät in die Nacht Konzerte unter freiem Himmel statt, aber auch andere kulturelle und sportliche Veranstaltungen.

Aktiv

Schwimmen – **Hallenbad 1:** Piazza Amendola, Tel. 0577 446 05.

Golf – **Villa Gori Siena Golf Club 2:** c/o Park Hotel Siena, Via Marciano 18, 0577 29 04 25, www.parkhotelsiena.it, Di–So. 6-Loch Golfplatz.

Termine

Palio delle Contrade: Das wichtigste Fest der Stadt ist seit 1147 belegt. Normalerweise am 2. Juli Palio zu Ehren der Madonna di Provenanzo, am 16. Aug. zu Ehren der Madonna dell'Assunta (s. Thema S. 336).

Verkehr

Bahn: Verbindung etwa im Stundentakt nach Norden über Empoli mit Florenz bzw. Pisa sowie nach Süden mit Grosseto. Der Bahnhof liegt an der umgebenden Hauptstraße, von wo ein Transfer nach oben besteht und inzwischen bequeme Rolltreppen funktionieren.

Bus: Busreisende steigen an der zentralen Station La Lizza aus, mit Überlandverbindungen erreicht man von hier praktisch die gesamte Toskana. **TIEMME**-Busse fahren um das Centro Storico herum und verbinden es mit dem Bahnhof bzw. mit vielen Orten der Provinz. Siena ist außerdem in dichtem Takt mit Florenz verbunden, und zwar sowohl auf der Superstrada fast ohne Halt als auch auf der Chiantigiana mit Stopps in einigen Chianti-Orten.

Auto: Unbedingt beachten – wer mit dem Wagen anreist, sollte ihn am besten in einer abgeschlossenen Hotelgarage oder auf einem der übersichtlich gekennzeichneten Parkplätze unterhalb der Sieneser Altstadt abstellen.

Ausflug in die Montagnola

Sovicille ▶G 8

Genauso hübsch wie das berühmte Chianti-Gebiet nördlich von Siena (s. S. 366), aber noch nicht so überlaufen präsentiert sich die Landschaft der Montagnola südwestlich von Siena, in deren Mitte das kleine, mittelalterliche **Sovicille** liegt. Schöne Landsitze bieten Urlaubern angenehme Aufenthaltsmöglichkeiten.

Vor allem bei Wanderfreunden, Reitern und Ausflüglern mit Mountainbikes dürfte sich das bald herumgesprochen haben, denn viele Wege durch dichten, auch im Sommer angenehm kühlen Wald sind markiert, einige Weingüter produzieren immer besseren Wein und die Dörfer, Sovicille selbst, und Weiler – z. B. **Toiano** und **Torri** (s. S. 343) – der Region sind schön anzuschauen. Die kleinen romanischen Kirchen (Pernina und Ponte allo Spino) oder Klöster (Eremo di Lecceto oder Torri mit zauberhaftem dreistöckigen Kreuzgang, s. rechts), die Burgen (Celsa oder Capraia) und bescheidene, nicht minder schöne Landvillen wie Cetinale bieten schöne Ausflugsziele.

Infos

Pro Loco Sovicille: 53018 Sovicille (SI), Via Roma 27, Tel. 0577 31 45 03, www.prolocosovicille.it.

Übernachten

Angenehm ländlich – **Relais Borgo di Toiano:** Località Toiano, Tel. 0577 31 46 39, www.borgoditoiano.it, 25. März–Anfang Nov. Angenehmes kleines Landhotel mit Swimmingpool, große Panoramaterrasse am Rand des mittelalterlichen Dorfes. Zehn großzügige Zimmer, drei mit kleiner Terrasse, üppiges Frühstück, mittags sind Kleinigkeiten im Angebot. Viele Ausflugsmöglichkeiten, kostenloser Fahrradverleih, auch Reitmöglichkeiten in zwei benachbarten Stallungen und Weinproben auf dem Gut Trecciano werden organisiert. €–€€

Sehr familiär und freundlich – **Borgo Piaggiarelle:** Volte Basse bei Sovicille, Via Cavour 4, Tel. 0577 34 90 90, www.piaggiarella.it. Zauberhaftes Bedand Breakfast mit fürsorglichen Wirtsleuten, die ein so reiches Frühstück servieren, wie es in der Toskana bei kleinen Betrieben selten zu finden ist. Die fünf großzügigen Zimmer mit hohen Decken und allem Komfort befinden sich in den früheren Nebengebäuden eines Dorfhauses aus dem 14. Jh. in Panoramalage. Schön ruhig, netter Garten zum Relaxen. Auch wochenweise zu mieten. €–€€

Aktiv

Reiten – **Associazione Ippovie Toscane La Casella:** Podere La Casella, Tel. 0577 314323, www.lacasellacavalgiocare.it. In günstiger Lage für Landurlauber in der Montagnola nördlich von Toiano; stundenweise oder Ganztagesausritte, auch Reitunterricht ist möglich.

Wandern – Die Montagnola ist ein wunderbares Wandergebiet. Tipps und Karten sind in den beiden Landhotels erhältlich.

Torri ▶ G 8

Südlich von Rosia, zu dem der winzige Ort **Torri** gehört, steht man am Ende der Dorfstraße vor einem meist verschlossenen Tor. Daher sollte man sich vorher genau erkundigen, ob die Besitzerin nun den Montag und Freitag oder den Samstag zum Besuchstag erklärt hat, obwohl offziell Sa–Do 9–20 Uhr geöffnet sein sollte. Es lohnt sich! Hinter dem Tor verbirgt sich einer der zauberhaftesten Kreuzgänge der Toskana überhaupt, dreistöckig und in bester Renaissancearchitektur.

Orgia ▶ G 8

Museum: Località Borgolozzi, Tel. 0577 34 20 97, www.museisenesi.org/museo/museo-etno grafico-del-bosco, Mai–Sept. meist nur Fr, Sa 9–13 Uhr (Änderungen möglich, 2021 z. B. Juli–Sept. Di–Do 10–13, Fr–So auch 15–18 Uhr), 2 €

Ebenfalls zu Rosia gehört ca. 4 km südöstlich die Ortschaft **Orgia,** deren **Museo Etnografico del Bosco** leider auch etwas launische Öffnungszeiten hat, aber die Vorplanung belohnt Naturfreunde mit geführten Waldwanderungen von 5,5 bis 7,5 km bzw. 2,5 und 3 Std., bei denen man Interessantes über das Leben der Waldarbeiter und über die Köhlerei lernt.

Tipp

MIT DEM TRENONATURA AUFS LAND

Die **historischen Dampfbahnen** erschließen das Orcia-Tal zwischen Siena und Monte Antico mit Stopps in Arbia und Castelnuovo Berardegna, Monte Oliveto Maggiore und Asciano, Trequanda und San Giovanni d'Asso, Torrenieri-Montalcino und Monte Amiata (die Bahnstation, nicht der Berg!) etc., eine Menge Stationen, an denen man jederzeit aussteigen und Besichtigungen einplanen kann. Doch allein die Bahnfahrt – je nach Strecke 1,5 bis 3 Std. und normalerweise im Sommerhalbjahr dreimal täglich möglich – über diverse historische Brückenkonstruktionen und durch die abwechslungsreiche Landschaft lohnt sich. Erkundigen Sie sich bei der Touristinfo in Siena oder schauen Sie auf www.terresiena.it oder www.ferrovieturistiche.it nach dem aktuellen Stand.

San Galgano ▶ G 8

Abtei: Chiusino, Località San Galgano, tgl. April, Mai, Okt. 10–18, Juni, Sept. 10–19, Juli, Aug. 10–20, Nov.–März 10–17.30 Uhr, von Juni bis Aug. ist die Abteikirche wegen der Bühne und der Bestuhlung für die Konzerte innen nicht sehr fotogen, Erw. 4 €

Über die Staatsstraße 73 Siena–Grosseto, Abzweigung auf die SP 441 Richtung Massa Maríttima ins zauberhafte, noch wild belassene Merse-Tal, erreicht man nach insgesamt 20 km entlang der Ostausläufer der Colline Metallífere das historisch-kunsthistorisch bedeutende San Galgano. Die Abteiruine liegt einsam auf einer flachen Ebene zu

Füßen des Montesiepi-Hügels. Ihr Dach ist der Himmel und ihr Boden eine kräuterduftende Wiese – eine sehr eindrucksvolle, romantische Ruine.

Entstanden ist das ehemalige Zisterzienserkloster unterhalb der Einsiedelei für den hl. Galgano (1148–1181). Als dieser im Jahre 1185 von Papst Lucio III. heilig gesprochen wurde, stand zu seinen Ehren bereits eine runde Kapelle auf dem nahen Hügel **(Eremo di Montesiepi,** fast durchgehend geöffnet). Ambrogio Lorenzetti hatte sie mit Fresken ausgemalt, die man teilweise in der kleinen Seitenkapelle von 1340 mitsamt den Sinopien wieder freigelegt hat; sie zeigen die Geschichte der hl. Jungfrau. In der Mitte der runden Wallfahrtskirche mit imposanter Kuppelkonstruktion wird ein kurzes Schwert bewundert, das der Soldat Galgano in den Felsen geschlagen haben soll zum Beweis dafür, das er dem Kampf abschwören und sich nur noch Gott widmen wollte.

Wenige Jahre nach der Heiligsprechung Galganos kamen die ersten Mönche nach San Galgano, in ihrer Begleitung französische Ordensbrüder aus Clairvaux und Adelige aus Siena. Die einen brachten das künstlerische Können, die anderen das nötige Geld mit, um eine hervorragend geplante Klosteranlage unterhalb des Wallfahrtsortes zu finanzieren. Um 1224 wurde mit dem Bau begonnen, der etwa 80 Jahre gedauert haben soll.

Die Zisterziensermönche von San Galgano wurden zu Impulsgebern im kulturellen, wirtschaftlichen und natürlich religiösen Sinne im gesamten Gebiet der Sieneser Maremma. Warum dann das Kloster im 15. Jh. plötzlich jegliche Bedeutung verlor und im 16. Jh. verlassen wurde, ist noch immer ungeklärt. 1776 fiel der Campanile in sich zusammen, 1789 wurde das Kloster säkularisiert, im Folgenden dienten seine Steine als Baumaterial. Vom Kloster geblieben sind die Sakristei, der Kapitelsaal und die Schreibstube.

Das rote Backsteingewölbe der Kirche ruhte auf mächtigen Pfeilern aus weißem Travertin. Sie sind stehengeblieben, ebenso wie die Wände der dreischiffigen Basilika und die Gewölbeansätze, das Dach aber ist eingestürzt. Besonders beeindruckend ist der Blick vom Hauptschiff zum Chor, der mit seinen Fensteröffnungen wie ein Scherenschnitt wirkt – besonders am Morgen im Gegenlicht.

1961 bekam ein Zisterziensermönch aus Rom, Pater Romualdo Gilli, die Erlaubnis, nach San Galgano überzusiedeln und die Abteiruine wieder zum Leben zu erwecken. Er baute ein paar Zellen aus und begann damit die Wiederbelebung des Klosters, nun aber für den Olivetanerorden. Dieser erklärte San Galgano zu einem Ort klösterlicher Abgeschiedenheit. Eine kleine Werkstatt (u. a. Ikonenmalerei und Stickerei) wurde eingerichtet; ab und zu erklingt Musik, denn Konzerte stehen ebenso auf dem Programm wie Ausstellungen.

Infos

Pro Loco: 53012 Chiusdino (SI), Via Paolo Masscagni 12, Tel. 0577 75 03 13, www.prolocochiusdino.it (Infos zu Ausstellungen etc., Infostand im Kloster).

Übernachten

Nettes Landgut – **Cooperativa Agricola San Galgano:** San Galgano gegenüber der Abtei, Tel. 0577 75 62 92, www.sangalgano.it. Einfache Pension auf einem landwirtschaftlichem Gut mit Verkauf der eigenen Produkte. 12 freundliche Zimmer, Garten, Trattoria, Naturschwimbecken, Parkplatz. Achtung: Wenn Gruppen sich zum Essen angesagt haben, kann es laut werden. €–€€

Essen & Trinken

Echt toskanisch – **Cooperativa Agricola San Galgano:** s. oben. Einfache, typische Trattoria in großem Saal mit Gartentischen. Toskanische Küche, wechselnde Menüs. €

Hübsches Plätzchen – **Salendo:** zwischen Abtei San Galgano und dem Hügel von Montesiepi, Tel. 0577 75 62 70, März–Mitte Nov. Kleine Weinbar in einer Steinhütte mit großem Garten unter Schatten spendenden Bäumen. Eigenprodukte des nahen Weingutes, feinste Kleinigkeiten wie *bruschette* und *panini* oder gemischte Platten, Weinverkostung.

Von Siena nach San Gimignano und Volterra

Monteriggioni, Colle di Val d'Elsa, San Gimignano und Volterra – vier Orte, die in ihren intakten Mauern eine exponierte Hügellage besitzen. Zwei von ihnen zählen zu den Pflichtstopps auf einer Toskana-Reise: San Gimignano wegen seiner Geschlechtertürme, Volterra wegen seiner etruskischen Vergangenheit und dem mittelalterlichen Stadtbild.

Monteriggioni ▶ G 7

Als Leitfaden für geruhsames Autobummeln oder gar Radfahren kann die alte römische Straße Via Cassia dienen, die westlich der *superstrada* in leichten Kurven nach Nordwesten führt und hübsche Aussichten in die Montagnola (s. S. 342) gewährt. Der kleine Ort **Monteriggioni,** der überaus pittoresk auf einem kleinen Hügel thront, ist schon von Weitem zu sehen, seine Wachttürme sind einfach unverwechselbar!

Der einstige Vorposten Sienas gegen Florenz, im Jahr 1203 in 274 m Höhe gegründet, wird noch immer von einem mächtigen Mauerring umgeben, den früher 16 Tor- und Wachttürme krönten – heute sind es nur noch elf. Ansonsten ist fast alles intakt geblieben: die 570 m lange Mauer ebenso wie der Charakter des mittelalterlichen *castello* mit der kleinen Kirche im Übergangsstil von der Romanik zur Gotik. Ein Teilstück des **Camminamento della Cinta Muraria** (Wehrgang) ist inzwischen begehbar und gewährt weite Ausblicke in die umgebende Landschaft (Details s. Infos).

Zwei Plätze, versetzt hintereinander, bestimmen das Bild des winzigen Dörfchens, auf dessen Parkplatz unterhalb der Mauer man seinen Wagen abstellen sollte. Ein kleines, fast feines Hotel (Monteriggioni), ein berühmt-gutes Restaurant (Il Pozzo), zwei Enotheken mit Weinen der Umgebung und eine Trattoria, ein gut sortiertes Antiquitätengeschäft, eine einfache Bar. Das ist alles, und doch für einen so kleinen Ort eine ganze Menge, die für die Beliebtheit Monteriggionis sowohl bei den Einheimischen als auch bei Durchreisenden sorgt.

Erstaunlich viel Platz bleibt für Obst- und Gemüsegärten innerhalb der Mauer, herrliche Ausblicke sind sicher, und ringsum stehen Olivenbäume und Weinstöcke. Monteriggioni ist wirklich ein Ort, den man auf einer Toskana-Reise einplanen sollte, aber nicht im August und nicht an einem Wochenende oder einem Brückentag zwischen Sonn- und Feiertagen. Dann geht hier nichts mehr …

Infos

Ufficio Turistico: 53035 Monteriggioni (SI), Piazza Roma, Tel. 0577 30 48 34, www.monteriggioniturismo.it, Büro, Waffenmuseum, Wehrgang 16. Febr.–März, April–15. Sept. 9.30–13.30, 14–19.30, 16. Sept.–Okt. 9.30–13.30,14–18, Nov.–15. Jan. Mi–Mo 10–13.30, 14–16, Uhr, Museum und Wehrgang Erw. 4 €.

Übernachten

Freundlich – **Monteriggioni:** Via 1° Maggio 4, Tel. 0577 30 50 09, www.hotelmonteriggioni.net, März–Nov. Zauberhaftes Hotel in einem wieder aufgebauten Dorfhaus im Zentrum. Garten, kleiner Pool, zwölf freundliche Zimmer, Parkplatz. €€–€€€

Bequem – **Il Piccolo Castello:** Strada Provinciale Colligiana 8, 1,5 km westl., Tel. 0577 30 73 00, www.ilpiccolocastello.com. Elegantes Ho-

Aktiv

FRANKENSTRASSE VON MONTERIGGIONI NACH PIRAMIDE

Tour-Infos

Start: Castello di Monteriggioni
Länge: 12 km
Dauer: einfache Strecke ca. 3 Std. zu Fuß, ca. 1 ¼ Std. mit dem Rad, 4 Std. auf dem Pferderücken (weil die Strecke etwas anders verläuft und ca. 20 km lang ist)
Schwierigkeitsgrad: mittelschwer. Wanderer gehen denselben Weg zurück oder auf der SP 101 weiter zur Bushaltestelle Il Ceppo.

Seit dem Mittelalter verbindet die 1600 km lange Pilgerroute Canterbury mit Rom. In den letzten Jahren erschienen wunderbare Publikationen über die wiederbelebte Frankenstraße, in Italien **Via Francigena,** herausgegeben. Nicht nur für Pilger eine gute Grundlage, auch für Radfahrer und Reiter sind die meisten Wege.
Monteriggioni ist ein guter Ausgangspunkt für eine solche Wanderung, auch weil es hier eine preiswerte Pilgerunterkunft mitten im Dorf gibt, in der jeder absteigen kann (Santa Maria Assunta, Tel. 0577 30 40 66, www.monteriggioniviafrancigena.it, €). Der Weg führt durch Oliven- und Weingärten, schattige Waldstücke und über offene Felder mit herrlichen Ausblicken. Von der Piazza Roma in Castello di Monteriggioni geht es durch das Festungstor Richtung Siena, hier hält man sich für ca. 400 m links bis zur SR 2, die der Via Cassia entspricht und auf die man links abbiegt bis zur Strada del Gallinaro (Schotterstraße); die folgende Abzweigung nach links wird ignoriert, ein Blick zurück zeigt ein schönes Panorama von **Monteriggioni.** Der Hauptweg steigt nun an, mit Rechtskurve durch Olivenhaine und Weingärten. Anschließend führt er in den Wald, danach nicht der rechten Abzweigung folgen, sondern links halten bis zu einer Gabelung mit drei Wegen, wo man nach links geht. Es ist ein ebener Weg, der an den Rand von La

Caminata (mit einer Zypressenallee) führt. An einem Weingarten (links) vorbei geht es nun weiter bis zum **Ponte a Rosso,** einer kleinen Brücke, der Weg verläuft ansteigend unter Bäumen. Nach einem Kanal geht es recht steil hinauf durch offene Landschaft, dann wieder in den Wald und nach **La Casella** mit wenigen Häusern. Nach rund 500 m folgen die Häuser von **Uccelatoio**, der Weg führt an ein paar Pferdepferchen vorbei und wieder in ein großes Waldstück hinein. Nach etwa 600 m zweigt der Hauptweg in Höhe eines verlassenen kleinen Steinbruchs gegenüber einem hohen Baum über die Felder nach rechts ab und steigt an zu den verlassenen Gebäuden von **Cerbaia**. Jetzt einem Linksknick folgen, der leicht kurvige Weg wird rechts vom Wald begleitet – links mit wunderbarem Talblick und der quadratischen Konstruktion der **Villa di Castagnoli,** geradeaus ragen die Türme des **Castello della Chiocciola** auf. 1 km später, fast am Ende des Waldes, wenn der Weg abzusteigen beginnt, kommt man auf den Platz vor der Casavecchia. Diese lässt man rechts liegen und folgt 150 m dem Weg nach links bis zu einer ausgeprägten Kurve, die nach Villa di Castagnoli führt, vorbei an den mittelalterlichen Häusern von Casa Bucci, eine Asphaltstraße überquerend. Jetzt kommt man dem mittelalterlichen **Castello della Chiocciola** (rechts) mit einem zylindrischen und einem höheren Turm ganz nahe oder geht weiter geradeaus bis zur Kreuzung. Hier muss man links abbiegen, vorbei an einem großen Sammelbecken für Wasser, an der Asphaltstraße geht es nach links. Wenige Meter weiter geht es rechts Richtung **La Villa** mit einem zinnenbekrönten Turm, von einer Mauer umgeben. Bei einem hohen zylindrischen Turm geht der Hauptweg nach rechts weiter, bald schaut man auf die weiten Felder von **Pian del Lago** links und steigt Richtung Caggio auf. Nach etwa 500 m schwenkt man vor einer kleinen Brücke nach rechts ab und gelangt dann zum **Canale Maestro del Pian del Lago,** den man ein Stück entlanggeht bis zur querenden SP 1010 Montemaggio, der man nach rechts folgt. Sie umgibt die kanalreiche Landschaft im Westen und führt über **Ponte del Prete** zur Kreuzung **Le Tre Madonne,** wo unser Weg nach links abzweigt nach L'Osteraccia, wie hier ein Gebäude heißt. Er fällt etwa 300 m schmal ab, an Feldern vorbei, bis zu den Resten eines hölzernen Gatters, hier an der Gabelung links gehen – und bald steht man vor der sogenannten **Piramide,** einem Obelisken, der zusammen mit dem Canale del Granduca die Urbarmachung des Gebietes im 17. Jh. manifestiert. Ab hier führt der Frankenweg weiter nach **Siena.**

tel in bequemer Lage für Durchreisende, Parkplatz, gutes Restaurant. 50 Gartenzimmer. €€
Camping – **Luxor Chianti Glamping Village:** s. S. 368

Essen & Trinken

Mit Logenplatz – **Le Torri:** Piazza Roma 21, Tel. 0577 92 08 62, www.letorrimonteriggioni.it, Ruhetag Mo. Toskana-Kenner werden das neue Lokal immer mit dem alten traditionellen Pozzo vergleichen. Das Le Torri bemüht sich, die toskanische Küche innovativ aufzupolieren, eigenlich überflüssig – Meeresfrüchte im Landesinneren? Immerhin gibt es Pilgermenüs für Besitzer der Pilgerkarte der Frankenstraße. €€€

Einkaufen

Wein, Olivenöl und Eingelegtes – **Enoteca** der **Fattoria Castello di Monteriggioni:** Piazza Roma 19, https://fattoriacastellodimonteriggioni.com. Landwirtschaftliche Produkte, speziell Wein und Olivenöl, aus der Umgebung im Laden des nahen Landgutes (sehr gestylte Räumlichkeiten). Zum Gut gehört auch das Restaurant **Cantinale** (Località la Colonna, Strada delle Torri Cimate 2, T 0577 30 60 15, https://cantinale.com, 7. Jan.–28. Febr. geschl., €€).

Termine

Festa Medievale: www.monteriggionimedievale.com, 2., 3. Juli-Wochenende (Fr–So). Das befestigte Dorf feiert ein mittelalterliches Fest, wobei das gesamte Kastell mit Laternen und Fackeln beleuchtet wird. Händler und Handwerker in mittelalterlichen Kostümen bieten an Ständen Kulinarisches oder Kunsthandwerk an, Besucher können sich in mittelalterlichen Spielen messen.

Ein mächtiger Mauerring umschließt das kleine Dorf Monteriggioni

Verkehr

Bahn: Monteriggioni ist über die Strecke Empoli–Poggibonsi–Siena (Bahnstation Castellina Scalo, 2 km entfernt) werktags zur Hauptverkehrszeit fast im Stundentakt erreichbar.
Bus: Monteriggioni ist mit **TIEMME** entlang der Via Cassia etwa im Stundentakt mit Siena und Florenz verbunden.

Abbadia a Isola ▶ G 7

Nach dem Besuch Monteriggionis sollte man auf der direkten, weiterhin engen Verbindungsstraße nach Colle Val d'Elsa bleiben, einem Teilstück der Frankenstraße, italienisch Via Francigena (s. Aktiv unterwegs S. 159). Man könnte das kurze Stück auch den hölzernen Hinweisschildern folgend zu Fuß bewältigen, das zunächst durch einen Olivenhain führt. Gleich unterhalb von Monteriggioni kommt die Abzweigung nach **Abbadia a Isola.** Gegründet wurde diese Benediktinerabtei im Jahre 1001 durch eine langobardische Adelige namens Ava dei Lombardi, Hildebrands Witwe. Den Namen erhielt das kleine Kloster, das im 11. bis 12. Jh. erweitert wurde, wegen seiner damaligen Lage – einsam, wie eine Insel inmitten eines Sumpfgebietes. Kennt man die Vorgeschichte, so überrascht der lombardisch-romanische Stil der dreischiffigen **Basilika** mit drei runden Apsiden nicht weiter.

Sechs Joche bilden das Langhaus, wechselnd von rechteckigen Pfeilern und halbrunden Pilastern sowie von Rundpfeilern getragen. Einige Freskenreste sind zu entdecken, im linken Seitenschiff eine recht gut erhaltene »Mariä Himmelfahrt«. Die Kapitelle sind schlicht, nur rechts im Chor erkennt man zwei menschliche Gestalten. Unter dem Hochaltar breitet sich eine einfach restaurierte Krypta aus. Inzwischen wurde die Abtei restauriert und darin **Räume für Tagungen und Konferenzen** eingerichtet. Ein Besuch lohnt dennoch, auch wenn die Kustoden meinen, das Schönste an der Abbadia a Isola sei ohnehin der Blick auf Monteriggioni über Weizen- und Maisfelder, manchmal auch über Sonnenblumen hinweg.

Colle di Val d'Elsa ▶ G 7

Zwar ist es in der Toskana nicht ungewöhnlich, dass einer mittelalterlichen Oberstadt eine neuere Unterstadt hinzugefügt wurde, aber **Colle di Val d'Elsa** ist bereits auf dem lang gestreckten Hügel oben zweigeteilt: ganz oben das **Castello di Piticciano**, der älteste Teil von **Colle Alto** mit Häusern und Türmen aus dem Mittelalter, und westlich davon der **Borgo di Santa Catarina,** also die Vorstadt, mit Renaissancepalästen. Unten breitet sich die Neustadt aus, **Colle Piano** (oder Colle Basso) genannt.

Oberstadt

Borgo

Vom Westen ist der Einstieg in die Altstadt eigentlich am eindrucksvollsten, weil man durch die wunderbar wuchtige **Porta Nuova** (auch Porta Salis oder Porta Mantovana genannt) geht, die mit zwei vorspringenden Bastionen befestigt ist. Unverkennbar zeigt sich die Handschrift des Festungsbaumeisters Giuliano da Sangallo, der nach 1497 zusammen mit zwei weiteren Florentiner Architekten den neuen Mauerring errichtete. Der **Borgo** beginnt mit der Via Gracco del Secco, die von mächtigen Palästen sowie historischen Hospitalen flankiert wird und zur Piazza Santa Catarina mit der gleichnamigen Kirche führt. Immer wieder gewähren schmale Seitengassen Durchblicke ins Tal.

Castello

Am Rathaus vorbei, tritt man in den ältesten Teil der Oberstadt, ins **Castello**, dem der **Palazzo Campana** als Eingangstor dient. Der schöne Palast, durch den man hindurch muss, wurde 1539–1550 genau an der Stelle errichtet, an der vorher die mittelalterliche Porta a Ripa stand. Erbaut wurde er für den Sekretär von Alessandro und Cosimo de' Medici nach einer Zeichnung des Florentiner Architekten Giuliano di Baccio d'Agnolo.

Der einzige nennenswerte Platz hier oben ist die **Piazza del Duomo** mit der Kathedrale von 1603 (u. a. mit Werken von Giambologna und Giuliano da Maiano). Schräg gegenüber erhebt sich das alte **Rathaus.** In der durchgehenden Hauptstraße des Castello, der **Via Castello,** soll 1232 Arnolfo di Cambio, u. a. der Dombaumeister von Florenz, das Licht der Welt erblickt haben. Die **Nr. 63,** ein finsteres Turmhaus *(casatorre)*, soll sein Geburtshaus sein.

Museo Archeologico

Via del Castello 40, www.museocolle.it, Mai–Sept. Di–Fr 10.30–12.30, 16.30–19.30, Sa, So, Fei ab 15, Okt.–April Di–Fr 15.30–17.30, Sa, So, Fei 10.30–12.30, 15–18.30 Uhr, Erw. 4 €

Der **Palazzo del Podestà,** ebenfalls ab dem 14. Jh. errichtet, beherbergt heute das **Museo Archeologico.** Gezeigt werden dort etruskische Funde aus Nekropolen des oberen Elsa-Tales. Prunkstück der Sammlung ist der Skelettrest eines jungen Mädchens aus dem 6. Jh. v. Chr., das einen goldenen Ohrring trägt.

Via delle Volte

Für Stadtbummler interessanter sind einige Straßen wie die **Via delle Volte,** die talwärts parallel zur Via del Castello zwischen Palazzo Campana und dem Domplatz verläuft. Sie misst 110 m und ist, wie schon ihr Name andeutet, fast völlig überwölbt. Sie wirkt dadurch so niedrig, dass man beim Durchschlendern das Gefühl bekommen könnte, sich bücken zu müssen ... Der Zugang zu der Gasse ist gleich rechts hinter dem Eingang zum Castello.

Via delle Romite

Parallel dazu weiter unten Richtung Unterstadt durchzieht die hübsche **Via delle Romite** von West nach Ost das gesamte Viertel Castello. Man könnte sie also ganz durchlaufen, immer wieder mit herrlichem Blick auf die Unterstadt, und so im Osten zur in einen Palazzo eingebauten **Torre di Arnolfo di Cambio** gelangen. Ein Schlenker nach rechts, und man steht auf der begrünten Bastionsterrasse. Auch hier sind Blicke auf die Unterstadt möglich; der neue Aufzug (s. Verkehr S. 432) verlockt hier zu einer schnellen Abfahrt nach Colle Piano – oder doch lieber die hier beginnende, dank eingebauter flacher Stufen bequeme Backsteinstraße, die bis zu 2,5 m breite Verlängerung der Via delle Romite, in die Unterstadt wählen?

Morgennebel in der Val d'Elsa

Unterstadt

Sie ist eigentlich gesichtslos, doch nicht unsympathisch, in ihrer Mitte liegt die fast quadratische **Piazza d'Arnolfo.** Das rührige Informationsbüro gibt Tipps für Kristall- bzw. Glaseinkauf, Wanderungen in der Umgebung, Lokale etc. Hinter Spitzengardinen verheißt hier die Antica Trattoria (s. S. 351) kulinarische Verwöhnung. Man lebt recht gut in Colle di Val d'Elsa; die Kristallverarbeitung hat dem 21 500-Einwohner-Städtchen zu neuzeitlichem Wohlstand verholfen, dafür hat die Unterstadt allerdings rings um den Kern ihr historisches Gesicht weitgehend verloren: Glas und bunt gestrichene Stahlkonstruktionen prägen hier das Bild.

Museo del Cristallo

Via del Castello 33, www.museodelcristallo.it, Mai–Sept. Di–So 10–18, im Winter Di–Fr 15.30–17.30, Sa, So, Fei 10.30–12.30, 15.30–18.30 Uhr, Erw. 4 €

Schon im Mittelalter wurde der Fluss Elsa kanalisiert und mit Mühlen für die Papierproduktion genutzt, in der Neuzeit verdrängt durch die Eisen- und vor allem Glas- und Kristallindustrie, die Colle di Val d'Elsa im 19. Jh. den Beinamen ›Böhmen Italiens‹ einbrachte. Heute ist Colle zur Kristallstadt aufgestiegen – mit rund 15 % der Weltproduktion an Kristall. Daher wurde in der Unterstadt nahe dem Hauptplatz das moderne **Museo del Cristallo** eingerichtet, übrigens auf den Grundmauern der historischen Kristall- und Glasfabrik Schmid.

Infos

Pro Loco: 53034 Colle di Val d'Elsa (SI), Via del Castello 33, Tel. 0577 92 27 91, www.prolococollevaldelsa.it.

Punto Città: Piazza Arnolfo di Cambio 9, Tel. 0577 92 13 34, puntocitta@gmail.com.

Übernachten

Mit Traumblick – **Arnolfo:** Via Campana 53, Tel. 0577 92 20 20, www.arnolfobb.it, März bis kurz

vor Weihnachten. B & B mit Tradition im historischen Zentrum. Drei Apartments, insgesamt zehn Zimmer. €–€€

In der Papierfabrik – **La Vecchia Cartiera:** Via Oberdan 5–9, Tel. 0577 92 11 07, www.lavecchiacartiera.it. Nettes Hotel in historischer Papierfabrik (13. Jh.). 38 ordentliche Zimmer, Restaurant, Parkplatz. €–€€

Essen & Trinken

Traditionslokal – **L'Antica Trattoria:** Piazza Arnolfo 23, Tel. 0577 92 38 47, Ruhetag Di, 10 Tage im Jan. und 1 Woche im Juni geschl. Hervorragende, verfeinerte lokale Küche, ausgesuchte Weine in kleinen Räumen eines gepflegten Stadtpalazzo im Zentrum der Unterstadt. Im Sommer Service unter schattiger Pergola auf der Piazza. €€€

In der Oberstadt gibt es außer dem teuren **Arnolfo** (zwei Michelinsterne) auch nette **Pizzerien** wie **Il Torrione** und die **Focacceria Castello,** außerdem die **Bar BiancoRosso** mit köstlichen *panini.*

Einkaufen

Glas und Kristall – Infos bzw. Produzentenliste im **Museo del Cristallo** sowie im **Infobüro** an der Piazza Arnolfo di Cambio.

Verkehr

Bahn: Anbindung an den Bahnhof Poggibonsi (9 km) auf der Strecke Empoli–Siena.

Bus: Dichter Fahrplan im Berufsverkehr mit Siena und Florenz.

Auto: Parkmöglichkeiten unten an der zentralen Piazza Arnolfo di Cambio und auf halber Höhe entlang der die Stadt umfahrende SS 68.

Aufzug: Für seine Bewohner wie seine Gäste hat Colle Val d'Elsa durch eine wunderbar simple und doch effiziente Einrichtung sehr gewonnen: einen (kostenlosen) Aufzug mit Tunnelanbindung zwischen Oberstadt (Castello) und Unterstadt (tgl. mind. 8–20 Uhr).

Cásole d'Elsa ▶ F 7

Von Colle di Val d'Elsa lohnt die landschaftlich schöne Fahrt auf schmalen Landstraßen nach **Cásole d'Elsa.** Von hier kann man weiter über die winzige Terme di Galleraie, entlang der Ostflanke der grünen Colline Metallífere, bis in den kleinen Ort Montieri fahren.

Cásole d'Elsa, das sich auf einem klaren Bergkegel in 417 m Höhe ausbreitet und den Fußgängern vorbehalten bleibt, ist inzwischen durch zwei Aufzüge vom unteren Parkplatz aus schnell erreichbar, einer von ihnen führt sogar noch weiter auf den höchsten Punkt des befestigten Dorfes, den Rathausturm.

Rocca

Rathaus: Mo–Sa normalerweise 8–14 Uhr

Schöne Ausblicke bietet der **Turm des historischen Rathauses** in der **Rocca** aus dem 14./15. Jh. Im Innenhof sind ebenso wie manchmal in den Rathausfluren zeitgenössische Kunstwerke ausgestellt. Während der Dienststunden kann man problemlos hineinspazieren.

Vor dem Rathaus breitet sich die Hauptpiazza aus, an der auch schon die schmale Hauptgasse beginnt, die **Via Casolani.** Flaniert man diese entlang, genießt man einen mittelalterlichen Festungsort (mit Umland rund 4000 Einw.) voller Leben; und das nicht nur im Hochsommer, wenn die Bewohner der Ferienhäuser rings um Cásole hier zum Einkaufen oder Bummeln kommen.

Museo Civico Archeologico e della Collegiata di Casole d'Elsa

Piazza della Libertà 5, www.museodiocesanovolterra.com/museo-sede-di-casole, Palmsonntag–1. Nov. Do–Di 10–13.30, 15.30–18, 2. Nov.–Palmsamstag Sa, So, Fei 10–13.30–15–17.30, Erw. 3 €

Neben der Rocca ist das großzügig eingerichtete und schön ausgeleuchtete **Archäologische und Sakralkunst-Museum** sehenswert. Es birgt kostbare Kunstwerke aus den Kirchen Cásoles und der Umgebung, die u. a. beweisen, wie bedeutend der Ort für die Bischöfe von Volterra war, sowie archäologische Funde, die auf die etruskische Vergangenheit des Ortes verweisen.

Santo Spirito

Die Kirche **Santo Spirito,** unscheinbar von außen, besitzt innen Freskenreste aus der Duccio-Schule (»Jüngstes Gericht«) sowie eine Altarwand aus der Werkstatt der Della Robbia.

Infos

Informazioni Turistiche: 53031 Cásole d'Elsa (SI), Piazza della Libertà 5, Tel. 0577 94 87 05, www.casole.it.

Übernachten

Für Pferdenarren – **Rifugio Prategiano:** Montieri, Località Prategiano 45, Tel. 0566 99 77 00, www.hotelprategiano.de, April–Okt. Landhotel für unkomplizierte Reiterferien (auch für Wanderer, Mountainbiker etc.) nahe dem mittelalterlichen Dorf Montieri. 24 renovierte Zimmer, Pool in Panoramalage, Restaurant (toskanische Hausmannskost). Keine Sprachprobleme, denn das Hotel steht unter italienisch-österreichischer Leitung. Zahlreiche Wochenprogramme (Beginn jeweils Sa). Parkplatz. €€

Rings um Cásole befinden sich mehrere **Agriturismo-Betriebe,** eine Liste hält das Infobüro bereit. Hier zwei Empfehlungen:

Apartments – **Torre Doganiera:** Pievescola, Podere La Croce, 12 km südöstlich, 1,2 km von Pievescola, Tel. 0577 96 00 71, www.torredoganiera.it. Drei Apartments bei ehemaligem Zollturm (12./13. Jh.), wochenweise buchbar. €–€€

Hügellage – **Il Canneto:** Località Il Piano, Tel. 0577 94 83 43, www.ilcanneto.net. Landwirtschaftsgut mit 200 ha in schöner Hügellage. Sechs komfortable, fast luxuriöse Apartments, Mindestaufenhalt drei Nächte. €

Essen & Trinken

Weinselig – **Osteria del Caffè Casolani:** Via Casolani 41, Tel. 0577 94 87 33, www.caffecasolani.com, 9–24 Uhr, Ruhetag Do (außer Juni–Sept.). Osteria, Café und Enothek, unaufdringliche Jugendstileinrichtung. Täglich wechselndes Menü, u. a. mit Kichererbsen-Dinkelsuppe, Pappardelle mit Entenragout, Chianti-Schmorbraten. 300 Weine. Im Sommer Ausrichter von Jazz DiVino (s. Termine). €–€€

Gute Nachbarschaft – **Osteria del Borgo:** Località Mensano, Via Ricasoli 25, 9 km südlich, Tel. 0577 96 39 11, www.osteriadelborgo-mensano.it, Ruhetag Do. Einladendes Lokal im Herzen des mittelterlichen Ortes im Sommer mit Tischen im Freien. In der Küche Frauen, die traditionelle Gerichte perfekt beherrschen, etwa *peposo* und *bistecca.* €–€€

Aktiv

Kunstausstellungen – Im Sommer etwa alle 14 Tage **Wechselausstellungen** zeitgenössischer Maler und Bildhauer in diversen Gebäuden, auf Plätzen etc.

Termine

Venerdi Santo: Karfreitag. Alle drei Jahre (2024, 2027 etc.) zieht gegen 21.30 Uhr etwa 40 Min. lang eine eindrucksvolle Prozession von rund 200 Teilnehmern durch das historische Zentrum von Cásole d'Elsa.

Jazz DiVino: Juni–Sept. Do 22–23.30 Uhr Jazzabende im (kleinen) Altstadtkern, u. a. vor der Osteria del Caffè Casolani (s. Essen & Trinken).

Palio di Cásole: 2. Juli-So. Das Fest zu Ehren des Schutzpatrons der Bauern, San Isidoro, ist seit dem 19. Jh. belegt und wurde 1976 wie-

Aktiv

SPAZIERGANG DURCH DAS ELSA-TAL

Tour-Infos

Start: Loc. Gracciano, Ponte di San Marziale
Länge: 2,4 km einfache Strecke
Dauer: ca. 3 geruhsame Std. hin und zurück

Der Elsa-Naturpark südlich bzw. östlich von Colle Val d'Elsa erstreckt sich von der **San-Marziale-Brücke** am Ufer des Elsa entlang bis nach **San Giorgio.** Süßwassermiesmuscheln leben im Fluss, Flusskrebse und -krabben. Zahlreiche Vogelarten bereichern das Flusstal wie Graue Flussreiher und Silberreiher, Bachstelze und Eisvogel – und die Biberratte.

Von Colle kommend fängt man den Weg auf der linken Seite der Brücke an. Gleich zu Beginn gilt es zwei bedeutende Werke des Wasserbaus am Elsa zu bewundern: **La Steccaia** und **Il Callone Reale.** Mit ihnen wurde ab dem Mittelalter ein Teil des Flusswassers abgeleitet, um es als Antrieb u. a. für die Mühlen der Papierfabriken und für die Eisenverhüttung zu nutzen. Besonders interessant ist die Steccaia, durch die das Wasser mit abnehmbaren Brettern, die zwischen Steinblöcken eingespannt waren, gestaut und dann teilweise abgeleitet wurde, wie man es brauchte; daher *steccaia* (Gestänge). Beim Callone Reale dagegen handelte es sich um einen Absperrriegel, welcher die Menge des abgeleiteten Wassers durch den Kanal *(gora)* regulierte. Wahrscheinlich stammt dieses System aus dem 10. Jh., ganz sicher sind sich die Fachleute noch nicht. Auf jeden Fall ließ es bereits Ferdinando I de Medici, Großherzog der Toskana, im Jahre 1606 restaurieren.

Nach etwa 100 m Wegstrecke etwas abseits vom Fluss kommt man wieder zu ihm bzw. zum Mühlbach **Le Gore Rotte,** wo sich ein weiterer Eingang zum Elsa-Park befindet, dessen Brücklein eher an Tibet als an die Toskana erinnern. 1 km weiter ist mit einem Flussübergang **San Giorgio** und damit das Ziel des Spaziergangs erreicht (inzwischen verlängert bis zur Via La Badia).

der aufgenommen. Bereits vor dem Festtag steht der ganze Ort Kopf, wenn die sechs *contrade* zunächst zum traditionellen Essen im jeweiligen Ortsteil laden. Am Sonntag wird dann auf der Piazza in mittelalterlichen Kostümen ein großes Festessen abgehalten, ab 18.30/19 Uhr reiten sechs Pferde der sechs Stadtteile in der *campagna* unterhalb des Städtchens eine schwierige, steile, wenn auch nur 1100 m lange Piste.

San Gimignano

▶ F 7

Die weltberühmten Geschlechtertürme des ›Manhattan der Toskana‹ sind schon von Weitem zu sehen. Die schmalen Landstraßen bieten beim gemächlichen Autobummel eine sehr gute Gelegenheit, die feingliedrige Hügellandschaft in diesem Teil der Region auf sich einwirken zu lassen. **San Gimignano** (7800 Einw.) selbst ist, so man dort übernachtet und sich für die Besichtigung Zeit nimmt, übrigens viel besser als sein Ruf. Kaum haben die Tagestouristen bei anbrechender Dunkelheit den Ort verlassen, spürt man – zumindest in Ansätzen – wieder die Atmosphäre eines mittelalterlichen, fest ummauerten Städtchens.

Dreifach ist der die Stadt umgebende Mauergürtel, eng sind die Gassen, hoch die Wohnhäuser und Paläste, noch höher freilich die *casetorri* (Geschlechtertürme) – rechteckig, klobig, fast fensterlos. Eben kleine private Festungen der im Mittelalter reichen Woll-, Wein- und Gewürzhändler. Erbaut wurden sie zum Schutz gegen die Nachbarn, die der ›falschen‹ Partei angehörten, denn auch in San Gimignano bekämpften sich Guelfen und Ghibellinen. Zwar konnte sich die Stadt bereits im 12. Jh. als freie Kommune durchsetzen, doch untereinander waren sich die Familien spinnefeind. Und daran änderte auch die Machtübernahme durch Florenz im Jahre 1353 nichts.

72 Türme ragten einst aus dem mittelalterlichen Gassengewirr empor, übrig sind 15, von denen 14 sichtbar sind. Die privaten Türme durften freilich die beiden Stadttürme (des Palazzo del Podestà mit 51 m und des Palazzo Comunale mit 54 m) nicht überragen. So wurden des Öfteren aufmüpfige Bürger zum Abtragen heimlicher Aufstockungen verurteilt.

Von der Porta San Giovanni zur Piazza della Cisterna

Eine mittelalterliche Kleinstadt (mit strenger Fußgängerzone) empfängt den Besucher. Normalerweise betritt man sie wegen der Parkplätze durch die **Porta San Giovanni** im Süden. Von da spaziert man die **Via San Giovanni**

hoch. In der aufgelassenen kleinen romanischen Kirche San Francesco (Haus Nr. 69) ist heute eine Weinhandlung untergebracht, in der man vielleicht die erste Bekanntschaft mit dem typischen Wein des Städtchens, dem Vernaccia di San Gimignano, machen könnte, aber es gibt noch mehr davon im geschäftstüchtigen Städtchen und sogar ein Vernaccia-Museum. Der Garten des Ladens bietet einen hinreißend schönen Blick ins Elsa-Tal.

Kurz darauf folgt das gekonnt in den mittelalterlichen Mauern eingerichtete Hotel Bel Soggiorno mit gutem Restaurant und ähnlichem Panoramablick. Noch einige Schritte bergan, und man steht im Zentrum von San Gimignano, auf der dreieckigen **Piazza della Cisterna.** Ihren Mittelpunkt bildet der Renaissancebrunnen, dessen Travertinränder die tiefen Spuren der Seile zeigen, mit deren Hilfe jahrhundertelang die schweren Wassereimer hochgezogen wurden. Rechts steht das Hotel Cisterna und vis-à-vis, ähnlich anspruchsvoll wie dieses, das schlicht-elegante Hotel Leon Bianco. Die Cafés stellen ihre Tische und Stühle einladend auf die schöne Piazza, sobald ein Sonnenstrahl auf sie fällt.

San Gimignano thront auf einem Hügel nördlich von Siena und bietet einen wunderbaren Blick auf das Elsa-Tal

Piazza Duomo

Ganz anders ist der **Domplatz,** auch er wie die Piazza della Cisterna unregelmäßig, jedoch weder Quadrat noch Dreieck, und von Türmen und Treppenaufgängen geprägt. Man betritt ihn unter dem **Voltone,** dem hohen Bogen, der beide Plätze städtebaulich geradezu raffiniert miteinander verbindet bzw. von einander trennt. Gleich an der Ecke steht rechts die erste öffentliche Loggia der Toskana (Ende 13./Anfang 14. Jh.), sie bildet das Untergeschoss des **Palazzo del Podestà** (1239, vergrößert 1337) mit seinen guelfischen Zinnen und dem angebauten Turm der Useppi, später der Chigi (1280). Der mächtige Doppelturm des **Palazzo Salvucci** (13. Jh.) rundet zusammen mit dem imposanten Palazzo del Popolo (s. S. 356) das profane Bild des Domplatzes ab; alles in Koexistenz mit der kirchlichen Macht, die sich in der Collegiata hinter hoher Treppe manifestiert.

Collegiata Santa Maria Assunta

www.duomosangimignano.it, April–Okt. Mo–Fr 10–18.30, Sa 10–18, So 12.30–18.30, Nov.–März Mo–Sa 10–17, So 12.30–17 Uhr, 15.–31. Jan., 12. März, 15.–30. Nov., 25. Dez., 1. Jan. geschl., Erw. 5 €, San Gimignano Pass (s. S. 357)

Die **Kirche Santa Maria,** auch Dom oder Kathedrale genannt, stammt aus dem späten 11./frühen 12. Jh., ist also ursprünglich romanisch und gilt aufgrund der fast vollständig erhaltenen gotischen Ausstattung als eines der Schmuckstücke der Toskana (für Besucher nur durch den Eingang auf der Kreuzgangseite links zu betreten). Außen wirkt sie recht einfach, innen ist sie dreischiffig mit Kreuzrippengewölben und Fresken. Wohin man schaut, erblickt man Bildergeschichten: Motive des Alten Testaments zeigen die Bilder im linken Seitenschiff von Taddeo di Bartolo (ca. 1367); Bilder aus dem Neuen Testament, um 1350 in der Nachfolge Simone Martinis entstanden, sind im rechten Seitenschiff zu sehen. Zusammen gelten sie als einer der monumentalen Zyklen sienesischer Malerei. Man ›liest‹ die drei Reihen mit dem Alten Testament Reihe für Reihe von links nach rechts, das Neue Testament aber rechts oben beginnend nach links, dann die zweite Reihe von links nach rechts, die unterste wieder von rechts nach links. Gerne verweisen die Kirchenführer auf die typischen Gläser aus dem nahen Gambassi, die beim Abendmahl im Sockelbild festgehalten wurden. Aus den kurzen Stampern, die auch im Museo Civico nebenan zu sehen sind, trinkt man hier heute noch gerne seinen Landwein.

Besonders drastisch wirkt an der Mittelschiffswand nahe dem Eingang das »Jüngste Gericht« nach Dantes Göttlicher Komödie, das »Paradies« gegenüber bietet geradezu langweilige Szenen. Die Innenseite der Hauptfassade hat Benozzo Gozzoli etwa um 1421 mit dem »Martyrium des hl. Sebastían« freskiert (erst 1464 vollendet). In der Bildsprache sind hier sowohl die Gotik Sienas enthalten als auch die Renaissance von Florenz, dem sich San Gimignano im 15. Jh. freiwillig unterworfen hatte.

Vor dem Querschiff im Süden befindet sich die **Kapelle der heiligen Fina,** der Schutzpatronin neben dem Heiligen Gimignano, die übrigens niemals heilig gesprochen wurde, was aber die San Gimignanesi nicht weiter stört. Die Fresken der Kapelle stammen zum Teil von Domenico Ghirlandaio und zeigen Szenen aus dem Leben der Stadtheiligen: rechtes Bild Verkündigung des Todes der im Nacken gelähmten Fina durch Papst Gregor den Großen, linkes Bild Begräbnis, mit den Türmen von San Gimignano im Hintergrund (1482). Im Reliquienschrein wird eine Lederbüste (!) mit den Gesichtszügen der hl. Fina aufbewahrt.

Palazzo Comunale / Musei Civici

www.sangimignanomusei.it, April–Sept. 10–19.30, Okt.–März 11–17.30, 1. Jan. 12.30–17.30 Uhr, Sammelticket Musei Civici Erw. 9 €, San Gimignano Pass (s. S. 357)

Der steile Treppenaufgang zum auch **Palazzo del Popolo** genannten historischen Rathaus (ab 1289) mit dem Dante-Saal und der Pinakothek wird durch den Kreuzgang betreten. Mitsamt der Torre Grossa, dem mächtigen Stadtturm, gehört er zu einem der beiden Standorte der **Städtischen Museen.** Der Palazzo Comunale imponiert sowohl durch seine Bausubstanz als auch durch seine Kunstschätze.

Dante war hier 1319 zu Besuch, weshalb der **Ratsherrensaal** im Piano Nobile, dem ersten Stock, nach ihm benannt ist. Der Dichter soll damals einen erneuten Streit zwischen den verfeindeten Parteien geschlichtet und für die Vereinigung mit Florenz plädiert haben. In der **Sala Dante** ist eine Kopie der Sieneser »Maestà« von Simone Martini zu sehen, von Lippo Memmi 1317 geschaffen, der freilich die Eleganz des Originals fehlt. An der Wand gegenüber der Fensterfront sind höfische Szenen von Azzo di Masetto erhalten.

In der **Camera del Podestà,** dem Saal des Statthalters (2. Stock), sind an den Wänden köstliche Liebesszenen zu sehen, u. a. »Erste Erfahrungen bei einem käuflichen Mädchen«, wofür dem unerfahrenen jungen Mann sogar Geld von seinen Eltern zugesteckt wird, links wird ein Mann von einer Frau ausgepeitscht. Über der Tür sieht man, wie es ›regulär‹ ablaufen sollte: Die Ehe wird arrangiert; das Paar hockt im Badebottich; dann das Ehebett, sie liegt schon darin, er kommt hinein, die Dienerin zieht den Vorhang zu ...

In einem der Nebenräume der **Pinakothek** hängt das originale Hochaltarbild der Collegiata, ein Tafelbild Taddeo di Bartolos von 1401: Der hl. Geminianus, San Gimignano, hält das Modell der Stadt in Händen. Früher waren hier noch mehr Kunstwerke aus der Collegiata sowie aus anderen Kirchen der Stadt zu sehen, die nun nach dessen Neuordnung im nahen **Museo di Arte Sacra** (Piazza Pecori 1, Zeiten und Eintritt wie Collegiata) ihren endgültigen Platz gefunden haben.

Die **Torre Grossa** ist über 280 Stufen zu erobern – belohnt wird man für die Anstrengung mit einem sehr schönen Blick über die Dächer von San Gimignano!

Polo Museale di Santa Chiara

Via Folgore, oberhalb der Parkplätze 3 und 4, April–Sept. 10–19.30, Okt.–März 11–17.30, 1. Jan. 12.30–17.30 Uhr, Sammelticket Musei Civici Erw. 9 €, San Gimignano Pass (s. S. 357)

Dieser Komplex der Musei Civici bereichert die Kunstszene von San Gimignano, und zwar ganz im Norden an der Via Folgore (oberhalb der Parkplätze 3 und 4): Er umfasst das **Museo Archeologico,** die **Spezieria di Santa Fina** und die **Galleria d'Arte Moderna e Contemporanea.** Das einstige Mädchenpensionat von Santa Chiara erhielt gleich drei unterschiedliche Räumlichkeiten:

Das **Archäologische Museum** birgt Funde aus der Stadt und ihrer Umgebung, von Etruskischem bis ins 18. Jh., und stellt u. a. den Bau eines etruskischen Brotofens dar.

Die **Spezieria di Santa Fina,** die Apotheke des Hospitals, wurde bereits im 13. Jh. eingerichtet. Mit ihrer Heilkräuter›küche‹ schuf sie den Grundstock der Heilmittel des Santa-Fina-Krankenhauses. Vermutlich war sie die älteste Apotheke der Toskana.

Komplettiert wird der Museumskomplex durch die **Sammlungen moderner bzw. zeitgenössischer Kunstwerke.** Sie entstanden als Resultat des nach Raffaele de Grada benannten Premio Grada, der elfmal zwischen 1964 und 1982 abgehalten wurde und bei dem die teilnehmenden Werke zum größten Teil in San Gimignano verbleiben konnten.

In diesem nördlichen Viertel des Städtchens findet man noch ruhige, vom Touristenstrom nicht belastete Gassen. Noch – denn schon hat man begonnen, hier ein paar der bescheidenen, kleinen Wohnhäuser zu restaurieren, in denen inzwischen bereits Zimmer und Apartments an Touristen vermietet werden.

Rocca

Freier Zutritt, außer bei Veranstaltungen

Hinter der Collegiata weist der Weg Al Castello zur Ruine der **Rocca,** die von einem angenehmen Stadtpark umgeben ist. Im Sommer wird er als Freilichtbühne benutzt. Tagsüber lohnt es sich, die Rocca-Ruine zu erklettern. Von hier hat man den schönsten Blick auf San Gimignano – und meist auch Ruhe vor dem Rummel des Touristentreibens im Zentrum.

Infos

Pro Loco: 53037 San Gimignano (SI), Piazza Duomo 1, Tel. 0577 94 00 08, www.sangimignano.com.

San Gimignano Pass: Das Sammelticket deckt den Besuch der Städtischen Museen (beide Komplexe plus San Lorenzo in Ponte), der Collegiata Santa Maria Assunta und des Museo di Arte Sacra ab, Erw. 13 €.

Übernachten

Ländlicher Komfort – **Relais Santa Chiara:** Via Matteotti 15, Tel. 0577 94 07 01, www.rsc.it, 17. März–17. Nov. Modernes, komfortables Landhotel in Panoramalage. 41 Zimmer und Suiten, Parkplatz. €€–€€€

Beim Brunnen – **L'Antico Pozzo:** Via San Matteo 87, Tel. 0577 94 20 14, www.anticopozzo.com. Zauberhaftes Hotel, in einem restaurierten Palazzo aus dem 15. Jh. untergebracht. 18 elegante Zimmer mit Fresken, Holzbalkendecken und Cottoböden, mit Antiquitäten eingerichtet. €€

Zentral – **Leon Bianco:** Piazza della Cisterna 13, Tel. 0577 94 12 94, www.leonbianco.com, 20. Nov.–8. Dez., 15. Jan.–Febr. geschl. Nettes Hotel gegenüber der Cisterna mit 25 Zimmern. €€

Wundervoller Talblick – **La Cisterna:** Piazza della Cisterna 24, Tel. 0577 94 03 28, www.hotelcisterna.it, März–Dez. Traditionelles Hotel in mehreren historischen Gebäuden am Brunnenplatz, schöner Saal (14. Jh.), 48 Zimmer, Restaurant. €€

Hängender Garten – **Locanda La Mandragola:** Via Diacceto 7, Tel. 0577 94 04 54, www.locandalamandragola.it. Sehr schön saniertes kleines Wohnhaus im Norden des Ortes, Turm-Dachterrasse mit tollem Stadtblick. Vier unterschiedliche, komfortable Zimmer mit Sat-TV. €–€€

Sehr hübsch – **Bel Soggiorno:** Via San Giovanni 91, Tel. 0577 94 03 75, www.hotelbelsoggiorno.it, Mitte März–Okt. In einem restaurierten Palazzo aus dem 14. Jh. im historischen Zentrum, nach hinten herrlicher Blick ins Tal. 21 komfortable Zimmer, Restaurant. €–€€

Klösterlich – **Foresteria Monastero di San Girolamo:** Via Folgore 30, Tel. 0577 94 05 73, www.monasterosangirolamo.it. Gästehaus des Klosters beim Santa-Chiara-Museumskomplex, nicht nur für Pilger, jeder kann hier hübsch wohnen. €

Essen & Trinken

Verfeinert toskanisch – **Dorandò:** Vicolo dell' Oro 2, Tel. 0577 94 18 62, www.ristorantedorando.it, Dez.–Ostern Mo Ruhetag, 9.–30. Jan. geschl. Kleines Gewölbelokal mit Bildern toskanischer Künstler an den Wänden. Es gibt verfeinerte traditionelle toskanische Küche, jahreszeitlich bedingt. €€–€€€

Bodenständig – **Il Pino:** Via Cellolese 6, Tel. 0577 94 04 15, Ruhetag Do, Mitte Dez.–Mitte Jan. geschl. Familiäres traditionelles Lokal mit lokaler Küche in freundlicher Atmosphäre. Auch fünf Zimmer (DZ/ÜF 80 €). €–€€

Rustikal – **Osteria del Carcere:** Via del Castello 13, Tel. 0577 94 19 05, Ruhetage Mi, Do mittags, Jan., Febr. geschl. Freundliche Osteria, Marmortische und Korbstühle. Toskanische Gerichte und *crostini*, diverse Suppen, glasweise lokale Weine, beste Lagen in Flaschen. €–€€

Erstklassig – **Osteria delle Catene:** Via Mainardi 18, Tel. 0577 94 19 66, www.osteriadellecatene.it, Ruhetag Di, Jan., Febr. geschl. Trattoria mit Vernaccia di San Gimignano und anderen lokalen Weinen, traditionelle, saisonale toskanische Gerichte aus Fisch, Lamm, Schwein und Chiana-Rind, im Herbst Pilze. Alles etwas leichter, aber nicht weniger köstlich zubereitet. €–€€

Außerdem bieten die Restaurants der **Hotels Bel Soggiorno** und **La Cisterna** erfreulich gute toskanische Küche, die auch Passanten genießen können – zumindest wenn sie einen freien Tisch finden.

Abends & Nachts

Einladend – **Caffè delle Erbe:** Via Diacceto 1, Tel. 0577 94 04 78, Ruhetag Do, sonst 8–20, Juli/Aug. bis 24 Uhr geöffnet. Einladendes kleines Cafè mit Tischen auf der Piazza bei der Collegiata. Feines Gebäck, Cocktails, große Weinkarte.

Eigene Eisproduktion – **Caffetteria Gelatteria dell' Olmo:** auf der Piazza della Cisterna. Große fantasievolle Eisbecher.

Einkaufen

Wein – **Vernaccia di San Gimignano Wine Experience LA ROCCA:** Via della Rocca 1, https://wineexperience.vernacciasangimignano.it, April–Okt. tgl. 11.30–19.30 Uhr, Eintritt frei. In wunderbarer Panoramalage. Hier werden auch Besuche und Verkostungen auf Weingütern organisiert.

Keramik – Lokale und andere toskanische Keramik ist in vielen **Souvenirläden** zu finden.
Lebensmittel – **Wochenmarkt** jeden Do auf der Piazza del Duomo und der Piazza della Cisterna, 8–13 Uhr.

Termine

Carnevale di San Gimignano: Ende Febr./Anfang März. Bunter, lauter Karneval in mittelalterlichen Kostümen und mit historischen allegorischen Wagen.
Ferie delle Messi: 3. Juni-Wochenende (3 Tage). Mittelalterliche Festzüge, Ritterspiele und Schauspiele auf den Plätzen und in den Gassen der Stadt.

Verkehr

Busse: TIEMME verbindet San Gimignano regelmäßig vor allem mit Poggibonsi und Siena (beide auch Bahnstationen); Haltestellen werktags vor den Stadttoren San Giovanni und San Matteo, So, Fei nur vor der Porta San Giovanni. Tickets beim Touristenamt an der Piazza del Duomo.
Auto: Mit dem Auto darf man nur als Bewohner des historischen Zentrums in die Stadt hineinfahren sowie zum Be- und Entladen von Reisegepäck (Vorlage der Hotelbuchung sowie schriftliche Genehmigung der Stadtpolizei oder der Hotelvereinigung nötig!). Ringsum gibt es Parkplätze, für die gilt: je näher, desto teurer. Parkplatz Nummer 1/Giubileo beim Busparkplatz im Süden liegt am weitesten von der Mauer entfernt und kostet für Pkw je Stunde 1,50 €, max. 6 € am Tag, von dort Bustransfer *(navetta)* für 0,50 € pro Person. Auf Parkplatz Nummer 2/Montemaggio im Süden nimmt man pro Stunde 2 €, max. 20 € am Tag, Nummer 3 und 4 (beide Bagnaia) im Norden kosten je Stunde 2 €, max. 20 € pro Tag. Günstige Nachttarife (20–8 Uhr 1–5 €)!

✪ Volterra ▸F 7

Die schöne Stadt **Volterra** (10 500 Einw.), die zu Unrecht im Schatten San Gimignanos steht, erhebt sich auf einem großen, teils recht steilen Tuffgrat und ist wegen dieser grandiosen Lage und den markanten Türmen sowie der mächtigen Fortezza Medicea von allen Richtungen aus schon von Weitem zu erkennen. Volterra besitzt ein großes Parkhaus unterhalb der Piazza dei Martiri della Libertà, die Sehenswürdigkeiten sind von dort aus hervorragend ausgeschildert – das historische Zentrum ist nämlich strikte Fußgängerzone.

Velathri, eine der wichtigsten Städte des Zwölferbundes Etruriens, wurde von den Etruskern auf den Resten einer älteren Villanova-Kultur errichtet. Ihre höchste Blütezeit erlebte die Stadt im 4. Jh. v. Chr., wie die zahlreichen Grabfunde beweisen. Der über 7 km lange etruskische Mauergürtel umschloss damals außer den Wohnhäusern und öffentlichen Gebäuden auch das Weide- und Ackerland, so war die Stadt auch in Belagerungszeiten autark (die späteren, mittelalterlichen Mauern sind entschieden enger um den Stadtkern gezogen worden). 298 v. Chr. unterwarf sich Velathri den Römern, blieb aber auch unter ihnen als Volaterra bedeutend, wie unschwer am imposanten römischen Theater abzulesen ist.

Das Mittelalter allerdings sah Volterra von internen Machtkämpfen zwischen kirchlichen und weltlichen Herrschern erschüttert, die Renaissance schließlich erlebte immer wieder rebellierende Volterraner gegen die Medici, was wenig fruchtete: Mit der Herrschaft des Großherzogtums der Toskana begann der unaufhaltsame Verfall der Stadt, der bis ins ausgehende 18. Jh. andauerte. Auch die Wiederaufnahme der Alabasterverarbeitung im 16. Jh. verhalf Volterra zu keinem besonderen Aufschwung mehr, sie diente lediglich künstlerischen Zwecken. Trotzdem wuchs die Zahl der Werkstätten von acht oder neun im Jahre 1780 auf mehr als 60 zu Beginn des 19. Jh. Heute gehören 23 Meister der Alabaster-Kooperative (s. Einkaufen) an.

Die ersten Handelsreisenden machten sich auf, Hersteller und gleichzeitig Verkäufer von Alabastergegenständen, die bis in die entferntesten Winkel Europas kamen, um dort ihre Waren anzubieten. Den Anstoß gab die Schulwerkstatt des sowohl künstlerisch genialen als auch wirtschaftlich denkenden Marcello Inghirami, die zwar nur 1791 bis 1799 bestand, aber mehr als 100 Schüler unter der Anleitung in- und ausländischer Meister ausbildete. 1870 erlahmte die Produktion, Europa hatte andere Sorgen, Frankreich und Preußen, damals zwei wichtige Kunden, bekriegten sich.

Das 20. Jh. brachte technische Neuerungen und damit die Wiederbelebung der traditionsreichen Alabasterindustrie von Volterra: Die elektrische Drehscheibe hielt Einzug in die Werkstätten. Nach den beiden Weltkriegen hat sich die Produktion wieder mehr auf künstlerische Arbeiten verlegt: Souvenirs, Schmuck, Kopien alter Kunstwerke, Alabasterblumen und -früchte, Vasen, Lampenfüße, Rahmen; für manche purer Kitsch, für andere Mitbringsel mit Tradition. Fast 250 Betriebe verarbeiten heute Alabaster in und um Volterra, 800 Beschäftigte finden hier Arbeit; 80 % der Werkstätten sind Kleinbetriebe mit bis zu drei Mitarbeitern. Schlendert man durch den Ort, hört man in manchen Gassen ein leises Klopfen und Schleifen. Die seit 1822 bestehende Alabasterschule (heute Liceo Artistico G. Carducci) kann sich über Nachwuchsmangel nicht beklagen (s. auch Thema S. 361).

Stadtrundgang

Einen Stadtrundgang sollte man am Parcheggio La Dogana (Piazza Martiri della Libertà) direkt unterhalb des Festungshügels beginnen. Die anderen günstigen Parkplätze liegen auf der Nordseite hinter der Festungsmauer, zur Stadt muss man von dort aus normalerweise lange Treppenaufgänge in Kauf nehmen (geradezu imposant vom Parcheggio Docciola aus).

Fortezza Medicea

Lorenzo Il Magnifico ließ die **Fortezza Medicea** zwischen 1472 und 1475 erbauen. Der sogenannte Archäologische Park dort oben anstelle der Akropolis täuscht über das hinweg, was sich dahinter verbirgt: Seit 1880 ist die Festung eine streng bewachte Strafvollzugsanstalt. Man darf nur den Hauptturm (Maschio, zzt. geschl., sonst April, Mai, Juni–Nov. So 12–18 Uhr, Erw. 5 €) besichtigen.

Porta all'Arco

Geht man von der Garage das kurze Stück zur Piazza Martiri della Libertà, direkt auf das traditonsreichste Hotel der Stadt (Nazionale) zu, wird man links gleich zur Via Porta all'Arco verwiesen, die abwärts folgerichtig zur **Porta all'Arco** führt. Sie ist, auch Porta Etrusca genannt, ein Überbleibsel des etruskischen Mauergürtels aus dem 4. Jh. v. Chr., außen noch original erhalten, während der römischen wie der mittelalterlichen Epoche umgestaltet. Durch die schweren Steinquader im unteren Bereich wirkt das Tor recht wuchtig. Die drei verwitterten Köpfe am äußeren Bogen könnten Zeus und die beiden Dioskuren zeigen – gesichert ist es nicht. Jedenfalls werden sie häufig als das Sinnbild Volterras abgelichtet. Im Zweiten Weltkrieg wurde das Tor, um die drohende Sprengung durch die deutschen Truppen wegen der herannahenden Alliierten abzuwehren, von den Volterranern völlig zugemauert und später wieder freigelegt.

Piazza dei Priori

Die steile Gasse wieder hinauf, folgt man oben links den Hinweisen zur **Piazza dei Priori.** Sie bildet die größte Freifläche des historischen Zentrums und, im Herzen der Altstadt gelegen, sicher ihre schönste: Mittelalter pur, Liebhabern dieser Architekturepoche dürfte das Herz schneller schlagen! Kompakt und doch großzügig ist dieser Platz der weltlichen Macht (auf der Rückseite, am Domplatz, konzentriert sich die geistliche Macht). Hier befindet sich auch das Touristeninformationsbüro, das mit Stadtplänen versorgt und einen hervorragenden, sogar humorvollen Audioguide (auch in deutscher Sprache) für die Stadt verleiht.

Palazzo dei Priori

Piazza dei Priori, www.museivaldicecina.it, Mitte März–Okt. tgl. 9–19, Nov.–Mitte März tgl. 10–16.30 Uhr, Sammelticket (s. S. 364)

Der **Palazzo dei Priori** war von Anfang an (1208) fast so geplant, wie er sich heute präsentiert, und ist damit das älteste noch erhaltene Rathaus der Toskana (mit einigen gotischen Umbauten, vor allem der Fenster 1254).

Alabaster aus Volterra – Original und Imitat

Die Bearbeitung von Alabaster ist eine uralte Kunst, die in Volterra ebenso liebevoll wie geschäftstüchtig gepflegt wird. Der mineralische Gips wird in weitem Umkreis in unterschiedlichen Qualitäten abgebaut und verarbeitet, daher sollte man sich das ausgewählte Stück vor dem Kauf besser genau anschauen.

Alabaster wird in unterirdischen Gruben gewonnen. Die beiden Gruben von Volterra (in Santa Luce und Castellina Maríttima), etwa 20 km Luftlinie entfernt Richtung Meer, besitzen ein Netz von Gängen, das mehr als 25 km messen soll. Hier wird der beste Alabaster abgebaut, der weiße Statuenalabaster von Castellina, rein, opalbleich, fast durchsichtig, leicht gestreift wie Onyx, nur selten von dunklen Adern durchzogen. Zeigt er feine tiefschwarze Adern, wird er Opalalabaster genannt. Abstufungen in allen Farben und Effekten, sog. Blondachate und Gelalabaster, auch Marmor in allen Schattierungen bis zu grün und rötlich, werden gefunden, je näher die Vorkommen bei Volterra liegen.

Offiziell sind es nur noch 23 Kunsthandwerker, die in Volterra Alabaster verarbeiten, früher hörte man beim Bummel durch die schön mittelalterlich geprägten Stadt überall Klopfen und Schleifen aus staubigen Werkstätten. Es ist sicher keine sehr gesunde Tätigkeit angesichts des weißen, pudrigen Staubes, der aus den Werkstätten ins Freie quoll. Heute wird streng auf die Einhaltung von Gesundheitsvorschriften geachtet, sicher auch ein Grund für viele Kunsthandwerker, ihre Arbeit aufzugeben, weil sie sonst zu kostenintensiv geworden wäre.

Doch die Stadt bemüht sich sehr, vor allem mit Kursen für Schulklassen oder auch anderen Gruppen, diese traditionelle Kunst am Leben zu erhalten. Vor allem im Alabastermuseum (Ecomuseo dell'Alabastro im historischen Turmhaus bei der Pinakothek) mit eigener Werkstatt oder durch Fortbildungskurse, die von der Vereinigung der Alabaster-Künstler organisiert werden, der Cooperativa Artieri Alabastro, und im Liceo Artistico (s. S. 360).

Die Volterraner sind sehr darum bemüht, ihr Handwerk nicht in Verruf zu bringen. Hier wird man also selten einen Fehlkauf tätigen. Aber in den typischen Souvenirzentren kann es schon passieren, dass man auf Imitate hereinfällt. Dabei lassen sie sich recht leicht vom echten Alabaster unterscheiden:

Imitationen aus Kunststoff kann man schnell erkennen, da sie sehr viel leichter sind als Alabaster. Oft werden sie auf einen kleinen Sockel aus Alabaster gestellt, der dann den Stempel »echt« trägt (was ja nicht ganz gelogen ist). Imitationen aus Alabasterpulver und Kunstharz sind schon schwerer von echten Alabastergegenständen zu unterscheiden. Dennoch: Nur die Oberfläche des richtigen Alabasters glitzert kristallin. Imitationen sind matt und klingen, beim leichten Anschlagen mit einem Bleistift oder dem Fingernagel, tönern wie Ton oder Gips.

Er gleicht einer Festung und besitzt nur wenige Fenster im Erdgeschoss. Etwas großzügiger, lichter wurden die oberen drei Stockwerke gestaltet. Es lohnt sich, hinein- und hinaufzugehen, um vor allem den schönen Saal des Großen Rates (Sala del Maggior Consiglio) zu bewundern: 1516 erhielt er die zwei Kreuzgewölbe und ist im 19. Jh. im historisierenden Stil freskiert worden. Auch der kleinere Nebenraum, die Saletta della Giunta, ist reich dekoriert, darunter ein »Hl. Hieronymus« von Luca Signorelli.

Palazzo del Pretorio und Palazzo Incontri

Piazza dei Priori

Der **Palazzo del Pretorio** (auch Palazzo del Podestà bzw. del Popolo genannt) mit seiner dreigeteilten Loggia steht ihm gegenüber. Er ist aus mehreren privaten Palästen und Wohntürmen aus dem 12. und 13. Jh. entstanden. Der eingebaute Turm trägt oben das *porcellino* (›Schweinchen‹), eine Art Wahrzeichen Volterras – in den Wäldern ringsum leben noch heute viele Wildschweine. Etwas überrestauriert zeigt sich der **Palazzo Incontri** um die Ecke in scheinbar bester Spätgotik, doch wurde er wohl im 19. Jh. umgebaut. Heute hat hier die Sparkasse von Volterra ihren Sitz.

Battistero di San Giovanni

Piazza San Giovanni, tgl. 8.30–12.30,15–18, Fr ab 16 Uhr, Eintritt meist frei

Hinter dem Palazzo dei Priori, am Campanile des Domes vorbei, erreicht man den **Domplatz,** geschmückt mit dem hübschen zweigeschossigen Oktogonal des **Baptisteriums.** Ursprünglich aus dem 13. Jh., wurde es später mehrfach umgestaltet. Weiße und grüne Marmorstreifen zieren seine dem Dom zugewandte Fassade, das darin eingelassene romanische Portal zeigt reichen Figurenschmuck. Die hohe Kuppel stammt ebenso wie das schöne, mit Reliefs verzierte Tauf-

In der Via Porta all'Arco, einer typischen Altstadtgasse Volterras

becken von Sansovino aus den Anfängen des 16. Jh. (1502).

Duomo Santa Maria Assunta

Piazza San Giovanni, tgl. 9–13, 15–18 Uhr, im Winter nur vormittags, Eintritt frei

Volterra war lange Bischofssitz, was man dem **Dom** gegenüber nach vollendeter Restaurierung wieder ansieht. Die dreischiffige Basilika stammt aus dem frühen 12. Jh. und wurde bereits 1254 im Pisaner Stil erweitert, danach mehrfach umgebaut, grundlegend im 16. Jh., weshalb sich die Kathedrale von Volterra als Renaissancebau präsentiert. Die schlichte, klar die basilikale Form widerspiegelnde Fassade aus hellem Travertin mit dem einzigen erhaltenen, schmalen Eingangsportal in der Mitte steht in großem Widerspruch zur prunkvollen Ausstattung im Inneren.

Fast erdrückend wirkt die schwere, farbig gefasste Kassettendecke des Hauptschiffes und wenig passend scheinen die stuckierten Kapitelle der Granit vortäuschenden Säulen. Sehr schön ausgearbeitet ist dagegen die rechteckige Kanzel, die vier Fabelwesen tragen – zwei Löwen, ein Kalb und ein Kalb mit menschlichem Kopf. Eine Besonderheit ist die in kräftigen Farben gefasste hölzerne Großplastik, die Gruppe der »Kreuzabnahme« aus dem 13. Jh. Sie steht etwas deplatziert in einer flachen Nische rechts vom Hauptchor.

Weiterhin sind unter den Kunstwerken des Domes in der Cappella dell'Addolorata (zweite Kapelle im linken Seitenschiff) die beiden bemalten Terrakottatabernakel aus der Werkstatt der Della Robbia hervorzuheben: eine »Anbetung« und eine »Geburt«, beide aus dem 15. Jh., außerdem ein Fresko von Benozzo Gozzoli (1479), das sehr an sein berühmtes großes Fresko im Palazzo Medici-Riccardi in Florenz erinnert und ebenfalls den »Zug der Hl. Drei Könige« zum Thema hat.

Palazza Minucci-Soldaini

Via dei Sarti 1, Mitte März–Okt. tgl. 9–19, sonst 10–16.30 Uhr, Sammelticket (s. S. 364)

Großartig fügt sich wenige Schritte nördlich von der Piazza dei Priori der **Palazzo Minucci-Soldaini** um einen kleinen Innenhof, der Antonio da Sangallo (spätes 15. Jh.) zugeschrieben wird, in die mittealterlichen Turmhäuser. Seit 1982 ist er Sitz der bereits 1842 konzipierten **Pinacoteca,** nun zusammen mit dem **Museo Civico,** dem Städtischen Museum. Ein Raum ist Luca Signorelli gewidmet, darin kann man eine »Madonna mit Kind und Heiligen« und eine »Verkündigung« in leuchtenden Farben bewundern. Auch für Taddeo di Bartolo ist ein Raum reserviert, darin ein großes Polyptychon und eine »Madonna mit Kind«. Rosso Fiorentino (1494–1540) ist mit einer eindrucksvollen »Kreuzabnahme« vertreten, die wirkt, als entstünden die Figuren nur aus der Farbe heraus, die Kleider scheinen wie aus kantig knitternder, schwerer Seide, eher sogar Papier.

Ecomuseo dell'Alabastro

Via dei Sarti, www.museivaldicecina.it, Mitte März–Okt. tgl. 9.30–19, sonst 10–16.30 Uhr, Sammelticket (s. S. 364)

Im Turmhaus über Eck (auch von der Pinakothek aus zugänglich) befindet sich das **Alabastermuseum.** Hier wird Wissenswertes über die Gewinnung, Verarbeitung und Vermarktung von Alabaster vermittelt. So ist z. B. eine Alabasterwerkstatt aufgebaut, in der Fachleute Besuchern ihre Arbeit demonstrieren. In den Museumsbesuch integriert sind auch Gruben in der Umgebung.

Teatro Romano

Viale Franco Porretti (Parkplatz), www.museivaldicecina.it, Mitte März–Okt. tgl. 10.30–17.30, sonst 10–16.30, bei Regenwetter geschl., Sammelticket (s. S. 364)

Richtung Porta Fiorentina kommt man vom Ecomuseo zur **Via Panoramica**, die nach rechts an der Stadtmauer entlangführt und hält, was ihr Name (Panoramaweg) verspricht: Tief unten steht das **Teatro di Vallebona,** das **römische Theater,** das den Besuch nicht unbedingt lohnt, da es von oben sehr genau betrachtet werden kann. Es stammt aus dem 1. Jh. v./1. Jh. n. Chr., wurde im 3. Jh. durch eine Therme überbaut und im Mittelalter (13. Jh.) durch die neue Stadtmauer in zwei Teile geteilt. Die markante Szenerie mit einigen zierlichen weißen Säulen konnte bei den Ausgrabungen in den 1950er-Jahren rekonstruiert werden, was der Ruinenstätte etwas Erhabenes verleiht.

Museo Diocesano di Arte Sacra

Chiesa di Sant' Agostino, Piazza XX Settembre, www.museodiocesanovolterra.com, Do–Di 10.30–18.30 Uhr, Erw. 5 €, Sammelticket 16 €

Vom Alabastermuseum nach links schlendernd, kommt man zur aufgelassenen Klosterkirche Sant' Agostino. Sie beherbergt das **Diözesanmuseum** mit seiner großartigen Sammlung sakraler Bilder und Gegenstände, darunter Kunstwerke aus dem Dom Volterras.

Museo Etrusco Guarnacci

Via Don Minzoni 15, www.museivaldicecina.it, Mitte März–Okt. tgl. 9–19, sonst 10–16.30 Uhr, Erw. 8 €

Nun aber zum wohl berühmtesten **etruskischen Museum** der Toskana, das nach dem Sammler und Geistlichen Mario Guarnacci (1701–1785) benannt ist, der den Grundstock dafür lieferte. Es besitzt allein über 600 Deckel etruskischer und römischer Graburnen. Thematisch übersichtlich geordnet sind hier auch Schmuckgegenstände, Spiegel und Vasen ausgestellt.

Sehr schön anzuschauen ist Nummer 105 im Saal VII/Erdgeschoss: eine Alabasterurne, die ein Pferd und zwei geflügelte Gestalten in der Mitte zeigt, rechts und links davon Reiter und Begleiter (Reise in die Unterwelt). Glanzstück ist jedoch die **Urna degli Sposi,** ein Deckel mit einem älteren Ehepaar, dessen Gesichtszüge ein hartes Leben widerspiegeln (Saal XX). Die berühmteste Bronzefigur dürfte im selben Saal die lang gestreckte **Ombra della Sera** sein, der sogenannte Abendschatten, eine nackte männliche Gestalt, die man, vielfach kopiert, sogar im Museum als Souvenir erstehen kann.

Balze

Im Nordwesten von Siena Richtung Pisa, linke Straßenseite, auf Ausschilderung »Balze« achten, vorsichtig sein, keinesfalls zu nah an Abbruchkanten herantreten!

Den Nordwesten Volterras bedrohen seit Jahrhunderten die **Balze,** tief eingeschnittene Grate und Abbrüche, die von Wind und Regen ausgewaschen wurden. Nach jedem Regenguss drohen sie erneut ein Stück des Bodens zu verschlingen, auf dem die Stadt erbaut wurde. So rissen sie bereits unersetzliche Zeugnisse aus der Villanova- und der etruskischen Kultur in den Abgrund. Nichts kann inmitten dieses kargen, zerfurchten Hügelgebietes mehr Halt finden, nichts wachsen.

Im Nordosten von Volterra zeigt sich, dass häufig auch ganze Teile der Stadt mitgerissen wurden: Die Kamaldulenser Abteikirche **San Giusto** (Parkplatz Le Balze, Via di Mandringa, Borgo San Giusto, 3. Juni–26. Sept. Fr 16–19/19.30, Sa, So 10–13, 16.30–19/19.30 Uhr, Eintritt frei), ganz nah an der etruskischen Mauer und der Porta Menseri gelegen, ist bereits die dritte dieses Namens. Immer wieder wurde die Kirche ein Stück weiter Richtung Zentrum neu aufgebaut, um sie vor erneutem Absturz zu schützen. Nachdem man glaubte, die Balze hätten sich an dieser Stelle etwas beruhigt, hat man die Kirche erneut renoviert. Und schon wieder kommen Schreckensmeldungen, schon wieder ist ein Stück in die Tiefe gesackt. Inzwischen ist die kaum aufzuhaltende Naturkatastrophe freilich zu einer Attraktion für Volterra-Besucher geworden.

Infos

Consorzio Turistico Volterra: 56048 Volterra (PI), Piazza dei Priori 20, Tel. 0588 863 47, www.volterratur.it (hervorragende Seite!).

www.comune.volterra.pi.it: Sehr informativ ist die Website der Gemeinde (nur italienisch), mit genauen Beschreibungen der Sehenswürdigkeiten sowie Infos zu Öffnungszeiten etc.

Sammelticket Volterra Open: Das Sammelticket (Erw. 7 €) gilt für sechs Museen in Volterra, für die Pinacoteca, das Ecomuseo dell'Alabastro, den Palazzo dei Priori, die Acropoli Etrusca, die Cisterna Romana und das Teatro Romano.

Übernachten

Im Nonnenkloster – **San Lino:** Via San Lino 26, Tel. 0588 852 50, www.hotelsanlino.net, Mitte Nov.–Mitte Dez. geschl. Angenehmes Hotel in Teilen eines Nonnenklosters im historischen Zentrum nahe der Porta San Francesco. 39 Zimmer, Pool inmitten der Anlage, Restaurant, Garage. €€

Wohlfühlen im Nonnenkloster – **La Locanda:** Via Guarnacci 24/28, Tel. 0588 815 47, www.hotel-lalocanda.com. Sehr schönes Ambiente im Ortszentrum in den Mauern eines Nonnenklosters aus dem 17. Jh. 17 großzügige, unterschiedliche Zimmer, eine Suite mit Sauna, schöne Bäder, schöne, aber relativ kleine Aufenthaltsräume. €–€€

Ländlich – **Villa Rioddi:** Località Rioddi, Tel. 0588 880 53, www.hotelvillarioddi.it, Mitte März–Okt. Kleines Landhotel in schön sanierter Poststation aus dem 15. Jh. zu Füßen von und mit Blick auf Volterra (2 km vom Zentrum entfernt). 9 Zimmer, 4 Apartments, großer Pool, herrlicher Garten, Frühstück in Backsteingewölben, Parkplatz. €–€€

Im Palazzo – **Etruria:** Via Matteotti 32, Tel. 0588 873 77, www.albergoetruria.it. Familiäres Hotel in einem Palazzo aus dem 18. Jh. im verkehrsberuhigten historischen Zentrum. 18 Zimmer. €–€€

Essen & Trinken

Angenehm und familiär – **Il Sacco Fiorentino:** Via Giusto Turazza 13, Tel. 0588 885 37, auf Facebook, Ruhetag Mi (außer Juni–Aug.). Gute regionale Küche, familiäre Führung in mittelalterlichem Stadtpalazzo nahe dem Dom. Im Sommer auch Service im Garten. Sehr preiswertes Mittagsmenü. €

Vegetarische Antipasti – **Vecchia Osteria dei Poeti:** Via Matteotti 55/57, Tel. 0588 851 00, Ruhetag Do. Ordentliches, von Touristen gerne besuchtes Restaurant mit Gewölbeambiente in der Altstadt. *Pappardelle al cinghiale* und andere Wildschweinspezialitäten. €

Einkaufen

Kunsthandwerk – www.arteinbottegavolterra.it. Die Website führt zu den Werkstätten lokaler Kunsthandwerker (Schmuck, Stoffe, Bronzen, Alabaster etc.).

Alabaster – **Cooperativa Artieri Alabastro:** Verkaufsstelle an der Piazza dei Periori 5, www.artierialabastro.it, tgl. 10.30–13, 15–18 Uhr.

Lebensmittel – **Wochenmarkt:** Sa Vormittag 8–13.30 Uhr vor dem Teatro Romano im Tal, im Winter auf der Piazza dei Priori, Di auf der Piazza dell'Orologio in Saline di Volterra etwa 10 km südlich.

Verkehr

Bus: Etwa stdl. Verbindungen mit Siena, San Gimignano und Florenz.

Abstecher nach Larderello

▶ F 8

Südlich von Volterra erstrecken sich die **Colline Metallífere,** die Metallreichen Hügel. Sie ziehen sich Richtung Küste bis zur Pisaner Maremma und sind von dichter Macchia, knorrigen alten Eichen und fast glattstämmigen Steineichen bedeckt. Viele, meist versteckt liegende kleine Bauerngehöfte sind hier inzwischen in fremden Händen, und es wird überall immer mehr Agriturismo betrieben.

Mitten in den Colline befindet sich ein 200 km^2 großes geothermisches Feld mit dem Zentrum **Larderello.** Hier werden im Jahr etwa 650 Megawatt Strom erzeugt, u. a. für die Versorgung des Eisenbahnnetzes Mittelitaliens (s. Thema S. 28).

Museo della Geotermia

Piazza Leopolda, Località Larderello, Pomarance, www.museivaldicecina.it, Mai–Okt. tgl. 9.30–18.30, Nov.–April Di–So 9.30–17.30 Uhr, eventuell Voranmeldung erforderlich, s. Website, Eintritt frei

Erklärungen liefert das vom Energieunternehmen ENEL installierte **Museo della Geotermia.** Mit seiner Hilfe kann man die Geothermik und deren industrielle Nutzung verstehen und zudem viel über die Geologie der Maremma lernen. Das Museum organisiert auch Besichtigungen der hellenistischen Thermen von Sasso Pisano oder der geothermischen Zentrale von San Martino.

✿ Chianti

Chianti ist das Synonym für eine Bilderbuchlandschaft mit sanft gewellten, von Weingärten und Olivenbaumpflanzungen überzogenen Hügeln, mit Burgen und Schlössern, großen Gütern und kleinen Gehöften, weiten Sonnenblumenfeldern. Unzählige Cantine laden zu Weinproben und zum Kauf ein, Ferienhäuser bieten einen genüsslichen Landurlaub.

Das Klischee von unendlichen Weinbergen ist nicht auszurotten, dabei besteht das Chianti-Gebiet etwa zur Hälfte aus wilder Macchia mit undurchdringlichen Steineichenwäldern, Lorbeer und Erdbeerbäumen. Je näher man den Monti del Chianti im Osten dieser Region kommt, desto dichter und so gar nicht mehr ›typisch Chianti‹ erscheint das Landschaftsbild, was aber nicht weniger schön ist.

Ein hervorragender Ausgangspunkt für Reisen ins Chianti, das sich zwischen Florenz und Siena in Nord-Süd-Richtung und zwischen den Tälern von Arno und Pesa in Ost-West-Richtung ausdehnt, ist Siena. Viele Toskana-Urlauber bevorzugen Ferienhäuser auf dem Land und buchen gleich einen längeren Aufenthalt im Chianti, das auf eine lange Ferienhaustradition zurückblickt. Nirgendwo sonst wurden so viele Landgüter unter die früheren Halbpächter *(mezzadri)* aufgeteilt, nirgendwo so viele dieser Bauernhäuser gerettet, restauriert.

Unsere Rundtour führt durch das südliche Chianti: von Siena über die Chiantigiana nach Castellina in Chianti und nach Greve, vorbei an Weinorten wie Panzano, Passignano, Uzzano oder Vicchiomaggio, deren Namen für gute Chianti-Tropfen stehen. Dann geht es ein Stück zurück Richtung Castellina in Chianti, aber hinter Panzano auf der SP 2 bis nach Radda in Chianti. Von dort gelangt man auf der Burgenstraße weiter östlich und dann südwärts nach Gaiole in Chianti und, vorbei an Meleto, zum trutzigen Castello di Brólio.

Von Siena nach Greve in Chianti

Karte: S. 369

Quercegrossa und San Leonino

Man verlässt **Siena** (s. S. 326) in nördlicher Richtung, um auf die SS/SR 222, die Chiantigiana, zu gelangen. Sie ist die schönste Verbindungsstraße zwischen Siena und Florenz und verläuft östlich der römischen Via Cassia, der heute stark befahrenen SS/SR 2. Erste Station der Tour ist das unscheinbare **Quercegrossa 1**, Geburtsort des feinsinnigen Künstlers Jacopo della Quercia (1371–1438), der wunderschön realistische Bildwerke schuf, vor allem in Marmor und Holz. Sein Meisterwerk ist das Grabmal der Ilaria im Dom von Lucca.

Ein kurzer Abstecher führt ins verträumte Nest **San Leonino 2** (2 km) mit seiner kleinen romanischen **Pieve,** die einen Altartisch von Jacopo della Quercia besitzt und andere Werke der Sieneser Schule aus dem 15. Jh.

Übernachten

Umgebauter Bauernhof – **Belvedere San Leonino:** 53011 Castellina in Chianti (SI), Località San Leonino, Tel. 0577 74 08 87, www.hotelsanleonino.com, April–Okt. In zauberhafter Hügellage beim Dörfchen San Leonino. Pool mit Chianti-Blick, 29 hübsche Zimmer, zum Teil mit Holzbalkendecken, Restaurant für Gäste (toskanische Küche), Parkplatz. €€–€€€

Castellina in Chianti 3

In 578 m Höhe und das Chianti überschauend, ist **Castellina in Chianti,** umgeben von Wein- und anderen -gütern, Schlössern und Burgen, eine Art touristisches Zentrum für das Chianti-Gebiet. Zahllose Ferienhäuser sind hier zu mieten, und es stehen gute Landhotels in jeder Kategorie rings um den Ort, wo man auch mehrere ländliche Restaurants und gute Lebensmittelläden findet.

Castellina (2900 Einw.), im Kern um die mächtige mittelalterliche **Rocca** herum gewachsen, ist ein hübsches Provinznest. Im Mittelalter war es eine der freien Kommunen im Chianti und Mitglied der Lega del Chianti (s. S. 370). Durch das sehr kleine *centro storico* windet sich die Hauptstraße, die jetzt Fußgängern vorbehalten ist, parallel dazu ein dunkler Bogengang. Nur mittags lässt sich die Sonne in der Fußgängerzone blicken, denn die zweistöckigen Häuser rücken recht eng zusammen. Die beiden Türme, die aus dem Häusergewirr herausragen, sind Reste der Befestigung von 1400, die allerdings bereits 1478 zum größten Teil zerstört war.

Castellina bietet weite Ausblicke bis nach Monteriggioni und Siena, dessen Türme und Kuppeln gut zu erkennen sind. Fantastisch ist natürlich der Blick vom hohen Turm der Rocca. Die Belohnung für den anstrengenden Aufstieg: Das gesamte Chianti liegt einem zu Füßen, denn man befindet sich ja an einem der höchsten Punkte des Gebietes.

Tipp

CHIANTI-SKULPTURENPARK

Auf der Fahrt nach Castellina in Chianti lohnt hinter Quercegrossa ein Abstecher via Vagliagli Richtung Pievesciata. Der Triestiner Kaufmann, Jurist und Politikwissenschaftler Piero Giadrossi, der seit 1981 im Chianti lebt, hat hier auf 13 ha Waldfläche einen ausgedehnten Skulpturenpark angelegt mit Werken von Künstlern aus 26 Ländern. Für die Besichtigung sollte man mindestens eine Stunde einplanen – zum Konzept gehört auch der Genuss der Natur. 8 m hoch ist die »Energie« des Griechen Costas Varotsos, ein Wirbel aus Glasplatten, die sich in die Höhe zu erheben scheinen. Eine blaue, sinnlose, weil nicht verbindende, 14 m lange Brücke aus Eisen und Glas der Dänin Ursula Reuter Christiansen dekoriert eine Lichtung. Der Deutsche Johannes Pfeiffer hat einen Limes in den Wald gestellt, 47 Steine aus Carrara-Marmor auf Stahlstangen, die auf einer Strecke von 61 m aufgestellt eine imaginäre Verbindung zueinander haben. Wunderbar leuchten die Farben der bunten Schafe, die ihr Schöpfer, Vincent Leow aus Singapur, »Milchfabrik« nennt.

Am Eingang des Parks steht ein **Amphitheater** (inkl. Park Erw. 15 €) aus weißem Carrara-Marmor und schwarzem afrikanischen Granit. Lavaplatten bedecken die Sitzreihen für bis zu 250 Personen und den Bühnenboden. Als ›Dauerzuschauer‹ zieren berühmte Personen aus der Welt des Showbusiness das Theater. Im Sommer werden hier Konzerte klassischer Musik, Tango- und Jazzabende veranstaltet.

Parco Sculture del Chianti: Anfahrt s. Website, Tel. 0577 35 71 51, www.chiantisculpturepark.it, App Chianti Park, April–Okt. tgl. 10 Uhr bis Sonnenuntergang, sonst tel. anmelden, Erw. 10 €.

Museo Archeologico del Chianti Senese

Piazza della Rocca, www.museoarcheologicochianti.it, April/Mai, Sept./Okt. tgl. 10–18, Juni–Aug. tgl. 11–19, Nov.–März Sa, So 10–17 Uhr, Erw. 5 €

Das **Archäologische Museum** in der Rocca zeigt u. a. Funde aus den nahen etruskischen Nekropolen, auch vom Monte Calvario.

Monte Calvario

Vorsicht bei Regenwetter: Falls man überhaupt hineinkommt: Rutschgefahr! Lichtschalter gleich rechts vom Eingang

Der nahe **Monte Calvario** im Nordwesten Castellinas birgt einen etruskischen Grabhügel innerhalb einer später römischen Siedlung, die im 6. oder 7. Jh. zerstört worden sein soll. Aufzeichnungen von 1924 zufolge wurden noch 1904 in den fast vollständig ausgeraubten Gräbern unter dem Tumulus mit Ornamenten (Opfer- und Schlachtszenen) verzierte Bronzebeschläge sowie ein Löwenkopf gefunden. Doch interessant ist auch der Tumulus selbst: Je ein Korridor führt aus den vier Himmelsrichtungen fast bis zur Mitte des Hügels, wo sich die eigentlichen Grabkammern befinden: Die südliche Kammer ist nur in Spuren erhalten, die nördliche besteht aus zwei Räumen hintereinander. Die östliche Grabkammer hat vom Hauptraum aus je einen weiteren Seitenraum, und die westliche stößt noch weiter vor, indem sich nach dem verzweigten Raum ein weiterer geradeaus anschließt.

Übernachten

Zentral und zauberhaft – **Palazzo Squarcialupi:** Via Ferruccio 22, Tel. 0577 74 11 86, www.palazzosquarcialupi.com, April–Okt. Das wunderbare Hotel in einem Renaissancepalast steht mitten in Castellina. 17 großzügige Zimmer und Suiten, Panoramaterrasse, kleiner Pool, Parkplatz. Im dazugehörigen Agriturismo **La Ferrozzola** (€–€€) können drei Apartments wochenweise gemietet werden. €€

Winzig – **Villa Cristina:** Via Fiorentina 34, Tel. 0577 74 11 66, www.villacristinachianti.it. Kleine Villa aus dem 19. Jh. mit Turm, Gärtchen, sechs netten Zimmern, Pool, Parkplatz. €–€€

Geschmackvoll – **Salivolpi:** Via Fiorentina 89, Tel. 0577 74 04 84, www.hotelsalivolpi.com, 7. Jan.–8. April geschl. Kleiner Gutshof 1 km nordöstlich in leichter Hügellage. Pool, 19 komfortable Zimmer, Parkplatz. €–€€

Camping – **Luxor Chianti Glamping Village:** Località Trasqua, ca. 16 km südlich (5,5 km nordöstlich von Monteriggione), Tel. 0577 170 02 69, www.luxorchiantivillage.com, ca. Mitte/Ende Mai–Sept./Okt. Terrassenartiger Platz auf einem Hügel mit Steineichen. Auch einfache und luxuriösere Glampingzelte (30 m^2) mit Terrasse, öffentliches Freibad. €

Essen & Trinken

Michelin-besternt – **Albergaccio di Castellina:** Via Fiorentina 63, Tel. 0577 74 10 42, www.ristorantealbergaccio.com, Ruhetage So, im Winter auch Di und Do mittags. Feines kleines Restaurant in rustikalem Steinhaus am Ortsrand, geschmackvoll eingedeckt. Aufwendige toskanische Küche. Von April bis Oktober öffnet nebenan die **AlbergacciOsteria** (tgl. 10–18 Uhr, €–€€) für informelles Essen. €€€

Zentral – **Antica Trattoria La Torre:** Piazza del Comune 15, Tel. 0577 74 02 36, www.anticatrattorialatorre.com/, Ruhetag Do. Trattoria mit Terrasse auf der Hauptpiazza. Perfekte toskanische Küche mit Gerichten wie *ribollita* oder *arrosto misto* (gemischter Braten). €–€€

Einkaufen

Wein – **Castellare di Castellina:** Località Caselle, SP 130, südwestlich von Castellina, www.castellare.it, tgl. 9–13, 14–18 Uhr. Kosenpflichtige Führungen und Degustationen auf Website buchbar. **Fattoria La Castellina:** Via Ferruccio 26. Enothek mit verschiedenen Chianti-Weinen zum Verkauf – leider nur selten zum Probieren.

Grundversorgung – In den **Lebensmittelgeschäften** und **Metzgereien** an der Hauptstraße des Ortskerns bekommen auch Ferienwohnungsmieter alles, was sie benötigen.

Verkehr

Bus: Mehrmals tgl. Verbindungen mit Siena und den Orten entlang der Chiantigiana. Recht gute Anbindung auch an Castellina Scalo (Bahnstation).

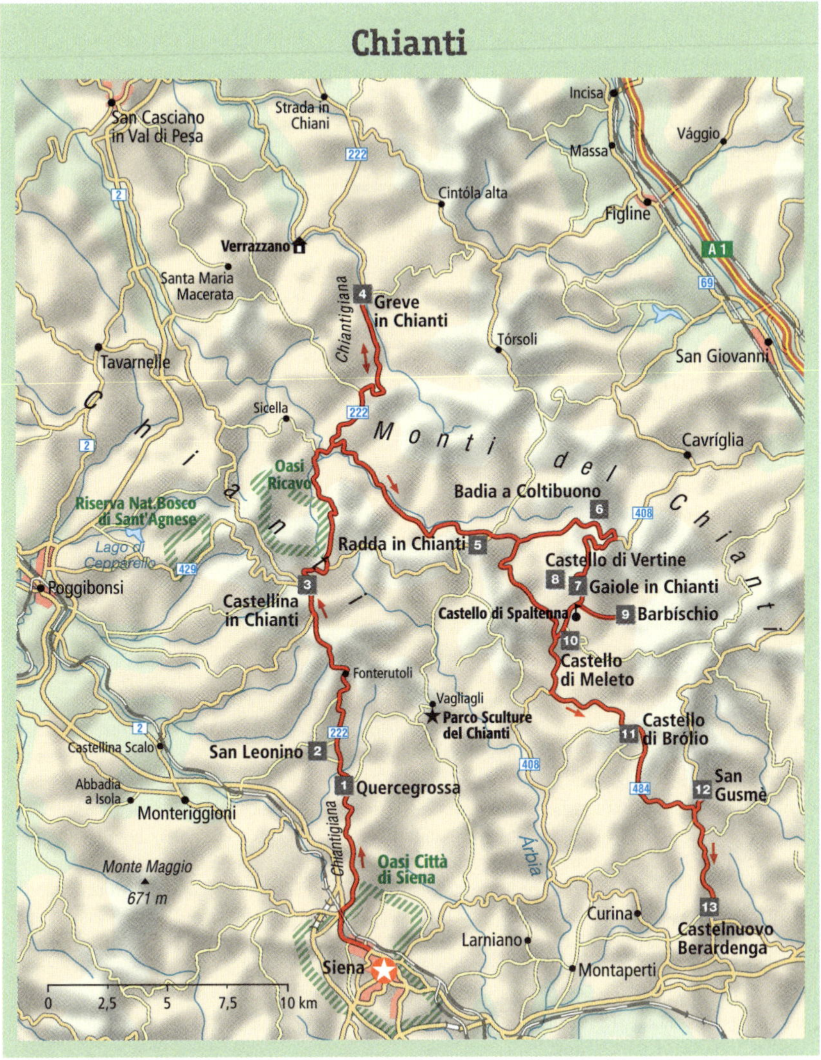

Greve in Chianti 4

Hinter Castellina schlängelt sich die Chiantigiana durch die sanften Weinhügel mit ihren dicht bewaldeten Kuppen abwärts Richtung Florenz nach **Greve in Chianti** (14 000 Einw.) mit seinem berühmten Marktplatz. Er bildet ein großes Dreieck, das sich zur Kirche hin verjüngt. Die Häuserreihen besitzen vorgebaute Bogengänge, darüber breiten sich große Terrassen aus, sozusagen für die Fortsetzung des Familienlebens im Freien – natürlich zum Markt hin, der in diesem Landwirtschaftszentrum noch wöchentlich abgehalten wird. Auch die Weinmesse des Chianti Classico findet hier im September statt, mit Volksfeststimmung und vie-

Chianti – berühmte Tropfen

Ohne einen Weinführer sollte man als Weinliebhaber, der vor Ort seine heimischen Vorräte auffüllen möchte, nicht in das Land des berühmten Chianti reisen! Es würde einem wahrscheinlich zu viel entgehen, und man würde sich hinterher wegen der möglicherweise vergeudeten Zeit auf der Suche nach den ›richtigen Tropfen‹ nur ärgern.

Zu den ältesten Weinmarken der Welt zählt der Chianti, dessen Anfänge bis in das Jahr 1270 zurückreichen, als die freien Gemeinden Castellina, Radda und Gaiole unter der Schirmherrschaft von Florenz einen Schutzbund gegen Siena und Pisa gründeten. Das Oberhaupt war der Bürgermeister von Radda, dessen Wappen einen schwarzen Hahn – den heute berühmten Gallo Nero – auf gelbem Feld zeigte.

Cosimo III, Großherzog der Toskana, verlieh schon 1716 der **Lega del Chianti** den weltweit ersten Herkunftsschutz als Weinanbaugebiet und knüpfte dies an strenge Bestimmungen. Seit 1924 ist der Gallo Nero auch Schutz- und Qualitätszeichen des berühmten **Consorzio del Vino Chianti Classico** (Tavernelle Val di Pesa, Località Sambuca, Via Sangallo 41, www.chianticlassico.com, Mo–Fr 9–12.30, 13.30–17 Uhr). Wer auf dem Laufenden bleiben möchte, findet viele Informationen auf der Website.

Weil Winzer inzwischen auch außerhalb des Chianti-Classico-Gebietes Chianti-Weine produzierten, wurde 1932 eine detaillierte Einteilung vorgenommen. Acht Chianti-Zonen gibt es inzwischen, für den weniger ambitionierten Weintrinker sicherlich verwirrend: Das Herzstück des Chianti bildet das Gebiet **Chianti Classico** zwischen Siena bzw. Castelnuovo Berardegna im Süden und Strada in Chianti bzw. San Casciano im Norden kurz vor Florenz; das Gebiet **Chianti Rúfina** liegt nordwestlich von Florenz, bekrönt vom kleinen Anbaugebiet des Pomino Rosso der Marchesi de' Frescobaldi; hier wird der Wein überwiegend aus Pinot Nero gekeltert. An den Chianti Classico angrenzend, ist der **Chianti Colli Fiorentini** im Halbkreis südlich von Florenz angesiedelt; **Chianti Colli Senesi** dagegen markiert sowohl die Westgrenze des Chianti-Gebietes westlich von Siena von Montaione im Norden bis Montalcino im Süden als auch die Ostgrenze zwischen Castelnuovo Berardegna im Norden und Chiusi im Süden. Die Zone des **Chianti Colli Aretini** liegt nordwestlich und südwestlich von Arezzo, hier ebenfalls ans Classico-Gebiet angrenzend; der **Chianti Colli Pisani** südlich von Pisa teilt sich sein Gebiet mit dem größeren Anbaugebiet des Bianco Pisano di San Torpè. Der Kreis schließt sich im Norden Richtung Florenz mit dem **Chianti Montalbano,** dessen Anbaugebiet bis in die Valdiniévole um Montecatini Terme reicht. Ein Stück südlich gedeihen die Weine des **Chianti Montespertoli,** sozusagen das jüngste Gebiet, um den gleichnamigen Ort.

1967 wurde der Chianti Classico zu einem DOC-Wein erhoben, also mit kontrollierter Herkunftsbezeichnung; seit er 1984 in die edle Reihe der DOCG-Weine aufgenommen wurde, herrschen noch strengere Bestimmungen für Anbau und Erzeugung. So dürfen DOCG-Weine im Gegensatz zu den DOC-Weinen nicht offen verkauft werden.

Über die Zusammensetzung des Chianti kann man nicht streiten, jeder Winzer hat so seine Idee davon, welche Trauben seinen Wein zu einem echten Chianti Classico machen. Jahrzehntelang schwor man auf die Rebmischung, die Conte Bettino Ricasoli, der ›Erfinder‹ des Chianti-Weines,

In den Weinkellern des Chianti finden sich so manche historischen Tropfen

im Jahr 1841 auf seinem Castello di Brólio ersonnen hatte: 75–90 % Sangiovese-Trauben, 5–10 % Canaiolo Nero und später, bereits modifiziert, auch Cabernet und/oder Merlot und vor allem noch weiße Trebbiano-Trauben, die man traditionell im Weinberg gemeinsam angepflanzt hatte. Die weißen Trauben waren zwar ergiebiger und machten den Wein außerdem süffiger und frischer, aber genau diese Geschmacksnote verlangen moderne Weinkenner vom Chianti nicht; er soll reifungsfähig sein, seinen typischen Geschmack reifer Brombeeren entwickeln.

Heute produzieren die Winzer immer mehr *sangiovese in purezza* – Chianti nur aus den Sangiovese-Trauben. Das dürfen sie seit der Weinlese 1995, als neue Bestimmungen in Kraft traten, auch tun. Nun dürfen Chianti-Weine auch offiziell – unter der Hand wurde dies schon länger praktiziert – hundertprozentig aus Sangiovese-Trauben gekeltert sein.

Mit einer weiteren Neuerung reagiert man auf die Wünsche des Marktes: Die Riserva-Weine dürfen nun nicht erst nach 36 Monaten, sondern bereits nach 24 Monaten in Flaschen abgefüllt werden. Schließlich reifen sie heutzutage meist in kleineren französischen Fässern (Barrique, 225 l Inhalt) aus jungem Eichenholz, die einen intensiveren Kontakt zwischen Wein und Holz ermöglichen.

Und schlussendlich dürfen heute die Produzenten ihre Weinlagen genau angeben. Ein Wunder, dass man das erst so spät durchgesetzt hat: Schließlich weiß jeder Weinkenner, wie wichtig die Beschaffenheit des Bodens, die Lage der Weinberge zur Sonne und das Mikroklima für den Wein sind.

len Probierständen. Natürlich findet man unter den Bogengängen Lebensmittelläden mit den Spezialitäten des Chianti, zwei kleine Trattorien, einen Bäcker und Cafés – kurzum alles, was man für den täglichen Einkauf benötigt.

Infos

Ufficio Informazioni: 50022 Greve in Chianti (FI), Piazza Matteotti 10, Tel. 055 854 62 99, www.comune.greve-in-chianti.fi.it.

Übernachten

Familiär – **Albergo del Chianti:** Piazza Matteotti 86, Tel. 055 85 37 63, www.albergodelchianti.it, ganzjährig geöffnet. Renoviertes Hotel an der berühmten Piazza. 22 klimatisierte Zimmer, kleiner Garten mit Pool, Restaurant **Diversus Wine Bar** mit japanischer (Sushi, Sashimi etc.) und toskanischer Speisekarte. €€
Zentral – **Giovanni da Verrazzano:** Piazza Matteotti 28, Tel. 055 85 31 89, www.albergoverrazzano.it. Hübsches Hotel mit Front zur großen Piazza. Zehn unterschiedliche Zimmer. Tolles Restaurant. €–€€

Essen & Trinken

Die besten Trattorien und Restaurants befinden sich nicht in Greve selbst, sondern in den Chianti-Hügeln ringsum: z. B. die **Taverna del Guerrino** (Tel. 055 854 61 26, www.ilguerrino.com, Ruhetag Mo, €€–€€€) in Montefioralle. In Greve selbst wählt man, um eine Kleinigkeit zu essen, am besten ein Café, eine Bar mit Blick auf die Piazza Matteotti, z. B. das **Caffè Le Logge,** (www.pizzeriacaffelelogge.it, kein Ruhetag).
Für Leckermäuler – **Mangiando Mangiando:** Piazza Matteotti 80, Tel. 055 854 63 72, www.mangiandomangiando.it, Ruhetag Mo. Sehr gemütliche kleine Osteria auf der Piazza. Wenige Gerichte, recht kleine Portionen, teuer, aber beste Fleischqualität mit Zertifikat. Gerichte wie *peposo* (pfeffriges Rindsgulasch) in Chianti Classico; Wein glasweise. €€
Einladend – **La Terrazza**: Piazza Matteotti 22, Tel. 055 85 33 08, www.osterialaterrazza.com, tgl. abends, Sa, So auch mittags. Ruhetag Di. Zwei Natursteinräume und Terrasse unter den Arkaden, fein und attraktiv, wechselnde Tagesgerichte, Wein glasweise. €

Einkaufen

Bestes Fleisch – **Antica Macelleria Falorni:** Piazza Matteotti 69–71, https://falorni.it. Traditionelle Metzgerei (nur zertifiziertes Chianina- und Cinta-Senese-Fleisch) mit Verkaufsladen, auch andere Spezialitäten des Chianti wie Wein, Olivenöl, Käse etc. Man kann Kleinigkeiten aus der Eigenproduktion probieren.
Wein – **Enoteca Falorni:** Piazza delle Cantine, www.enotecafalorni.it. Chianti-Weine u. a. Erzeugnisse der Toskana. Degustation von mehr als 100 Weinen. **Castello di Verrazzano:** Località Castello di Verrazzano, www.verrazzano.com. Schon die Auffahrt über die sich hinauf schlängelnde Zypressenallee lohnt den Besuch auf dem Castello der Adelsfamilie von Verrazzano (mit Ferienwohnungen) und zu ihrer Probierstube. **Fattoria di Rignana:** Località Rignana, Via di Rignana 15, www.rignana.it. Chianti Classico vom kleinen Weingut in herrlicher Lage, von Cosimo Gericke in der zweiten Generation mit viel Engagement produziert.

Verkehr

Bus: Relativ dichte Verbindungen je nach Tageszeit mit Haltepunkten entlang der Chiantigiana zwischen Florenz und Siena.

Im Schatten der Monti del Chianti

Karte: S. 369

Östlich der Chiantigiana liegen die Burgdörfer, Burgen und Schlösser, die für die wohl bekanntesten Chianti-Weine stehen; im Schatten der geografischen Chianti-Berge, den Monti del Chianti. Die Ausblicke sind hier, an der Wasserscheide zwischen den Flüsschen Pesa und Arbia, weit und hinreißend schön, die Hügel ringsum dicht bewaldet mit Eichen und Steineichen, Edelkastanien und undurchdringlicher, aromatisch duftender Macchia. Ab und zu hängen im Frühjahr blühende Robinienzweige über den Straßen und leuchten im Spätsommer die roten Beeren der Erdbeerbäume am Waldrand.

Radda in Chianti 5

In 603 m Höhe ist das Städtchen **Radda in Chianti** das höchst gelegene des Chianti-Gebietes. Als Kastell der reichen und mächtigen Grafen Guidi stach es den Florentinern ins Auge, bis sie es 1203 einnehmen konnten. Eine lang gezogene Ellipse bildet den Grundriss der mittelalterlichen Ortsstruktur, Mauerreste sind in Häuser integriert. Ein finsterer Gang, der **Camminamento Medievale** aus dem 14. Jh., lockt in eine in die Häuserzeile integrierte Parallelgasse. Der wappengeschmückte **Palazzo del Podestà** blickt bereits auf eine 500-jährige Geschichte zurück. Eine Sehenswürdigkeit besonderer Art steht am Ortsrand, die **Ghiacciaia,** ein gemauerter Eiskeller, in den man von oben durch ein rundes Guckloch hineinschauen könnte. Lange Zeit war darin ein einladender Schmuckladen untergebracht und man konnte sich zu den Geschäftszeiten gerne umschauen. Leider ist es schon länger nicht möglich (Wassereinbruch), die perfekte Konstruktion von innen zu bewundern.

Im regen Radda (1600 Einw.) kann man sehr gut einkaufen: Wein, Olivenöl, Schinken und Wurst, Pecorino und anderen Käse, alles echt toskanisch, garantiert von den umgebenden Chianti-Hügeln. Ein paar kleine Lokale locken mit ihren Spezialitäten. Nicht zuletzt kann man hier wunderbar in einigen historischen Mauern logieren und sich verwöhnen lassen.

Infos

Pro Radda: 53017 Radda in Chianti (SI), Piazza Castello 6, Tel. 0577 73 84 94, www.chiantiradda.it.

Übernachten

Luxus – **Relais Vignale:** Via Pianigiani 9, Tel. 0577 73 83 00, www.vignale.it, April–Okt. Luxuriöse, doch kein bisschen steife, wunderschöne Herberge im Palazzo eines alten Landgutes an der Hauptstraße. Garten und Pool in traumhafter Panoramalage. 37 Zimmer, fünf Juniorsuiten. Restaurant **Terrazza dei Glicini** mit Taverne in hohen Kellergewölben (verfeinerte lokale Küche, perfekte Weinauswahl). Parkplatz. €€–€€€

Mittelalterlicher Palazzo – **Palazzo Leopoldo:** Via Roma 33, Tel. 0577 73 56 05, www.palazzoleopoldo.it, März–Anfang Jan. Stilvoll restaurierter historischer Stadtpalast im Zentrum. 28 elegante Zimmer, sechs Suiten, zwei Restaurants. €€–€€€

Freskierte Salons – **Palazzo San Niccolò:** Via Roma 16, Tel. 0577 73 56 66, www.hotelsanniccolo.com, April–Okt. Renovierter Renaissancepalast im Zentrum. 18 elegante Zimmer und Suiten unter zum Teil bemalten Balkendecken, Wellnessabteilung. €€–€€€

Essen & Trinken

Ländlich toskanisch – **Le Vigne:** Località Le Vigne, 1 km östlich, Tel. 0577 73 83 01, meist kein Ruhetag, Dez.–Febr. geschl. Rustikale, gepflegte Trattoria in umgebautem Landhaus. Traditionelle toskanische Küche mit Wildschwein, *bistecca fiorentina* und hausgemachtem Käse, große Weinauswahl. Auch nette Zimmer. €–€€

Einkaufen

Kulinarische Spezialitäten – Gute **Lebensmittelgeschäfte** findet man entlang der Hauptgasse des historischen Zentrums von Radda. Chianti und andere Toskana-Spezialitäten werden u. a. in der **Casa Porciatti,** seit 1965 an der Piazza IV Novembre 1, im Camminamento Medievale zum Verkauf angeboten (auch Weinprobe und kleine Mahlzeiten).

Wein – Im Zentrum und auf dem Land mehrere Cantine bzw. Enotheken u. a. Verkaufsläden von Chianti Classico etc., darunter die **Cantina Fattoria Vignale** (im Hotel Relais Vignale, s. Übernachten).

Lebensmittel – **Wochenmarkt** an jedem 4. Mo des Monats auf der Piazza IV Novembre, 15–20 Uhr.

Aktiv

Kochkurse – **Palazzo San Niccolò:** s. Übernachten. Auch dieses schöne Hotel bietet wie einige andere im Chianti Kochkurse an. Ob in kleinen Gruppe oder individuell, immer dreht sich alles um die hervorragende toskanische Küche, mal original-deftig, mal verfeinert.

Badia a Coltibuono 6

Località Badia a Coltibuono, Gaiole in Chianti, www.coltibuono.com, Führungen mit Weinverkostung s. Website

Nach Osten, weiter zu den Monti del Chianti hin, steht vor der Abzweigung nach Gaiole etwa 1 km von den Hauptstraße entfernt (Hinweis) das historische Weingut **Badia a Coltibuono.** Die Besitzerfamilie hat das ehemalige, wunderschön gelegene Kloster in eine feine Adresse verwandelt. Im Sommer werden in der Villa und im Park ab und an kulturelle Veranstaltungen organisiert. Auch die Abteikirche ist wenigstens eine kurze Betrachtung wert, schließlich handelt es sich hier um eines der ältesten Klöster der Toskana überhaupt, das aus dem Jahre 770 datiert. Hier soll von den Vallombroser Mönchen der erste Chianti-Wein kultiviert worden sein. Was bis in unsere Zeit gerettet wurde, stammt jedoch zum größten Teil aus dem 15. Jh. Die wunderschönen Fresken im früheren Refektorium – heute Bibliothek – sind ein Jahrhundert später entstanden, können bei einer Führung mitsamt Weinverkostung besichtigt werden, oder wenn man hier an einem Kochkurs teilnimmt.

Napoleon säkularisierte das Kloster, 1842 kam es in den Besitz der Stucchi Prinetti. Der 2002 verstorbene Piero Stucchi empfing alljährlich bekannte Weinkenner und organisierte zur kulturellen Belebung des Chianti im August und zeitweise auch im Herbst Konzerte im früheren Kreuzgang. Seine Nachfahren ergänzen diese Tradition mit Koch- und Weinkursen (Infos unter www.coltibuono.com). Die Produkte des Landguts können in der ehemaligen Trattoria im Nebengebäude gekostet und unten vor der Auffahrt auch gekauft werden.

Übernachten, Essen & Trinken

Mit schönem Panoramablick – **Badia a Coltibuono:** s. links; Restaurant-Tel. 0577 74 90 31, www.coltibuono.com, Nov.–Mitte März geschl. Gepflegte Zimmer und Apartments in historischen Mauern mit großzügigem Klosterambiente, auch Kochkurse (1–3 Tage). Im Restaurant am früheren Kloster gibt es kreative toskanische Küche. Große Terrasse mit weitem Talblick. Sie haben die Wahl zwischen einem Degustationsmenü inklusive vier passender Weine oder Speisen à la carte. Nachmittags nur kleiner Barbetrieb. €€–€€€

Entlang der Burgenstraße

Karte: S. 369

Gaiole in Chianti 7

Zur historischen Lega del Chianti (s. S. 370) gehört auch der Weinort **Gaiole** (rund 2800 Einw., alle Ortsteile bzw. Minidörfer ringsum inbegriffen), der im Gegensatz zu Castellina und Radda nur in 356 m Höhe liegt. Gaiole ist ein nettes Städtchen mit ebenso guten Einkaufsmöglichkeiten wie in den beiden anderen Orten. Die lang gestreckte Hauptstraße wurde in eine einladende, den Fußgängern vorbehaltene Piazza umgestaltet. Sie täuscht darüber hinweg, dass Gaiole eigentlich auf mehreren kleinen Hügeln gebaut wurde, die durch Brücken miteinander verbunden sind. Die zahlreichen Burgen und Schlösser der nächsten Umgebung beweisen, dass Gaiole bereits im Mittelalter nicht nur ein bedeutendes landwirtschaftliches Zentrum, sondern auch eine Handelsmetropole war. Die romanische Kirche **Santa Maria a Spaltenna** westlich des Ortes stammt aus dem 12. Jh. Das dazugehörige Kloster beherbergt heute ein Luxushotel (s. S. 376).

Im Übrigen befindet man sich hier an der **Strada dei Castelli del Chianti,** der eigens für Touristen ausgeschilderten Burgenstraße, die allerdings so viele Abzweigungen aufweist, dass man sich schwer damit tut, einer klaren Linie zu folgen. Muss ja auch nicht unbedingt sein, denn es ist praktisch überall schön. Da sich viele der charakteristischen Landsitze der Toskaner – vom 12. Jh. an – im Privatbesitz befinden, können eigentlich nur Meleto und Brólio (s. S. 378) besichtigt wer-

Aktiv

WANDERN UM DIE BADIA A COLTIBUONO

Tour-Infos

Start: Große Zeder zwischen Kirche und Restaurant von Badia a Coltibuono
Länge: ca. 5 km
Dauer: ca. 2 Std.
Wichtige Hinweise: Eine gute Einkehrmöglichkeit gibt es im Ristorante Badia a Coltibuono (s. S. 374)

Diese Wanderung (Nr. 1 orange) durch dichten Wald eignet sich auch als Mountainbiketour (gut 1 Std.). Startpunkt ist eine jahrhundertealte Zeder. Rechts vom Restaurant beginnt die Schotterstraße mit der Markierung CAI Nr. 33, die schnell abwärts führt zum **Bivio del Lavatoio,** den man leicht übersieht, weil es an einer kleinen Ausbuchtung in einer scharfen Kehre nach links geht.

In leichten Kehren geht es nach etwa 700 m östlich vom kleinen **Lago del Rubbiaio** auf und ab, vorbei an der Abzweigung der Route Nummer 2 (grau). Die nächsten 2 km wandert man durch dichte Kastanienwälder und offensichtlich gut bewirtschaftete Felder.

An der Abzweigung nach **Grimoli,** wo man den großen Steinbruch sieht und einen weiten Blick ins **Arno-Tal** hat, nimmt man den rechten Weg und erklimmt nach ca. 100 m einen relativ steilen Hang durch eine Olivenpflanzung, an deren Ende es wieder in den Wald hinein geht.

Auf dem folgenden Abschnitt führt der Weg eben weiter, doch nach der Abzweigung zum Weg Nr. 4 und 4bis und einer scharfen Rechtskurve ist wieder die Abzweigung **Lavatoio** erreicht. Nun geht es auf der ersten Strecke ansteigend zurück zur Badia a Coltibuono. Wer die tagsüber meist offene romanische Kirche des historischen Anwesens noch nicht besucht hat, sollte es spätestens jetzt tun.

den und auch dies nur in eingeschränktem Maß. Dafür bieten einige entweder ein Restaurant, eine Enoteca mit Weinverkauf an oder gar die Möglichkeit zur Übernachtung (wie Coltibuono, Meleto und Spaltenna).

Infos

Pro Loco: 53013 Gaiole in Chianti (SI), Via Ricasoli 50, Tel. 0577 74 94 11, ufficioturisti co@comune.gaiole.si.it, April–Okt.

Übernachten

Im Edelkloster – **Castello di Spaltenna:** Località Spaltenna 13 (1 km), Tel. 0577 74 94 83, www.spaltenna.it, April–Okt. Feines Hotel in ehemaliger mittelalterlicher Abtei aus dem 13. Jh., auch Apartments in früheren Bauernhäusern. Pool in herrlicher Lage zu Füßen der festungsartigen Anlage, Hallenbad, Fitnesscenter. 30 luxuriöse, in der Abtei zum Teil kleinere Zimmer, acht Sui-

Castello di Brólio: Hier soll die ›Rezeptur‹ des Chianti ersonnen worden sein

ten. Zwei Restaurants (darunter: Il Piavone, ein Michelinstern), saisonale Küche mit regionalen Produkten, Wellnessabteilung, Parkplatz. €€€

Historische Mühle – **Le Pozze di Lecchi:** Località Molinaccio, Tel. 0577 74 96 55, www.lepozzedilecchi.it, nur April–Okt. Zauberhaftes Anwesen mit dekorativ gewölbter Steinbrücke über dem Mühlenbach. In diesem fließt das Wasser in kleinen Kaskaden abwärts, sammelt sich zu kleinen tiefen Becken, *pozze* genannt. Salon, Garten mit Sommerrestaurant unter Pergola, kleines gemütliches Winterrestaurant, Parkplatz, Pool, angenehme Aufenthaltsräume, 14 unterschiedliche Zimmer und Juniorsuiten. €€–€€€

Ländlich gemütlich – **Residence San Sano:** Località San Sano, Tel. 0577 169 80 22, www.sansanohotel.it, April–Dez. Kleines Anwesen auf historischem Landgut, Restaurant mit lokalen Produkten, 16 Zimmer, Pool. Organisation von Kochkursen, Ausflügen und Reitkursen. €€

Essen & Trinken

An der **Piazza Ricasoli** befinden sich nette Cafés, in denen man Kleinigkeiten essen kann. Siehe auch die Restaurants des Hotels **Castello di Spaltenna.**

Typisch Chianti – **La Cantinetta del Chianti:** Via Ricasoli 33, http://lacantinettadelchianti.it. Degustation typischer Produkte des Chianti, auch von Einheimischen gern zum Aperitif besucht.

Einkaufen

Wein – **Cantina Agricoltori del Chianti Geografico:** Via Mulinaccio 10, 300 m von der Kreuzung mit der SP 2 nach Radda rechts, www.chiantigeografico.it. Eine unkomplizierte Adresse, bei der man im Sommer tgl. auch *vino sfuso,* vom Fass, bekommen kann.

Aktiv

Radfahren – **L'Eroica:** www.eroicagaiole.com, 1. Okt.-So. Seit 1997 findet dieses sympathische, international besetzte Radrennen für Amateure statt, bei dem man auf alten und neuen Drahteseln die holprigen *strade bianche,* also die berühmten weißen und unasphaltierten Chianti-Straßen, befährt. Zur Auswahl stehen verschiedene Routen zwischen 46 und 209 km. Vor und nach dem Rennen finden Märkte und kulturelle Veranstaltungen statt.

Verkehr

Bus: Im Berufsverkehr ca. stdl. Verbindungen der **TIEMME** mit Siena, der **SITA** nach Florenz und in die Valdarno.

Castello di Vertine und Barbíschio

Südlich von Gaiole folgt eine Burg der anderen, manche aus kleinen Klöstern oder Festungen entstanden oder von vornherein als Landvilla konzipiert. Gleich westlich von Gaiole beherrscht das **Castello di Vertine** 8 (mit B & B) die Hügellandschaft, und südöstlich der SP 408 liegt das mittelalterliche, privat bewohnte Anwesen von **Barbíschio** 9.

Castello di Meleto 10

www.castellomeleto.it, Führungen tgl. 11, 15, 16.30 Uhr, zur Sicherheit vorher anmelden, Erw. 15 € (inkl. 1 Glas Wein)

Eine Augenweide ist im Süden das ab dem 13. Jh. erbaute **Castello di Meleto** mit seiner trutzigen Mauer mitsamt dicken Rundbastionen und einem wunderhübschen Renaissance-Innenhof. Im Innern der Festung befindet sich sogar ein kleines Theater, das ebenso wie die Dekoration der Villa im Barock eingebaut wurde. Davor liegt die Cantina, in deren Verkaufsladen man nicht nur die Weine des mehr als 1000 ha großen Gutes, sondern auch andere Spezialitäten erwerben kann. Im Schloss selbst wurden einige bereits im 18. Jh. freskierte bzw. dekorierte Zimmer zur Vermietung ausgebaut, unterhalb des Rosengartens stehen außerdem einige Apartments zur Verfügung (s. Übernachten). Eine kleine Cantina bietet tagsüber Wein zum Verkauf an, unterhalb des Castello lockt ein Restaurant (s. Essen & Trinken).

Castello di Brólio 11

Località Madonna a Brólio, www.ricasoli.it, Öffnungszeiten variieren je nach Saison (s. Website oder nachfragen: Mobil-Tel. 347 870 77 90), im Prinzip: Mai–Anfang Dez. tgl. 10–17/18/19 Uhr, Collezione Ricasoli Mai–Mitte Juni, Ende Okt.–Anfang Dez. nur Sa, So, sonst tgl., Gärten Erw. 5 €, Führungen mit Weinverkostung 35–48 €

Fast versteckt hockt auf einem Hügel weiter südlich an der SP 484 das **Castello di Brólio** in 533 m Höhe, das man über eine lange, sich durch dichten Wald schlängelnde Zypressenallee erreicht. Auf einer Lichtung darunter breitet sich der Weingarten des Landschlosses aus. Seit 1147 befindet sich das durch Anbauten aus der Zeit um 1900 in historisierenden Formen noch imposantere Gebäude in Familienbesitz der Ricasoli. Böse Zungen behaupten, Graf Bettino Ricasoli habe diese Verschönerungen des jahrhundertealten Familienbesitzes durchführen müssen, um seiner lebenslustigen Frau, die zuvor in den Festräumen des Florentiner Adels zu Hause war, einen gebührenden Rahmen zu verschaffen.

Weiterhin erzählt man sich von dem Grafen, er habe den Chianti als Weinsorte ›erfunden‹: Er ersann eine geschickte Mischung von roten und weißen Trauben, damals aus 70 bis 80 % Sangiovese und Canaiolo, einer uralten toskanischen Rebe, mit zwei weißen Trauben, dem toskanischen Trebbiano und dem Malvasia (s. auch Thema S. 370).

Der Blick von der Burg mit ihrer öffentlich zugänglichen Privatsammlung (Familiengeschichte, historische Waffen etc.) ist überwältigend: Er reicht bis nach Siena, Volterra und zum Monte Amiata. Die Aussicht genießen und die berühmten Weinkeller besichtigen darf man auf Anfrage, der Garten oberhalb der Mauer und die Kapelle sind außer in der Mittagszeit zur allgemeinen Besichtigung freigegeben. Die weißgrauen Travertinmauern steigen so trutzig am Ende der Zypressenallee auf, dass man befürchten könnte, davon erdrückt zu werden. Geht man um die Mauer links vom Eingang herum, Richtung Tal, erkennt man erst die eigentliche Burganlage aus rotem Sandstein, mit neugotischer, fensterreicher Fassade, die von Zinnen bewehrt ist.

Übernachten

In Panoramalage – **Castello di Meleto:** Località Meleto, Tel. 0577 74 91 29, www.castellomeleto.it. Fünf unterschiedliche Zimmer im Castello, vier in der *casa canonica*, elf Ferienwohnungen (im Sommer nur wochenweise buchbar) etwas unterhalb in herrlicher Panoramalage, Pool. €€–€€€

Essen & Trinken

Urig – **Osteria del Castello:** unterhalb des Castello di Brólio im Wald, Tel. 0577 73 02 90, Ruhetag Do. Lokal mit Freisitz, raffinierte toskanische Küche mit hausgemachter Pasta und Lamm, am besten das Vier-Gänge-Menü mit passenden Weinen bestellen. €€-€€€

San Gusmè 12

Südlich von Meleto und daher im Windschatten des 590 m hohen Monte Macchioni bleibt dem kleinen Festungsdorf **San Gusmè** noch genügend Platz, um von Südwest nach Südost über Obstgärten hinweg (besonders schön im frühen Frühjahr, wenn die Bäume blühen!) weit in die Hügellandschaft des südlichen Chianti zu schauen. Vor allem der Blick zum hier allgegenwärtigen Monte Amiata (s. S. 416) ist hinreißend schön. So schön saniert und aufgeräumt, möchte man ausrufen! Die engen Gassen und kleinen Plätze, wie Innenhöfe zwischen den kleinen Häusern, sind steingepflastert. Großer Beliebtheit erfreuen sich u. a. eine Enothek und ein Lebensmittelladen mit der wunderbaren Osteria **Sira e Remino.** Ein schönes Plätzchen, das an Sommerabenden normalerweise bis auf den letzten Platz besetzt ist … Nicht zu Unrecht nennt sich nämlich San Gusmè auch La Porta del Chianti, das Tor zum Chianti – von der Südostecke des Weinlandes aus gesehen stimmt das ja!

Nur 500 m vom Ortskern entfernt entspringt Richtung Campi (646 m) der Ombrone aus den **Sorgenti dell'Ombrone,** den ›Quellen des Flusses‹.

Essen & Trinken

Echt toskanisch – **Sira e Remino:** Via della Porta 13, Tel. 0577 35 80 43, www.siraeremino.it. Wer die echte toskanische Küche erleben möchte und dazu ein schönes Plätzchen zum Genießen sucht, liegt hier genau richtig. Die Räumlichkeiten, also das Ambiente, sind stimmig, desgleichen das Preis-Leistungs-Verhältnis, das gerade in und um Castelnuovo Berardegna sonst völlig aus den Fugen geraten ist. Schön satt wird man hier für relativ wenig Geld. €

Sizilianisch – **La Porta del Chianti:** Piazza Castelli 10, Tel. 0577 35 90 36, www.ristorantelaportadelchianti.it, Ruhetage So abends, Mo (außer Juli, Aug.). Eine sizilianische Familie führt das große, freundliche Restaurant inmitten des Ortes, untergebracht in einem historischen Gebäude aus dem 17. Jh. Geboten werden vor allem – eine Besonderheit im Chianti – frischer Fisch mit einer sehr süditalienischen Geschmacksnote. Auch die Weinkarte mit Tropfen einiger kleiner lokaler Produzenten kann sich sehen lassen. €€

Castelnuovo Berardenga 13

Eigentlich kennt man den mittelalterlichen, erst vor wenigen Jahren restaurierten Ort **Castelnuovo Berardenga** eher durch die ihn umgebenden Weingüter wie die Fattoria di Felsina, ein Luxushotel namens Relais Borgo San Felice im gleichnamigen Weiler oder das überteuerte Castello Monastero mit seinem hervorragenden Spa. Aber interessant anzuschauen ist in Castelnuovo Berardenga zumindest von außen der barocke **Palazzo Chigi** (1649), vor Siena Sitz der Musikakademie Chigiana, dessen Park sonn- und feiertags besichtigt werden darf.

Warum sich die vielleicht teuersten Restaurants und Hotels der Toskana hier gebündelt finden lassen, erscheint zunächst wie ein Rätsel – und lässt sich eigentlich nur mit den besonders begüterten Haus- und Landbesitzern in der Umgebung erklären.

Übernachten

In historischen Mauern – **Villa Curina Ressort:** Località Curina, S. P. 62, Tel. 0577 35 56 30, www.villacurinaresort.com, April–Okt. Der Blick reicht bis Siena, einige der 21 mit Stilmöbeln eingerichteten Zimmer und Suiten des historischen Anwesens aus dem 16. Jh. befinden sich in der Hauptvilla, andere in den früheren Bauernhäusern ringsum. Alles inmitten eines gepflegten italienischen Gartens. I-Tüpfelchen ist das Restaurant **Il Convito di Curina** (auch für Passanten), wo man möglichst einen Tisch auf der Panoramaterrasse buchen sollte. €€–€€€

Montepulciano
Montalcino
Monte Amiata
1738 m
Pitigliano

Kapitel 5

Crete und der Südosten

Trotz ihrer Berühmtheit bildet die herbe Landschaft der Crete ein recht bescheidenes Areal zwischen Siena und Sinalunga, mit ihrem Kern rund um Asciano. Vielleicht kann man die Abbazia di Monte Oliveto Maggiore dazuzählen, aber Buonconvento liegt bereits am südwestlichen Rand ebenso wie Sinalunga im Südosten.

Südlich der lehmig-kargen Hügellandschaft bedecken trutzig befestigte Dörfer und Städtchen die Hügelkuppen, immer wieder in Sichtweite zueinander, ihre Namen besitzen vor allem bei Weinkennern einen hervorragenden Klang: allen voran Montalcino und Montepulciano; eher an Pecorino denken Käseliebhaber bei der Nennung des Städtchens Pienza.

Mehrere Thermen umgeben den höchsten Gipfel der Toskana, den 1738 m hohen Monte Amiata, und bieten herrliche Abwechslung auf einer oft vielleicht anstrengenden Toskana-Reise, sei es an den Cascate del Mulino bei Satúrnia oder in den kleinen offenen Becken, bei den Einheimischen *bagnacci* genannt. Während der Renaissance wurden die wichtigsten Thermalquellen festungsartig gefasst, der Piccolomini-Papst Pius II. ließ sich sogar seinen privaten Kur-Palazzo unmittelbar vor dem Thermalbecken von Bagno Vignoni errichten.

Natur pur bietet der geradezu stolz aufragende Monte Amiata, die Wälder zu Füßen des einstigen Vulkans sind urwüchsig und pilzreich, Wildbäche bieten überall Erfrischung. In seinem Süden, der von steilen Tufffelsen geprägt ist, haben sich die Etrusker mit ihren Städten und Nekropolen verewigt, die teilweise grandios obenauf hocken wie der Winzling Sovana oder die großzügigeren Städte Sorano und Pitigliano, in dessen kühlen Tuffgrotten heute auch der gute trockene Weißwein des Städtchens lagert.

Was so herrlich aussieht, kann nur ein edler Tropfen werden – Weinreben in der Umgebung von Montepulciano

Auf einen Blick: Crete und der Südosten

Sehenswert

Crete: Zwar wächst darauf nur mit Mühe etwas, doch wenn zartes Grün die ausgewaschenen Felder bedeckt und weiße Schafe grasen, sind sie die meistfotografierten Hügel der Toskana (s. S. 384).

Abbazia di Monte Oliveto Maggiore: Mitten im Wald und in herrlicher Panoramalage liegt diese bedeutende Abtei mit wunderbar freskiertem Kreuzgang (s. S. 386).

Bagno Vignoni: Ein Miniaturkurort rund um ein Thermalbecken (s. S. 399).

Montepulciano: Unter den zahlreichen befestigten Städtchen in der südöstlichen Toskana ist Montepulciano das beeindruckendste (s. S. 405).

Sovana: Ein mittelalterlicher Winzling auf hohem Tuffkegel (s. S. 424).

Schöne Routen

Zu den mittelalterlichen Festungsstädten des Südostens: Wie an einer Perlenschur aufgereiht thronen die Orte Montalcino, San Quirico d'Orcia, Pienza, Monticchiello und Montepulciano malerisch und weithin sichtbar auf ihren Hügeln (s. S. 392).

Rund um den Monte Amiata: Kastanienwälder bedecken den Süden, Mischwälder den Norden, eine Besichtigung lohnt besonders die Abtei von San Salvatore (s. S. 416).

Im Etruskerland zwischen Sorano und Satúrnia: Eine Etruskerstadt an der anderen, eine Nekropole an der anderen, ein Naturerlebnis am anderen (s. S. 418).

Meine Tipps

Locanda dell'Amorosa bei Sinalunga: Das historische Landgut in Panoramalage mit Blick auf das Chiana-Tal ist als Unterkunft fast nicht zu toppen, es sei denn am Wochenende, wenn zu viel los ist (s. S. 387).

Caseificio Cugusi: Sarden haben den Schafskäse in der Toskana eingeführt und produzieren ihn weiterhin in kleinen Betrieben. So ist die Käserei der Sardin Silvana Cugusi an der Straße von Montepulciano nach Pienza eine hervorragende Adresse (s. S. 410).

Bagni di Petriolo: In dem Ortsteil von Monticiano stürzen 43 Grad warme Kaskaden in den Fluss Farma. Sie gehören zu einer Reihe kleiner Thermen rund um den Monte Amiata, in denen man preisgünstig das wohltuende Thermalwasser genießen kann (s. S. 429).

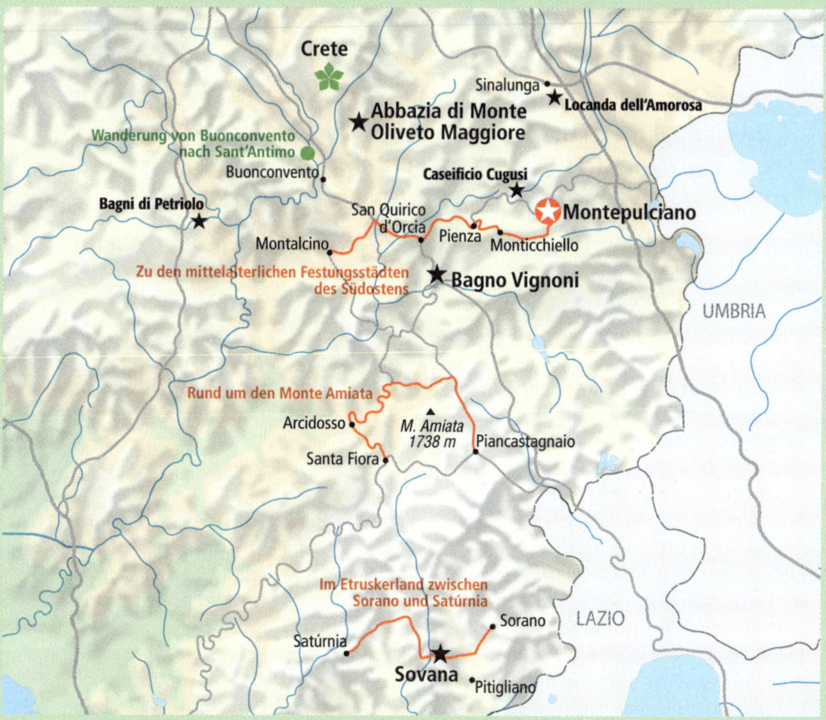

Weinlese kann auch Spaß machen

Aktiv

Wanderung von Buonconvento nach Sant'Antimo: Man kann sie auch in zwei Etappen einplanen, ansonsten früh losziehen und sich auf landschaftliche wie architektonische Highlights freuen (s. S. 394).

Von den Crete nach Chiusi

Großartige Landschaftsbilder prägen die kargen, fast nackten Crete, wie eine Spinne im Netz hockt darin das kleine Asciano. Städtebauliche Kleinode sind Monte Sansavino und Lucignano, wundervolle Festungsstädte Montalcino, San Quirico d'Orcia, Pienza und Montepulciano. Ein berühmter Kurort ist Chianciano, eine etruskische Hochburg Chiusi.

Die überaus karge Hügellandschaft der Crete gehört in jeden Toskana-Bildkalender, bietet sie doch zu jeder Jahreszeit ein geradezu magisches Bild. Eben weil auf den lehmigen Hügeln kaum etwas wächst außer Gras und Wildkräutern, eignen sie sich perfekt für die Schafzucht, die den Reichtum des Gebietes ausmacht – zusammen mit der Viehzucht im Chiana-Tal, berühmt durch die weißen Chianina-Rinder, die das beste Fleisch für die berühmte *bistecca fiorentina* liefern.

Weiter südlich sind es befestigte Dörfer, teilweise urbane Kleinodien des Mittelalters oder der Renaissance, die meist markante Hügelkuppen einnehmen. Dicht bewaldete Hügel, hier etwas höher als im Chianti, sind teilweise mit Wein bewachsen und vermehrt mit Olivenbäumen bepflanzt.

Wie Perlen an einer Schnur aufgereiht liegen in dieser weiten Landschaft das weinselige Montalcino, die Festungsstadt San Quirico d'Orcia, die kleine Renaissanceperle Pienza, das winzige Monticchiello, das im Gegensatz dazu fast großstädtisch anmutende Montepulciano, gefolgt von Chianciano mit seinem Thermalort und dem Etruskerstädtchen Chiusi.

Crete ▶ H/J 8

Sie sehen aber auch wirklich besonders sanft aus, die fast gleichförmig gewellten Hügel der **Crete.** Im Winter sind sie von graubräunlicher bis rötlicher Farbe, im Frühjahr nach dem ersten Regen mit zartem Grün überzogen, das je nach Feuchtigkeitsgrad des Bodens von ganz hell bis ganz dunkel alle Farbschattierungen aufweisen kann. Ab und zu ragt eine einzelne Zypresse wie ein schlanker Bleistift auf einem der runden Hügel auf, meist in der Nähe eines Bauernhauses, zu dem aber auch, allerdings eher selten, eine Zypressenallee führen kann; die meistfotografierte weist einen Knick auf. Alles wirkt so, als habe man dem Betrachter bewusst ein fertiges Bild präsentieren wollen. Es ist eine Kunstlandschaft im sprichwörtlichen Sinne. Kein Wunder, dass man hier allenthalben Malschülern begegnet.

Der lehmige Boden wird vorwiegend als Weideland für Schafe genutzt, weshalb in dieser Gegend der Pecorino produziert wird, Schafskäse in allen erdenklichen Varianten, frisch, jung, gelagert, in Erdlöchern gereift *(pecorino di fossa),* mit Kräutern oder Kastanienblättern umhüllt, in Paprika gewälzt oder in grob geschroteten Pfefferkörnern …

Asciano ▶ J 8

Der bescheidene Hauptort der Crete sowie Zentrum der Schafzucht und der Pecorino-Herstellung, **Asciano** (rund 7100 Einw.), hat sich in den letzten Jahren ordentlich herausgeputzt. Mehr als eine Hauptstraße ist hier kaum zu finden, das schönste architektonische Element des Örtchens ist wahrscheinlich der große helle Renaissancebrunnen am unteren Ortseinstieg an der Piazza del Grano. Doch Ascianos neues Museumszentrum kann sich wahrlich sehen lassen.

Museo Palazzo Corboli

Corso Matteotti 122, www.museisenesi.org, normalerweise April–Juni, Sept, Okt. tgl. 10–13, 15–19, Juli, Aug. tgl. 10–13, 17–22, Nov.–März Sa, So, Fei 10–13, 15–18 Uhr, Erw. 5 €

Allein schon die schönen Räume des **Palazzo Corboli** an der Hauptstraße sind den Abstecher nach Asciano wert: ein großartiges Beispiel mittelalterlicher Palastbaukunst, einst Wohnpalast wie auch Handelshaus der wohlhabenden Sieneser Familie Bandinelli. Der Palast wurde kurz nach 1212/1214 errichtet und immer wieder ausgebaut und erweitert. Die herrlichen Fresken im ersten Stock stammen aus dem 14. Jh. und stammen sogar von Cristofano di Bindoccio, einem Nachfolger Ambrogio Lorenzettis. Die »Tyrannenmorde« und die »Tugenden« im Turmzimmer zeigen, dass man nur als Gutmensch weiterkommt und es einem zur Ehre gereicht, Tyrannen aus dem Weg zu räumen …

Darüber hinaus gibt es mehrere didaktisch interessant aufgebaute **Sammlungen** anzuschauen, denn der Palast ist Standort des **Städtischen Museums für Archäologie und Sakralkunst:** im Erdgeschoss und im ersten Obergeschoss **Sieneser Malerei** aus Ascianos Kirchen, im zweiten und dritten Obergeschoss **Etruskisches** (Bronzetti, Urnen, Vasen, Schmuck, Bronzegefäße etc.). Die archäologischen Schätze stammen aus den Ausgrabungsstätten der Umgebung, vor allem von der nahen Nekropole am Poggio Pinci aus dem 5. bis 1. Jh. v. Chr., sowie aus den Gräbern des Tumulo del Molinello bei Serre di Rapolano (zwischen Rapolano Terme und Asciano).

Ergänzt wird die Sammlung durch Modelle einzelner Tumuli. Einiges ist hier leider nur in Kopie zu bestaunen, weil die Originale das Archäologische Museum von Florenz bereichern, aber im Gesamtzusammenhang sind die Nachbildungen hier genau richtig. Übrigens kann man einige der attraktivsten Tumuli wie beispielsweise den **Tumulo del Molinello** mit Führung besichtigen (Anmeldung über das Museum).

Wer hier wohnt, braucht sich keine Gedanken darüber zu machen, ob die laute Musik die Nachbarn stören könnte (bei Asciano)

Infos

Ufficio Turistico delle Crete Senesi: 53041 Asciano (SI), Corso Matteotti 124, Tel. 0577 71 4450, www.visitcretesenesi.com.

Übernachten

Nett und zentral – **La Pace:** Via Roma 10, Tel. 0577 71 86 29, www.hotellapace.net. 16 freundliche Zimmer im restaurierten Haupthaus und in der preiswerteren Dependance. Restaurant mit Gartenterrasse. €–€€

Ferienwohnungen – **Il Casolare:** Corso Matteotti 51, Tel. 0577 71 71 04, www.ilcasolare.net. Ferienhausvermittlung in und um Asciano.

Essen & Trinken

Verfeinert – **Locanda Amordivino:** Corso Matteotti 126, Tel. 0577 165 66 07, Mo, Mi–Fr abends, Sa/So auch mittags. Zwei einladende Natursteinräume unter Holzbalkendecken, schön eingedeckte Tische, einige auf der Gasse, verfeinerte und doch authentische toskanische Küche, gut bestückter Weinkeller. €–€€

Regionales – **La Mencia:** Corso Matteotti 85, Tel. 0577 71 82 27, www.lamencia.it, Ruhetag Mo. Fein eingedeckter langer Raum, Garten und Cantina. Crete-Spezialitäten wie Wildschwein und Lamm. Günstiges Tagesmenü und Pizza. €

Einkaufen

Lebensmittel – **Wochenmarkt:** auf dem Campo della Fiera, Sa 8–13.30 Uhr.

Verkehr

Bahn: Asciano liegt an der nur wenig befahrenen Bahnlinie Siena–Grosseto.

Bus: TIEMME verbindet Asciano etwa stdl. zur Hauptverkehrszeit mit Siena.

Monte Oliveto Maggiore

▶ J 8

www.monteolivetomaggiore.it, Mo–Sa 9.15–12, 15.15–17, im Sommer bis 18, So, Fei 9.15–12 Uhr, Eintritt frei

Von Asciano führt eine schöne Provinzstraße nach Süden an steilen, ausgewaschenen Graten vorbei zur backsteinroten, festungsgleichen **Abbazia di Monte Oliveto Maggiore** in 273 m Höhe. Durch ein trutziges Tor gelangt man in die Parklandschaft des 1313 gegrün-

So ruhig und besinnlich ist es hier nicht immer, denn der Kreuzgang der Abbazia di Monte Oliveto Maggiore ist auch für die Öffentlichkeit zugänglich

deten Benediktinerklosters des Olivetanerordens, der strengere Regeln als der Hauptorden beachtete. Man kann die Klosteranlage trotz Klausur zum größten Teil besichtigen. Sehenswert ist vor allem der Kreuzgang mit 36 Fresken von Signorelli (1497/1498) und Sodoma (1505–1508), die Szenen aus dem Leben des Ordensgründers Benedikt zeigen. Besonders hübsch ist die Szene, in der Benedikt sein Elternhaus verlässt und von seiner jüngeren Schwester Scholastika mit Hündchen ein Stück des Weges begleitet wird.

Da alle kostbaren Folianten inzwischen verschwunden sind, wie die Mönche betonen, kann die wertvolle Bibliothek im Obergeschoss, zu deren Rettung und Auswertung 1954 ein spezielles Institut gegründet wurde, inzwischen sogar mit polyglotter Führung besichtigt werden; sehenswert sind auch die Klosterapotheke und das Refektorium sowie das Museum im früheren Kapitelsaal.

Infos

Ufficio Turistico delle Crete Senesi: im Klosterkomplex, Tel. 0577 70 72 62, www.cretesenesi.com.

Übernachten

Auf dem Klosterland – **Agriturismo Podere le Piazze:** Chiusure, Via delle Piazze 14, Buchung über Homes Toscana, Mobil-Tel. 393 826 40 47, www.homestoscana.com/agriturismo/#piazze. Wunderbare, klostereigene Bleibe auf dem Landgut in großartiger Lage, acht Doppel- und Dreibettzimmer. €–€€

Essen & Trinken

Im Torturm der Abtei – **La Torre:** Monte Oliveto Maggiore, Tel. 0577 70 70 22, Ruhetag Di, Bar durchgehend 8–22 Uhr. Gemütliche Trattoria in zwei Backsteingewölben und mit schöner Terrasse. Pasta mit feinen, hausgemachten Soßen und Fleisch vom Grill. Günstiges *Menu turistico* und leckeres Degustationsmenü. €

Einkaufen

Klosterandenken – Der **Klosterladen** bietet Klosterlikör, Bücher und Postkarten, die historische **Cantina** Wein.

Oberes Chiana-Tal

Die östlichen Ausläufer der Crete erstrecken sich in das obere Chiana-Tal, im Westen liegen nette, z. T. durch Landwirtschaft reich gewordene Ortschaften, die mit historischer Bausubstanz geradezu protzen.

Sinalunga ► J 8

In diesem Ort wurde Garibaldi 1867 während der Vorbereitung für seinen Marsch nach Rom verhaftet – keiner ist hier wirklich stolz darauf … **Sinalunga** (12 700 Einw.) ist ein hübscher Ort auf einem Hügel in 364 m Höhe mit, wie es heißt, richtig tüchtigen Einwohnern. Überhaupt: Sinalunga, Lucignano, Monte San Savino, das sind Ortsnamen, die für Reichtum durch Viehzucht stehen. Denn von den Gütern der Umgebung kommen die besten weißen Rinder der Toskana, die berühmten *chianine* aus der Valdichiana, unentbehrlich für eine echte *bistecca fiorentina.* Auf den Farmen werden hier nicht nur Rinder, sondern auch Federvieh gezüchtet, mit modernsten Mitteln Forst- und Landwirtschaft auf relativ kleinen Ländereien betrieben, die sich häufig im Besitz des Stadtadels befinden, wie eh und je. Man versteht hier aber nicht nur viel von der Landwirtschaft, sondern auch von der Veredelung der Rohwaren, so etwa der Herstellung von Wurst und Schinken.

Infos

Ufficio Turistico: 53048 Sinalunga (SI), Piazza della Stazione 31, Mobil-Tel. 333 816 67 93, www.ufficioturisticosinalunga.org.

Übernachten

In Panoramalage – **Locanda dell'Amorosa:** Località L'Amorosa, 2 km südl. von Sinalunga, Tel. 0577 67 72 11, www.amorosa.it, 14. Nov.–15. März geschl. Ehemaliges Landgut, das zu einer wundervollen, wenn auch nicht gerade preiswerten Unterkunft umgebaut wurde, auf einem kleinen Hügel gegenüber von Sinalunga. 19 Zimmer, 8 Suiten, Pool, Restaurant, Parkplatz. €€€

Aktiv

Golf – **Golfclub Valdichiana:** 53040 Bettole (SI), Località Esse Secco, Tel. 0577 624 44 39, www.golfclubvaldichiana.it. 9-Loch-Platz.

Lucignano ▶ J 8

Die Lage von **Lucignano** ist typisch für diese Gegend: ein bis zu 400 m hoher Hügel über dem Chiana-Tal, und darauf ein kleiner Ort, der ein besonders gutes Beispiel für die Entstehung vieler Dörfer in der südöstlichen Toskana aus einer mittelalterlichen Burganlage (13. Jh.) darstellt; in diesem Fall elliptisch verlaufende Ringe, dazwischen enge Gassen und noch schmalere Treppengassen. Allein wegen seiner strategisch günstigen Lage war Lucignano vom 13. bis zum 16. Jh. Spielball zwischen Siena und Arezzo sowie Florenz und Perugia und hatte sich stets gegen die Machtgier der anderen zu verteidigen.

Wie Sinalunga verarbeitet auch Lucignano vor allem Gemüse, Wein und Öl. Doch inzwischen wurde das Festungsdorf so hübsch restauriert, dass es sich zu einem wahren Touristenmagnet entwickelt hat. Was natürlich der Agrarproduktion weiter dienlich ist, denn auch italienische Wochenendausflügler kaufen gerne in den netten Läden ein.

Das Zentrum an der höchsten Stelle bilden die beiden Kirchen **San Francesco** (13. Jh.; an der rechten Wand das eindrucksvolle Fresko »Triumph des Todes«) und die **Collegiata** (1594) sowie der **Palazzo Comunale** (ab dem 13. Jh.). Er wurde im Erdgeschoss zu einem Juwel der Museumslandschaft im Chiana-Tal ausgebaut.

Palazzo Comunale

April–Okt. tgl. 10–13, 15–19, im Winter Fr–So 10–13.30, 14.30–17 Uhr, Erw. 5 €

Die **Städtische Sammlung** besitzt u. a. zwei Altartafeln von Luca Signorelli (»San Francesco« und »Muttergottes mit Kind«), um 1482 entstanden. Zur selben Zeit arbeitete Signorelli am Schrein für die wohl kostbarste Juwelierarbeit im Städtchen, den sogenannten Goldenen Baum, Baum des Lebens oder einfach Baum von Lucignano: ein Reliquienschrein in Form eines Baumes aus vergoldetem Kupfer, Silber und Emaille mit zwölf Zweigen, kleinen Blättern und Korallenästen, die das Blut Christi symbolisieren sollen. An der Spitze befindet sich ein Kreuz mit einem Pelikan obenauf, Symbol des Opfertodes Christi.

Infos

Informazioni Turistiche: 52046 Lucignano (AR), Piazza del Tribunale 22, Tel. 0575 83 80 01, www.visitlucignano.it.

Übernachten

Familiäres B & B – **I Cappuccini:** Via Rigutini 1, Tel. 0575 83 60 36, www.icappuccini.it. Von den Bianchini familiär geführte Unterkunft auf gepflegtem Anwesen gleich unterhalb des Ortes, ganz im Grünen gelegen. Man kann die fünf Apartments für zwei bis drei Personen auch als Selbstversorger mieten, für die Wochenmiete gibt es Nachlässe. €–€€

Termine

La Maggiolata: https://maggiolatalucignanese.it, Mai und Juni. Festumzüge von Wagen mit allegorischen Darstellungen, Musik, kulinarischen Ständen. Infos zum Programm an den einzelnen Veranstaltungstagen s. Website.

Monte San Savino ▶ J 7

Der Geburtsort des berühmten Renaissancebaumeisters Sansovino in 331 m Höhe ist aus einem Kastell der Ubertini hervorgegangen. Die starken Mauern von **Monte San Savino** (ca. 8800 Einw.) machen einen fast abweisenden Eindruck. Doch tritt man durch eines der Stadttore – am besten durch die **Porta Sangallo** mit dem Medici-Wappen gegenüber dem gleichnamigen Hotel, hinter dem man auch einen öffentlichen Parkplatz findet –, so gelangt man in eine freundliche Stadt. Rechts öffnet sich gleich der lang gestreckte Marktplatz und beweist nicht nur beim Mittwochmarkt, dass Monte San Savino ein Einkaufsparadies für Wurst und Schinken ist, die hiesigen Metzger sind stolz auf ihre Produkte. Auch das übrige Handwerk wird hier groß geschrieben, z. B. die Schmiedekunst.

Die Palazzi entlang der Hauptstraße, des Corso Sangallo, sind relativ schlicht, die Gassen schmal und schattig, einige Antiquitätenläden bieten Möbel aus aufgelösten Landgütern an. Den einzigen bedeutenden Palast hat Andrea Sansovino um 1518 bis 1520 für den reichen Kardinal Del Monte gebaut, den **Palazzo del Monte** (mit Rathaus und hängendem Garten dahinter), auch die **Loggia dei Mercanti** gegenüber – als Stiftung für die Händler des Städtchens.

Übernachten

Freundlich – **San Gallo:** Piazza Vittorio Veneto 16, Tel. 0575 81 00 49, www.sangallohotel.it. Renoviertes Hotel direkt vor dem Stadttor. 18 Zimmer, davon eines mit hohem Backsteingewölbe. Parkplatz. €–€€

Zauberhaft – **Logge dei Mercanti:** 52048 Monte San Savino (AR), Corso Sangallo 40/42, Tel. 0575 81 07 10, www.hotelloggedeimercanti.it. Zentrales Hotel in einem Renaissance-Palazzo in der historischen Farmacia Coradeschi. 12 Zimmer, eine Suite, elegant, teils Holzbalkendecken, freskiert, angenehme Sitzecken. €–€€

Edles B & B – **Baldovino di Monte:** Corso Sangallo 13/15, Tel. 0575 81 02 92, www.baldovinodimonte.it. Sechs gemütliche Zimmer im historischen Zentrum, sehr schön renoviert, kleine Bar für das italienische, also nicht allzu üppige Frühstück. €

Essen & Trinken

Wildspezialitäten – **Osteria del Cacciatore:** Località Dreini 24, Tel. 0575 84 70 20, www.osteriadelcacciatore.com, Ruhetag Mi. Gemütliches kleines Lokal zwischen Monte San Savino und Gargonza mit Sommerveranda. Schön eingedeckt, offene Küche, Wild- und Pilzgerichte, Fleisch vom Grill wie *bistecca fiorentina* und diverse *tagliate,* auch Pizza. Gut bestückter Weinkeller. €

Verkehr

Bahn: Monte San Savino liegt an der alten Bahnstrecke Arezzo–Sinalunga–Chiusi.

Bus: Busse verkehren vor allem zu den Schulzeiten zwischen Arezzo und Monte San Savino.

Gargonza ▶ J 7

Eine schmale Serpentinenstraße führt durch einen dichten Wald hinauf zum **Castello di Gargonza** (s. auch S. 390). Das Kastell, seit Ende des 16. Jh. im Besitz der Familie Guicciardini, stand bereits im 13. Jh. Damals gehörte es zu Florenz. Dante wohnte hier in seinen ersten Exiltagen beim Grafen Ubertini. Bis zum Ende des Zweiten Weltkrieges wurden in Gargonza Forst- und Landwirtschaft betrieben. Dann begann die Landflucht, 1960 musste die Schule aus Mangel an Schülern geschlossen werden, 1974 zeichnete Conte Guicciardini selbst die ersten Pläne zur Rettung des Castello.

1984 waren die Restaurierungsarbeiten und die Einrichtung von 84 Gästebetten in den 19 Häusern abgeschlossen, doch Erhaltung und Management der wunderschönen Ferienwohnungen und des Kongresszentrums lasten schwer auf dem Budget der Wiederbeleber. Nicht immer ist das Anwesen so ausgelastet, wie es es verdient.

Tipp

AZIENDA AGRICOLA VILLA BUONINSEGNA

Inmitten von Weingärten und Olivenhainen liegt diese Villa von 1670 mit neun Gästezimmern und riesiger Wohnhalle, drei weitere Zimmer in einem separaten Steinhaus. Auf dem weitläufigen Areal gibt es zudem zwei Pools, zu der nahen Therme Querciolaia erhalten Gäste verbilligten Eintritt. In einem weiteren Nebengebäude sind sechs Apartments (wochenweise buchbar) für Selbstversorger eingerichtet. **Azienda Agricola Villa Buoninsegna:** 53040 Rapolano Terme (SI), Tel. 0577 72 43 80, www.buoninsegna.it. €€

Übernachten

Rustikal-elegant – **Castello di Gargonza:** Gargonza, 7 km westl. von Monte San Savino, Tel. 0575 84 70 21, www.gargonza.it. 10. Jan.–1. März, Nov. geschl. Zimmer und nur wochenweise buchbare Apartments, Pool, Restaurant, s. auch S. 389. €€

Kurhotel – **San Giovanni Terme:** Rapolano Terme, Via Terme San Giovanni 52, Tel. 0577 72 40 30, www.termesangiovanni.it, um Febr. herum einige Wochen geschl. Traditionsreiches, aufpoliertes Kurhotel auf dem Land mit Blick auf Rapolano Terme. Große Räume, freundliches Ambiente, Wellness, Tennis, vier Außenpools und ein Innenpool – alle mit Thermalwasser, aber unterschiedlich temperiert, 60 großzügige, klimatisierte Zimmer, Restaurant außer Sa auch für Nicht-Hausgäste, Parkplatz. Thermalpools/Spa auch für Tagesgäste. €€

Zwischen Ombrone, Orcia und Merse

Hier schlägt der Ombrone einen so großen Bogen, dass er im Westen fast bis zum Fluss Merse reicht, im Süden vereint er sich mit dem Orcia. Die drei Flüsse haben eine wunderbar hügelige Landschaft gestaltet, fließen zwischen hohen Bäumen hindurch. Zur landschaftlichen Schönheit des Gebietes kommen sehenswerte Kleinodien wie Buonconvento und Murlo.

Buonconvento ▸H 9

Das Festungsstädtchen **Buonconvento** (ca. 3150 Einw.) in 147 m Höhe an der Via Cassia wurde von Siena als Bollwerk errichtet, und erlebte seine Blütezeit bereits im 13. Jh. Noch immer ist das flach in der Landschaft liegende Buonconvento komplett ummauert – ganz so wie zu der Zeit, als der deutsche Kaiser Heinrich VII. hier am 24. August 1313 an Fieber starb, kurz nachdem er im Lateran in Rom zum Kaiser gekrönt worden war. Auf seinem Rückweg nach Pisa, wo er gegen das kaiserfeindliche Florenz ziehen wollte, machte er in Buonconvento Station.

Es ist hübsch, im nur Fußgängern vorbehaltenen historischen Zentrum zu flanieren. Es gibt keine aufregenden Geschäfte, dafür ein paar nette, bescheidene Bars, in denen man die Einheimischen zur *aperitivo*-Zeit trifft oder im Sommer ein paar genießerische Touristen, die sich hier abseits der hektischen Routen vielleicht ein paar ruhige Tage gönnen.

Museo di Arte Sacra

Via Socini 18, www.museibuonconvento.com, aktuelle Zeiten s. Website, Erw. 3 €, mit Museo della Mezzadria Senese 5 €

Das **Museo d'Arte Sacra** ist im eleganten Jugendstil-**Palazzo Ricci Soccini** untergebracht. Außen fallen die Keramiktafeln mit Blumenranken auf und 1909 geschaffene, schön geformte Eisengitter vor den Fenstern, innen das schmiedeeiserne Geländer des Treppenhauses. Der Palast ist teilweise noch bewohnt, weshalb die Besichtigung seiner drei Stockwerke etwas umständlich ist. Aber innen begeistern die hübsche Wanddekoration der Räume und die ausgestellten Kunstwerke.

Museo della Mezzadria Senese

Piazzale Garibaldi 10, www.museibuonconvento.com, aktuelle Zeiten s. Website, Erw. 3 €, mit Museo d'Arte Sacra 5 €

Die zweite Attraktion im Städtchen ist das **Museo della Mezzadria Senese** (der Halbpacht), ein interessantes Thema in der Toskana und speziell in den Crete. Das Museum wurde in den früheren Getreidelagern unter hohen backsteinernen Kreuzgewölben eingerichtet bzw. in den später als Weinlagern genutzten Räumen in einer Bastion der Stadtmauer. Wandhohe Fotografien zeugen vom Leben der Halbpächter auf den großen Landgütern, zeigen auch die Herren, denen sie dienten und an die sie 50 % ihres Ertrags abgeben mussten.

Infos

Informazioni Turistiche: 53022 Buonconvento (SI), Via Soccini 32, Tel. 0577 80 97 37.

Übernachten

Freundlich und zentral – **Ghibellino:** Via Dante Alighieri 1, Tel. 0577 80 91 12, www.ho

telghibellino.it. Einladende Herberge mitten im hübschen Ort, 23 hübsche Zimmer, Solarium, Taverna und Parkplatz. €€

Ländlich – **Podere Corticella:** Località Bibbiano, Tel. 0577 80 83 19, www.agriturismo corticella.com. Kleines Landhaus (ab 13. Jh.) nahe dem Ombrone mit traumhaftem Blick auf Montalcino. Zwei gut ausgestattete Ferienwohnungen für zwei bis vier Personen, Pool. Nur wochenweise buchbar. €–€€

Essen & Trinken

Klein und fein – **Osteria e Enoteca La Porta di Sotto:** Via Soccini 76, Tel. 0577 80 83 86, www.laportadisotto.it, Ruhetag Mi. Aufgehübschtes Lokal, ein Raum unter weißer Holzbalkendecke, auch Tische auf der Gasse. Verfeinerte lokale Küche wie Entenbrust mit Zimtsoße, Rindsgulasch nach Chianti-Art. €–€€

Ländliche Überraschung – **Osteria Il Bibbio:** Bibbiano, Località Segalari 6, 4 km südwestl., Mobil-Tel. 338 270 51 53, Ruhetag Mo. Einladendes Lokal mit Veranda und Freisitz, in der Küche Maria Pia, für den Wein zuständig Marcello. Eine schöne Location auch für einen *aperitivo*. €–€€

Murlo ►H 8

Das rundum befestigte Dorf in Miniaturformat in 317 m Höhe besitzt eine ausgesprochen strategische Lage mit besonderem landschaftlichen Reiz, weiten Ausblicken ringsum, vor allem ins grüne Merse-Tal. Schon die Etrusker schätzten den Platz wegen des eisenhaltigen Bodens, wo sie Minen betrieben. In **Murlo** leben unter den wenigen festen Einwohnern (im Winter sind es gerade mal 20) auch Archäologen. Auch Lokalhistoriker haben zum erneuten Aufblühen dieses dörflichen Winzlings beigetragen.

Da ringsum tatsächlich Etruskerland war, überall Nekropolen und Siedlungen freigelegt wurden, gedieh Murlo zum Sitz internationaler Treffen, die sich mit dem Thema Techniken der antiken Bronze- und Goldschmiedekunst befassten. Technologietransfer, in diesem Fall wohl aus Syrien bzw. dem früheren Palästina, nennen es die Archäologen und Ingenieure, Physiker und Goldschmiede, die sich alljährlich treffen und experimentelle Rekonstruktionen wagen. Eine davon sieht man unterhalb des trutzigen Stadttors: das Modell eines vertikalen griechischen Brennofens aus dem 5. Jh. v. Chr. Immerhin wurde dabei das Geheimnis der etruskischen Goldgranulate gelüftet. Gerne verweisen die Bewohner Murlos darauf, echte Nachfahren der Etrusker zu sein, und tatsächlich hat man inzwischen durch DNA-Analysen festgestellt, dass sie Recht haben könnten …

Archäologisches Museum

Piazza della Cattedrale 4, www.museisenesi.org, Unsichere Öffnungszeiten, daher beim Infobüro, Tel. 0577 81 40 99, oder im Gemeindeamt, Tel. 0577 81 42 13, anmelden, meist jedoch im Sommer Di–So 10–13.30, 15–19, im Winter Fr–So 10.30–13.30, 14.30–17.30 Uhr, Erw. 5 €; Sonderveranstaltungen s. Infos

Alles, was die amerikanischen Archäologen bisher am nahen Poggio Civitale im dortigen Palast aus dem 7./6. Jh. v. Chr. ans Tageslicht gebracht haben, ist im **Antiquarium di Pog-**

Tipp

MIT DEM RAD DURCH DAS TAL DES MERSE

Elf Radtouren durch das Merse-Tal bieten die vier Gemeinden des Tales (Sovicille für die Montagnola, Chiusdino auch für San Galgano, Monticiano und Murlo) mit genauen Wegkarten und Beschreibungen der Orte und Sehenswürdigkeiten unterwegs. Besonders zu empfehlen: Tour Nr. 9 rund um Murlo (s. links) und Tour Nr. 10 entlang der aufgelassenen Minenbahn von Murlo. Die Karten sind kostenlos bei den Infostellen im Tal auch in deutscher Sprache erhältlich.

gio Civitate in Murlo zu sehen. Besonders schön sind Terrakotten mit Bankettszenen und solche mit einer Prozession und einem Reiterkorso, am kostbarsten ist eine bärtige Figur mit Hut in Begleitung einer Sphinx. Das Museum ist im **Palazzo del Vescovo,** im Palast des Bischofs, untergebracht. Und tatsächlich: Das kleine Dorf war während des Mittelalters und der Renaissance die Hauptresidenz der Bischöfe von Siena und Hauptort des Bistums!

Infos

Ufficio Turistico di Murlo: 53016 Murlo (SI), Piazza delle Carceri 17, Tel. 0577 81 40 99, www.prolocomurlo.it.

Associazione Culturale di Murlo: www.murlocultura.com, Wochenenden im Sommer, insbesondere Juli, Aug. Der Kulturverein veranstaltet spezielle Führungen durch das Archäologische Museum, kombiniert mit spätem Frühstück bzw. *aperitivo,* anschließend typisches Mittagessen im Librindinoso, nähere Infos auch unter Tel. 0577 81 40 99, poggiocivitate@museisenesi.org.

Übernachten

Außerhalb mit Pool – **Albergo di Murlo:** Via Martiri di Rigosecco 1/3, Tel. 0577 81 46 62, www.albergodimurlo.com. 24 klimatisierte Zimmer im Haupthaus, 20 einfachere in einer Dependance. Restaurant, Parkplatz und Garage. €–€€

Apart – **Antiche Dimore Vescovado:** Vescovado di Murlo, Via Tinoni 36, knapp 1 km nördlich, Mobil-Tel. 333 746 17 29, https://dimorevescovado.it/home/appartamenti. Sieben unterschiedliche, teils luxuriöse Suiten, zwei Apartments und ein Drei-Zimmer-Haus in den historischen Mauern eines Vorortes von Murlo. Pool und Relaxzone, Parkplatz.€–€€

Essen & Trinken

Angenehme Dorfkneipe – **Il Libridinoso:** Via delle Carceri 13, Tel. 0577 04 65 41, auf Facebook, Ruhetag Mo. Der Blick von der Terrasse ist hinreißend und das Essen nach lokalen Rezepten schmackhaft mit einem recht guten Preis-Leistungs-Verhältnis. €–€€

Montalcino und Umgebung

Montalcino ►H 9

Das auf 567 m gelegene Städtchen **Montalcino** (5000 Einw.) zu kennen, war bis 1980 zumindest eine Verpflichtung für Weinkenner, denn nach ihm wurde der teuerste Wein der Toskana benannt: der Brunello di Montalcino. Danach aber besaß Montalcino eine weitere Attraktion, geeignet, den intakten mittelalterlichen, ummauerten Ort zumindest auch bei Theaterfreunden in aller Welt bekannt zu machen: das Festival Internazionale dell'Attore, das Festival der Schauspieler. Im August verwandelte sich Montalcino für sechs Wochen in eine einzigartige Bühne. In Vorbereitung der Aufnahme in die UNESCO-Liste als Kulturgut der Menschheit (2004) wurde bereits 1996 das gesamte Orcia-Tal in die kulturellen Initiativen von Montalcino einbezogen. Nun hieß das Theaterereignis Festival della Val d'Orcia – Festival Internazionale di Montalcino. Doch auch dieses aufwendige Ereignis war nicht von langer Dauer, nun bemühen sich die fünf Ortschaften Montalcino, Pienza, Radicofani, Castiglione d'Orcia und San Quirico d'Orcia einzeln um neue kulturelle Highlights

Die dicht aneinandergedrängten Häuser lassen nur schmalen Gassen Platz, schlanke Türme ragen aus dem Gewirr, kleine Plätze schaffen wenige Freiräume. Gespielt wird im Hof der herrlichen Fortezza, in einer aufgelassenen Kirche, auf dem Marktplatz – und im Kino. Und zwar hauptsächlich traditionelles Theater, dafür bietet sich die mittelalterliche Kulisse des Ortes an. Zu den Akteuren gehören nicht nur Profis, auch der Nachwuchs darf zeigen, was er kann, und ebenso können Laien an den vielen Kursen teilnehmen. So werden die Zuschauer, wenn sie wollen, selbst zu Schauspielern. Dabei kann der vielleicht berühmteste Wein der Toskana, eben der Brunello di Montalcino, ein schwerer, vollmundiger Rotwein der Spitzenklasse, oder seine leichtere Variante, der Rosso di Montalcino, sicher helfen, erste Hemmungen abzulegen.

Fortezza

Camminamento (Wehrgang ringsum) April–Okt. Di–So 9–20, Nov.–März 10–18 Uhr, Erw. 4 €

Es wurde viel restauriert und man hat die mittelalterlichen Strukturen wiederhergestellt, ein Bummel durch das hübsche Städtchen mit dem Auf und Ab seiner Gassen lohnt. Erste Besucherpflicht ist wohl die trutzige **Fortezza** aus dem 14. Jh. Über die Enoteca darf die Festungsmauer mit ihrem Wehrgang erklommen werden. In der Weinhandlung werden die lokalen Weine ausgeschenkt und man kann ein paar kulinarische Spezialitäten probieren und kaufen. Die prachtvolle Festung ist ein Erlebnis für die ganze Familie.

Museo Civico e Diocesano

Via Ricasoli 31, www.museisenesi.org, April–1. Nov., 26. Dez.–6. Jan tgl. 10.30–19.30, 2. Nov.–24. Dez. Fr–So 10–18, . tgl. 10.30–19.30 Uhr, Erw. 10 €

Aus den gotischen Kirchen Montalcinos und der Umgebung sind die bedeutendsten Bilder der Sieneser Schule (speziell 14./ 15. Jh.) im wunderschön in den früheren Klosterräumen von **Sant'Agostino** eingerichteten **Museo Civico e Diocesano** zu bewundern. Von Andrea della Robbia (1435–1525) besitzt das Museum einen »San Sebastíano«, den er für San Francesco schuf, sowie eine »Madonna mit Kind« von 1507, außerdem eine Reihe wundervoll lasierte Terrakotten und archäologische Exponate.

Infos

Ufficio Turistico Comunale: 53024 Montalcino (SI), Costa del Municipio 1, Tel. 0577 84 93 31, https://prolocodimontalcino.it und – ›weinlastig‹ – www.montalcinonet.com.

Übernachten

Zentral gelegen – **Il Gíglio:** Via Soccorso Saloni 5, Tel. 0577 84 81 67, www.gigliohotel.com,

Rathaus von Montalcino, davor das Jugendstilcafé Fiaschetteria Italiana

Aktiv

WANDERUNG VON BUONCONVENTO NACH SANT'ANTIMO

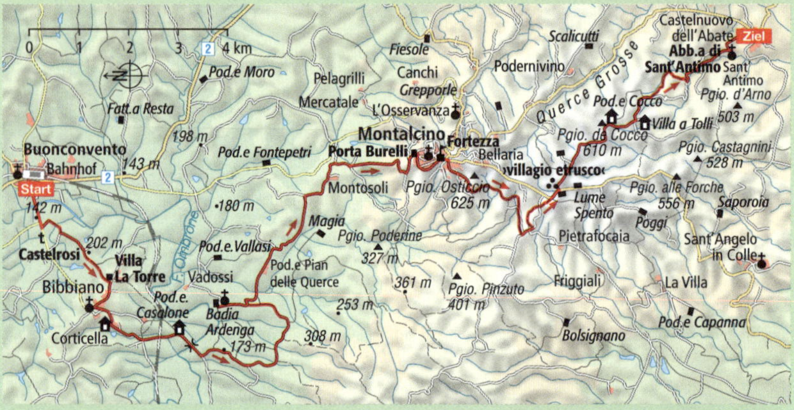

Tour-Infos

Start: Bahnhof Buonconvento
Länge: ca. 25–27 km
Dauer: ca. 1 Tag

Wichtige Hinweise: Die Wanderung sollte man wegen der Streckenlänge schon frühmorgens beginnen oder eine Zwischenübernachtung einplanen.

Die sehr abwechslungsreiche und dennoch wenig anstrengende Wanderung verläuft über längere Strecken eben, dann wieder auf- und abwärts. Vom Bahnhof in **Buonconvento** (s. S. 390) nimmt man die schmale Landstraße Richtung Murlo; nach knapp 1 km stehen links zwei große Zypressen, bei denen ein Staubweg zum Landgut **Castelrosi** (ca. 700 m) führt. An der Mauer des Anwesens führt der jetzt schattige Weg nach rechts bis zu einer Gabelung. Hier nimmt man nicht den abwärts führenden Weg, sondern geht nach links über einen sanften Hügel auf einen einsam stehenden Baum zu. Jetzt ist schon die **Villa La Torre** mit ihren zwei Türmen auszumachen; dort geht ein breiter Fahrweg nach rechts zum Ort **Bibbiano.**

Eine schmale Landstraße führt südwärts leicht absteigend in den Wald, wird zur Staubstraße und kommt schließlich zur **Ombrone-Brücke.** Nach der Flussüberquerung folgt man auf rund 4 km dem Weg Nr. 2 – Schilder Richtung Montalcino weisen die Strecke zum ersten Etappenziel. An einer Gabelung lohnt jedoch zunächst ein Abstecher (500 m) geradeaus zur **Badia Ardenga.** Dort trifft man in idyllischer Lage auf ein kleines Landgut in der früheren Abtei, deren Kirche tagsüber normalerweise offen ist. Die kleine **Vallombroser Abtei** stammt aus dem 11. Jh., historische Notizen zu ihr gibt es allerdings erst seit 1213, als Kaiser Arrigo VII hier an der Frankenstraße

Station machte. 1462 hat sie Papst Pius II. übernommen und ausgebaut. Von der einst dreischiffigen Basilika mit siebenschiffiger Krypta ist nur noch ein einschiffiger Raum erhalten geblieben. Wieder zurück auf den Weg Nr. 2 Richtung Montalcino führt die Wanderung durch leicht gewelltes, im Wechsel von Wäldern und Auen geprägtes Land, das teilweise für den Weinanbau genutzt wird. Auf einer bald erreichten Anhöhe bietet sich ein großartiger Blick auf Montalcino.

Bisher strengt der Weg nicht an. Doch nun geht es bei **Montosoli,** kurz vor einer Landstraße, rechts ab, zwischen Weingütern hindurch, steil hinauf nach **Montalcino**. Nach knapp 3 km stolpert man durch die **Porta Burelli,** nach Montalcino hinein (s. S. 392) – Zeit für eine Pause.

Unterhalb der hübschen Fortezza findet die Tour ihre Fortsetzung: Beim großen Parkplatz geht es in die Via del Poggiolo, vorbei am **Weingut Poggiolo.** Unten angekommen, führt der Weg nach links ein Stück Asphaltstraße hinauf, dann weisen die weiß-roten Markierungen nach rechts in den Wald. Unter dem **Colle Civitella** überquert man die Straße Richtung Grosseto und betritt auf der anderen Seite einen dichten Steineichenwald (Hinweis: Villa a Tolli). Gleich anfangs locken links Hinweisschilder zum *villaggio etrusco,* einer etruskischen Siedlung mit Festung, Hausfundamenten und Zisterne aus dem 6.–3. Jh. v. Chr., an der noch gegraben wird.

Weiter geht es den rot-weißen, auf kleinen Meilensteinen angebrachten Markierungen folgend. Mäusebussarde kreisen über dem Wald, Eidechsen kreuzen den Weg, Schafe und Ziegen grasen auf den Weiden – und immer wieder genießt man weite Ausblicke auf den hier schon nahen **Monte Amiata** (18 km Luftlinie). Schließlich geht es vorbei am **Podere il Cocco,** an **Villa a Tolli** mit Kirchlein zur Fattoria La Magia, hinter der man einen wunderschönen Blick auf die einsam stehende **Abteikirche von Sant'Antimo** (s. S. 396) weit unten im Tal genießt. Man steigt nun mitten durch einen Weinberg bzw. an seinem Rand abwärts, es ist die einzig unbequeme Wegstrecke, weil man teilweise über große Steine durch den Hohlweg stolpern muss.

1 km oberhalb von Sant'Antimo findet man in **Castelnuovo dell'Abate** (s. S. 397) eine köstliche Schlemmerstation und gegenüber die Bushaltestelle. Von hier fahren Busse nach Montalcino und von dort weiter nach Buonconvento zum Bahnhof, aber der Fahrplan ist nicht gerade dicht.

7.–31. Jan. geschl. Kleines traditionsreiches Hotel. Zwölf Zimmer mit Holzbalkendecken im Hotel, Restaurant, Dependance. €€

Mit Pool – **Dei Capitani:** Via Lapini 6, Tel. 0577 84 72 27, www.deicapitani.it, Jan./Febr. geschl. 27-Zimmer-Hotel (mit Dependance), Terrasse mit Talblick, Pool. €€

Zimmervermietung – **Il Barlanzone:** Via Ricasoli 33, Tel. 0577 84 61 20, www.barlanzone.com. Süßes kleines *affittacamere* über der gleichnamigen Enoteca (s. Einkaufen). Vier einfache, geschmackvolle Zimmer, ein Apartment mit Kochecke. €–€€

Essen & Trinken

Weingut – **Taverna dei Barbi:** Località Podernovi, 5 km südöstlich von Montalcino auf der Fattoria dei Barbi, Tel. 0577 84 11 11, www.fattoriadeibarbi.it, Ruhetage Di abends, Mi. Verfeinerte Taverne auf dem berühmten Weingut der Familie Barbi mit eigenem Montalcino-Wein. Auch Weinkauf möglich, nach Voranmeldung Kellereibesichtigung. €€

Einladend – **Osteria di Porta al Cassero:** Via della Libertà 8 bzw. Via Ricasoli 32 (zwei Eingänge), Tel. 0577 84 71 96, auf Facebook, Ruhetag Mi. Schmales Lokal mitten im Ort mit Tischen auf der Gasse. Typische Montalcino-Küche wie handgerollte *pici* mit diversen Soßen, Wildschweingulasch mit weißen Bohnen, hausgemachte dolci. €–€€

Einkaufen

Wein – **Enoteca la Fortezza di Montalcino:** Piazza della Fortezza, Ruhetag Mo (außer im Sommer). Wein, Grappe, Olivenöl und kulinarische Spezialitäten aus Montalcino. **Il Barlazone:** Via Ricasoli 33. Kleine Enothek gegenüber der Fortezza (mit Zimmern, s. Übernachten).

Weingüter – Karte und Adressen der Weingüter der Region bei der Touristinfo (s. S. 393), hier drei Empfehlungen. **Biondi Santi:** Villa Greppo 183, www.biondisanti.it. Edle Tropfen. **La Campana:** Strada Provinciale del Brunello 82, unterhalb Montalcinos, von Pienza aus rechts der Straße. Kleines Weingut, wundervolle lokale Weine für Leute, die nicht so tief in die Tasche greifen möchten. **Fattoria dei Barbi:** s. Taverna dei Barbi S. 395. Kellereibesichtigung.
Wochenmarkt – Viale della Libertà Fr 8–13 Uhr.

Abends & Nachts

Jugendstilambiente – **Caffè Fiaschetteria Italiana 1888:** Piazza del Popolo 6, auf Facebook, Ruhetag Do (nicht im Sommer), sonst 7.30–22/24 Uhr. Jugendstilcafé, eine Kreation des Brunello-Erfinders Ferruccio Biondi Santi. Schönes Ambiente mit Spiegeln und Marmortischen, Montalcino-Weindegustation. In-Treff mit Tischen auf der Piazza unter dem Rathausturm. Touristisch/hochpreisig geworden!
Wein- und Ölproben – **Enoteca la Fortezza di Montalcino:** s. S. 395. Schönes Festungsambiente mit dunklen Holztischen innen und Tischen im Garten davor. Gemischte Platten lokaler Spezialitäten, große Auswahl an Montalcino-Weinen. Diverse Weinproben (2–5 Weine aus den 40 möglichen).

Termine

Jazz & Wine: Juli. Die Fortezza verwandelt sich an mehreren Abenden zu einer großartigen Kulisse für internationale Jazzgrößen.
Cinema all'aperto: Aug. Abendliches Freilichtkino in der Fortezza. Infos s. Touristinfo/ Website S. 393.

Verkehr

Bus: TIEMME verbindet ca. stdl. Montalcino mit San Quirico d'Orcia und Montepulciano.

Abbazia di Sant'Antimo

▶ H 9

www.antimo.it, tgl. außer zu den Messezeiten April–Okt. 10–19, Nov.–März 10.30–17 Uhr, zum Gebet in der Regel tgl. 5.45–20.30 Uhr geöffnet, Eintritt frei, Videoguide 3 €

Größter Anziehungspunkt der südöstlichen Toskana bleibt jedoch die 10 km südlich von Montalcino liegende **Abtei Sant'Antimo.** Karl der Große persönlich soll die Benediktinerabtei gegründet haben. Im 12. Jh. wurde die Kirche im französisch beeinflussten Zisterzienserstil neu aufgebaut und präsentiert sich heute als eines der am besten erhaltenen Beispiele romanischer Klosterbaukunst Italiens. Und dies auch noch in so wundervoller Lage: einsam in einem kleinen Tal zwischen Feldern, Wald und Olivenbäumen. Die hellen Steine aus Muschelkalk und Travertin passen vollkommen in diese verträumte Landschaft. Löwen und Fabeltiere zierten das allein übrig gebliebene romanische Hauptportal, nach ihrer

sorgfältigen Restaurierung stehen sie nun aus Schutzgründen innen gleich beim Eingang. Der offene Dachstuhl des Mittelschiffs und die Kreuzgewölbe der schmaleren Seitenschiffe stützen sich auf Säulen mit Alabasterkapitellen. Besondere Aufmerksamkeit verdienen die Kapitelle der zweiten Säulen rechts und links mit formschön skulpierten Menschen und Tieren. Über den Seitenschiffen befinden sich von gotischen Arkaden überwölbte Galerien – das Matronäum, einst Platz für die Frauen, wenn sie am Gottesdienst teilnahmen. An der rechten Wand: die »Madonna di Sant'Antimo«, eine farbig gefasste Holzskulptur umbrischer Schule aus dem 13. Jh., schlicht-bäuerlich, mit einem älteren Jesusknaben.

Castelnuovo dell'Abate

▶ H 9

Einige recht sehenswerte Renaissancepaläste besitzt in seinen engen Gassen **Castelnuovo dell'Abate,** das 10 km südlich von Montalcino oberhalb von Sant'Antimo auf einem Hügel liegt. Vor allem aber kann man hier in einer wahrhaften Institution in puncto Kulinarik hervorragend speisen (s. Essen & Trinken).

Essen & Trinken

Institution – **Osteria Bassomondo:** Via Bassomondo 7, Tel. 0577 83 56 19, www.ristoranteosteriabassomondo.it, Ruhetag Mo. Trattoria mit Verkaufsladen, in dem es wie im Lokal fast

Die Weinlese ist harte Arbeit, der Spaß sollte aber trotzdem nicht zu kurz kommen

nur Selbstgemachtes gibt – Käse, Wurst, Wein und Olivenöl. Tolle Qualität zu guten Preisen. Gut beraten ist, wer sich für unterwegs Sandwiches an der Theke frisch zubereiten lässt. €

San Quirico d'Orcia und Umgebung

San Quirico d'Orcia ►J 9

Der hübsche, noch völlig ummauerte Ort auf einer Anhöhe in 424 m Höhe ist etruskischen Ursprungs. Arezzos und Sienas Bischöfe stritten sich bereits um 550 um den Platz in strategisch günstiger Lage. **San Quirico d'Orcia** wechselte seine Zugehörigkeit mehrfach, bis es 1772 an Montalcino ging, zu dessen Diözese es immer noch gehört. Hier wurde 1154 im Beisein Friedrichs I. Barbarossa von einem Abgesandten Papst Adrians IV. seine Krönung zum Kaiser beschlossen, was heute im Juni mit einem pompösen Fest begangen wird. Als Durchgangsort der Heere, Kaiser (auch Friedrich II. hielt hier Hof), Päpste und anderer berühmter Männer herrschte San Quirico d'Orcia einst über ein großes Gebiet mit mehreren Städtchen. Geblieben ist eine relativ bescheidene Gemeinde, die vor allem von ihren kleinen und mittleren Industriebetrieben lebt. Ein Bummel lohnt wegen der angenehmen Atmosphäre des in den letzten Jahren großartig sanierten Ortes und seiner vor allem sakralen Sehenswürdigkeiten.

Collegiata di Osenna

Einzigartig sind die Portale der Stiftskirche, der **Collegiata di Osenna** (12./13. Jh.) mit ihren drei figural skulptierten Portalen; das Hauptportal aus dem 12. Jh. mit je vier Halbsäulen im tiefen Gewände grenzen dunkle verknotete Doppelrundpfeiler, die auf Löwen ruhen, nach außen ab.

Palazzo Chigi

Piazza Chigi 2, Museum: www.festadelbarbarossa.it/il-museo, tgl. 10.30–18 Uhr, Eintritt frei

Sehenswert ist auch der monumentale barocke, rosafarbene **Palazzo Chigi** mit zwei Eingangsportalen neben der Kirche, der nach langer Restaurierung als Kulturzentrum, Rathaus, Informationsbüro und Museum dient. Man hatte ihn 1679 für Kardinal Chigi erbaut, in dessen Familienbesitz sich praktisch der ganze Ort bis heute befindet. Das **Museo del Barbarossa ›Orfeo Sorbellini‹** im ersten Stock ist nach dem Initiator des größten Festes von San Quirico, der Festa del Barbarossa (s. S. 399), benannt und zeigt wichtige Dokumente zur Geschichte des Ortes und seiner Viertel.

San Francesco

Die **Kirche San Francesco** am Hauptplatz von San Quirico soll der hl. Franziskus selbst begonnen haben. Heute präsentiert sie sich so, wie sie nach mehrfachen Umbauten im 18./19. Jh. verändert wurde, einschiffig, schlicht und nicht sonderlich aufregend.

Orti Leonini

Tgl. 8–20 Uhr, im Winter kürzer, Eintritt frei

Aber gegenüber liegen die einladenden **Orti Leonini,** ein im 16. Jh. angelegter, zweigeteilter Park in italienischem (unten) und englischem (oben) Stil, in dem im Herbst eine Skulpturenausstellung junger Künstler veranstaltet wird, und den man tagsüber kostenlos betreten darf. So, wie es mit Vorliebe italienische Familien mit Kindern tun, insbesondere an wärmeren Wochenenden.

Infos

Ufficio Turistico: 53027 San Quirico d'Orcia (SI), Piazza Chigi 2, Tel. 0577 89 97 28, www.comunesanquirico.it/area-turismo.

Übernachten

Zauberhaft – **Palazzo del Capitano:** Via Poliziano 18, Tel. 0577 89 90 28, www.palazzodelcapitano.com. Residenza d'Epoca innerhalb der Stadtmauer, 17 Zimmer, fünf Suiten, auf drei Stockwerke verteilt und mit Geschmack eingerichtet. Restaurant **Trattoria al Vecchio Forno.** €€–€€€

In bester Lage – **Casanova:** Strada Statale 146 Haus-Nr. 6C, Tel. 0577 89 81 77, www.residen

cecasanova.it, 7. Jan.–Mitte Febr. geschl. Hotel, Residence und Spa mit Beauty Farm auf dem Land. 70 komfortable Zimmer, einige mit Orcia-Talblick, Restaurant, Parkplatz. €€

Abends & Nachts

Wein und Snacks – **Vald'O Art Book & Wine:** Via Dante Alighieri 81, Tel. 0577 174 00 71, auf Facebook, tgl. 10/11–21/22/23 Uhr. Eine einladende Adresse für Reisende, die sich auch Zeit zum Schmökern nehmen wollen. Toskanischer Wirt mit sardischer Partnerin – das garantiert Weinkenntnis und tolle Küche. Auch nur Weindegustation mit Kleinigkeiten zu essen.

Termine

Festa del Barbarossa: Pompöses Fest in grandiosen Kostümen zu Ehren Friedrichs I. Barbarossa an einem langen Wochenende Mi–So Mitte/Ende Juni (www.festadelbarbarossa.it).

Verkehr

Bus: TIEMME verbindet ca. stdl. San Quirico d'Orcia mit Montalcino.

Bagno Vignoni ▶ J 9

Ein Kleinod ganz anderer Art ist ein Ortsteil von San Quirico d'Orcia, der Thermalort **Bagno Vignoni.** Es verwundert nicht, dass diese Oase der Ruhe den Regisseur Tarkowski zu seinem Film »Nostalghia« inspirierte. Seitdem die vier historischen Mühlen mit Hilfe eines EU-Projektes wieder hergerichtet wurden und das Thermalwasser auch zu ihnen und abwärts in Kaskaden ins Tal abfließt, ist Bagno Vignoni ein noch beliebteres Ausflugsziel. Vor allem an den Wochenenden hat man manchmal seine liebe Not mit einem Parkplatz, obwohl ein riesiges Areal dafür nahe den Mühlen und dem Infobüro geschaffen wurde.

Das Thermalwasser kommt mit konstant 51 °C Wärme aus der Erde und wird seit der Renaissance in einem großen Becken direkt darüber mitten im Ort gespeichert, in dem früher auch gebadet wurde. Zur Zeit der Republik von Siena waren es verwundete Soldaten, die sich hier auskurierten, aber auch die hl. Katherina von Siena und Lorenzo Il Magnifico sollen ebenso wie Papst Pius

Seit Jahrhunderten dampft das Thermalwasser aus dem offenen Becken in Bagno Vignoni

II. gerne in Bagno Vignoni geweilt haben. Seit 1900 ist das Baden in dem Thermalbecken aus hygienischen Gründen verboten, man muss zu diesem Zweck die Kurabteilungen der beiden Hotels oder die öffentliche Kuranstalt aufsuchen.

Im Wasser des Thermalbeckens spiegelt sich auf einer Schmalseite eine Art offene Wandelhalle, das **Loggiato di Santa Catarina;** gegenüber das steinerne Kurhaus, aus dessen Fenstern mittags die Wäsche zum Trocknen hängt. Rechts mag ein breiter Palast mit schönen Steinquadern erstaunen: die sommerliche Kurresidenz der Piccolomini, deren Mondsichelwappen über dem eher bescheidenen Eingang auszumachen ist. Denn es war der Piccolomini-Papst Pius II., der sich hier seinen ganz privaten Kurpalast leistete. Und daher hat er auch keinen Geringeren als Rossellino, der für ihn auch Pienza plante, mit dieser speziellen Kurarchitektur beauftragt. Heute beherbergt der Renaissancepalast mit schöner Repräsentativhalle im ersten Stockwerk das freundliche Hotel Le Terme (s. Übernachten, Thermalpools/Spa auch für Nicht-Hausgäste). Rings um das Thermalbecken haben sich Cafés und Osterien eingenistet, es ist ein besonders angenehmer Platz zum Verweilen. Wer mag, kann sich an den Rand eines der schmalen Kanäle setzen, die Hosenbeine hochkrempeln oder den Rock leicht liften und seine nackten Füße ins wohlig warme Thermalwasser halten, das zu den Mühlen fließt.

Infos

Ufficio Turistico: 53027 San Quirico d'Orcia (SI), Località Bagno Vignoni, Parco dei Mulini, Tel. 0577 88 89 75.

Übernachten

Im Renaissancepalast – **Le Terme:** Piazza delle Sorgenti 13, Tel. 0577 88 71 50, www.albergoleterme.it. Wunderhübsch restauriertes Traditionshotel im früheren päpstlichen Renaissancepalast am historischen Thermalbecken. Schöner Salon im 1. Stock, 36 gepflegte Zimmer mit Antiquitäten, Thermalabteilung, Garten, Restaurant, Parkplatz; Ableger B & B **L'Orto delle Terme** (€€) auf dem Land. €€–€€€

Urgemütlich und zentral – **Locanda del Loggiato:** Piazza del Moretto 30, Mobil-Tel. 335 43 04 27, www.loggiato.it, Weihnachten geschl. Neun sehr hübsch eingerichtete Zimmer ohne TV und Minibar um einen großzügigen Salon mit Getränken und Keksen für die Gäste; ein Apartment mit Kochecke. Üppiges Frühstück in der Nähe. €€

Essen & Trinken

Einladend – **Osteria del Leone:** Via dei Mulini 3, Tel. 0577 88 73 00, www.osteriadelleone.it, Ruhetag Mo, ca. 10. Jan.–8. Febr. geschl. Ländliche Osteria in drei Miniräumen unter Holzbalkendecken mit kleinem Freisitz im Zentrum. Spezialitäten und Weine aus mehreren Gebieten der Toskana – etwas touristisch, aber einladend. €€–€€€

Urig – **Il Loggiato:** Via delle Sorgenti 36, Tel. 0577 88 89 73, www.illoggiato.com, Ruhetag Do. Kellerambiente, Weinproben, rustikale Küche wie Spezialitätenbrett. €–€€

Einkaufen

Käse & Co – **La Bottega del Cacio:** Piazza del Moretto 31, http://labottegadicacio.com, Ruhetag Di, im Sommer 11–19/21, im WInter 11–17 Uhr. Winzig, aber sehr fein, mit echt toskanischen, lokalen Spezialitäten, allen voran *cacio,* der Käse der Seneser Hügel.

Castiglione d'Orcia ▶ J 9

In Sichtweite erhebt sich in markanter Höhe (540 m) über dem Orciatal das kleine, von einer Rocca überragte **Castiglione d'Orcia.** Hier wurde 1412 der Maler Lorenzo di Pietro, genannt Il Vecchietto geboren. Ein hübscher, backsteinerner Ort mit einem schlicht-schönen Travertinbrunnen (1618) auf der nach dem berühmtesten Sohn der Stadt benannten Piazza.

In der **Pieve SS. Stefano e Degna** befinden sich drei bedeutende Madonnendarstellungen: Sie stammen aus der Hand von besagtem Il Vecchietto, Pietro Lorenzetti und Simone Martini. In der steil aufragenden **Rocca d'Orcia** mit imposantem polygonalem Turm oberhalb des Ortes machte Kaiser Friedrich I. mehrmals Station.

Pienza und Umgebung

Pienza ▶ J 9

Eine *città ideale,* eine Idealstadt, wollte der 1405 im damals unterhalb liegenden Corsignano geborene Enea Silvio Piccolomini, der spätere Papst Pius II., bauen lassen. Der Ort, der sich in 491 m Höhe aus der Ebene erhebt, erhielt denn auch den Namen des Papstes – **Pienza,** Stadt des Pius. Als der gelehrte Humanist Piccolomini 1458 zum Papst gewählt wurde, erinnerte er sich seines inzwischen recht verfallenen Familienbesitzes Corsignano und kam auf den Gedanken, dass sich an dessen Stelle ein vollkommenes städtebauliches Kunstwerk hübsch ausnehmen könnte. Einer der besten Florentiner Baumeister seiner Zeit, Bernardo Rossellino, schien dem Papst geeignet, seinen Traum in die Wirklichkeit umzusetzen – nach den Plänen des ganz Großen unter den Renaissancearchitekten, Leon Battista Alberti. Papst Pius gelang es, nicht zuletzt durch List und sogar durch Erpressung, seinen Freunden – Kardinälen, Bischöfen, bedeutenden Adeligen – die Idee einer ›idealen Stadt‹ so schmackhaft zu machen, dass sie gar nicht anders konnten, als sich am Projekt Pienza zu beteiligen.

Am Rande sei erwähnt, dass weder der Papst noch sein Architekt die Vollendung ihres gemeinsamen Werkes erlebten, weshalb nur das Zentrum um den Hauptplatz so gebaut wurde, wie sie es sich vorgestellt hatten. Dennoch: Den Charakter einer wahren Renaissancestadt erhielt Pienza und konnte ihn dank der Bemühungen seiner Einwohner auch behalten, nur eben im Puppenstubenformat.

Trotz der Miniausmaße besitzt Pienza (2100 Einw.) eine urbane Atmosphäre, so wie sie Alberti auf dem Reißbrett geplant hatte, einer der wenigen Architekten, die das Glück hatten, ihre Gebäude nicht in ein fertiges städtebauliches Konzept einfügen zu müssen, sondern selbst eines planen zu dürfen. Alberti zeichnete Straßen und Plätze, Palazzi, Kirchen und Brunnen, im Zentrum die Piazza Pio II, ein Meisterwerk der Perspektive, der Harmonie, fast wie eine Theaterkulisse. Und ein wenig Theater war sicher dabei, Pracht- und Machtentfaltung, die gesehen, erlebt werden sollte. Aber ganz im Sinne des Humanismus, in dem der Mensch Mitte und Maß aller Dinge war: die Stadt als Haus für ihre Bewohner, die Piazza sozusagen als Audienzsaal.

Alberti und Rossellino hatten für solche Großzügigkeit zwar viel Sinn, aber wenig Platz auf dem Hügel über dem alten Corsignano. Daher befreiten sie sich von der mittelalterlichen Technik, Baukörper isoliert, ohne kompositionelle Beziehung zueinander aufzustellen (s. Pisa, Piazza dei Miracoli, S. 211), von der damals noch üblichen Konstruktion rechteckiger, geschlossener und daher mächtig wirkender Plätze (s. Volterra, S. 359) und von der Form des planmäßig geschwungenen Arenarundes (s. Siena, Il Campo, S. 333).

In Pienza hat man zum ersten Mal, vielleicht nicht nur aus Raumnot, die Monumente in ihrer Individualität als Komposition gesehen. Die besondere Raumwirkung wurde aber auch durch einen speziellen perspektivischen Trick erzielt: Der Platz war abschüssig und für die geplanten Baukörper zu klein. Also gehen, vom Rathaus gesehen, die Fronten der Seitenpaläste auseinander, es entstand ein nach hinten breiteres Trapez. Damit nicht genug: Der Dom wurde ein Stück in das Trapez vorgerückt, sodass die Seitenpaläste den Eindruck machen, als führten sie ins Unendliche weiter. Damit gelang es, den relativ kleinen Platz optisch zu vergrößern. Die weißen Marmorstreifen in der Pflasterung aus roten Backsteinen laufen auf den Dom zu und ziehen den Blick des Betrachters zusätzlich an.

Duomo Santa Maria Assunta

Piazza Pio II, tgl. 8–13, 14.30–19 Uhr, Eintritt frei

Der **Dom** zeigt eine klar gegliederte Renaissancefassade, hinter der sich eine dreischiffige Hallenkirche verbirgt, wie sie Pius in Deutschland kennengelernt hatte; sie entstand zwischen 1460 und 1464 nach Entwürfen von Bernardo Rosselino in einer Mischung der Spätgotik im nördlichen Alpenraum und der Renaissance Italiens. Sie folgt zwar in ihrer Form der Renaissancearchitektur, doch die Fenster der Chor- und Querschiffsarme zeigen großzügiges, noch gotisches Maßwerk. Darin versteckt sich das Wappen der Piccolomini, die Halbmonde.

Palazzo Piccolomini

Piazza Pio II, Besichtigung nur mit Führung, Mi–Mo 10–16.30 Uhr, 16.–30 Nov., 7. Jan.–14. Febr. geschl., Erw. 7 €

Rechts vom Dom steht der **Palazzo Piccolomini,** der dem Florentiner Palazzo Rucellai nachempfunden wurde. Allerdings so komponiert, dass die Arkaden der drei Loggien auf der Seite der herrlichen Hängenden Gärten als Rahmen für die anmutige Landschaft des Orcia-Tales dienen. In den großzügigen Räumen sind wenige Kunstwerke ausgestellt, dominierender ist die architektonische Schönheit des Renaissancepalastes und der berühmte Blick ins Orcia-Tal von den Loggien aus.

Palazzo Púbblico

Piazza Pio II

Vor dem Piccolomini-Palast steht der Renaissancebrunnen von Rossellino, dem Dom gegenüber der Palazzo Púbblico bzw. **Palazzo Comunale,** das Rathaus der Stadt. Es ist zweistöckig-klein, aus hellem Travertin, dafür mit geradezu überdimensional hohem Turm. Der Turm darf manchmal bestiegen werden.

Museo Diocesano

Corso Rossellino 30, komplizierte Öffnungszeiten, am sichersten ab Mai Fr–So 10–18, im Winter Sa, So 10–16.30 Uhr, Erw. 4,50 €

Schaut man vom Rathaus auf den Dom, erhebt sich auf der linken Seite der gelbliche Palazzo Borgia und Sitz der Domherren. Um die Ecke befindet sich, dem Rathaus schräg gegenüber, der Eingang ins **Museo Diocesano,** wo in den wunderbar hergerichteten Räumen des Bischofspalasts (Palazzo Borgia) auch das Infobüro Platz gefunden hat.

Corso Rossellino

Der **Corso Rossellino** durchzieht das historische Zentrum zwischen den beiden Stadttoren, aber in einem kurvigen Verlauf, sodass man nicht von einem Tor zum anderen schauen

Mittelpunkt eines wegweisenden städtebaulichen Konzeptes: der Domplatz von Pienza

kann und damit nochmals eine nicht vorhandene Größe des Städtchens vorgetäuscht wird. An dieser Hauptstraße können Feinschmecker viel Geld lassen: Pienza hat sich nämlich in den letzten Jahren vor allem wegen der guten Einkaufsmöglichkeit typischer Erzeugnisse zu einem wahren Paradies für Gourmets entwickelt.

Eine echte Pienza-Spezialität ist der *cacio*, ein würziger Pecorino, ein Schafskäse, von besonderer Güte, nach einer jahrhundertealten Tradition hergestellt. Um den ersten Septembersonntag findet alljährlich die **Fiera del Cacio** statt, die traditionelle Käsemesse von Pienza – wie vor Jahrhunderten, als die Schafzüchter der Umgebung, die auf den Ländereien der Piccolomini und der anderen Großgrundbesitzer als Halbpächter lebten und arbeiteten, nach Pienza kamen, um den Käse zu verkaufen, den sie nicht abgeben mussten oder für den Eigenbedarf benötigten (s. auch Tipp S. 410).

Pieve di Corsignano

Nur 500 m, außen entlang der Stadtmauer (Hinweisschild), geht man bis zur alten Pfarrkirche des Ursprungsortes von Pienza, zur **Pieve di Corsignano** (11./12. Jh.). In ihrem Taufbecken wurde auch der spätere Papst Pius II. getauft. Das Portal ist ein schlichter Rundbogen mit figuralem Türsturz, das Biforienfenster darüber wird von einer menschlichen Figur gestützt, die den Eindruck erweckt, eine sehr schwere Last zu tragen (tagsüber meist geöffnet). Vor dem Kirchlein plätschert ein Brunnen. Schön ist es hier unter den alten, ausladenden Kastanien, ringsum Ölbäume und Eichen – der geeignete Platz für eine Ruhepause nach der Besichtigung von Pienza, vielleicht mit frisch eingekauftem toskanischem Brot, Pecorino und dem schweren Rotwein der Gegend.

Infos

Ufficio Turistico Comunale: 53026 Pienza (SI), Corso Rosellino 30, Tel. 0578 74 99 05, www.comune.pienza.si.it.

Übernachten

In schöner Panoramalage – **Piccolo Hotel La Valle:** Via Circonvalazione 7, Tel. 0578 74 94 02, www.piccolohotellavalle.it. Neues komfortables Hotel nahe dem historischen Zentrum. 15 Zimmer mit schmiedeeisernen Betten und Parkett, Garage. €€

Elegant – **Rutiliano:** Via della Madonnina 18, Tel. 0578 74 94 08, www.albergorutiliano.it, Jan. geschl. Hotel am Ortsrand Richtung Corsignano. Garten, Pool, zehn großzügige Zimmer, eine Juniorsuite, ein Apartment, Parkplatz. €€

Im Kloster-Relais – **Il Chiostro di Pienza:** Corso Rossellino 26, Tel. 0578 74 81 83, www.relaisilchiostrodipienza.com, etwa April–Okt. Zentral gelegenes Hotel in einem ehemaligen Kloster mit traumhaft schöner Terrasse und Garten. 37 meist kleine Zimmer (eben die früheren Zellen!), Pool, feines Restaurant. €€

Mit viel Stil – **San Gregorio:** Via della Madonnina 4, Tel. 0578 74 80 59, www.sangregorioresidencehotel.it. Drei mit Stilmöbeln eingerichtete Zimmer und 16 Suiten im Theatergebäude von 1935. Restaurant, Parkplatz. €–€€

Essen & Trinken

Gut toskanisch – **La Buca delle Fate:** Corso Rossellino 38a, Tel. 0578 74 84 48, www.labucadellefate.com/, Ruhetag Mo. Anspruchsvolles, aber preiswertes Lokal im Renaissancepalast des Kardinals Gonzaga mit fünf zum Teil überwölbten größeren Räumen. Crostini, Gnocchi, Kalbsbraten aus dem Backofen, *fegatelli* (Leberstücke vom Schwein aus dem Backofen), Kaninchen, Wildschwein. €–€€

Einkaufen

Culinaria – Pienzas historisches Zentrum ist ein Schlaraffenland für Feinschmecker (Pecorino in allen Variationen, Wurstwaren, Schinken, Wein, Olivenöl, Grappe u. a. Schnäpse): Überall haben kleine und größere Läden in hübschem und sehr verlockendem Ambiente aufgemacht. Adressen braucht man nicht, denn entlang dem Haupt-Corso stolpert man regelrecht über sie … Das Angebot ist in allen Läden fast gleich, nur etwas unterschiedlich präsentiert. Hier dennoch ein paar Empfehlungen (s. auch Tipp S. 410): **Zazzeri Pienza,** Corso Rossellino 6; **Marusco e Maria,** Corso Rossellino 15–21.

Wochenmarkt – Der wöchentliche Markt findet jeden Freitag von 8 bis 13 Uhr am Rand des historischen Zentrums von Pienza am Viale Mencattelli beim früheren Viehmarkt statt.

Aktiv

Radverleih – **Autofficina Valenti Alfiero:** Via della Madonnina 28, Tel. 0578 74 84 65.

Termine

Fiera del Cacio: um den 1. Sept.-So. Käsemesse.

Verkehr

Bus: TIEMME sorgt für gute Anbindungen an die Orte der Umgebung.

Monticchiello ▶ J 9

Ein anderes, allerdings nicht geplantes, sondern allmählich gewachsenes Kleinod ist **Monticchiello** in 546 m Höhe in seinen intakten mittelalterlichen Mauern und mit Blick auf Pienza. Der kleine Ort hoch über dem fruchtbaren Tresatal hat sich um die antike Villa Rustica der Cleli herum entwickelt. Schon der Name weist darauf hin, denn er ist aus Mons Cleli oder Mons Clelus entstanden.

Die erste Erwähnung bezieht sich auf die Pieve Santa Maria allo Spino (753), etwa 2 km entfernt. Unter den Langobarden wurde sie der Badia San Salvatore am Monte Amiata angegliedert, 973 kam sie zum Hause der Aldobrandeschi. Schon zu einem kleinen Ort entwickelt, riss die römische Kirche Monticchiello an sich und gab es dem Deutschen Ritterorden zum Lehen. 1240 wurde es mit Hilfe Sienas freie Kommune, das zu ihrem Schutz die 900 m lange Mauer mit 17 Türmen bauen ließ. Monticchiello blieb Siena treu und verteidigte wiederum 1553 als Grenzfeste die Republik – immerhin gegen die Truppen Karls V. Am Eingangstor kann man noch heute die Wunden sehen, die die Kanonenkugeln des Feindes damals hinterlassen haben. In neuerer Zeit zeigten die Leute von Monticchiello erneut Mut: Am 6. April 1944 war der Ort Schauplatz eines dramatischen Widerstandskampfes.

Monticchiello heute, das ist ein kleiner, sehr hübscher und meist ruhiger Ort der südöstlichen Toskana, der durch eine kulturelle Veranstaltung einmal im Jahr ins Scheinwerferlicht rückt. Für sein **Teatro Povero** (s. auch S. 405) – armes Theater, weil es mit einfachsten Mitteln arbeitet – bildet auch dieser Ort eine einzigartige Kulisse. Fast die Hälfte der 300 Einwohner des Bauernstädtchens ist Ende Juli drei Wochen lang auf den Beinen, um Stücke in Szene zu setzen, die von der bewegten Geschichte erzählen oder von aktuellen Sorgen (beispielsweise vom Bauskandal um eine Feriensiedlung). Leidenschaftlich wird gespielt, inzwischen hauptsächlich auf der Piazza Nuova beim Sitz des Teatro Povero, dessen Museo Tepotratos man besichtigen kann (einfach vorbeischauen, meist ist jemand da).

Die Kirche **SS. Leonardo e Cristoforo** besitzt sogar mehrere Schätze: ein Gemälde von Pietro Lorenzetti (1320), ein hölzernes Kruzifix (15. Jh.) und Fresken verschiedener Schulen des 14. und 15. Jh.

Essen & Trinken

Im großzügigen Gewölbe – **Daria:** Via San Luigi 3, Tel. 0578 75 51 70, www.ristoranteda ria.it, Ruhetag Mi. Weinexpertin Daria empfängt lächelnd ihre Gäste unter großzügigem Backsteingewölbe, ihr Küchenchef zaubert veredelte lokale Spezialitäten und hausgemachte Pasta. Im Zusatzangebot: individuelle Kochkurse und ein eigenes B & B. €€–€€€

Schicke Imbissstube – **La Porta:** Via del Piano 1, Tel. 0578 75 51 63, www.osterialapor ta.it, 9 Uhr bis spät, im Sommer kein Ruhetag, sonst Ruhetag Do. Etwas auf schick gemachte Enoteca mit Osteria und Imbissstube am Eingangstor, bei schönem Wetter mit Tischen auf einer kleinen Panorama-Mauerterrasse. Man kann hier auch – durchgehend – Wein und andere Spezialitäten der Gegend einkaufen. Lokale Delikatessen wie gefülltes Perlhuhn, Schweineleber, Lamm, *peposo* von Rinderbäckchen und anderes mehr. €–€€

Einkaufen

Mode – **Madalisa:** Via di Mezzo 8. Winzige Boutique mit luftiger Damenkleidung, die

speziell nach den Entwürfen des sympathischen Daniele Mangiavacchi und seiner Frau Nicolette genäht wird.
Lokale Spezialitäten – **La Porta:** Weine und andere Produkte aus der Gegend (s. oben).

Termine

Teatro Povero: Juli/Aug. Das Theaterereignis des Dorfes, das ca. die Häfte der 300 Einwohner beschäftigt (www.teatropovero.it).

Montepulciano

▶ K 9

Die Perle der Renaissance, wie **Montepulciano** gerne tituliert wird, liegt auf einer Tuffsteinkuppe auf 605 m in einer weithin offenen, nur leicht gewellten Landschaft. Trutzige Mauern umgeben das Städtchen, das bereits im 6. Jh. v. Chr. von den etruskischen Einwohnern Chiusis errichtet wurde, die sich vor den Barbareneinfällen hierher in Sicherheit gebracht hatten. Die Römer gaben dem Ort später den Namen Mons Politianus, und noch heute werden die Bewohner der Stadt Poliziani genannt.

Daher war es für den hier geborenen Humanisten und Dichter Agnolo Ambrogini (1454–1494) eine Selbstverständlichkeit, als Pseudonym den Namen Poliziano zu wählen. Der Rhetoriker lehrte an der Florentiner Universität griechische und lateinische Literatur, später wurde er am Hofe des Lorenzo de' Medici Kanzler und – ein Zeichen besonderen Vertrauens – Lehrer der Fürstensöhne Piero und Giovanni. Historisch herausragende Bedeutung jedoch erlangte Poliziano als Philologe: Er führte die textkritische Methode ein und schrieb das italienische Drama »La Favola d'Orfeo« – das Drama, mit dem sich in der italienischen Literatur der Übergang vom mittelalterlichen Mysterienspiel zum weltlichen Schauspiel vollzog.

In seiner architektonischen Geschlossenheit ist Montepulciano eine der schönsten Städte der Toskana. Und seine Einwohner sorgen dafür, dass dies auch so bleibt: Der Domplatz zeigt seinen ursprünglichen Cottobelag im Fischgrätmuster, die Renaissancefassaden der schönen Palazzi haben ihren warmen, bräunlichen Ton – alles wirkt hier gepflegt und sauber, wenn auch durch die enge Bebauung entlang der schmalen Gassen teilweise ein wenig drückend. Trotzdem ist Montepulciano ein lebhaftes Handels- und Dienstleistungszentrum mit mehr als 14 000 Einwohnern, die in einem gewissen Wohlstand leben (s. auch Thema S. 409, Musikfestspiele Cantiere Internazionale d'Arte), mit guten Einkaufsmöglichkeiten und empfehlenswerten, nicht ganz billigen Restaurants und Trattorien.

Corso

Eine lange und steile **Hauptstraße** durchzieht die Altstadt, stets mit dem Beinamen ›del Corso‹. Man betritt sie z. B. im Südwesten durch die wehrhafte **Porta delle Farine.** Der lange, von Palazzi gesäumte Corso durchzieht das Zentrum bis zur **Porta al Prato** im Nordosten mit dem toskanischen Wappen und dem Marzocco, dem Löwen von Florenz. Zur Piazza Grande hin, im unteren Drittel, stapeln sich Parallelgassen auf, die ebenso lange Straßenzüge bilden wie der Corso und die Piazza Grande mit dem Rathaus gleichsam umrahmen.

Piazza Grande

An der **Piazza Grande** steht alles, was wirklich von Bedeutung ist in Montepulciano. Sie wirkt sehr harmonisch, obwohl sie von unregelmäßig gesetzten Häusern aus verschiedenen Epochen umstanden wird: dem **Palazzo Nobili Tarugi** im Renaissancestil Sangallos (1520), dem **Palazzo Contucci** (1519 von Sangallo für den späteren Papst Julius III. errichtet) sowie dem Rathaus.

Palazzo Comunale

Piazza Grande, April–Nov., Weihnachten tgl. 10–18 Uhr, Terrasse Erw. 2,50, mit Turm 5 €
Das 1440–1465 nach Entwürfen von Michelozzo errichtete **Rathaus** ähnelt mit seinen Zinnen und Pechnasen und einem viereckigen Turm dem Palazzo Vecchio in Florenz, auch wenn es wesentlich kleiner ist. Und wie jener ist der Palazzo noch immer das Rathaus

der Stadt. Der Aufstieg zur Terrasse und auf den Turm wird durch einen hinreißend schönen Blick über Stadt und Umgebung bis hin zum Trasimenischen See im Osten, nach Pienza im Westen, Siena im Norden und zum Monte Amiata im Südwesten belohnt.

Duomo di Santa Maria Assunta

Piazza Grande, tgl. 8–13, 15–19 Uhr, Eintritt frei
Der 1594–1680 errichtete **Dom** mit seiner unvollendeten Fassade, der die Südflanke des Platzes einnimmt, ist eher bescheiden, birgt aber ein besonderes Schmuckstück: ein Triptychon mit Mariä Himmelfahrt von Taddeo di Bartolo aus dem beginnenden 15. Jh.

Palazzo Neri-Orselli

Via Ricci 10, www.museocivicomontepulciano.it, April–1. Nov. Mi–Mo 10–19, 2. Nov.–März Sa/So 10–18 Uhr, Weihnachtszeit/Jahreswechsel meist auch Mi–Mo 10–18 Uhr, Erw. 6 €

In der Via Ricci steht der **Palazzo Neri-Orselli,** ein Backsteinbau aus dem 14. Jh. mit dem **Museo Civico,** das neben einigen Funden aus der Umgebung auch eine Pinakothek (Crociani) mit Bildern aus dem 13.–17. Jh., Della-Robbia-Majoliken und Sakralgegenständen besitzt.

Madonna di San Biagio

Via San Biagio, März–Mai tgl. 10–18, Juni–Sept. tgl. 9.30–19, Okt. tgl. 10–18, Nov.–23. Dez., Jan., Febr. Sa, So 10–17, 24. Dez.–6. Jan. tgl. 10–18 Uhr, Erw. 3,50 €
Unterhalb der Stadt, durch eine etwa 150 m lange Zypressenallee (ein Kriegerdenkmal für die Gefallenen des Ersten Weltkrieges) zu erreichen, steht die **Kirche Madonna di San Biagio:** ein architektonisches Juwel, das unverkennbar die Handschrift von Antonio da Sangallo trägt. Der 1518–1545 aus Travertin errichtete Zentralbau in schönstem Renaissancestil mit zwei klar gegliederten, frei stehenden

Perfekte Renaissancearchitektur: San Biagio unterhalb von Montepulciano

Türmen, von denen nur einer vollendet wurde, erhielt im Barock lediglich ein Presbyterium mit goldverziertem Stuck und Fresken.

San Biagio, von der Bevölkerung *Tempio della Madonna del Buon Viaggio* genannt, die Kirche der Reisenden sozusagen, konnte durch die Spendierfreudigkeit vieler namhafter Reisender restauriert werden. Sie steht inmitten einer fast immergrünen Wiese, die oftmals von weidenden Schafen bevölkert wird und von der sich eine einzigartige Aussicht hinein in die südtoskanische Landschaft und hinauf nach Montepulciano bietet.

Gegenüber der Kirche, zu Füßen des Hanges, über den die schmale Via San Biagio steil nach Montepulciano hinauf führt, steht die hübsche **Canonica,** das frühere Haus der Domherren, ihre zierliche Loggia ist auf die Kirche gerichtet. Daneben, in einem schönen Garten unter hohen Bäumen mit ausladenden Kronen, hat sich das nette Restaurant La Grotta etabliert (s. Essen & Trinken), eine wunderbare Adresse für den Abschied von Montepulciano.

Infos

Pro Loco: 53045 Montepulciano (SI), Piazza Don Minzoni 1 (nahe der Porta al Prato), Tel. 0578 75 73 41, www.prolocomontepulciano.it.

Übernachten

Wundervoll – **Villa Cicolina:** Via Provinciale 11, 2 km nordöstl., Tel. 0578 75 86 20, www.villacicolina.it, April–Okt., 30. Dez.–5. Jan. Historische Villa aus dem 17. Jh. auf gepflegtem Grund mit Pool und Panorama, innen sehr hübsch edel-rustikal, 13 Zimmer, acht Suiten; Kochkurse. Restaurant. €€

Historisch – **Il Marzocco:** Piazza Savonarola 18, Tel. 0578 75 72 62, www.albergoilmarzocco.it, 15. Jan.–15. Febr. geschl. Einfaches, liebevoll eingerichtetes Stadthotel im historischen Zentrum, je vier Zimmer um einen Salon gruppiert, Nummer 24, 25, 27 mit großer Terrasse. 16 nette Zimmer mit Terrazzoböden, großes Frügstücksbüfett, kein Aufzug, Parkplatz. €€

Schlicht – **Il Cittino:** Via Voltaia nel Corso, Ecke Via Nuova 2, Tel. 0578 75 73 52. Drei einfache Zimmer über der Trattoria (s. S. 408) mitten im Städtchen, allerdings nur mit Gemeinschaftsbad. €

Tipp

VINO NOBILE DI MONTEPULCIANO

Schon so manche italienische Dichter haben den schweren Rotwein des Städtchens gelobt. Den vielen Cantine, den tiefen Weinkellern unter den alten Palazzi, entgeht man in Montepulciano nur schwer. Die kleinen Gläser, in denen der Wein hier ausgeschenkt wird, gestatten es, sich durchzuprobieren. In der **Cantina Contucci** (s. S. 408) kann man außer dem schmackhaften Wein einen grandiosen Blick auf die Ebene des Flusses Chiana und auf die ziegelroten Dächer der Unterstadt genießen. Wenn einem der Wein in der Cantina zusagt, kann man ihn sich übrigens auch ins Ausland schicken lassen!

Essen & Trinken

Schönes Ambiente, gutes Essen – **La Grotta:** Località San Biagio, Tel. 0578 75 74 79, www.lagrottamontepulciano.it, Ruhetag Mi, Jan./Febr. geschl. Angenehmes Renaissanceambiente einer alten Osteria mit schattigem Garten zu Füßen der Stadt und mit Blick auf San Biagio. Typische, aber verfeinerte Küche der Südosttoskana wie Wildschweinbraten mit Pflaumen und Spinat oder Junglamm in Kräuterkruste mit Gemüse aus dem Backofen (alle *secondi* inkl. Beilagen) zu guten Montepulciano-Weinen. Tolles Degustationsmenü. €€€

Aufwendige Küche – **Le Logge del Vignola:** Via delle Erbe 6, Tel. 0578 71 72 90, www.leloggedelvignola.com, Ruhetag Di, je 15 Tage

Nov., Dez. geschl. Zauberhaftes kleines Restaurant eines Sommelier mit kleiner Enoteca. Zwei Räume unter Holzbalkendecken, sehr gepflegt. Verfeinerte südtoskanische Küche aus ausgewählten Zutaten (eine Liste der Lieferanten findet man auf der Menükarte!). Zeit mitbringen! Hausgemachte Pasta, Auswahl von bestem Pecorino aus Pienza, zwei Degustationsmenüs oder à la carte. €€€

Traumblick ins Chiana-Tal – **Il Ristorante dell Caffè Poliziano:** Via di Voltaia nel Corso 27, Tel. 0578 75 86 15, www.caffepoliziano.it. Restaurant des Caffè Poliziano (s. Abends & Nachts) mit Terrasse. Südtoskanische Gerichte wie *pici all'agliona* (mit viel Knoblauch). Empfehlenswertes *menu toscano*. €

Urig – **Osteria Acquacheta:** Via del Teatro 22, Tel. 0578 71 70 86, www.acquacheta.eu, Ruhetage Di, Mi. Aus einem langen Raum bestehendes Lokal. Holztische, Papiersets, Küche einsehbar. Hausgemachte Pasta und *dolci*, toskanische Fleischspezialitäten, berühmt sind die würzigen Bratwürste und die bis zu 3 kg schwere *bistecca fiorentina* für mehrere Gäste, sonst Kalbsgulasch mit Kartoffeln und Karotten, Lamm mit Artischocken. Offener Tischwein, man darf auch den eigenen mitbringen (1,50 €/Gast)! €

Echte Trattoria – **Il Cittino:** s. S. 407, Ruhetag Mo. Supergemütlich, hausgemachte *pici* und andere Pasta, schlicht-gute südtoskanische Gerichte wie Dinkelsuppe, Fleisch vom Grill, Lamm und Kaninchen, gefüllte Kalbsbrust; hausgemachte *dolci*. Die Weinflasche kommt voll auf den Tisch, man zahlt nur, was man getrunken hat. Festes Menü (*primo* und Salat). €

Einkaufen

Wein und Olivenöl – Mehrere größere und kleinere Cantine bieten Weinverkostung und -verkauf vor Ort an, meist in wunderschönen Kellergewölben vor allem entlang dem mehrteiligen Corso und nahe der Piazza Grande; z. B. **Arnaldo Crociani:** Via del Poliziano 15, www.crociani.it. Einer der kleinsten Weinproduzenten von Nobile di Montepulciano bietet gute Tropfen zum Verkauf und zur Weinprobe (auch Grappa) in einer sympathisch-kleinen Kellerei an. **Avignonesi:** Via di Gracciano nel Corso 91. Dem Nobile di Montepulciano gilt natürlich das Hauptanliegen der alteingesessenen Kellerei im Ortszentrum, in der man Wein probieren und kaufen kann. Verkauf auch von Grappa und Olivenöl. **Cantina dei Redi:** Via di Collazzi 5. Vielleicht schon aus dem 14. Jh. stammen die Backsteingewölbe der Weinkellerei, die später in der Renaissance von Sangallo d. Ä. umgebaut worden sein sollen. Jedenfalls sind sie wirklich überaus beeindruckend und der hier gelagerte Wein ist köstlich, allen voran der Nobile di Montepulciano. **Contucci:** www.contucci.it. Im schönen Renaissance-Palazzo Contucci nahe der Piazza Grande ist schon der Weinkeller mit seinen riesigen Holzfässern eine Sehenswürdigkeit, der einer der ältesten Familien von Montepulciano gehört. Weinprobe und Verkauf von Nobile di Montepulciano im **Laden** Via San Donato 15 von Ostern bis November.

Handgeschöpftes Papier – **Koiné:** Via Gracciano nel Corso 22. Wunderschöne Mitbringsel für Schreib- und Esstisch, auch Buchbinderarbeiten.

Pecorino – **La Pecorella:** Via Gracciano nel Corso 31, s. Tipp S. 410.

Antiquitäten – **Antiquitätenmarkt** an jedem 2. Wochenende/Monat auf der Piazza Grande und Umgebung.

Abends & Nachts

Historisch – **Caffè Poliziano:** Via di Voltaia nel Corso 27/29, www.caffepoliziano.it, tgl. 7–24/1, im Winter bis 20 Uhr. Das schönste (historische) Café des Städtchens gibt es bereits seit 1868. Mehrere gemütliche Räume, Stilmöbel, Panoramaterrasse.

Termine

Cantiere Internazionale d'Arte: www.fondazionecantiere.it, ca. Mitte–Ende Juli. Internationales Musikfestival (s. Thema S. 409).

Bruscello: www.bruscello.it, vier Tage um den 15. Aug. Kostümfest der Handwerker und Bauern. Beim historischen Minnefest, bei dem mittelalterliche Verse und Lieder unter einem Bäumchen *(arboscello)*, daher *bruscello* genannt, vorgetragen werden, gerät Montepulciano aus den Fugen.

Internationale Musikwerkstatt in Montepulciano

Der Cantiere Internazionale d'Arte, eine Initiative des deutschen Komponisten Hans Werner Henze, hat das Renaissancestädtchen Montepulciano völlig verändert. Seit 1976 bietet es jeden Sommer die einzigartige Kulisse für die Internationale Musikwerkstatt. Und das ganze Jahr über wird darauf zugearbeitet.

»Idroscalo Pasolini« auf dem Musikfestival Montepulciano

Einmal jährlich (meist Mitte bis Ende August) verwandelt sich die Piazza Grande von Montepulciano in eine Theaterkulisse – für die Veranstaltungen, die beim Cantiere Internazionale d'Arte keinen Platz im Teatro Poliziano finden. Initiator dieser Musikfestspiele war der deutsche Komponist Hans Werner Henze (1926–2012), engagiert in seinen Bemühungen, der Musik eine neue gesellschaftliche Funktion zuzuweisen. Seit 1976 wird Montepulciano so einmal jährlich kulturelles Zentrum für bekannte und kaum bekannte Künstler, für Neulinge und einfach für Interessierte aus aller Welt.

»Kulturarbeit in einem ländlichen Zusammenhang« nannte Henze die Idee des Musikfestivals. Denn dahinter steckt mehr als Kulturarbeit im üblichen Sinne: Der ganze Ort hat durch Henzes Cantiere neue Impulse bekommen, wurde ermutigt, zu einer neuen Identität zu finden. Montepulciano vor Henze – obwohl dem damaligen Bürgermeister Coloianni und den Förderern des Festivals vielleicht sogar noch mehr Ehre gebührt –, das war eine vor sich hin schlummernde, leicht verfallene Kleinstadt von nur 6000 Einwohnern mit profilloser Kulturszene. Fast hatte Montepulciano den Zauber seiner Renaissanceherrlichkeit verspielt. Doch im Montepulciano von heute wird die umfassende Idee spürbar, auch andere kulturelle Bedürfnisse und Fähigkeiten der Bürger zu fördern und zu verwirklichen.

Die Stadt bietet keine theoretische, museale Theaterkulisse, sondern eine lebendige, in den täglichen Ablauf integrierte Kulturarbeit, die Wirkung zeigt. Zwei Beispiele: Seit 1980 bildet die Musikhochschule den aktiven Kern des neuen Musiklebens von Montepulciano. Und seit 2001 fördert – ebenfalls eine Initiative Henzes – die Europäische Akademie für Musik und Darstellende Kunst im restaurierten Palazzo Ricci junge Talente.

Viele junge Leute, die längst in die Großstädte gezogen wären, versuchen nun, neue soziale und kulturelle Strukturen zu entwickeln. Und siehe da, das Städtchen kann seit Jahren auch einen beachtlichen wirtschaftlichen Aufschwung verzeichnen. Allein durch die vielen Weinkellereien, die an die zahlreichen neugierigen Touristen ihren Vino Nobile di Montepulciano verkaufen können und die ebenfalls zahlreichen netten Lokale, in denen man zur guten Küche des Chiana-Tales den schweren Rotwein genießen kann. Dennoch: Die finanzielle Unterstützung überregionaler Geldgeber bleibt notwendig, ja lebenswichtig für Montepulcianos Cantiere, obwohl der Ort mit etwa 2 % seines Gesamthaushaltes den höchsten Anteil einer toskanischen Stadt für ihre Kulturarbeit leistet.

Tipp

EINKAUFSTIPPS FÜR TOSKANISCHEN PECORINO

Unvorstellbar, auf einer Toskana-Reise ohne Pecorino auszukommen! Den leckeren Käse aus frischer Schafsmilch, den sardische Hirten aus purer Not hier eingeführt haben, produzieren ihre inzwischen meist recht wohlhabenden Nachfahren in immer mehr Variationen. Hauptproduktionsgebiete sind die Crete um Asciano sowie die Hügel rings um Pienza, Montalcino und Montepulciano. Doch auch die Maremma produziert wunderbaren Pecorino, schließlich waren die Sarden zunächst dort geblieben, bevor sich einige von ihnen weiter ins Landesinnere wagten.

Den Pecorino gibt es, meist zu kleinen Laiben geformt, offiziell in drei verschiedenen Reifegraden, in Wirklichkeit natürlich in unendlich vielen: *giovane* (jung), *semi stagionato* (kurz gelagert) und *stagionato* (abgelagert, gereift, was ab acht Monaten gilt); das Highlight ist freilich, und nur bei wenigen Produzenten zu finden, ein Pecorino Gran Riserva: so darf er erst ab 18 Monaten Lagerung und perfekter Behandlung genannt werden.

Der frische Pecorino hat eine zarte cremige Masse, ist also weich und besitzt einen angenehmen Duft nach frischer Schafsmilch. Der halbreife Pecorino hat bereits nach drei Monaten eine kompaktere Masse, Duft und Geschmack sind intensiver. Der bereits in der Cantina gelagerte und beaufsichtigte Pecorino schmeckt noch intensiver und hat alles an Duft oder Geschmack angenommen, was man ihm Gutes angetan oder womit man ihn umhüllt hat. Der mit Asche verkleidete Käse bleibt innen besonders lange zart, das hat mit dem dadurch möglichen Austausch der Luftfeuchtigkeit zu tun.

Je reifer der Pecorino ist, desto würziger schmeckt er und lässt sich ähnlich wie Parmesan wunderbar reiben. Kein Toskaner nimmt nebenbei bemerkt Parmesan ... Außerdem ist der Pecorino auch nach dem Anschneiden noch gut haltbar – also kein Problem, einen Laib nach Hause mitzunehmen!

Doch Achtung: Pecorino ist nicht gleich Pecorino! Der beste ist der Marzolino, weil die Milch mit Frühjahrskräutern angereichert war. Der Marzolino kommt meist erst im Spätherbst auf den Markt, wenn er also schon mindestens halbreif ist.

Die Delikatessenläden in den berühmtesten Produktionsorten, vor allem in Pienza, Montepulciano und Montalcino, sind natürlich voller Pecorino-Spezialitäten. Denn nicht nur um den Produktionszeitpunkt geht es, sondern auch um die Weiterverarbeitung: Pecorino mit Tomatenpaste eingerieben, mit geschrotetem Pfeffer, in Asche gelagert, in Walnussblätter gehüllt oder in einer Grotte gelagert *(formaggio di fossa)*, eine besonders teure Sorte, die inzwischen fast schon Kultstatus hat.

Kenner jedoch kaufen direkt beim Hersteller, folgen den Hinweisschildern auf die meist kleinen Landgüter, können vor Ort den Käse probieren und etwas günstiger als in den Delikatessläden kaufen. Meine Lieblingsadresse: der **Caseificio Cugusi** der Sardin Silvana Cugusi, Via della Boccia 8 (an der Straße von Montepulciano nach Pienza ausgeschildert), Tel. 0578 75 75 58. In Montepulciano führt Silvanas Bruder Carmelo einen tollen Käseladen: **La Pecorella,** Via di Gracciano nel Corso 31 (da gibt es auch andere Delikatessen aus seiner eigenen Produktion).

Bravio delle Botti: www.braviodellebotti.com, letzter Aug.-So. Beim Weinfässerrennen rollen die Vertreter der acht ›feindlichen‹ Stadtteile (nach der Gemeindeverfassung von 1374) ihre fünf Doppelzentner schweren Weinfässer *(botti)* durch die steilen, engen Gassen, ein gar nicht so ungefährliches Unterfangen, bei dem die Favoriten mit großem Geschrei angespornt werden. Anschließend gedenkt man bei einem historischen Umzug des Stadtpatrons. 16 Vertreter der Stadtgebiete ziehen in Renaissancekostümen, begleitet von Fahnenschwingen und Trommelwirbel durch die Straßen. Höhepunkt ist das abendliche Festmahl in den malerischen Gassen rings um die Piazza Grande. Gefeiert wird – von allen gemeinsam – natürlich der Stadtteil, dessen Vertreter Sieger beim Fässerrollen geworden ist.

Verkehr

Bahn: Montepulciano Stazione an der Bahnstrecke Arezzo–Sinalunga–Chiusi liegt rund 10 km entfernt, von dort Bustransfer ins historische Zentrum.

Chianciano Terme

▶ K 9

Der zweitwichtigste Thermalort der Toskana (nach Montecatini Terme) hat sich inzwischen so gut entwickelt, dass er als geeigneter Standort für die Erkundung der Region gelten darf. Wer nicht in einem der vielen Ferienhäuser unterkommen möchte, findet in **Chianciano Termes** ausgewogener Hotellerie bestimmt in jeder Preislage ein passendes Quartier.

Die schwefel- und jodhaltigen Quellen des Ortes waren bereits den Etruskern bekannt. Der Blick nach Südwesten auf den Monte Amiata und die umliegenden Hügel mit ihren im Mittelalter und zur Zeit der Renaissance entstandenen Städtchen oder ihren ausgedehnten Weinbergen zeigt: Hier lebt man abseits von Industrie, abseits von jeder Umweltverschmutzung, in einer Lage, die allein schon aus Chianciano selbst einen heilklimatischen Kurort gemacht hätte. Hinzu kommen aber auch die unterschiedlichen Thermen, deren Wasser sich speziell zur Heilung von Lebererkrankungen eignet.

Chianciano Terme ist zudem ein freundlicher, angenehmer Aufenthaltsort. Vielleicht gerade deshalb, weil er inmitten des Reichtums an kunsthistorischen und historischen Sehenswürdigkeiten so unglaublich bescheiden wirkt. Hier geht das Leben trotz Thermaltourismus seinen ganz normalen Gang, die Einheimischen (gerade einmal 7100 Einw.) halten sich an ihre althergebrachte Lebensform, ohne sich allzu sehr um die Fremden zu kümmern. Diese treffen sich tagsüber im weitläufigen Kurpark oder bei den Kuranwendungen in den Therapiezentren, abends bei der obligatorischen Passeggiata auf der geräumigen Piazza und suchen dort, wie die Leute von Chianciano auch, die Cafés auf. Spät abends gibt es *aste*, die ebenfalls obligatorischen Versteigerungen von Antiquitäten.

Chianciano Alto

Fast greifbar nah breitet sich auf einem Hügel **Chianciano Alto** aus, das häufig übersehen wird. An kunsthistorischen Sehenswürdigkeiten hat der Ort zwar wenig zu bieten, präsentiert sich aber als ein schönes Beispiel mittelalterlichen Städtebaus mit ein paar Renaissance-Ergänzungen. Den Wagen sollte man auf dem Parkplatz vor dem Tor stehen lassen, weil man sonst Gefahr läuft, auf einer mit dem Wagen unüberwindbaren Treppengasse zu landen. Überhaupt sind die Gässchen so eng und verwinkelt, dass auch die besten Autofahrer bald an ihre Grenzen kommen dürften und nicht wissen, ob die nächste Hausecke heil bleibt. Wenige, aber hübsche Souvenirläden und Boutiquen laden zum Bummel ein, und die Lokale sind allemal origineller und preiswerter als im benachbarten Kurort.

Museo Civico Archeologico delle Acque

Via Dante 80, www.museisenesi.org, April–Okt. Di–So 10–13, 16–19, Nov.–März Fr–So, Fei 10–13, 16–19 Uhr, Erw. 6 €

Man darf Chianciano nicht verlassen, ohne eines der schönen Museen der Toskana und den ganzen Stolz der einheimischen Hobbyarchäologen besichtigt zu haben: das **Museo Civico Archeologico delle Acque.** Es verdankt seine Entstehung der Privatinitiative der örtlichen Hobbyarchäologen, die jahrzehntelang gegraben, freigelegt und gesäubert haben, was vor allem die Etrusker im Umfeld Chiancianos hinterlassen hatten. Archäologen des Denkmalamtes halfen ihren ›Kollegen‹ nur bei der Sichtung und Zuschreibung, die gefundenen Objekte durften alle im Ort bleiben. Das Museum ist thematisch in Sektionen gegliedert; besonders interessant sind die Abteilungen »Grabkultur«, »Bankette« und »Die etruskische Frau« (Beschriftungen auch in Englisch, Französisch und Deutsch). Der größte Schatz: ein zusammengebrochenes Fürstengrab aus dem 7. Jh. v. Chr., das unter seinen Trümmern alles erhalten hat, was dem wohl bedeutenden Toten beigelegt wurde. Es musste ›nur‹ wieder zusammengesetzt werden. Die Rekonstruktion ist im Erdgeschoss des Museums zu sehen, zusammen mit einem noch 200 Jahre älteren Grab.

Tipp

INTERESSANTE INFOS FÜR RADWANDERER

Die Pro Loco von Chianciano Terme bzw. der Valdichiana bietet auf ihrer Website immer neue Tourenvorschläge für Urlauber, die die Gegend per Rad erkunden wollen: **Zwölf Radtouren** zwischen der Valdichiana und der Val d'Orcia werden detailliert – mit Schwierigkeitsgrad, Weglänge, Sehenswürdigkeiten, Natur und Umwelt etc. – vorgestellt; auch sind Adressen von Radverleihern aufgelistet. Infos unter www.prolocochiancianoterme.it/percorsi.

Infos

Pro Loco: 53042 Chianciano Terme (SI), Piazza Italia 67, Tel. 0578 67 11 22, www.prolocochiancianoterme.it.

Übernachten

Die Kursaison und damit die Öffnung der meisten Hotels läuft von Ostern/Mitte April bis Ende Oktober. Die Hotellerie von Chianciano Terme – im Ort und auf dem umgebenden Land – ist preiswerter als in der übrigen Toskana und bietet dennoch einen guten Standard.

Komfortabel – **Ambasciatori:** Viale della Libertà 512, Tel. 0578 643 71, www.barbettihotels.it. Modernes Hotel mit 111 Zimmern und vier Suiten. Beheizbarer Außenpool auf der Panoramaterrasse, Restaurant, Parkplatz. €€

Funktionell – **Cristina:** Via Adige 31, Ecke Viale Vittorio Emanuele, Tel. 0578 605 52, www.hotelcristinachiancianoterme.it, April–Okt. Nettes familiär von den Giulianelli geführtes Hotel. 43 Zimmer, Sonnenterrasse auf dem Dach, Restaurant für die Hausgäste, eigener Parkplatz. €

Familiär – **Irma:** Via della Libertà 302, Tel. 0578 639 41. Teilweise renoviertes Hotel in schattigem Garten. 70 helle und geräumige Zimmer, viel gelobtes Restaurant für die Hausgäste, freundlicher Service, Whirlpool, Parkplatz. €

Essen & Trinken

Auch die kleinen Hotels besitzen so gute Restaurants, dass die meisten Gäste Halbpension bevorzugen. Daher hat sich keine besondere Restaurantkultur entwickelt.

Abends Pizza – **Hostaria il Buco:** Via della Pace 39, Tel. 0578 302 30, Ruhetag Mi. Abendliche Pizzeria mit Restaurant in der Oberstadt, auch typische lokale Gerichte, im Herbst z. B. mit Steinpilzen. €.

Einkaufen

Antiquitäten – Die abendlichen **Versteigerungen** *(aste)* sind eine gute Gelegenheit, um Antiquitäten und nette Mitbringsel für Daheim zu ergattern. Es gibt auch Kleinigkeiten wie z. B. historische Postkarten.

Lebensmittel – **Wochenmarkt:** Mi vormittags in der Via della Pace, der Via dell'Abetone und der Via dello Stadio.

Aktiv

Wandern – Das Fremdenverkehrsbüro (s. S. 412) hält eine gut gemachte Broschüre mit sieben Touren bereit: »Escursionismo Turismo Naturale«.
Radwandern – s. Tipp S. 412.
Golf – **Valdichiana:** Località Esse, Tel. 0577 62 41 97, www.golfclubvaldichiana.it.
Tennis – **Tennis Club Chianciano:** Via Veneto 14, Tel. 0578 635 05.
Radfahren – Leihräder und -Mountainbikes werden auch über die Hotels organisiert (s. Tipp S. 412).

Verkehr

Bahn: Gute Anbindung von Chiusi Scalo an Arezzo und Florenz nach Norden bzw. nach Süden Richtung Rom.
Bus: Gute Verbindungen mit Montepulciano (Haltestelle vor Alt-Chianciano) sowie Chiusi Scalo, dem Bahnhof von Chiusi. Busse fahren auch über Bettole nach Florenz und Arezzo sowie über Sinalunga nach Siena.

Chiusi ▶K 9

Wegen seiner Lage an der Grenze zu Umbrien wird das bescheidene Städtchen in rund 400 m Höhe (knapp 8600 Einw.) von Toskana-Reisenden oft übersehen. Kaum jemand kommt hierher, um sich das Städtchen oberhalb des neueren Chiusi Scalo, der Bahnstation, anzuschauen, dabei ist das historische Zentrum rund um den Domplatz sogar recht hübsch. Auf keinen Fall verpassen sollte **Chiusi** jedoch, wer sich für Kunst und Kultur der Etrusker interessiert: Das heute relativ kleine und ein wenig weltvergessene Städtchen war als Chamars einer der mächtigen etruskischen Stadtstaaten und bietet inzwischen neben einem archäologischen Museum und Nekropolen auch die Möglichkeit, sogar unter der Stadt auf etruskische Spurensuche zu gehen.

Etruskisches Museum

Via Porsenna 93, www.prolocochiusi.it/museo-nazionale-etrusco-e-tombe, tgl. 9–20 Uhr (Sa/So Anmeldung erforderlich: Tel. 0578 201 77), Erw. 6 € oder Musei di Chiusi Card (s. S. 415)

Der Hauptanziehungspunkt in Chiusi ist das **Museo Nazionale Etrusco,** das hinter der neoklassizistischen Tempelfassade mit den vier kannelierten Säulen die kostbaren etruskischen Funde aus der Umgebung zeigt. Nach dem letzten Umbau, bei dem auch die Magazine im Untergeschoss zu Ausstellungsräumen umfunktioniert wurden, können nun noch mehr Exponate gezeigt werden. Und viele der 350 etruskischen Urnen, die hier jahrzehntelang aus Platzgründen vor der Öffentlichkeit verborgen bleiben mussten, kann man nun im eigens dafür eingerichteten, geradezu aufregenden Museo Civico Città Sotteranea bestaunen (s. S. 414).

Man beginnt den Rundgang mit der Bronzezeit um ca. 1000 v. Chr., mit Belegen, dass der Platz kontinuierlich besiedelt war: mit Viehhaltung und Handwerk bis zur Eisenzeit, als sich die etruskische Kultur entfaltete. Interessant sind hier u. a. zahlreiche Wasserkrüge, denen ein Henkel fehlt: Wenn sie als Ascheurne für Verstorbene benutzt wurden, schlug man ihnen dem Ritus entsprechend einen Henkel ab.

Zu den Prunkstücken der Sammlung gehört der »Deckel der Umarmung« (Nr. 1 in Vitrine 4). Dass sich bald rege Handelsbeziehungen mit anderen Völkern entwickelt hatten, sieht man an Importwaren aus Südetrurien (Vitrinen 10 und 11) oder aus Korinth (Griechenland) in Vitrine 12. Interessant sind auch die Vasen, bei deren Herstellung die Etrusker griechische Vorbilder imitierten. Sie unterscheiden sich von den Originalen dadurch, dass sie etwas einfacher ausgefallen sind, aber die Motive, die Geschichten, die sie erzählen, sind die gleichen wie bei den Griechen.

Das Untergeschoss zeigt auch römische Funde aus Chiusi und Umgebung, wieder ein Beweis für die fortgesetzte Bedeutung der Stadt, darunter eines der besten bekannten Porträts von Kaiser Augustus als junger Mann (Marmor, ca. 10 v. Chr.).

Museo della Cattedrale

Piazza Baldini 7, Mitte April–Mitte Okt. Di–So 10.15–12.45, 14.30–17 Uhr, Erw. 7 € (mit Labi-

rinto di Porsenna) oder Musei di Chiusi Card (s. S. 415)
Beim Dom und unter ihm hat man noch das **Museo della Cattedrale** eingerichtet, das eine bedeutende Sammlung von Chorälen und Codices aus dem 15. Jh. mit wunderschönen Miniaturen besitzt, außerdem sakrale Möbel und Schmuck sowie Gemälde (15.–17. Jh.) und auch ein paar vorgeschichtliche Funde in den unterirdischen Gängen.

Labirinto di Porsenna

Während der Öffnungszeiten des Kathedralmuseums geführte Touren (http://lnx.prolocochiusi.it/orari-e-prezzi-musei), Anmeldung erforderlich (Tel. 0578 226975, Mobil-Tel. 338 682 78 59, Eintritt s. Museo della Cattedrale
Die Stadt wurde von den Etruskern völlig unterhöhlt – und die heutigen Bewohner, munkelt man recht ungeniert, graben fleißig weiter, um neue etruskische Funde ans Tageslicht zu bringen, auch wenn es nicht erlaubt ist!

Lange Zeit wurde über das Grab eines Etruskerfürsten namens Porsenna aus dem 6. Jh. v. Chr. gerätselt, das von Plinius d. Ä. im 1. Jh. n. Chr. als Riesenmonument mit Labyrinth beschrieben wurde. Man meinte schon, Plinius habe es erfunden, nun aber glaubt man, gleich unterhalb des Dome, wenigstens das Labyrinth gefunden zu haben. Jedenfalls hat man dort, wo der Glockenturm des Domes steht, aus dem weichen Sandstein geschlagene etruskische Wasserbehälter ausgegraben, ja ein ganzes System mit durch Gänge verbundenen Zisternen als Drainage, um den Ort trocken zu halten und doch die Wasserversorgung zu sichern. Bei einem Erdbeben im 3. Jh. sollen die Gänge zusammengebrochen sein, weshalb nur einzelne Brunnen/Zisternen erhalten geblieben sind. Diese interessante etruskische Unterwelt kann man als **Labirinto di Porsenna** vom Dommuseum aus (s. rechts) mit Führung besichtigen.

Museo Civico Città Sotteranea

Via II Ciminia 2, geführte Touren (http://lnx.prolocochiusi.it/orari-e-prezzi-musei) Mai–Okt. Di–So 4–6 x tgl., sonst Do–So 3 x tgl., Voranmeldung erforderlich (Tel. 0578 209 15, 0578 22 76 67), Erw. 4 € oder Musei di Chiusi Card (s. S. 415)
Noch aufregender fast ist die zweite Abteilung im Palazzo Bonci-Casuccini als **Museo Civico Città Sotteranea**. Sie führt zu einem unterirdischen Lago (See) genannten Brunnen, zu Gängen voller etruskischer Urnen und – man staunt nicht schlecht – einem rekonstruierten Verkaufsladen im mittelalterlichen Weinkeller unter dem Palast, in dem etruskische Funde gehandelt wurden! Interessant ist die große Anzahl von Inschriften, die man auf 200 Dachziegeln gefunden hat, die auch als Deckel für Ascheurnen benutzt wurden. Eine so große Anzahl kennt man nur aus Chiusi und dies sei der Beweis dafür, dass die Bevölkerung insgesamt gebildet war, des Lesens kundig.

Die Nekropolen von Chiusi

Chiusi soll von 18 Nekropolen umgeben sein, von denen etwa ein Drittel unbekannt geblieben ist; einige weniger interessante sind normalerweise jederzeit frei zugänglich wie z. B. der **Poggio Gaiella.** Mit entsprechender Organisation kann man in Begleitung eines Museumskustoden aber auch diejenigen Nekropolen besichtigen, die als einzige im Gebiet der heutigen Toskana mit Fresken ausgeschmückt sind, vor allem aber die Gräber am **Poggio Renzo:** Tomba della Scimmia, Tomba del Leone sowie die Tomba della Pellegrina.

Tomba della Scimmia

Am Poggio Renzo, 3 km Richtung Lago di Chiusi, Besichtigung mit Anmeldung im Etruskischen Museum (s. S. 413, dort auch Ticket), Di, Do, Sa März–Okt. 11, 16, Nov.–Febr. 11, 14.30 Uhr, Erw. 3 €
Die **Tomba della Scimmia** (490/480 v. Chr.) erhielt ihren Namen von jenem Fresko, das einen kleinen Affen zeigt, der Liebling aller Besucher: Er ist an einen Baum gebunden und wartet beim Totenfest, wie es üblich war, auf seinen Auftritt. Man sieht den Verstorbenen unter einem Baum sitzen und zuschauen, auch wenn nur noch in schwachen Farben. Es ist ein Kammergrab, einem Haus nachempfunden, zu dem früher ein Dromos führte; nach der Entdeckung 1846 legte man den Zugang unterhalb der Straße an.

Sonst wiederholen sich die Motive wie in anderen etruskischen Gräbern: Spiele und Wettkämpfe in olympischen Disziplinen. Das Äffchen könnte hier ein Dämon sein als Symbol für die Unterwelt bzw. für den Übergang dorthin. Der Boxkampf könnte mit Kartonvorlagen auf die Wand gemalt worden sein, beide Kämpfer sind spiegelverkehrt geradezu identisch. Die Dachkonstruktion ist wie immer dem Holzbau der Häuser nachempfunden und rot bemalt. Die drei Kammern weisen darauf hin, dass es sich um ein Familiengrab für mehrere Generationen handelte, allerdings mit zwei Totenbetten im Vorraum, was für Chiusi sonst eher ungewöhnlich ist.

Tomba del Leone und Tomba della Pellegrina

Lage s. Tomba della Scimmia S. 414, tgl. März–Okt. 11–16, Nov.–Febr. bis 14.30 Uhr, vorbehaltlich ausreichender Besucherzahlen, Ticket im Etruskischen Museum (s. S. 413, im Museumsticket enthalten) oder Musei di Chiusi Card (s. S. 415)

Die **Tomba del Leone** hat zwar den Leone ›verloren‹, den Löwen also. Schön sind hier aber die Decken der beiden nachgebildeten Zimmer, schwarz und rot bemalt. Man erkennt, dass das Grab sehr lange benutzt wurde, weil immer neue Kammern gegraben und neue Sarkophage aufgestellt wurden.

Etwa 300 m rechts vom Äffchengrab wurde 1928 die **Tomba della Pellegrina** wieder entdeckt, die bereits im Altertum geplündert worden war. Sie stammt aus dem 4./3. Jh. v. Chr. und wurde bis zum 2. Jh. v. Chr. benutzt. Ein langer Dromos führt zu mehreren Grabkammern verschiedener Größe. Die Urnen hat man bis auf zwei, die ins Museum gebracht wurden, stehen lassen. So bekommt man einen sehr guten Eindruck davon, wie es hier ursprünglich ausgesehen haben muss. Am Ende der Anlage, also im Kern, befinden sich die ältesten Sarkophage, an deren unterem Rand der Deckel die Namen der Verstorbenen eingeritzt sind. Die liegenden Toten auf den Deckeln sind geschmückt dargestellt, die Frauen mit Spiegel und Parfümfläschchen, die Männer mit Bankettschalen.

Infos

Ufficio Turismo: 53043 Chiusi (SI), Via Porsenna 79 (Domplatz), Tel. 0578 276 67, www.prolocochiusi.it.

Musei di Chiusi Card: Dieses Sammelticket gilt für das Etruskische Museum, die Gräber Leone und Pelligrina, das Museo della Cattedrale mit Labirinto di Porsenna und das Museo Civico Città Sotteranea, Erw. 10 €.

Übernachten

Jugendstilvilla – **Villa Il Patriarca:** Località Querce al Pino, 3 km westlich, Tel. 0578 27 44 07, www.ilpatriarca.it. Die Villa liegt in einem großem Park. 22 unterschiedliche, geschmackvolle Zimmer und Suiten, Pool, Restaurant (ein Michelinstern), Parkplatz. €€

Bescheiden und freundlich – **La Sfinge:** Via Marconi 2, Tel. 0578 201 57, www.albergolasfinge.it. Zentral, 15 nette Zimmer, teils mit Holzbalkendecke, Klimaanlage und Talblick. €

Essen & Trinken

Etruskischer Weinkeller – **Zaira:** Via Arunte 12, Tel. 0578 202 60, Ruhetag Mi (außer Juni–Sept.). Schöne Trattoria-Atmosphäre im historischen Zentrum mit lokalen Spezialitäten. Sehenswerter Weinkeller in den unterirdischen etruskischen Gängen und Grotten. Kleine Karte: Antipasti, Suppen und Pasta. €

Einkaufen

Lebensmittel – **Wochenmärkte:** in Chiusi am Dienstag, in Chiusi Scalo am Montag, jeweils vormittags.

Verkehr

Bahn: Von Chiusi Scalo (3 km entfernt) führt die alte Bahnverbindung nach Castiglione del Lago/Lago Trasimeno und weiter nach Norden über Cortona und Castiglión Fiorentino nach Arezzo (und weiter bis Florenz). Auf der neuen Bahnlinie ist Chiusi Scalo unter Umgehung aller Zwischenstopps direkt mit Florenz (bzw. Rom) verbunden. Die Züge fahren zur Hauptverkehrszeit im Stundentakt.

Bus: Die Überlandbusse verkehren parallel zur alten Bahnlinie, zur Hauptverkehrszeit ca. im Stundentakt.

Monte Amiata und südöstliche Toskana

Der höchste Berg der Südtoskana, der 1738 m hohe Monte Amiata, gestaltet den gesamten Südosten der Region mit seinem markanten Aussehen eines (erloschenen) Vulkanes und seinen Kastanienwäldern. Aus seinem Tuff bildeten sich im Süden hohe Felsgrate, auf denen die vielleicht interessantesten und hübschesten Etruskerstädte der Toskana thronen.

Rund um den Monte Amiata ▶J 10

Im Monte-Amiata-Gebiet kann es Leuten mit Zeit ein besonderes Vergnügen bereiten, einfach draufloszufahren, einem von Zinnen bekrönten Turm entgegen, der auf einem bewaldeten Gipfel hockt. Und natürlich auch, um zum höchsten Berg der Südtoskana, dem 1738 m hohen **Monte Amiata** aufzusteigen. Er ist ein erloschener Vulkan, was man seiner klaren pyramidalen Form noch gut ansehen kann. Für die südliche Toskana ist er ständiger Orientierungspunkt in der Landschaft. Im Winter fällt hier häufig Schnee, sodass sogar Aufstiegshilfen für Skifahrer zu finden sind. Sonst ist der Monte Amiata eher eine beliebte Sommerfrische, umgeben von dichten, schönen alten Mischwäldern.

Piancastagnaio ▶J 10

Herumfahren ist hier also angesagt, um z. B. **Piancastagnaio** im Südosten des erloschenen Vulkans zu entdecken. Eine imposante mittelalterliche Festung rechts vom Stadttor weckt Erwartungen: Die **Rocca Aldobrandesca** (Juni–Aug. Fr 15–19, Sa, So auch 10–13, Sept.–Mai nur nach telefonischer Absprache, Tel. 0577 78 41 34, Eintritt frei) aus dem 15. Jh. besitzt einen quadratischen Wohnturm und einen kleinen Wachturm – mit dem Gipfel des Monte Amiata vor den Augen.

Abbadia di San Salvatore ▶J 10

Abtei und Museum: Via del Monastero 50, www.abbaziasansalvatore.it, Abtei: tgl. 8–19/20 Uhr, Museum: Juli, Aug. Di–So, sonst Sa, So 10–12, 16–19 Uhr, Eintritt frei

Ein wenig nördlich von Piancastagnaio sollte man sich von der verwirrenden Straßenführung im in luftiger Höhe auf 822 m liegenden **Abbadia di San Salvatore** nicht irritieren lassen und gleich die am nördlichen Ortsrand liegende, namengebende **Abtei San Salvatore** aufsuchen. Die ungewöhnliche **Saalkirche** (11. Jh.) des Klosters lohnt ebenso die Fahrt wie ihre eindrucksvolle fünfschiffige **Krypta,** die aus dem 8. Jh. stammen könnte und von einem wahren Säulenwald getragen wird. Fast jede der 36 Stützen trägt ein anders gestaltetes Kapitell.

Gegründet wurde die Abtei 743 vom Langobarden Ratchis. Ursprünglich benediktinisch, ging das Kloster später an die Kamaldulenser und dann an die Zisterzienser über. Ein kleines **Museum** zeigt Schätze der Abtei.

Parco Museo Minerario di Abbadia San Salvatore

Via Suor Gemma 1, www.museominerario.it, Anmeldung erforderlich (Tel. 351 594 93 87), im Prinzip tgl. 15. März–April, Juni, Juli–13. Sept., 23. Dez.–6. Jan. 9.30–12.30, 15.30–18.30 Uhr, Erw. 12 €

Interessant ist der **Bergbaumuseumspark von Abbadia San Salvatore,** u. a. mit einem Minenbesuch (250 m durch historische Galerien). Dazu gehört ein Blick hinter die Kulissen des Bergbaus am Monte Amiata im **Museo Multimediale I luoghi del Mercurio.**

Arcidosso ▶ J 10

Im Westen des Monte Amiata liegt der kleine Ort **Arcidosso** (679 m, 4300 Einw.), Città del Castagno genannt. Über dem Eingangstor zur Festung drohen die fünf voluminösen Kugeln des Medici-Wappens (später waren es sechs) fast heraus zu kullern, so mächtig wirken sie. Es ist nicht einfach, sich in diesem Festungsort zurechtzufinden, denn er besteht praktisch nur aus verwinkelten Treppengassen zwischen hohen Häusern, die kaum einen Durchblick ermöglichen. Aber es bereitet Vergnügen, hier einen Versuch der Orientierung zu wagen – speziell zur Kastaniensaison.

Santa Fiora ▶ J 10

Ein richtig schöner, vom Mittelalter geprägter Ort zum beschaulichen Flanieren ist **Santa Fiora** (gut 2600 Einw.) in 687 m Höhe, wegen seiner Lage auch ein anerkannter Luftkurort. Er besitzt übrigens eine besonders interessante Geschichte: In der Nähe entspringen die Quellen des Flusses Fiora. Bevor sie zur Bewässerung der Südtoskana in Kanälen gesammelt wurden, hatten die Herren von Santa Fiora – die Sforza Cesarini – das Wasser in einem großen Becken gesammelt, in dem sie auch große Forellen züchteten, daher *peschiera* genannt.

Dante besingt den Ort im vierten Höllengesang seiner »Göttlichen Komödie«: »und Du wirst sehen, wie sicher Santafior ist!« Später wird der Piccolomini-Papst Pius II. über die Peschiera schreiben, dass darin riesige Forellen gezüchtet würden, und dass man ihm zu Ehren einen kleinen Fischfang organisiert habe. Es ist die erste Nennung dieser schönen Anlage zu Füßen des **Castello** und des ebenso befestigten **Borgo,** die man jüngst saniert und in einen wunderschönen Park integriert hat, den **Parco della Peschiera** (offen zugänglich).

Essen & Trinken

Schmackhafte Maremma-Küche – **Il Barilotto:** Via Carolina 24, Tel. 0564 97 70 89, https://ilbarilotto.business.site, Ruhetag Mi (außer Juni–

In der Südtoskana kommt man um ihn einfach nicht herum – der Monte Amiata ist von überall gut zu erkennen und dient als ständiger Orientierungspunkt

Sept.). Urige Trattoria in zwei holzgetäfelten Räumen. Einfache Küche mit *acquacotta*, hausgemachter Pasta, Wildschwein, Lamm, zur Saison Steinpilze in vielen Variationen, *dolci*. €–€€

Parco Faunistico del Monte Amiata ▶ H 10

www.terre-di-toscana.com, Di–So 7.15 Uhr bis Sonnenuntergang, Erw. 3,50 €, für Führungen anmelden unter Tel. 0577 77 83 24
Etwas für Naturliebhaber ist der Naturpark zu Füßen des 1152 m hohen Monte Buceto, der **Parco Faunistico del Monte Amiata** mit großen Tiergehegen. Hier leben in unberührter Natur nur einheimische Tierarten, außer Mufflons und Hirschen, Rehen und Damwild sowie Gemsen auch die wieder angesiedelten Appenin-Wölfe und Amiata-Esel. Es lohnt sich, für den Besuch des 180 ha großen Park mindestens einen halben Tag einzuplanen. Denn außer den Tieren hat man hier hügelige Weideflächen und dichte Wälder, sogar einen wundervoll wilden Bachlauf unter Naturschutz gestellt. Im Verwaltungsgebäude nahe dem Parkeingang wurde ein kleines, aber lehrreiches **Naturkundemuseum** eingerichtet.

Radicófani ▶ K 10

Zwischen Chiana- und Orcia-Tal durchquert man eine merkwürdig zerfressene Landschaft, als habe ein Riesenbagger das Mittelgebirge mit großen Klauen bearbeitet und das Innere bloßgelegt: fast eine Mondlandschaft, entstanden durch Erosion. Es folgen baumlose Hügel, Ackerland und Weideflächen, Weizen wiegt sich im Sommer hell im Wind, dazwischen weinrote Luzernefelder. Nur vereinzelt blüht im Frühjahr prallgelber Ginster.

Zwischen Monte Amiata und dem Orciatal erhebt sich **Radicófani.** Es thront in 718 m Höhe auf kleinem Plateau, und der Turm ist mit Zinnen bekrönt. An der Festung haben viele Besitzer gebaut, u. a. Päpste, Kaiser und die Medici. Bereits von Weitem ist sie zu erkennen, ragt wie ein Zylinderhut über dem hohen Felsen aus der Landschaft heraus.

Fortezza di Radicófani

www.fortezzadiradicofani.it, im Sommerhalbjahr tgl., sonst Sa, So 10–18.30 Uhr, Erw. 5 €
In 896 m Höhe erhebt sich auf dem Gipfelplateau, dem höchsten in der Val d'Orcia, die **Festung von Radicófani** – mit traumhaftem Rundblick. Im zentralen Turm, umgeben von fünf Bastionen, befindet sich das **Museum** mit unterirdischen Verließen und archäologischen Funden ab der Bronzezeit (12.–10. Jh. v. Chr.). Kulinarisches I-Tüpfelchen: ein **Steak House** mit lokalen Produkten.

Übernachten, Essen & Trinken

Großartiges Landgut – **Il Poggio:** Celle sul Rigo, Località Il Poggio 292, Tel. 0578 537 48, www.ilpoggio.net, Mitte Jan.–Mitte Febr. teils geschl. Wunderbar gelegenes, nach biologischen Prinzipien arbeitendes Landgut (Olivenöl, Wein, Aufzucht von Pferden und Cinta Senese) mit Blick auf den Monte Amiata und Radicófani. Familiär, in den letzten Jahren geradezu luxuriös ausgebaut. Tolles **Restaurant** (außer im Sommer Ruhetag Di) mit eigenen Produkten, hausgemachter Pasta etc. Fünf Suiten und 26 Apartments im Borgo, zwei Pools, Parkplatz, auch Reiterferien. €€

Aktiv

Reiten – **Il Poggio:** Professioneller Reitstall, s. oben.
Wandern – Markierte Wege rund um den **Monte Amiata,** Infos auf www.terre-di-toscana.com/terreditoscana/trekking.

Etruskerland zwischen Sorano und Satúrnia

Karte: S. 419
Es ist eines der schönsten Gebiete der Alta Maremma bzw. der Südtoskana, bestechend vor allem durch die Lage der hoch auf Tuffgraten aufragenden Städtchen etruskischen Ursprungs, damals und im Mittelalter bedeutend und heute eine Augenweide. Die Nekropolen des Gebietes, oft nicht ganz einfach zu erreichen, lohnen bei Interesse ganze Tagesausflü-

Etruskerland zwischen Sorano und Satúrnia

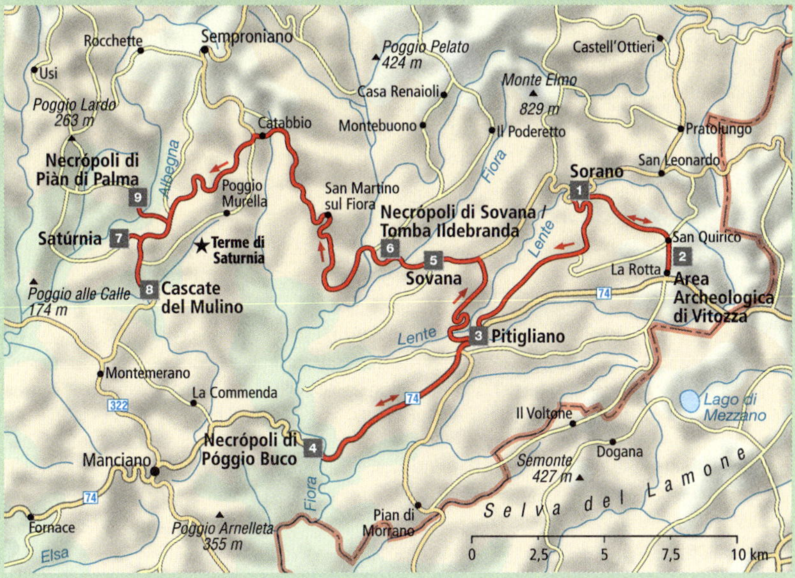

ge. Es geht kreuz und quer durch die Alta Maremma mit ihren dicht bewaldeten Hügeln, die eindrucksvoll-schlichte Silhouette des Monte Amiata fast immer im Visier. Er hat durch seine unterirdischen, heißen Magmakammern dafür gesorgt, dass es auch ein interessantes Thermalgebiet ist. Paradestück ist die Therme von Satúrnia (s. S. 427) mit dem riesengroßen und doch sehr eleganten Grand Hotel Terme (s. S. 428), dessen Pool direkt über den warmen Quellen liegt, aus denen er gespeist wird.

Sorano 1

Der schöne, etwa 3400 Einwohner große Ort **Sorano** thront auf einer langen Tuffbergnase in 379 m Höhe über dem Fluss Lente und besitzt einen wunderbar intakten mittelalterlichen Stadtkern, der in den letzten Jahren fast vollständig restauriert wurde. Im Mittelalter residierten hier zuerst die Aldobrandeschi und dann die Orsini, 1608 wurde es Teil des Großherzogtums Toskana.

Die **Fortezza Orsini,** 1552 erbaut, bildet den Südabschluss des historischen Kerns – eine trutzige Militärarchitektur der Renaissance mit einem bereits aus dem 10. Jh. stammenden zentralen *maschio* (Turm). Von oben schaut man in die Schluchten hinab, deren Wände von etruskischen Grabhöhlen durchlöchert sind. Man kann die gründlich restaurierte Festung besichtigen. Teils dient sie als Hotel, teils als **Museum** (www.museidimaremma.it, März, Nov. Sa/So 10–13, 14/15–17/18, ca. April–Sept./Okt. Di–So 10–13/12, 15/16–19/18 Uhr, Erw. 5 €, Sammelticket 10 €). Richtig aufregend aber ist der mit Führung mögliche Besuch der **Camminamenti Sotterranei,** also der unterirdischen Gänge.

Im eigentlichen Ortskern, sozusagen auf der anderen Seite der Festung, der zu einem angenehmen Bummel einlädt, steht gleich am Anfang die kleine **Collegiata di San Nicola di Bari** aus dem 12. Jh. Sehenswert sind in der Kirche ein Travertintaufbecken von 1563 und ein eindrucksvolles Kruzifix aus dem 17. Jh.

Die verschiedenen Grabtypen der Etrusker

Plattenkammern, Erdhügelgräber, Tempelgräber – die Etrusker waren recht erfinderisch, wenn es um die Gestaltung ihrer Gräber ging, in denen sich ihre Toten ›wohl fühlen‹ sollten, weshalb vielfach ein Wohnambiente angestrebt wurde.

Tomba a Tempio Ildebranda bei Sovana

Normalerweise bauten die Etrusker ihre Totenstädte in den Fels, meist in den weichen Tuff hinein. Ein Grab neben das andere, z. T. mit mehreren Grabkammern, die wiederum weiter im Fels ausgehoben wurden. Einige der Gräber bauten sie fast wie kleine Paläste aus, wie die Tomba Ildebranda unterhalb von Sovana (s. S. 426). Dort, wo die Etrusker keinen Tuff vorfanden, sondern beispielsweise Travertin wie in Piàn di Palma, verlegten sie im 6. und 5. Jh. v. Chr. ihre Gräber in den Boden. Große Travertinplatten wurden für die Kammerwände und die Decke verwendet, ob tief im Boden eingelassen oder einfach darauf gestellt. Dann umgab man dieses Gebilde zusätzlich mit einer Mauer, die sich nach oben verjüngte und schließlich eine Art Kuppel ergab (Scheinkuppel). Darauf wurde wiederum Erde gehäuft, bis das Grab völlig bedeckt war. So entstanden die *tumuli*, Grabhügel. Um große Grabanlagen mit mehreren Nebenkammern zu schaffen, wurden die *tumuli* tiefer in den Boden eingelassen. Zugänglich waren sie über einen langen, kunstvoll gemauerten Gang, den sogenannten *dromos*.

Die Etrusker liebten Spiele und sportliche Wettbewerbe, mit entsprechenden Darstellungen verzierten sie auch die Gräber ihrer Toten. Leider sind im toskanischen Gebiet die Wandfresken nicht so gut erhalten erhalten geblieben wie ein wenig weiter südlich im Latium. Zu den beliebtesten Motiven gehörten Bankette und andere Totenzeremonien, Tänzer, Wagenrennen, Gaukler und Akrobaten, aber auch Naturszenen. In Tarquinia etwa hat man ein ganzes Landschaftspanorama mit Vögeln, Delfinen und Fischen in der wunderschönen Tomba della Caccia Pesca gefunden. Damit kann der kleine Affe in der Tomba della Scimmia bei Chiusi nicht konkurrieren, aber immerhin! Man hat die meisten Darstellungen auch dieser Gräber rekonstruieren können wie ein Wagenrennen mit Gespannen, ein nackter, mit einem Hund spielender Knabe ist zwischen den Beinen zweier Pferde zu entdecken, weiterhin lassen sich zwei Ringkämpfer und Waffentänzer ausmachen.

Bewegliche Grabbeigaben konnten ebenfalls sehr unterschiedlich ausfallen, das Spektrum reicht allein in Populónia vom Streitwagen in der Tomba dei Carri bis zum kleinen bronzenen Opfernden in der Tomba dell'Offerente. Die meisten Funde befinden sich heute im Museum, vor Ort sind aus Sicherheitsgründen normalerweise nur Nachbildungen ausgestellt. Beeindruckende Sammlungen etruskischer Grabbeigaben sind im Archäologischen Nationalmuseum von Chiusi zu bewundern, weiterhin in Piómbino, Vetulónia, Arezzo und Florenz. Die wichtigste etruskische Sammlung befindet sich freilich noch immer in Rom in der Villa Giulia. Immer mehr kleinere Sammlungen bereichern aber den etruskischen Fundus in der Toskana, so in Chiancianos sehr hübschem Museo Archeologico (s. S. 411) oder in Murlo (s. S. 391).

In Sorano gab es ebenso wie im benachbarten Pitigliano (s. S. 421) im ausgehenden Mittelalter ein Viertel für die damals große jüdische Gemeinde. Die **Via del Ghetto** gehört zu den am behutsamsten restaurierten Ecken des Ortes, eine Tafel erinnert an zwei jüdische Mitbürger, die ihr Leben in Auschwitz ließen.

Area Archeologica di Vitozza 2

Ca. 6 km südöstlich von Sorano beim Ortsteil San Quirico, fei zugänglich, offizielle Tickets gibt es im Zentrum von San Quirico oder bei den Kustoden, die manchmal unterwegs sind

Città del Tufo heißt das gesamte Areal zwischen Sorano und Sovana. Bei Sorano hat man die interessante **Area Archeologica di Vitozza** zugänglich gemacht (gut ausgeschildert). Funde beweisen, dass hier bereits in der Jungsteinzeit gesiedelt wurde, dann entdeckten die Etrusker das fruchtbare enge Tal, später kamen die Römer. Die auffälligsten Spuren hinterließen christliche Einsiedler, die sich die fast ›fertige‹ Felsenstadt aneigneten. An die 200 Grotten waren bewohnt oder wurden als Grabstätten benutzt, sie sind heute ordentlich beschildert, weshalb man genau erfährt, wer wann wo gewohnt hat.

Nach rund einer Besichtigungsstunde erreicht man die besonders sehenswerten etruskischen *colombari* (Taubenschläge). Manche Experten meinen allerdings, sie stammen erst von den Römern und seien von ihnen für Ascheurnen benutzt worden, also für die weniger aufwendige Art der Bestattung. Ein Picknick und Trinkwasser sollten bei der Tour dabei sein, auch wenn man in San Quirico in einer Bar einkehren kann.

Infos

Informazioni Turistiche: 58010 Sorano (GR), Piazza Busatti 8, Tel. 0564 63 30 23 (auch für die Gräber von Sovana und Vitozza). Nach der kleinen Broschüre »La Città del Tufo« fragen, die Sorano, Sovana und Vitozza erfasst (s. auch Websites www.leviecave.it und www.inetruria.movimentolento.it, beide für das gesamte Gebiet).

Übernachten

In der Festung – **Hotel della Fortezza:** Piazza Cairoli 5, Tel. 0564 63 35 49, www.hoteldellafortezza.com. Zauberhaftes kleines Hotel im Kern der Orsini-Festung. 16 unterschiedlich eingerichtete Zimmer, zum Teil mit herrlichem Blick. €–€€

Ganz bio – **Agriturismo Biologico Sant'Egle:** Case sparse Sant'Egle 18, Mobil-Tel. 329 425 02 85, www.agriturismobiologicotoscana.it. Alles bio zwischen Sorano und San Quirico, mit Bio-Pool, E-Auto. Acht Zimmer, Apartment, Luxuszelt; im Zentrum von Sorano eine Wohnung. €€

Essen & Trinken

Einfach – **Locanda dell'Arco:** Via Roma s/n, Mobil-Tel. 340 187 08 65, kein Ruhetag. Mit historischen Fotos und neuen Aquarellen dekorierte schlichte Trattoria. Helle Holztische, Papierdecken, rustikale Küche, tgl. wechselnde *primi*, Spezialität *crostoni* mit unterschiedlichem Belag. €

Abends & Nachts

Weinlokal – **La Cantina del Viandante:** Via della Madonnina 2. Enoteca und Weinbar am Ortseingang, mit typischen kleinen Gerichten.

Einkaufen

Märkte – Im August zehn Tage lang **Mostra Mercato** mit Kunsthandwerk und lokalen Produkten, außerdem Veranstaltungen für Groß und Klein. Freitags (8–13 Uhr) **Wochenmarkt** auf der Piazza Benocci.

Keramik – **Atelier Ceramiche Artistiche Bandarin:** Via Roma 7. Schöne eigene Keramikkreationen.

Aktiv

Reiten und Reitausflüge – **Maneggio Belvedere:** Località Filetta, Mobil-Tel. 338 810 04 96, www.maneggiobelvedere.it. Leihpferde und geführte Ausritte.

Pitigliano 3

Das mittelalterliche Stadtchen **Pitigliano** (3800 Einw.) liegt in 313 m Höhe über dem Lente auf einem Tuffplateau, das vollkommen ausgehöhlt zu sein scheint. Der hohe, von tiefen Schluchten umgebene Felsrücken war für die Etrusker geradezu wie geschaffen, um darauf eine vor Feinden gesicherte Stadt zu errichten.

Vor dem netten Albergo Guastini an der Piazza Petruccioli stehend, fühlt man sich ins Mittelalter oder in die Renaissance versetzt. Hier gruppieren sich Palazzi und Tore, Festungsmauern und Brunnen zu einem harmonischen Bild. Eine breite Loggia öffnet sich zum Tal, bietet schönstes Panorama und ist eine hübsche Front vor der mächtig aufsteigenden Festung. Pitigliano hat sich etwas Urtümliches erhalten können, eine Tuffsteinstadt, die erkundet werden will. In den Tuffsteinhöhlen unter ihren Häusern bewahren die Bewohner des Städtchens heute u. a. ihren berühmten Wein auf, den trockenen Bianco di Pitigliano, wohl nicht viel anders als ihre etruskischen, römischen und mittelalterlichen Vorfahren.

Im Mittelalter herrschte hier wie in Sorano die mächtige Familie Orsini. Deshalb ziert die Säule mit dem Orsini-Bären (1490) die dem aus dem Orsini-Geschlecht stammenden Papst Gregor VII. gewidmete Piazza im Zentrum Pitiglianos. Ringsum bzw. auf mehreren Ebenen breiten sich enge Gassen aus, durch die zu spazieren Vergnügen bereitet.

Den schönsten Blick auf die Stadt genießt man kurz vor Sonnenuntergang von der im Südwesten stehenden kleinen Kirche **Madonna delle Grazie** – Pitigliano von der untergehenden Sonne beschienen, wobei der Tuff einen rötlich-goldenen Farbton annehmen kann.

Fortezza Orsini

www.palazzo-orsini-pitigliano.it, Di–So 10–13, 15–17/18, Aug. tgl. bis 20 Uhr, Erw. 5 €, bei Sonderausstellungen teurer

Gleich am Ortseingang, nachdem man die wundervolle Brücke mit dem **Acquedotto Mediceo** (dem Aquädukt also) über die tiefe Schlucht hinweg überwunden hat, steht man vor der **Fortezza Orsini**, die Sangallo ausbaute, darin der Palazzo Orsini mit dem wenig besuchten **Museo Civico Archeologico.** Seine unterirdischen, für Pitigliano so typischen Gänge sind allerdings fast interessanter als die Sammlungen des Museums selbst, obwohl sie Funde (schöne Keramiksammlung) aus der etruskischen Nekropole vom nahen Poggio Buco und aus der Umgebung von Vulci besitzen. In der Festung ist auch das **Museo Diocesano di Arte Sacra** untergebracht, mit liturgischem Schmuck sowie Bildern, Fresken und Skulpturen vor allem aus dem 16. Jh.

Ghetto

www.pitigliano.org/la-piccola-gerusalemme, www.lapiccolagerusalemme.it, Synagoge/Museum: April–Sept. So–Fr 10–13, 14.30–18, Okt.–

Pitigliano: Die Übergänge zwischen Tuffgestein und Architektur scheinen fließend

März 10–13, 14–16.30 Uhr, an jüdischen Feiertagen geschl., Erw. 5 €
Über den Vicolo Manin gelangt man in das ehemalige jüdische **Ghetto** mit Synagoge und Matze-Öfen, koscherer Metzgerei und aus dem Felsen geschlagenem Kultbad. Auf die Zeugen einer blühenden jüdischen Gemeinde im 15. Jh. ist man wieder stolz, zahlreiche jüdische Reisegruppen aus aller Welt zieht es inzwischen in den Ort. Geführt wird man auf Wunsch durch junge Leute aus Pitigliano, Christen, die sich offensichtlich gerne mit der jüdischen Tradition ihres Städtchens befassen, um sie ihren Gästen zu erklären. Eine jüdische Gemeinde gibt es hier schon lange nicht mehr. Außerhalb von Sorana liegt an der SS 74 Richtung Manciano der **Jüdische Friedhof** (nicht zu besichtigen).

Necrópoli di Póggio Buco 4

8 km von Pitigliano entfernt, auf dem Weg nach Manciano, befinden sich die **Necrópoli di Póggio Buco** mit einer Unmenge etruski-

scher Felsengräber oberhalb des Flusses Fiora. Die weitläufige Nekropole ist frei zugänglich, gutes Schuhwerk ist allerdings angeraten und der Besuch nach kräftigem Regen eher zu meiden. Das große Grab am Poggio Buco ähnelt einem aus dem Tuff geschlagenen Labyrinth auf unförmig dicken Stützen.

Infos

Ufficio Informazioni e Assistenza Turistica: 58017 Pitigliano (Gr), Piazza G. Garibaldi 10, Tel. 0564 61 71 11, www.comune.pitigliano.gr.it.

Übernachten

Traditionsreiches Haus – **Guastini:** Piazza Petruccioli 16, Tel. 0564 61 60 65, www.albergoguastini.it, 10. Jan.–20. Febr. geschl. Traditionelles Hotel (seit 1905) gleich am Ortseingang mit Traumblick ins Tal. 23 unterschiedliche, renovierte kleinere Zimmer, drei davon mit Stilmöbeln aufwendiger ausgestattet. €–€€

Unter der Festung – **Il Tufo Rosa:** Piazza Petruccioli 97–101, Tel. 0564 61 70 19, www.iltuforosa.com. Freundlich geführte Locanda in der Orsini-Festung. Fünf hübsche, komfortable Zimmer, eines davon mit Salon und zusätzlichem Schlafsessel. €–€€

Essen & Trinken

Ghetto-Küche im Tuff – **Il Tufo Allegro:** Vicolo della Costituzione 5, Tel. 0564 61 61 92, auf Facebook, Ruhetage Di, Mi mittags (außer Aug.), Mitte Jan.–Mitte Febr. geschl. Winzig kleine Trattoria im früheren Ghetto (Seitengasse der Via Zuccarelli) auf zwei Ebenen vom Parterre abwärts in den Tuff hinein. Schmackhafte lokale Küche und gute lokale Weine, für die es eine ausführliche Karte gibt. €–€€

Gut toskanisch – **Hostaria del Ceccottino:** Piazza San Gregorio VII 64, Tel. 0564 61 42 73, www.ceccottino.com, Ruhetag Do, Jan./Febr. geschl. Angenehme Osteria alter Tradition, kleiner, hübsch eingedeckter Raum, Tische auf der netten Piazza. Saisonbedingte toskanische Gerichte, zu empfehlen sind die *fantasia di crostini* oder die vegetarischen *crostini,* die knoblauchduftenden *pici all'aglione,* die *zuppa di ricotta e spinaci* (Ricotta- und Spinatsuppe, typisch für Pitigliano), das Lammgulasch oder das kräuterduftende Kaninchen in Weißweinsoße. Auch Zimmer über dem Restaurant. €–€€.

Hausmannskost – **Osteria di Fuori Porta:** im Hotel Guastini (s. Übernachten). Gutes Restaurant in Panoramalage und mit Tischen auf der Piazza. Hausgemachte Pasta, große Käseauswahl aus der Umgebung, lokale, teilweise auf der jüdischen Tradition basierende Gerichte wie *buglione d'agnello* (Lammgulasch). €–€€

Einkaufen

In Frauenhänden – **Kunsthandwerksläden:** Die Via Roma und die Via Zucarelli bieten kleine Läden kreativer Frauen (Keramik, Leder, Holz etc.).

Lokale Spezialitäten – **Ghiottornia:** Via Roma 111. Wein und Culinaria verlockend präsentiert.

Termine

La Torciata di San Giuseppe: 19. März. Langer Umzug durch das historische Zentrum in Kostümen des 15. Jh., symbolisches Verbrennen des Winters (große Strohpuppen) auf der Piazza del Comune, kombiniert mit einem fröhlichen Volksfest, das schon vier Tage vorher beginnt.

Verkehr

Bus: RAMA verbindet Pitigliano mehrmals tgl. zu den Hauptverkehrszeiten mit Grosseto.

Sovana 5

Der wunderhübsche kleine Ort **Sovana** mit vielleicht 120 Einwohnern erhebt sich in 291 m Höhe hoch über dem Tal des Fiora. Die Miniaturstadt sitzt, wie vergessen von ihrer Umwelt, einsam auf einem kleinen Tuffplateau, das man in immer engeren Serpentinen erklimmen muss. Fast möchte man glauben, ein Bildhauer habe diesen städtebaulichen Winzling aus dem Felsplateau gehauen, so organisch fügt sich Sovana in die Landschaft ein, ist nicht nur scheinbar mit dem Tuff vollkommen verwachsen.

Sovana war schon zur Jungsteinzeit besiedelt, später im etruskischen Magistrat von Vulci vertreten und nach der Eroberung durch die Römer ein Municipium. Erst im 6. Jh. wurde es christianisiert und bald Diözese, ab dem 7. Jh. sogar Bischofssitz. Nach der Zerstörung von Roselle (s. S. 305) wurde Sovana Hauptsitz der Grafen Aldobrandeschi. Zwischen 1020 und 1030 wurde hier Hildebrand, der spätere Papst Gregor VII., geboren (s. auch Pitigliano, S. 422). Unter Hildebrand I. besaß die Grafschaft Sovana um die erste Jahrtausendwende »so viele Burgen wie das Jahr Tage hat«, heißt es in einem Ortsprospekt. Den Höhepunkt seiner Geschichte erlebte Sovana aber im 13. Jh. unter den beiden Grafen Guglielmo und Umberto, die in Dantes »Göttlicher Komödie« verewigt sind.

1558 ging Sovana an das Großherzogtum der Medici über, die aufgrund der hier häufig auftretenden Malaria kein großes Interesse an dieser Region hatten. 1777 verlor Sovana den Bischofssitz an Pitigliano, 1783 wurde es Sorano eingemeindet. Heute ist das Städtchen wunderhübsch restauriert und saniert, eine Augenweide und durch drei kleine feine Hotels sogar eine empfehlenswerte Station für Leute, die von hier aus zu Fuß, mit dem Fahrrad oder dem Wagen die Gegend erkunden möchten.

Piazza Maggiore

Im Osten ist Sovana von der Rocca Aldobrandesca begrenzt, die nur noch als dekorative Ruine erhalten geblieben ist, im Westen von der Kathedrale, der früheren Bischofskirche. Die für ihren Namen doch recht winzige Piazza Maggiore (eigentlich Piazza del Pretorio) ziert der **Palazzo Pretorio** (12./13. Jh.) mit den Wappen seiner Richter und Kommissare aus der Zeit der Sienesen und der Medici (1482–1686) mit der Loggia del Cosimo von 1570. Die eingemauerte Säule rechts vom Eingang diente dazu, öffentliche Bekanntmachungen anzubringen. Gegenüber steht die sehr interessante **Kirche Santa Maria** aus dem 12. Jh., die eines der wenigen frühromanischen Kunstwerke der Toskana birgt, einen Altarbaldachin aus Travertin (10./11. Jh.). Das schmale Turmhäuschen mit der Uhr an der Schmalseite des Platzes, in dem heute das Postamt untergebracht ist, entpuppt sich bei näherem Hinsehen als das **Palazzetto dell' Archivio** aus dem 12./13. Jh.

Cattedrale Santi Pietro e Paolo

www.sovana.info/duomo-dei-santi-pietro-e-paolo, tgl. 10–13, 15–Sonnenuntergang, Anfang Aug–Anfang Sept. tgl. 9.30–19.30 Uhr, Erw. 2 €

Die Piazza Maggiore und die beiden Straßen zum anderen Ende des Städtchens, Via di Siviero (mit Steinpflaster belegt) und Via del Duomo (im Fischgrätmuster), laden seit der groß angelegten Restaurierung von Sovana geradezu ein, über sie einen Rundkurs zu gehen: Die Via del Duomo führt zum Dom aus dem 8. Jh., links steht das Geburtshaus Papst Gregors VII. (Inschrift). Die **Cattedrale Santi Pietro e Paolo** erhebt sich an der höchsten Stelle von Sovana und besticht durch ihre Schlichtheit, die allerdings von den Comacini, den meisterhaft arbeitenden Steinmetzen aus Como, im lombardischen Stil gestaltet wurde. Das Portal, das bei den Umbauarbeiten vom 12. bis ins 14. Jh. auf die Seite verlegt werden musste, weil der Bischofspalast vorgesetzt wurde, wirkt wie ein fein ziseliertes Mosaik. Heute betritt man die Kirche durch den früheren Bischofspalast. Der dreischiffige, vierjochige Innenraum stützt sich auf Bündelpfeiler mit schönen Kapitellen. Sie zeigen Blattornamente und menschliche Gestalten. Alles ist unverputzt und lässt den angenehmen, dunklen und helleren Ton von Tuff und Travertin frei.

Necrópoli di Sovana / Tomba Ildebranda 6

Tomba Ildebranda: www.museidimaremma.it, März Sa, So 10–18, April–Sept. tgl. 10–19, Okt.–1. Nov. tgl. 10–17.50, Nov. Sa, So 10–17, 21.–23., 26. Dez.–6. Jan. tgl. 10–17 Uhr, Erw. 5 €

Hinter dem Dom führt ein Fußweg steil abwärts zur **Nekropole von Sovana,** die sich unterhalb des Städtchens über 2,5 km auf einem Tuffsteinrücken erstreckt. Man kann den Weg natürlich auch mit einem Fahrzeug zurücklegen, allerdings nicht von der Kathedrale, sondern von der Festungsruine aus. Dann parkt man am besten beim Ildebranda-Grab oder lässt den Wagen an der Straße stehen, da die meisten Gräber nur zu Fuß erreichbar sind.

Die Gräber entstanden zwischen dem 7. und dem 1. Jh. v. Chr. und weisen daher die verschiedensten Typen auf: Tempelchen und Häuser, Gräber und Kammern, Nischen und Tympana etc. Um sie alle zu besichtigen, müsste man sich für mehrere Tage in Sovana niederlassen, was freilich keine schlechte Wahl wäre. Die sicherlich schönsten Gräber stammen aus der sogenannten hellenistischen Spätzeit der etruskischen Kultur im 3. Jh. Da der Tuff leicht verwittert und die Macchia alles schnell überwuchert, haben die Gräber zum Teil zwar schwer gelitten, dadurch aber nichts von ihrer Faszination verloren.

Am eindrucksvollsten ist sicherlich die **Tomba Ildebranda** oder **Tomba a Tempio Ildebranda** (3.–2. Jh. v. Chr.), wie der vollständige Name andeutet in Tempelform. Sie wurde nach dem Taufnamen Papst Gregors VII., Hildebrand, benannt, jenem Papst, der Kaiser Heinrich IV. zum Gang nach Canossa zwang. Zwölf Säulen mit reich verzierten Kapitellen (Menschen- und Pflanzenmotive) trugen früher die schwere Kassettendecke, inzwischen steht nur noch eine einzige Säule, von den anderen sind nur Stümpfe übrig geblieben. Vieles, das lose herumlag, wurde nach Florenz ins Archäologische Museum verfrachtet. Die kreuzförmige Grabkammer hinter dem langen Dromos ist überraschend klein und soll nur einen einzigen Toten aufgenommen haben. – Vom Dach der Tomba (am Poggio Felceto) genießt man einen herrlichen Blick auf das ganze Tal.

Auch von den acht kannelierten Säulen der **Grotta Pola** links vom Hildebrandt-Grab ist nur noch eine erhalten geblieben, sie stützten eine aus dem Felsen gehauene Kassettendecke, die jetzt überhängt. Hinter dem Dromos stößt man auf eine ca. 20 m lange, unterirdische Grabkammer, in der reiche Funde gemacht wurden.

Rechts vom Hildebrandt-Grab geht es tief in den Wald u. a. zur **Via Cave** am Poggio Prisca, mit mehreren in den Felsen gehauenen Gräbern. Besonders sehenswert ist der sogenannte **Cavone:** ein von den Etruskern in den Tuff geschlagener Weg mit Inschriften an den Wänden – an Sommertagen eine kühle Wohltat!

Infos

Informazioni Turistiche: 58010 Sovana (GR), Palazzo Pretorio, Tel. 0564 61 40 74, www.leviecave.it, www.sovana.altervista.org (mit genauen Beschreibungen).

Übernachten

Geschmackvoll – **Sovana Hotel & Resort:** Via del Duomo 66, Tel. 0564 164 00 16, www.sovanahotel.it. Kleines Landhotel in restauriertem Bauernhaus (nackte Steinwände, viel Holz) mit gekonnt angesetzten modernen Anbauten am Ortsrand. Großer Garten – wunderbar geeignet für festliche Hochzeiten und andere Feiern unter Ölbäumen –, Pool, 18 Zimmer, schöne Salons, Parkplatz. €€

Luxuriöse Pension – **Scilla:** Via del Duomo 5, Tel. 0564 61 65 31, www.albergoscilla.com. Wunderbar restaurierte Pension im Zentrum, jetzt fast luxuriös. Acht helle, hübsch, aber sparsam eingerichtete Zimmer (€€). Restaurant **Dei Merli** (s. Essen & Trinken). Zum selben Besitz gehört die **Locanda Taverna Etrusca** (Piazza del Pretorio 16, Tel. 0564 61 41 13, www.tavernaetrusca.com, €–€€) mit sieben kleinen Zimmern über dem alteingesessenen, gleichnamigen Restaurant (s. Essen & Trinken).

Essen & Trinken

Das Auge isst mit – **Taverna Etrusca:** s. Übernachten, Ruhetag Mi (kann wechseln). Geschmackvolle Dekoration in mittelalterlichen Strukturen. Verfeinerte, schön angerichtete toskanische Küche wie Kaninchensalat mit Ziegenkäse und Nusssoße, *pici* mit Wildentenragout, Spanferkel mit Balsamicozwiebeln. Mittags zum Teil preiswerte Spezialmenüs. €€

Gartenlokal – **Dei Merli:** Via Siviero 1–3, Mobil-Tel. 349 124 55 40, www.ristorantedeimerli.com, Ruhetag Di (nicht im Sommer). Angenehmes Gartenrestaurant im Zentrum. Verfeinerte lokale Gerichte wie die berühmten, nach Knoblauch duftenden *pici all'aglione* und andere hausgemachte Pasta, Wildschweingulasch mit schwarzen Oliven, Käse aus dem Backofen mit Gemüse, Fleisch vom Holzkohlengrill. €€

Ristorante Pizzeria – **Il Sileno:** Via Duomo 7, Tel. 0564 61 63 07, Ruhetage Mo, Mi (außer Aug.). Wunderbar hergerichtetes Lokal, im Winter mit Kaminfeuer, im Sommer mit Terrasse. Auch Lamm- und Wildschweingerichte. €–€€

Satúrnia 7

In 294 m Höhe auf einem nicht besonders auffallenden Travertinplateau gelegen, wird das heute bescheidene Städtchen **Satúrnia** (ca. 300 Einw.) vor allem wegen der nahe gelegenen berühmten Therme (s. rechts) aufgesucht. Bis 280 v. Chr. gehörte es zum Gebiet des etruskischen Stadtstaates Vulci. Leider sind die meisten Funde ›verloren gegangen‹, zumindest der Wissenschaft und der Allgemeinheit. Nur ein geringer Teil fand einen gebührenden Platz im Archäologischen Museum von Florenz. Wer die Atmosphäre eines freundlichen, recht verschlafenen Ortes genießen möchte, ist hier genau richtig; dem neuerdings fein herausgeputzten Hauptplatz als Salon spenden riesige Kastanienbäume Schatten, eine Wohltat bei sommerlicher Hitze.

Cascate del Mulino 8

Kostenloser Zugang

Von der Piazza führt ein Weg zum Torbogen der Porta Romana, hinter dem die römische **Via Clodia** beginnt. Zu Beginn ist sie noch mit den originalen, großen Steinplatten gepflastert und führt abwärts Richtung **Therme** (gut 2 km). Es ist schön, diesen Weg hinab zu schlendern. Man kann auch bis zu den **Cascate del Mulino** (ab Saturnia gut 3 km, ab Therme knapp 2 km) laufen, weißen Sinterterrassen unterhalb der alten Mühle: Sprudelnd und warm und gar nicht so übel riechend wie erwartet, fallen die Wasser der Schwefeltherme in kleinen Stufen herab, sammeln sich in Becken, in denen man sich wie in einer Naturbadewanne räkeln und gleichzeitig etwas für die Gesundheit tun kann. Im Jahr 2014 hatten Erdrutsche in-

Heilsames Badevergnügen auf den Sinterterrassen der Cascate del Mulino

folge starker Regelfälle erhebliche Schäden angerichtet, die inzwischen jedoch wieder behoben wurden.

Das Wasser sprudelt aus der nahen Schwefeltherme mit einer konstanten Temperatur von 37,5 °C aus der Erde direkt in einen kleinen Vulkankrater, den man zu einem großen Hotelpool umfunktioniert hat. In dem anspruchsvollen Hotel mit Gesundheitspark (www.termedisaturnia.it) sind auch Tagesgäste willkommen. Ein zweites Becken wird hier mit weniger Schwefelwasser versorgt, man kann darin schwimmen, ohne, wie bei Thermalwasser üblich, schnell zu ermüden.

Necrópoli di Piàn di Palma 9

Um die etruskischen Gräber am Piàn die Palma zu besichtigen, muss man schon größere Anstrengungen auf sich nehmen. Am besten macht man sich zu Fuß – mit gutem Schuhwerk und mindestens einer Flasche Trinkwasser ausgerüstet – auf den Weg. Der etwa zweistündige Ausflug ist etwas für Naturfreunde, denn man wird hier keine großartigen Baudenkmäler finden, sondern eher bescheidene, aber im herrlichen tiefen Macchia-Wald gelegene Einzelgräber aus der Zeit vom 7. bis zum 5. Jh. v. Chr.

Man verlässt Satúrnia durch die Porta Fiorentina, am Friedhof vorbei und findet nach ca. 500 m im Vorort Piàn di Cataverna Hinweisschilder zu den **Necrópoli di Piàn di Palma.** Ist der Albegna-Fluss überquert, geht nach ca. 1 km rechts ein Staubsträßchen ab, das zur **Necropole del Puntone** führt. Der steile Weg zum Albegna-Graben nördlich von Satúrnia ist recht steinig, auf der anderen Seite muss man wieder hinauf auf ein Plateau, das wie jenes von Satúrnia eine aufragende Travertininsel im Tuffsteingebiet bildet. Steinharte Inseln, in denen man nicht, wie in dem weichen Tuff, Gräber aushöhlen konnte. Hier findet man daher auch andere Grabformen: etwa einige Tumuli. Viele von ihnen wurden im Laufe der Jahrhunderte zerstört. Nach und nach sind im Gestrüpp auch Plattengräber zu entdecken. Immer wieder muss man Gatter öffnen und über Disteln steigen – aber die Mühe lohnt sich.

Infos

Ufficio L'Alta Maremma: 58050 Satúrnia (GR), Piazza Vittorio Veneto, Tel. 0564 60 12 80, www.mancionopromozione.com, www.saturniaonline.it (Online-Buchung).

Übernachten

Edles Thermalhotel – **Terme di Saturnia:** Via della Folonata, Tel. 0564 60 01 11, www.termedisaturnia.it. Super luxuriöses, aber für die Gegend unentbehrliches Thermalhotel mit allem erdenklichen Komfort, dessen Thermalbecken direkt über der Quelle liegt. Hier finden auch Passanten bzw. Tagesgäste Einlass (ab 25 €), weshalb es manchmal allzu viel Betrieb geben kann. Zweiter Pool mit normalem Wasser, 128 komfortable bis sehr luxuriöse Zimmer, sehr feines Restaurant **All'Acquacotta.** €€€

Geschmackvoll – **Villa Clodia:** Via Italia 43, Tel. 0564 60 12 12, www.hotelvillaclodia.it, 10. Jan.–Anfang Febr. geschl. Luxuriös, geschmackvoll renoviertes, kleines Hotel in Panoramalage und doch zentral. Pool, zehn Zimmer. €€

Hübsch ländlich – **Saturnia Residence:** Poggio Murella (6,5 km nordöstl.), Via Al Greppo 52, Tel. 0564 60 78 48, Mobil 347 747 05 90, www.saturniaresidence.it. Kleines renoviertes Anwesen in Panoramalage im nahen Dorf mit netten Lokalen. Fünf kleinere, mit Stilmöbeln eingerichtete Zimmer (unten Backsteindecken), Frühstücksraum mit Sonnenterrasse davor, Parkplatz. €

Essen & Trinken

Einige Lokale liegen an der großen Piazza von Satúrnia, teilweise mit verglasten Veranden und an schönen Tagen mit im Freien aufgestellten Tischen, u. a. **Pizza in Piazza:** Ruhetag Do. Dorftreff ist die einladende **Bar Centrale.**

Anspruchsvoll – **I Due Cippi – da Michele:** Piazza Vittorio Veneto 26 a, Tel. 0564 60 10 74, www.iduecippi.com, abends, Ruhetag Di (außer Aug., Fei), 10.–24. Jan. geschl. Restaurant in einem historischem Palazzo mit Verkaufsladen. Lokale Gerichte werden hier nach alten Rezepten zubereitet – beispielsweise aus Steinpilzen, Spargel und Artischocken sowie Fleisch vom Schwein und beste *bistecca* vom Rind. Gute Weinkarte. €€–€€€

Tipp

PREISWERT KUREN IN KLEINEN THERMEN

Man muss nicht unbedingt ein Zipperlein haben, um in der Toskana eine Reise zu den Thermen zu unternehmen. Es kann auch einfach Vergnügen bereiten, sich in den warmen Strahl eines Wasserfalls zu stellen, sich in eine wohlig warme Thermalwasserwanne mitten in der freien Natur zu legen oder seine Füße in einen schmalen Thermalwasserkanal zu stellen und dabei in Ruhe die Landschaft zu betrachten, mit den italienischen Nachbarn zu plaudern, und ihnen vielleicht das Geheimnis der nächsten Mini-Therme zu entlocken …

Montecatini Terme (s. S. 176) ist unangefochten die Nummer eins unter den Kurorten der Toskana, dicht gefolgt von **Chianciano Terme** (s. S. 411), der ersten Wahl bei Leberleiden. Doch außer diesen beiden nicht gerade preisgünstigen Paradepferden besitzt die Region eine Menge kleinerer bis kleinster Thermen, speziell im weiten Umkreis um den Monte Amiata, der vulkanischen Ursprungs ist und daher die Gegend mit Thermalwasser verwöhnt. Neben den ausgebauten Thermen bietet das Gebiet viele versteckte, von den Einheimischen als ihr Geheimnis gehütete *bagnacci:* Meist handelt es sich dabei nur um einfache Kuhlen im Boden, mit schwefligem Thermalwasser gefüllte Naturbadewannen, die ein kostenloses Bad unter freiem Himmel ermöglichen.

Die historischen Thermalorte der Etrusker und später der Römer erhielten in der Renaissance neuen Aufschwung. So ließ beispielsweise Papst Pius II., der Erbauer von Pienza und ein großer Badefreund, **Bagni di Petriolo** (südlich von Siena) zu einer kleinen Festung ausbauen. Man muss nicht unbedingt ins moderne, architektonisch reizvolle, sonst aber wenig einladende Kurhotel oben an der Schnellstraße gehen, um diese Therme zu genießen. Es geht auch unten in der kleinen Therme oder ganz ohne Gebühr: unter der Kaskade stehend, die dem Fels mit 43° C entspringt, oder liegend in den kleinen warmen Tümpeln mitten im Fluss. Das Thermalwasser soll das schwefelhaltigste der gesamten Region sein und sich daher besonders für die Heilung von Knochen-, Muskel- und Gelenkkrankheiten eignen.

Fast totale Ruhe herrscht in **Rapolano Terme** mit der modernst ausgebauten historischen **Terme Antica Querciolaia** (www.termeaq.it) und dem netten Hotel mit Therapiezentrum und Schwimmbad der **Terme San Giovanni** (s. S. 390).

Bagno Vignoni, Cineasten bekannt als ein Drehort des Filmes »Nostalghia«, ist ebenfalls eine Oase der Ruhe. Das 51 °C warme Thermalwasser können nicht nur Gäste des Kurhotels genießen – in den schmalen Kanälen des Thermalparks kann jeder seine Füße in das warme Wasser halten, und das ganz ohne Eintrittsgebühren (s. S. 399).

Satúrnia hat außer Etruskischem zu seinen Füßen auch die weiß strahlenden Sinterterrassen der **Cascate del Mulino** zu bieten. Hier kann man sich, so man – insbesondere an den Wochenenden – Platz findet, ganz kostenlos den Wonnen des warmen Thermalwassers hingeben. Da der Naturstein stellenweise rutschig ist, sollte man zur Sicherheit ein paar Badeschuhe dabeihaben (s. S. 427).

Bibbiena
Arezzo
Cortona
Lago Trasimeno

Kapitel 6

Arezzo, Casentino und Valtiberina

Die ›Mutter berühmter Söhne‹ schmiegt sich inmitten ihrer mediceischen Mauern an die Ausläufer des Höhenrückens Casentino. Einer ihrer bedeutendsten Söhne war der Etrusker Gaius Maecenas, der u. a. Vergil und Horaz finanziell förderte, eben als Mäzen. Weitere große Söhne Arezzos sind der Benediktinermönch Guido d'Arezzo (ca. 990–1050), der Erfinder der Intervallnotenschrift, und Francesco Petrarca (1304–1374), der Repräsentant des Humanismus.

Aus Arezzo stammt auch Giorgio Vasari (1511–1574), der dank seiner von ihm verfassten Künstlerbiographien als Vater der Kunstgeschichte gilt, aber ebenso Maler und einer der größten Architekten und Baumeister seiner Zeit war. Auch in der Neuzeit hat Arezzo einen berühmten Sohn hervorgebracht: Der Regisseur Roberto Benigni wurde 1952 in der Nähe geboren; seinen oscarprämierten Film »Das Leben ist schön« hat er teilweise in der mittelalterlichen Stadt gedreht.

In der bewaldeten Hügellandschaft des Casentino erheben sich trutzige Wehrstädtchen wie Bibbiena und Póppi in schöner Panoramalage. Aus Camáldoli zu Füßen des Monte Falterona stammt der Orden der Kamaldulenser. Und in La Verna am Monte Penna empfing Franz von Assisi seine Stigmata. Schließlich gehört Michelangelos Geburtsort Caprese Michelangelo weiter südlich dazu. Einer der größten Maler der Toskana und Italiens überhaupt, Piero della Francesca, der Spuren im Nordosten der Toskana hinterlassen hat, erhielt seinen Namen wegen seiner Ausmalung der Hauptchorkapelle von San Francesco in Arezzo.

Auf dem Weg zum Trasimeno-See in Umbrien lohnen Castiglión Fiorentino und Cortona, beide stark befestigt und schön mittelalterlich geblieben, einen Besuch.

Wer es lieber etwas belebter mag, sollte auf dem Corso Italia in Arezzo besser tagsüber spazieren gehen, dann ist hier mehr los

Auf einen Blick: Arezzo, Casentino und Valtiberina

Sehenswert

Arezzo: Der Besuch dieser freundlichen Provinzstadt lohnt nicht nur wegen der wundervollen Fresken Piero della Francescas – auch der monatliche Antiquitätenmarkt ist ein Erlebnis (s. S. 434).

Póppi: Trutzig und uneinnehmbar wirkt das beeindruckende mittelalterliche Castello dei Conti Guidi im auch sonst hübschen Póppi (s. S. 450).

Camáldoli: Einsiedelei und Kloster gehören zu den beeindruckendsten Sakralkomplexen im Aretinischen (s. S. 455).

Valtiberina: Das Obere Tibertal bietet eine intakte, waldreiche Natur und ursprünglich gebliebene Dörfer und Städtchen von großer historischer oder künstlerischer Bedeutung (s. S. 457).

Cortona: Auf drei Etagen in großartiger Panoramalage errichtet, Mittelalter pur mit ein paar Renaissance-Zusätzen (s. S. 463).

Schöne Routen

Durch das Casentino: Über Bibbiena und Póppi geht es zum idyllisch gelegenen Kamaldulenserkloster, weiter zum mystischen La Verna, wo Franz von Assisi die Stigmata empfing; in Caprese, kam der geniale Michelangelo zur Welt (s. S. 448).

Auf Piero della Francescas Spuren: In Monterchi kann man Pieros »Schwangere Madonna« bewundern, in Borgo Sansepolcro hat der Künstler das Licht der Welt erblickt und bedeutende Werke hinterlassen (s. S. 458, 460).

Meine Tipps

Caffè dei Costanti in Arezzo: Zwar wurde das historische Café inzwischen etwas modernisiert, aber eine städtische Institution ist es geblieben (s. S. 445).

Ecomuseo della Castagna bei Raggiolo: Das Kastanienmuseum demonstriert anschaulich das Sammeln und Trocknen der Kastanien sowie ihre Verarbeitung (s. S. 452).

Buca di Michelangelo in Caprese Michelangelo: In dem freundlichen Hotel wird man noch ohne Schnörkel kulinarisch verwöhnt und findet nette Zimmer (s. S. 458).

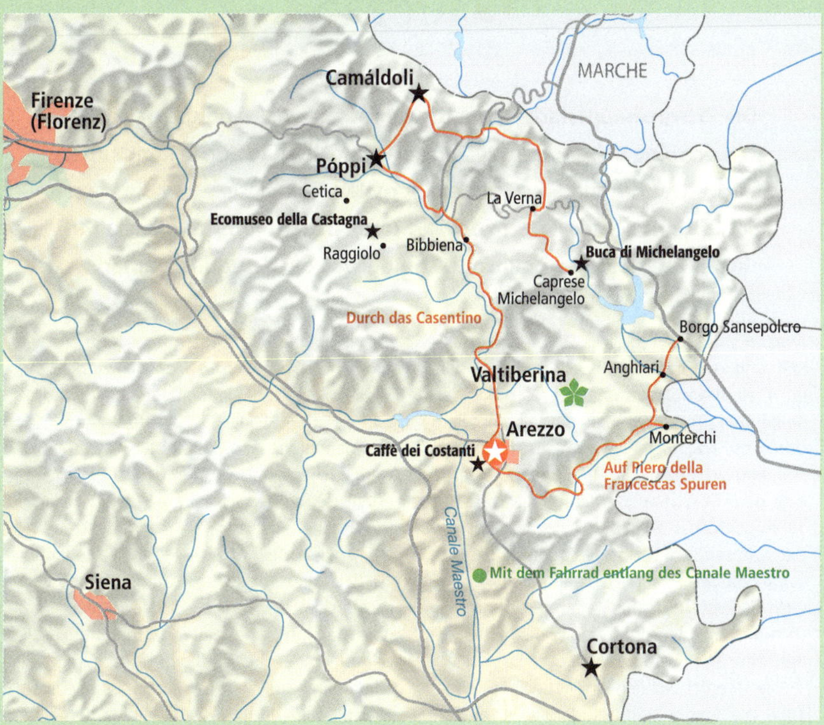

Der Antiquitätenmarkt in Arezzo

Aktiv

Mit dem Fahrrad entlang des Canale Maestro: Eine gut erschlossene Strecke entlang des Hauptkanals zur Entwässerung der Sümpfe zwischen Arezzo und Chiusi. Der Weg – auch für Wanderer geeignet – ist hervorragend beschildert, und alle interessanten Punkte am Kanal werden auf Tafeln auch mit Zeichnungen und Bildern erläutert (s. S. 446).

✪ Arezzo

▶ K 7

Die Provinzhauptstadt ist inmitten ihrer fast vollständig erhaltenen Mauern eine liebenswürdige, in der Größe übersichtliche Kommune. Hauptattraktion sind die Fresken Piero della Francescas und die Piazza Grande, auf der die Giostra del Saracino, Arezzos größtes mittelalterliches Ritterturnier, ebenso stattfindet wie der Antiquitätenmarkt.

Arezzo war schon in etruskischer Zeit besiedelt und gehörte zum Zwölferbund. Bereits im 4. Jh. Bischofssitz, erlangte es durch seine Keramikproduktion Bekanntheit, vor allem durch die sog. Korallenvasen. Für kurze Zeit war Arezzzo freie Kommune, um 1200 wurde eine neue Stadtmauer errichtet, die Ende des 13. Jh. abwechselnd gegen die Florentiner und die Sienesen Schutz bot. 1298 unterlag Arezzo in der blutigen Schlacht bei Campaldino der Rivalin Florenz. Eine dritte Stadtbefestigung wurde nötig. 1384 wurde Arezzo von einem Söldnerführer an Florenz verkauft.

Die Medici schließlich ließen 1538 bis 1560 die vierte Stadtmauer bauen, die bis heute das historische Zentrum umschließt. Mit dem Bau der ersten Eisenbahnstrecke Florenz–Rom (1826–1866) und später der parallel dazu verlaufenden Autobahn wuchs Arezzos wirtschaftliche Bedeutung.

Heute ist Arezzo (knapp 99 500 Einw.), Hauptstadt der gleichnamigen Provinz, ein bedeutendes Zentrum der Möbelherstellung und der Region wichtigster Antiquitätenort mit großem monatlichen Markt.

Stadtrundgang

Cityplan: S. 437

Duomo San Donato 1

Piazza Duomo, tgl. 7–12.30, 15–17.30/18 Uhr, Eintritt frei

Mit der Rolltreppe kommt man vom Parkplatz im Nordosten der Stadt direkt zur hohen Treppe, die auf die Fassade der Kathedrale Arezzos führt. Der **Duomo San Donato** wurde zwar 1510 vollendet, hat jedoch noch mehrere Umbauten erlebt: Erst 1857 bis 1869 wurde der Campanile angefügt, 1900 bis 1914 erneuerte man die Fassade. Innen besticht der Dom durch seine herrlich strahlenden Glasfenster. Geschaffen hat sie (wie auch die Deckenfresken der ersten drei Mittelschiffgewölbe) 1518 bis 1524 der Franzose Guillaume de Pierre de Marcillat, der in Arezzo so bewundert wird, dass man ihn gar zum Ehren-Aretiner erklärte. Er hat aus der dreischiffigen gotischen Basilika mit ihren freskierten Kreuzrippengewölben eine lichtdurchflutete sakrale Stätte gemacht. Im Chor bewahrt sie die Reliquie des Stadtpatrons San Donato, des zweiten Bischofs von Arezzo, dem die Kathedrale geweiht ist.

Piero della Francesca hat im Dom ein besonderes Kleinod hinterlassen, das Fresko »Maria Maddalena« auf der linken Seite kurz vor dem Chor. Sie trägt das lange Haar offen, zieht den für Piero so typischen Schmollmund und hält den Blick zum Boden gesenkt. Auch ihr rot-weißer Überwurf, darunter ein unter der Brust gerafftes grünes Kleid, zeigt die klare Linienführung des Malers, die man in der Kirche San Francesco (s. S. 439) noch ausführlicher findet. Nicht zu vergessen: die Arbeiten von Andrea della Robbia vom Ende des 15. Jh. in der neoklassizistschen, also 1796 hinzugefügten Cappella della Madonna del Conforto. Gleich rechts findet sich über einem neueren Grabmal eine »Himmelfahrt«, der rechte Altar stellt eine Dreifaltigkeit zwischen den Heiligen Donato und Bernardi dar, der linke Altar zeigt eine mehrfarbige Terracotta »Madonna mit Kind und Heiligen«, darüber Gottvater und in der Predella die Kommunion der Madonna, die Anbetung des Kindes sowie das Martyrium der Heiligen Apollonia.

Museo Diocesano 2

Piazza del Duomo, https://diocesi.arezzo.it, Mi–Mo April–Juni 10–18, Jul–März 10–17 Uhr, Erw. 6 €

Wunderbar eingerichtet ist das **Mudas Museum** bzw. **Museo Diocesano** im Bischofspalast gegenüber dem Dom. Die Diözese weist mit Stolz auf die ausgestellten Werke von Giorgio Vasari und Bartolomeo della Gatta hin. Aber besonders eindrucksvoll sind hier die drei romanischen Holzkruzifixe, die wunderbar ausgeleuchtet werden. Das Museum befindet sich allerdings noch immer im Aufbau, einige der bischöflichen Räume müssen für die Fortsetzung des vielversprechenden Projektes erst noch freigegeben werden.

Fortezza Medicea 3

Der von Kindern und Jugendlichen gern besuchte Stadtpark, auch **Il Prato** genannt, dehnt sich in schöner Panoramalage (mit weitem Blick ins Casentino hinein) bis zur **Fortezza Medicea** aus. Cosimo I de' Medici ließ sie an der Stelle des alten Stadtteils auf dem Colle di San Donato, wie der Domhügel genannt wird, errichten, als der gesamte Mauergürtel durch Francesco da Sangallo erneuert wurde (1538–1569). Heute ist er dekorativer Bestandteil des großen städtischen Parks, neuerdings mit den Ausgrabungen eines römischen Domus.

Palazzo Comunale 4

Via Montetini 4a

Zu Füßen des Domes entstand ab 1330 der **Palazzo Comunale,** der mehrfach umgebaut wurde. Bis heute ist hier das Rathaus untergebracht, in diversen Räumen des Gebäudes und in seinem Innenhof werden sporadisch Ausstellungen veranstaltet. Einen schönen Anblick gibt der zinnenbekrönte Turm ab, der aus dem engen Gewirr der mittelalterlichen Häuser herausragt; besonders hübsch anzusehen von der erhöhten Terrasse des Domes aus.

Tipp

STADTRUNDGANG PLANEN

Seit es den großen Parkplatz (So kostenlos) im Norden der Stadt und seine Anbindung an sie per Rolltreppen gibt, hat sich die Besichtigung Arezzos enorm vereinfacht. Daher beginnt man heute den Stadtbummel am besten dort – es sei denn, man ist mit dem Zug angereist. Der Bahnhof befindet sich genau entgegengesetzt im Süden. Für diesen Fall ist es besser, den hier vorgeschlagenen Rundgang von hinten, also mit dem Archäologischen Museum, zu beginnen.

Casa Petrarca 5

Via dell'Orto 28, April–Okt. tgl. 10.30–17.30, Nov.–März Fr 11.30–15.30, Sa, So, Fei 10.30–16.30 Uhr, sonst auf Anfrage (casadelpetrarca@gmail.com), Erw. 4 €

Die schmale Via dell'Orto gegenüber dem Palazzo del Comune führt direkt zur **Casa Petrarca.** Das Gebäude aus dem 16. Jh. mit der **Accademia Petrarca** ist nicht identisch mit dem Geburtshaus Petrarcas. Man weiß nur, dass es in dieser Straße stand, aber nicht genau wo. Petrarca, der in Florenz und Avignon aufwuchs, hat seine Vaterstadt später nur noch einmal auf der Durchreise besucht. Das hindert die Aretiner freilich nicht daran, ihre Stadt stolz Città di Petrarca zu nennen. Seit 1974, dem 600. Todesjahr des Humanisten, wird hier ein begehrter Petrarca-Preis für Literatur vergeben.

Corso Italia und Palazzo Pretorio

Vom Prato östlich der Kathedrale im Nordosten bis zu den Bastioni di Santo Spirito im Südwesten beim Bahnhof zieht sich der Corso Italia und bildet die Hauptstraße des historischen Zentrums. Er ist lebhaft, überall be-

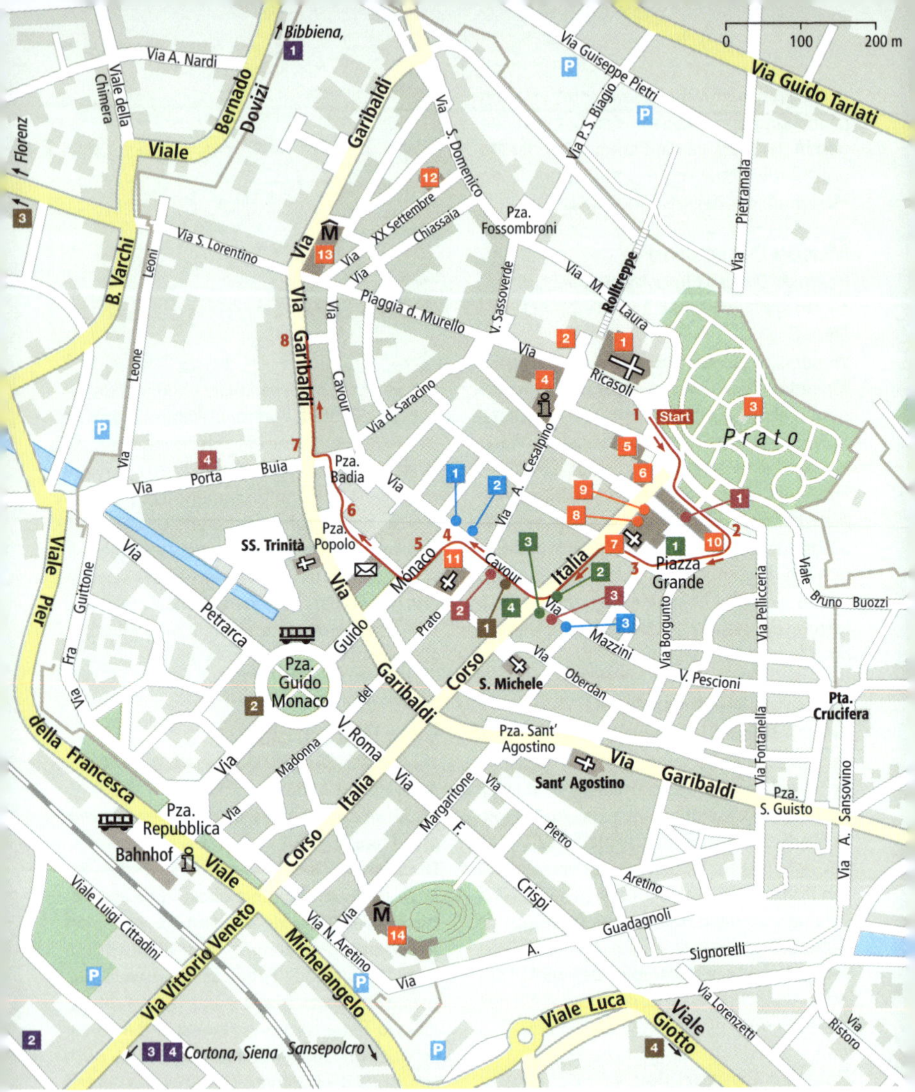

finden sich Geschäfte aller Couleurs und in den Seitengassen kleine Trattorien und Bars.

Der **Palazzo Pretorio** 6 gleich zu Beginn des Corso, unterhalb des Prato, besteht aus drei Gebäuden (ab 1290). Zahlreiche Wappen zieren seine Fassade. Bis 1926 diente der Komplex als Gefängnis und wurde nach jahrzehntelangen Restaurierungsarbeiten Sitz der Stadtbibliothek mit einer bedeutenden Handschriftensammlung.

Santa Maria della Pieve 7

Corso Italia, 7, Mai–Sept. 8–12, 15–18, Okt.–April 10–13, 15–18 Uhr, Eintritt frei

Schon von hier erkennt man schräg gegenüber einen hohen Turm mit vielen Klangöffnungen. Er gehört zu Arezzos ältester Kirche, der von den Aretinern besonders geliebten **Santa Maria della Pieve.** Der Vorgängerbau der Pfarrkirche ist bereits 1008 aktenkundig. Ihr ›Turm der hundert Löcher‹ mit in Wahrheit

Arezzo

Sehenswert
1 Duomo San Donato
2 Museo Diocesano
3 Fortezza Medicea
4 Palazzo Comunale
5 Casa Petrarca
6 Palazzo Pretorio
7 Santa Maria della Pieve
8 Palazzo del Tribunale
9 Palazzo della Fraternità dei Laici
10 Loggia del Vasari
11 San Francesco
12 Casa Vasari
13 Museo Nazionale d'Arte Medievale e Moderna
14 Museo Archeologico

Übernachten
1 Patio
2 Continentale
3 Minerva
4 Casa Volpi

Essen & Trinken
1 Logge Vasari
2 Buca di San Francesco
3 Antica Osteria L'Agania
4 Antica Fonte

Einkaufen
1 Antiquitätenmarkt Piazza Grande
2 Pasticceria Stefano
3 Canto de' Bacci
4 Busatti

Abends & Nachts
1 Caffè dei Costanti
2 Vita Bella
3 Antica Vineria

Aktiv
1 Club Arcieri della Chimera
2 Club Alpino Italiano (CAI)
3 Tutto Bici
4 Due Ruote

1–8 Drehorte für den Film »Das Leben ist schön«, s. S. 443

---

nur 80 Klangöffnungen erhielt seine heutige Form bereits 1330. Besonders eindrucksvoll ist die Fassade (12. Jh.) zum schmalen Corso Italia hin, daher schwer als Ganzes zu erfassen. Wegen Zersetzung des Sandsteins wirkt die vorgesetzte zweite Schicht (13. Jh.) aus drei Reihen immer enger werdender Zwerggalerien bzw. Blendarkaden recht mitgenommen.

Immerhin: Das Hauptportal wurde endlich restauriert und zeigt zwölf Monatsbilder, eine wohl emilianische Steinmetzarbeit von ca. 1220: vollplastische, farbig gefasste Figuren, der Januar sinnfällig mit Doppelkopf dargestellt, weil er sowohl ins alte als auch ins neue Jahr schaut. Man fängt im inneren Bogen über dem Eingang rechts in der unteren Reihe mit Januar bis März an ›zu lesen‹, geht links weiter zu April bis Juni; Juli bis September sieht man über April bis Juni (besonders schön: im August die Vorbereitung des Weinfasses für die Weinlese im September), Oktober bis Dezember sind über Januar bis März dargestellt; im Dezember, dem letzten Bild, ist das Schlachten einer Cinta Senese, eines Sieneser Schweins mit der charakteristischen schwarzen ›Bauchbinde‹, dargestellt. Die schönen Erdfarben sind original erhalten, sie mussten lediglich gereinigt werden. Einige Inschriften wurden verdreht, es soll – sagen gerne die kundigen Aretiner – den des Lesens unkundigen Maestri passiert sein …

Innen in der dreischiffigen Basilika zieht einen der erhöhte Chor über der Krypta geradezu magisch an. Man mag wegen der leicht zugespitzten Bögen zwischen den Schiffen verwirrt sein, die angesichts der Entstehungsgeschichte der Taufkirche Arezzos kein Wunder sind: Schließlich wurde sie ab 1008 in dem damals üblichen romanischen Stil errichtet, mehrfach verändert, im 19. Jh. schließlich in einem nachempfundenen mittelalterlichen Stil, nachdem man die barocke Ausstattung praktisch herausgerissen hatte. Übrigens wurde Giorgio Vasari hier bestattet, doch nur eine schlichte Tafel an der rechten Wand der Kirche markiert die Stelle, unter der sein Grab liegt.

Piazza Grande
Auf der rückwärtigen Chorseite der Pieve, ähnlich wie die Westfassade mit markanter Zwerggalerie, die dem Rund der Außenhaut folgt, öffnet sich die wirklich großartige **Piazza Grande** – zwar ohne besondere Akzente und großen Schwung wie etwa der Campo von Siena, aber auch dieser Platz ist der leich-

ten Hanglage exzellent angepasst: ein unregelmäßiges Rechteck, kein rechter Winkel drängt ihm Symmetrie auf.

Man kann sich keinen schöneren Rahmen für Arezzos größtes historisches Fest im September vorstellen, die **Giostra del Saracino.** Dann ziehen im spätsommerlichen Licht die acht Reiter als Vertreter der vier alten Stadtteile mit ihren schweren Lanzen gegen die ›Sarazenen‹ – bunte hölzerne Puppen. Die Piazza Grande von Arezzo ist überhaupt ein echter Salon, wie ihn das Mittelalter im Zentrum des städtischen Geschehens brauchte und sich schuf; obwohl dieser Platz eher am Rande liegt, nämlich im Nordosten der Stadt und zu Füßen ihres nicht sehr hohen Festungshügels mitsamt Kathedrale.

Im Wesentlichen ist der fast trapezförmige Platz so geblieben, wie er im Mittelalter (13. und 14. Jh.) gebaut wurde, mit schmalbrüstigen Häusern und hohen *casetorri,* nur die Nordseite wurde später von Vasari verändert. Die Chorpartie der Pfarrkirche bildet den Südwesten des Platzes. Sie konnte nur hier angrenzen, weil sie als die Tauf- und Volkskirche im Zentrum stehen musste, nahe beim Volk. Neben ihr erhebt sich der **Palazzo del Tribunale** 8 aus dem 17. Jh., der Justizpalast; rechts von ihm liegt der zierliche **Palazzo della Fraternità dei Laici** 9 (einer religiösen Laienbruderschaft), in dessen Fassade Gotik (ab 1262) und Renaissance (1433) nach einem Entwurf von Bernardo Rossellino eine zauberhafte Verbindung eingegangen sind, vollendet durch das Glocken- und Uhrtürmchen von Vasari.

An der Nordostflanke des Platzes steht der **Palazzo delle Logge** (1573–1595) mit der sogenannten **Loggia del Vasari** 10**,** unter der man wunderschön flanieren oder in einem Restaurant oder Café sitzen kann. Die Südostseite der Piazza Grande prägt der schmale **Palazzo Lappoli** mit seinem hohen Turm, die kürzere Südseite der **Palazzo Cofani** mit einem ebenfalls von Zinnen bekrönten, aber niedrigeren Turm.

Das weiße Streifenmuster des Steinpflasters sollte wohl eine Waagerechte des Platzes vortäuschen. Die breite, im Nordwesten besonders ausgeprägte vorspringende Treppenfront jedenfalls gibt ihm ein wahrlich monumentales, großzügiges Gesicht. Wenn die Fassaden der ungleichmäßig vorspringenden, schmalen und unterschiedlich hohen mittelalterlichen Häuser gegen Abend von den warmen Sonnenstrahlen beschienen werden, bekommt ihr Kolorit, in dem alle Erdfarben vertreten sind, einen wohltuend warmen Ton. In der Basilika San Francesco (s. S. 439) zeigt das Fresko von Piero della Francesca in der »Kreuzeslegende« die gleiche Atmosphäre, das gleiche Farbenspiel: Arezzo, wie es war und wie es ist.

San Francesco 11

Piazza San Francesco, www.pierodellafrancesca-ticketoffice.it, Tel. 0575 35 27 27, Di, Do, Fr 9–10.30, 11–19, Sa 9–10.30, 11–18, So 13–18 Uhr, Chorkapelle Einlass alle 30 Min., Erw. 8 € (inkl. obligatorischer Voranmeldung zu 2 €), Sammelticket (s. S. 442)

Die außen schlichte, unvollendete Backsteinkirche **San Francesco** an der gleichnamigen Piazza ist aus kunstgeschichtlicher Sicht Arezzos bedeutendstes Gotteshaus, schon allein durch die Chorfresken Piero della Francescas: Man gab dem Malergenie Piero den Namen der Kirche, in der er sein Hauptwerk hinterließ. Die Kirche steht nach Arezzos Erweiterung, die Viali (der Alleenring) inbegriffen, genau im Zentrum der Stadt.

Was man hier nach den Jahrzehnte dauernden Restaurierungen im Chorraum sieht, ist ein Meisterwerk der Perspektive. Von 1452 bis spätestens 1465 soll der feinsinnige Piero diese Fresken gemalt haben, bevor er nach Urbino ging, wo der zweite Schwerpunkt seines Schaffens lag. Die Aretiner mogeln den aus Borgo Sansepolcro stammenden Künstler gerne unter die berühmten Einheimischen;

Pilgerstätte für Kunstliebhaber: die Fresken Pieros in der Kirche San Francesco

Piero della Francesca

Porträt von Federigo da Montefeltre, Uffizien

Seine Welt blieb zeitlebens das Gebiet in und um seine Geburtsstadt Sansepolcro, heute Borgo Sansepolcro genannt. Mit wenigen Ausnahmen arbeitete Piero della Francesca, oftmals als genialster Maler der Frührenaissance bezeichnet, nur hier.

In zwei Manuskripten hat er seine Gedanken zur Kunst niedergelegt: »Über die Perspektive in der Malerei« und »Über fünf regelmäßige Körper«. Aus den Titeln dieser Schriften geht bereits hervor, welche große Bedeutung die perspektivische Raumdarstellung und die klare, strenge Form der Gestalten für Pieros Kunst hatten.

Vier Wesenszüge kennzeichnen Piero della Francescas Kunst: eine dichte Maloberfläche mit an Nuancen reicher Farbigkeit, der Aufbau des Bildes nach den Gesetzen von Proportion und Perspektive, der eben für jene Ruhe der Gestalten und Szenen sorgte, der enge Zusammenhang seiner Werke mit den politischen Ereignissen seiner Zeit sowie die Darstellung von ›Männern und Frauen aus dem Volk‹.

Piero gilt als ein perfekter Ausführender dessen, was seine Auftraggeber wollten, allerdings mit einer eigenen Vertiefung der Themen. »Er schuf«, so der Kunsthistoriker Wolfgang Braunfels, »Menschen eigener Prägung, deren Kennzeichen ihre Stille und ihr Ernst gewesen ist«. Seine Bilder, seine Gesichter, die Farben, die Haltung seiner Gestalten sind so anders als bei anderen Künstlern, dass sie sich wunderbar einprägen und sofort erkennen lassen. Eine Reise auf den Spuren Piero della Francescas ist zudem das reinste Vergnügen, bleibt man doch im engen Umkreis seines Geburtsortes Sansepolcro östlich von Arezzo – es sei denn, man will auch seine in den anderen Museen wie etwa den Uffizien in Florenz hängenden Werke bestaunen.

Zu wichtigen Stationen für das Studium von Piero della Francescas schönsten Werken in und um Sansepolcro gehören:

Arezzo: In der Hauptchorkapelle von San Francesco ist das Hauptwerk Pieros, das ihm in der Kunstgeschichte den Beinamen della Francesca einbrachte, zu bewundern (s. S. 439); im Dom ist das schöne Bild der »Maria Magdalena« zu sehen (s. S. 434).

Borgo Sansepolcro: Die »Auferstehung« – vom englischen Romancier Aldous Huxley als das schönste Meisterwerk der italienischen Renaissance bezeichnet –, die »Muttergottes der Barmherzigkeit« sowie die Einzelfresken der Heiligen Ludwig und Julianus sind im Museo Civico zu sehen; das vermeintliche Geburtshaus Pieros, das der Öffentlichkeit allerdings nur bei besonderen Veranstaltungen zugänglich ist, dient als Kulturzentrum (s. S. 460).

Monterchi: Hier hängt das mit Abstand berühmteste Werk des Künstlers, die »Madonna del Parto« (die schwangere Madonna); zahlreiche Dokumente erläutern die aufwendigen Restaurierungsarbeiten an dem berühmten Fresko (s. S. 458).

wie sie es auch mit Michelangelo, der aus Caprese stammt, mit Paolo Uccello, der eigentlich di Dono hieß und aus Pratovecchio kam, und auch mit Masaccio aus San Giovanni Valdarno tun. Nichtsdestotrotz wurde im Falle Pieros die 500. Wiederkehr seines dagegen gesicherten Todesjahres im Jahr 1992 sowohl in Sansepolcro als auch in Arezzo ganz groß gefeiert.

Der Freskenzyklus des Chores, nach seinen Stiftern auch **Cappella Bacci** genannt, zeigt die »Legende vom wahren Kreuz« und Pieros perfekte Beherrschung der Perspektive. Die Fresken wurden erst Anfang des 20. Jh. wieder entdeckt und seitdem mehrmals restauriert und mit allen erdenklichen Maßnahmen vor Feuchtigkeit und weiterem Verfall geschützt.

Nur kleinere Gruppen (höchstens 25 Personen) werden in den Chorraum eingelassen, damit man sich den großartigen Fresken in Ruhe widmen kann. Die berühmte Stadtansicht von Arezzo als Sinnbild für das himmlische Jerusalem bildet übrigens den Hintergrund des Freskos »Ausgrabung der drei Kreuze« (etwa in der Mitte der linken Seitenwand). Die sehr informativen Audioguides, die alles Bild für Bild erläutern, sind leider immer wieder außer Funktion.

Casa Vasari 12

Via XX Settembre 55, Mo 14.15–19.15, Mi, Fr–So 9–13 Uhr, Erw. 4 €, Sammelticket 12 € (s. S. 442 Infos), EU-Bürger unter 18 Jahren Eintritt frei

An der Via XX Settembre im Nordwesten des Altstadtkerns steht die **Casa Vasari.** 1540 erwarb Giorgio Vasari, der in der Nähe geboren wurde, das nicht sehr pompöse Gebäude im Rohbau und baute es nach seinem Geschmack aus. Er bewohnte den Piano Nobile, den er reich und liebevoll mit Fresken und Ölgemälden ausstattete. Besonders hübsch ist das Schlafzimmer mit den Musen ausgefallen. Die Muse der Liebeslyrik Erato zeigt darin das Porträt der jungen Frau Vasaris, Nicolosa aus der reichen Familie Bacci, die u. a. die Fresken von San Francesco (s. S. 439) finanzierte. Gegenüber der Erato hängt ein kleines Bild der Jagdgöttin Diana, das wohl von Vasari gemalt wurde. Man kann es an einem fast unsichtbaren Griff verschieben, und ein Spiegel wird frei, in dem sich das Antlitz der Muse widerspiegelt.

Museo Nazionale d'Arte Medievale e Moderna 13

Via San Lorentino 8, Einlass Di–Do 9.15, 10.30, 10.45, 12, 12.15, 13.30, Juli, Aug. Di, Mi auch 15, 16.15, 16.30, 17.45, 18, 19.15 Uhr, Eintritt frei

Das großartige **Nationalmuseum für Mittelalterliche und Moderne Kunst** wurde im bereits 1445 begonnenen, wunderschönen Palazzo Bruni-Giocchi untergebracht. Es besitzt eine bedeutende Sammlung mittelalterlicher Bilder und Skulpturen, eine reiche Majolikasammlung sowie eine ›moderne‹ Abteilung mit Werken von der Renaissance bis zu den Macchiaioli.

Im Innenhof lehnen die Originale der schlanken Säulen der Zwerggalerien um den Chor der Pfarrkirche, die bereits im 19. Jh. zu ihrem Schutz entfernt wurden. Zu sehen ist weiterhin eine der ersten Darstellungen des hl. Franziskus von Margheritone d'Arezzo (1260), ein Tafelbild, das noch keinerlei Perspektive aufweist und im Flächenhaften verharrt. Von einem weiteren bedeutenden Aretiner Maler und seiner Werkstatt, von Spinello Aretino (eigentlich Parri di Spinello, 1387–1453), stammen mehrere abgenommene Fresken; zu bewundern sind außerdem viele andere Fresken aus Kirchen der Stadt und ihres Umlandes, die inzwischen gar nicht mehr existieren.

Für das Refektorium des Frauenklosters La Badia delle SS. Flora e Lucilla bestimmt war das vielleicht kostbarste Gemälde des Museums, ein riesiges Tafelbild von Vasari (1548), das statt eines Abendmahls ein »Bankett« darstellt. Bei genauer Betrachtung erkennt man Esther und Ahasverosh, den Perserkönig. Auch sollen einige Bewohnerinnen des Klosters porträtiert worden sein. In der Gestalt der Esther ist die Muse Erato wiederzuerkennen, das Ebenbild der Frau Vasaris, wie in seinem Wohnhaus.

Anfiteatro Romano

Via Margaritone 10

Das **Römische Amphitheater** entstand wohl zwischen dem 2. und 1. Jh. v. Chr. und bot bis zu 10 000 Zuschauern Platz. Mit seinen 122 m Länge dürfte es das größte Etruriens gewesen sein. 1362 kam es in den Besitz von Bernardo Tolomei, dem Begründer des Olivetanerordens am Monte Oliveto Maggiore (s. S. 386), dessen Mitglieder gegen Ende des 15. Jh. auf einem Teil der früheren Tribünen das Kloster errichteten.

Museo Archeologico 14

Via Margaritone, 10, Einlass Di 9, 10.30, 12, Do 14.30, 16, 17.30, Fr 9, 10.30, 12, Sa 14.30, 16, 17.30, 1., letzter So/Monat, 15. Aug. 14.30, 16, 17.30 Uhr, Erw. 6 €, Sammelticket 12 € s. Infos

Im ehemaligen Olivetanerkloster am Amphitheater wurde eines der schönsten **Archäologischen Museen** der Toskana untergebracht. Das Museum zog bereits 1934 hier ein. Im Zweiten Weltkrieg zerbombt, wurde es großartig wieder aufgebaut und neu eingerichtet. Es enthält außer antiken Münzsammlungen etruskische, griechische und vor allem aretinische Vasen von besonderem Wert: die sogenannte Korallenkeramik. Ihren Namen erhielt sie wegen ihres rötlichen Tones, sie ist mit zartesten Reliefs bearbeitet und unglaublich dünnwandig. Diese Keramik war vom 1. Jh. v. Chr. bis zum 1. Jh. nach Chr. eine der wichtigsten Handelswaren der Stadt. Den Grundstock für das Archäologische Museum bildete die Sammlung der Laienbruderschaft unter der Obhut dominikanischer Mönche von der Piazza Grande.

Infos

Informazioni Turistiche: 52100 Arezzo (AR), Via Fratelli Rosselli 2, Palazzo Comunale, Piazza Libertà 2, Tel. 0575 37 76 13, 12–18 Uhr; Piazza della Repùbblica 22–23, am Bahnhof, Tel. 0575 268 50, 9–13 Uhr; www.arezzoturismo.it.

Sammelticket: Mit einem Sammelticket für 12 € kann man die folgenden Museen und Sehenswürdigkeiten besuchen: Museo Archeologico, Casa del Vasari und die Fresken von Piero della Francesca in San Francesco. EU-Bürger unter 18 Jahren zahlen in einigen Museen Arezzos keinen Eintritt.

Übernachten

Stadtpalazzo – **Patio 1 :** Via Cavour 23, Tel. 0575 40 19 62, www.hotelpatio.it, im Jan. ca. zwei Wochen geschl. Sechs Zimmer, vier Suiten, alle einem anderen Reiseroman von Bruce Chatwin gewidmet, mit Originalmöbeln aus dem beschriebenen Land. Etwas Besonderes! €€–€€€

Zentral – **Continentale 2 :** Piazza Guido Monaco 7, Tel. 0575 202 51, www.hotelcontinentale.com. Freundliches renoviertes Stadthotel am zentralen Platz. 73 Zimmer, drei Suiten, teilweise mit Stilmöbeln, sonst modern eingerichtet. €€–€€€

Modern – **Minerva 3 :** Via Fiorentina 6, Tel. 0575 37 03 90, www.hotel-minerva.it, im Aug. geschl. Hotel am Stadtrand beim Kongresszentrum.130 helle, komfortable Zimmer, Restaurant, Parkplatz. €–€€

Parkvilla – **Casa Volpi 4 :** Via Simone Martini 29, Tel. 0575 35 43 64, www.residencecasavolpi.it, zehn Tage im Aug. geschl. 14 elegant-rustikale Zimmer in einer Villa aus dem 19. Jh. Mit Restaurant und Parkplatz. €€

Essen & Trinken

Feines Ambiente – **Logge Vasari 1 :** Piazza Grande/Via Vasari 19, Tel. 0575 29 58 94, www.loggevasari.it, Ruhetage So abends, Mo außer Juli, Aug. Liebevoll dekorierte Tische, perfekt zubereitete und angerichtete toskanisch-aretinische Gerichte, die lokalen Spezialitäten wie *pici, crostini,* Wildschweingulasch mit Polenta etc. werden besonders gekennzeichnet, saisonal wechselnde Menükarte. Lohnendes Vier-Gänge-Degustationsmenü. €€

Historisch – **Buca di San Francesco 2 :** Piazza San Francesco 1, Tel. 0575 232 71, Ruhetage Mo abends, Di. Traditionelles Restaurant in historischen Gewölben, etwas überlaufen. Italienische und toskanische Spezialitäten. Wechselnde Tagesmenüs. €–€€

Traditionslokal – **Antica Osteria L'Agania 3 :** Via Mazzini 10, Tel. 0575 29 53 81, www.agania.it, Ruhetag Mo (außer Aug.). Einstiges Milieulokal, seit vier Generationen in Familienbesitz. Noch immer urige Kneipe mit hervorragender Aretiner Küche wie *ribollita* und *zuppa di farro, trippa* und *baccalà, fegatelli arrosti* (in Netzmagen gewickelte Schweinsleberstücke aus dem Backofen), Wildspargel und andere saisonbedingte Leckereien. Menü ab 18 €.

Tipp

ZU DREHORTEN DES FILMS »DAS LEBEN IST SCHÖN«

Arezzo hat nicht nur das berühmteste Werk Piero della Francescas zu bieten, es ist auch die Stadt des Schauspielers und Regisseurs Roberto Benigni, der 1952 ganz in der Nähe im Dorf Misericordia geboren wurde. Seine Karriere beginnt in den 1970er-Jahren in Rom mit alternativem Theater. Nach Auftritten in einer TV-Serie erhält er seine erste Filmrolle. Als Drehbuchautor und Regisseur tritt Benigni 1982 auf, den internationalen Durchbruch schafft der Schauspieler 1985 als Kleinkrimineller in der Komödie »Down By Law«. 1989 besetzt ihn Federico Fellini als schelmischen Tor in »Die Stimme des Mondes«.

Parallel arbeitet Benigni als Regisseur – stets mit sich selbst in der Hauptrolle und Nicoletta Braschi als Partnerin. Doch mit seinem Film »La vita è bella« (»Das Leben ist schön«) hat Benigni den cineastischen Olymp erklommen: Er brachte ihm den Großen Preis der Jury in Cannes (1998) ein sowie gleich drei Oscars in Hollywood (1999).

Der Film arbeitet die Thematik des Holocausts als Tragikomödie auf und bricht damit ein Tabu, das in Italien breite politische Diskussionen auslöste, dem Regisseur in Israel jedoch viel Anerkennung einbrachte. Gedreht hat Benigni sein bislang berühmtestes Werk in seiner Heimatstadt Arezzo.

So können Liebhaber des Films im historischen Zentrum den wichtigsten Drehorten nachspüren – aufgestellte Tafeln weisen auf die Plätze hin. Ihre **Standorte** (s. Karte S. 437): **1** Piazza della Libertà, **2** und **3** Piazza Grande, **4** Piazza San Francesco, **5** Teatro Petrarca, **6** Piazza della Badia, **7** die Schule an der Via Porta Buia und die **8** Via Garibaldi. An letztem Standort kam die Tafel ›abhanden‹ …

Mit Filmpreisen überhäuft: »La vita è bella« mit Regisseur Benigni in der Hauptrolle

Authentisch – **Antica Fonte** 4: Via Porta Buia 18, Tel. 0575 280 38, auf Facebook. Ruhetag Di. Saisonale toskanisch-aretinische Küche wie *peposo* und *pici al ragù d'anatra* (Pici mit Entenragout) serviert in zwei unterschiedlichen Räumen. €€

Einkaufen

Antiquitäten – **Fiera Antiquaria** 1: Piazza Grande und umgebende Straßen im historischen Zentrum, www.fieraantiquaria.org, 1. Sa/So/Monat Sommer-/Winterzeit Sa 9–20/19, So 9–19/18 Uhr. Der berühmteste und größte **Antiquitätenmarkt** der Toskana findet an jedem ersten Wochenende des Monats statt, mit rund 500 Ausstellern auf einer Fläche von mehr als 10 000 m². Dann geht nichts mehr in Arezzo und Umgebung, von der Anreise mit dem Wagen ist jedenfalls immer abzuraten. Der Septembermarkt – parallel zur Giostra del Saracinoo – freilich übertrifft alle anderen.

Alles Leckere – **Pasticceria Stefano** 2: Corso Italia 61/63. Caffè/Gastronomia seit 1857 in schön antiquiertem Verkaufsladen, wo es viele Leckereien zum Mitnehmen gibt. 12–15 Uhr leichtes Mittagessen vor Ort und 18–23 Uhr ›Spritz Point‹, also Aperitif-Bar.

Kulinarische Souvenirs – **Canto de' Bacci** 3: Corso Italia 65, Ecke Via Mazzini, auf Facebook. Kleiner Laden mit feinen kulinarischen Mitbringseln und Appetithappen wie Pecorino und Wein, Cantucci, Olivenöl etc.

Bett- und Tischwäsche – **Busatti** 4: Corso Italia 48, https://busatti.com. Kleiner feiner Laden der berühmten Produzenten aus Anghiari, hochwertige Stoffe aus Naturmaterialien, vor allem kostbare Leinenstoffe.

Abends & Nachts

Man trifft sich zur Passeggiata auf dem Corso Italia und schlendert zur Piazza San Francesco. Familien mit Kindern treffen sich auch gerne im Stadtpark auf dem Domhügel.

In-Treff – **Caffè dei Costanti** 1: Piazza San Francesco, www.caffedeicostanti.it. Das traditionsreichste Cafè der Stadt, einige Jahre zum Verdruss der Aretiner geschlossen, ist nun als Schickeria-Treff wiederauferstanden und serviert tgl. (im Winter außer Mo, Di) Frühstück 8.30–11.30 Uhr, Mittagsbüfett 12–14.30 Uhr sowie vor allem Aperitif mit Büfett 19–21.30 Uhr und Cockails bis 2 Uhr.

Kleiner Nachahmer – **Vita Bella** 2: Piazza San Francesco 22, auf Facebook, Ruhetag Mi, bis 2 Uhr. Caffetteria, Bruschetteria, Cocktailbar. Sympatisch, klein, ein Treff auf der beliebten Piazza vor der Kirche San Francesco. 19–21 Uhr *aperitivi* mit Kleinigkeiten zu essen.

Uriges Weinlokal – **Antica Vineria dell'Agania** 3: Via Mazzini 14, www.agania.it, im Winter nur Do–So, sonst Di–So durchgehend. Im selben Besitz wie die Antica Osteria L'Agania (s. S. 442) nebenan. Außer Wein gibt es kalte Platten, tagsüber Restaurantbetrieb.

Aktiv

Bogenschießen – **Club Arcieri della Chimera** 1: Stradone Cà de Cio 71, Mobil-Tel. 348 341 05 84, auf Facebook.

Trekking – **Club Alpino Italiano (CAI)** 2: Via Fabio Filzi 29/a, Tel. 0575 36 03 26, www.caiarezzo.it.

Radverleih – **Tutto Bici** 3: Via Romana 47/d, Tel. 0575 91 16 61, www.tuttobiciarezzo.it. Verkauf, Verleih und Reparatur von Rädern. **Due Ruote** 4: Via Vitorio Veneto 236, Tel. 0575 90 19 86, auf Facebook. Verkauf und Reparatur auch von Mountainbikes.

Termine

Giostra del Saracino: http://giostradelsaracinoarezzo.it, 3. Juni-Sa, 1. Sept.-So. Auf der Piazza Grande wetteifern die historischen Stadtteile im Lanzenstechen gegen hölzerne Puppen, die Sarazenen. Eines der farbenprächtigsten toskanischen Feste.

Verkehr

Bahn: Sehr gute Verbindungen (im Berufsverkehr ca. halbstündlich) mit Florenz und den Orten der Strecke Cortona–Chiusi sowie ins Casentino.

Bus: Ca. halbstündliche Verbindungen mit Florenz und Cortona, nach Chiusi sowie ins Casentino.

Stöbern nach Lust und Laune auf dem Antiquitätenmarkt in Arezzo

Aktiv

MIT DEM FAHRRAD ENTLANG DES CANALE MAESTRO

Tour-Infos

Start: Arezzo oder Chiusi
Länge: 62 km
Dauer: 1 Tag
Radverleih: **Tutto Bici,** s. S. 445, www.tuttobiciarezzo.it; **Cicli e Motocicli Vagheggi,** Via San Lorentino 93, Tel. 0575 226 51, www.cicliemotovagheggi.com. Korrespondierende Bahnfahrten mit Radtransport sind genügend vorhanden. Man kann sich die Tour inkl. Übernachtung organisieren lassen oder es auf eigene Faust tun, s. www.viagginbici.com.

»Il Sentiero della Bonifica« heißt der perfekt ausgebaute Radweg zwischen Arezzo im Norden und Chiusi im Süden, der entlang des **Canale Maestro della Chiana** führt – durch eine vom Menschen geschaffene Natur und zu manchen bewundernswerten Ingenieurleistungen. Der Kanal, der das sumpfige Chiana-Tal entwässern sollte, wurde ab dem 16. Jh. angelegt, wodurch das Tal zu einem der fruchtbarsten – und malariafreien – Gebiete der Toskana wurde. Noch heute lebt das Chiana-Tal von der Land- und Viehwirtschaft.
Der Schotterweg ist plan, ganz einfach zu fahren und nur wenige Straßen sind zu überqueren. Er ist auch für Wanderer geeignet, die unterwegs Übernachtungsmöglichkeiten, Picknickplätze, Restaurants etc. genannt bekommen. Speziell für Radfahrer sind Reparaturwerkstätten und Apotheken aufgeführt bzw. auf der Karte eingezeichnet. Der Weg ist hervorragend ausgeschildert, und alle interessanten Punkte am Kanal (Schleusen, Erdwälle, Wärterhäuschen, Türme, Landvillen, Eisenbrücken u. a.) werden auf Tafeln auch mit Zeichnungen und Bildern erläutert. Meist geht es am Kanal entlang durch offene Landwirtschaftsflächen, streckenweise bieten ausladende Laubbäume wie Robinien und Ahorn, Eschen und Haselsträucher am Wegrand

Schatten. Nur wenige Kilometer rechts und links des Kanals wölben sich Hügel aus dem flachen Land, auf ihnen hocken verlockend die Villen einzelner Landgüter, Dörfer und Städtchen, die ebenfalls erläutert werden, falls man sich nicht mit ihrem Anblick begnügt.

Wer in Arezzo loszieht, wird gleich zu Beginn eines der hydraulischen Wunderwerke am Kanal kennenlernen, die **Chiusa dei Monaci** (Schleuse der Mönche) in Ponte a Chiani. Man braucht schon eine ganze Weile, um das komplizierte Bauwerk aus Brücken und Durchlässen zu begreifen. Beim Wächterhaus (Casello idraulico di Frassineto) werden gleich vier verschiedene Typen dieser Einrichtung erläutert – für die Wasserstandskontrolle ebenso gedacht wie als Materiallager. Kurz darauf geht es nahe einer kleinen Picknickstation (mit Wasser) auf die östliche Seite des Kanals, eine kleine Brücke überwindet auch einen schmalen Zufluss. Im Osten schaut man auf **Castiglión Fiorentino,** im Westen nach **Monte San Savino** und bald auf das sehr hübsch aufragende **Lucignano,** jeweils über weite, von Kanälen durchzogene Felder hinweg. Schön, dass der Kanal so natürlich wirkt: Seine Ufer sind dicht bewachsen und daher sicher nicht einfach zu pflegen, Schilf und Weiden sowie Brombeeren wachsen ja bekanntlich recht schnell nach. Vogelgezwitscher und Froschgequake als Begleitmusik, weiße Reiher ziehen in ruhigem Flug durch die frisch duftende Luft.

Wenn **Sinalunga** im Westen auftaucht, könnte man östlich einen Abstecher nach **Farneta** wagen, jetzt hat man etwa die Hälfte der Strecke geschafft – Wanderer könnten sich in dieser Gegend gleich in mehreren empfohlenen Landhäusern einquartieren oder gleich in Sinalunga. Nun sind es nur noch rund 10 km bis in Höhe von **Montepulciano** (Luftlinie nochmals 10 km nach Westen). Bald ist der **Lago di Montepulciano** erreicht, wo der Weg bis zum etwas größeren, bewirtschafteten **Lago di Chiusi** (tolle Trattoria) in einen Naturlehrpfad übergeht. An dessen Ende sind es noch 5 km bis zur Endstation, zum Bahnhof von **Chiusi Scalo.** Die Tour sollte aber auf keinen Fall enden, ohne dass man zuvor einen Besuch von **Chiusi** eingeplant hätte!

Casentino und (Alta) Valtiberina

Die Toscana Minore besitzt trutzige Städtchen wie das schöne Póppi oder Stía, eine Idylle ganz im Norden, die noch entdeckt werden will. Geradezu mystisch sind die Klöster La Verna und Camáldoli, eine herrliche Sommerfrische Michelangelos Geburtsort Caprese Michelangelo. Im Oberen Tibertal reist man auf den Spuren Piero della Francescas.

Das Casentino, ein waldreiches Gebiet nördlich von Arezzo, folgt dem Lauf des jungen Arno, der vom Monte Falterona kommend bis kurz vor Arezzo nach Süden fließt, um hier einen Bogen nach Westen und dann wieder nach Nordwesten Richtung Florenz zu schlagen. Neben intakter Natur, geschützt durch den Parco Nazionale delle Foreste Casentinesi-Monte Falterona Campigna, dem Ursprungsgebiet des Arno, gibt es hier historisch wie kunsthistorisch Interessantes zu entdecken.

Das Gebiet des Casentino, sagen die Aretiner, wurde stets als ›fette Beute‹ angesehen, natürlich insbesondere von den machtgierigen Florentinern. Dante, der als junger guelfischer Ritter bei Campaldino kämpfte, dann hier als Verbannter lebte, lobte die Burgen der Herren Guidi aus Póppi, die zum Teil heute noch die schönsten Punkte krönen. Bibbiena und ähnlich wohlhabende Grundbesitze gehörten dagegen den Tarlati und Ubertini aus Arezzo. In der Nähe des Bergmassivs von Póppi wurde am 11. Juni 1289 jene Schlacht entschieden, die den jahrhundertelangen Kämpfen zwischen Guelfen und Ghibellinen ein Ende setzte: Florenz besiegte Arezzo, Dante war dabei, und Bischof Ubertino ließ sein Leben. Sein Helm, nach anderen Überlieferungen gar sein Kopf, wurde in einem Triumphzug als Trophäe nach Florenz getragen.

Ganz im Norden haben die Kamaldulenser ihr erstes Kloster gegründet, das noch heute durch seine Lage mitten im hohen Mischwald und die einzigartigen Mönchszellen der Einsiedelei ein lohnendes Ausflugsziel darstellt. Die Abbazia La Verna dagegen, etwas weiter südlich, sollte eigentlich ein Ort der geistigen Besinnung ganz im Sinne des hl. Franziskus aus Assisi sein, der hier seine Stigmata empfing. Doch nur selten ist man hier allein.

Im Oberen Tibertal, das für das Casentino eine Art östliche Grenze bildet, hinterließ der Maler Piero della Francesca mehrere wundervolle Werke, die vor Ort besucht werden sollten (s. Thema S. 440): seine »Schwangere Madonna« in Monterchi und viele Erinnerungen in seinem Geburtsort Sansepolcro.

Bibbiena ▶ K 5

Die zahlreichen Paläste des knapp 12 300 Einwohner zählenden Städtchens **Bibbiena** in 425 m Höhe sind leicht zu erklären: Als Vipena etruskischen Ursprungs, wurde Bibbiena später Feudalsitz der Bischöfe von Arezzo, die eigene Paläste errichten ließen, aber auch manche Adelsfamilien im Schlepptau hatten, die standesgemäß zu wohnen pflegten. Das historische Zentrum ist recht klein, übersichtlich und in beherrschender Lage ein wichtiger strategischer Kreuzpunkt zwischen den Straßen nach Arezzo, Florenz, Bagno di Romagna (in der Emilia-Romagna) und über Chiusi della Verna nach Umbrien. Kein Wunder also, dass Bibbiena heute das vielleicht bedeutendste Industrie- und Handelszentrum des Casentino ist. Und sieht man von den gesichtslosen Neubauten am Ortsrand ab, hat es in seiner historischen Struktur kaum Schaden erlitten.

Teatro Dovizi und Museo del Teatro, Scenografia e Costume

Teatro Dovizi: Via Rosa Scoti Franceschi 21, www.nata.it; Museum: Via Berni 21, im Prinzip Do–Sa 10–12, 15.30–18.30, So 10–12 Uhr, besser vorher anrufen (Tel. 0575 59 38 40), Eintritt vorerst frei

Das Städtchen selbst nennt sich gerne *Città del Teatro.* Tatsächlich besitzt es ein zauberhaftes, wenn auch kleines Theater und sogar ein Bühnenbildmuseum. Das wunderbar restaurierte **Teatro Dovizi** (1842) mit drei Rängen, das wieder bespielt wird, steht ganz in der Nachfolge der barocken Theater im 18. Jh. an den europäischen Höfen. Den Wiederaufbau des Theaters haben der Bühnenbildner der Mailänder Scala, Pierluigi Pizzi, und der Architekt Massimo Gasparon 1997 forciert. Gleichzeitig schufen sie ein Forschungszentrum für das barocke Theater sowie das **Theater-, Bühnenbild- und Kostümmuseum** (im Rathaus) – bislang einmalig!

Centro Italiano della Fotografia d'Autore

Via delle Monache 2, www.centrofotografia.org, Di–Sa 9.30–12.30, 15.30–18.30, So, Fei 10–12.30 Uhr (Sa, So nach Voranmeldung), Eintritt frei

Eine andere Initiative des kulturell rührigen Ortes ist das **Centro Italiano della Fotografia d'Autore.** Es ist mit der Touristeninformation im Gebäude des früheren Gefängnisses in der Via delle Monache 2 untergebracht.

Piazza Tarlati und Propositura

Propositura: tgl. 7.30–13, 15–18 Uhr, Eintritt frei

Zentrum des historischen Bibbiena ist die etwas nach Norden versetzte **Piazza Tarlati** (auch Piazza Grande genannt), die wie eine Terrasse über dem Abhang schwebt und einen herrlichen Ausblick ins Casentino ermöglicht. Die nördliche Breitseite des Platzes (als Parkplatz leider mit Autos verstellt) nimmt eine lange Loggia ein, an deren östlicher Ecke ein klobiger Glockenturm aufragt, der sogenannte Campanone, ein Rest der Festung der Tarlati aus dem 12. Jh. Dahinter öffnet sich ein kleiner Platz mit der **Pieve SS. Ippolito e Donato,** genannt Propositura: eine schlichte, einschiffige Pfarrkirche vom Anfang des 12. Jh. mit breitem Querschiff. Die eigentliche Hauptkirche des gesamten Casentino ist reich geschmückt mit Bildern aus dem 14. bis 17. Jh. und Skulpturen aus dem 12. Jh. wie die »Madonna di Giona«, der man 2001 das Kind geraubt hat, oder ein Holzkruzifix vom Maestro di San Polo in Rosso.

Palazzo Dovizi und Chiesa di San Lorenzo

Aus den Profanbauten bzw. Palästen Bibbienas ragt einer heraus, der leider trotz Restaurierung unbenutzt geblieben ist und nur von außen bewundert werden kann: der in der Renaissance errichtete **Palazzo Dovizi** (16. Jh.) in der gleichnamigen Straße. Kardinal Bernardo Dovizi, genannt Il Bibbiena, der Sekretär von Papst Leo X., ließ ihn als Wohnhaus erbauen. Schräg gegenüber erhebt sich die dreischiffige **Chiesa di San Lorenzo,** die zwei wundervolle Terrakotten von Andrea della Robbia besitzt: eine »Grablegung« und eine »Anbetung« (nicht immer geöffnet).

Infos

Informazioni Turistiche: 52011 Bibbiena (AR), Via delle Monache 2, Tel. 0575 53 69 43, www.comunedibibbiena.ar.it.

Übernachten

Zentral gelegen – **Borgo Antico:** Via Cappuccini 2, Tel. 0575 53 64 45, www.borgoantico-bibbiena.com. Kleines renoviertes Hotel mitten im historischen Zentrum, 14 Zimmer, Parkplatz wird organisiert. €€

Beim Palazzo Dovizi – **I Due Portali:** Via Bernardo Dovizi 15, Mobil-Tel. 328 108 62 71, www.bedandbreakfastidueportali.it. Apartment mit drei liebevoll eingerichteten Zimmern im Palazzo aus dem 15. Jh., gemeinsamer Salon auch als Frühstücksraum. €

Essen & Trinken

Einfallsreich – **Il Tirabuscio:** Via Rosa Scoti Franceschi 12, Tel. 0575 59 54 74, www.tirabuscio.it, Ruhetage Mo mittags, Di. Schickes Lokal in historischen Räumen, intime Atmosphäre, kreative lokale Küche wie Täub-

chen-Ravioli, Gulasch nach Casentiner Art auf dunkler Polenta. €€
Caffè – **Le Logge del Tarlati:** Piazza Tarlati 8, Mo–Do 7.30–24, Fr, Sa bis 3 Uhr. Nettes Café unter den Arkaden, der Treff im historischen Zentrum mit Kleinigkeiten zu essen.

Aktiv

Golf – **Golf Club Casentino:** s. Póppi S. 453.
Radfahren – **MTB Club Casentino:** Località Soci (AR), Via Bocci 37, im Norden von Bibbiena, www.mtbcasentino.it.

Verkehr

Bahn: Bibbiena liegt an der Bahnlinie Arezzo–Stía, die im Berufsverkehr ca. stdl. bedient wird.
Bus: Im Berufsverkehr ca. halbstündliche Verbindungen mit Arezzo und Póppi.
Auto: Den Wagen parkt man am besten auf den ausgewiesenen Plätzen unterhalb des historischen Zentrums. Denn auch wenn die zentrale Piazza Tarlati einige Parkplätze hat, sind sie schnell besetzt, und man bekommt womöglich Probleme mit der strengen Ortspolizei, denn es herrscht hier Fahrverbot für Fahrzeuge von Nicht-Residenten.

Póppi ►K 5

Bis zum 1654 m hohen Monte Falterona, dem ›Geburtsort‹ des Arno, breitet sich das Casentino aus. Der Teil der Ausläufer des Tosco-Emilianischen Apennin wirkt fast wie ein Amphitheater – eine schöne Kulisse für **Póppi** (gut 6200 Einw.), das antike Pupium. Unten wie so oft mit hässlichen Betonbauten entlang der Hauptstraße verunstaltet, thront oben auf dem Hügel in knapp 450 m Höhe das historische Zentrum, aus dem der hohe und schlanke Turm des Castello dei Conti Guidi herausragt – fast so wie der hoch gestreckte Daumen aus einer geschlossenen Faust!

San Fedele

Tgl. 9/10–12/13, 15–18/19 Uhr, Eintritt frei
Von Ponte a Póppi, sozusagen die Unterstadt von Póppi, wo es einen größeren Parkplatz gibt, schlängelt sich der breite mittelalterliche Weg, La Costa genannt, hinauf zum Burgberg. So kommt man an der Porta San Fedele durch die Mauer und ist gleich bei der mittelalterlichen, außen schlichten **Kirche San Fedele,** auch La Badia genannt. Sie ist die größte romanische Kirche des Casentino, wurde im 10. Jh. errichtet und erhielt ihre heutige Ausstattung im 16. Jh.: u. a. sechs kostbare Renaissancealtäre. In ihrer Krypta werden in einer Silberbüste die Gebeine des Beato Torello, des Schutzpatrons von Póppi und des Casentino verehrt.

Via Cavour

Die **Via Cavour,** von unterschiedlich hohen Bogengängen und schmalen Palästen mit unregelmäßig vorspringenden Fassaden geschmückt, schlängelt sich von San Fedele hinauf. Die langen *portici,* die Bogengänge, die sich durch die ganze Stadt ziehen, gehören den verschiedensten Stilepochen an, meist sind sie gedrungen, als sollte möglichst wenig Sonnenlicht ins Erdgeschoss gelangen. Die Paläste, die diese *portici* schmücken, zeugen vom Geschmack und Geld der Familien, die sie erbauten und bewohnten.

Castello dei Conti Guidi

Normalerweise Mo–Do 10–18, Fr–So 10–19, Dez.–6. Jan. tgl. 10–17 Uhr, sonst Tel. 0577 52 05 16, www.ecomuseodelcasentino.it, Erw. 7 €
Am kleinen Marmorbrunnen aus der Renaissance vor dem Zentralbau des ebenfalls aus dem 16. Jh. stammenden **Oratorio Madonna del Morbo** im Zentrum Póppis angekommen, macht der Berggrat einen Knick nach links, und an seiner höchsten Stelle ragt das **Castello dei Conti Guidi** auf. An solch beherrschender Stelle haben die Herren des Gebietes, die Conti Guidi, ihre Burg errichtet, die auch Palazzo Pretorio genannt wird. Es ist das wichtigste Kastell dieses Grafengeschlechts im Casentino und eines der am besten erhaltenen mittelalterlichen Baumonumente der Toskana: Das trutzige Gebäude ist ein wundervolles Stück Mittelalter mit fast glatten Wänden und für die Bauzeit relativ großen Fensteröffnungen.

An der ursprünglichen Architektur des Castello Guidi (1261–1265) änderte sich nur wenig, lediglich der Zinnenkranz wurde von den Florentinern auf den schlanken Turm gesetzt, nachdem sie um 1440 Póppi eingenommen hatten. Wie der Turm sind auch der Fassadenabschluss und die umgebende Mauer von Zinnen bewehrt.

Über den wieder in Stand gesetzten Burggraben gelangt man in das Kastell. Ein Blick in den Innenhof zeigt die großartig erhaltene Substanz: mit den Wappen der Florentiner Statthalter geschmückte Wände, eine kühn hohe Steintreppe und Holzgalerien. Von besonderer Schönheit sind die Fresken in der Burgkapelle – von ganz besonderem Wert aber erweist sich die Bibliothek, der ganze Stolz des Ortes: Den Grundstock bildete die Sammlung des Grafen Fabrizio Rilli Orsini, weshalb sie **Biblioteca Rilliana** genannt wird. Am 1. Dezember 1825 vermachte er 9000 Folianten und 200 Handschriften feierlich der Stadt Póppi. Hinzu kamen die Bibliothek von Camáldoli und die der Kapuziner von Póppi. Insgesamt besitzt die Bibliothek heute rund 600 Inkunabeln (Drucke aus der Zeit vor 1500), 800 Manuskripte und 70 000 Bücher aus dem 10. bis 15. Jh.

Der Platz vor dem Castello wurde zu einer großen luftigen Parkanlage umgestaltet, geziert von einer Dante-Büste sowie vom Marzocco, dem Florentiner Löwen auf einer Säule. Schön ist der Blick ins Tal des Arno und auf Bibbiena, von Glyzinien bedeckt die Pergola vor dem früheren Reitstall, jetzt ein Restaurant (gegenüber der Herberge Casentino). Hier bei einem schlichten Mahl oder auch nur einem *caffè* ein wenig zu verweilen ist bestimmt keine schlechte Idee; auch nicht, sich hier einzuquartieren (s. Abb. unten und S. 453).

Infos

Pro Loco: 52014 Póppi (AR), Via Cesare Battisti 13, Mobil-Tel. 348 884 02 99.

Übernachten

Bequem – **Parc Hotel:** Località Ponte a Póppi, Via Roma 214, Tel. 0575 52 99 94, www.parchotel.it. ›Stadthotel‹ im neueren – unteren – Teil der Gemeinde. Pool, 40 freundliche, relativ kleine Zimmer, sehr gutes Restaurant auch für Passanten, Parkplatz. €–€€

Sympathisch – **Casentino:** Piazza della Repúbblica 6, Tel. 0575 52 90 90, www.risto

Im Garten des Restaurants Casentino in Póppi

Tipp

ECOMUSEO DEL CASENTINO

Unter dem Sammelbegriff Ecomuseo (Ökomuseum) bietet das Casentino immer mehr Museen, die einen tieferen Einblick in die Kulturgeschichte und die ökologischen Strukturen der Region gewähren.
Das **Ecomuseo della Castagna** befindet sich im kleinen **Raggiolo** mitten im Kastanienwald, wo im Herbst sehr anschaulich das Sammeln, Trocknen und Zubereiten der Kastanien und der vielen Kastanienmehlprodukte demonstriert wird (www.raggiolo.it).
Das **Museo della Casa Contadina** (Bauernhausmuseum) befindet sich in **Subbiano,** Località Castelnuovo, und ist ein privates, besonders liebevoll gepflegtes Museum (Auskunft unter Mobil-Tel. 34 98 54 22 45).
In **Castèl San Niccolò,** Località Cetica, befindet sich das **Ecomuseo del Carbonaio** (Köhlermuseum) zusammen mit der **Casa dei Sapori,** also mit dem Haus des Geschmacks, der Küche des Casentino, der Wildkräuter und Waldfrüchte etc. Natürlich wird hier das Köhlern demonstriert und in der Casa dei Sapori gibt es immer wieder Ausstellungen mit Verkostungsmöglichkeit (Auskunft über Tel. 0575 55 52 80, www.cetica.it).
Aber auch das gehört zur Gruppe des Ecomuseo del Casentino: das **Museo del Contrabbando e della Polvere da Sparo,** das Museum des Schmuggelns und der Feuerwaffen in **Chitignano** (Tel. 0575 59 67 13).
Nähere Infos auch über neue Museen erhält man beim Consorzio Sviluppo Casentino, c/o Comunità Montana del Casentino, 52013 Ponte a Póppi (AR), Via Roma 203 bzw. unter www.ecomuseo.casentino.toscana.it.

Im Ecomuseo della Castagna dreht sich alles um die Kastanie

rantealbergocasentino.it, Dez.–Okt. Älteres kleines Hotel gegenüber dem Castello. 24 verschiedene Zimmer, Garten, hervorragendes Restaurant gegenüber (s. unten). €.

Restauriertes Bauernhaus – **La Torricella:** Ponte a Póppi (AR), Località Torricella 14, Tel. 0575 52 70 45, www.latorricella.com. Auf kleinem Hügel mit Panoramablick, 13 Zimmer, Restaurant (€) mit Holzbalkendecken und Veranda, Parkplatz. €–€€

Essen & Trinken

Sehr gut isst man auch in den Restaurants der Hotels **La Torricella** (s. oben, Übernachten) und **Parc** (s. S. 451). Im Sommer außerdem **Cafés** auf der Piazza, wo man Aperitifs und Kleinigkeiten zu essen bekommt – und dazu das schönste Panorama!

Im Pferdestall – **Casentino:** s. Übernachten, Ruhetag Mi (außer im Sommer). Ländliches Restaurant im früheren Stall des Castello und im Garten. Schmackhafte Casentino-Küche, vom offenen Holzfeuer wie *grigliata mista,* aber auch aus dem Backofen wie *arrosto misto,* beides wirklich mit vielfältigen Fleischsorten. Freundlicher Service. €–€€

Aktiv

Golf – **Golf Club Casentino:** Via Fronzola 6, Loc. Palazzo, Tel. 0575 52 98 10, www.golfclub casentino.it. 13-Loch-Platz.

Pratovecchio Stía ▶ J 5

Dem jungen Arno zu seinem Ursprung folgend, kommt man zum vermutlichen Geburtsort des Frührenaissancemalers Paolo Uccello beziehungsweise Paolo di Dono (um 1397–1475). Eine nette Sommerfrische ist dieses **Pratovecchio** und ringsum gibt es außerdem einige Erinnerungsorte an Dantes Aufenthalt im Casentino. So z. B. das im beginnenden 11. Jh. errichtete **Castello di Romena** (Mobil-Tel. 335 624 44 40, Ticketschalter Mobil-Tel. 350 196 32 85, www.castellodiromena.it, trotz offiziell fester Zeiten nur mit Voranmeldung, Erw. 3 €) ca. 1,5 km südwestlich in wunderbarer Panoramalage.

Infos

Ufficio Turistico di Pratovecchio: 52015 Pratovecchio (AR), Via G. Brocchi 7, Pratovecchio (AR), Tel. 0575 50 30 29, promozione@parco forestecasentinesi.it, https://ilovecasentino.it/pratovecchio.html.

Pieve di Romena ▶ J 5

Via Romena 1, www.romena.it, Kirche: tgl., Laden: Juni–Sept. Di–So, im Winter nur Sa, So, Fei

Sehenswert ist die **Pieve di Romena** an der Landstraße, auch San Pietro in Romena genannt. Sie zählt zu den schönsten mittelalterlichen Taufkirchen der Toskana, im 12. Jh. über einer bereits vorhandenen Vorkirche aus dem 10. Jh. errichtet, diese wiederum über einem etruskischen und dann römischen Heiligtum. Man sollte vor dem Eintritt um sie herumgehen bis zur Chorpartie: Nur die mittlere Apsis ragt halbrund aus dem Chor, durch halbrunde schlanke Pilaster gestaltet, die den Rundbögen als Stützen dienen. Licht geben unten einfachere, oben in der Apsis als Triforien im Wechsel mit Biforien ausgearbeitete Fensteröffnungen. Auch wenn alle Kapitelle der Außenhaut zerstört sind – dem Zauber dieser Chorpartie können sich Liebhaber romanischer Baukunst sicher nicht entziehen!

Die Hauptfassade dagegen ist fast glatt und schlicht, aus verschiedenfarbigem Sandstein aufgemauert. Umso größer ist die Überraschung beim Betreten der dreischiffigen Basilika, vor allem die ausdrucksstark gestalteten Kapitelle ziehen den Blick magisch auf sich. Sie gelten als bedeutendstes Beispiel romanischer Bildhauerkunst im Casentino. Gleich am ersten Kapitell rechts trifft man auf das Hauptwerk in der Pieve: Die vier Evangelisten sind ebenso dargestellt wie die Übergabe des Kirchenschlüssels durch Christus an Petrus. Die Datierung auf 1052 ist gesichert, denn man findet sie über den stilisierten Akantusblättern des ersten linken Kapitells.

Dante soll hier in San Pietro in Romena seine Gebete abgehalten haben. Inzwischen hat eine Bruderschaft unter Don Luigi Verdi die Nebengebäude der Pieve großartig restauriert und sogar einen Laden mit Barbetrieb installiert, dazu großzügige Picknicktische innen und im Freien. Vor allem aber sind hier jeden Sonntag alle eingeladen, ob Christen, Juden, Muslime oder Ungläubige, zu Gesprächen, Messen oder einfach zur Entspannung.

Stía ▶ J 5

Auch **Stía,** seit 2013 mit Pratovecchio zu einer Gemeinde zusammengeschlossen, erhebt sich wie fast alle Orte des Casentino auf einem eigenen Hügel in 450 m Höhe. Doch Stía besetzt nicht eine Hügelkuppe, sondern klettert den Hang förmlich hinauf. Und dies mit einer einzigen breiten Straße, deren Ende den lang gestreckten Hauptplatz bildet, die Piazza Tanucci. Der Platz ist von schlichten *portici* umgeben, unter denen noch kleine Handwerksläden sowie einladende Boutiquen zu finden sind – und eine ganz hervorragende traditionelle Kneipe, das Filetto (s. Essen & Trinken). Nicht von einem Portico verdeckt ist die schlichte Fassade der **Pieve Santa Maria Assunta** (tgl. 7.30–19 Uhr, Eintritt frei) aus dem 11. Jh. Sie gleich nach der von Romena aufzusuchen, ist eine gute Idee, weil sich innen an den symbolträchtigen Kapitellen wohl dieselben romanischen Bildhauer verewigt haben wie dort.

Die meisten Touristen aber kommen wegen des *Panno Casentino,* eines besonderen Wollstoffes, der in Stía traditionell produziert wird – wenn auch nicht mehr in den riesigen historischen Hallen am Wildbach, in denen um das Jahr 1900 noch 500 Menschen arbeiteten. Die Fabrikhallen wurden restauriert und beherbergen das großartige **Museo dell'Arte della Lana** (Via Sartori 2. www.museodellalana.it, Juni, (Juli), Sept. Di, Mi 10–13, Do, Fr, So 10–13, 16–19, Sa 16–19, (Juli), Aug. Di–So 10–13, 16–19, Okt.–Mai Di–Fr, So 10–13, 15–18, Sa 15–18 Uhr Erw. 5 €).

Auf der anderen Flussseite kann man sich im schönen **Park** ergehen und darin die zum Schutz mit einem markanten, segelförmigen Dach überwölbte, sogenannte Therme betrachten. Aus mehreren Hähnen lässt sie das Wasser der **Fonte di Calcedonia** aus dem Norden des Casentino sprudeln. Die Einheimischen füllen das stark mineralhaltige Wasser in Flaschen ab und benutzen es zu Hause als Heilmittel gegen allerlei Zipperlein. Man kann in Stía aber auch wunderhübsch mitten im historischen Zentrum wohnen und die hervorragende Casentino-Küche genießen.

Infos

s. S. 453

Übernachten

Beste Lage – **Falterona:** Piazza Tanucci 85, Tel. 0575 189 01 38, www.hotelfalterona.it, ganzjährig. Das 2021 wieder eröffnete Hotel zu Füßen der Hauptpiazza ist ideal, um Stía zu genießen. Die 23 unterschiedlichen Zimmer in einem Palast aus dem 15. Jh. haben teilweise freskierte Decken und sind im klassisch-toskanischen oder klassisch-modernen Stil eingerichtet. Restaurant und nette Bar. €–€€

Essen & Trinken

Im Tabakladen – **Trattoria da Filetto:** Piazza Tanucci 28, Tel. 0575 58 36 31, außer So nur mittags, Ruhetag Sa außer im Sommer, Juli und Nov. einige Tage geschl. In zwei kleinen Räumen eines früheren Tabakladens, im Sommer auch auf der Terrasse auf der Piazza, kann man die authentische Küche des oberen Casentino genießen, darunter *zuppa ripiena* (gefüllte Suppe) mit Hühnerleber, Mangold und geröstetem Brot oder Tortellini mit Kartoffelfüllung, nach Wunsch mit Butter, Tomaten- oder Fleischsoße. Riesig sind die Portionen der *misti alla brace* (Grillteller), frisch die saisonbedingten Beilagen. €

Einkaufen

Lebensmittel – **Wochenmarkt:** Piazza Tanucci, Di Nachmittag.

Wolle – **Panno Casentino – T. A. C. S:** Via Sanarelli 49, www.tacs.it. Showroom an der Piazza Tanucci 12, Verkaufsladen Via Conti Guidi 4, Póppi. Gewalkte Wolle mit Noppen, eine Spezialität des Casentino, die hier noch traditionell hergestellt wird.

Aktiv

Wandern – Der Wanderweg Nr. 2 führt von Stía hinauf Richtung Monte Falterona, vereint sich recht weit oben mit dem Weg CT4 und umrundet die in 1372 m Höhe gelegenen Quellen des Arno, genannt **Capo d'Arno.**

Termine

Biennale Europea d'Arte Fabbrile: alle zwei Jahre im Sept. (2023, 2025, 2027). Internationale Messe der Eisenschmiede, bei der sich ganz Stía in eine einzigartige Bühne verwandelt.

Camáldoli ▶ K 5

Eine wunderschöne Sommerstraße (normalerweise nur Mai–Nov. geöffnet) führt durch einen dichten Wald von Pratovecchio direkt zum Eremo di Camáldoli in 1104 m Höhe (ca. 14 km). Alternativ kann man zurück nach Póppi fahren und von dort eine fast noch schönere, weil panoramareichere Straße hinauf (ca. 12 km) bis Camáldoli und dann weitere 3 km zur Einsiedelei nehmen.

Convento di Camaldoli

www.camaldoli.it, Mo–Sa 9–12/13, 14.30–18/19.30 Uhr

Der riesige, zur Straße hin fast abweisend wirkende **Convento di Camáldoli,** das Kamaldulenserkloster in 825 m Höhe, besitzt einen kleinen Kreuzgang aus dem 15. Jh. und einen größeren von 1543. Besichtigt werden können in der Klosteranlage die reich bestückte Bibliothek, die interessante Apotheke, in der natürlich Klosterliköre und andere Produkte der Mönche verkauft werden, sowie die im Barock veränderte Kirche mit fünf Altarbildern von Giorgio Vasari.

Eremo di Camáldol

Kloster im Vorhof und Kirche Mo–Sa 8–12, 15–17/18 Uhr, dennoch wegen eines Besuches besser vorher anrufen (s. rechts), Eintritt frei

Fast 300 m höher und rund 3 km weiter befindet sich der Ort, an dem der hl. Romuald (952–1027) den Grundstein für eine Einsiedelei legte und damit für das Stammhaus der Kamaldulensermönche. Den Platz hat er gut ausgesucht: inmitten eines wunderschönen alten Mischwaldes, wie es nicht mehr viele davon in Italien gibt. Der in Hanglage erbaute **Eremo di Camáldoli** mit den Zellen der Eremiten verfügt über eine Schauzelle; es ist diejenige, die der Klostergründer einst bewohnte und die nun auch Frauen zugänglich ist. Eigentlich sind es geradezu komfortable Häuschen, in die sich auch historische Größen zurückzuziehen pflegten, so Lorenzo de' Medici, der Kloster und Einsiedelei als kulturelles und geistiges Zentrum zugleich, mit Sitz einer humanistischen bzw. Neuplatonischen Akademie, besonders gefördert hatte. Überhaupt zeigt sich im Eremo di Camáldoli eine Verbindung von Einsiedler- und Gemeinschaftsleben, denn vom Vorhof der Klausur mit den Zellen kommt man sowohl in ein kleines Kloster als auch – gegenüber – in die jedermann zugängliche barockisierte Kirche **San Salvatore.**

Infos

Kloster: Tel. 0575 55 60 12; **Einsiedelei:** Tel. 0575 55 60 21 oder 0575 55 60 44.

Übernachten

Schlicht – **Locanda dei Baroni:** Gegenüber dem Konvent, Tel. 0575 55 60 15, www.alberghicamaldoli.it, nur Mitte April–Aug. geöffnet. Renovierte Pension mit 12 Zimmern, Restaurant (Ruhetag Di, ganzjährig) und Steakhouse. DZ/ÜF 50–72 €.

Klösterlich – **Foresteria di Camáldoli:** gegenüber dem Kloster, Tel. 0575 55 60 13, foresteria@camaldoli.it. Hospiz im Klosterkomplex, in dem normalerweise Pilger- oder andere spirituelle Gruppen mit festem Programm aufgenommen werden. Wenn Plätze frei bleiben, kann man hier als Individualreisender Mitte Juni–Mitte Sept. unterkommen, auch im DZ mit Bad. Normalerweise nur mit Halbpension buchbar. €

La Verna ▶ K 5

www.laverna.it; Kloster: im Sommer 6.30–22, im Winter bis 19.30 Uhr; Cappella delle Stimmate: im Sommer 8–19, im Winter bis 17 Uhr

Über Badia Prataglia auf Schleichwegen durch die Alpe di Serra kommt man sozusagen von hinten zum Monte Penna und damit nach **La Verna,** das sich von unten besehen fast beängstigend dicht am Rand der recht glatten Felsen zu Füßen des 1283 m hohen Monte Penna aufbaut. Auch diesen Platz hätte der hl. Franziskus nicht schöner aussuchen können. Hier empfing Franziskus 1224 auf dem ›rauen Felsen‹ seine Wundmale. Einst war dies ein Ort der Stille, heute findet man eher einen Rummelplatz für Wallfahrer und andere Reisende vor. Das größte Gedränge herrscht am 4. Oktober, dem Franziskus-Tag. Wer einen Ort der Meditation sucht, sollte diesen Tag und das dazugehörige Wochenende ebenso meiden wie alle sommerlich warmen Wochenenden und die diversen Brückentage.

Die erste Kirche erbaute Franziskus selbst 1216 bis 1218 an diesem Ort: **Santa Maria degli Angeli** (links auf dem Weg in den Klosterkomplex), ausgeschmückt mit einigen Della-Robbia-Terrakotten, von denen es im Kloster insgesamt 15 gibt. Besonders schön ist die »Madonna mit dem Stieglitz« im kleinen Museum des Refektoriums. Die **Chiesa Maggiore** rechts am großen Platz stiftete 1348 Graf Tarlato di Pietramala zusammen mit seiner Frau, Besitzer des Kastells Chiusi; die Vollendung und Weihe der Kirche fand erst 1568 statt. Auch hier sind mehrere Arbeiten der Della Robbia zu bewundern, u. a. das Wappen der Wollweberzunft, am Lamm und der Florentiner Lilie zu erkennen. Diese reiche Zunft sorgte hauptsächlich für die Fertigstellung der Kirche. Links von ihr befindet sich die **Cappella della Pietà** (ab 1532) mit einer herrlichen Terrakottapietà von Giovanni della Robbia auf dem Altar.

1578 wurde der **Corridoio delle Stimmate** vor dem Eingang der Grotte gebaut, in der sich Franziskus seine Kammer eingerichtet hatte, ein Ort des Gebetes für die Franziskanermönche selbst (tgl. um 14 und 1 Uhr), doch von keiner besonderen kunsthistorischen Qualität. Anders die **Cappella delle Stimmate** (1263), die an der Stelle errichtet wurde, an der Franziskus die Wundmale empfangen hatte: Sie zeigt schöne Arbeiten von Della Robbia und eine Reliefdarstellung der Stigmatisierung.

Männer wie Frauen können im Gästehaus (s. S. 457) nächtigen und speisen.

Infos

Santuario della Verna: 52010 Chiusi della Verna (AR), Via del Santuario 45, Tel. 0575 53 41 20, www.laverna.it.

Tiefgrüne Wälder, weite Ausblicke: So wunderschön liegt La Verna

Übernachten

Familiär – **Da Giovanna:** Chiusi della Verna, Via San Francesco 33, Tel. 0575 59 92 75, www.dagiovannahotel.com, April–Nov. Renovierte einfache Pension mit 14 Zimmern und Restaurant (s. unten). €–€€

Im Kloster – **Foresteria del Pellegrino:** Santuario della Verna, Tel. 0575 53 42 10, www.laverna.it/accoglienza. Wunderbar restauriertes Hospiz des Klosters, Mehrbett- und Doppelzimmer, Restaurant, Parkmöglichkeit. Normalerweise nur mit Vollpension buchbar. €

Essen & Trinken

Herrlich rustikal – **Da Giovanna:** s. oben, Ruhetag Mi (nicht in der Saison). Lokal mit deftiger Küche wie Wildschwein mit Steinpilzen; hausgemachte Pasta. €

Nicht nur für Pilger – **Foresteria del Pellegrino:** im Klosterkomplex, s. Übernachten. Authentische Casentino-Küche, große Portionen. Menü für Tagesgäste (Voranmeldung). €

Valtiberina

Alta Valtiberina nennen lokale Fremdenverkehrsförderer die Region und geben sich große Mühe, zumindest mit dem Casentino mitzuhalten. Dabei hat das **Obere Tibertal** an der Grenze zu Umbrien landschaftlich wie kulturell viel zu bieten, angefangen bei den Spuren Piero della Francescas, denen man hier folgen sollte, bis zu Michelangelos Geburtsort.

Pieve Santo Stefano

▶ L 5/6

Fährt man von der Emilia-Romagna auf der Schnellstraße E 45/SS 3 bis in die nordwestliche Toskana, ist **Pieve Santo Stefano** der erste größere Ort der Valtiberina. Ende des Zweiten Weltkrieges wurde er von den Deutschen fast dem Erdboden gleichgemacht, historische Bausubstanz gibt es daher kaum. Allerdings befindet sich hier der Sitz des nationalen italienischen Archivs und Museums des Tagebuches, weswegen Pieve Santo Stefano auch **Città del Diario** genannt wird. Das **Museo del Diario** bietet eine eindrucksvolle Präsentation historischer und Kriegstagebücher, darunter eines, das von einer Witwe aus dem Volk auf ein Bettlaken geschrieben wurde (Mo–Fr 9.30–12.30, 15–18, Sa, So, Fei 15–18 Uhr, Erw. 5 €, www.piccolomuseodeldiario.it).

Übernachten, Essen & Trinken

Über dem Stausee – **Agriturismo Le Ceregne:** Località Le Ceregne 74, Mobil-Tel. 347 843 90 63, www.leceregne.it. Am gestauten Lago Montedoglio, einem wichtigen, zur Stromerzeugung genutzten Wasserreservoir, kann man besonders angenehm in Apartments bzw. netten Zimmern wohnen und köstlich ganz bio speisen. €–€€

Caprese Michelangelo

▶ K/L 6

Am 6. März 1475 wurde Michelangelo Buonarroti in der netten Sommerfrische **Caprese Michelangelo** geboren, die daher stolz seinen Namen trägt. Der Ort (knapp 1400 Einw.) ist nicht sonderlich attraktiv, doch seine Lage auf rund 650 m Höhe ist hübsch und seine Bewohner sind freundlich. Man kann hier eine angenehme Bleibe finden und gut speisen. Der Ort ist also ein idealer Ausgangspunkt für Ausflüge ins nördliche Casentino, nach Arezzo und eben ins Obere Tibertal, der Valtiberina.

Museo Casa Natale Michelangelo Buonarroti

Via Capoluogo 1, Tel. 0575 79 37 76, www.casanatalemichelangelo.it, April–Okt. tgl. 9.30–13, 15–18.30, Nov.-24. Dez., 7. Jan.–März Sa, So, Fei 10–13, 15–17.30, 26. Dez.–6. Jan. tgl. 9.30–13, 15–18.30 Uhr, sonst auf Anfrage, Öffnungszeiten besser verifizieren, Erw. 4 €

Das immer wieder umgestaltete und verschönerte Museum mit Räumen für Sonderausstellungen umfasst den Palazzo del Podestà (Michelangelos vermeintliches Geburtshaus), den Palazzo Clusini sowie einige Räume und den Garten der Rocca. Im **Palazzo del Podestà** sind Fotoreproduktionen von Fresken Michelangelos und ein Film über sein Leben zu sehen, der **Palazzo Clusini** beherbergt die Michelangelo-Bibliothek und Kleinplastik des 19. Jh. In der **Rocca** sind Gipskopien von Michelangelos bekanntesten Werken sowie Originalskulpturen zeitgenössischer lokaler Künstler zu sehen, vor allem die Schenkung des Bildhauers, Illustrators und Autors Emilio Greco (1913–1995).

Infos

Pro Loco: 52033 Caprese Michelangelo (AR), Via Capoluogo 8, Tel. 0575 79 37 60, www.capresemichelangelo.net.

Übernachten

Angenehme Bleibe – **Buca di Michelangelo:** Via Roma 51, Tel. 0575 79 39 21, www.bucadimichelangelo.it. Freundliches Hotel mitten im Ort. 23 einfache, aber ordentliche Zimmer, Restaurant (s. Essen & Trinken). €

Essen & Trinken

Echt toskanisch – **Il Rifugio:** Località Lama 47, 2 km westlich, Tel. 0575 79 37 52, www.ilrifugioristorante.eu, Ruhetag Mi (außer im Aug.). Landtrattoria mit DOP- und IGP-Produkten, also garantiert toskanischen Ursprungs. Gute Weinauswahl. €€

Mit Panoramablick – **Buca di Michelangelo:** s. oben, Ruhetage Mi, Do (außer Mai–Sept.). Helles Terrassenrestaurant, über die enge Gasse vom Hotel getrennt. Lokale Küche wie Wild und Pilze, hausgemachte Pasta. Menü 27/28 €.

Deftig – **Il Cerro:** Via il Cerro 120, Tel. 0577 79 39 23, www.ristoranteilcerro.it/, Ruhetage Mo, Di, im Jan. geschl. Beste Hausmannskost in ländlicher Atmosphäre, z. B. Hasenragout, Steinpilze, Kastanienkuchen, alles typisch aus den aretinischen Bergen, aber auch *bistecca fiorentina.* Am Wochenende überfüllt. Große Weinkarte. €–€€

Monterchi ▶ L 7

Die Landschaft Richtung Umbrien, also von Arezzo nach Osten, wird immer kleinhügeliger. Das kleine **Monterchi** hockt in etwa 350 m Höhe auf befestigtem Hügel. Seinen Ruhm verdankt es einem Madonnenbild, das seit ca. 1956 in der kleinen Friedhofskapelle zu Füßen Monterchis an der Stirnwand hing. Gemalt wurde es für die später zusammengebrochene Chiesa della Momentana: die »Madonna del Parto« (»Schwangere Madonna«) von Piero della Francesca. Er hatte sie 1455–1460 in Erinnerung an seine verstorbene Mutter – wohl mit ihren noch jungen Gesichtszügen – gemalt.

Museo Madonna del Parto

Via delle Reglia, www.madonnadelparto.it, tgl. 15. März–15. Okt. 9–13, 14.30–18.30, 16. Okt.–14. März 9.30–12.30, 14–17 Uhr, Erw. 6,50 € inkl. Museo delle Bilance

Die Friedhofskapelle dürfte bald in Vergessenheit geraten, denn Pieros Madonnenfresko hat einen sicheren Platz in der früheren Dorfschule bekommen. Es zeigt eine anmutige Muttergottes, die stolz durch den Schlitz ihres Kleides auf ihren gewölbten Bauch deutet. Bei der jüngsten Restaurierung fand man heraus, dass der halbrunde Aufsatz über dem Fresko eine spätere Zutat war – so wurde er entfernt. Eine genaue Dokumentation der Entstehungsgeschichte des Freskos sowie seiner Restaurierungen verlangt interessierten Besuchern einen längeren Aufenthalt ab.

Museo delle Bilance

Via XX Settembre 22, alles Weitere wie Museo Madonna del Parto

Das nur wenige Schritte weiter in der Hauptgasse des Dorfes gelegene, gekonnt eingerichtete Museum zeigt historische Waagen ab dem 15. Jh., die aus einer privaten Sammlung stammen. Da kann man nur staunen, welche Waagenarten es gab und gibt. Und hoffen, dass der Besitzer dieser wundervollen Sammlung sie der Gemeinde vermachen wird.

Essen & Trinken

Mehrere Bars/Cafés an der Hauptstraße unterhalb des Dorfes. Im oberen Ortsteil gibt es zwei Lokale, das **Una Terrazza in Toscana** (Via dell'Ospedale 14, auf Facebook, Kleinigkeiten wie belegte *piadine,* Platten, €) und besonders angenehm:

In Panoramalage – **Senza Tempo:** Via dell'Ospedale 18, Tel. 0575 707 56, https://ristsenzatempo.wixsite.com/senzatempo, Ruhetage Mo, Mi. Schöner Platz am Ortsrand, zum Aperitif mit toller Weinkarte, weil der Wirt ein junger, ehrgeiziger Sommelier ist, abends angenehm in zwei kleinen Räumen oder auf der Terrasse. Verfeinerte Küche mit Fisch. €€

Anghiari ►L 6

Das kleine Provinzstädtchen **Anghiari** (knapp 5600 Einw.) in steiler Hanglage in 429 m Höhe über dem im Osten breiten Tibertal bietet Antiquitätenfreunden sonntags einen gut besuchten **Markt** und eine recht interessante städtebauliche Komponente im nur scheinbaren Gewirr von Gassen und Plätzen, Kirchen und Palästen. Der Ort hat sich vor allem aber seinen Ruf als Schauplatz der Schlacht von Anghiari erhalten. Am 29. Juni 1440 kämpften die Mailänder Streitkräfte gegen eine von Florenz angeführte Koalition aus Kirchenstaat und der Republik Venedig. Die Mailänder waren zahlenmäßig schlechter aufgestellt und starteten daher am 29. Juni einen Überraschungsangriff zwischen Sansepolcro im Tal und Anghiari auf dem Hügel. Doch der aufgewirbelte Staub warnte die Florentiner, die daraufhin die Mailänder zum Rückzug zwingen konnten.

Museo della Battaglia

Piazza Mameli 1/2, www.battaglia.anghiari.it, April–Okt. tgl. 9.30–13, 14.30–18.30, Nov.–März bis 17.30 Uhr, Erw. 4 €, mit Palazzo Taglieschi Erw. 6 €, unter 18 Jahren Eintritt frei

Mehrfach wurde diese Schlacht in wandfüllenden Gemälden und Fresken festgehalten. Auf der interaktiven Website des Museums findet man immer wieder neue Filme zu seinen Aktivitäten, die sich alle um die berühmte Schlacht drehen.

Palazzo Taglieschi

Piazza Mameli 16, Di–Do 9–18, Fr–So, Fei 10–19 Uhr, Website/Eintritt s. Museo della Battaglia

Gegenüber erhebt sich der **Palazzo Taglieschi** mit dem **Museo Statale bzw. Robbiano.** Es besitzt abgenommene Fresken, Bilder und Skulpturen sowie liturgische und Haushaltsgegenstände aus der oberen Valtiberina, darunter eine bedeutende Sammlung von Holzskulpturen vom 13. bis 16. Jh.

Vom Rathaus zum Stradone

Vom **Rathaus** an der Piazza del Popolo, das 1384 begonnen wurde, ziehen sich – unterbrochen durch die beiden Stadtmauern – mehrere Plätze hinunter zur Piazza Grande und weiter bis zum schnurgeraden **Stradone:** das Werk des Aretiner Bischofs Guido Tarlati, der die Welt 1321 so – strategisch gesehen – in Ordnung bringen wollte. Aufgelockert wird die Gerade durch Plätze, Loggien und Loggiabrunnen – für die Leute von Anghiari heute ein herrlicher Passeggiata-Bereich. Die Fortsetzung des Stradone führt ebenso schnurgerade ins Tal, über das Schlachtfeld von Anghiari.

Infos

Pro Loco: 52031 Anghiari (AR), Corso Matteotti 103, Tel. 0575 74 92 79, https://prolocoanghiari.info, www.toscanadappennino.it.

Übernachten

Freundliches Stadthotel – **La Meridiana:** Piazza IV Novembre 8, Tel. 0575 78 81 02, www.hotellameridiana.it. Zentral gelegen, einfach, aber familiär, 25 helle große Zimmer, Restaurant. €

Herrlich ländlich – **Locanda del Viandante:** Località Cerreto, Ponte alla Piera 11, Tel. 0575 72 30 16, www.locandadelviandante.toscana.it. Drei großartig restaurierte kleine Weiler mit niedrigen Steinhäusern, Wohneinheiten in kleinen Gruppen zusammengefasst mit gemeinsamem Kaminzimmer. Bed & Breakfast im Hauptgebäude Casolare di Cerreto mit üppigem Frühstück mit lokalen Produkten. €

Essen & Trinken

Urgemütlich – **Locanda del Castello di Sorci:** Località San Lorenzo 25, 2 km südlich, Tel. 0575 78 90 66, www.castellodisorci.it, Ruhetag Mo. Landtrattoria mit hausgemachter Pasta und festem, tgl. wechselnden Menü (So, Fei total überlaufen, also reservieren). Auch teils hübsche B-&-B-Zimmer im mittelalterlichen Castello (€). Reichhaltiges, tgl. wechselndes Mehrgängemenü (auch ein vegetarisches!). €

Typisch toskanische Küche – **Da Alighiero:** Via Garibaldi 8, Tel. 0575 78 80 40, www.daalighiero.it, Ruhetag Di, 16. Febr.–10. März geschl. Angenehmes Ambiente in einer früheren Wachtstation in der Altstadt. Hausgemachte Pasta und Brot, garantiert toskanische DOP- und IGP-Produkte, hausgemachte *dolci*, große Weinkarte. €€

Verkehr

Bus: Im Berufsverkehr ca. stdl. Verbindungen mit Arezzo.

Borgo Sansepolcro ▶ L 6

Auf der Fortsetzung der Geraden über den Tiber hinweg gelangt man zur Ostseite der Valtiberina, nach **Borgo Sansepolcro.** Das gut 16 000 Einwohner große Städtchen ist ein wunderbarer Bummelort mit hübschen Geschäften (speziell für Web- und Spitzenarbeiten, aber auch für Culinaria des Tibertals) und netten Restaurants. Anders als Anghiari wirkt Sansepolcro in 330 m Höhe sehr geordnet. Die einzige Straße, die nicht wirklich gerade verläuft, ist denn auch die älteste, die heutige Via XX Settembre von der Porta Fiorentina im Westen zur Porta Romana im Osten. Durch das Schachbrettmuster der Straßen sollte man sich nicht irritieren lassen: Es beruht nicht auf einer römischen Siedlung, sondern zeugt in diesem Fall von der ständigen Erweiterung der Stadt, insbesondere im Osten. Hier hatten sich viele Handwerker niedergelassen, das war und ist Tradition geblieben. Hauptsächlich werden hier Spitzen und raffinierte Goldschmiedearbeiten sowie Armbrüste hergestellt. Sogar eine Schule für die Spitzenproduktion findet man mitten im Städtchen.

Casa di Piero della Francesca

Ganz im Nordosten liegt vor der Zwingburg das frühere Arme-Leute-Viertel. Darin steht in der Via Aggiunti die **Casa di Piero della Francesca,** das Geburtshaus des berühmten Malers (1416–1492) und engagierten Ratsherren von Sansepolcro. Das Gebäude wurde anlässlich seines 500. Todesjahres 1992 restauriert und zu einem Kulturzentrum, spezialisiert auf die Piero-della-Francesca-Forschung, ausgebaut. Es ist daher nur zu besonderen Anlässen der Öffentlichkeit zugänglich (s. Thema S. 440).

Museo Civico

Via Niccolò Aggiunti 65, www.museocivicosansepolcro.it, tgl. (zeitweise Di geschl.) 15. Juni–15. Sept. 10–13.30, 14.30–19, 16. Sept.–14. Juni 10–13, 14.30–18 Uhr, Erw. 12 €

Sansepolcro, nach dem Heiligen Grab in Jerusalem benannt (*sepolcro* = Grab), war im Mittelalter eine der großen freien Kommunen, bis die Medici kamen. Das sehenswerteste Gebäude ist das herrlich ausgestattete Stadtmuseum, das **Museo Civico e Pinacoteca Comunale** mit den Schätzen des Domes, Bildern und abgenommenen Fresken. Hauptwerk dürfte die »Auferstehung« von Piero della Francesca sein. Auch bei geschlossenem Museum kann man dieses Bild bewundern: durch die durch Panzerglas geschützte offene Holztür zur Hauptstraße, die über eine kurze Treppe von zwei Seiten zugänglich ist. So stolz ist man in Sansepolcro auf das Bild, dass man es auch ohne Eintritt betrachten darf.

Museo Aboca

Via Niccolò Aggiunti 75, www.abocamuseum.it, April–Sept. Mo–Sa 10–13, 15–19, So 10–13, 15–19, Okt.–März Do–Sa 9–13, 15–18, So, Fei 10–13, 15–18 Uhr, Erw. 10 €

Alles rund um Kräuter und Gewürze im edlen Palazzo dieser inzwischen weltbekannten Firma, die mit ihren Pflanzungen und Gewächshäusern zu den großen Arbeitgebern in der Umgebung zählt.

Infos

Ufficio Turistico della Valtiberina Toscana: 52037 Sansepolcro (AR), Via Matteotti 8, Tel. 0575 74 05 36, www.valtiberinaintoscana.it.

Übernachten

Am Rand der Stadtmauer – **La Balestra:** Via dei Montefeltro 29, Tel. 0575 73 51 51, www.labalestra.it. Modern und freundlich, 52 Zimmer, gutes Restaurant (s. rechts), Parkplatz. €€

Familiär – **Locanda Giglio:** Via Luca Pacioli 60, Tel. 0575 74 20 33, www.ristorantefiorentino.it. Stadthotel seit 1807. Vier liebevoll renovierte, klimatisierte Zimmer, Restaurant **Fiorentino** (s. rechts), kleine Garage. €

Essen & Trinken

Fleischlastig – **Da Ventura:** Via Aggiunti 30, Tel. 0575 74 25 60, www.albergodaventura.it, Ruhetage So abends, Mo. Rustikale Familientrattoria (in dritter Generation) unter niedrigen Holzbalkendecken mit lokalen Spezialitäten, die auf Wagen an den Tisch gerollt werden. Hausgemachte Würste, Wild, Braten, Pilz- und Pastagerichte. Für Übernachtungsgäste gibt es auch fünf Zimmer (€) im Obergeschoss. €–€€

Lokale Spezialitäten – **La Balestra:** s. Hotels, Ruhetag So abends, ca. 3 Wochen im Aug. geschl. Gutes Restaurant mit hausgemachter Pasta, sehr gute Fleischgerichte, Sommerterrasse. €–€€

Traditionsreich – **Fiorentino:** s. Hotels, Ruhetag Mi, je 1 Woche im Nov., Febr. sowie Ende Juni geschl. Restaurant unter dekorativen Balkendecken, toskanische Küche, Wein aus eigener Produktion. €–€€

Einkaufen

Spitzen- und Stickereiarbeiten – Eine Spezialschule (Scuola del Merletto) in Sansepolcro lehrt die traditionelle Handarbeit. Zwei Adressen, in denen man die wunderschönen Arbeiten erstehen kann, sind **Busatti** (Via Piero della Francesca 48a), eines der führenden Häuser in puncto Webstoffe für Bett, Tisch und Bad, und **Il Telaio** (Via Matteotti 18), mit Handgewebtem und traditionellen Spitzenarbeiten *(merletti)* aus Sansepolcro.

Antikes – **Antiquitätenmesse** (Fiera dell'Antiquariato) im historischen Zentrum gleichzeitig mit dem **Palio della Balestra** am 2. Sept.-So, aber auch Ostermontag sowie am 3. Okt.-und 2. Dez.-So.

Termine

Palio della Balestra: Am 2. So im Sept. Historisches Armbrustschießen gegen das umbrische Gubbio (seit 1594 belegt), an dem jede alteingesessene Familie teilnimmt, begleitet von einem Umzug in Renaissancekostümen. Geschossen wird um die Siegerfahne aus einer Entfernung von 36 m.

Verkehr

Bus: Mindestens stdl. Verbindungen im Berufsverkehr mit Arezzo (Bahnstation).

Piero della Francescas »Schwangere Madonna« mit dem Antlitz seiner Mutter

Von Arezzo zum Lago Trasimeno

Im östlichen Chiana-Tal an der Grenze zu Umbrien klettern Städte wie Castigliόn Fiorentino und Cortona in strategisch günstiger Lage ihre Hausberge hinauf und schauen ins weite, fruchtbare Tal. Das einstige Etruskerland wurde später von den Medici begehrt, die hier schöne Paläste und reich geschmückte Kirchen bauten.

Die Etrusker besiedelten das Gebiet südlich von Arezzo mit bedeutenden Stützpunkten ihres Zwölfstädtebunds und hinterließen vor allem imposante Grabanlagen. Die Medici trachteten eher nach fruchtbarem Ackerland, weshalb sie die Sümpfe trockenlegen ließen, den Städten ihren Stempel mit schönen Palästen aufdrückten und den Kirchen kostbare Ausstattungen hinterließen. Vom einstigen Fluss Chiana ist seit der Trockenlegung der Sümpfe nur noch ein Rinnsal geblieben, doch sogar auf der Autobahn bereitet es Vergnügen, dieses Tal zu durchfahren und rechts und links kleine Städte auf ihren Hügelkuppen auftauchen zu sehen. Den Osten des Chiana-Tales prägen die umbrischen Berge, an deren Flanken sich die Städte zu klammern scheinen, und ebenfalls zu Umbrien gehört der nahe Lago Trasimeno.

Castigliόn Fiorentino

▶ K 7

So, wie sich die Stadt in hübscher Hanglage (ca. 345 m hoch) präsentiert, ist sie wahrscheinlich römischen Ursprungs, hat sich inzwischen allerdings außerhalb ihrer mittelalterlichen Mauern weit ins Tal ausgedehnt. Die beiden imposanten Stadttore von **Castigliόn Fiorentino** (gut 13 200 Einw.) könnten noch heute geschlossen werden.

Die lebhafte Provinzstadt mit ihren mittelalterlichen Gassen besitzt viele schöne, teils jedoch renovierungsbedürftige Renaissancepaläste. Ihr Zentrum ist der Rathausplatz.

Pinacoteca Comunale

Via del Tribunale 8, www.museicastiglionfiorentino.it/la-pinacoteca, Jan.–April, Okt.–Dez. Fr–So 10–12.30, 15.30–18, Mai–Sept. Do–So 10–12.30, 15.30–19 Uhr, Erw. 3 €

Der Rathausplatz wird dominiert von einem Komplex aus Palazzo Pretorio mit Archäologischem Museum, Chiesa di Sant'Angelo und Cassero (mit aussichtsreichem Park), der das Kulturzentrum des Städtchens mit Bibliothek, Unterirdischer Archäologischer Zone und Pinakothek beherbergt.

In der **Pinacoteca Comunale** in der ehemaligen Kirche wird eine Sammlung toskanischer und umbrischer Kunst gezeigt. Glanzstücke sind ein hölzernes Kruzifix, das einem gewissen Maestro di San Francesco zugeschrieben wird, und eine Madonna von Taddeo Gaddi. Außerdem sind Möbel und Goldschmiedearbeiten des 12.–15. Jh. zu bewundern.

Casseretto

s. Pinacoteca, sonst meist nur nach Voranmeldung, Eintritt oftmals frei, sonst Erw. 1,50 €

Auch den Turm, den sogenannten **Casseretto** von ca. 1350, darf man innen über eine Holztreppe bis zum offenen Glockenstuhl besteigen, der 1804 seine große Glocke namens Calfurnia erhielt.

Piazza del Municipio

Auf der **Piazza del Municipio** öffnet sich eine harmonische vasarianische Loggia (um 1560), die einen hinreißenden Blick in die Valdichiana bietet. Darunter kann man in einem Café oder der Pizzeria sitzen und das Treiben betrachten.

Castello di Montécchio Vesponi ▶ K 8

4 km südlich von Castiglión Fiorentino, Mobil-Tel. 331 941 86 21, www.castellodimontecchio.it, Führungen nur nach Voranmeldung Di–So Führungen 10, 11, 15, 16 Uhr

Oberhalb der Landstraße und auch über einen schmalen Fußweg zu erreichen, thront dekorativ auf einem kleinen Hügel in 363 m Höhe das **Castello di Montécchio Vesponi** aus dem 11. bis 13. Jh. Weithin sichtbar sind sein hoher Turm und der von Zinnen bekränzte Mauergürtel. Im Mittelalter war die Burg Wohnsitz des berüchtigten Söldnerführers Sir John Hawkwood im Dienste von Florenz, dem die Sienesen Schreckliches nachsagen, während die Aretiner bewundernd seinen Namen nennen. Hier soll er nach seinen abenteuerlichen Kriegszügen gestorben sein. Heute, in privaten Händen und saniert, ist die trutzige Festung ein beliebtes, aber leider selten zugängliches Ausflugsziel. Trotz der archäologischen Grabungen lässt die freundliche Besitzerin Orietta Floridi Viterbini, übrigens die letzte Nachfahrin von Sir John Hawkwood, italienisch Giovanni Acuto, nach Anmeldung interessierte Besucher gerne ein und führt sie durch die Festung.

Infos

Pro Loco: 52043 Castiglión Fiorentino (AR), Piazza Risorgimento 19, Tel. 0575 65 82 78, www.prolococastiglionfiorentino.it.

Übernachten

B & B im Centro Storico – **Viziottavo:** Via San Michele 69, Tel. 0575 65 73 19, www.viziottavo.com. Sieben hübsche Zimmer in einem Altstadt-Palazzo aus dem 15. Jh., zwischen ländlich und Design liebevoll eingerichtet. Gäste werden mit einem reichen toskanischen Frühstück verwöhnt. €

Essen & Trinken

Mehrere meist kleine Lokale befinden sich im *centro storico,* zum Sitzen und Leute beobachten besonders schön ist das **Caffè Ignoranti,** Piazza del Municipio 4/5.

Deftige Küche – **Da Muzzicone:** Piazza San Francesco 7, Tel. 0575 65 84 03, Ruhetag Di. Größeres, rustikales Restaurant mit Tischen auf der hübschen Piazza. Deftige Fleischgerichte, hausgemachte *dolci,* große Weinkarte. €–€€.

Einkaufen

Markt – **Wochenmarkt:** Fr 8–13.30 Uhr. Lebensmittel, Haushaltswaren und Kleidung auf dem historischen Foro Boario, bei Festen an wechselnden Orten.

Termine

Palio dei Rioni: 3. Juni-So, u. a. Pferderennen auf dem Piazzale Garibaldi, Umzug in historischen Kostümen.

Verkehr

Bahn: Castiglión Fiorentino ist Station an der alten Strecke Chiusi–Arezzo, die die Städte im Berufsverkehr ca. stdl. miteinander verbindet und auch den Lago Trasimeno (Castigliόne del Lago). Über Arezzo Anbindung an die Schnellstrecke Florenz–Orvieto.

Bus: Im Berufsverkehr ca. halbstündliche Verbindung an Arezzo bzw. Cortona.

Cortona ▶ K/L 8

Schon von Weitem ist **Cortona** zu sehen, liegt es doch wunderbar auf vier Terrassen am Hang des Monte Sant'Egidio in 494 bis 650 m Höhe. Den Wagen muss man unten vor dem Stadttor stehen lassen, sonst kann man sich der Faszination der städtebaulich so interessanten, ursprünglich etruskischen Siedlung nicht hingeben. Am Beispiel Cortona lässt sich gut vorstellen, wie sicher sich hier die Etrusker gefühlt haben, wie ihre Stadt aussah und was die Römer daraus machten; oder das Mittelalter, nachdem die Stadt 1411 in den Machtbereich von Florenz kam. Spätere Jahrhunderte haben hingegen kaum mehr vermocht, im Altstadtbereich gravierende Änderungen durchzusetzen. So ist Cortona im Zentrum weitgehend eine spätmittelalterliche Stadt geblieben.

An der 2800 m langen Stadtmauer lassen sich noch zahlreiche Reste aus der Etruskerzeit finden. In der Nähe entdeckte man mehrere etruskische Nekropolen, eine wahre Sensation war die Nekropole Melone del Sodo I, 2 km Richtung Arezzo, deren Grabbeigaben nun oben im Museum zu sehen sind.

Die steilen Gassen der Altstadt wirken fast düster, denn die Stadtpaläste sind so hoch, dass kaum ein Sonnenstrahl auf das auch noch dunkle Pflaster fällt. Auf einen sensiblen Menschen mag Cortona daher kalt und verschlossen wirken.

Aber die Bewohner der Stadt (22 300 Einw.) machen den Eindruck, sich in dieser Atmosphäre besonders wohl zu fühlen. Es herrscht buntes Treiben in den dunklen Gassen, vor allem dort, wo sie sich zu Plätzen treffen oder ausweiten. An diesen Orten scharen sich morgens Frauen um kleine Marktstände mit landwirtschaftlichen Erzeugnissen aus dem Umland, sparen sich den Weg in die auch hier gesichtslose Unterstadt mit ihren großen Supermärkten. Aus den vielen Werkstätten in den Altstadtgassen erklingt emsiges Sägen, Hämmern und Schleifen.

Generell ist die Lage der Stadt faszinierend, bietet sie doch großartige Panoramablicke in die Valdichiana. Besonders schön ist die Aussicht von der oberen Piazza del Duomo. Doch es gibt in Cortona – so verschwenderisch können Städtebauer sein – noch zwei weitere, noch höhere, noch großartigere Ausblicke über das Tal: den von der früheren Medici-Festung (16. Jh.) in 651 m Höhe und den von der Terrasse des Santuario di Santa Margherita.

Das historische Zentrum von Cortona ist kompakt und übersichtlich, und außerdem nicht sehr groß. Zunächst sollte man zum Hauptplatz hochsteigen, zur **Piazza della Repúbblica** und damit zum **Palazzo Comunale** (1236 erstmals urkundlich erwähnt) mit seiner monumentalen Freitreppe. Durch die steile Hanglage wirkt sie für den Ankommenden von unten noch gewaltiger, als sie in Wahrheit ist.

Die Piazza della Repúbblica mit dem Rathaus ist das Herz Cortonas

MAEC

Piazza Signorelli 9, www.cortonamaec.org, April–Okt. tgl. 10–19, Nov.–März Di–So 10–13, 14–17 Uhr, Erw. 10 €, mit MAEC Parco 13 €
Einen schönen Komplex bilden Rathaus und der dahinter liegende ehemalige **Palazzo Casali** (später Palazzo Pretorio) der Adelsfamilie, die Cortona im 14. Jh. aufblühen ließ. In seinen Sälen befindet sich das Museo dell'Accademia Etrusca, das zu einem wahren Juwel der toskanischen Museenlandschaft ausgebaut wurde und nun den langen Namen **Museo dell'Accademia Etrusca e della Città di Cortona** trägt, kurz **MAEC** genannt. Das kostbarste und historisch bedeutendste Stück der recht umfangreichen etruskischen Sammlung ist eine bronzene Grablampe mit 16 Schnäbeln. Die Gemäldegalerie zeigt Bilder vom Mittelalter bis in die Neuzeit, vor allem eine »Geburt Christi« von Luca Signorelli (ca. 1445/50–1523), der in Cortona zur Welt kam und als ein Vorläufer Michelangelos gilt. Auch der Barockmaler Pietro da Cortona, eigentlich Pietro Berettini (1596–1669), stammt von hier.

Duomo und Museo Diocesano

Piazza del Duomo, Museum April–Sept. tgl. 10–19, Okt.–März Di, Fr 10--16, Sa, So, Fei 10–17 Uhr, Erw. 5 €, Audioguide 3 €
Vom MAEC ist es nicht weit zum Domplatz mit herrlicher Aussicht über das Chiana-Tal. Der **Dom Santa Maria,** dem man es trotz starker Veränderungen ansieht, dass seine Anfänge bis ins 11. Jh. zurückreichen, ist zugänglich, besitzt jedoch keine besonderen Sehenswürdigkeiten. Da bietet gegenüber das **Museo Diocesano** mehr, nämlich eine schöne Gemäldesammlung in wunderbar restaurierten Räumen. Natürlich ist Signorelli mehrfach vertreten wie mit einer »Beweinung« (1502) und aus seiner Schule einer »Anbetung der Hirten«. Nähere Betrachtung verdienen auch die Werke sakraler Goldschmiedekunst ab dem 16. Jh.

San Francesco

Fra Elia, auf dessen Spuren man in Cortona öfter trifft, war einer der letzten Weggefährten von Franz von Assisi und derjenige, der die sterblichen Überreste des Heiligen vor Reliquiensammlern rettete: So gründlich verbarg er den Sarkophag in der Grabkirche von Assisi in Umbrien, dass man ihn erst im 19. Jh. nach anstrengender Grabungsarbeit wieder fand. Elia Coppi, wie der Pater mit bürgerlichem Namen hieß, fand selbst jedoch kaum Freunde in der Runde der fanatischen Franziskaner im Cortona des 13. Jh. Als er in der Kirche **San Francesco** starb, wurde sein Leichnam vor die Stadt geworfen, wo sich keifende Hunde um ihn gestritten haben sollen, bis man ihn wieder aufnahm und schließlich in der Krypta der Kirche, die Fra Elia zu bauen begonnen hatte, zur letzten Ruhe brachte. Die Leute von Cortona, sagt man, lassen sich auch sieben Jahrhunderte später nicht gerne an diese Geschichte erinnern …

Fortezza del Girifalco

Via di Fortezza, www.fortezzadelgirifalco.it, April–Juni 10–18, Juli–Okt. 10–18/19/20, Nov.–Febr. Sa, So 10–17 Uhr, Erw. 5/6 €
Oberhalb des Städtchens schließt die inzwischen mit Ausstellungsräumen fast vollständig restaurierte **Fortezza del Girifalco** (16. Jh.) den Ort ab und bietet eine großartige Aussicht auf die Altstadt und das Chiana-Tal. Allein schon deshalb lohnt der Aufstieg, den man rechtsherum über einen steil aufsteigenden Fußweg (ca. 30 Min.) bewältigen kann oder mit dem Fahrzeug links herum über die Landstraße (3 km). Die Wehrgänge sind gut in der trutzigen, von Cosimo I errichteten Festung erhalten.

Santa Maria delle Grazie

An der SP34, tgl. 15–19 Uhr, Eintritt frei, Zeiten unsicher, aber die Kirche ist von außen ohnehin schöner
Unterhalb von Cortona, im Süden der Stadt, steht ein schöner klarer Renaissancekuppel- bzw. Zentralbau (1485–1513), die Schusterkirche **Santa Maria delle Grazie al Calcinaio.** Man nennt sie so nach dem Becken, das die Schuster der Stadt damals benötigten, um das Leder in Kalkmilch für die Gerbung vorzubereiten. Der Sienese Francesco di Giorgio Martini soll im Auftrag von Signorelli die Kirche für die Zunft der Schuhmacher geplant haben. Für die schönen Glasfenster konnte er Guglielmo

de Marcillat (s. S. 434) gewinnen, der auch die Domfenster in Arezzo geschaffen hatte. Einige Bilder steuerten Signorellis Schüler bei.

Le Celle

Strada dei Cappuccini 1, 3,5 km nördlich von Cortona (via SP34 Richtung Santa Margherita, den Hinweisschildern folgen), www.lecelledicortona.it, tgl. 9–17 Uhr, Tel. 0575 60 33 62, Klosterzellen außer mittags meist zugänglich

Franz von Assisi selbst hat in der Nähe im Jahr 1211 das später von den Kapuzinern übernommene Kloster **Le Celle** gegründet. Im Laufe der Jahrhunderte wurde das Kloster im Wald an der Flanke des Monte Sant'Egidio ständig erweitert, es hängt geradezu wild-romantisch über dem reißenden Bach. Einige Klosterzellen können besichtigt werden, darunter auch die des Heiligen Franziskus, in der er noch kurz vor seinem Tod gewohnt haben soll. Der gesamte Klosterkomplex ist in seiner wunderschönen Umgebung ein angenehmer Ort der Ruhe.

Melone Il del Sodo

Im Prinzip zugänglich (tgl. 10–18 Uhr, 5 €), aber realiter bisher nur nach Voranmeldung und mit Führung, Infos Tel. 0575 61 27 86, 0575 33 72 35

In der Ebene von Cortona, am rechten Ufer des Loreto-Baches, wurde ein kolossaler Tumulus entdeckt, der auf einem hohen Tambour aus großen Steinen ruht. Innen besteht der Tumulus aus zwei **etruskischen Gräbern: Grab 1** mit einer Pseudokuppel wurde 1928/29 entdeckt, **Grab 2** mit reichem Schmuckfund erst 1990. Ein Jahr zuvor kam östlich von Grab 1 eine monumentale **Plattform** zum Vorschein, eine Art Altar, zu dem eine hohe breite Treppe führt, beidseitig dekoriert und von Skulpturen begrenzt.

Infos

Ufficio Cultura e Turismo: 52044 Cortona (AR), Piazza Signorelli 9 (Palazzo Casali), Tel. 0575 63 72 23, www.comunedicortona.it.

Übernachten

Schöne Salons – **San Michele:** Via Guelfa 15, Tel. 0575 60 43 48, www.hotelsanmichele.net, ca. März–Okt. Wunderschönes Hotel mit mehreren Salons in Renaissancepalast im Altstadtkern. Elegante 39 Zimmer, vier Suiten mit Cotto-Böden, kleine Garage. €€–€€€

Zentral – **Italia:** Via Ghibellina 5, Tel. 0575 63 02 54, www.hotelitaliacortona.com. Gepflegtes, zentral gelegenes Stadthotel mit 24 hohen Zimmern und Panoramaterrasse in einem Palazzo aus dem 17. Jh. €€

Nettes B & B im Zentrum – **Locanda Pane e Vino:** Vicolo San Giovanni 10, Mobil-Tel. 340 062 68 06, www.pane-vino.it. Drei Zimmer und zwei Apartments in einem behutsam renovierten Altstadtturm des benachbarten, gleichnamigen Restaurants. €€

Essen & Trinken

Rustikal – **Osteria del Teatro:** Via Maffei 2, Tel. 0575 63 05 56, www.osteria-del-teatro.it, Ruhetag Mi, im Nov. drei Wochen geschl. Angenehme Renaissanceräume mit Kamin, Trattoria-Ambiente. Nach Knoblauch und Kräutern duftende Küche, Lamm, Täubchen, hausgemachte Pasta, schöne Auswahl toskanischer Weine. €€

In alter Ölmühle – **La Locanda del Molino:** Località Montanare, 8 km östlich, Tel. 0575 61 40 16, www.locandadelmolino.com, Ruhetag Di (außer im Sommer), werktags nur abends, im Winter zeitweise geschl. Toskanische Trattoria in rustikalem Ambiente. Auch acht hübsche Zimmer (€€), um hier zu übernachten. Fleischgerichte, hausgemachte Pasta etc. €€

Einkaufen

Cortona ist eine gute Einkaufsstadt für Antiquitäten (www.cortonantiquaria.it) sowie für Fleisch- und Wurstwaren aus dem Chiana-Tal bis Monte San Savino.

Antiquitäten – **Cortonantiquaria:** www.cortonantiquaria.it, Ende Aug./Anfang Sept. Seit 1963 findet in Cortona alljährlich die große Messe für italienische Antiquitäten statt. Drumherum Ausstellungen und Verkostungen typischer lokaler Produkte.

Ausgefallene Taschen – **Silvia Taccola Vanni:** Via Roma 2, www.silviataccolavanni.it. Der kreativen Kunsthandwerkerin kann man hinten im Atelier beim Arbeiten zuschauen.

Schnaps – **Antica Drogheria:** Via Nazionale 3. Gute Auswahl an Weinen, Grappe und Likören sowie anderen lokalen Spezialitäten in der früheren, hübsch restaurierten Drogerie.

Aktiv

Führung durch die etruskischen Gräber – Das MAEC (s. S. 465) bietet Führungen an, die u. a. auch den Melone II del Sodo (s. S. 466) umfassen.

Termine

Sagra della Bistecca: ca. 12.–15. Aug. Ein ›großes Fressen‹, bei dem Chianina-Fleisch von Riesengrills serviert wird.

Verkehr

Bahn: Cortona liegt an der alten, häufig befahrenen Bahnstrecke Florenz–Arezzo–Chiusi und weiter nach Rom.
Bus: Sie verkehren parallel zur Bahnstrecke auf der SS 71 in dichter Folge.

Abbazia di Farneta

▶ K 8

Auf halber Strecke zwischen Cortona und Sinalunga steht nahe dem Chiana-Rinnsal die Abteikirche **Abbazia di Farneta**. Die kleine Kirche hat eine bewegte Baugeschichte. Funde beweisen, dass die Hügel des Chiuccio über dem Chiana-Tal bereits in der Steinzeit besiedelt waren. Dann kamen die Etrusker und nach ihnen die Römer. Aus einem wohl Bacchus geweihten römischen Tempel holten sich die Schwarzen Benediktiner (die Cassineser) das Material für den Bau ihrer Kirche, mit T-förmigem Grundriss, wie bei ihnen üblich.

Nach den Benediktinern gehörte Farneta 1500 bis 1783 den Olivetanern. Großherzog Peter Leopold von Lothringen, der die Chiana-Ebene endgültig trockenlegen ließ, löste das Kloster schließlich auf. Don Sante Felice (1914–2002) konnte 1937 durchsetzen, dass Farneta wieder zur Abtei erhoben wurde. Am 9. Juni 1974 überreichte der Abt des Klosters Monte Oliveto Maggiore dem unermüdlichen Pater das Wappen der Olivetanermönche in Terrakotta, das nun über der Seitentür des Querschiffs angebracht ist.

Chiesa di Farnetta

So, Fei meist ganztags zugänglich, Messe 11.15 Uhr

Als Pater Don Sante Felice nach Farneta kam, fand er eine schlichte, namenlose und fast unbekannte **Kirche** vor. Das 18. Jh. hatte ihr übel mitgespielt: Umbauten, Verkürzung um 14 m und Abriss des Glockenturms. Der emsige Geistliche fand u. a. an der Außenwand eines Bauernhauses einen Inschriftenstein mit folgendem Text: »Dieser Glockenturm wurde von Abt Ado im Jahr 1100 begonnen.«

In dem Architekten Guido Morozzi, später Leiter des Denkmalschutzamtes von Florenz, fand Don Sante einen Komplizen und Helfer. Sie mauerten die überflüssigen Fenster der Kirche zu, klopften den Putz ab, rissen den dreifarbigen Zementboden heraus und ersetzten ihn durch bodenständige Terrakotta, bauten neue Altarstufen und Altäre, präparierten den hölzernen »Auferstandenen Christus« aus dem 16. und 17. Jh. und stellten dabei fest, dass er von Niccolò di Smeraldo Salvi aus Lucignano geschnitzt wurde.

Cripta

Die Krönung ihrer Arbeit dürfte die Wiederentdeckung der **Krypta** aus dem 9. und 10. Jh. unter dem Dreikonchenchor sein. Sie war voller Wasser, Abfälle, Kadaver – und Schlangen. Da es damals keinen Zugang aus dem Innenraum gab, mussten die Erdarbeiten und die Beseitigung des Unrats vom dahinter liegenden Acker aus erfolgen. 1940 konnte man erstmals die Krypta wieder betreten, und man begann mit der aufregenden Wiederentdeckung nach viereinhalb Jahrhunderten Vergessens.

Heute, nach der vorbildlichen Restaurierung, betritt man die Krypta wieder vom Chorraum aus und wird unvermittelt von einer katakombenähnlichen Atmosphäre eingefangen: Tonnengewölbe und ein mittleres Kreuzgewölbe werden von römischen Säulen getragen, der Grundriss zeigt zehn Apsiden. Besonders erwähnenswert ist eine der römischen Säulen. Sie hat eine Basis aus rotem Assuangranit und ein romanisches Kapitell, das unter anderen Figuren einen menschlichen Kopf mit Hörnern zeigt, so, wie man ihn von etruskischen Gottheiten auf den Toren von Volterra und Perugia sowie vom etruskischen Leuchter in Cortona kennt. Zwischen dem Zentral- und dem Nordraum ist unten in der Mauer eine römische Grabstele zu sehen, waagerecht eingemauert; ihren Text muss man von unten nach oben lesen.

Alle bei den Erdarbeiten von Don Sante ans Tageslicht gebrachten prähistorischen Funde wie imposante Reste eines Nilpferdes, aber auch einige sakrale Gegenstände sind in der früheren **Dorfschule** (Schlüssel unterhalb der Kirche im netten Hotel-Ristorante Farneta, Tel. 0574 61 02 41) untergebracht.

Ausflug nach Umbrien zum Lago Trasimeno

Castiglione del Lago

▶ L 8/9

Der südlich von Cortona bereits in Umbrien gelegene **Lago Trasimeno** ist für toskanische Verhältnisse geradezu ein Meer. An seinem Westufer liegt auf einer kleinen Landzunge **Castiglione del Lago.** Der Ort thront recht hübsch in 305 m Höhe auf einem Felsen über Umbriens größtem See, umgeben von einer von Zinnen bekrönten Mauer.

Imposant ist die **Rocca del Leone** (Löwenburg), in deren Innenhof im Sommer Kulturveranstaltungen stattfinden. Sie ist sichtbar vom Rest des Städtchens getrennt, hinter der Piazza Gramsci, wo den **Palazzo della Corgna**

Blick von der Rocca in Castiglione del Lago über den Trasimenischen See

(16. Jh.) manieristische Fresken von Pomarancio (nach 1550) mit mythologischen Szenen wie dem »Urteil des Paris« zieren. Nahe der **Piazza Mazzini,** der guten Stube des Ortes, birgt die klassizistische **Kirche Santa Maria Maddalena** eine »Thronende Madonna« des Perugino-Schülers Eusebio da San Giorgio (um 1500), die früher wegen ihrer Qualität sogar Raffael zugeschrieben wurde, sowie ein Fresko eines unbekannten Meisters der Sieneser Schule (14. Jh.).

Infos

Ufficio Informazioni e Accoglienza Turistica: 06061 Castiglione del Lago (PG), Piazza Gramsci 1, Tel. 0759 513 07, www.lagotrasimeno.net.

Übernachten

Gastfreundliches Ambiente – **Antica Gabella:** Via del Forte 29, Mobil-Tel. 340 836 61 92, www.anticagabella.com. Ein kleines Juwel aus Holz, sichtbarem Bruchsteinmauerwerk und Marmor im historischen Zentrum, nur fünf Zimmer. €–€€

Borghetto ►L 8

Am Nordwestzipfel des Sees, bei **Borghetto** (9 km), schlug Hannibal in der berühmten Schlacht am Trasimenischen See 217 v. Chr. das römische Heer, indem er die Römer im dichten Nebel in einen Hinterhalt lockte und umzingelte. Die Historiker des Ortes haben für Interessierte eine Rundtour ausgearbeitet, die zu den wichtigsten Punkten der Schlacht führt. Sie wird anhand von Schautafeln und einer kleinen Broschüre (im örtlichen Informationsbüro erhältlich) erklärt, sodass man alles auf eigene Faust nachvollziehen kann.

Isola Maggiore ►L 8

Schönste ›Ausrede‹ jedoch für einen Ausflug zum Lago Trasimeno ist sicherlich der Besuch der **Isola Maggiore,** und wenn es auch ›nur‹ wäre, um hier im Restaurant **Da Sauro** (s. unten) göttlich zu speisen und danach ganz bescheiden im gleichnamigen Hotel zu nächtigen. Aber vielleicht doch auch, um gerade dann sich daran zu erinnern, dass der Legende nach der hl. Franziskus von Assisi hier 1211 ganze 42 Tage verbracht hat mit nur einem halben Laib Brot …

Übernachten

Mit bekanntem Restaurant – **Da Sauro:** Isola Maggiore, Via Guglielmi 1, Tel. 075 82 61 68, www.dasauro.it, April–Anfang Nov. Zehn Zimmer, zwei Suiten, kleine Pension mit berühmtem Seefischrestaurant (s. unten). Nur mit Halbpension buchbar. €€

Essen & Trinken

Mitten im See Fische speisen – **Da Sauro:** s. Übernachten, kein Ruhetag, Nov. geschl. Fischspezialitäten aus dem Trasimeno-See in rustikalem Ambiente mitten im kleinen Hauptdorf der Isola Maggiore. €–€€

Kulinarisches Lexikon

Allgemeines

Die Speisekarte, bitte.	*Il menù, per favore.*
Weinkarte	*lista dei vini*
Frühstück	*prima colazione*
Mittagessen	*pranzo*
Abendessen	*cena*
Vorspeise	*antipasti/primo piatto*
Suppe	*zuppa/brodo*
Hauptgericht	*secondo (piatto)*
Tagesmenü	*menù del giorno*
Nachspeise	*dessert, dolce*
vegetarische Gerichte	*piatti vegetariani*
Messer	*coltello*
Gabel	*forchetta*
Löffel	*cucchiaio*
Flasche	*bottiglia*
Glas	*bicchiere*
Salz/Pfeffer	*sale/pepe*
Guten Appetit!	*Buon appetito!*
Es war sehr gut.	*Buonissimo!*
Die Rechnung, bitte.	*Il conto, per favore.*

antipasti – Vorspeisen

alici	sauer eingelegte Sardinen
affettato misto	gemischter Aufschnitt
antipasti misti	gemischte Vorspeisen
antipasti del mare	Vorspeisenplatte mit Fisch/Meeresfrüchten
bruschetta	geröstetes Weißbrot mit Knoblauch und Öl
cannellini	weiße längliche Bohnen, ungewürzt
carciofi	Artischocken
cozze ripiene	gefüllte Muscheln
faggiolini bianchi	weiße Bohnen
gnocchi di patate	Kartoffelnocken
insalata di polipo/polpo	Tintenfischsalat
melanzane alla griglia	gegrillte Auberginen
peperonata	gemischtes geschmortes Gemüse
prosciutto	Schinken
salame	Wurst
salame di cinghiale	Wildschweinsalami
vitello tonnato	Kalbsbraten mit Thunfischpaste
zucchine alla griglia	gegrillte Zucchini

pasta – Teigwaren

pasta fresca	frische, meist hausgemachte Pasta (fatta in casa)
pasta ripiena	gefüllte Pasta, meist mit Spinat u. Ricotta

pesce/carne – Fisch/Fleisch

agnello	Lamm
anguilla	Aal
arrosto	Braten
capra	Ziege
carne	Fleisch
castrato	Hammel
cinghiale	Wildschwein
coniglio	Kaninchen
coscia/cosciotto	Keule
cozze	Miesmuscheln
gamberetti	Garnelen
gambero	Hummer
lepre	Hase
maiale, porco	Schwein
manzo	Rind
ostrice	Austern
pesce persico	Barsch
salmone	Lachs
salumi	Wurstwaren
seppia	Tintenfisch
sogliola	Seezunge
spezzatino	Gulasch
trota	Forelle
vitello	Kalb

pollame – Geflügel

anatra	Ente
faraona	Perlhuhn

oca	Gans
pernice	Rebhuhn
pollo	Hähnchen
quaglia	Wachtel
tacchino	Pute

contorni	Beilagen
carota	Mohrrübe
cavolfiore	Blumenkohl
cavolo	Kohl
cipolla	Zwiebel
faggioli, fave	Bohnen
funghi porcini	Steinpilze
pane	Brot
patate	Kartoffeln
piselli	Erbsen
polenta	Maisbrei

dessert	Nachspeise
macedonia	frischer Obstsalat
panna cotta	gekochte Sahnecreme
torta/torta di frutta	Torte/Obsttorte

bibite	Getränke
acqua	Wasser
birra	Bier
birra alla spina	Fassbier
caffè	Kaffee
grappa	Branntwein
latte	Milch
liquore	Likör
succo	Saft
spumante	Sekt
tè	Tee
vino rosso/bianco	Rotwein/Weißwein

Zubereitung

alla griglia	gegrillt
arrosto	gebraten
arrostato	geröstet
bollito	gekocht
caldo/freddo	warm/kalt
fritto/al forno	gebacken/aus dem Backofen
gratinato	überbacken
stufato/stufata	geschmort
con/senza	mit/ohne

Typische Gerichte

affettato toscano: Auswahl von toskanischer Wurst, Schinken und lokalem Käse
arrosto toscano: gemischtes Fleisch aus dem Backofen, sehr kross
bistecca alla fiorentina: T-Bone-Steak (am Knochen), dick geschnitten, ungewürzt über Holzkohlenglut gegrillt
bottarga di Orbetello: ›Kaviar‹ der Meeräsche aus der Lagune von Orbetello
bruschette/crostini/crostone/fettunta: Brotscheiben mit unterschiedlichem Belag
cacciúcco: reichhaltige Fischsuppe, besonders gut in Livorno und auf Elba
cantucci di Prato: Mandelgebäck
castagnaccio: hauchdünner Kuchen aus Kastanienmehl (aus der Garfagnana), mit oder ohne Frischkäse
cée: winzige, glasige Aale (aus Pisa)
fegatelli: Schweineleber, mit Fenchel-samen und Pfeffer gewürzt, in Netzmagen gewickelt und im Backofen geröstet
fritto/grigliata di pesce: Fischplatte, ausgebacken bzw. gegrillt
panforte: Pfefferkuchen aus Siena
pappa al pomodoro: würzige Tomatensuppe aus altbackenem Brot, Knoblauch, Basililkum und Olivenöl, warm oder kalt
peposo: pfeffriges Gulasch aus verschiedenen Fleischstücken, oft nur vom Kalb/Rind
pici: handgerollte Eierteigpasta aus dem Chiana-Tal
prosciutto di Siena: kräuterwürziger Schinken aus Siena
spezzatino: Kalbsgulasch
stinco di maiale arrosto: Schweinshaxe, kross gebraten (aus dem Casentino)
triglie alla livornese: Meerbarben Livorneser Art mit Tomatensoße
trippa alla fiorentina: Kutteln nach Florentiner Art

Sprachführer

Allgemeines

Guten Tag	buon giorno
Guten Abend	buona sera
Auf Wiedersehen	arrividerci
Wie geht's?	Come va?
Danke, gut.	Bene, grazie.
bitte	prego
danke	grazie
Entschuldigung	scusi
Ich heiße …	Mi chiamo …
Wo ist …?	Dov'è …?
Wann?	Quando?
Einverstanden.	Va bene.
bis später	a più tardi

Zeit

Sonntag	domenica
Montag	lunedì
Dienstag	martedì
Mittwoch	mercoledì
Donnerstag	giovedì
Freitag	venerdì
Samstag	sabato
Feiertag	giorno festivo
Minute	minuto
Stunde	ora
Tag	giorno
Woche	settimana
Monat	mese
Jahr	anno
heute	oggi
gestern	ieri
morgen	domani
morgens	di mattina
mittags	a mezzogiorno
nachmittags	al pomeriggio
abends	di sera
vor	prima di
nach	dopo
früh	presto
spät	tardi

Notfall

Hilfe!	Aiuto!
Polizei	polizia
Arzt	medico
Krankenhaus	ospedale
Apotheke	farmacia
Kopfschmerzen	mal di testa
Magenschmerzen	mal di stomaco
Durchfall	diarrea
Zahnschmerzen	mal di denti
Verbandszeug	materiale per medicazioni
Unfall	incidente
Panne	guasto

Unterwegs

Haltestelle	fermata
Bus	autobus, pullman
Fahrkarte	biglietto
Bahnhof	stazione
Flughafen	aeroporto
Hafen	porto
Auto	macchina
Benzin/Diesel	benzina (normale/ super/gasolio)
Eingang	ingresso
Ausfahrt	uscita
bei	vicino a
links	a sinistra
rechts	a destra
geradeaus	diritto
hier	qui
dort	là
Stadtplan	pianta della città
Auskunft	informazione
Vorsicht	attenzione
Bank	banca
Telefon	telefono
Telefonkarte	scheda telefonica
Post	ufficio postale
geöffnet	aperto
geschlossen	chiuso

Im Hotel

Zimmer	camera
für eine Person	per una persona
pro Nacht	per una notte
Bad	bagno

Dusche	doccia
Doppelzimmer	camera doppia
Einzelzimmer	camera singola
mit Meerblick	con vista sul mare
Schlüssel	chiave
Handtuch	asciugamano
Aufzug	ascensore
Gepäck	bagaglio
Pass	passaporto
Ausweis	carta d'identità
Quittung	ricevuta
Empfang	ricevimento
wecken	svegliare
Preis	prezzo
Rechnung	conto
Nachname	cognome
Vorname	nome di battesimo
Ankunft	arrivo
Abfahrt	partenza
Parkplatz	parcheggio

Einkaufen

kaufen	comprare
Geschäft	negozio
Markt	mercato
bar	in contanti
Geld	soldi
Kreditkarte	carta di credito
Geldautomat	bancomat
teuer	caro
billig	econòmico
Wie viel?	Quanto?
Öffnungszeiten	orario d'apertura

Zahlen

1	uno	16	sedici
2	due	17	diciassette
3	tre	18	diciotto
4	quattro	19	diciannove
5	cinque	20	venti
6	sei	30	trenta
7	sette	40	quaranta
8	otto	50	cinquanta
9	nove	60	sessanta
10	dieci	70	settanta
11	undici	80	ottanta
12	dodici	90	novanta
13	tredici	100	cento
14	quattordici	200	duecento
15	quindici	1000	mille

Die wichtigsten Sätze

Sprechen Sie Deutsch?	*Parla tedesco?*
Ich verstehe nicht.	*Non capisco.*

Im Notfall

Können Sie mir helfen?	*Può aiutarmi?*
Ich brauche einen Arzt.	*Ho bisogno di un mèdico.*
Hier tut es mir weh.	*Mi fa male qui.*

Unterkunft

Haben Sie ein freies Zimmer?	*Ha una camera libera?*
Wie viel kostet das Zimmer pro Nacht?	*Quanto costa la camera per notte?*

Im Restaurant

Ich würde gerne einen Tisch reservieren.	*Vorrei prenotare una tavola per favore.*
Ich möchte bezahlen.	*Il conto, per favore.*

Unterwegs

Wie komme ich nach …?	*Come arrivo a …?*
Wo finde ich …?	*Dove trovo …?*

Beim Einkauf

Wie viel kostet das?	*Quanto costa …?*
Ich brauche …	*Ho bisogno di …*
Wann öffnet/ schließt …?	*Quando apre/ chiude …?*

Register

Register

Abbildungsnachweis/Impressum

Dirk Renckhoff, Hamburg: S. 152
DuMont Bildarchiv, Ostfildern: S. 21, 26/27, 74, 122/123, 264, 322, 340 (Christina Anzenberger Fink & Toni Anzenberger); 362 (Gaasterland); Umschlagklappe vorn, 45, 59, 63, 70, 129, 140, 148/149, 185, 199, 212/213, 220, 228, 255, 275, 306/307, 311, 320, 371, 393, 399, 402, 406, 427, 456 (Widmann)
Fondazione Cantiere d'Arte Internazionale, Montepulciano (IT): S. 409 (Trancossi)
fotolia, New York (USA): S. 318/319 (scabrn)
Gottfried Aigner, München: S. 9, 134, 248/249, 420
Huber-Images, Garmisch-Partenkirchen: S. 174, 350/351 (Baviera); 451 (Bernhart); 296, Umschlagrückseite M. (Borchi); 92/93 (Canali); 114 (Cellai); 105 (Gerolimetto); 261, 280, 376/377 (Huber); 464 (Iorio); 334, 325, 354/355 (Kremer); 143, 209, 337 (Rellini); 452 (Ripani); 99, 168, 188 (SIME/Guido Cozzi); 165 (SIME/Matteo Carassale); 161, 204 (Simeone)
iStock.com, Calgary (CA): S. 380 (Andrea Zanchi); 51 (FrankvandenBergh); 86 (Giorgio-Magini); 236 (Iryna1); 417 (peter zelei)
laif, Köln: S. 81 o., 194/195 (Dagmar Schwelle); 461 (Eid); 38/39 (Heeb); 85 (hemis.fr/Matthieu Colin); 52 (hemis.fr/Tondini); 422/423 (Heuer); 33 (Hill); Umschlagrückseite o., 31, 55 M. (Hub); 69, Umschlagrückseite u. (Kirchner); 244 (Le Figaro Magazine/Raphael Gaillarde); 66 (Malte Jaeger); 339 (Rodtmann); 55 o. (Standl); 443 (Strizzi); 386 (TerraProject/con/Michele Borzoni); 383, 396/397 (The NewYork-Times/Redux)
Lookphotos, München: S. 385 (ClickAlps); Titelbild (SagaPhoto)
Markus Kirchgessner, Frankfurt a. M.: S. 234
MATO, Hamburg: S. 215 (Guido Cozzi); 430 (SIME/Luigi Vaccarella); 109 (SIME/Maurizio Rellini); 81 u. (SIME/Stefano Cellai)
Mauritius Images, Mittenwald: S. 28, 43, 151, 433, 444, 468/469 (Alamy); 301 (Alamy/ Ivoha); 446 (Alamy/ Mauro Toccaceli); 240/241 (Alamy/lucag_g); 331 (Alamy/RooM the Agency Mobile); 41, 438/439 (Cuboimages); 270, 316 (imageBROKER/Giovannini); 178 (imageBROKER/Kutter); 55 u., 286/287 (John Warburton-Lee); 361, 440 (United Archives)
Rainer Hackenberg, Köln: S. 272/273, 282
Shutterstock.com, Amsterdam (NL): S. 225 (Andreas Jung); 89, 118/119 (Anna Levan); 348 (EfrenGlez)
Thomas Peter Widmann, Regensburg: S. 47, 226

Kartografie
DuMont Reisekartografie, Fürstenfeldbruck

Umschlagfotos
Titelbild: Junge Vespa-Fahrerin in Florenz, Umschlagklappe vorne: Der Campo von Siena
Umschlagrückseite oben: Weingut in Tavarnelle Val di Pesa

Die Autorin dankt Gottfried Aigner für seine hilfreiche Begleitung und die manchmal notwendige Anspornung auf der Reise zu Bekanntem und Bewährtem sowie auf der Suche nach Neuem in der sich ständig verändernden Region.

Hinweis: Autorin und Verlag haben alle Informationen mit größtmöglicher Sorgfalt geprüft. Gleichwohl sind Fehler nicht vollständig auszuschließen. Alle Angaben erfolgen ohne Gewähr. Infolge der Corona-Pandemie 2020/2021 kann es darüber hinaus zu kurzfristigen Geschäftsschließungen und anderen Änderungen vor Ort gekommen sein. Bitte schreiben Sie uns! Über Ihre Rückmeldung zum Buch und über Verbesserungsvorschläge freuen sich Autorin und Verlag:
DuMont Reiseverlag: Postfach 3151, 73751 Ostfildern, E-Mail: info@dumontreise.de

5., aktualisierte Auflage 2022

Autorin: Nana Claudia Nenzel
Lektorat: Susanne Pütz, Britta Rath
Grafisches Konzept: Groschwitz/Tempel, Hamburg
Printed in Poland

MIX
Papier | Fördert gute Waldnutzung
FSC www.fsc.org FSC® C018236